IAN WILSON

Das Turiner Grabtuch

Buch

1988 schien das Rätsel gelöst: Das Turiner Grabtuch entstand, so das Ergebnis der C14-Datierung, kurz vor seinem ersten historisch verbürgten Auftauchen Mitte des 14. Jahrhunderts. Eine Vielzahl von Fragen blieben damals freilich unbeantwortet. Etwa, ob es sich bei dem Abbild um ein Gemälde handelt. Wie kam es auf das Gewebe, und wie konnte ein Fälscher lange vor der Entdeckung der Perspektive derartige Kenntnisse in Vollendung anwenden, ohne bekannt zu werden?

Nachdem die Akten bereits geschlossen waren, lassen Zweifel an der Untersuchungsmethode Ende der 80er Jahre die Diskussion um die Echtheit des Turiner Grabtuchs von neuem aufleben. Verfälschten möglicherweise Umwelteinflüsse aus der bewegten Vergangenheit des Grabtuchs die Untersuchungsergebnisse?

Ian Wilson faßt in diesem Buch alle relevanten Fakten und Informationen der Grabtuchforschung zusammen. Kunstgeschichte, Medizin und Mikrobiologie bis hin zur Chemie, Photographie und Archäologie bilden die Basis von Wilsons akribischer Suche nach der wahren Geschichte des geheimnisvollen Leintuches.

Autor

Ian Wilson, 1941 in London geboren, studierte Geschichte in Oxford und beschäftigt sich seit Jahrzehnten mit dem Turiner Grabtuch. Wilson ist ein erfolgreicher Sachbuchautor und Dokumentarfilmer. Er lebt heute in der Nähe von Brisbane, Australien.

IAN WILSON

Das Turiner Grabtuch

Die Wahrheit

Aus dem Englischen
von Christa Broermann
und Gaby Wurster

GOLDMANN

Die Originalausgabe erschien unter dem Titel
»The Blood And The Shroud«
bei Weidenfeld & Nicolson, London

Deutsche Erstausgabe

Umwelthinweis:
Alle bedruckten Materialien dieses Taschenbuches
sind chlorfrei und umweltschonend.

Deutsche Erstausgabe Januar 1999

Umschlaggestaltung: Design Team München
Druck: Grafische Großbetriebe Pößneck
Verlagsnummer: 15010
KF · Herstellung/DTP: Martin Strohkendl
Made in Germany
ISBN 3-442-15010-8

1 3 5 7 9 10 8 6 4 2

Inhalt

Vorwort

Wenn ich einen Vortrag über das Turiner Grabtuch halte, sind meine Gastgeber meist so freundlich, mich in ihrer Einführung als Experten auf diesem Gebiet zu bezeichnen. Diese Titulierung möchte ich gleich zu Anfang als weit übertrieben zurückweisen, auch wenn vielleicht das vorliegende Buch einen gegenteiligen Eindruck erwecken mag. Und das ist keineswegs falsche Bescheidenheit von mir.

Vor über 40 Jahren hörte ich zum erstenmal vom Turiner Grabtuch, und vor 30 Jahren habe ich mich zum erstenmal mit dieser Materie beschäftigt. Als ich vor fast 20 Jahren mein erstes Buch – *Eine Spur von Jesus. Herkunft und Echtheit des Turiner Grabtuchs* – veröffentlichte, gab ich mir zwar alle Mühe, so objektiv wie möglich an das Thema heranzugehen, aber es blieb dennoch niemandem verborgen, daß ich an die Echtheit des Grabtuches glaubte. Dann wurde unter lebhafter Anteilnahme der Presse Ende der achtziger Jahre der Radiokarbontest durchgeführt, den gerade auch ich nachdrücklich gefordert hatte. Nach der Bekanntgabe des Untersuchungsergebnisses wurde das Grabtuch lautstark als Fälschung denunziert. Damit hielten es die meisten für erwiesen, daß ich mich geirrt hatte. In der Metaphorik dieses Buches ausgedrückt, war mein Blut vergossen worden …

Alles wäre viel einfacher gewesen, wenn es mir gelungen wäre, dies stoisch zu akzeptieren und mich anderen Dingen im Leben zuzuwenden. Meine Frau Judith, mit der ich nun seit rund dreißig Jahren verheiratet bin, wird bestätigen können, daß es mir nicht übermäßig schwerfällt, Fehler zuzugeben. Außerdem bin ich mir seit langem der Gefahr bewußt, daß man sich auch allzusehr in ein einziges Thema »festbeißen« kann. Aus diesem Grund habe ich mich, seit ich freier Schriftsteller bin, also seit 1978, mit Ausnahme eines kurzen »Zwischenbuches« aus dem Jahr 1986 anderen Themen gewidmet.

Aber um zugeben zu können, daß man sich geirrt hat, muß man wirklich davon überzeugt sein, im Unrecht zu sein. Bei der Grabtuchthematik ist es genau dieser Punkt, der mir bis heute das größte Kopfzerbrechen bereitet. Obwohl ich mich bei dieser Materie heutzutage ungleich unwissender, ja verwirrter fühle als vor 40 Jahren, als ich zum erstenmal vom Grabtuch hörte – daher rührt auch meine ehrlich gemeinte Weigerung, mich als »Experten« bezeichnen zu lassen –, kann ich es noch immer nicht als Fälschung »erkennen«. Meine Konfusion verdanke ich zu gleichen Teilen jenen, die es auf der Grundlage der Radiokarbondatierung als mittelalterliche Fälschung klassifizieren, wie den Verfechtern der Echtheitsthese, denn diese verbreiten einen solchen Wirrwarr widersprüchlicher Ansichten und Theorien, so daß man auch in diesem Lager keine Zuflucht findet.

Wenn man glaubt, nicht genug über ein Thema zu wissen, ist es im allgemeinen sehr ratsam, sich nicht dazu zu äußern. Nachdem unmittelbar nach dem Radiokarbontest einige hanebüchen schlechte Bücher über dieses Thema veröffentlicht worden waren und zudem die katholische Kirche die Absicht bekanntgegeben hatte, das Grabtuch in den Jahren 1998 und 2000 erneut auszustellen, was die Debatte über das Grabtuch von neuem anheizen wird, kam Schweigen für mich nicht mehr in Frage. Das war die Arbeitsprämisse, der ich gefolgt bin, und das vorliegende Buch gibt den gegenwärtigen Forschungsstand nach bestem Wissen und Gewissen wieder.

Dieses Vorwort dient somit dazu, den unzähligen Fachleuten herzlich zu danken, die mich in den letzten Jahren schnell und großzügig mit Informationen aus ihrem jeweiligen Fachgebiet und mit sonstigen nützlichen Ratschlägen und Hinweisen unterstützt haben. Mein besonderer Dank gilt folgenden Personen und Institutionen:

Kunst: Isabel Piczek in Los Angeles (die keine Mühe scheute, mich über die Entwicklungen in den USA und in Italien auf dem laufenden zu halten, und außerdem bei unseren Besuchen in ihrem Atelier in Los Angeles außerordentlich hilfsbereit war)

Archäologie und Ägyptologie: Dr. Rosalie David vom Manchester Museum in Manchester; Bill Meacham in Hongkong; Dr. Eugenia Nitowski in Utah; Dr. Deirdre O'Sullivan von der University of Leicester; John Ray vom Selwyn College in Cambridge

Chemie: Dr. Alan Adler vom Western Connecticut State College

Genealogie und Heraldik: Noel Currer-Briggs

Geschichte: Professor Robert Drews von der Vanderbilt University; Pater Maurus Green, OSB; Professor Richard Kaeuper von der University of Rochester und Dr. Elspeth Kennedy (für die zeitlich so überaus willkommene Veröffentlichung von Dr. Kennedys exzellenter Übersetzung von Geoffrey de Charnys *Book of Chivalry*); Père A. M. Dubarle vom Kloster St. Joseph in Paris (für hilfreiche Briefe und einige ausgezeichnete historische Aufsätze); Robert Babinet; Professor Dan Scavone (für seine Freundschaft und den nützlichen Briefwechsel); Professor Gino Zaninotto in Rom

Kunstgeschichte: D. Aldring in Norwich; Dr. Robert Cormack vom Courtauld Institute; Lennox Manton für seine Erkenntnisse über kappadozische Fresken

Judaistik: Victor Tunkel vom Queen Mary College, University of London

Medizin: Professor Michael Blunt, vormals an der University of Sydney; Dr. Robert Bucklin; Professor James Malcolm Cameron, früher am London Hospital tätig; Dr. Michael Straiton in Surrey; Dr. Victor Webster in Australien; Dr. Alan Whanger und seiner Frau Mary

Mikrobiologie: Dr. Leoncio Garza-Valdès von der Trinity University in San Antonio (und seiner Frau Maria, die meine Frau und mich bei einem Besuch in San Antonio so gastfreundlich bei sich aufnahmen); Dr. Thomas Loy von der University of Queensland (für zahlreiche hilfreiche Diskussionen)

Mikroskopie und Mikroanalyse: Professor Giovanni Riggi in Turin

Kernphysik: Dr. Kitty Little, früher am Atomic Energy Research Establishment (AERE) in Harwell tätig; Marie-Claire van Oosterwyck-Gastuche in Aubignan, Frankreich

Numismatik: Dr. David Massa; Mario Moroni; dem Department of Coins and Medals des British Museum, London

Fotografie und Fototechnik: Professor Nicholas Allen in Südafrika; Dr. Allan Mills von der University of Leicester; Kevin Moran in North Carolina; Barrie Schwortz in Los Angeles

Physik: Dr. John Jackson und seiner Frau Rebecca, die wir in Colorado Springs besuchten

Textilien und Textilkonservierung: Professor Randall Bresee vom Department of Textiles an der University of Tennessee; Jean Glover vom North West Museum and Art Gallery Service (England); Sheila Landi, früher in der Konservierungsabteilung des Victoria & Albert Museum tätig; Marc Mees von der Kirche St. Gommaire in Lierre, Belgien; Gabriel Vial vom Stoffmuseum in Lyon; Dr. Peter Wild, Akademischer Oberrat am Institut für Archäologie der Manchester University.

Angesichts der in diesem Buch behandelten Fragen nimmt die Radiokarbondatierung notgedrungen breiten Raum ein, und ich habe mehreren Fachleuten auf diesem Gebiet für ihre freundliche Unterstützung zu danken, besonders Professor Harry Gove von der University of Rochester, Professor Paul Damon von der University of Arizona, den Professoren Edward Hall und Michael Tite von der University of Oxford, Dr. Sheridan Bowman vom British Museum sowie Dr. Robert Otlet, vormals am Low Level Measurements Laboratory des AERE in Harwell tätig. Sie alle haben mich großzügig unterstützt.

Besonders erwähnen möchte ich an dieser Stelle den Mikroanalytiker Dr. Walter McCrone aus Chicago. Mag er in diesem Buch auch noch so sehr als »Opposition« fungieren, so schmälert das in keiner Weise meine Dankbarkeit für eine 20 Jahre lange freundschaftliche Korrespondenz und für viele weitere Gefälligkeiten.

In den letzten Jahren sind viele Zeitschriften und Mitteilungsblätter gegründet worden, die sich der Erforschung des Grabtuches widmen. Diese Publikationen dienten und dienen mir als großartige Informationsquellen. In diesem Zusammenhang gilt mein besonderer Dank Dorothy Crispino für das *Shroud Spectrum*, Gino Moretto für *Sindon*, Frau Professor Emanuela Marinelli für das *Collegamento Pro Sindone*, Pater Joseph Marino für *Shroud Sources*, Daniel Raffard de Brienne und André van Cauwenberghe für das monatliche Mitteilungsblatt des CIELT, Rex Morgan für die australischen *Shroud News* und nicht zuletzt Barrie Schwortz in Los Angeles für seine ausgezeichneten Internet-Websites.

Für allgemeine Hilfestellungen möchte ich außerdem danken: Rodger und Connie Apple; Professor Bruno Barberis in Turin; Professor Ed Cherbonnier; Michel Continant, dem Bürgermeister von Lirey; Pater Kim Dreisbach; Miss Gresham Wells; Mark Guscin; Paul und Lois Maloney; Harold Nelson (besonders für seine nie nachlassende Ausdauer, mir unbeirrbar jedes Schnipselchen an neuer Information zukommen zu lassen); Pater Francis O'Leary von Jospice International in Liverpool; dem Filmemacher Roel Oostra in Hilversum (der mir 1994 eine weitere Reise nach Urfa ermöglichte); dem türkischen Fremdenführer Mustafa Rastgeldi (für seine vielfältige Hilfe bei eben dieser Reise nach Urfa); Dr. Thaddeus Trenn von der University of Toronto und vielen anderen.

Einige der Menschen, die am Zustandekommen dieses Buches beteiligt waren, konnten sein Erscheinen nicht mehr miterleben: Professor Jérôme Lejeune, der meine Frau und mich bei unserem Besuch in Paris 1994 als Gäste bei sich zu Hause aufnahm; der italo-amerikanische Priester Peter Rinaldi, dem ich dafür zu danken habe, daß ich 1973 zum erstenmal das Grabtuch sehen konnte und der 1993 in jener Februarwoche starb, in der das Grabtuch in die Vitrine verlegt wurde, in der es vier Jahre später um ein Haar verbrannte; und der Textilexperte John Tyrer aus Manchester. Sie alle lebten lange genug, um die Ergebnisse der Radiokarbondatierung zur Kenntnis zu nehmen und sich von ihnen nicht kirre machen zu lassen.

Besonderen Dank schulde ich Dr. Michael Clift, dem Generalsekretär der British Society for the Turin Shroud, der mir an der »Heimatfront« mit großer Geduld und Energie den beinahe täglichen Kontakt zwischen Australien und Großbritannien ermöglichte. Ebenfalls ganz besonderen Dank an Carey Smith, früher im Lektorat des Verlags Sidgwick & Jackson tätig, der dieses Buch ursprünglich in Auftrag gegeben hatte, und an Judith Flanders, der Cheflektorin von Weidenfeld & Nicolson, die es umgehend in das Programm ihres Hauses aufnahm, nachdem einige personelle Veränderungen bei Sidgwick-Macmillan in mir die Sorge ausgelöst hatten, daß mein Buch nicht mit der gebotenen Sorgfalt betreut werden würde. Bei der erfahrenen Elsbeth Lindner war es dann in ausgezeichneten Händen. Danken möchte ich auch Emma Baxter für ihre Mitbetreuung und ebenso Ilsa Yardely für die Textredaktion. Besonderen Dank schulde ich zu guter Letzt Anthony Cheetham, dem Vorstandsvorsitzenden der Orion Verlagsgruppe, der an diesem Buch ungewöhnlich starken Anteil nahm und mir auch bei der Wahl des Titels entscheidend zur Seite stand.

Zu guter Letzt möchte ich, wie stets, meine Frau Judith erwähnen, die mir bei fast allen Recherchen in den letzten Jahren zur Seite gestanden hat, mich in allen Zweifelsfällen beraten, jedes Kapitel einzeln überprüft, die Bibliographie und die Grundlage für das Register der englischen Originalausgabe erstellt und mich auch sonst in jeder erdenklichen Weise unterstützt hat. Danke.

Ian Wilson
Bellbowrie, Queensland
Oktober 1997

Einleitung

Leid und Leidenschaft: Die Kontroverse um das Alter des Turiner Grabtuches

Das Turiner Grabtuch ist in jeder Hinsicht, im wörtlichen wie im übertragenen Sinne, ein Gegenstand der Passion. Wenn es tatsächlich das Tuch ist, das einmal den Leichnam Jesu umhüllte, dann weist es Spuren ebenjenes Blutes auf, das einst durch seine Adern floß. Erweist es sich jedoch als mittelalterliche Fälschung, so war es immerhin das Schicksal seines ersten uns bekannten Besitzers, des französischen Edelmannes Geoffrey de Charny, in der Schlacht von Poitiers zu fallen.

Daß so heftig gestritten wird, bis »Blut fließt«, verweist darauf, daß viele Menschen, die sich in den letzten Jahren und Jahrzehnten mit dem Geheimnis des Grabtuches beschäftigt haben, tiefe Verletzungen hinnehmen mußten, als hätten sie es geradezu mit einer Spielart des berüchtigten »Fluchs« von Tutanchamun zu tun. Das jüngste und anschaulichste Beispiel hierfür liefert der Erzbischof von Turin, Kardinal Giovanni Saldarini, den Papst Johannes Paul II. im September 1990 zum Kustos des Tuches ernannte. Genau zu dieser Zeit war man gezwungen, den traditionellen Aufbewahrungsort des Grabtuches, die Königskapelle aus dem 17. Jahrhundert, die den Königspalast von Turin mit der Kathedrale verbindet, zu schließen, da Steine aus der Kuppel herabgefallen waren.

Saldarini ist ein sehr liebenswürdiger, gewissenhafter und tüchtiger Mann, dem sofort klar war, daß man die Königskapelle mit der von Guarino Guarini entworfenen Kuppel und dem Altar (Abb. 2a), der in seiner aufgetürmten Form einer geschichteten Hochzeitstorte ähnelt und in dem die letzten dreihundert Jahre das Grabtuch aufbewahrt worden war, nicht verfallen lassen durfte. Daher gab er in Absprache mit Vertretern des italienischen Staates, der formaljuristisch Eigentümer aller früheren »königlichen« Besitztümer ist, umfangreiche bauliche Renovierungsmaßnahmen in Auftrag. Um das Grabtuch während dieser Arbeiten optimal zu schützen, ließ Saldarini eine hochmoderne kugelsichere Vitrine anfertigen, die direkt hinter dem Hochaltar aufgestellt wurde. Darin deponierte man das Tuch, das sich zusammengerollt in seinem alten versilberten Holzschrein befand (Abb. 2b). Im Mai 1998 würde sich bekanntlich die Entdeckung des inzwischen weltberühmten Negativ-»Fotos« des Grabtuches zum 100. Mal jähren, und aus diesem Grund ordnete Saldarini eine öffentliche Ausstellung des Tuches vom 18. April bis zum 14. Juni 1998 an (die erste Präsentation seit über 20 Jahren). Dem Aufruf des Papstes folgend, den zweitausendsten Geburtstag Christi mit zahlreichen Veranstaltungen feierlich zu begehen, ist eine weitere Ausstellung für das Jahr 2000 vorgesehen. Bis in den April 1997 hinein schien alles nahezu perfekt zu klappen; selbst ein Lift war eingebaut worden, damit Guarinis Kuppel aus der Nähe betrachtet werden konnte. Die Vorbereitungen für die über drei Millionen Besucher, mit denen man in den acht Wochen der Ausstellung rechnete, waren so weit gediehen, daß man dem Termin in aller Ruhe entgegensah.

Dann ereignete sich am Abend des 11. April kurz nach 23 Uhr die Katastrophe. Ein erstes mysteriöses Vorzeichen war ein anonymer Anruf bei der Polizei, in dem es hieß, in der Kathedrale »könne« ein Feuer ausbrechen. Kurz darauf rief um 23 Uhr 35 der Pfarrer der Kathedrale, Pater Francesco Barbero, voller Panik auf einer Polizeistation an und sagte, daß der Feueralarm in der Kathedrale angegangen sei, und aus der Königskapelle würden bereits die Flammen schlagen. Der XXI. Löschzug der Turiner Feuerwehr war schnell am Brandort. Als die Feuerwehrleute in die

Kathedrale eindrangen, sahen sie im Inneren dicken Rauch und rund um den Hochaltar lodernde Flammen; das Feuer beinahe direkt darüber war schon nicht mehr aufzuhalten, und die Königskapelle im ersten Stock mit ihren Glasfenstern wurde vollständig zerstört.

Im Chaos aus Hitze und Rauch entdeckte der Feuerwehrmann Mario Trematore die neue Vitrine, in die man das Grabtuch erst kurze Zeit vorher verlegt hatte und deren normalerweise hell schimmerndes Glas er im Schuttregen von der Decke kaum noch erkennen konnte. Mit einem Blick war ihm klar, sollte die Kuppel der 300 Jahre alten Kapelle einstürzen – und alles deutete darauf hin –, daß dann die Vitrine und ihr kostbarer Inhalt unter einem riesigen glühenden Steinhaufen begraben würde. Ohne Zögern (als gläubiger Katholik schickte er noch ein Stoßgebet gen Himmel) schlug er mit seinem Vorschlaghammer auf das annähernd fünf Zentimeter dicke Panzerglas ein. Das Glas nahm eine leichte milchigweiße Färbung an, wies aber keinen einzigen Sprung auf. Einige seiner Kameraden feuerten Trematore an, der mit aller Kraft unermüdlich weiter darauf einschlug, bis endlich ein Loch in der Vitrine war, gerade groß genug, um mit einem Arm hineinzugreifen und den sperrigen, 1,20 Meter langen, versilberten Schrein des Grabtuches herauszuziehen. Nur wenige Augenblicke später – und zu diesem Zeitpunkt zeigten die inzwischen eingetroffenen Fernsehteams, die live vom Unglücksort berichteten, gerade den sichtlich den Tränen nahen Kardinal Saldarini in Großaufnahme – wurde der Schrein durch das Längsschiff der Kathedrale schnellstmöglich aus der Gefahrenzone gebracht.

Drei Tage später lud Kardinal Saldarini, der das Tuch vorübergehend in seiner Obhut hatte, eine kleine Gruppe handverlesener Spezialisten sowie zusätzlich einige Kirchen- und Behördenvertreter zu sich ein. Auf seine Veranlassung hin öffneten sie den Schrein des Grabtuches und breiteten das Tuch auf einem langen Tisch aus (Abb. 1c). Zu ihrer großen Erleichterung stellten sie fest, daß es unversehrt geblieben war. Aber Saldarini wußte nur allzugut, daß es zahlreiche Hinweise für Brandstiftung gab. Fast der gesamte Bereich um den Hochaltar, in dem das Tuch ausgestellt werden sollte, war zerstört, und die Renovierungsarbeiten würden sehr wahrscheinlich bis ins nächste Jahrtausend dauern. Was also sollte aus den geplanten Ausstellungen werden? Sollte man sie einfach bis auf weiteres verschieben?

Wie die Betroffenen vor Ort war auch ich von diesem Brand zutiefst schockiert. Im April 1997 befand ich mich in meinem Haus in Südaustralien, das ich kurz zuvor bezogen hatte, und stand kurz vor Abschluß meines Buchmanuskripts. In dem Moment, in dem ich erfuhr, was in Turin geschehen war, wußte ich sofort, daß ich meinen Text überarbeiten müßte (ironischerweise hatte ich gerade am Tag zuvor den ersten Entwurf für Kapitel 9 umgeschrieben, und nun stand darin, daß die Aufbewahrung des Grabtuches in der neuen, kugelsicheren Vitrine eine der wenigen unveränderlichen Tatsachen sei!). Aber abgesehen davon war diese Nachricht zutiefst verstörend und gesellte sich den vielen anderen traumatischen Ereignissen hinzu, die mir im Laufe meiner jetzt vierzigjährigen Beschäftigung mit dem Grabtuch – und manche würden dies wohl mit Recht als zwanghaft bezeichnen – widerfahren waren und gegen deren Wirkung ich schon fast unempfindlich geworden zu sein glaubte.

1955 ging ich, ein überzeugter Agnostiker, in London noch zur Schule und stieß in einer Illustrierten zum erstenmal auf einen Artikel über das Grabtuch. Was mich auf der Stelle zutiefst bewegte und meine ganze, recht selbstgefällige Skepsis gegenüber religiösen Dingen ins Wanken brachte, war die so offensichtlich lebensechte »Fotografie« eines gekreuzigten Körpers, die auf dem Negativ zu sehen war, wenn man das Grabtuch mit einem Schwarzweißfilm aufnahm. Mein Eindruck war so tief, daß ich, allerdings mit einem zeitlichen Abstand von zehn Jahren, in meiner Freizeit historische und weitere, darüber hinausgehende Recherchen durchzuführen begann, die mich nach und nach nicht ohne fortwährende Selbstbefragung davon überzeugten, daß dieses Grabtuch in der Tat jener Stoff sein muß, der vor zweitausend Jahren den Leichnam Jesu Christi umgab – ein Tuch, das auf geheimnisvolle Art und Weise (und das war für mich das eigentlich Packende daran) mit seiner »Fotografie« im Tode bedruckt war.

Im November 1973 lebte ich noch in der englischen Stadt Bristol und erhielt einen Anruf aus den Vereinigten Staaten. So erfuhr ich, daß das Grabtuch zum erstenmal seit 40 Jahren aus der Königskapelle, wo es damals aufbewahrt wurde, herausgeholt und der Öffentlichkeit gezeigt werden sollte. Es werde ebenfalls im italienischen Fernsehen zu sehen sein; außerdem war geplant, Journalisten und interessierten Laien wie mir die einmalige Gelegenheit zu bieten, das Tuch aus unmittelbarer Nähe zu betrachten.

Eine solche Chance muß man auf der Stelle nutzen, sonst bereut man es ein Leben lang. Am Mittag des 22. November war ich an Ort und Stelle und lauschte zusammen mit rund 30 weiteren Gästen der kurzen Einführung des damaligen Erzbischofs von Turin, Kardinal Michele Pellegrino. Dann wurden wir innerhalb des Königspalasts eine große Marmortreppe hinaufgeleitet und in einen riesigen, mit Fresken geschmückten Saal, die sogenannte Schweizerhalle, geführt. Am anderen Ende des Raumes hing das Grabtuch in einem einfachen Eichenrahmen und in seiner ganzen Länge von 4,36 Metern senkrecht von der Decke und wurde von starken Scheinwerfern beleuchtet.

Dann kam der nächste Schock. Es sah ganz und gar nicht so aus, wie ich erwartet hatte. All mein Wissen über das Grabtuch bis dato – und ich dachte, ich wüßte eine ganze Menge – beruhte auf Schwarzweißfotografien, die das Tuch, ganz gleich, ob sie es als Positiv oder als Negativ zeigen, erheblich dunkler wirken lassen, als es in Wirklichkeit ist (Abb. 6–7a und b). Die Blässe und Zartheit des Originals waren atemberaubend. Eingerahmt von den Brandlöchern und Flicken des *anderen* Feuers, bei dem es beinahe zerstört worden wäre – und 1532 war der Brand in der Kapelle in Chambéry, in der es damals aufbewahrt wurde, ähnlich verheerend wie das Feuer von 1997 –, war das vertraute »Körperbild« zu sehen, das meiner Meinung das zentrale Mysterium des Grabtuches darstellt. Mit ausreichendem Abstand konnte man es deutlich erkennen: das bärtige Gesicht, den gewölbten Brustkorb, die gekreuzten Hände, die nebeneinanderliegenden Beine sowie, sah man nach oben, den Abdruck der Rückseite, die straffen Schultern, das Gesäß und die Fußsohlen.

Die Farbe des Bildes war ein ganz zartes Sepiagelb. Ging man näher heran, etwa auf Armlänge – und ich war erstaunt, als ich bemerkte, daß das Tuch nicht durch Glas geschützt war –, schien es sich buchstäblich in Nebel aufzulösen. Da sowohl eine Kontur als auch ein wie auch immer gearteter Kontrast zum elfenbeinfarbenen Hintergrund fehlten, war es praktisch nicht möglich, ein Detail, das man genauer studieren wollte, tatsächlich zu »sehen«, ohne einen Schritt zurückzutreten. Ich malte selber und interessierte mich sehr für Kunst und Kunstgeschichte, und aufgrund dieses praktischen wie theoretischen Wissens hielt ich es für absolut unmöglich, daß ein raffinierter Künstler ein solches Bildnis hätte fälschen können, und erst recht nicht ein Mensch des Mittelalters oder der frühen Neuzeit. Die folgenden anderthalb Tage, in denen ich das Grabtuch insgesamt annähernd acht Stunden lang ungehindert in Augenschein nehmen konnte, bestärkten mich in meiner Überzeugung, daß es aller wissenschaftlich-rationalen Einwände zum Trotz einfach echt sein *mußte*.

Die nächsten fünf Jahre vergingen wie im Flug, und das Interesse der Welt am Turiner Grabtuch nahm stetig zu. So räumte man im Oktober 1978 im Anschluß an eine sechswöchige öffentliche Ausstellung – der ersten seit 1933 – einem Gremium von rund dreißig amerikanischen Wissenschaftlern, dem sogenannten STURP-Team[1], fünf Tage lang die Möglichkeit ein, das Tuch und das Bildnis einigen anspruchsvollen wissenschaftlichen Untersuchungen zu unterziehen. Es wurden unter anderem optische, fotografische und spektroskopische Tests durchgeführt; mit Klebefolie wurden insgesamt über dreißig Proben aus Bereichen, die Spuren des »Körperbildes« und des »Blutes« aufwiesen, wie auch aus bildlosen Gewebeteilen entnommen. Aufgrund dieser Untersuchungen kam das STURP-Team so wie ich auch zu dem Schluß, daß es sich bei dem Grabtuch um kein Gemälde handelt.

Die Klebefolien zeigten, daß sich auf der Oberfläche des Grabtuches alle möglichen mikroskopisch kleinen Schmutzteilchen abgelagert hatten, unter denen sich auch einige Farbpartikel befinden konnten. Das Team gelangte zu der Ansicht, daß das eigentliche Bild, wie immer es auch entstanden sein mochte, weder durch Farbe noch mittels einer anderen künstlichen Substanz geschaffen worden war. Vielmehr hatte sich irgendeine physikalische Kraft buchstäblich auf das Tuch »geblitzt«, und zwar in einer sehr präzisen Weise: je nach Abstand des Tuches vom Körper an jeden vorhandenen Punkt. Und die »Blutflecken« waren, wie man ermittelte, tatsächlich menschlichen Ursprungs.

Bis Ende 1978 hatten die Ausstellungen und die STURP-Untersuchungen dem Grabtuch eine derart große Aufmerksamkeit seitens der Öffentlichkeit wie nie zuvor beschert, und der New Yorker Verlag Doubleday fragte bei mir an, ob ich nicht ein Buch über das Thema schreiben wolle (es erschien dann noch im selben Jahr).[2] Darin legte ich dar, wo sich das Grabtuch im Laufe der Geschichte meiner Meinung nach befunden haben könnte, bevor es um das Jahr 1350 im französischen Lirey auftauchte, und verfolgte seinen Weg bis ins erste Jahrhundert n.Chr. zurück.

Wie ich selbst als erster erkannte, handelte es sich hierbei lediglich um eine Hypothese, die mehr als einen Schwachpunkt aufwies und daher weiterer Belege bedurfte. Eine ideale Voraussetzung hierfür wäre ein Test gewesen, den allerdings das amerikanische STURP-Team anno 1978 nicht durchgeführt hatte – die Radiokarbondatierung. Bei diesem Verfahren versucht man das Alter eines organischen alten Gegenstandes dadurch zu ermitteln, daß man ausrechnet, wieviel er von seinem sehr schwach radioaktiven C-14-Gehalt – C steht für Kohlenstoff – eingebüßt hat, denn es ist bekannt und auch meßbar, daß und in welchem Maß dieser Kohlenstoffanteil eines abgestorbenen Organismus jedes Jahr weiter abnimmt. Dieser besondere Test gehörte nicht zum Programm von STURP, und zwar vornehmlich aus folgendem Grund: Zu jener Zeit hätte man ein ungefähr taschengroßes Stück vom Grabtuchstoff dafür benötigt, und das war erheblich mehr, als die Verantwortlichen der katholischen Kirche zu opfern bereit waren.

Im Mai 1977 führte jedoch der amerikanische Kernphysiker Professor Harry Gove von der Rochester University zusammen mit einigen Kollegen die letzten, erfolgreichen Tests für ein neues System der Beschleuniger-Massenspektrometrie (BMS) zur Radiokarbondatierung durch, wofür eine etwa tausendmal kleinere Probe benötigt wurde als bisher. Obgleich dieses Verfahren im darauffolgenden Jahr von STURP für eine sofortige Anwendung noch nicht eingesetzt werden konnte, da es zu diesem Zeitpunkt noch in der Erprobung war, drängte sich diese Methode für die Zukunft geradezu auf.

Bis es endlich soweit war, gab es unzählige Auseinandersetzungen. Im Oktober 1987 erteilte Anastasio Ballestrero, zu dieser Zeit Kardinal von Turin und somit Nachfolger von Erzbischof Pellegrino und unmittelbarer Vorgänger von Kardinal Saldarini, schließlich sein Einverständnis, daß drei ausgewählte Radiokarbonlaboratorien für eine entsprechende Untersuchung ausreichende Proben des Grabtuches erhalten sollten, um eine C-14-Datierung durchführen zu können. Zu dieser Trias gehörten das Forschungslabor für Archäologie und Kunstgeschichte in Oxford, die Radiokarbondatierungseinrichtung der Eidgenössischen Technischen Hochschule in Zürich und das Labor der University of Arizona in Tucson, die die neue BMS-Methode von Gove erfolgreich weiterentwickelt hatten. Nach mehreren Vorgesprächen, die im Januar 1988 im British Museum in London geführt wurden, reisten Vertreter aller drei Untersuchungslabors im April jenes Jahres nach Turin und wurden am Morgen des 21. Aprils in die Kathedrale geleitet.

Als man sie in die von Bänken gesäumte Sakristei brachte, fanden sie das Grabtuch auf einem langen Tisch ausgebreitet vor. Bereits in der Nacht zuvor war es aus dem Schrein in der Königskapelle in die Sakristei gebracht worden. Sie warteten, während Professor Giovanni Riggi, der mit ihnen und mit Professor Gonella die Proben abtrennen sollte, ausgiebig und lautstark mit seinem Kollegen diskutierte, von welcher Stelle des Grabtuches nun die Proben entnommen werden sollten. Als das schließlich entschieden war, schnitt Riggi sehr geschickt und richtig feierlich am Fußende der Vorderansicht des Bildes einen 8 cm x 1cm großen Streifen von der linken Ecke ab. Diesen halbierte er und teilte eine der Hälften in drei Stücke, von denen später jeweils eines den drei Laboratorien übergeben wurde, die andere Hälfte behielt er. Jede Probe wurde sorgfältig gewogen und anschließend in einen Nebenraum gebracht, wo Dr. Michael Tite (der später zum Professor ernannt wurde), der das British Museum vertrat und zum wissenschaftlichen Koordinator des Projekts bestimmt worden war, sie in einen speziell kodierten Edelstahlbehälter legte und mit dem Siegel des Kardinals verschloß. Bei derselben Gelegenheit übergab Tite den Vertretern der drei Untersuchungslabors auch einen Satz ähnlich kodierter Behälter, die ausgewählte Gewebeproben aus dem Mittelalter sowie aus dem ersten nachchristlichen Jahrhundert als »Kontrollproben« enthielten.

Nachdem die Mitarbeiter der Laboratorien mit den Behältern abgereist waren, gaben die zuständigen Stellen in Turin die Nachricht, daß eine Untersuchung des Grabtuches angesetzt worden sei, an die Presse weiter. In den darauffolgenden Monaten untersuchten nacheinander die Wissenschaftler in Arizona, Zürich und in Oxford ihre Probe. Obwohl alle das Versprechen abgeben mußten, ihre Ergebnisse vor der gemeinsamen Veröffentlichung an keinen Außenstehenden weiterzugeben, kursierten bald die wildesten Gerüchte, in denen es aber fast übereinstimmend hieß, die Untersuchung habe eine Datierung des Grabtuches auf das Mittelalter erbracht.

In der zweiten Oktoberwoche des Jahres 1988 wurde der englischsprachigen Presse mitgeteilt, daß das Ergebnis am 13. Oktober, einem Donnerstag, im Presseraum des British Museum bekanntgegeben würde und daß es am selben Tag fast zeitgleich dazu eine Pressekonferenz in Turin gäbe.

Daher ging ich am Nachmittag jenes Tages zu der Veranstaltung, die in einem schäbigen, schwach beleuchteten und überfüllten Raum im Untergeschoß des British Museum in London stattfand. An einer Längswand hatte man ein niedriges Podium errichtet, das drei Männer bestiegen, was mich an einige der Grabtuchausstellungen vergangener Jahrhunderte erinnerte. Bei einer öffentlichen Präsentation hatten drei Bischöfe das Grabtuch auf einem Podium oder einem Balkon zur Anbetung durch die Menge hochgehalten.

Aber 1988 waren diese Männer keine Bischöfe, vielmehr der bereits erwähnte Dr. Michael Tite, Professor Edward Hall vom Labor in Oxford und Dr. Robert Hedges, der technische Leiter der Untersuchung. Sie hatten auch keine Reliquie vorzuführen. Ihr einziges »Requisit« war eine Tafel, die hinter ihnen stand und auf die schon jemand flüchtig geschrieben hatte: »1260–1390!« (Abb. 3b).

Und das war der dritte und diesmal höchst unangenehme Schock für mich, ein echter Tiefschlag. Denn Dr. Tite erklärte, daß diese Zahlen mit 95prozentiger Sicherheit die Eckdaten der auf der Radiokarbondatierung beruhenden Berechnung des ältesten sowie des jüngsten Zeitpunkts bildeten, zu dem der Flachs, aus dem das Grabtuch gewebt wurde, verarbeitet worden sei. Sie waren repräsentativ für den Mittelwert der Ergebnisse aller drei Laboratorien, die fast exakt miteinander übereinstimmten und darauf hindeuteten, daß der verwendete Flachs höchstwahrscheinlich im oder um das Jahr 1325 zu Leinen versponnen worden war. Eine mögliche Schwankung der Altersangabe von etwa 65 Jahre müßte allerdings berücksichtigt werden.

Diese Aussage machte all meine historischen Forschungen über das Grabtuch, an denen ich damals schon über zwanzig Jahre gearbeitet hatte, auf einen Schlag zunichte. Auch die Gültigkeit zahlreicher medizinischer und sonstiger Indizien, die mich gleichermaßen beeindruckt hatten, wurde damit in Abrede gestellt. Dieses Tuch konnte ganz unmöglich das echte Grabtuch des historischen Jesus sein. Denn wie die Männer auf dem Podium übereinstimmend erklärten, sprachen nun überwältigende wissenschaftliche Beweise dagegen. Die Daten des Radiokarbontests paßten zweifellos genau zu dem Zeitpunkt kurz nach 1350, zu dem das Tuch in Europa in dem kleinen französischen Ort Lirey aufgetaucht war. Damit schien auch ein Memorandum bestätigt zu werden, das der Bischof von Troyes, Pierre d'Arcis, im Jahr 1389 an den Papst adressiert hatte[3] (Abb. 3a) und in dem er kundtat, daß Henri de Poitiers, sein Vorgänger in Troyes, der um das Jahr 1350 amtiert hatte, der Überzeugung war, daß das »... genannte Tuch mit Schlauheit gemalt wurde, wofür die Wahrheit von dem Künstler bestätigt wird, der es gemalt hat, nämlich, daß es ein Werk menschlicher Geschicklichkeit und nicht wunderbar bewirkt oder verliehen ist«.[4]

Die Radiokarbondatierung hatte also bestätigt, was die Nachforschungen des Bischofs Henri de Poitiers ergeben hatten, und das war angesichts der notorischen Leichtgläubigkeit, mit der man im Mittelalter Objekte in den Rang von Reliquien erhob, durchaus überzeugend. Professor Hall meinte dazu auf die für ihn charakteristische, kernige Ausdrucksweise: »Im vierzehnten Jahrhundert konnte man mit Fälschungen Millionengeschäfte machen. Da hat jemand einfach ein Stück Leinwand hergenommen, es gefälscht und gegeißelt.«[5]

So kam es, daß am Morgen des 14. Oktober 1988 in vielen Ländern die Meldung groß in den Zeitungen zu lesen war, wenn auch keineswegs überall auf der ersten Seite, daß das Grabtuch »erwiesenermaßen« eine mittelalterliche Fälschung sei. Auf der Pressekonferenz, die Kardinal Ballestrero in Turin gab, erklärte er, so wie schon in der Vergangenheit, daß die Kirche von der Wahrheit nichts zu befürchten habe und daß er die Ergebnisse der Laboratorien akzeptiere, obwohl, wie er umsichtig hinzufügte, »das Problem der Herkunft des Bildes und seiner Erhaltung noch immer weitgehend ungelöst ist«. In der englischen Tageszeitung *Daily Telegraph* wurde daraus die Schlagzeile: »Katholische Kirche gesteht: Das Turiner Grabtuch ist eine Fälschung!« Am selben Tag nannten die Reporter Michael Sheridan und Phil Reeves von der Zeitung *Independent* das Grabtuch fröhlich in einem Atemzug mit anderen Erzeugnissen »mittelalterlicher Schwindler« als da sind »eine Feder des Erzengels Michael ... der letzte Atemzug des heiligen Josef, mehrere Häupter des heiligen Johannes des Täufers«[6], so als gehöre das Grabtuch in diese Kategorie und als hätte es eigentlich schon längst der ganzen Welt klar sein müssen, daß es sich um gar nichts anderes handeln könne als um einen Schwindel.

Von wissenschaftlicher Seite kam der »Gnadenstoß« am 16. Februar 1989. An diesem Tag veröffentlichte die Zeitschrift *Nature* den offiziellen Abschlußbericht der C-14-Forschungslabors inklusive aller technischen Angaben. Nicht weniger als einundzwanzig Wissenschaftler, die bei der Erlangung der Ergebnisse irgendeine Rolle gespielt hatten, hatten den Report unterzeichnet, in dem es hieß, daß es »schlüssige Beweise dafür [gibt], daß das Linnen des Grabtuches aus dem Mittelalter stammt«.[7] Professor Edward Hall vom Oxforder Laboratorium unterstrich in erläuternden Interviews und Gesprächen häufig, daß kein ernstzunehmender Wissenschaftler noch länger an die Möglichkeit einer Echtheit des Grabtuches glauben könne. Wer es dennoch tue, könne sich gleich denen anschließen, die die Erde für eine Scheibe halten.

Es sah also ganz danach aus, als wären jene, die ernsthaft für die Authentizität des Grabtuches plädiert hatten – und zu diesen gehörte schließlich auch ich –, am Ende ihres Lateins angelangt. Und betrüblicherweise sank die Qualität der Argumente jener, die sich weigerten, ihre abweichende Haltung aufzugeben, rasch auf ein mehr als bedenkliches Niveau. Manche europäischen Verfechter der Echtheitsthese nahmen sogar zu der Behauptung Zuflucht, daß nicht das Grabtuch gefälscht sei, sondern die Radiokarbondatierung manipuliert sein müsse.

Als prominentester Vertreter dieses Standpunkts trat bald der französische Priester Bruno Bonnet-Eymard in Erscheinung, der der extrem konservativen katholischen Gruppierung »Katholische Gegenreformation im zwanzigsten Jahrhundert« angehört. Er verwies auf den Umstand, daß zwar der Hauptteil der Probenentnahme mit einer Videokamera aufgezeichnet worden war, nicht aber der Vorgang des Verpackens der Proben in die Edelstahlbehälter. Lediglich der Kardinal war im Nebenraum anwesend, als Michael Tite die Behälter versiegelte. Bonnet-Eymard unterstellte somit Tite, daß er die Proben vertauscht habe, so daß die Stücke, die man in den Laboratorien für die originalen Teile des Grabtuches hielt, tatsächlich die Kontrollproben aus dem Mittelalter gewesen seien, während die Stücke, die als Kontrollproben aus dem ersten Jahrhundert deklariert waren, in Wahrheit vom echten Grabtuch stammten.

Obwohl es nicht den kleinsten Anhaltspunkt für solche Anschuldigungen gab, zeigten sich mit der Zeit selbst hochrenommierte europäische Grabtuchexperten von verschiedenen Varianten dieser These überzeugt, so zum Beispiel Professor Werner Bulst SJ. Noch grotesker waren die Vorwürfe, die die deutschen Autoren Holger Kersten und Elmar Gruber in ihrem reißerischen Buch *Das Jesus-Komplott* erhoben. Besonders pikant hierbei war die Anschuldigung, daß Dr. Tite seinen Taschenspielertrick auf dem Hintergrund einer geheimen Absprache mit einflußreichen Kräften im Vatikan durchgeführt habe. Gewisse hochrangige Kirchenmänner in Rom wollten angeblich verhindern, daß sich das Grabtuch als echt erweist, weil dadurch bewiesen wäre, daß Jesus nicht am Kreuz gestorben sei. Und das hieße, daß die »Auferstehung« in krassem Gegensatz zu einem der wesentlichsten christlichen Glaubenssätze kein Wunder gewesen sei. Folglich sei der Vatikan sehr darauf bedacht, sich mit Dr. Tite zusammenzutun, denn wenn dies jemals nach außen dringen würde, so wären über Nacht und auf einen Schlag alle katholischen Kleriker auf der ganzen Welt arbeitslos, und die gesamte Organisation der Kirche bräche zusammen.

Zu der Zeit, in der jene, die das Grabtuch noch immer für authentisch, also für ein Produkt des ersten nachchristlichen Jahrhunderts, hielten, mit nichts Besserem als solchen haltlosen Behauptungen aufwarten konnten, drangen seltsamerweise auch kaum weitere erhellende Erkenntnisse von den Anhängern der Radiokarbondatierung an die Öffentlichkeit. Dabei mußten sie lediglich plausibel nachweisen, wie jemand im 14. Jahrhundert befähigt gewesen war, das Grabtuch »zurechtzubasteln«, wie Professor Hall sagen würde. Anders gesagt, wie es also einem Menschen in einer relativ rückständigen Epoche gelingen konnte, ein Bild auf dem Grabtuch zu fixieren, das, betrachtet man es als Negativ, eine derart große Ähnlichkeit mit einem Positivfoto aufweist (auch wenn es in mittelalterlicher Zeit niemand auf diese Art und Weise wahrgenommen haben kann).

Dabei herrschte an Theorien in dieser Richtung kein Mangel. So hatte beispielsweise der Mikroanalytiker Dr. Walter McCrone aus Chicago seit Anfang der achtziger Jahre mit Nachdruck behauptet, daß ein Künstler des Mittelalters das Grabtuch geschaffen und das Bildnis mit Hilfe von in einem Bindemittel aus Gelatine aufgelösten Eisenoxydpigmenten auf das Tuch gemalt habe. Seiner Ansicht nach verdankt dieser Künstler die gelungene Erzeugung des Negativs dem glücklichen Zufall, daß er in gewollter Umkehrung eben nicht mit positiven Tönen gemalt habe. Angesichts des Ergebnisses der Radiokarbondatierung erklärte McCrone triumphierend, hiermit habe sich seine Argumentation zu hundert Prozent bestätigt.

Eine ganz ähnliche Auffassung vertrat der Lehrer und Zauberkünstler Joe Nickell aus dem US-Bundesstaat Kentucky: Ein Schwindler aus dem Mittelalter, so Nickell, der hartnäckig seine Zweifel an der Echtheitsthese vorbrachte, habe das Bildnis mit Hilfe eines Körper-Basreliefs hergestellt und anschließend des Effektes wegen Blutflecken auf das Tuch gespritzt. Die Gerichtsmedizinerin Emily Craig von der University of Tennessee und der Textilexperte Professor Randall Bresee sind der Meinung, ein mittelalterlicher Fälscher müsse zuerst das Bildnis auf dem Grabtuch sorgfältig auf Papier gezeichnet und es dann mittels einer Reibetechnik auf das Tuch übertragen haben, so daß das Bild auf dem Tuch eine Kreuzung zwischen einer Messing-Abreibung und einer Fotokopie sei.

Der britische Arzt Dr. Michael Straiton hat das Vorhandensein der Blutflecken auf dem Grabtuch mit dem Argument zu erklären versucht, daß das Tuch von einem Ritter stamme, den die Sarazenen zur Zeit der Kreuzzüge im 13. Jahrhundert in höhnischer Imitation der Leiden Christi gleichfalls gekreuzigt hätten. Allerdings hatte er Schwierigkeiten, die Existenz des Negativs zu erklären. Die populärwissenschaftlichen Schriftsteller Christopher Knight und Robert Lomas sind noch einen Schritt weitergegangen und haben den Kreuzfahrer namentlich benannt: Es soll sich dabei angeblich um Jacques de Molay, den letzten Großmeister der Tempelritter, handeln, der, ehe er 1314 auf dem Scheiterhaufen verbrannt wurde, von der Inquisition als blutige Verhöhnung ans Kreuz geschlagen wurde.[8]

Der südafrikanische Kunstprofessor Nicholas Allen hat kürzlich die Ansicht geäußert, daß es sich bei dem Grabtuch tatsächlich um eine Fotografie handle, und zwar um die erste der Weltgeschichte; geschaffen haben soll sie ein mittelalterlicher Kunsthandwerker, der eine natürliche Linse und fotografische Salze benutzte, die im Mittelalter bekannt und in Gebrauch waren. Allens Theorie liefert einigen Aufschluß über das Negativ, doch gelingt es ihm nur unter großen Schwierigkeiten, die Blutflecken auf dem Grabtuch zu erklären.

Eng verwandt mit der Theorie Allens ist jene der Journalistin Lynn Pickett und ihres Mitautors Clive Prince. Sie gehen ebenfalls davon aus, daß das Bild auf dem Grabtuch in einem fotografischen Verfahren erzeugt wurde, und zwar ihrer Ansicht nach von niemand anderem als Leonardo da Vinci. Leonardo war für seine bahnbrechenden anatomischen Versuche weithin bekannt; für das Grabtuch soll er einen eigens zu diesem Zweck gekreuzigten Körper verwendet und diesen um sein eigenes Porträt ergänzt haben. Diese Fälschung, so Pickett und Prince, soll eine Auftragsarbeit durch Papst Innozenz VIII. gewesen sein.

Nun sind zwar viele dieser Theorien höchst einfallsreich, aber zugleich auch äußerst vielfältig, und keine einzige erscheint so fundiert und überzeugend, daß diese und nur diese wirklich erklären kann, auf welche Weise das Grabtuch gefälscht wurde (sofern es denn eine Fälschung ist).

Denn so ketzerisch und unwissenschaftlich bereits die zarte Andeutung anmuten mag, daß die Radiokarbonuntersuchung das Grabtuch doch falsch datiert haben könnte, so ist andererseits nicht deutlich genug zu betonen, daß dieser Test nichts anderes geliefert hat – und auch in Zukunft nichts anderes liefern kann – als ein High-Tech-Ergebnis, das wohl durchaus seriös zu sein scheint, aber für sich genommen nichts erklären kann.

Um es mit einem bildlichen Vergleich auszudrücken: Wenn ein Jumbojetpilot bei einem routinemäßigen Transatlantikflug auf halbem Wege plötzlich feststellt, daß laut Anzeige – und auf das tadellose Funktionieren seiner Instrumente kann er sich normalerweise verlassen – der Tank leer ist, soll er dann blindlings glauben, was sie ihm anzeigen und auf der Stelle mit seiner Maschine notlanden? Oder sollte er nicht zuerst seine Instrumente überprüfen?

Genau dies ist seit 1988 beim Grabtuch und der C-14-Datierung der Fall. Grundsätzlich hätte der Pilot jenen Vertrauen schenken sollen, die ihm gesagt hatten, das Flugzeug sei vollgetankt. In diesem Zusammenhang möchte ich daher an dieser Stelle ausdrücklich unterstreichen, daß ich im Gegensatz zu Bonnet-Eymard, Kersten/Gruber und Konsorten keinerlei Zweifel an der Integrität Dr. Michael Tites und der anderen, an der Datierung beteiligten Wissenschaftler hege.

Schon während der Vorbereitungen für die Radiokarbondatierung lernte ich Dr. Michael Tite vom British Museum, Professor Hall vom Forschungslabor in Oxford und auch Professor Damon aus Tucson, Arizona, persönlich kennen und konnte unsere Bekanntschaft im Zeitraum unmittelbar nach dem C-14-Test noch vertiefen. Daher kann ich guten Gewissens sagen, daß jedes Szenario, in dem von einer Manipulation der Radiokarbondatierung die Rede ist – und die These von einer Verschwörung des Vatikans will ich hier gar nicht erst diskutieren –, ebenso absurd und abwegig wie auch bar jeden Niveaus ist. So ist zum Beispiel Professor Douglas Donahue, der die technische Aufsicht über die Untersuchung in Arizona hatte, praktizierender Katholik. Als ihm bei der Analyse des Computerausdrucks als erster klar wurde, daß das Grabtuch aus dem Mittelalter stammt, ist er angeblich ganz blaß geworden.[9] Denn er hatte fest damit gerechnet, mittels der Radiokarbondatierung die Echtheit des Grabtuches zu beweisen, aber trotzdem akzeptierte er ohne jede Einschränkung das Endergebnis. Professor Damon ist aktiver Quäker. Und die Vorstellung, daß der brillentragende und typisch »englisch« wirkende Michael Tite sich auf eine Verschwörung mit Kardinälen der katholischen Kirche einlassen könnte, ist einfach lächerlich. Außerdem fotografierten die Wissenschaftler die Proben, die sie aus Turin mitgebracht hatten, und erkannten trotz der Kodierung der Behälter sofort, welche Gewebeprobe vom Grabtuch stammte, denn es besitzt ein sehr charakteristisches Webmuster. Falls ein Austausch der Proben stattgefunden hätte, was nicht der Fall war, hätte dies buchstäblich jeder ohne große Mühe sofort bemerkt. Ein sogenanntes »Mauschel-Szenario« erweist sich somit als vollkommen unrealistisch.

Wir müssen uns statt dessen bewußt machen, daß drei renommierte C-14-Laboratorien in drei verschiedenen Ländern das Grabtuch unter Einsatz hochmoderner Technik auf die erste Hälfte des 14. Jahrhunderts datierten. Damit ist ein Zeitpunkt festgelegt worden, der ungewöhnlich nahe an die Angabe eines französischen Bischofs aus dem Mittelalter herankommt, demzufolge es gefälscht worden sein soll; außerdem ist der Abstand zu den Lebensdaten Jesu Christi äußerst groß. Wenn das Grabtuch tatsächlich aus dem 14. Jahrhundert stammt, dann müssen wir auf das genaueste bestimmen, wie es denn von einem Menschen jener Epoche, ob nun in betrügerischer Absicht oder nicht, geschaffen wurde. Sollte es aber tatsächlich aus dem ersten nachchristlichen Jahrhundert stammen, dann müssen wir in gleichem Maße analysieren, wie es möglich gewesen war, daß sich drei ultramoderne Radiokarbondatierungslabors derart irren konnten.

Wahrscheinlich wäre es besser gewesen, die Untersuchung erst einmal aufzuschieben und erst in 20 oder 30 Jahren wieder darauf zurückzukommen, wenn ausgereiftere und gründlich erprobte Untersuchungsmethoden zur Verfügung stehen. Aber durch die von mir anfangs erwähnte Ankündigung Kardinal Saldarinis der Ausstellungstermine April bis Juni 1998 sowie 2000 wurde diese Aufgabe plötzlich wieder dringlich. Denn trotz der Brandkatastrophe und der scheinbar desillusionierenden Radiokarbondatierung sollen, so jedenfalls Kardinal Saldarini, der dabei Rückendeckung seitens Papst Johannes Pauls II. genießt, die Ausstellungen auf alle Fälle stattfinden, komme, was wolle. Diese Haltung läßt die Entscheidung der Kirche, trotz des Umstandes, daß das Grabtuch von Wissenschaft und Presse als Fälschung bezeichnet wird, unbeirrt an den Ausstellungsdaten festzuhalten, noch bemerkenswerter erscheinen.

Denn in der jahrhundertelangen Geschichte des Grabtuches, in der es sich nicht im Besitz der Kirche, sondern der Herzöge von Savoyen befand, die seit Mitte des 19. Jahrhunderts über das Königreich Italien herrschten, war es stets die offizielle Politik der Kirche, sich nicht allzusehr auf die Echtheit des Tuches zu versteifen, so wie sie es auch mit anderen Reliquien und mit Personen hielt, denen sich an Wunder grenzende Phänomene, wie zum Beispiel Stigmata, offenbart hatten.

Aber innerhalb von weniger als zwanzig Jahren, nachdem das Tuch in den Besitz des Vatikans übergegangen war, und weniger als zehn Jahre nachdem man aufgrund der Radiokarbondatierung das Grabtuch als Fälschung deklariert hatte, begann die Kirche, ihr Verhalten zu ändern. Der katholische Klerus verhält sich mittlerweile so, als sei entgegen aller Wahrscheinlichkeit das Grabtuch echt. Auch durch den gezielten Versuch, das Tuch zu zerstören – die jüngsten Untersuchungsergebnisse weisen allesamt darauf hin, daß es sich im April 1997 um Brandstiftung handelte –, ließ sie sich darin nicht beirren.

Wieso nun diese plötzliche Kehrtwendung? Verfügt die Kirche insgeheim über gute Gründe, davon auszugehen, daß die Radiokarbondatierung falsch und das Grabtuch möglicherweise doch echt ist?

Ähnlich wie dem hypothetischen Jumbopiloten bleibt uns angesichts eines Ergebnisses, das besagt, daß der Flachs, aus dem sich das Linnen des Grabtuches zusammensetzt, 1300 Jahre nach der Lebenszeit Jesu »abgestorben« sei, nichts anderes übrig, als die ganze Sache noch einmal genau zu überprüfen. Wir müssen alle Aspekte, alle Annahmen, alle Facetten der Angelegenheit – und auch die Radiokarbondatierung selber! – noch einmal gründlich unter die Lupe nehmen, um mit Gewißheit entscheiden zu können, wieviel von dem, was wir bisher als unverrückbare Tatsache akzeptierten, weiterhin gültig und was zu verwerfen ist.

Denn in dieser Angelegenheit, in der es um Echtheit oder Fälschung geht, kann auf niemanden besonders Rücksicht genommen werden, ganz egal wie demütigend es für einzelne Personen auch sein mag, in aller Öffentlichkeit Fehler nachgewiesen zu bekommen. Im unbestechlichen Licht der Radiokarbondatierung sind die unterschiedlichen Versionen schärfer konturiert denn je. Das Grabtuch ist entweder der erstaunlichste, unfaßbarste, »unzeitgemäßeste« Gegenstand überhaupt, der uns aus dem Mittelalter überliefert ist, oder es ist allen Widersprüchen zum Trotz echt und umgab tatsächlich den Leib Christi, des Sohnes Gottes, der am dritten Tage auferstand, was in gleichem Maße unser Fassungsvermögen übersteigt. Mit jeder der beiden Positionen sind starke Emotionen verbunden. Und doch müssen wir im Interesse eines zukünftigen Einverständnisses entscheiden, welche Möglichkeit näher an die Wahrheit heranreicht.

Dieses Ziel habe ich fest vor Augen. Jede angemessen erscheinende These wird im vorliegenden Buch noch einmal leidenschaftslos und so genau wie möglich von mir überprüft, unabhängig davon, ob sie nun pro oder contra Echtheit plädiert. Ich verbürge mich dafür, daß ich dabei jene, die ernsthafte Zweifel am authentischen Charakter des Grabtuches vorbringen, mit demselben Respekt behandle wie die Anhänger der Echtheitsthese. Unter diesem Blickwinkel ist daher kein Aspekt mysteriöser als das scheinbar »fotografische« Bildnis, das zentrale Geheimnis und raison d'être des Tuches, das auch mich seinerzeit dazu anregte, mich mit dieser Materie zu befassen.

Daher steht die Beschäftigung mit diesem geheimnisvollen Bildnis und mit allen anderen Details, die das menschliche Auge erfassen und interpretieren kann, am Anfang meines Buches.

Teil 1

»Ein mit Schlauheit gemaltes Bild« oder eine echte Fotografie?

Eine Neubewertung des Grabtuches

Kapitel 1

Wie können wir sicher sein, daß wir wirklich einen echten menschlichen Körper sehen?

Im Laufe der sechshundert Jahre, für die die Existenz des Grabtuches historisch verbürgt ist, haben seine Betrachter bei den Gelegenheiten, zu denen es öffentlich ausgestellt war, mit bloßem Auge den schemenhaften Abdruck eines bärtigen Mannes mit gekreuzten Händen auf dem Tuch erkennen können. Wie der reichlich skeptische Bischof d'Arcis anno 1389 feststellte, obgleich nicht notwendigerweise aufgrund eigener Beobachtung, ist darauf »das zweifache Bild eines Mannes« zu sehen, »das heißt, die Rück- und Vorderseite ... zusammen mit den Wunden, die Er trug«. Die Entstehung dieser – gefälschten oder echten – Ganzkörperdarstellung hat man sich seit langem folgendermaßen erklärt: Den porträtierten Körper bettete man auf die eine Hälfte des Tuches, und dann wurde die andere Hälfte über seinen Kopf geschlagen und bis zu den Füßen hinuntergezogen, wodurch das »zweifache« Bild mit aneinanderstoßender Vorder- und Rückansicht des Kopfes entstand.

Aber wie inzwischen allgemein bekannt ist, zeigt sich die wirklich spektakuläre Eigenschaft des Grabtuches erst, wenn mit Hilfe einer Kamera und eines Schwarzweißfilms seine Lichtwerte invertiert, also helle in dunkle und dunkle in helle Werte verkehrt werden. Als erster entdeckte dies der italienische Ratsherr und leidenschaftliche Amateurfotograf Secondo Pia (Abb. 4b), den man während der achttägigen Ausstellung des Grabtuches im Jahr

1898 beauftragt hatte, die erste offizielle fotografische Aufnahme vom Grabtuch anzufertigen. Am Abend des 28. Mai jenes Jahres stellte Pia gegen 21 Uhr 30 seine klobige und unhandliche Kamera vor dem Grabtuch auf, das über dem Altar der Kathedrale hing, machte zwei Aufnahmen mit langen Belichtungszeiten, für die er große Fotoplatten aus Glas benützte, und eilte dann nach Hause, um sie in seiner Dunkelkammer zu entwickeln.

Wie er später erzählte, fühlte er sich anfangs richtiggehend erleichtert, als er unter der Einwirkung des Entwicklers nach und nach das äußerst scharfe Negativ der Altarverzierung auf dem Fotopapier auftauchen sah, zumal er wußte, daß diese ornamentalen Elemente am Rand seiner Aufnahme zu erwarten waren. Aber je länger er das lange Rechteck betrachtete, das das Grabtuch selbst sein mußte, desto erstaunter wurde er, daß zu seinem blanken Erstaunen nicht verwischte Umrisse einer schemenhaften Gestalt, mit der er eigentlich gerechnet hatte, zutage traten, sondern er immer deutlicher Gesichtszüge und den Körperbau erkennen konnte.

Das nach den Worten des Bischofs d'Arcis »zweifache Bild eines Mannes« hatte sich dramatisch verbessert und war nun ganz deutlich zu sehen. Eine natürliche Hell-Dunkel-Schattierung vermittelte den Eindruck räumlicher Tiefe. Der Mann besaß nicht länger ein grotesk in die Länge gezogenes Aussehen, sondern wirkte vielmehr wohlproportioniert und durchaus eindrucksvoll. Was Blut, das aus seinen Wunden ausgetreten war, ähnelte und wegen des roten Farbtons auf einem Schwarzweißfilm eigentlich dunkel zu sehen sein sollte, schimmerte auf seinem nackten Körper in mattem Weiß. Am eindrucksvollsten waren aber seine Gesichtszüge, die auf dem pechschwarzen Hintergrund erstaunlich würdevoll und lebensecht wirkten.

Wie Secondo Pia sofort erkannte, ließ sich daraus eindeutig folgern, daß das Grabtuch selber ein fotografisches Negativ war, das, wie in einer vorprogrammierten Zeitkapsel schlummernd, auf den Augenblick gewartet hatte, in dem die Fotografie das verborgene, wahre »Positiv« ans Licht bringen würde. Pia empfand es als Privileg, der erste seit den Jüngern gewesen zu sein, der das irdische Aussehen Jesu Christi zu Gesicht bekam.

Als sich die Nachricht dieser Entdeckung allmählich verbreitete und das Bild in Zeitungen und Zeitschriften im In- und Ausland veröffentlicht wurde, tauchten umgehend diverse Zweifel auf, ob etwas Derartiges überhaupt echt sein könne. Insbesondere auf Pias Status als nichtprofessioneller Fotograf sowie auf seine persönliche Integrität gründeten sich diese Bedenken. Die Fotografie war vor 100 Jahren noch nicht so selbstverständlich wie heute, und so stellten manche in ihrer Unwissenheit die Behauptung auf, daß Secondo Pia seine Fotoplatte einfach »überbelichtet« oder andere fototechnische Manipulationen vorgenommen habe. Besonders verletzend für Pia und ein geradezu klassisches Beispiel für das bildlich zu verstehende »Gemetzel« bei der Altersbestimmung des Grabtuches waren bösartige Unterstellungen, er habe seine Aufnahme absichtlich gefälscht und bei dem Ganzen handele es sich von vorne bis hinten um einen gigantischen Schwindel.

Es dauerte 33 Jahre, bis Kompetenz und Ehrlichkeit Pias bestätigt wurden, glücklicherweise erlebte er dies noch. Im Mai 1931 erlaubte König Viktor Emmanuel III. von Savoyen, daß es im Zuge einer 21 Tage währenden Ausstellung des Grabtuches im selben Jahr ein weiteres Mal aufgenommen wurde. Diesmal wurde ein professioneller Fotograf, Giuseppe Enrie, ausgewählt, der das Tuch ohne Glasabdeckung fotografieren durfte (was Pia seinerzeit nicht gewährt worden war[1]). Enrie konnte die großen Fortschritte, die seit 1898 in der Fotografie gemacht worden waren, voll nutzen. Er fotografierte das Tuch – wie seinerzeit Pia – in seiner ganzen Länge und machte zusätzlich eine Serie lebensgroßer Nahaufnahmen von Gesicht, Rücken und Schultern sowie von einem Blutflecken auf dem Unterarm.

Dabei konnte Enrie nicht nur den Effekt des »fotografischen Negativs« bestätigen, auf den Pia gestoßen war, sondern diesen auch deutlicher und detailreicher sichtbar machen (Abb. 6–7a). In Enries früherem Studio, das noch heute existiert (es ist in ein Turiner Fotogeschäft integriert) und eine reizvolle altertümliche Atmosphäre besitzt, habe ich die Originalglasplatte mit dem Negativ der lebensgroßen Nahaufnahme vom Gesicht des Mannes auf dem Grabtuch selber in Händen gehalten. Klarheit und Realismus sind wirklich verblüffend (Abb. 5a). Der Versuch, das Tuch als Werk eines unbekannten Meisters zu deklarieren, der es während des Spätmittelalters geschaffen haben soll, ist so überzeugend wie die These, daß das Taj Mahal durch einen geologischen Zufall entstanden ist. Und ich bin mit dieser Meinung nicht allein. 1967 sagte der britische Berufsfotograf Leo Vala, der mehrere neue fotografische Aufnahmeverfahren erfand und sich selber als Agnostiker bezeichnet, über das Negativ: »Ich war an der Erfindung zahlreicher komplizierter visueller Verfahren beteiligt, und ich kann Ihnen versichern, daß niemand dieses Bildnis gefälscht haben kann. Noch heute könnte das niemand, trotz aller technischen Geräte, über die wir heute verfügen. Es ist ein perfektes Negativ. Die fotografische Qualität würde ich als extrem gut bezeichnen.«[2]

Im Juni 1969 war Giovanni Battista Judica-Cordiglia der erste, der das Grabtuch in Farbe aufnahm. Er machte Fotografien von der gesamten Länge des Grabtuches wie auch von ausgewählten Stellen zusätzlich noch einige Schwarzweißaufnahmen. Im November 1973 wurden während der Ausstellung, die ich besuchte, noch zahlreiche weitere Fotografien angefertigt, und während der sechswöchigen Ausstellung von 1978 war das Fotografieren generell erlaubt. Nach dem Ende dieser Ausstellung kam das amerikanische STURP-Team zum Zuge, das nicht nur weitere Schwarzweißaufnahmen, sondern auch Röntgenaufnahmen vom ganzen Tuch, Makroaufnahmen von winzigen Details sowie Farbaufnahmen von so guter Qualität machte, daß man davon lebensgroße Diapositive anfertigen lassen konnte. Barrie Schwortz (Abb. 5b), der jüdischer Herkunft und einer der ältesten Fotografen bei STURP ist, erklärte, daß er anfangs gezögert habe, an dem Projekt mitzuarbeiten, denn eigentlich sei er in einem Team, das ein Tuch untersuche, welches so eng mit dem christlichen Glauben verbunden sei, fehl am Platze.[3] Das Thema übte dann aber eine so starke Faszination auf ihn aus, daß sein Interesse seit nahezu zwanzig

Jahren ungebrochen ist und daß er mittlerweile im Internet eigene Websites mit Aufnahmen vom Grabtuch und neuesten Informationen eingerichtet hat.

Als Resultat all dieser fotografischen Aktivitäten, die es heute sogar Kindern ermöglicht, den Negativeffekt auf ihrem PC nachzuvollziehen, kann man mit absoluter Sicherheit sagen: Das so lebensechte fotografische Negativ des Grabtuches wurde nicht durch einen fotografischen Trick der Neuzeit erzeugt. Die verborgene »Fotografie« auf dem Grabtuch, welchen Ursprungs sie auch immer sein mag, ist eine Tatsache, der sich die Skeptiker ebenso ehrlich und vorbehaltlos stellen müssen wie die Echtheitsverfechter den Ergebnissen der Radiokarbondatierung. Und genau wie im Falle der Radiokarbondatierung darf man keine Hypothese ungeprüft durchgehen lassen.

Der englische Archäologe Christopher Frayling hat darauf hingewiesen, daß es ein Zirkelschluß sei, das Bild auf dem Grabtuch als Fotografie zu bezeichnen und dann daraus abzuleiten, daß es sich keinesfalls um die Fälschung durch einen Maler handeln könne.[4] Das ist richtig. Aber wenn wir eine Entscheidung treffen wollen, welche Alternative nun richtig ist, besteht die einzige Möglichkeit darin, das Bild Stück für Stück, Detail für Detail zu analysieren, um zu einem einigermaßen vernünftigen Urteil zu gelangen, was wir denn nun eigentlich auf dem Stoff sehen. Berücksichtigen wir Walter McCrones Behauptung, es sei das Werk eines Künstlers, und die Bemerkung des skeptischen Bischofs d'Arcis aus dem Jahr 1389, der in seinem Memorandum die Formulierung »ein mit Schlauheit gemaltes Bild« verwendete, muß ganz oben auf unserer Prioritätenliste die Frage stehen, ob es vielleicht tatsächlich etwas Derartiges ist, oder ob wir – und das ist die logische Alternative dazu – einen echten Körperabdruck eines Menschen vor Augen haben.

Bei der Lösung dieser Frage kann uns niemand besser helfen als Isabel Piczek (Abb. 11a), eine Künstlerin, die das Genre Aktmalerei sehr gut kennt. Sie wuchs im Ungarn der Nachkriegszeit auf, war ein Schnellentwickler und ein echtes Wunderkind, denn bereits im Alter von elf Jahren wurden erste Arbeiten von ihr öffentlich gezeigt. Mit dreizehn Jahren legte sie die Abschlußprüfung an der Budapester Kunstakademie ab. Daraufhin wurde beschlossen, sie nach Moskau zu delegieren, damit sie dort ihr Studium abschließen könne. Innerhalb von vierundzwanzig Stunden, nachdem sie dies erfahren hatten, entschloß sie sich zur Flucht und überquerte ohne Papiere und nur mit dem, was sie am Leibe trug, vier Grenzen und, da Winter war, die verschneiten österreichischen Alpen. Sie erreichte Rom, beteiligte sich dort an einem öffentlichen Wettbewerb für ein großes und prestigeträchtiges Wandgemälde, das für das Päpstliche Institut für Bibelstudien bestimmt war, und gewann auf Anhieb. Die Kleriker in der zuständigen Jury waren schockiert – es war noch die Zeit vor dem Zweiten Vatikanischen Konzil –, als sie erfuhren, daß die Preisträgerin, der sie den Auftrag erteilt hatten, ein zartes, nicht einmal vierzehn Jahre altes Mädchen war.

Aber die hohe Qualität des fertiggestellten Werks stellte unter Beweis, daß die Kirchenmänner eine weise Wahl getroffen hatten. Isabel Piczek schuf in Italien noch 42 weitere, vielbewunderte Wandgemälde, ehe sie 1956 in die USA emigrierte, um sich dort auf Wandgemälde zu spezialisieren, die bis zu 280 Quadratmeter groß waren. Mit ihnen schmückte sie Kathedralen und andere sakrale Bauten in Kalifornien, Nevada und anderen US-Bundesstaaten. Heute lebt sie in Los Angeles und arbeitet immer noch mit geradezu unermüdlicher Energie an ähnlich gewaltigen Wandgemälden, außerdem an großflächigen Projekten für Mosaike, Keramikplatten und farbigem Glas. Im Umgang mit Öl-, Tempera- und Acrylfarben und sogar mit reinem Eisenoxyd, also mit jenem Pigment, das nach Meinung Dr. Walter McCrones für das Bemalen des Grabtuches benutzt wurde, sehr versiert, kann man mit Fug und Recht behaupten, daß Isabel Piczek, deren Stil weder allzu traditionell noch übermäßig avantgardistisch ist, sehr gut über Malerei Bescheid weiß.

Was ist nun ihr Standpunkt innerhalb der Debatte, ob das Bild auf dem Grabtuch mittels der »fotografischen Aufnahme« eines realen Menschen entstand oder doch ein »mit Schlauheit gemaltes Bild« ist? Obwohl sie sich erst in den letzten paar Jahren für das Thema zu interessieren begann, muß man anerkennen, daß sie es außerordentlich ernst nimmt, insbesondere wenn man sie weit oben auf einer fünf Meter hohen Leiter in ihrem Atelier stehen sieht, die »Negativfotografie« vom Grabtuch in der Hand, und Isabel mit scharfem Blick die Haltung eines nackten männlichen Modells, das im selben Gestus wie der Mann auf dem Grabtuch unter ihr liegt, damit abgleicht. Wenn man dann noch zusätzlich erfährt, daß sie buchstäblich Dutzende von Modellen in dieser Haltung durchprobiert hat, um eines zu finden, das genau die richtige Größe und Gestalt hat, kommt man erst recht ins Staunen.

In diesem Zusammenhang muß betont werden, daß die Arbeit mit einem männlichen oder weiblichen Aktmodell für Isabel Piczek weder ungewöhnlich noch peinlich ist. Da sie der klassischen Methode folgt, anhand eines bekleideten oder unbekleideten Modells Vorstudien anzufertigen, beschäftigt sie regelmäßig professionelle Modelle und läßt diese für das jeweilige Bild posieren. Für Arbeiten, die der Kreuzigung Jesu gewidmet sind, hat sie manchmal von einem Modell verlangt, sich für mehrere Stunden an mehreren aufeinanderfolgenden Tagen an einem Modellkreuz in ihrem Atelier festbinden zu lassen. Ganz sachlich erläutert sie eine weniger bekannte physiologische Wirkung dieser Prozedur: »Wenn zwei oder drei Stunden verstrichen sind, werden die Genitalien allmählich so klein wie bei einem Jugendlichen oder einem kleinen Jungen.«[5] Kurz gesagt, Isabel Piczek besitzt auch recht gute anatomische Kenntnisse, selbst wenn es sich wie in diesem Fall um einen »Gekreuzigten« handelt. Wir dürfen ihr daher getrost die Fähigkeit zutrauen, zwischen einer lediglich malerischen Darstellung eines menschlichen Körpers durch einen »schlauen Künstler« und einer wie auch immer entstandenen »Fotografie« eines realen Körpers unterscheiden zu können.

Welche professionelle Meinung hinsichtlich des Grabtuches vertritt sie nun? Wie sie in umfangreich illustrierten Vorträgen und Artikeln wiederholt dargelegt hat, vertritt sie mit großem Nachdruck folgende Position: »Es gibt zwar Leute, die davon überzeugt sind, daß kein Künstler des Mittelalters ein Negativbild gemalt haben könnte, aber unbestritten ist doch, daß selbst heute niemand, ob nun mit oder ohne Kamera, ein Negativbild anzufertigen in der Lage wäre, das nur annähernd die *Vollkommenheit* des Grabtuches aufweisen würde.«

Da diese Frage für unsere Thematik von zentraler Bedeutung ist, lohnt es sich, dies zunächst einmal am Antlitz Jesu Christi auf dem Negativ zu verdeutlichen. Wenn man die Helligkeitswerte willkürlich auf drei reduziert, nämlich auf hell, mittel und dunkel, so kann man an der Stirnpartie beobachten, daß die Brauenbogen hell werden, die Hauptfläche der Stirn quer über den Brauen allmählich einen mittleren Farbton annimmt und daß außerdem eine dunklere Färbung erscheint, die zeigt, daß sich der Schädel in Richtung Haaransatz wölbt. Isabel Piczek würde dazu in der Terminologie der Kunst sagen, daß wir eine perfekt ausgeführte »Modellierung« erblicken, die um so erstaunlicher ist, da keine Konturen vorhanden sind (und Konturen verwendeten Künstler noch bis ins 20. Jahrhundert).

Diese Modellierung ist fast im gesamten Gesicht gleichermaßen perfekt vorhanden und zeigt überzeugend subtile Details lebensechter Gesichtszüge. So sind wir in der Lage, friedliche und edle Züge zu erkennen, die sich aus geschlossenen Augen, einer erhöhten rechten Augenbraue, einer großen, vornehmen Nase, einem wohlgeformten Mund, offenbar in der Mitte gescheiteltem Haar, das zu beiden Seiten des Gesichtes fast bis auf die Schultern herabfällt (wobei die rechte Seite länger und dichter wirkt als die linke), sowie einem Vollbart zusammensetzen, der kurz geschnitten ist und nicht mehr als fünf Zentimeter über das Kinn hinabreicht. Die wenigen Beispiele scheinbar unvollkommener Modellierung, wie etwa die schwächere Konturierung des rechten Auges im Vergleich zum linken, können sehr wahrscheinlich als eine entstellende Verletzung interpretiert werden.

Wie Isabel Piczek betont, müßten wir jeden Künstler der Weltgeschichte, der ein solches Bild gemalt hat, als Meister des Chiaroscuro, der Hell-Dunkel-Malerei, feiern. Dieser Künstler wäre den bedeutendsten Vertretern dieser Technik, Caravaggio und Rembrandt, überlegen – und beide wurden lange nach 1390 geboren (Caravaggio 1571, Rembrandt 1606), jenem Jahr also, das laut C-14-Datierung als spätestes Entstehungsdatum des Grabtuches in Betracht kommt. Aber selbst wenn wir auf irgendeine Weise einen bestimmten Künstler als Urheber identifizieren könnten, hätten wir damit noch lange keine Erklärung bei der Hand, die uns das Grabtuch als Kunstwerk verständlich macht.

Denn das Bild, das wir auf dem fotografischen Negativ sehen, ist natürlich nicht jenes, das der mittelalterliche Künstler entsprechend der propagierten Hypothese schuf. Vielmehr könnte er, wer immer es auch gewesen sein mag, nur mit nahezu verschwindend schwachen »positiven« Tönen gearbeitet haben, und es war dieser Umstand, der mich bei meinem ersten Anblick des Originals im Jahr 1973 so erstaunte. Um das 1898 entdeckte »Negativ« zu schaffen, hätte er durchgängig und ohne den kleinsten Fehler in jeweils denselben Tönen das natürliche und uns allen vertraute Verhältnis von Licht und Schatten genau umdrehen müssen. Und vor allem: Er hätte es »blind« tun müssen, denn es stand ihm zu jener Zeit – und wir sprechen hier vom 13. und 14. Jahrhundert – kein Verfahren zur Verfügung, mit dessen Hilfe er das Negativ hätte sehen und somit sein Vorgehen überprüfen können; genausowenig war er imstande, das Endergebnis jemand anderem vorzuführen. Ganz abgesehen davon, daß es schlicht und ergreifend unmöglich ist, daß jemand im Mittelalter auf diese Weise gearbeitet haben soll, dürfte außerdem ein solches Verfahren in der Praxis nicht einmal im entferntesten durchzuführen gewesen sein. Wie Isabel Piczek und auch andere Aktmaler bestätigen, ist es schon schwierig genug, in normalen, positiven Tönen, also bei einem normalen Verhältnis von Licht und Schatten, ein Modell zu porträtieren. Das umgedreht zu tun, und zudem ohne jede Möglichkeit, das Resultat zu überprüfen und gegebenfalls zu korrigieren, ist so gut wie ausgeschlossen.

Außerdem ist die »Vollkommenheit«, die Isabel Piczek der Modellierung des Bildes attestiert, nicht allein auf das Gesicht beschränkt. Auch der restliche Körper ist ebenso »perfekt« und aussagekräftig. Die Negativbilder (Abb. 10a und 14a) zeigen Haltung und körperliche Beschaffenheit eines menschlichen Körpers mit einer Präzision, daß man sie mit Hilfe eines Modells im Atelier *en détail* überprüfen kann.

Auf der Vorderansicht des Körpers ist zwar so gut wie nichts von den Schultern zu sehen, was wohl auf die Beschädigung des Grabtuches bei dem Brand von 1532 zurückzuführen ist, aber unterhalb der Stelle, wo wir diese eigentlich erwarten würden, changieren die Helligkeitswerte auf dem Negativ sehr dramatisch von dunkel über mittel zu hell und dann wieder zurück zu dunkel. Die Linien, die in Verbindung mit diesen Farbveränderungen stehen, zeigen selbst einem Laien überdeutlich, daß es sich um die Muskeln eines ungewöhnlich weit hervortretenden, also stark gedehnten männlichen Brustkorbes handelt.

Für Isabel Piczek ist diese Dehnung der Brustmuskeln keine Überraschung. Sie hat nichts anderes erwartet, da sie genau dieses Phänomen an ihren Modellen, die sie an einem Kreuz in ihrem Atelier festgebunden hatte, beobachten konnte. Kaum habe sie, so sagte sie mir, mit ihrer Skizze begonnen, sei bereits die Brust ihrer Modelle besorgniserregend stark angeschwollen, worauf nach wenigen Minuten ein heftiger Schweißausbruch folgte und die physische Belastung für die Modelle so groß wurde, daß sie manchmal kurz vor einer Ohnmacht standen. Wenn sie ihnen dann eine kurze Pause gestattete, erholten sie sich jedoch wieder binnen kurzem, und in einigen Fällen hielten sie dann noch mehrere Stunden durch. Von ganz ähnlichen Reaktionen berichten Mediziner, die eigene Untersuchungen über die Kreuzigung durchgeführt hatten.[6]

Wenn wir uns das Negativbild unterhalb der Brust ansehen, bemerken wir einen dunklen Bereich zwischen den Rippen, was darauf hindeutet, daß das sogenannte Epigastrium, d.h. die zwischen Rippenbogen und Nabel gelegene Region, stark eingezogen war. Auch das hat Isabel Piczek bei einer kreuzigungsähnlichen Aufhängung beobachten können. Unter einer Vertiefung, die man vermutlich zu Recht als Nabel deuten kann, ist wiederum ein sehr heller Bereich zu sehen, der überzeugend einen gut gerundeten Bauch darstellt. Dort, wo sein unterer Teil im Schatten verschwindet, sind die Unterarme und die überkreuz liegenden Hände mit langen Fingern. Besonders lohnend ist es, an dieser Stelle die Einzelheiten des Negativbildes mit denen des Bildes zu vergleichen, das auf dem Grabtuch zu sehen ist.

Auf dem Tuch sind, abgesehen von den Spuren herablaufenden Bluts, die Unterarme nur durch eine ganz leichte Verfärbung zu erahnen und wirken mit der Stelle, wo wir üblicherweise Oberarme und Schultern vermuten würden, relativ unverbunden. Obwohl wir an jeder Hand recht mühevoll vier Finger ausmachen können, scheinen die Hände im Grunde nur aus einem länglichen Farbfleck zu bestehen, so daß niemand auch nur im entferntesten auf die Idee käme, dort nach räumlicher »Tiefe« zu suchen.

Wenn wir jedoch das Negativ betrachten, erkennen wir sofort eine Anordnung der Hände, die, würde sie von einem »schlauen Maler« stammen, als Arbeit auf höchstem künstlerischem Niveau bezeichnet werden müßte. Zwar wurde schon öfters darauf verwiesen, daß die rechte Hand des Mannes so aussieht, als wären ihre Finger wesentlich länger als jene der linken, doch beruht diese Kritik wohl auf der nicht sonderlich gut durchdachten Erwartung, sein Körper müsse so flach wie eine gepreßte Pflanze sein oder als sei er unter eine Dampfwalze geraten.

Statt dessen haben wir eine äußerst komplexe, aber perfekt ausgearbeitete Darstellung auf mindestens drei verschiedenen Ebenen vor uns, was mittels eines Modells und mit der Vorgehensweise Isabel Piczeks gut nachgewiesen werden kann. Denn wenn wir noch einmal alle Farbtöne willkürlich in hell, mittel und dunkel einteilen, sehen wir für jeden Knöchel und jedes Gelenk helle Stellen, mittelhelle für den Großteil der Finger und Handrücken sowie dunkle für die Trennlinien zwischen den Fingern. Dunkle Partien finden sich an den Stellen, an denen die linke Hand die rechte bedeckt, außerdem dort, wo die Finger der linken Hand unter dem Handgelenk verschwinden, das sie gleichzeitig umfassen, sowie in den Bereichen am Unterleib und an der Innenseite der Oberschenkel, wo alles im Schatten liegt. Wir können auch erkennen, daß die Finger der linken Hand das Handgelenk der rechten sichtbar *umfassen* – aus diesem Grund wirkt diese Hand auch kürzer – und daß die ausgestreckten Finger der rechten Hand etwas unterhalb der Leiste auf dem Oberschenkel ruhen. Nur wenig unterhalb dieser Finger ist eine Wölbung zu sehen, die von der Lage her die Spitze eines Penis sein könnte. Wie jeder weiß, der schon einmal einen Kurs für Aktzeichnen belegt hat, sind Hände, die einander umfassen, außerordentlich schwer in realistischer Manier darzustellen, selbst wenn man es mit einer natürlichen Verteilung von Licht und Schatten zu tun hat und Konturen zeichnen kann. Wie ein »schlauer Künstler« das derart erfolgreich bei invertierten Licht- und Schattenwerten und ohne Umrisse fertiggebracht haben soll, übersteigt meine Vorstellungskraft.

Und das ist noch nicht alles. Wenn wir uns nun – und wir befinden uns noch immer bei der Vorderansicht – der Darstellung der Beine zuwenden, dann sehen wir, daß sich die Farbe der Schenkel im Tonwert von tiefdunkel (an der Verbindungsstelle zum Rumpf) über mittelhell (in der Mitte der Schenkel) bis zu ganz hell (auf der Höhe der Kniegelenke) ändert. Unterhalb des Kniegelenks sind die Töne zunächst noch gleich hell, und dann nimmt ihre Tonalität stetig ab, bis es schließlich auf der Höhe des Knöchels ganz dunkel wird. Wie Isabel Piczek sagte, sind diese Veränderungen der Helligkeitswerte allein dadurch zu erklären, daß der Mann auf dem Grabtuch mit an den Knien stark gebeugten Beinen dagelegen haben muß. Bei einem Kunstwerk würde man eine solche optische Wirkung als »Verkürzung« bezeichnen.

Dazu ist zu sagen, daß uns aufgrund von Fotografien und Fernsehbildern, mit denen wir täglich konfrontiert werden, das Prinzip der Verkürzung, also die durch die perspektivische Darstellung bedingte kleinere Abbildung eines entfernteren Objekts, heute natürlich sehr vertraut ist. Daher ist uns häufig gar nicht bewußt, daß in der Kunst diese Technik das erstemal in der Renaissance von den Künstlern Paolo Uccello (1397–1475) und Piero della Francesca (ca. 1410–1492) eingesetzt wurde. Keiner von beiden lebte schon, als die französischen Bischöfe des 14. Jahrhunderts ihr verdammendes Urteil über das Grabtuch fällten. Und so großartige Werke Paolo Uccello und Piero auch schufen, mit der Chiaroscuro-Technik wären sie hoffnungslos überfordert gewesen. Somit zeigte sich auch bei diesem Punkt, daß der »schlaue Künstler«, der mutmaßliche Urheber des Grabtuchbildnisses, vollkommen »unzeitgemäß« war.

Eine ideale Möglichkeit, um vorzuführen, daß das Negativbild auf dem Grabtuch tatsächlich auf der »Fotografie« eines echten menschlichen Körpers basiert und nicht nur eine künstlerische Darstellung ist, wäre natürlich, Aussehen und Haltung des ursprünglichen Körpers so genau wie möglich zu rekonstruieren und dann zu überprüfen, wie diese zu einem Tuch mit den Maßen des Grabtuches passen. Und eben das war einer der Gründe, daß ich Isabel Piczek in ihrem Atelier auf einer so hohen Leiter sah. Sie wollte ihre Modelle, die die Haltung des Mannes auf dem Grabtuch eingenommen hatten, ungehindert von oben betrachten können (Abb. 11b), weil sie nur in dieser Höhe eine wahrheitsgetreue Ansicht erhielt – und das auch nur dann, wenn sie auf der Leiter auf einem Bein balancierte.

Ihr zufolge spricht auch dieser Umstand dagegen, daß das Grabtuch von einem Künstler des Mittelalters angefertigt worden sein kann, und auf gar keinen Fall mittels eines lebenden Modells. Sie fand es derart schwierig, in dieser unbequemen Haltung selbst kleinere Vorzeichnungen anzufertigen, daß ihr allein schon die Vorstellung, daß jemand versucht hätte, auf einem 4,36 Meter langen Tuch auf diese Art und Weise mit Farben und Pinsel zu hantieren, völlig absurd erschien. Zudem sah sie sich aus ähnlichen Gründen gezwungen, den Versuch der Rekonstruktion der Körperrückseite ganz zu unterlassen. Denn dafür hätte das Modell auf dem Bauch liegen und mit unter dem Becken gekreuzten Händen auf der Nasenspitze, einem Handrücken und einem Knie balancieren müssen. Sie bat ein Modell, diese Haltung auszuprobieren, aber diese Haltung wurde rasch als so umständlich und peinlich empfunden, daß sie den Versuch abbrach. Die einzige andere Möglichkeit, eine lebensechte Ansicht der Rückseite des Körpers zu erhalten, wäre gewesen, das Modell in der Grabtuch-Haltung auf eine Platte aus Tafelglas zu legen und diese an der Decke aufzuhängen. Da Tafelglas im Mittelalter noch nicht existierte, mußte sie das erst gar nicht ausprobieren.

Angesichts dieser, selbst für einen professionellen Maler unüberwindlichen Schwierigkeiten gelangte Isabel Piczek zu der festen Überzeugung, daß keiner ihrer künstlerischen »Vorgänger« das Grabtuch gemalt haben konnte, sondern daß ein realer Mann in das Tuch gehüllt worden war und auf ominöse Weise sein Körperbild darauf hinterließ. Ihrer Meinung nach war dieser Mann fast 181 Zentimeter groß und eine eindrucksvolle Erscheinung. Offenbar lag der Mann nicht ganz flach auf dem Rücken, vielmehr waren der Kopf und sein ganzer Oberkörper etwas erhöht. Diese Erkenntnis führte dazu, daß Piczek improvisierte Kopfstützen ausprobierte. Eine Schulter des Mannes war allem Anschein nach ausgerenkt (was man daran erkennt, daß die rechte Schulter auf dem Bild der Körperrückseite ein wenig tiefer liegt als die linke), und seine Hände waren über dem Unterleib gekreuzt, daß, so Piczek, die Genitalien vollständig bedeckt waren. Die Knie waren leicht gebeugt, und, wie aus dem Bild der Rückseite abzuleiten ist, lag sein linker Fuß ein klein wenig über dem Spann des rechten (Abb. 10b).

Isabel Piczek ist nicht die einzige, die versucht hat, den Körperbau des Mannes auf dem Grabtuch zu rekonstruieren. Resultate anderer Forscher zeigten Abweichungen größeren Ausmaßes. So errechnete beispielsweise der italienische Monsignore Giulio Ricci eine Körpergröße von nur 160 Zentimetern, während die Briten Lynn Pickett und Clive Prince, die Leonardo da Vinci für den Schöpfer des Tuchs halten, die erstaunliche Größe von 203 bis 209 Zentimetern angaben, ohne dafür allerdings Beweise präsentieren zu können. Glücklicherweise stellen diese Schätzungen, die beide nicht von Fachleuten stammen, Extrempositionen dar. Der Amerikaner Dr. Robert Bucklin, der Franzose Dr. Pierre Barbet und Dr. David Willis aus England, allesamt ausgewiesene Experten auf dem Gebiet der medizinischen Forschung, präsentierten Zahlen, die die These Isabel Piczeks stützen. Sie und auch andere Fachleute haben auch Piczeks Schlußfolgerungen hinsichtlich der ausgerenkten Schulter und weiterer charakteristischer Merkmale bestätigt.

Obwohl Piczek gründlich mit Modellen experimentiert hat, weist ihr Ansatz einen wesentlichen Schwachpunkt auf: Ihre Erkenntnisse beruhen fast vollständig auf vergleichenden und ausschließlich optischen Studien von Modellen. Auf diesem Gebiet sind höchst instruktive Ergebnisse erzielt worden, die Isabel Piczeks Arbeit ergänzen und die auch bei der Nachbildung des Grabtuches verwendet wurden, um den Körper zu rekonstruieren, den das Tuch einst umgeben haben soll. Zu den Pionieren in diesem Bereich gehörte bereits in den sechziger Jahren der italienische Bildhauer Lorenzo Ferri, der Kunstgeschichte in Rom lehrte und über exzellente anatomische Kenntnisse verfügte.

Er übertrug das Bildnis des Grabtuches via fotografischer Methode lebensgroß auf eine durchsichtige Plastikfolie und konnte dadurch ein überzeugendes, lebensgroßes Modell des Körpers anfertigen, das Isabel Piczeks Ergebnissen sehr nahe kam und insbesondere ihre Hinweise auf einen erhöht liegenden Kopf, eine erhöhte Schulterpartie und angewinkelte Knie bestätigte.

Eine ähnliche Methode entwickelte der amerikanische Physiker Dr. John Jackson und hat sie über die Jahre stetig verbessert. Jackson gehörte zu den führenden Mitarbeitern des amerikanischen STURP-Teams, das 1978 das Grabtuch untersuchte. Er begeisterte sich schon in jungen Jahren für das Grabtuch und arbeitete in den siebziger Jahren – zu dieser Zeit war er als Ausbilder an der Luftwaffenakademie der amerikanischen Streitkräfte in Colorado Springs tätig – mit seinem Kollegen Dr. Eric Jumper zusammen, der im selben Maß von dieser Materie fasziniert war. Gemeinsam wollten sie herausfinden, durch welchen physikalischen Prozeß das Bildnis auf das Tuch gelangte. So wie auch Ferri fertigten Jackson und Jumper eine lebensgroße Nachbildung des Grabtuches aus Stoff an, schnitten diese Replik genau zu, projizierten mit Hilfe eines Diaprojektors das Bildnis des Grabtuches darauf und markierten dann jedes hervortretende Detail des Körperbildes.

Da beide an einer Luftwaffenakademie arbeiteten, wandten sie sich an ihre Kadetten und suchten Freiwillige, die sich als Testpersonen zur Verfügung stellten, so daß ausprobiert werden konnte, ob sie zu diesem Bild »paßten« (ganz so wie im Märchen *Aschenputtel* nach dem Fuß gesucht wird, dem der goldene Pantoffel paßt; Abb. 12a). Im Gegensatz zu Isabel Piczek, die mit Berufsmodellen arbeitete, erwarteten sie von ihren Freiwilligen nicht, daß sie sich völlig entkleideten, noch, daß sie stundenlang reglos blieben, denn Jackson und Jumper wollten präzise herausfinden, wie das Tuch über den Körper drapiert worden war (Abb. 12b) und welchen Abstand es an jedem möglichen Punkt vom Körper aufwies. Auf diese Weise wollten sie versuchen zu verstehen, wie das Bild auf das Tuch gelangte.

Nach nunmehr über zwanzig Jahren ist es Dr. Jackson wie vor ihm schon Professor Ferri gelungen, eine Rekonstruktion herzustellen, die zumindest annähernd jenem Körper ähnelt, den seiner festen Überzeugung zufolge einst das Grabtuch umgab. Heute ist sein Ergebnis in dem Grabtuchforschungszentrum zu besichtigen, das Jackson und seine Frau in Colorado Springs eingerichtet haben. Es handelt sich dabei lediglich um eine praktischen Demonstrationszwecken dienende Figur aus Polystyrol, die grob die Form eines menschlichen Körpers aufweist und auf der Computertomographie eines entsprechend proportionierten Freiwilligen beruht (Isabel Piczek oder auch Lorenzo Ferri hätten wohl etwas andere Figuren präsentiert).

Dennoch ist dieses Modell, vergleicht man es mit den Versionen Ferris und Piczeks, äußerst hilfreich, weil dadurch deutlich wird, an welchen Punkten Forscher, die dasselbe Problem aus völlig unterschiedlichen Richtungen anpacken, Übereinstimmungen erzielen und wo sich Differenzen ergeben. So ist zum Beispiel John

Jacksons Figur 179 Zentimeter groß und somit kaum kleiner, als die Arbeiten von Piczek und Ferri und die Schätzungen der Mediziner ergeben haben. Andererseits sind, wie bereits erwähnt, bei den Rekonstruktionsmodellen von Piczek und von Ferri der Kopf und die Schulterpartie des Mannes leicht erhöht, während Jacksons Figur völlig eben liegt. Isabel Piczeks Modelle lagen mit der gesamten Wirbelsäule auf einer Unterlage vollständig auf, Jacksons Figur dagegen weist eine stark gewölbte Wirbelsäule auf. Während Piczek meinte, der Mann auf dem Grabtuch habe seine Beine ungefähr um zwanzig Grad aus der Horizontalen angewinkelt, sind die Beine von Jacksons Figur fast ganz gestreckt und liegen somit im wesentlichen horizontal. Während Isabel Piczek von ihrer Position auf der Leiter aus die Haltung des Modells dann als korrekt gelten lassen konnte, wenn die Genitalien vollständig von den gekreuzten Händen bedeckt waren, läßt Jacksons Figur auf eine nur partielle Bedeckung schließen, was zu dem bereits erwähnten möglichen Hervortreten eines Penis unterhalb der Fingerspitzen passen würde.

Es ist wahrscheinlich nicht sehr sinnvoll, diese Unterschiede auflösen zu wollen, denn beide Rekonstruktionen besitzen Schwachpunkte, die sich aus der jeweiligen Methode ergeben. Zwar hat Jacksons Verfahren den Vorteil, daß damit nachgewiesen werden kann, daß ein Freiwilliger mit einer bestimmten Körpergröße in einer bestimmten Haltung offensichtlich exakt zur Nachbildung des Grabtuches paßt. Das schließt aber keineswegs aus, daß nicht auch ein etwas größerer Mann mit stärker angezogenen Knien genausogut darein passen würde. Umgekehrt könnte man Isabel Piczek vorhalten, daß sich bei ihrer Methode übermäßig stark auf die Betrachtung durch den Künstler verlassen wird. Mit Hilfe eines solchen »Augen-Urteils« vermag man zu bestimmen, was Licht und Schatten auf der »Fotografie« des Grabtuches tatsächlich über die Position eines menschlichen Körpers aussagen. Dadurch ist es möglich, selbst die ansonsten lupenreine Logik der Naturwissenschaft auszustechen.

Solche Zweifelsfälle finden sich in der Grabtuchforschung leider allenthalben. Aber wie sich die Sache auch immer verhalten mag, so sprechen doch in diesem Fall erdrückende Beweise dagegen, daß das Bildnis auf dem Grabtuch eine ingeniöse Fabrikation eines Künstlers, also ein Gemälde ist. Wie unwahrscheinlich es ist, daß das Grabtuch von einem Künstler geschaffen wurde, wird auch durch die rund 50 lebensgroßen Kopien des Tuchs ersichtlich, die Künstler des 16. und 17. Jahrhunderts anfertigten und die sich heute in Kirchen in Italien und Spanien befinden (eine Kopie gelangte auch in die USA).[7] Vergleicht man auch nur eine dieser Kopien mit dem Original, wird schnell klar, daß nicht eine einzige auch nur annähernd dieselbe Qualität aufweist wie das Grabtuch (die Abb. 8 und 9 b, c und d sind durchaus repräsentativ). Es springt dem Betrachter förmlich ins Gesicht, daß sie von Menschenhand stammen, obwohl ihre Maler in Zeiten lebten, die künstlerisch viel avancierter waren als das späte Mittelalter, in der das Grabtuch theoretisch zum erstenmal auftauchte.

Umgekehrt belegen nicht nur alle bisher präsentierten Indizien, sondern auch weitere merkwürdige Eigenschaften des Grabtuches, daß es eine Art Fotografie ist. In erster Linie ist hier der berühmte 3-D-Effekt zu nennen, an dessen Entdeckung Dr. John Jackson beteiligt war. Als er im Jahr 1976 die Sandia Laboratories in Albuquerque im US-Bundesstaat New Mexico besuchte, wurde er von Bill Mottern, einem der dortigen Techniker, gefragt, ob er die Daten des Grabtuchbildnisses in den Bildanalyse-Computer VP-8 einspeisen wolle. Dieses Gerät ist eines der Zufallserfindungen, die wir der Luft- und Raumfahrttechnik verdanken, und stellt Schwarzweiß-Schattierungen auf einem Fernsehmonitor als vertikales Relief dar. Während normale Fotografien oft ein stark verzerrtes Resultat liefern, so wenn zum Beispiel die Schattierung einer Nase so wie die eines anderen, aus sechs Metern Entfernung aufgenommenen Gegenstands aussieht, zeigten sich zur Überraschung aller Anwesenden Gesicht und Körper des Grabtuches in nahezu perfekter Reliefbildung, was die Vermutung nahelegte, daß das Bildnis durch etwas erzeugt wurde, das ein ähnliches optisches Verhalten wie Licht besaß.

Des weiteren ist bemerkenswert, daß das Bild nicht nur die Oberfläche eines Körpers wiederzugeben scheint, sondern teilweise auch tiefergelegene Schichten, wie das zum Beispiel bei einer Röntgenaufnahme der Fall ist,. Wie mehrere medizinische Experten, darunter auch Michael Blunt, Ordinarius für Anatomie an der University of Sidney, übereinstimmend erklärten, sind etwa an den Händen offenbar die Mittelhandknochen und die drei knöchernen Glieder jedes Fingers zu sehen.[8] Und Professor Alan Whanger von der Duke University behauptete, daß Andeutungen des Schädels sichtbar seien.[9] Der Versuch, ein Deutungsmuster zu erstellen, warum wir dies alles wahrzunehmen imstande sind, geht am Geheimnis des Bildes vorbei. Aber soviel läßt sich mit Sicherheit sagen: Daß wir das Bildnis überhaupt sehen, stützt jedenfalls nicht die Hypothese, daß es sich beim Grabtuchbildnis um ein »mit Schlauheit gemaltes Bild« handelt.

Vom visuellen Erscheinungsbild her sprechen also geradezu überwältigende Indizien dafür, daß das Körperbild auf dem Grabtuch eine wie auch immer geartete fotografische Aufnahme eines echten Körpers ist – aus welcher Zeit es stammt, muß allerdings erst noch geklärt werden. Aber wenn wir tatsächlich einen menschlichen Körper »sehen«, was ja wohl unbestreitbar der Fall ist, dann sind Größe, Aussehen und Haltung bei weitem nicht die einzigen Merkmale, die auf dem Grabtuch zu erkennen sind. Außerdem gibt es Stellen, die große Ähnlichkeit mit Blutflecken aufweisen, sowie andere Anzeichen für Verletzungen, von denen bekannt ist, daß sie bei einer Kreuzigung entstehen. Sehen diese nun so aus, wie es bei einer echten Kreuzigung zu erwarten wäre, oder sind sie bloße koloristische Effekte?

So wie wir uns in diesem Kapitel vornehmlich auf eine sehr erfahrene Künstlerin verlassen haben, die nachwies, daß das Grabtuch nicht von einem Maler stammen kann, so sind jetzt die angemessenen Experten, auf deren Erkenntnisse ich im folgenden zurückgreifen werde, Ärzte und Pathologen. Denn diese sollten in der Lage sein, einem »Blutflecken«-Fälscher des späten Mittelalters auf die Schliche zu kommen. Oder etwa doch nicht?

Kapitel 2

Und wurde der Mann auf dem Grabtuch tatsächlich gekreuzigt?

In unserer ganzen Diskussion des sogenannten Grabtuch-Körperbildes haben wir eine Frage bisher absichtlich ausgelassen, so als verstünde sie sich eigentlich von selbst: Hat man denn eigentlich jemals von irgendeinem echten Leichnam gehört, der einen ähnlichen Abdruck hinterließ, wie er auf dem Grabtuch zu sehen ist?

Diese Frage ist klar mit Nein zu beantworten. Wenn der Abdruck eines Leichnams auf einem Grabtuch, in das er gelegt wurde, etwas Alltägliches darstellen würde, dann wäre das Bildnis auf dem Turiner Grabtuch nicht derart geheimnisvoll. Was aber nicht heißt, daß Leichen nicht manchmal merkwürdige Spuren hinterlassen können und dies gelegentlich auch tun, wie die folgenden Beispiele zeigen. So gehörten beispielsweise zu den Exponaten einer Ausstellung über Kunst und Kunsthandwerk aus Byzanz, die im Jahr 1955 im British Museum in London stattfand, zwei Vorhänge aus dem 6. Jahrhundert, die in späterer Zeit einem Ägypter als Leichentuch gedient hatten. Unverkennbar wiesen sie bräunliche Flecken auf, die vom Kontakt mit dem Leichnam herrührten.[1] Im Anschluß an eine Fernsehdokumentation über das Turiner Grabtuch, die im Oktober 1988 in England ausgestrahlt wurde, schrieb der pensionierte Londoner Bestattungsunternehmer Ronald Warrior an den Produzenten des Films und berichtete von bräunlichen, hartnäckig jedem Reinigungsversuch widerstehenden Flecken, die er »häufig« auf der weißgestrichenen Innenseite hölzerner »Innensärge« fand, in denen er und seine Kollegen regelmäßig Leichen transportiert hatten.[2] Und 1981 hinterließ ein von den Westindischen Inseln gebürtiger Mann, der in einem Hospiz in Liverpool an Bauchspeicheldrüsenkrebs starb, erstaunlich deutliche Konturen seiner Arme, Hände und seines Gesäßes auf einem Matratzenbezug, die gleichfalls nicht mehr zu entfernen waren (Abb. 13a).[3] Das Problem dabei ist, daß in keinem einzigen Fall Bilder entstanden, die auch nur im geringsten mit dem »fotografischen« Körperbild auf dem Turiner Grabtuch vergleichbar wären. Wie immer es auch entstanden sein mag, es ist von einzigartigem Rang.

Ähnlich singulär sind auch die eindeutig in einem engen Zusammenhang miteinander stehenden und offenbar von Wunden und Blutflecken herrührenden Spuren auf dem Tuch. Zwar sind Blutflecken auf verschiedenen, unbestritten historischen »Reliquien« zu sehen, etwa auf den Hemden, die der englische König Charles I. und der amerikanische Präsident Abraham Lincoln bei ihrem Tod trugen (der eine wurde hingerichtet, der andere von einem Attentäter erschossen), aber wiederum ist man genötigt, aufgrund der Klarheit und Vollständigkeit die Spuren auf dem Grablinnen einer völlig anderen Kategorie zuzuordnen.

Während auf Linnen übertragenes Blut normalerweise braun wird, verkrustet und dann abblättert, hat das »Blut« auf dem Turiner Grabtuch bis heute einen verblüffend deutlichen karmesinroten Farbton behalten. Und jeder Flecken erscheint überraschend »ganz« und homogen, dabei hätte etwa das Blut von der »Dornenkrone« viel früher trocken sein müssen als jenes, das aus der Seitenwunde austrat. Diese klare Farbe und die Vollständigkeit – und darauf verwiesen Kritiker bereits früh – sind starke Argumente gegen die Echtheit des Tuches, da Leichname üblicherweise keine derart umfassenden und perfekten Spuren ihrer tödlichen Verletzungen hinterlassen.

Dem muß man sich vorbehaltlos stellen, doch es erklärt noch immer nicht, auf welche Weise das Grabtuch im Mittelalter gefälscht werden konnte, und ein überzeugender Beweis ist es schon gar nicht. Wie wir schon sehr klar und realistisch zu entscheiden versucht haben, ob das Bildnis des Mannes auf dem Grabtuch als

»mit Schlauheit gemachtes Bild« abgetan werden kann, so müssen wir uns jetzt den sichtbaren Verletzungen des Mannes zuwenden und fragen, ob und wieweit sie für die tatsächliche Kreuzigung eines menschlichen Körpers (welcher Herkunft und welcher Zeit auch immer) repräsentativ sein können oder ob sie einfach Klecksereien eines betrügerischen Künstlers des Mittelalters sind, mit denen eine Kreuzigung vorgetäuscht werden sollte.

Es gibt im wesentlichen vier Arten von Verletzungen, die jeder, unabhängig von seinem Urteil über das Grabtuch, eindeutig darauf »sehen« und identifizieren kann:

(i) Verletzungen, die von einer schweren Geißelung stammen könnten
(ii) Verletzungen, die aufgrund mannigfaltiger zusätzlicher Mißhandlung einschließlich einer wahrscheinlichen »Dornenkrönung« entstanden sein könnten
(iii) Verletzungen, die eventuell vom Durchbohren von Händen und Füßen herrühren könnten
(iv) Eine einzelne Verletzung, die mittels einer Stichwaffe, die in den Brustkorb getrieben wurde, beigefügt worden sein könnte

Als letzte Kategorie ließe sich zusätzlich hinzufügen:

(v) Flecken, die eventuell darauf hindeuten könnten, daß nach dem Exitus noch Blut aus den Wunden (iii) und (iv) austrat

Wir müssen nun im einzelnen diskutieren, wie jede der eben angeführten Kategorien von Ärzten auf ihre Plausibilität untersucht wurde und zu welchem Ergebnis diese Fachleute kamen. Außerdem soll noch geklärt werden, wie sich diese Verletzungen zu Darstellungen solcher Wunden in der Kunst des Mittelalters verhalten. Dabei entdeckt man, daß Spuren der Kategorie i, also Verletzungen, die infolge einer Geißelung entstanden sein könnten, auf dem Körper des Mannes am häufigsten vorkommen; ihre Verteilung auf dem Grabtuch ist auch am stärksten.

Das Körperbild auf dem Grabtuch ist von mehr als 100 hantelförmigen Malen überlagert, die eine deutlich stärkere gelbliche

Sepiafärbung aufweisen (auf dem Negativbild erscheinen sie weiß). Überall dort, wo sie erkennbar ausgeprägt sind, sind sie 3,7 Zentimeter lang (Abb. 15a). Auf der Rückseite des Körperbildes sind solche Male über den ganzen Rücken und das Gesäß verteilt, an den Beinen reichen sie bis zu den Knöcheln hinab (Abb. 14a), und auf der Vorderseite des Körperbildes sieht man sie auf Brust und Oberschenkeln.

Aufgrund ihrer Verteilung – zumeist sind sie in Dreiergruppen angeordnet und besitzen ein »fächerförmiges« Aussehen – liegt die Vermutung nahe, daß sie infolge einer Geißelung entstanden. Das dafür benutzte Instrument war vermutlich eine Geißel, an der sich zwei oder drei Riemen mit hantelförmigen Metallkugeln an der Spitze jedes Riemens befanden (Abb. 15b). Außerdem machte das fluoreszierende UV-Licht, das das STURP-Team bei seinen Aufnahmen im Jahr 1978 einsetzte, einige bisher unbemerkte Linien auf der Oberseite der Schultern sichtbar, die offenbar von Geißelriemen stammen. Diese schnitten in die Schultern ein, als die Schergen sie von hinten schwangen, um die Brust des Mannes zu treffen.

Alle Ärzte und Pathologen, die die hantelförmigen Male untersuchten und von denen nebenbei gesagt ein großer Teil das Grabtuch für echt hält, haben diese Foltermale eindeutig als Quetschungen identifiziert, es handelt sich also um erhebliche Schwellungen oder Blutergüsse, die wohl durch das Aufschlagen der an den Geißelspitzen befindlichen Metallkugeln auf der Haut entstanden. Die Kritiker hingegen zeigten sich erheblich weniger beeindruckt und verwiesen mit gutem Recht darauf, daß die manchmal recht grauenerregende Darstellung des von Geißelwunden übersäten Körpers Jesu Christi im Mittelalter sehr beliebt war. Ich möchte hier nur einige Beispiel erwähnen, so ein Manuskript aus dem späten 14. Jahrhundert, das in der Pariser Bibliothèque Nationale aufbewahrt wird. Darin findet sich eine Miniatur des toten Jesus, der von Engeln in eine sitzende Position gebracht wird; sein Oberkörper ist mit unzähligen Geißelungsspuren bedeckt, die mit jenen auf dem Grabtuch übereinstimmen.[4] Ähnlichkeit besitzt auch das *Litlyngton Missal* der Westminster Abbey, das fast zur gleichen Zeit angefertigt wurde. Hier sieht man Jesus am Kreuz mit wiederum deutlich hantelförmigen Geißelungsspuren, und auch das *Holkham Bible Picture Book* aus dem frühen 14. Jahrhundert, das im Besitz des British Museum ist, enthält bildliche Darstellungen von Jesus, auf denen er mit einer knotenbesetzten Geißel ausgepeitscht wird, auch in diesem Fall ist sein Körper von Wunden übersät (Abb. 15c).

Da die ersten beiden von mir erwähnten Beispiele aus der Zeit stammen, in der das Grabtuch einigen Quellen zufolge bereits in Frankreich war, besteht die Möglichkeit, daß dieses selbst die Bildausgestaltung beeinflußt haben könnte. Der übergeordnete Gesichtspunkt bei allen künstlerischen Darstellungen der Geißelung Jesu, ganz gleich, welcher Epoche sie entstammen, ist allerdings, daß sie auch nicht im entferntesten einem ernsthaften Vergleich mit der überzeugenden Logik der Spurenverteilung auf dem Grabtuch standhalten. Wie der Leser selbst sehen kann, sind die Geißelungsspuren auf dem Grabtuch nach einem derart raffinierten Muster verteilt, daß ein Fälscher, hätte er sie denn herstellen wollen, buchstäblich *en détail* hätte bedenken müssen, wie eine Geißel mit Metallkugeln an den Spitzen sich zu den Konturen eines menschlichen Körpers verhalten würde. So kann man beispielsweise erkennen, wo der die Geißel schwingende Scherge seine Hand hatte, als er das Marterinstrument dem Mann auf dem Grabtuch wiederholt auf die Schultern, rechts und links auf den Rücken, auf Schenkel, Leisten- und Gesäßgegend (wobei hier deutlich ein gewisser Sadismus zutage tritt) und an die Knöchel schlug (Abb. 14b). Da grundsätzlich alle Geißelspuren auf echte Verletzungen eines ebenso realen menschlichen Körpers hindeuten, hätte ein eventueller Fälscher nicht nur ein herausragender Künstler sein, sondern gleichzeitig auch exzellente Kenntnisse in Medizin und Anatomie besitzen müssen.

Die zweite Kategorie von Verletzungen, die durch darüber hinausgehende Mißhandlungen verursacht worden sein könnten, sind in manchen Fällen nur aufgrund der Entstellungen und Unstimmigkeiten des Körperbildes zu erschließen. So habe ich im letzten Kapitel bereits erwähnt, daß das rechte Auge, verglichen mit dem linken, verletzt oder geschwollen anmutet.[5] Genauso sehen beide Wangen schwer mißhandelt aus, auch die Nase scheint betroffen zu sein und wurde möglicherweise gebrochen. Auf weitere Verletzungen ist aufgrund der Rückseite der Schultern zu schließen, die wie vom Tragen eines schweren Gegenstandes wundgerieben scheinen. Auch die Knie weisen Verletzungen auf, wie sie bei Stürzen entstehen können. Weil diese Beobachtungen auf sehr subtilen Einzelheiten des Bildnisses beruhen, können Skeptiker sie mit der Begründung abqualifizieren, sie seien viel zu sehr vom individuellen Eindruck übereifriger Leute abhängig, die ohnehin an die Echtheit des Grabtuches glauben. Aus diesem Grund werde ich sie in der weiteren Diskussion nicht weiter berücksichtigen.

Schwerer tut man sich jedoch, die Gruppe gut sichtbarer »Blutrinnsale«, die derselben Gruppe zugefügter Verletzungen zugerechnet werden können, als Produkt rein subjektiven Eindrucks zu bezeichnen. Auf der Vorderansicht des Mannes sind auf Höhe der Stirn klar erkennbar mehrere »Blutungsspuren« zu sehen sowie einige andere, die sich bis ins Haar erstrecken (Abb. 16a). Wie man auf dem Negativ gut erkennen kann, ist ein relativ breites Rinnsal, das am Scheitelpunkt der Stirn seinen Ausgang nimmt, dann in Form einer »3« nach unten verläuft (als sei es auf dem Weg auf zwei Hindernisse gestoßen) und schließlich in einem »Tropfen« direkt über der linken Augenbraue endet, am ausgeprägtesten. Wie mehrere Ärzte erklärten, unter anderem auch Dr. David Willis aus England und der Italiener Dr. Sebastiano Rodante, ist der Weg, den dieses Rinnsal genommen hat, nicht allein sehr charakteristisch für venöses Blut, sondern die Form der »3« befindet sich genau an der Stelle, an der jene Stirnmuskeln verlaufen, die sich bei starken Schmerzen zusammenziehen und wellenförmige Erhöhungen der Epidermis ausbilden (Abb. 16b und c).[6]

Es gibt noch vier oder fünf weitere Rinnsale über den Augen, eines davon entstand vermutlich, als das zur rechten Schläfe führende Blutgefäß aufplatzte (daher das hier anscheinend arterielle Blut), während andere in das Haar hineinzufließen scheinen. Wenn wir dies nicht gleich eindeutig deuten können, so finden wir bei der Untersuchung des Hinterkopfs auf der Rückansicht schnell die Antwort darauf, denn dort sind noch mindestens acht weitere Blutrinnsale erkennbar (nicht mitgezählt jene, die sich teilten). Manche verliefen nach rechts, andere nach links, ganz so, als hätte sich der Kopf von einer Seite auf die andere bewegt. Alle Rinnsale enden an einer halbrunden Linie entlang der Schädelbasis. Die einzige vernünftige Interpretation dafür ist, daß die Blutrinnsale von Verletzungen herrühren, deren Ursache etwas Stacheliges war, das auf dem Kopf getragen oder auf den Scheitel gedrückt wurde, und daß ihr Fluß von dem Band gestoppt wurde, das dieses Gebilde auf dem Kopf fixierte. Wenn man darüber nachdenkt, was dieser Gegenstand gewesen sein könnte, kommt man ganz automatisch auf einen Gegenstand von der Art einer Dornenkrone.

Wenn wir Darstellungen von der Krönung Jesu mit einer Dornenkrone betrachten, stammen sie nun aus dem Mittelalter oder aus späteren Zeiten, ist es völlig unmöglich, auch nur ein Kunstwerk zu nennen, bei dem die Blutrinnsale so überzeugend anmuten wie auf dem Grabtuch. Da gibt es zum Beispiel Mathias Grünewalds brutal realistischen *Jesus am Kreuz* (Details auf Abb. 17) aus dem Mittelteil des berühmten Isenheimer Altars im Museum Unterlinden in Colmar. Auf diesem Bild sieht die Dornenkrone wahrhaft furchterregend aus, einige abgebrochene Dornen stekken noch in den Schultern, in der Brust und sogar im Unterleib des an das Kreuz geschlagenen Gottessohns. Aber obwohl Grünewald diese Kreuzigung zwischen 1512 und 1515 malte, es also der Hochrenaissance zuzurechnen und mehr als 150 Jahre älter ist als die angebliche Fälschung des Grabtuches, erscheint seine Darstellung der Blutrinnsale, verglichen mit jenen auf dem Grabtuch, äußerst dilettantisch. Ebensowenig überzeugend wirken die »Blutstropfen«, die auf Lynn Picknetts und Clive Princes moderner Nachbildung des Grabtuches zu sehen sind,[7] deren These zufolge Leonardo da Vinci das Grabtuch anfertigte.

Damit kommen wir zur dritten Kategorie von Wunden, die sich auf dem Grabtuch befinden. Ich meine die Blutrinnsale, die durch das Durchbohren von Händen und Füßen zustande gekommen zu sein scheinen. Betrachten wir zuerst die Rinnsale, die auf beiden Unterarmen zu sehen sind (Abb. 8a). Verschiedene medizinische Forscher, aber auch aus anderen Fachrichtungen, haben diese Rinnsale auf die Arme eines lebenden Modells projiziert, aufgemalt und anschließend dessen Arme in eine Position gebracht, die die von der Schwerkraft bestimmte Fließrichtung des Blutes zu erfordern schien. Damit konnten sie einleuchtend demonstrieren, daß zum Zeitpunkt, als das Blut aus den Wunden austrat, beide Arme seitlich ausgestreckt gewesen sein müssen, der Winkel, den die Arme bildeten, betrug ungefähr 65°. Mit anderen Worten, es war eine typische Kreuzigungshaltung (Abb. 18b).

Wir können die Quelle des Blutflusses auf dem rechten Unterarm nicht sehen, weil das Gelenk und der obere Teil der Hand von den Fingern der linken Hand bedeckt sind. Aber das wird dadurch mehr als ausgeglichen, daß ein V-förmig gegabelter Blutfleck auf dem linken Handgelenk deutlich erkennbar ist. Dessen Spitze in der Mitte der Beugefalte ist offensichtlich die durchbohrte Stelle, aus der das Blut quoll. Die V-Form des Blutflecks müßte theoretisch auch auf zwei unterschiedliche Stellungen hinweisen, die der Mann am Kreuz einnahm, was entweder auf einen Wechsel der Haltung aufgrund übergroßer Schmerzen hindeutet oder auf die Position verweist, die seine Arme im Tod annahmen.

Ganz offenkundig handelt es sich um Durchbohren mittels eines Nagels, aber die eigentliche Überraschung ist, daß das Grabtuch belegt, daß der Nagel durch das Handgelenk getrieben wurde und nicht durch die Handflächen, wie es sich so viele Künstler vorstellten. Zwar war Alfonso Paleotto, der Erzbischof von Bologna, im 16. Jahrhundert der erste, der sich über die Lage dieser Wunde nachweislich äußerte,[8] aber erst der französische Chirurg Dr. Pierre Barbet hat in den dreißiger Jahren unseres Jahrhunderts nachgewiesen, wie überzeugend diese Position in anatomischer Hinsicht ist.[9] Er führte Versuche mit Leichen und frisch amputierten Gliedmaßen durch, die ihm als Chirurg am Pariser Krankenhaus St. Joseph zugänglich waren. Zunächst hängte er Arme auf, bei denen er einen Nagel durch die Handflächen trieb, danach welche, bei denen er das Handgelenk so wie am Grabtuch durchbohrte. Er konnte feststellen, daß im ersten Fall der Handteller durchriß. Schlug er aber den Nagel durch das Handgelenk, wurde der aufgehängte Körper unabhängig von seinem Gewicht gehalten und war sogar stabil. Bei diesen Experimenten fand Barbet nicht nur an der vom Grabtuch bezeichneten Stelle einen bisher unbekannten Durchlaß durch die sehr kompliziert verlaufenden Handwurzelknochen (Abb. 19a), sondern stieß außerdem auf eine unerwartete motorische Reaktion, die diese Nagelführung beim Daumen auslöste. Da der Nagel auf seinem Weg den Nervus medianus im Handgelenk berührt, schnappt der Daumen automatisch in die Handfläche hinein. Dies vermag auch den Umstand zu erklären, daß zwar alle acht Finger des Mannes auf dem Grabtuch deutlich zu sehen sind, aber keiner der beiden Daumen. Barbet stellte völlig zu Recht die Frage: »Hätte ein Fälscher dies ahnen können?«

Wie alles andere auch, das in Verbindung mit dem Grabtuch steht, sind Barbets Erkenntnisse nicht unangefochten geblieben, und unter seinen Kritikern waren auch einige, die das Grabtuch für echt halten. So stellte der inzwischen verstorbene amerikanische Arzt Dr. Anthony Sava die Hypothese auf, daß der Nagel zwar aller Wahrscheinlichkeit nach durch das Handgelenk getrieben worden sein könnte, aber nicht durch das eigentliche Handgelenk, sondern durch das gelenknahe Ende von Elle und Speiche.[10] Und der Gerichtsmediziner Dr. Frederick Zugibe aus New York ist der Ansicht, daß der Nagel vielleicht zuerst an der Daumenwurzel durch das Handgelenk geschlagen, aber dann in einem solchen Winkel weitergetrieben worden sei, daß er am Handgelenk herauskam.[11]

Hierbei handelt es sich aber lediglich um Auseinandersetzungen am Rande, die nicht vom überwältigenden Konsens der Mediziner ablenken dürfen, daß nämlich der Blutfluß am Handgelenk und an den Unterarmen des Mannes auf dem Grabtuch wirklich realistisch vorführt, wie ein menschlicher Körper mit Nägeln an einem Kreuz aufgehängt worden sein könnte. Führende Anatomen wie Dr. Robert Bucklin, Professor emeritus für Pathologie an den Universitäten von Texas und Kalifornien, Professor James Cameron, pensionierter Leiter der Abteilung für forensische Medizin am London Hospital, und Michael Blunt, Challis-Professor emeritus für Anatomie an der Universität von Sidney, zählen zu den vielen Medizinern, die in diesem Punkt einer Meinung sind.

Im Gegensatz dazu haben die meisten der unzähligen Künstler, die im Laufe der Geschichte die Kreuzigung Jesu malten oder als Skulptur darstellten, Jesus Christus mit durch die Handflächen getriebenen Nägeln abgebildet. Zu den ganz wenigen Ausnahmen gehört ein sehr naturalistisches Elfenbeinkruzifix des um 1630 arbeitenden deutschen Barockkünstlers Georg Petel, das sich heute in der Schatzkammer der Münchner Residenz befindet und bei dem die Handgelenke angenagelt sind.[12] Ebenso zeigt eine von Anthonis van Dyck gemalte Kreuzigung Jesus, der an den Handgelenken aufgehängt ist (Abb. 19b). Aber diese Künstler des Barocks waren künstlerisch erheblich weiter als das 14. Jahrhundert, in der das Grabtuch angeblich gefälscht wurde; außerdem bestand sehr wahrscheinlich ein direkter Eindruck seitens des Grabtuches, das damals regelmäßig in Turin ausgestellt wurde. Aber daß ein »schlauer Maler« um 1350 selbständig ein solches Aufhängen an den Handgelenken ersonnen und überdies von der Wirkung des dadurch hervorgerufenen »Einschnappens der Daumen in den Handteller« gewußt haben soll, daß er nicht zuletzt auch Blutrinnsale darstellte, die vollständig mit dem Gesetz der Schwerkraft (das Isaac Newton erst 300 Jahre später entdeckte) übereinstimmen, ist einfach unglaubwürdig.

Und das ist, was diese Kategorie angeht, noch nicht alles. Denn in enger Beziehung zu den Blutspuren an den Händen des Mannes auf dem Grabtuch stehen natürlich jene an seinen Füßen. Hier enthält das Bild von der Körperrückseite den ganzen, sehr blutigen Abdruck der rechten Fußsohle, es stehen sogar noch ein paar

Zentimeter Stoff über, aber das Bild von der Vorderseite ist ein wenig zu kurz, da das Tuch offenbar nur ein Stück weit über den Fuß, der nur als Blutfleck sichtbar ist, hinausreichte.

Wäre das Grabtuch das Werk eines Künstlers, so hätte dieser sicherlich dafür gesorgt, daß die Vorderseite des Körpers vollständig zu sehen ist und allenfalls ein Stück von der Rückseite fehlte. Wenn aber jemand einen echten menschlichen Körper auf eine Hälfte des Tuches gelegt und dann die andere Hälfte über seinen Kopf gezogen hätte, dann wäre es zu der offensichtlichen und nachvollziehbaren Fehleinschätzung gekommen, für die Unterseite zu viel Tuch und für die Oberseite zu wenig zu kalkulieren. Ging es allerdings nicht darum, ein Bild künstlich zu erzeugen, so war diese Fehleinschätzung zu vernachlässigen, denn es gab ja am Fußende noch ausreichend Stoff, um die Füße in die untere Hälfte einzuhüllen.

Was die auf dem Grabtuch sichtbaren Fußverletzungen selbst betrifft, so können wir zwar nur die rechte Fußsohle (Abb. 20a) deutlich sehen (der linke Fuß wurde offenbar über den rechten gelegt), aber jedem, der sie für wenig überzeugend hält, möchte ich raten, einmal mit nassen Füßen auf Steinplatten zu treten. Dann soll er den darauf sichtbaren Abdruck mit jenem, sich vermutlich blutig auf dem Grabtuch abzeichnenden vergleichen. Eine Einbuchtung bildet wohl die Fußwölbung, und ein dunkler, rechteckiger Fleck zwischen dem zweiten und dem dritten Mittelfußknochen wurde vielfach als Stelle bezeichnet, an der ein Kreuzigungsnagel austrat, der durch beide Füße getrieben wurde, nachdem man sie zuvor übereinandergelegt hatte. Wiederum haben wir es allem Anschein nach mit einem reinen, vollkommen naturalistischen Abdruck eines Fußes zu tun. Etwas Derartiges hätte ein Künstler des Mittelalters nie und nimmer mit den damaligen begrenzten künstlerischen Mitteln erreichen können. Und es ist tatsächlich unmöglich, auch nur eine einzige derartige künstlerische Darstellung der Fußsohlen Jesu aus dieser Zeit anzuführen, denn praktisch alle Künstler zeigten die Füße Jesu in einer Frontalansicht. Wenn die Radiokarbondatierung richtig ist, dann muß gründlich und wahrhaft umfassend geklärt werden, wie ein unbekannter Fälscher des 14. Jahrhunderts es fertigbrachte, allein hier mit derartiger Brillanz, Präzision und geradezu staunenmachender Innovationsfreude zu Werke gehen konnte.

Außerdem ist noch auf jene sehr drastische, elliptische Wunde einzugehen, die unmittelbar unterhalb der Wölbung der Brustmuskeln des Mannes auf der rechten Seite seines Brustkorbes deutlich zu sehen ist (Abb. 21a). Diese Verletzung ist 4,4 Zentimeter breit, und man sieht, daß reichlich »Blut« daraus austrat. Der Winkel des Blutflusses weist darauf hin, daß sich der Blutverlust vollzog, solange sich der Körper in der Vertikalen befand. Die elliptische Form läßt vermuten, daß die Wunde durch eine Stichwaffe entstand, einer Lanze etwa oder einem Speer. Den allgemein anerkannten anatomischen Kalkulationen des Chirurgen Barbet zufolge müßte sie zwischen der fünften und sechsten Rippe in den Körper eingedrungen sein. Wie der französische Wissenschaftler ebenfalls herausfand, hätte diese Wunde, da sie auf der rechten Seite des Brustkorbes ist, sogar noch nach dem Exitus geblutet. Wäre der Stoß dagegen von links erfolgt, so wäre die linke Herzkammer bereits leer gewesen, so daß zu erwarten gewesen wäre, daß nur wenig oder gar kein Blut austreten würde. Es ist ein weiteres, medizinisch überzeugendes Merkmal dieses Blutstroms, daß seine Wellen, so wie auch jene auf der Stirn, nicht nur entsprechend der Schwerkraft nach unten flossen, sondern sogar die mittleren Rippen und andere Körpermerkmale hervortreten lassen.

Auf mittelalterlichen Darstellungen von Jesus am Kreuz ist häufig die Lanzenwunde abgebildet, oft in elliptischer Form und manchmal auch mit starkem Blutfluß. Bei deutschen Skulpturen aus der Mitte des 14. Jahrhunderts wie etwa dem Schmerzensmann in der Frauenkirche in München[13] wird diese Wunde besonders betont, dies ist auch bei dem Bild *Grande Pietà Ronde* der Fall, das um 1390 entstand und heute im Louvre in Paris hängt (Abb. 21c).[14] Aber auch hier liegen wieder Welten zwischen der medizinischen Plausibilität und Überzeugungskraft dieser Werke und der Wunde, die man auf dem Grabtuch sieht.

Das bringt uns zur fünften und letzten Kategorie von gut sichtbaren Verletzungsspuren auf dem Grabtuch, nämlich den Blutrinnsalen, die vermutlich nach dem Tod entstanden. Dabei handelt es sich um Blutungen, die offenbar weder zu Lebzeiten noch kurz nach dem Exitus des Mannes auftraten, sondern vielmehr zu dem Zeitpunkt einsetzten, als er in das Grabtuch gelegt wurde. Zwei Beispiele seien angeführt, die beide gut auf dem Bild auf der Körperrückseite zu erkennen sind: Erstens ist beim rechten Fuß ein wenige Zentimeter langer Blutfluß zu sehen, der auf der Höhe der Knöchel entspringt und sich zur Seite erstreckt (Abb. 20a); zweitens verläuft quer über das Kreuz ein großer, ähnlich zur Seite hin ausgerichteter Blutfluß (Abb. 22a). Dieser kann aufgrund seiner Lage und in Ermangelung einer anderen, damit in Verbindung stehenden Verletzung nur von der Lanzenwunde in der Brust stammen. Dr. Joseph Gambescia, Professor für Humanmedizin am Hannemann University Hospital in Philadelphia, meinte dazu: »So etwas entsteht nur dann, wenn der Körper zur Seite geneigt wird, wobei die Seitenwunde für kurze Zeit in Richtung Boden zeigt, und dann so gedreht wird, daß die andere Seite nach oben weist, so daß das Sekret quer über den Rücken und dann zur Erde abfließt.«[15]

Wichtig ist in diesem Zusammenhang, daß die Menschen nicht nur des Mittelalters diesen Blutfluß nicht richtig verstanden. So vermuteten etwa die Nonnen, die das Grabtuch nach dem Brand von 1532 flickten, daß er von einer Kette stammen würde.[16] Ist dies ein weiterer Hinweis darauf, daß der Fälscher des Grabtuches »unzeitgemäß« war? Es lohnt sich, diese Blutspuren mit einer sehr anschaulichen medizinischen Illustration aus dem 15. Jahrhundert zu vergleichen. Diese Darstellung entstammt einer Abschrift eines Manuskripts von Galenus und wird in der Sammlung des Wellcome Institute for the History of Medicine in London aufbewahrt (Abb. 22b). Obwohl dieser sogenannte »Wundenmann« nahezu 150 Jahre nach der Zeit entstand, auf die der Radiokarbontest das Grabtuch datierte, kann man die Darstellung der vielfältigen Verletzungen auf diesem Blatt nur als hoffnungslos naiv bezeichnen.

Daher kann aufgrund einer nüchternen Betrachtung der Wunden und Blutspuren auf dem Grabtuch mit großer Gewißheit gesagt werden, daß sie medizinisch akkurat und überzeugend sind. Angesichts der zahllosen Ärzte und Pathologen, die dies bestätigten – und keiner von ihnen hat aufgrund der Radiokarbondatierung sein Urteil zurückgezogen oder revidiert –, sollte fairerweise auch eine Stimme zitiert werden, die diese Erkenntnis nachdrücklich in Zweifel zog. Die Rede ist von Dr. Michael Baden, dem früheren Chief Medical Examiner [Oberster Leichenbeschauer] von New York City und Professor für Pathologie an der dortigen Albert Einstein School of Medicine. Aber selbst Badens Haupteinwand, daß die Blutrinnsale auf dem Grabtuch schlichtweg »zu schön« seien und Leichen keinerlei Abdrücke vom Körper oder von eventuell vorhandenen Wunden, wie auf dem Grabtuch zu sehen, hinterlassen würden, wurde von uns bereits zu Anfang dieses Kapitels entkräftet.[17]

Natürlich müssen Meinungen wie die Professor Badens ernst genommen werden; gerade deswegen haben sich auch einige der Ärzte, die das Grabtuch für echt halten, um eine Klärung bemüht, wie das »Blut« dermaßen »schön« auf das Grabtuch gelangen konnte. Um die Erforschung des Entstehungsprozesses dieses »Blutbilds« hat sich besonders der amerikanische Arzt Dr. Gilbert Lavoie verdient gemacht, der früher als Berater für die Weltgesundheitsorganisation arbeitete. Mit Hilfe zahlreicher Experimente konnte Lavoie in Zusammenarbeit mit seiner Frau Bonnie den Nachweis liefern, daß es möglich ist, Blutgerinnsel, die große Ähnlichkeit mit jenen auf dem Grabtuch besitzen, auf Stoff zu übertragen. Voraussetzung hierfür ist, daß ein Kontakt zwischen dem Stoff und dem noch feuchten Blut nicht länger als zweieinhalb Stunden nach Ende der Blutung stattfindet.[18]

Bonnie und Gilbert Lavoie stellten außerdem fest, daß dieser Übertragungsprozeß sich unabhängig vom Vorgang der Übertragung des Körperbildes auf den Stoff vollzieht. Zu Demonstrationszwecken fertigten die Lavoies, so wie John Jackson, eine Nachbildung des Grabtuchgesichtsteils an (Abb. 23a ii), schnitten alle von der »Dornenkrone« stammenden Blutspuren aus und legten das Tuch dann über das Gesicht eines freiwilligen Modells mit Bart (Abb. 23a iii), wobei sie sorgfältig darauf achteten, daß seine Position in jedem Punkt mit den auf dem Grabtuch sichtbaren Gesichtszügen übereinstimmte. Dann trugen sie wie bei einer Schablone rote Farbe auf all den Stellen auf, an denen das Tuch Löcher aufwies, die die Blutrinnsale darstellten. Als sie das Tuch entfernten, stellten sie überrascht fest, daß sich keines der Blutrinnsale in den Haaren des Modells befand, wie es anhand des Bildes auf dem Grabtuch eigentlich zu erwarten gewesen wäre, sondern daß sie alle auf Stirn, Schläfen und Wangen verteilt waren (Abb. 23a iv) – ein deutlicher Hinweis, daß das Körper- und das »Blutbild« durch zwei verschiedene Prozesse auf das Grabtuch gelangten. Jenes ist durch normalen Kontakt entstanden, das »Blutbild« dagegen auf ganz anderem Wege, wobei zu erwähnen ist, daß beide nicht ganz deckungsgleich sind.

Es hat zwar noch niemand eine auch nur entfernt logische Antwort darauf geben können, wieso die »Blutrinnsale« auf dem Grabtuch, wie Michael Baden es in Anlehnung an eine italienische Redewendung nennen würde, »zu schön, um wahr zu sein«, sind. Abschließend soll aber noch ein nur wenig offensichtliches Detail angeführt werden, das zum Bild der Körperrückseite, zum zweitäußersten Hauptfleck der postmortalen Blutung des Knöchels, gehört. Wenn wir ein lebensgroßes Modell von dem Mann auf dem Grabtuch herstellen, es auf den Körperabdruck einer Replik des Grabtuches legen, dann die andere Hälfte des Tuches über dessen Kopf schlagen und bis zu den Füßen hinunterziehen, sieht man, daß dieser Fleck einen ihm genau entsprechenden »Zwilling« an der genau gegenüberliegenden Stelle auf der Vorderansicht besitzt (Abb. 6 und 7c, Markierung N). Diese gespiegelte Stelle bemerkte als erster der deutsche Theologieprofessor Werner Bulst SJ, und Dr. John Jackson demonstriert dies in seinem Grabtuch-Forschungszentrum in Colorado Springs mit großem Vergnügen. Handelt es sich dabei scheinbar nur um ein winziges, recht belangloses Detail, so kann damit doch das Argument untermauert werden, daß das Grabtuch tatsächlich einmal den Körper eines gekreuzigten Mannes umgab.

Natürlich muß man zugeben, daß das nicht unbedingt dem Urteil der Radiokarbondatierung zuwiderläuft. Schließlich ist es durchaus vorstellbar, daß sich ein schlauer und entschlossener Mensch des Mittelalters einen gekreuzigten Leichnam besorgte und als Hilfsmittel verwendete. Aber wenn nun das Grabtuch tatsächlich Kennzeichen aufweist, daß es sich hier um eine Kreuzigung handelt, die lange vor dem Mittelalter stattfand, vielleicht ja sogar zu Lebzeiten Jesu Christi?

Kapitel 3

Und entspricht er unseren Erwartungen eines im 1. Jahrhundert Gekreuzigten?

Selbst wenn man aufgrund der gewichtigen Indizien die Ansicht für vertretbar hält, daß das Grabtuch tatsächlich einmal einen gekreuzigten menschlichen Körper umgab, wird doch häufig gegen die These, daß dieser Körper aus der Zeit Jesu stammt, eingewendet, daß er für jene Zeit mit seinen wahrscheinlich 181 Zentimetern viel zu groß gewesen sei. Zusammen mit den Ergebnissen der Radiokarbondatierung war dies in den Augen zahlreicher Hobbyforscher, von denen viele glauben, daß die Menschen der Antike beträchtlich kleiner waren als wir heute, ein schwerwiegendes Argument gegen die Echtheit des Grabtuches.

In Wahrheit ist es eher ein Mythos als eine Tatsache, daß der *Homo sapiens* in den letzten tausend Jahren wesentlich an Größe zugenommen hat.[1] Englische Könige wie Eduard I. oder Heinrich VII. waren über einen Meter achtzig groß, und auch viele der englischen Soldaten, die von der *Mary Rose*, einem Schiff aus der Zeit Heinrichs VIII., in die Tiefe gerissen wurden, waren so groß. Wie umfassende archäologische Untersuchungen von Skeletten ergaben, betrug zur Zeit des Römischen Kaiserreiches die Durchschnittsgröße bei den Mittelmeervölkern ungefähr 167 Zentimeter, aber es gab auch einige Männer, die über einen Meter achtzig groß waren. So exhumierten Wissenschaftler auf einem Jerusalemer Friedhof, der im 1. nachchristlichen Jahrhundert angelegt wurde, Skelette zehn erwachsener Männer, von denen einer 181

Zentimeter groß war und ein anderer ungefähr 170 bis 178 Zentimeter.[2] Mit anderen Worten, eine Körpergröße von gut einem Meter achtzig war zu Jesu Lebzeiten zwar durchaus stattlich, wäre aber keineswegs eine Ausnahme gewesen.

Nachdem wir diesen Einwand entkräften konnten, sollten wir uns nun anderen Merkmalen zuwenden, die eventuell entscheidend zur Klärung der Frage beitragen können, ob das Grabtuchbildnis von einem Mann stammt, der zu mittelalterlicher Zeit starb, oder ob dieser schon viele Jahrhunderte vorher den Tod fand. Da der Körper ganz nackt ist, schließt dies eine Analyse des Kleiderstils von vorneherein aus, aber wenigstens kurz auf die Haartracht einzugehen erscheint durchaus lohnend. Auf der Vorderansicht erkennt man Schläfenlocken, lange Haarsträhnen, die das Gesicht auf beiden Seiten umrahmen. Bei orthodoxen Juden ist diese Haartracht seit Jahrhunderten Vorschrift. Auch auf der Rückenansicht sehen wir langes Haar, das bis in die Mitte des Rückens hinabfällt und wohl zu einem losen Zopf ohne Band geflochten ist. Ich selber habe noch keinen mittelalterlichen Künstler entdeckt, der Jesus mit einer solchen Frisur darstellte, aber sehr renommierte Bibelforscher wie H. Gressmann[3] und H. Daniel-Rops[4] haben ohne direkten Bezug auf das Grabtuch erklärt, daß diese Frisur gerade zu Lebzeiten Christi bei den Juden in Mode gewesen sei. Daniel-Rops zufolge trugen sie außer an hohen Feiertagen ihr Haar üblicherweise »geflochten und unter einer Kopfbedeckung aufgerollt«.

Vom historisch-archäologischen Standpunkt aus sind jedoch als aufschlußreichste Charakteristika des Grabtuchbildes die dem Mann allem Anschein nach zugefügten Verletzungen einzustufen, weil uns diese Aufschluß über die bei Folter und Geißelung eingesetzten Waffen geben. Hinsichtlich der Geißelungsspuren haben wir bereits erwähnt, daß diese offenbar von einer Geißel mit drei Riemen stammen, an deren Spitzen hantelförmige Metallteile befestigt waren. Wenn man im *Dictionary of Greek and Roman Antiquities* oder im *Kleinen Pauly* nachschlägt, stellt man rasch fest, daß diese Beschreibung auf das *flagrum* zutrifft, eine grausige

Peitsche, die die Römer bei Gladiatorenkämpfen, aber auch zur Bestrafung von Verurteilten einsetzten. Bei Ausgrabungen in Herculaneum, der Schwesterstadt Pompejis, die beim Ausbruch des Vesuvs 79 n. Chr. auch unter Lava begraben wurde, stieß man auf ein *flagrum*, das so gut erhalten war, daß man es in Museen ausstellen konnte. Die hantelförmigen Metallteile an den Spitzen der Riemen entsprechen genau den Spuren auf dem Körper des auf dem Grabtuch zu sehenden Mannes. Es besteht zwar durchaus die Möglichkeit, daß eine solche Peitsche mit kleinen Metallhanteln an den Enden auch im Mittelalter verwendet worden sein könnte, aber die Geißelungsspuren auf dem Grabtuch weisen unzweifelhaft sehr große Übereinstimmungen mit jenem Instrument auf, das die Römer für die Geißelung Jesu benutzt hatten, von der die Evangelien berichten.[5] Ebenso entspricht die Form der Wunde auf der rechten Brust des Mannes genau der Verletzung, die eine römische *lancea* verursachen würde. Und diese römische Kurzlanze ist jene Waffe, von der es im Johannesevangelium heißt, sie sei Jesus in die Seite gestoßen worden.[6] Beispiele solcher Waffen sind im Landesmuseum in Zürich zu sehen (Abb. 21b), aber auch in anderen wichtigen Sammlungen antiker Kunst und Kulturgeschichte.

Aus historisch-archäologischer Perspektive ist das potentiell erhellendste Merkmal des Grabtuches jedoch, daß es offenbar auf eine wirkliche Kreuzigung verweist, und diese Hinrichtungsweise war zumindest in der christlichen Welt seit dem frühen 4. Jahrhundert allgemein geächtet. Natürlich ist die Bemerkung des amerikanischen Anthropologen John R. Cole zutreffend: »Jeder Betrugsversuch, der auch nur einen Pfifferling wert ist, würde versuchen, den biblischen Angaben gerecht zu werden.«[7] Somit muß die Tatsache, daß die Merkmale auf dem Grabtuch mit den biblischen Schilderungen der Kreuzigung Christi übereinstimmen, noch gar nichts beweisen.

Interessant dabei ist aber, daß die Evangelien auffallend wenig darüber verraten, wie Jesus gekreuzigt wurde, und auch in anderen Dokumenten findet man nur sehr geringe Informationen darüber, wie eine Kreuzigung vollzogen wurde. Wir wissen, daß die

Römer nicht das einzige Volk im Altertum waren, das diese Art der Hinrichtung praktizierte. Skythen und Perser haben diese Strafe schon vor ihnen eingesetzt, ebenso die Juden, bevor Judäa Teil des römischen Weltreichs wurde. So ist beispielsweise für die Zeit von Alexander Jannaeus (103–76 v. Chr.) urkundlich belegt, daß ein gewisser Simon bar Schetah in der Nähe von Aschkelon 80 Frauen »aufgehängt« hat,[8] wofür das Wort *tlh* benutzt wurde, was nach Meinung von Gelehrten höchstwahrscheinlich »Kreuzigung« bedeutet. Ebenso glaubt man, daß in der untenstehenden Passage aus der berühmten Tempelrolle, die zu den am Toten Meer gefundenen Schriftrollen gehört, von der Kreuzigung die Rede ist:

> Wenn ein Mann sein Volk verrat und sein Volk einer fremden Nation ausliefert und seinem Volk Schaden zufügt, soll man ihn an einen Baum hängen, und er soll sterben. Wenn zwei Zeugen gegen ihn aussagen und wenn drei Zeugen gegen ihn aussagen, soll er hingerichtet werden … Und der Leichnam soll nicht die ganze Nacht an dem Baum hängen bleiben, sondern ihr sollt sie am selben Tage bestatten, denn diejenigen, die an einen Baum gehängt werden, sind von Gott und den Menschen verflucht; ihr sollt das Land nicht beflecken, das ich euch als Erbe gegeben habe.[9]

Als die Römer nach 63 v. Chr. Palästina besetzten, nahm die Strafe, jemanden »an einen Baum zu hängen«, drastisch zu. Der jüdische Geschichtsschreiber Josephus Flavius, der in der zweiten Hälfte des 1. Jahrhunderts n. Chr. lebte, schildert in *Jüdische Altertümer*, wie die Römer als Teil ihrer Strategie zur Unterdrückung der Aufstände, die nach dem Tod von Herodes des Großen im Jahr 4 v. Chr. ausbrachen, annähernd 2000 Rebellen öffentlich ans Kreuz schlugen.[10] Und in seiner *Geschichte des Jüdischen Krieges* berichtet er, daß die Römer während des Aufstandes von 66–70 n. Chr. bis zu 500 Menschen pro Tag kreuzigten[11] und die Menschen so große Angst vor dieser Hinrichtungsart hatten, daß manchmal schon allein die Vorbereitungen für die Kreuzigung eines hochrangigen jüdischen Gefangenen ausreichten, um eine ganze Festung zur Übergabe zu bewegen.[12]

Obwohl diese derart berüchtigte Exekutionsart so häufig praktiziert wurde, besitzen wir keine einzige detaillierte Beschreibung der Prozedur. Selbst im Fall von Jesus Christus findet sich nur in der Bibel der Hinweis darauf, daß er mit Nägeln ans Kreuz geschlagen wurde. Dies erschließt sich beiläufig aus dem berühmten Satz des ungläubigen Thomas: »Wenn ich nicht die Male der Nägel an seinen Händen sehe und ... meine Hand nicht in seine Seite lege, glaube ich nicht.«[13] Es ist wirklich bemerkenswert, daß nicht einmal hier von angenagelten Füßen die Rede ist. In der römischen Literatur gibt es für den Zeitraum, in dem die Kreuzigung eine übliche Strafe war, keine konkrete und umfassende Beschreibung der physischen Einzelheiten, wohl auch deswegen, weil man eine solche Schilderung für zu grausig und abstoßend hielt.

Als man dann im Juni 1968 in Jerusalem zum erstenmal die Überreste eines Kreuzigungsopfers fand, versprach man sich, in der Hoffnung, sie würden wichtige neue Aufschlüsse liefern, sehr viel davon. Sie wurden im Zuge von Bauarbeiten entdeckt, bei denen man im nördlich von Jerusalem gelegenen Giv'at ha-Mivtar[14] mit Planierraupen einen Felshügel abtrug und dabei auf einen weitläufigen jüdischen Friedhof stieß, der ungefähr aus dem 1. nachchristlichen Jahrhundert stammt. Archäologen öffneten einige der zahlreich vorhandenen Ossuarien, dies sind Behälter, in denen die Knochen aufbewahrt wurden, die in den Grabkammern standen; in einem Ossuarium fanden sie ein Skelett, dessen Fersenbein von einem großen Nagel durchbohrt war (Abb. 20b), was den Schluß erlaubte, daß es sich hierbei mit großer Sicherheit um ein Kreuzigungsopfer handelte.

Die in Israel einflußreiche Gruppe der Ultraorthodoxen setzte die Archäologen sofort unter Druck, die zu ihrer letzten Ruhe gebetteten Gebeine umgehend wieder zu bestatten, so daß die Wissenschaftler ihre Funde hastig in das Anatomische Institut der Medizinischen Fakultät der Hebrew University überführten, damit Fachleute in der knappen ihnen zur Verfügung stehenden Zeit wenigstens minimale Untersuchungen durchführen konnten. Vor allem der aus Rumänien stammende Anatom Dr. Nicu Haas befaßte sich gründlich mit den Gebeinen des Gekreuzigten und konnte bald seine Erkenntnisse präsentieren. Es handelte sich um die sterblichen Überreste eines jungen Mannes mit einer Gaumenspalte, der bei seinem Tod Mitte bis Ende Zwanzig und etwa 170 Zentimeter groß war. Nach Aussage der Inschriftenkundler, die die Aufschrift auf seinem Ossuarium entziffern konnten, trug er den Namen Jehohanan.

Der Nagel, der die Kreuzigung Jehohanans dokumentierte, war nach Ansicht von Dr. Haas 17 bis 18 Zentimeter lang und sowohl durch sein rechtes als auch durch sein linkes Fersenbein getrieben worden. Er hatte die Füße an einem senkrechten Balken aus Olivenholz fixiert, und von dem Holz fand man noch einige Fragmente an der Spitze des Nagels. Dieser war hakenförmig, weil er auf ein Hindernis gestoßen war, hierfür käme etwa ein Knoten im Holz in Frage. Aus einem Kratzer am handgelenkseitigen Ende der Speiche schloß Haas, daß noch weitere Nägel, die nicht im Ossuarium gefunden wurden, verwendet worden waren, um sie durch Jehohanans Handgelenke zu treiben und ihn so am Querbalken des Kreuzes aufzuhängen. Einen kleinen Holzsplitter, der zwischen dem Nagelkopf und dem Fersenbein gefunden wurde und offenbar von einer Akazie oder Pistazie stammt, hielt Dr. Haas für ein Fragment einer Art Tafel, die zu Jehohanans Füßen befestigt war und auf der vermerkt stand, weswegen er verurteilt worden war. Aus sichtbaren Frakturen eines Unterschenkelknochens folgerte Haas, daß seine Beine absichtlich gebrochen wurden, während Jehohanan noch am Leben war, um seinen Tod zu beschleunigen. Und genau dies berichtet der Evangelist Johannes auch von den beiden Räubern, die zusammen mit Jesus gekreuzigt wurden (Joh. 19,31–33). Da die Befestigung an den Füßen nicht besonders stabil anmutete, vermutete Haas, daß man wohl irgendeine Form von *sedicula* oder Gesäßstütze auf dem Kreuz befestigt hatte. Nach mehreren Versuchen, aus den vorliegenden Knochen die Stellung von Jehohanans Füßen abzuleiten, kam Haas zu dem

Schluß, daß er in eine seitlich verdrehte Damensattel-Haltung gezwungen worden sei. Er ließ eine Zeichnung anfertigen, die Jehohanan halb auf seiner Gesäßstütze kauernd in folgender Weise abbildete (Darst. 1):

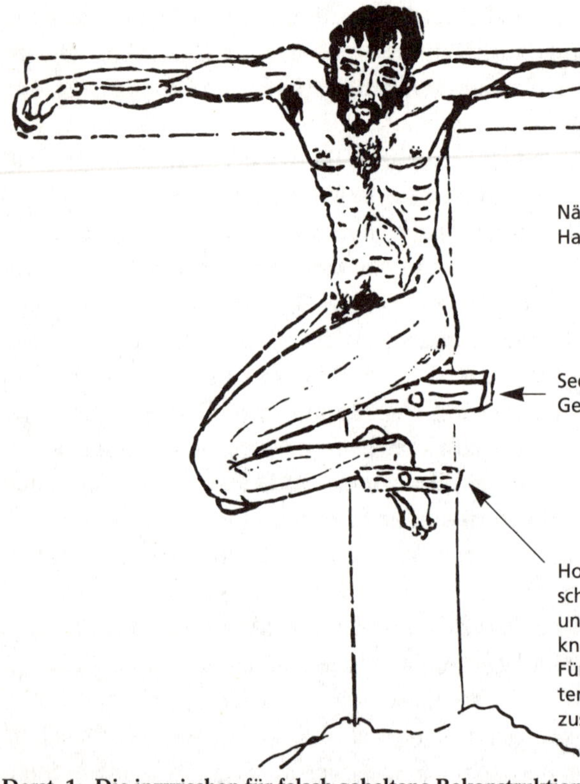

Darst. 1: Die inzwischen für falsch gehaltene Rekonstruktion der Kreuzigung des Jehohanan

Die ursprüngliche Rekonstruktion der Kreuzigung Jehohanans durch den israelischen Anatomen Dr. Nicu Haas. Die Überreste dieses Kreuzigungsopfers waren in Giv'at ha-Mivtar nördlich von Jerusalem gefunden worden, im Fersenbein war noch immer ein Nagel. Haas' Schlüsse über das Durchbohren der Handgelenke waren die erste Bestätigung seitens der archäologischen Forschung, daß bei Kreuzigungsopfern die Nägel durch die Handgelenke getrieben wurden. Dieser Aspekt von Haas' Rekonstrukion ist vielleicht noch immer gültig, aber die verdrehte Damensattel-Haltung gilt als sehr unwahrscheinlich. (Mit freundlicher Genehmigung des Israel Exploration Journal)

Als Haas seine Erkenntnisse 1970 im angesehenen *Israel Exploration Journal* 15 veröffentlichte, stellte dies einen bedeutenden Fortschritt dar, die Kreuzigungspraxis zu Lebzeiten Jesu Christi zu verstehen und zu rekonstruieren. Auch jenen, die sich für das Turiner Grabtuch interessierten, erschienen sie außerordentlich hilfreich, da sie ihre Ansichten bestätigten. Da zu dem wenigen, was an sicheren Kenntnissen über die Kreuzigung existiert, die Tatsache gehört, daß die Methoden je nach Gutdünken jener, die die Hinrichtung vollzogen, variierten, gab es keinen Grund zur Annahme, daß Jehohanans Kreuzigung absolut identisch mit der von Jesus Christus gewesen sein muß oder mit jener, falls man von zwei Kreuzigungen ausging, die auf dem Grabtuch zu sehen ist. Dennoch stellte der Kratzer am Speichenknochen den ersten eigenständigen Hinweis dar, daß im Altertum bei Kreuzigungen die Nägel durch die Handgelenke getrieben wurden, womit sich Dr. Barbets Experimente, die er vor einer Generation durchführte, decken. Und es gab nichts, was der auf dem Grabtuch sichtbaren Kreuzigungsart direkt zuwidergelaufen wäre.

Aber nach dem frühen Tod von Dr. Haas machten sich aufgrund der zahlreich vorgetragenen Zweifel an seiner Rekonstruktion – und diese wies keine Verbindung mit dem Grabtuch auf – im Jahr 1985 die israelischen Wissenschaftler Joseph Zias und Eliezer Sekeles daran, seine Erkenntnisse zu überprüfen, und stützten sich dabei auf die Fotografien, Abdrücke, Röntgenaufnahmen sowie auf die Notizen, die Haas siebzehn Jahre zuvor gemacht hatte. Zias und Sekeles zogen aus ihnen völlig andere Schlüsse. So blieben sie zwar beim Urteil, daß Jehohanan Opfer einer Kreuzigung geworden sei, wiesen jedoch entschieden zurück, daß er eine Hasenscharte aufgewiesen habe, worin sie von Gutachten von sechs Spezialisten der Medizinischen Fakultät der John Hopkins University in Baltimore bestärkt wurden. Sie verwarfen auch Haas' Vermutung, daß der kleine Kratzer an Jehohanans Speiche zwangsläufig bedeuten müsse, daß er an den Handgelenken ans Holz genagelt worden sei. Nach ihrer Meinung wurde dieser Kratzer wahrscheinlicher durch Reibung an anderen Knochen im Ossua-

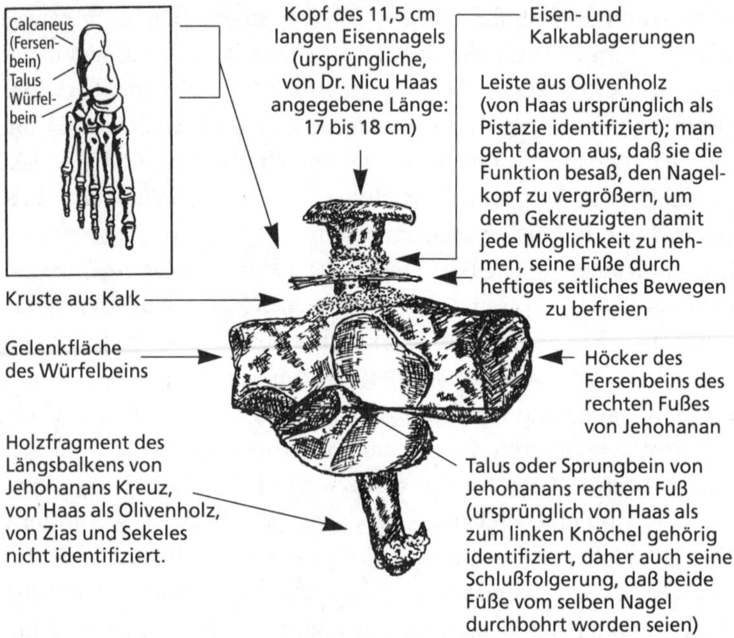

Darst. 2: Das Annageln am Kreuz erfolgte durch die Knöchel – das von Archäologen ausgegrabene Kreuzigungsopfer beweist es
Das von einem langen Eisennagel durchbohrte Fersen- und Sprungbein des Kreuzigungsopfers Jehohanan. Die Zeichnung beruht auf der ursprünglichen von Dr. Nicu Haas, berücksichtigt aber die Modifikationen seiner Schlüsse durch Zias und Sekeles (in Anlehnung an die Originalzeichnung im Israel Exploration Journal Bd. 20, 1970, S. 56).

rium verursacht, denn ähnliche Schrammen würden auch andere Teilen des Skeletts aufweisen. Daher sei es gut möglich, daß Jehohanans Arme nicht mit Nägeln, sondern mit Stricken am Kreuz befestigt worden seien.

Zias und Sekeles wiesen auch die Feststellung von Dr. Haas, daß man Jehohanans Unterschenkel zerschlagen habe, als »nicht einleuchtend« zurück und interpretierten den Bruch als eventuell zufällige Beschädigung der Gebeine beim Umbetten. Was die »Tafel« zwischen dem Nagelkopf und dem Knöchel Jehohanans betreffen würde, so sei sie ihrer Ansicht nach weder aus Akazien-

noch aus Pistazienholz, sondern aus Olivenholz (Darst. 2) gewesen. Höchstwahrscheinlich handelte es sich dabei auch nicht um eine Tafel, sondern um ein einfaches Stück Holz, das die Funktion besaß, den Nagelkopf zu vergrößern. Nach der Rekonstruktion der zwei Wissenschaftler mußte Jehohanan den Längsbalken des Kreuzes rittlings zwischen die Beine nehmen, und dann wurden Nägel durch die beiden Fersenknochen von der Seite her in den Längsbalken geschlagen, so daß das Stück Holz zwischen Nagelkopf und Knöchel jeden Versuch verhindert hätte, sich durch seitliches Bewegen der Füße über den Nagelkopf hinweg zu befreien. Besonders aufschlußreich fanden Zias und Sekeles, daß es Haas nicht einmal gelungen sei, die Länge des Kreuzigungsnagels auch nur annähernd richtig anzugeben, denn nach ihrer Berechnung war er lediglich 11,5 Zentimeter lang und somit viel zu kurz, um damit beide Füße Jehohanans ans Kreuz zu fixieren. Das untermauerte nicht nur ihre Meinung, daß jeder Fuß für sich seitlich durch die Ferse angenagelt worden sei, sondern machte auch die Gesäß- und Fußstützen überflüssig, über die sich die Gelehrten im Anschluß an die von Nicu Haas durchgeführte Rekonstruktion schier endlos gestritten hatten.

Angesichts der Tatsache, daß Zias und Sekeles zu radikal anderen Schlüssen gelangten als Haas, der sich dazu nicht mehr äußern kann, müssen wir zunächst entscheiden, inwieweit wir ihre Erkenntnisse unbedingt als letztes Wort ansehen sollten, auf welche Weise genau Jehohanan oder andere Kreuzigungsopfer der Antike hingerichtet wurden. So erklärte beispielsweise die Archäologin Dr. Eugenia Nitowski, daß Zias' und Sekeles' Weigerung, die deutliche Einkerbung an Jehohanans Speiche als Beleg für ein Annageln an den Handgelenken anzusehen, keineswegs überzeugend fundiert ist: »Wenn wir lediglich nach dem fotografischen Material in Abbildung 22A, B und C in Haas' Artikel im *Israel Exploration Journal* urteilen, ist eine Einkerbung genau an der Stelle zu sehen, an der ein Nagel durchgeschlagen würde, an keiner anderen Stelle der Speiche sind Einkerbungen oder Kratzer zu erkennen. Ist das nur Zufall?«[16]

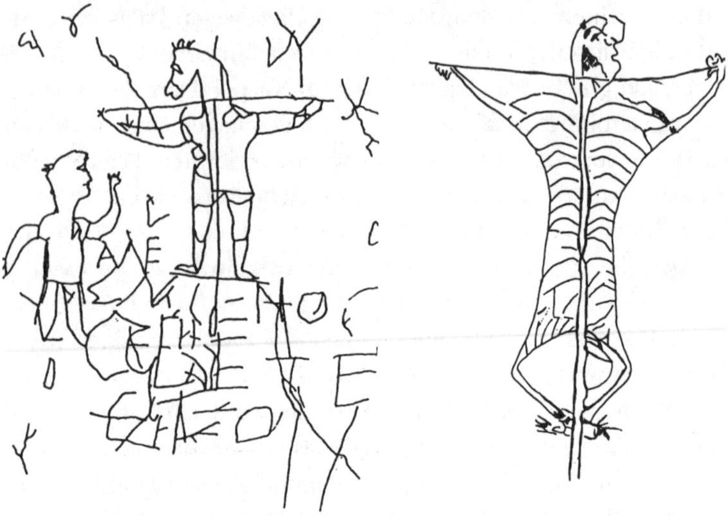

Darst. 3: Römische Graffiti, die Kreuzigungen darstellen:
(Links) Fund von 1856 an der Wand des Domus Gelotiana, einem Palast aus der Zeit Kaiser Neros (54–68 n. Chr.) auf dem Palatin, einem der sieben Hügel Roms. Es zeigt eine Gestalt mit einem Eselskopf, die sich auf einem suppedaneum, dem unteren Querbalken, eines T-förmigen Kreuzes abzustützen scheint, während man links davon eine andere Gestalt sieht, die eine ungefähre Gebärde der Anbetung macht. Die griechische Inschrift lautet: »Alexamenos betet seinen Gott an.« Der Palast wurde als Ausbildungsstätte für Sklavenjungen benutzt, und Alexamenos war wahrscheinlich ein Christenjunge. Es ist nicht klar, ob der Esel/Mann mit dem Gesicht oder dem Rücken zum Kreuz zu sehen ist. (Rechts) Fund an einer Wand in Pozzuoli bei Neapel. Beachtenswert hierbei ist, daß die Füße des Gekreuzigten anders befestigt sind als bei dem Beispiel vom Palatin und es ziemlich eindeutig so aussieht, als hängt er mit dem Gesicht zum Kreuz. In beiden Fällen ist das Kreuz überraschend dünn dargestellt, was möglicherweise darauf hindeutet, daß als Längsbalken ein entlaubter, aber nicht gefällter Baumstamm verwendet wurde.

Dennoch verdienen es nicht nur einige der neuen Erkenntnisse von Zias und Sekeles, ernst genommen zu werden, sondern ebenfalls andere unabhängig erzielte, doch ebenfalls mehrdeutige Informationen über die möglichen Arten von Kreuzigungen im 1. nachchristlichen Jahrhundert. Diese erhielt man durch Analyse zweier römischer Graffiti. Eines wurde vor mehr als 100 Jahren in

Rom in einem auf dem Palatinhügel gelegenen Palast gefunden (Darst. 3 links), auf das andere stieß man in neuerer Zeit bei der Freilegung einer Wand in Pozzuoli bei Neapel (Darst. 3 rechts). Sie zeigen grobe Darstellungen von Kreuzigungen und sind daher sehr schwer zu deuten. So zeigt etwa das auf dem Palatin gefundene Graffito, daß dem Gekreuzigten zum Spott ein Eselskopf aufgesetzt wurde.

Was die ausgestreckten Arme des Gekreuzigten am Querbalken, der nur durch einen Strich dargestellt ist, festhält, wird nicht ganz klar, aber man erkennt deutlich, daß zwischen seinen Beinen ein Abstand ist und die Füße entweder auf einer quer befestigten Fußstütze stehen oder aber von der Seite mit sehr langen Nägeln durchbohrt sind, so wie dies auch Zias und Sekeles vermuten.

Bei dem Graffito aus Süditalien sind die Arme in ähnlich konventioneller Weise an einem Querbalken ausgestreckt gezeichnet, doch in diesem Fall ragen die Knie überraschenderweise recht merkwürdig gebeugt nach außen. Dies weicht stark von der traditionellen Darstellung der Kreuzigung durch christliche Künstler ab. Die Füße scheinen hier entweder von einem einzigen Nagel an der Vorderseite des Längsbalkens fixiert – und dieser ist als sehr schlanker Pfahl gestaltet – oder in völliger Übereinstimmung mit der Rekonstruktion von Zias und Sekeles zu beiden Seiten befestigt zu sein, wobei die angewinkelten Beine eher zweiteres vermuten lassen.

Außerdem mutet die Darstellung auf dem Pozzuoli-Graffito so an, als zeige es den Gekreuzigten mit dem Gesicht zum Kreuz statt umgekehrt (was bei der Zeichnung vom Palatin möglicherweise genauso ist), denn sein Körper schließt erkennbar mit dem Längsbalken ab. Dadurch bekommt der große Winkel der Beine größere Logik, denn hing der Gekreuzigte mit dem Gesicht zum Längsbalken und wurden seine Fersen zu beiden Seiten daran festgenagelt, dann mußte er den Balken zwangsläufig auf höchst demütigende Art und Weise rittlings zwischen die Beine nehmen, so daß sich diese schmerzhaft verdrehten, sollte er versuchen, seine Position zu ändern oder sich gar vom Kreuz loszureißen.

Damit wird auch die zweifellos übliche Sitte verständlicher, auch wenn Zias und Sekeles in diesem Punkt anderer Meinung sind, die Beine zu zerschlagen, um den Tod zu beschleunigen. Anhand von Experimenten mit Freiwilligen, die sich allein an den Armen an einem Kreuz aufhängen ließen, konnte nachgewiesen werden, daß sie große Atemschwierigkeiten bekamen. Wenn also der bereits geschwächte Gekreuzigte sich nicht mehr mit Hilfe der Nägel in seinen Fersen nach oben hieven konnte, erstickte er relativ schnell, so wie dies offenbar bei den beiden Räubern der Fall war, die zusammen mit Jesus gekreuzigt wurden.

Der entscheidende Aspekt all dieser Erkenntnisse aus der Untersuchung der Gebeine des Jehohanan und der Graffiti ist, daß damit keineswegs die Möglichkeit unterbunden wird, das Grabtuch könne nicht einer solchen Kreuzigung in römischer Zeit entsprechen.

Greifen wir beispielsweise den Gedanken auf, der Gekreuzigte wurde mit dem Gesicht nach hinten ans Kreuz genagelt. Durch die unzähligen Darstellungen der Künstler, die Jesus mit dem Rücken zum Kreuz dargestellt haben, sind wir derart konditioniert, daß wir gar nichts anderes erwarten. Aber betrachten wir das V-förmig gegabelte Blutrinnsal noch einmal genau, aus dem Dr. Pierre Barbet ableitete, daß der Mann auf dem Grabtuch nicht an den Handflächen, sondern an den Handgelenken angenagelt worden sei. Schon 1978 machte mich der Arzt Dr. Victor Webster aus Südaustralien darauf aufmerksam, daß für jeden rechtsmedizinisch Gebildeten dieser Fleck so offensichtlich von einem Blutgerinnsel auf der Außenseite des Handgelenkes stammen würde, daß gänzlich übersehen worden ist, daß er rätselhafterweise »völlig unverschmiert und völlig unbeschädigt« blieb. Und Webster weiter:

> Denken Sie nur einen Augenblick darüber nach, welche Implikationen das hat [das Fehlen jeglicher Verschmierung und Beschädigung]. Wenn der Mann auf dem Grabtuch[17] an den Handgelenken an das Kreuzesholz genagelt wurde und man den unvermeidlichen Druck der Hand gegen das Holz und die 15-

Grad-Bewegung [d.h. die Auf-und-ab-Bewegung, die das V anzeigt] bedenkt, die vermutlich beträchtliche Zeit angedauert hat, dann müßte das komplexe Blutgerinnsel und somit auch sein heutiges Aussehen verrieben, verschmiert oder weggewischt und könnte keinesfalls als das klare »Blutgerinnsel« erhalten geblieben sein, das wir heute sehen. Es gibt nur zwei Möglichkeiten. Erstens, es wurde ein Nagel benützt, der lang genug war, das Handgelenk in einiger Entfernung von dem Holz zu halten. Zweitens, der Mann muß mit der Bauchseite zum Kreuz hin gekreuzigt worden sein. Mit anderen Worten, mit dem Gesicht zum Kreuz! Eine andere Möglichkeit scheint es meiner Meinung nach nicht zu geben.[18]

Lange bevor Zias und Sekeles die Befunde von Haas revidierten, kam Webster auch hinsichtlich des Annagelns der Füße zu einem ähnlichen Schluß wie sie. Webster lehnte die Haassche Rekonstruktion – beide Füße zusammen in einer Damensattelhaltung – als »absurd« ab und war statt dessen der Ansicht, der Mann auf dem Grabtuch »… stand auf einer kleinen Fußstütze, einem suppedaneum, und die Füße wurden festgenagelt, indem man den Nagel schräg durch das Fersenbein tief in das Holz des suppedaneums schlug. Natürlich brauchte man zwei Nägel, da die Füße nebeneinander standen.«

1978 ging Webster wie selbstverständlich von einem suppedaneum, also einer Fußstütze, so wie viele andere auch, aus, die den Bericht von Haas gelesen hatten. Darin hatte Haas erklärt, der Kreuzigungsnagel sei schräg durch Jehohanans Fersenbein getrieben worden. Aber angesichts der Revision seiner Befunde durch Zias und Sekeles, daß der Nagel nämlich tatsächlich das Fersenbein in seitlicher Richtung durchbohrt hat, wäre Webster heute höchstwahrscheinlich auch der Ansicht, daß eine Fußstütze nicht benötigt wurde. Obwohl schon allein der Gedanke daran Schauder auslöst, war es wahrscheinlich so, daß sich der Gekreuzigte offenbar auf die durch seine Fersenbeine getriebenen Nägel stützen mußte, um seine angenagelten Handgelenke ein wenig von seinem ihn nach unten ziehenden Gewicht zu entlasten. Für jene, die die Kreuzigung durchführten, hätte diese Methode, die weder eine Gesäß- noch eine Fußstütze erforderte, den großen Vorzug besessen, recht einfach und arbeitssparend zu sein, und das ist stets ein nicht zu unterschätzendes Argument dafür, daß es sich tatsächlich so abgespielt haben könnte.

Eine Vielzahl derer, die sich mit der Untersuchung des Grabtuches befaßt haben und unter dem Einfluß der traditionellen Kruzifixdarstellungen das Loch im rechten Fuß des Mannes auf dem Grabtuch als etwas dunklere Stelle zwischen seinen Fußwurzelknochen »sahen«, empfinden all dies eventuell als Frontalangriff auf die ihrer Meinung nach »heilige Schrift« des Grabtuches. Aber wenn sie die »Blutflecken« im Fußbereich noch einmal sorgfältig studieren, können sie feststellen, daß dies nicht der Fall ist. Wie bereits erwähnt, hat sich die ganze Sohle des rechten Fußes blutig auf das Tuch abgedrückt, zudem ist eine postmortale Blutung erkennbar, die ihren Ausgang am Fersen- oder Knöchelbereich nahm (Abb. 20a). Ebenso scheint auf dem Vorderseitenbild der Ursprung des Blutflusses an den Füßen eher im Bereich von Ferse und Knöchel zu lokalisieren sein als auf der mutmaßlichen Höhe des Fußristes. Da Blut normalerweise nicht aufwärts fließt, kann das Grabtuch durchaus ein Annageln an Knöchel bzw. Ferse belegen, was sich auch mit den neuesten Erkenntnissen von Zias und Sekeles decken würde. Und ist der Bereich von Knöchel und Fersen nicht in der unteren Körperhälfte die genaue Entsprechung der Handgelenke? Müssen wir nicht vielleicht damit rechnen, daß mit den Knöcheln etwas geschah, was einem vor Schreck ebenso das Blut in den Adern erstarren läßt, wie es bereits das Annageln an den Handgelenken tut?

Nicht genug ist an dieser Stelle zu betonen, daß alle soeben angeführten Interpretationen auf Indizienbeweisen beruhen, die für alle Beteiligten, ob nun für Zias oder Sekeles, für Dr. Victor Webster oder selbst für mich, nicht eindeutig genug sind, als daß man guten Gewissens behaupten könnte, sie seien das letzte, abschließende Wort. Ganz unabhängig von der Materie des Grab-

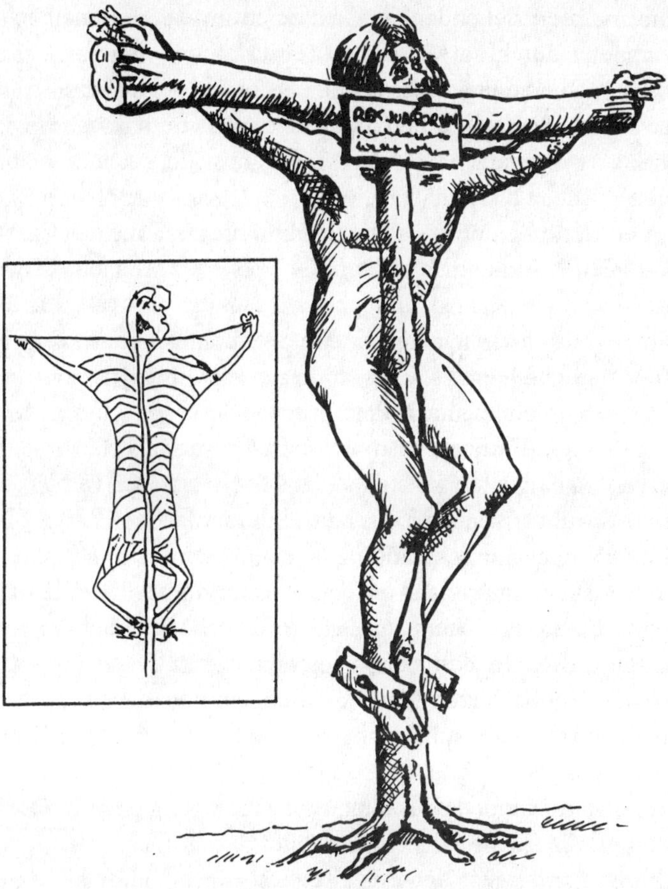

Darst. 4: Wurde der Mann auf dem Grabtuch so gekreuzigt?
Rekonstruktion entsprechend der These Dr. Victor Websters, daß der Mann auf dem Grabtuch mit der Rückseite der Handgelenke nach außen angenagelt worden sei, und aufbauend auf den Hinweisen aus der Kreuzigung des Jehohanan, daß die Füße durch die Fersen angenagelt wurden, so daß ein sedile oder suppedaneum nicht benötigt wird. Man beachte die Übereinstimmung dieser Rekonstruktion mit dem Graffito von Pozzuoli (siehe Kasten). Der Längsbalken von Jehohanans »Kreuz« war aus Olivenholz, so daß vermutlich der Stamm eines Olivenbaums vor Ort dafür verwendet wurde, was dem Bericht des Simon Petrus entspräche, daß Jesus an einen »Baum« gehängt worden sei (Apg 10, 39) Man beachte ebenfalls die Holzleisten, die dazu dienen, den Gekreuzigten daran zu hindern, mit einer starken Seitwärtsbewegung seine Füße von den Nägeln zu befreien.

tuches verlangt die Vorstellung, daß Jesus nicht nur an den Handgelenken, sondern auch mit dem Gesicht zum Kreuz angenagelt worden sei, und daß er sich, mit den Fersenbeinen an einen Längsbalken geheftet, qualvoll auf und ab hätte bewegen müssen, wobei dieser »Balken« angesichts der Kleinwüchsigkeit von Olivenbäumen wahrscheinlich ziemlich niedrig war (Rekonstruktion in Darst. 4), eine derart grundlegende Korrektur unserer Sichtweise, daß viele sie sich nicht im entferntesten vorstellen können. Obwohl eine echte Kreuzigung, und dies geht unter anderem aus den Schriften von Josephus Flavius hervor, weitaus schrecklicher war als der statische Vorgang, wie wir ihn aus Kinofilmen kennen, kann bis heute niemand den Anspruch erheben, er wisse, wie eine Kreuzigung im 1. nachchristlichen Jahrhundert tatsächlich vonstatten gegangen sei.

Vom historisch-archäologischen Standpunkt aus bestätigt das Grabtuch nicht nur die traditionellen Konzeptionen mittelalterlicher Künstler, denen das Annageln durch die Handgelenke so gut wie unbekannt war – und angelegte Ferse bzw. Knöchel sieht man auf keinem einzigen Bildnis –, sondern ist mit den neuesten Erkenntnissen über eine mögliche Kreuzigungsweise zu Lebzeiten Christi vollkommen in Einklang zu bringen und kann somit unser Verständnis dieses Vorgangs ergänzen.

Aber selbst wenn das Grabtuch die Kreuzigung eines Menschen aus dem 1. nachchristlichen Jahrhundert historisch überzeugend abbildet, können wir denn dann ebenso sicher sein, daß es auch hinsichtlich der Bestattungsriten stimmig ist?

Kapitel 4

Gibt es Übereinstimmungen des Grabtuches mit unseren Kenntnissen von den Bestattungsarten Gekreuzigter im 1. Jahrhundert?

Wer einmal an einer jüdischen Hochzeit teilgenommen hat, weiß, mit welcher Ausdauer und überschäumender Freude gefeiert wird. Auch die biblische Geschichte von der Hochzeit zu Kanaa demonstriert, wie stark dieses Fest historisch verwurzelt ist. Der jüdische Bestattungsritus dagegen ist kurz und recht schlicht, aber dennoch deutet auch hier vieles darauf hin, daß die jüdische Tradition außerordentlich weit in die Geschichte zurückreicht.

Deckt sich denn das Turiner Grabtuch und dessen Körperbild mit unseren Kenntnissen einer typischen jüdischen Bestattung um das Jahr 30? Ganz offensichtlich nicht. Während der wohl noch blutbedeckte Körper auf dem Grabtuch zur Ruhe gebettet wurde – und wie wir später sehen werden, hatte man auch seine Füße nicht gewaschen –, verlangen die traditionellen jüdischen Bestattungsvorbereitungen, daß der Leichnam im Rahmen der *tohara*, der zeremoniellen Reinigung, von Kopf bis Fuß gründlich gewaschen wird. Während der Körper des auf dem Grabtuch abgebildeten Mannes offensichtlich nackt bestattet wurde – allein in das Grabtuch wurde er gehüllt –, hätte der Leichnam nach jüdischem Gesetz, das in der *Mischna* festgehalten ist, mit *tachirim* bekleidet werden müssen, den vollständigen Sterbekleidern, die grundsätzlich aus Kopfbedeckung, Hemd, Beinkleid, Obergewand und Gürtel bestanden. Und während wir auf dem Grabtuch einen offenbar intakten Leichnam ohne jedes Anzeichen von Verwesung sehen, war es im 1. Jahrhundert bei jüdischen Bestattungen Brauch, den Leichnam innerhalb von 24 Stunden zur vorgesehenen Ruhestatt zu bringen; dort verblieben die sterblichen Überreste einige Monate, bis sie skelettiert und die Grabtücher zu Lumpen zerfallen waren, woraufhin die Gebeine in ein Ossuarium, ein Aufbewahrungsgefäß für Knochen, gelegt wurden. Ein typisches Beispiel für ein solches Gefäß ist jenes, in dem man die Gebeine des gekreuzigten Jehohanan fand.

Heißt das, daß das Grabtuch und das Grabtuchbildnis mit der Bestattung eines Juden, der im 1. Jahrhundert gekreuzigt wurde, nicht in Einklang zu bringen sind? Keineswegs. Jeder echte Kenner jüdischer Bestattungsriten würde darauf verweisen, daß für den Toten, den wir auf dem Grabtuch erblicken, andere Bestattungsregeln gegolten hätten, denn offenkundig ist er gekreuzigt worden und somit gewaltsam gestorben. Bei dieser Prozedur erlitt er einen starken Blutverlust, und mit diesem Blut ist sein ganzer Körper überzogen.

Wie Victor Tunkel von der Juristischen Fakultät des Queen Mary College in London erklärt,[1] schreiben die jüdischen Bestattungsriten unter solchen, und zwar nur unter solchen, Umständen vor, daß keine *tohara* oder Waschung des Leichnams vorgenommen wird. Zur Zeit Jesu glaubten die Pharisäer – und auch die ersten Christen –, daß der Körper *leibhaftig* auferstehen würde, so daß ohne Ausnahme alles, was ein wesentlicher Bestandteil dieses Körpers war, wie zum Beispiel ein amputiertes Glied oder auch das körpereigene Blut, in Erwartung der Auferstehung am Jüngsten Tag zusammen mit der Leiche bestattet wurde. Dieses Gebot wurde in einer gekürzten Version des *Schulchan Aruch*, des großen Kompendiums des Jüdischen Ritualgesetzes und Rechts aus dem 16. Jahrhundert, festgehalten. Zeitgenössische Judaisten sind der Meinung, daß dieses Kompendium Regeln und Praktiken kodifizierte, die weit zurückreichen: »Wenn einer fiel [in einer Schlacht] und sofort starb, sollte er dann, wenn sein Körper verletzt war und Blut aus der Wunde floß und man befürchtete, daß das Blut der Seele von seinen Kleidern aufgesogen wurde, *nicht gereinigt werden.*«[2]

Ebenso schreiben außerdem sowohl der *Schulchan Aruch* als auch die große jüdische Gesetzesautorität Nachmanides (1194–1270) vor, daß jene, die einen Verstorbenen für die Bestattung vorbereiten, über die Kleidung, die er bei seinem Tod trug, mochte sie auch noch so blutbefleckt sein, ein weißes Leichentuch wickeln sollten. Der genaue Wortlaut des *Schulchan Aruch* ist: »Ein Tuch, das *sovev* heißt.« Weiterhin verlangt der *Schulchan Aruch*, daß der Verstorbene ausschließlich in jenen Kleidern bestattet werden darf, in denen er starb. Mit anderen Worten, starb er unbekleidet, sollte dies, abgesehen vom *sovev*, unverändert so bleiben.

Von besonderer Bedeutung ist dabei die Form, die dieser *sovev* hatte. Wie Victor Tunkel erklärt, verlangte im Falle eines reichlich mit Blut bedeckten Leichnams das Ritual, daß jedes Berühren dieser Blutflecken möglichst vermieden werden sollte (und wie wir gesehen haben, gehört zu den erstaunlichen Merkmalen des Grabtuches, daß seine Blutflecken vollkommen unberührt waren). Der *sovev* mußte somit ein Tuch sein, das alles umhüllte, ein »einziges Tuch … pflegte rund um den ganzen Körper zu reichen«.[3] Das hebräische Verb, von dem *sovev* abgeleitet ist, bedeutet auch: »umgeben« oder »herumreichen (um jemanden oder etwas)«. Dies entspricht vollständig dem Tuch jenes Typus, das von den Füßen über den Kopf gezogen wurde, – und genau dies haben wir im Fall des Grabtuches vor uns. Übrigens entspricht es auch dem *soudarion*, von dem es im Johannesevangelium heißt, es sei »auf seinem [Jesu] Kopf gewesen« und »zusammengefaltet an einer besonderen Stelle« gelegen[4], wie dies Petrus und Johannes feststellten, als sie entdecken mußten, daß das Felsengrab leer war.

Wenn diese Einzelheiten in bemerkenswerter Art und Weise die Ansicht zu stützen scheinen, daß das Turiner Grabtuch tatsächlich das Grabtuch eines Juden sein könnte, der im 1. Jahrhundert gekreuzigt wurde, so ist an dieser Stelle ebenfalls wichtig, zwei Faktoren zu berücksichtigen, die viele als Schwachpunkte dieser Argumentation ausmachten, nämlich zum einen Haltung und zum anderen vornehmlich die über den Genitalien gekreuzten Hände. Während es dem jüdischen Ritus entsprach, eine Leiche flach auf den Rücken zu legen, argumentierten Reverend David Sox[5] und auch andere, daß das Überkreuzen der Hände über dem Genitalbereich verdächtig auf eine »künstlerische Schamhaftigkeit« hinweise, die eher einem frommen Künstler zuzuschreiben sei, als der echten, historisch tradierten Bestattungspraxis entspreche.

Dieser Einwand ist jedoch leicht zu entkräften. Obwohl beispielsweise die alten Ägypter erheblich weniger prüde waren als die Juden, besitzt (oder besaß jedenfalls) das Ägyptische Museum in Kairo unzählige Mumien von altägyptischen Priestern, die mit »schamhaft« über den Genitalien gekreuzten Händen bestattet worden waren, so wie dies auf dem Grabtuch zu sehen ist.[6] Ebenso zeigt ein altägyptischer schwarzer, auf das Jahr 340 v. Chr. datierter Basaltsarkophag, der sich heute im British Museum in London befindet, eine reliefierte Darstellung seines ursprünglichen Besitzers, dessen Hände ebenfalls in nahezu derselben Haltung gekreuzt sind wie auf dem Grabtuch (Abb. 23b i). Bestattungen mit gekreuzten Händen kamen auch in anderen Ländern häufig vor, so etwa bei den alten Briten.[7] Die jüdische Sitte, die Gebeine der Verstorbenen in Ossuarien zu legen, macht eine Rekonstruktion der ursprünglichen Bettung Verstorbener für uns heute nahezu unmöglich. Es gibt aber doch einige Beispiele, die die identische Haltung des Grabtuchkörpers aufweisen. So grub 1951 der französische Archäologe Pater Roland de Vaux, der den Friedhof von Qumran freilegte – dort fand man die berühmten Schriftrollen –, auch das Skelett einer Frau mit gekreuzten Händen aus, die fast zur gleichen Zeit gelebt hatte wie Jesus Christus (Abb. 23b ii).[8] Obwohl die Haltung kein überzeugendes Argument darstellt, da man auch auf unzählige mittelalterliche Buchmalereien verweisen kann, die die Toten in gleicher Weise mit gekreuzten Händen darstellen (Abb. 24a)[9], erscheint der Einwand von Reverend Sox als wenig fundiert und kann recht eigentlich vernachlässigt werden.

Aber es stellt sich dennoch folgende Frage: Könnte das Grabtuch, obwohl es genau den jüdischen Riten entspricht, die möglicherweise der Grablege von Jesus Christus zugrunde gelegt wurden, nicht zugleich auch einer mittelalterlichen Vorstellung von der Bestattung Jesu entsprechen, so daß ein hypothetischer Fälscher sich nach gewissen Einzelheiten richten konnte?

Darauf kann die Antwort nicht anders lauten als: nein. Zunächst einmal glaubte die gesamte Christenheit seit dem 1. Jahrhundert bis ins Mittelalter, daß der Leichnam Jesu Christi vor der Beisetzung gewaschen worden war, denn so lautete die gültige Interpretation des Johannesevangeliums. Dort heißt es, Jesus sei so beigesetzt worden, »wie es beim jüdischen Begräbnis Sitte ist«.[10] Wie als Bestätigung hierfür gelangte die Stadt Konstantinopel später sogar in den Besitz eines flachen Steines, des sogenannten »roten Steins von Ephesus«, auf dem angeblich diese Waschung durchgeführt worden war. Tatsache ist außerdem, daß in den ersten tausend Jahren des Christentums die Künstler keineswegs den toten Jesus in einem »Grabtuch« darstellten, das der Turiner Art entsprochen hätte; vielmehr wurde er häufig in einer Weise gemalt, daß er eher einer mit Binden umwickelten Mumie ähnelte.[11] Im Lauf der Epochen wurde, wie wir noch sehen werden, diese Vorstellung revidiert; in der bildenden Kunst tauchte nun allmählich das Bild eines Grabtuches auf, das von den Füßen über den Kopf zu ziehen ist. Aber das war eine direkte Folge der Entdeckung des uns heute bekannten Grabtuches und erfolgte nicht deshalb, weil die Menschen die Schilderung der Beisetzung Jesu in der Bibel neu und anders aufgefaßt hätten.

Die andere Frage von zentraler Bedeutung ist: Weist das Grabtuch nicht nur Übereinstimmungen mit den Begräbnissitten des 1. Jahrhunderts auf, sondern eventuell auch mit den Begräbnispraktiken – dem Einhüllen der Leichname in ein Leichentuch – in Frankreich oder auch in anderen europäischen Ländern des 14. Jahrhunderts, also zu der Zeit, in der es angeblich von einem Fälscher hergestellt wurde?

Auch hier muß man wieder mit Nein antworten. Es gibt zwar in französischen Handschriften aus dem Mittelalter, wie etwa dem *Stundenbuch von Rohan*, zahlreiche Darstellungen von Grablegen mit Leichentüchern,[12] aber diese weichen in mehreren Punkten fundamental vom Turiner Grabtuch ab. Typisch für das Mittelalter ist etwa, daß der Leichnam in das Tuch gelegt wurde wie in einen Sack, so daß die Füße ganz umschlossen waren. Die Enden des Tuches wurden über dem Kopf zusammengebunden, wobei überstehender Stoff einfach gerüscht nach oben ragte. Genau umgekehrt ist es beim Grabtuch. Dort war der Kopf ganz umschlossen, und die Enden des (ungebundenen) Linnens lagen lose um die Füße. Eine Grabskulptur aus dem 17. Jahrhundert in der St. John's Church im englischen Bristol zeigt, wie lange die Tradition der sackartigen Einbindung gepflegt wurde und wie weit sie verbreitet war. Der Tote aus der Zeit des englischen Bürgerkrieges ist in einer ganz ähnlichen Art von Leichentuch darauf dargestellt. Bis heute habe ich in der Kunst des Mittelalters oder auch späterer Zeiten nicht ein einziges Beispiel für die Turiner Methode des Umhüllens des Leichnams von den Füßen her finden können.

Wenn wir ein »Gefühl« dafür bekommen wollen, wie ein mittelalterliches Leichentuch tatsächlich gehandhabt wurde, so liefern uns die beiden Leichentücher, die Archäologen von der Leicester University im Sommer 1981 vom Leichnam eines Ritters aus dem Mittelalter entfernten, das beste Beispiel. Bei Ausgrabungen in der St. Bee's Priory in Cumbria stießen Dr. Deirdre O'Sullivan und ihr Ausgrabungsteam auf einen Bleisarg, den sie aufgrund der wohlbekannten Geschichte dieses Klosters ungefähr auf das Jahr 1300 datieren konnten. Hier gibt es also eine Überschneidung mit dem Zeitraum, innerhalb dessen das Turiner Grabtuch gefälscht worden sein soll; geht man von der älteren Altersangabe für das Grabtuch, 1260, aus, sind die Leichentücher des Ritters gerade einmal eine Generation jünger. Als die Wissenschaftler aus Leicester den Sarg öffneten, fanden sie zu ihrer Überraschung nicht ein Häufchen Skelettreste, sondern den völlig intakten und in Tücher eingehüllten Leichnam eines bärtigen, kahlköpfigen Mannes, angesichts dessen Wunden darauf geschlossen werden konnte, daß er wahrscheinlich in einer Schlacht oder bei einem Turnier ums Leben kam (Abb. 24b). Er war so gut erhalten, daß sogar sein Fleisch noch rosig schimmerte und ganz weich war. O'Sullivan und ihre Helfer waren aber leider nicht in der Lage, diesen guten Zustand zu erhalten. Nach einer schnellen Autopsie, bei der unnötigerweise viel zerstört wurde, blieb ihnen nichts anderes übrig, als den Ritter von neuem zu bestatten und so wenig Aufmerksamkeit wie möglich von ihrem Fund zu machen.

Glücklicherweise wurde den beiden Leichentüchern des Ritters eine erheblich bessere Behandlung zuteil, obwohl sie zunächst stark mit Schleim überzogen waren und unerträglich stanken. Dank der Bemühungen Jean Glovers, der Expertin für Konservierungstechniken vom North West Museum and Art Gallery Service[13], kann man die zwei Tücher heute im Whitehaven Museum in Cumbria in aller Ruhe betrachten.

Das innere Tuch (Abb. 24c) ist quadratisch, jede Seite ist 2,50 Meter lang. Es wurde ursprünglich wohl zunächst auf ein Viertel seiner Breite gefaltet, dann wurde der nackte Leichnam des Ritters auf eine doppelte Lage Stoff gelegt, das übrige Material um ihn herumgeschlagen und am Kopfende nach der oben bereits erwähnten Methode zusammengebunden. Das äußere Tuch mit einer Länge von 2,75 Metern und einer Breite von 1,35 Metern wurde unter den eingehüllten Leichnam gelegt und dann um die Füße herum nach oben umgeschlagen, da sie wohl vom inneren Tuch nicht ausreichend verhüllt waren. Als nächsten Schritt schlug man das Kopfende über das bereits bedeckte Gesicht, dort wurden die Tuchenden zusammengerafft und das ganze Tuch anschließend mit einer Kordel verschnürt. Außerdem stellten die Archäologen fest, daß ein Teil des inneren Tuches abgeschnitten und wie eine Art Schürze zwischen das innere und das äußere Leichentuch gelegt worden war. Welche genaue Funktion dieser Stoffteil erfüllen sollte, ist bis heute nicht klar.

Die Leichentücher des in St. Bee's gefundenen Ritters entsprechen also sehr wohl den Darstellungen von Toten in der mittelalterlichen Buchmalerei. Dort kann man die Leichname in Lei-

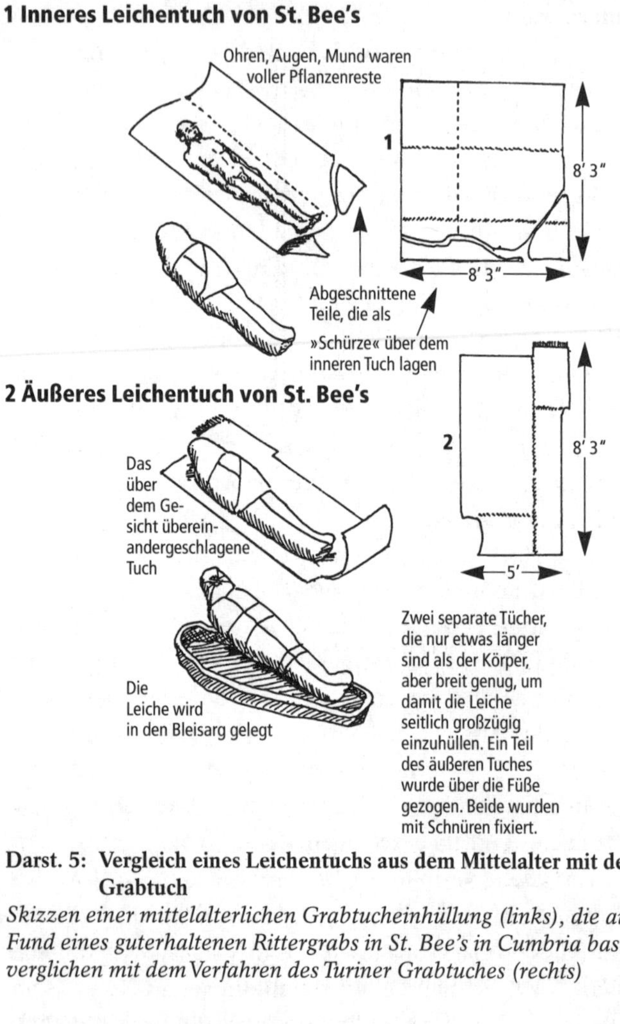

Darst. 5: Vergleich eines Leichentuchs aus dem Mittelalter mit dem Turiner Grabtuch
Skizzen einer mittelalterlichen Grabtucheinhüllung (links), die auf dem Fund eines guterhaltenen Rittergrabs in St. Bee's in Cumbria basieren, verglichen mit dem Verfahren des Turiner Grabtuches (rechts)

chentücher gehüllt sehen, die sich aber geradezu radikal in folgenden Punkten vom Turiner Grabtuch unterscheiden (siehe auch Darst. 5): in ihren Maßen (sie sind halb so lang und doppelt so breit); in der Art und Weise, wie beim Einhüllen vorgegangen wurde (seitlich statt über den Kopf); und in der Art und Weise der Fixierung der Leichentücher (mit langen Schnüren, worauf beim

Turiner Grabtuch

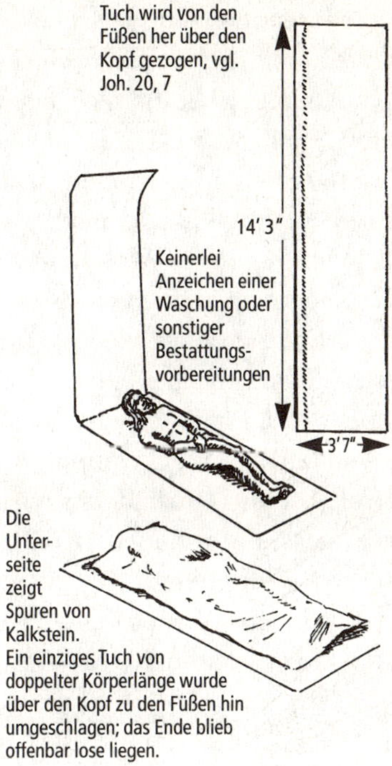

Turiner Grabtuch nichts hindeutet). Außerdem bestehen sie aus einzelnen Stoffstücken, die im Unterschied zu der eindrucksvollen, über vier Meter langen Stoffbahn des Grabtuches recht grob zusammengefügt wurden.

Nichts von alledem beweist unwiderlegbar, daß das Grabtuch nicht das Werk eines »schlauen« mittelalterlichen Fälschers sein kann. Besaß dieser Mensch, wer immer es gewesen sein mag, vielleicht so viel Macht, daß er anordnen konnte, daß ein gut 1,80 Meter großer Mann, vielleicht ein Gefangener, genau so wie Jesus Christus gekreuzigt wurde? War er imstande, sich alte Waffen und Folterinstrumente zu beschaffen, damit auch Einzelheiten wie die Geißelung korrekt ausfielen? War er vielleicht mit den besonderen jüdischen Bestattungsvorschriften vertraut, die im Judentum für jene galten, die eines gewaltsamen Todes starben – und im Mittelalter gab es ja in jeder großen europäischen Stadt ein jüdisches Ghetto –, und konnte somit in den Besitz eines solchen, um den ganzen Körper reichenden Leichentuchs gelangen?

Natürlich ist selbst dann, wenn dieser Unbekannte dies alles hätte bewerkstelligen können, noch immer nicht geklärt, wie das Bildnis auf das Tuch gelangte. Ist es zudem überhaupt wahrscheinlich, daß sich ein Fälscher für dieses Werk so viel Arbeit und Mühe gemacht hätte? Denn nicht zuletzt Journalisten unserer Tage haben uns daran erinnert, daß in diesen Zeitläuften ein großer Teil des Volkes ganz leicht auf angebliche Reliquien wie eine Feder des Erzengels Gabriel oder eine Phiole mit dem letzten Atemzug des hl. Joseph hereinfielen und sie als echt verehrten.

Wie immer die Antwort auch ausfällt, wir müssen in jedem Fall betonen, daß unsere gesamte bisherige Diskussion lediglich auf der äußeren, optischen Beurteilung des »fotografischen« Bildes auf dem Grabtuch beruht, das offenbar einen gekreuzigten Menschen zeigt und etwas über seine Beisetzungsart auszusagen vermag.

Wie steht es aber nun mit dem Grabtuch als haptischem Objekt, als Gegenstand, den man anfassen und ganz handfest auf die Beschaffenheit des Körperbildes, des »Blutbildes« und anderer geheimnisvoller Merkmale hin untersuchen kann? Inwieweit hält es einer ernsthaften Prüfung stand, wenn eine Analyse mit den modernsten Instrumenten durchgeführt wird?

Teil 2

»Ein mit Schlauheit gemaltes Bild« oder das echte Grabtuch?

Eine Neubewertung
des Grabtuches
als materieller Gegenstand

Kapitel 5

Was können wir aus dem Gewebe schließen?

Was ich bisher über das Grabtuch geschrieben habe, basiert darauf, was man auf guten Fotografien, ob nun Positiv oder Negativ, Schwarzweiß oder Farbe, sehen kann. Bisher war es nicht nötig, das Grabtuch als materiellen Gegenstand zu untersuchen. Das will ich nun in diesem Teil tun.

Dabei stütze ich mich hauptsächlich auf Angaben, die von Experten gemacht wurden, die das Grabtuch selber oder Muster davon untersuchten. Im Gegensatz zu anderen Reliquien, die ständig unter Verschluß sind, wie beispielsweise die sogenannte »Veronika« in Rom, wurde das Grabtuch überraschenderweise Experten zugänglich gemacht. In den letzten dreißig Jahren wurde es sechs Prüfungen unterzogen,[1] deren spektakulärste natürlich die fünftägige, rund um die Uhr dauernde High-Tech-Untersuchung durch die STURP-Abordnung im Jahr 1978 war.

Die Qualifikation derer, die bei diesen sechs Gelegenheiten direkten Zugang zum Grabtuch hatten, steht außer Frage; vielleicht waren sie aber nicht unbedingt die richtigen Personen, um jene Fragen und Themenkomplexe in Angriff zu nehmen, die nach eindeutigen Antworten verlangen. Dies gilt insbesondere für die Bewertung des Grabtuches als historischer Textilie: ob es sich ungeachtet des C-14-Resultats um ein Tuch aus dem Mittelalter handelt oder ob es tatsächlich älter ist. Das STURP-Team reiste 1978 nur aus einem Grund an, um nämlich das Grabtuch einer umfassenden wissenschaftlichen Untersuchung zu unterziehen. Keines der insgesamt 30 hochqualifizierten Mitglieder des Teams besaß aber ausreichend Erfahrung mit mittelalterlichen oder antiken Textilien und deren Herstellung – dabei ist das Grabtuch in erster Linie ein Stück Stoff aus einer ganz bestimmten Zeit.

Von den Informationen über die textilen Merkmale des Grabtuches müssen wir also wohl Abstriche machen, zumindest was Berichte und Einschätzungen mancher dieser privilegierten Personen angeht, die das Grabtuch untersuchen durften. Aber sehen wir im folgenden, was sich aus all dem ergab.

Das Tuch, das die letzten 400 Jahre als Turiner Grabtuch in der Königskapelle aufbewahrt wurde, ist weit mehr als nur ein einfaches Stück Stoff. Bei den genehmigten Öffnungen in jüngerer Zeit fanden die Kustoden in dem 133 cm langen versilberten Holzschrein ein wunderschönes, in modernes rotes Tuch gehülltes und mit roten Bändern verschnürtes Bündel mit vier Siegeln des jeweiligen Turiner Kardinals und Erzbischofs. Erst nachdem sie diese und drei weitere Schutzhüllen entfernt hatten, kam das aufgerollte Grabtuch zum Vorschein.

Beim Entrollen stellte man fest, daß es aus drei großen und mehreren kleinen Tüchern besteht, alle über- und aneinander genäht. Das oberste Tuch, eine Abdeckung aus rotem Taft, hatte die damals 25jährige Prinzessin Klothilde von Savoyen im Jahr 1868 eigenhändig an eine Längsseite des Grabtuches angenäht und damit den schwarzen Seidenstoff von 1694 ersetzt. Darunter ist dann das Grabtuch, das an manchen Stellen Flicken aus einem Altartuch des 16. Jahrhunderts aufweist, mit denen die Brandlöcher und Versengungen des Brandes von 1532 verdeckt wurden. Direkt unter dem Grabtuch befindet sich das Hollandtuch aus dem 16. Jahrhundert, mit dem es im Jahr 1534, zwei Jahre nach dem Brand, unterlegt und verstärkt wurde. Zum Schutz der Kanten und Ecken ist das Ganze von einer blauen Einsäumung umgeben. Jahr um Jahr haben diese drei Tücher, ganz fest um einen Samtstab von vier Zentimetern Durchmesser gerollt, und alles Dazugehörige auf engstem Raum aufeinandergelegen. Bei jedem Entrollen und anschließendem Wiederaufrollen kamen zu den unzähligen Falten und Druckstellen, die bereits das Grabtuch überzogen, neue hinzu.

Das Grabtuchgewebe ist gewissermaßen ein Monument der Vorsichtsmaßnahmen, aber auch der Versäumnisse und des Versagens seiner Besitzer und Kustoden der letzten Jahrhunderte. Um das Grabtuch gänzlich verstehen zu wollen, müssen wir uns nun näher mit der Geschichte seiner Aufbewahrung beschäftigen.

Das größte Versagen der Kustoden zeigte sich zweifellos beim Brand von 1532 und dann beim Feuer von 1997. 1532 war das Grabtuch schon nahezu 100 Jahre in Händen des Hauses Savoyen. Aufbewahrt wurde es in einer vergitterten Nische in der hinteren Wand der wundervollen Sainte-Chapelle zu Chambéry in den französischen Alpen. Diese Kapelle hatten sich die Savoyer neben ihrem Schloß als persönlichen Andachtsraum errichten lassen. Als Schutzvorrichtung gegen Diebe ließen sie vier verschiedene Schlösser am Gitter anbringen, deren Schlüssel von vier verschiedenen Personen verwahrt wurden: eine nicht ungewöhnliche und zunächst auch ideal erscheinende Sicherheitsmaßnahme für heilige Objekte.

Diese Sicherheitsvorkehrung ist jedoch keineswegs optimal, wenn man sich, wenn dort beispielsweise ein Feuer ausgebrochen ist, unvorhergesehen und sehr rasch Zugang verschaffen muß, wie es in der Nacht vom 4. auf den 5. Dezember der Fall war. Das ganze Gebäude stand so schnell in Flammen, daß keine Zeit mehr war, die vier Schlüsselbewahrer herbeizuschaffen. Der Geistliche konnte sich nur noch an den Schmied Guillaume Pussod wenden, der dann das Schutzgitter aufstemmte. Der wundervoll gearbeitete Silberschrein, in dem das Grabtuch ordentlich in 48 Lagen gefaltet lag, war jedoch schon irreparabel beschädigt. Als man es endlich herausholen konnte, war schon ein Tropfen heißes geschmolzenes Silber auf das Tuch gelangt und hatte eine Ecke in Brand gesetzt. Man löschte es sofort mit Wasser, mußte aber beim Entrollen entdecken, daß sich das Brandloch leporelloartig bis in die unteren Lagen durchgefressen hatte und das Grabtuch mit großen Brandlöchern, Versengungen und Löschwasserflecken übersät war. Seltsamerweise, und darüber waren die Menschen dieser Epoche sehr verwundert, war das so wichtige Bild in der Mitte des Tuches fast völlig unbeschädigt geblieben.

Diese Brandlöcher und Wasserflecken sind Teil der wohlbekannten Geschichte des Grabtuchgewebes; fast alle dieser Beschädigungen wurden von den Armen Klarissinnen mit dreieckigen Flicken versehen (Darst. 6). Die Äbtissin Louise de Vargin hinterließ eine Aufzeichnung jener zwei Wochen, in denen sie und die Nonnen diesen heiklen Auftrag ausführten.[2]

Andere Schäden sind weniger gut dokumentiert. Am auffälligsten sind die vier Gruppen von Brandlöchern, die auch nahe am Körperbild liegen, es aber nicht verunstalten (Darst. 7). Zwei Gruppen sind auf der Rückansicht des Grabtuches zu beiden Seiten des Gesäßes zu erkennen, die zwei anderen Gruppen zu beiden Seiten der gekreuzten Hände auf der Vorderansicht. Jede besteht aus drei schwarzgeränderten Löchern unterschiedlich starken Beschädigungsgrades (Abb. 35b). Da die Löcher übereinanderliegen, wenn das Grabtuch viermal gefaltet ist, und das Ausmaß der Beschädigung eindeutig von der obersten zur untersten

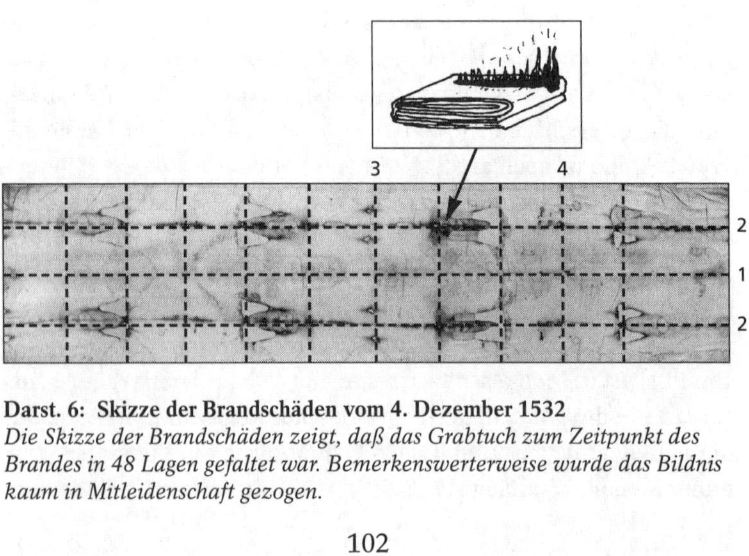

Darst. 6: Skizze der Brandschäden vom 4. Dezember 1532
Die Skizze der Brandschäden zeigt, daß das Grabtuch zum Zeitpunkt des Brandes in 48 Lagen gefaltet war. Bemerkenswerterweise wurde das Bildnis kaum in Mitleidenschaft gezogen.

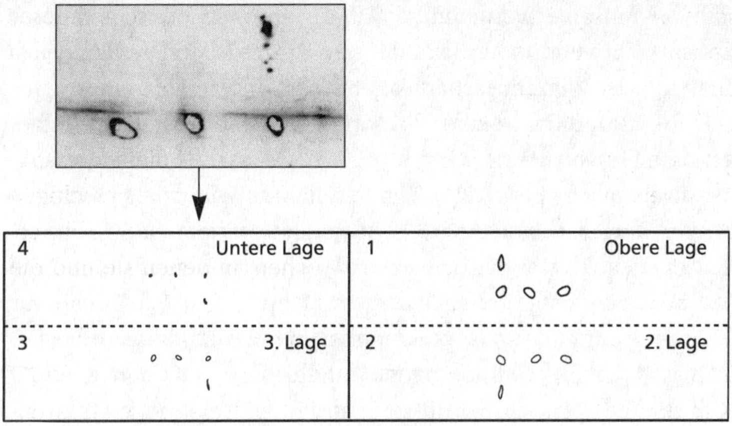

Darst. 7: Skizze der sogenannten »Schürhakenspuren«
Die Verteilung der vier Gruppen der sogenannten »Schürhakenspuren« auf dem Grabtuch. Man kann erkennen, daß der Beschädigungsgrad von 1 nach 4 abnimmt. Als der Schaden entstand, muß das Tuch also viermal gefaltet gewesen sein; die vier Gruppen von Löchern entstanden durch eine einzige Beschädigung. Die schwärzliche Verfärbung der Ränder läßt darauf schließen, daß ein glühend heißer Gegenstand, etwa ein Schürhaken, dreimal durch die Mitte des gefalteten Grabtuches gestoßen wurde. Möglicherweise hatte man das Grabtuch einer »Feuerprobe« unterzogen, im Mittelalter die Entsprechung zum C-14-Test. Sicher ist nur, daß die Beschädigung vor 1516 erfolgt sein muß.

Lage abnimmt, ist daraus zu folgern, daß ein glühend heißer Gegenstand, etwa ein Schürhaken, dreimal durch das gefaltete Tuch gestoßen wurde. Es gibt keinerlei Belege darüber, wie, wann und warum das passierte;[3] alles, was man mit einiger Sicherheit sagen kann, ist, daß es vor 1516 gewesen sein muß, weil diese Löcher auf einer Kopie des Grabtuches deutlich zu sehen sind. Diese Kopie stammt nachweislich aus jenem Jahr und wird heute in der Gommaruskirche in Lierre, Belgien, aufbewahrt (Abb. 8 und 9b).

Wann und warum Teile des Grabtuches abgeschnitten wurden, ist auch nicht bekannt. In jüngerer Zeit wurde die Entnahme einzelner Proben oder Gewebestreifen gut dokumentiert (so etwa im

Fall der Radiokarbondatierung 1988); was aber mit den anderen Streifen geschah, ist unbekannt. Am Fußende der Vorderansicht fehlt auf der vom Betrachter aus gesehen linken Seite ein Streifen von 14 cm x 8 cm, von der Rückansicht fehlt an derselben Kante ein Streifen von 36 cm x 8 cm (Abb. 6 und 7, die fehlenden Streifen sind mit »K« markiert). Um den letzten Willen der Herzoginwitwe Margarete von Savoyen zu erfüllen, wurde ein Streifen abgeschnitten. Man weiß, daß sie im Jahr 1508 festgelegt hatte, daß ein Streifen des Grabtuches der von ihr so verehrten Kirche von Brou in Bourg-en-Bresse zukommen sollte. Doch auch in diesem Fall ist nicht überliefert, ob ihr letzter Wille tatsächlich erfüllt wurde, und wenn ja, wie breit und wie lang der abgeschnittene Streifen war, wieviel und ob überhaupt noch etwas davon heute in Brou erhalten ist. Neben diesen größeren Beschädigungen gibt es auch noch zahlreiche kleinere Löcher, die offenbar zu verschiedenen Zeiten und von verschiedenen Personen gestopft wurden; Ursache und Geschichte dieser Beschädigungen und Reparaturen liegen aber im dunkeln.

Wir haben also nur das Grabtuchgewebe selber, doch besteht auch über seine Herkunft Ungewißheit. Verfechter und Kritiker der These, daß es aus dem ersten nachchristlichen Jahrhundert stammt, sind übereinstimmend der Meinung, daß es aus echtem Leinen, *linum usitatissimum,* aus den Fasern der kultivierten Flachspflanze, gewoben wurde. Die Herstellung von Leinen ist nicht unkompliziert und ist seit über 9000 Jahren bekannt.[4] Galiläa, die Heimat Jesu Christi, war erwiesenermaßen ein wichtiges Gebiet, in dem Leinen produziert wurde; mit anderen Worten, das Grabtuch könnte also durchaus 2000 Jahre alt sein.

Auch dem Einwand vieler Laien, Leinen sei zu fein, um sich 2000 Jahre zumindest in einem ganzen Stück so wie das Grabtuch zu halten, kann leicht entgegengetreten werden. Wenn Leinen an einem trockenen Ort aufbewahrt wird, behält es seine hohe Reißfestigkeit. Von Mottenraupen bleibt Leinen verschont, weil es kein Keratin enthält, das die Raupe benötigt, und für viele andere Insekten ist es zu hart, als daß sie es zermalmen könnten. Weltweit finden sich in Museen und Sammlungen zahllose Beweise für die Stabilität dieses Gewebes, so zum Beispiel altägyptische Mumienbinden aus Leinen, die teilweise bis zu 4000 Jahre alt und immer noch reißfest und intakt sind. Das Ägyptische Museum in Turin besitzt zum Beispiel ein altägytisches Leinenhemd, das immer noch so aussieht, als wäre es erst gestern vom Webstuhl gekommen.[5]

Das Grabtuch könnte also durchaus 2000 Jahre alt sein. Dem widerspricht aber das C-14-Testergebnis. Die entscheidende Frage ist nun, ob man aus dem Gewebe schließen kann, daß es tatsächlich so alt ist und ob beispielsweise die Webart Schlüsse auf sein Alter zuläßt. In den dreißiger Jahre wurde die Webart korrekt als eine Drei-zu-eins-Köperbindung (Fischgrät) identifiziert, eine komplexe Webart mit drei Ketthebungen und einer Kettsenkung, jeweils um einen Kettfaden versetzt. Die Bindungspunkte berühren sich in Diagonalen, deren Verlauf der Weber oder die Weberin in regelmäßigen Abständen ändert (Abb. 25b).

Ist diese Webart nun charakteristisch für das Mittelalter, für das 1. Jahrhundert oder für beide Epochen? Die Antwort ist einfach:

Drei-zu-eins Köperbindung

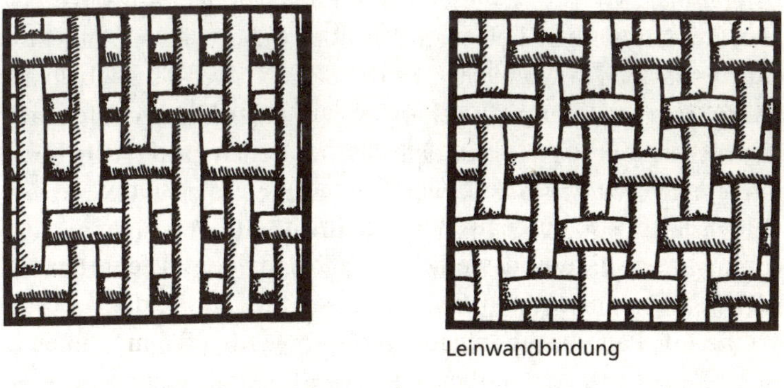

Leinwandbindung

Darst. 8: Skizze der Webart des Grabtuches
Skizze der Drei-zu-eins-Köperbindung des Grabtuches (links). Die, verglichen mit der Leinwandbindung (rechts), komplexere Bindung ist gut zu sehen.

Köperbindung ist für keine dieser Epochen typisch. Beispiele dafür sind so selten, daß Dr. Michael Tite vom British Museum vergeblich versuchte, Stoffexemplare von gleicher Webart wie das Grabtuch als Kontrollmuster für die Radiokarbondatierung aufzutreiben. Dadurch mußte das ursprüngliche Vorhaben eines »Blindtests« aufgegeben werden, bei dem die Laboratorien nicht von vornherein gewußt hätten, welches die Proben vom Grabtuch und welches die Kontrollmuster waren.

Altägyptisches Leinen, das sich seit dem Altertum am besten erhalten hat, und zwar weit besser als andere Leinengewebe, ist durchweg in Leinwandbindung gewoben, d.h. eine Ketthebung, eine Kettsenkung (Darst. 8). Gab es Köperbindung zu Zeiten Jesu also noch gar nicht? Wenn dies zutrifft, so ist die These, daß das Grabtuch aus der Zeit Jesu stamme, mit einem Schlag vom Tisch. Dies ist aber glücklicherweise nicht der Fall.

So gibt es zum Beispiel ein Köpertuch aus dem syrischen Palmyra, das zweifelsfrei aus der Zeit vor 276 stammt. Ein weiteres Exemplar aus römischer Zeit wurde in einem Kindersarg im englischen Holborough, Kent, gefunden. Weitere Beispiele stammen aus Trier, Conthey, Ribeauville und Köln.[6]

Allerdings sind diese Tuche nicht aus Leinen, sondern aus Seide. Es gibt auch Wollstoffe dieser Webart aus der späten Bronzezeit, aber keinen antiken Leinenstoff in der Webart des Grabtuches. Das heißt noch lange nicht, daß es solche Gewebe damals überhaupt nicht gab oder nicht geben konnte. Jeder Experte für Textilgeschichte kann bestätigen, daß die erhaltenen antiken Textilien nur einen Bruchteil der Gewebe ausmachen, die längst zerstört und zerfallen sind. Was wir definitiv über antike Textilien wissen, ist angesichts dessen, was wir über diese Materie alles nicht wissen, wahrlich recht gering.[7]

Leinenköper war im Europa des Mittelalters, in dem das Grabtuch ja angeblich angefertigt wurde, bestimmt kein gängiges Webmuster. Dr. Donald King, Kustos für Textilien im Londoner Victoria and Albert Museum, fand in seinem Museum nur ein Exemplar, das aus zwei 18 cm x 10,5 cm großen Fragmenten einer Stola

Darst. 9: Ein seltenes Exemplar für eine Köperbindung des Mittelalters
Ein bedrucktes Stück Leinen in Drei-zu-eins-Köperbindung (Fischgrät) aus der Sammlung des Victoria and Albert Museum, London. Aufgrund des Musters, das auch auf Seidenstoffen aus der zweiten Hälfte des 14. Jahrhunderts vorkommt, vermutet man, daß das Fragment aus der gleichen Zeit stammt. Es ist ein fast einzigartiges Beispiel für eine Köperbindung aus dieser Zeit. Die dunklen Stellen sind rekonstruiert. (Victoria and Albert Museum, Ref. Nr. 8615–1863)

oder eines Manipels (Darst. 9) besteht.[8] Wegen des Ranken- und Vogelmusters, das auch auf Seidenstoffen des ausgehenden 14. Jahrhunderts vorkommt, vermutet man, daß das Fragment aus der gleichen Zeit stammt. Es ist das einzige Beispiel für einen Leinenköper; John Tyrer wies aber darauf hin, daß die Textur gröber als beim Grabtuch sei.[9] Somit ist das Grabtuch das einzige Beispiel für eine richtige Drei-zu-eins-Köperbindung in Leinen aus der Zeit vor 1550.[10]

Auch andere Erkenntnisse aus der Expertenuntersuchung des Grabtuches bringen nicht viel mehr Licht in die Sache. Im November 1973 wurde Gilbert Raes vom Institut für Textilherstellung im belgischen Gent nach Turin eingeladen, um an einer eintägigen Grabtuchuntersuchung teilzunehmen. Er erhielt einen 13 mm langen Kettfaden, einen 12 mm langen Schußfaden und zwei briefmarkengroße Stücke von der linken Ecke der Vorderansicht zu

Forschungszwecken ausgehändigt und untersuchte diese Proben in seinem Genter Labor. Dabei fand er heraus, daß das Garn Z-gedreht ist, also im Uhrzeigersinn. Die Leinengarne der Ägypter waren in der Antike S-gedreht, d.h. gegen den Uhrzeigersinn. Mit der Drehungsrichtung des Garns kann man aber das Alter des Grabtuches oder seine Herkunft genausowenig bestimmen wie aufgrund der Webart. Z-gedrehtes Garn kam in nachpharaonischer Zeit in Ägypten und in anderen Regionen des Nahen Ostens auf, in Europa waren von ungefähr 300 v. Chr. bis ins Mittelalter fast alle Leinengarne Z-gedreht.[11] Obwohl die meisten Leinengarne aus Syrien und Palästina S-gedreht waren, gibt es aus der Judäischen Wüste[12] und aus Palmyra, woher auch die Drei-zu-eins-Köperbindung in Seide stammt, aus der Zeit Jesu auch Beispiele für Z-gedrehtes Garn.

Raes stellte auch fest, daß das Leinen sehr fein ist; das bestätigt meine eigene, natürlich sehr oberflächliche Beobachtung, die ich im selben Jahr vornehmen konnte, als ich das Grabtuch mit eigenen Augen sah. Raes zählte bei seinen Proben die Fäden pro Quadratzentimeter. Dabei fand er durchschnittlich 38,6 Kett- und 25,7 Schußfäden: ein sicherer Beweis für die Feinheit des Garnes. Auch das spricht nicht dagegen, daß das Grabtuch zu Jesu Lebzeiten entstand. Es ist bekannt, daß die Weber des Altertums Stoffe herstellen konnten, die es an Feinheit mit heutigen Tuchen durchaus aufnehmen können. So ist beispielsweise ein Tuch aus der Zeit um 3600 v. Chr. erhalten, das noch feiner als selbst das Grabtuch gewoben ist.[13]

Raes fand auch feinste, doch nichtsdestoweniger nachzuweisende Spuren von Baumwolle an den Leinenfäden. Er vermutet, daß das Grabtuch auf einem Webstuhl gewoben wurde, der auch zur Herstellung von Baumwollstoffen diente. Raes fand *Gossypium herbaceum,* eine Baumwollart, die besonders im Nahen Osten vorkommt. Das war für Raes, für mich und auch für andere zunächst ein schlagender Beweis, daß das Grabtuch aus dem Nahen Osten stammen muß.

Doch diese Auslegung der Tatsachen war in diesem Fall eindeutig falsch. Die britische Archäologin und Textilexpertin Elisabeth Crowfoot[14] und der Amerikaner Donald D. Smith[15] wiesen darauf hin, daß die Herstellung von Baumwollstoffen mit den Arabern nach Europa gelangte, die im Jahr 711 in Spanien einfielen. Im 13. Jahrhundert war dann die spanische Baumwollmanufaktur ein blühender Wirtschaftszweig, der vornehmlich von Juden dominiert wurde.[16] Übrigens wies auch Gabriel Vial nach seiner Grabtuchuntersuchung, die er 1988 bei der Probenentnahme für den C-14-Test durchführen konnte, darauf hin, daß die Baumwollfasern zufällig am Grabtuch hafteten. Raes' Vermutung, die Baumwollfasern auf dem Grabtuch stammten vom Webstuhl, ist auf den ersten Blick durchaus plausibel. Aber die Oberfläche des Grabtuches ist von einer mikroskopisch feinen Schmutzschicht verunreinigt, ebenso von Partikeln und Fasern von Kleidungsstücken jener Personen, die mit dem Grabtuch in Kontakt kamen. Die Baumwollfasern könnten auch einfach von den Baumwollhandschuhen stammen, die jene trugen, die es untersuchten. Das STURP-Team zum Beispiel trug Baumwollhandschuhe, allerdings fand deren Untersuchung erst 1978 und somit fünf Jahre nach Raes' Untersuchung statt.

Ein besonders informationsverheißender Teil des Grabtuchgewebes könnten die Ober- und Unterkante, die Webkanten, sein. Vielleicht versprächen diese Webkanten Aufschluß, und vielleicht würden sich dort auch Hinweise darauf finden, daß man in früheren Zeiten die Kanten für die Grabtuchausstellungen bearbeitet hatte. Aber leider ist eine Untersuchung und/oder eine fotografische Dokumentation dieser Stellen wegen des Hollandtuches und der blauen Einsäumung kaum möglich. Nur bei der STURP-Untersuchung 1978 trennte Giovanni Riggi, der Mikroskopiespezialist aus Turin (der auch 1988 Streifen für die Radiokarbondatierung abschnitt), ein Stück Naht zwischen dem Hollandtuch und dem Grabtuch auf, um das Grabtuchbild von unten zu betrachten (Abb. 25a).

Riggi ist kein Textilexperte und war selbst über die Nähte an den Kanten überrascht:

> Bei der Trennung der beiden Tücher ... stellten wir zu unserem Erstaunen fest, daß eine Reihe unsichtbarer Nähte etwa 2 cm vom Rand entfernt parallel zur Längsachse des Grabtuches verläuft, zumindest an den Stellen, die ich sehen konnte. Ich kann also nicht mit Sicherheit sagen, ob es solche Nähte auch an anderen Stellen gibt. Mit großer Sicherheit kann ich aber sagen, daß der Faden, mit dem die Nähte gesteppt sind, von genau der gleichen Farbe ist wie das Grabtuchgarn und auch von der gleichen Stärke wie die Kett- und Schußfäden; man kann die Naht also mit bloßem Auge nicht sehen ... Leider habe ich versäumt, einige dieser Nähte aufzubewahren, die ich eine um die andere acht Stunden lang aufgetrennt habe. Es wäre interessant gewesen, mehr über dieses Garn zu erfahren.[17]

Riggi scheint hier die Fäden zu beschreiben, die zwei Zentimeter vom Rand entfernt eine Naht bilden. Da sie sich vom Grabtuchgewebe farblich nicht unterscheiden, sind sie möglicherweise bei der Herstellung des Grabtuches angenäht worden, wurden dann aber 1534 von den Armen Klarissinnen zur Unterfütterung des Grabtuches mit dem Hollandtuch verwendet. Äußerst bedauernswert, daß Riggi kein Fachmann für Stoffe ist! Er hat nämlich etwas zerstört, was seinen eigenen Worten zufolge sehr wohl einen entscheidenden Hinweis auf die Herkunft des Grabtuches hätte geben können.

Das letzte Rätsel beim Grabtuchgewebe ist eine Art Saum, der auf der linken Seite der Vorderansicht ungefähr neun Zentimeter vom Rand entfernt über die ganze Länge des Tuches verläuft. Von diesem Streifen fehlen das obere und das untere Ende. Unklar ist auch die Funktion des Saums, sofern es sich überhaupt um einen solchen handelt.

Vor der STURP-Untersuchung dachte ich, dieser Streifen, der anscheinend mit dem Grabtuch durch diese Naht verbunden ist, sei ein »Seitenstreifen«, der zu dem Zeitpunkt der Tuchherstellung angefügt wurde, um das Bildnis zu zentrieren; ohne diesen Streifen befindet es sich nämlich nicht in der Mitte des Tuches.

Die Röntgenaufnahmen von STURP zeigten aber dann, daß die Schußfäden ohne Unterbrechung durch das Grabtuch und durch den Seitenstreifen verlaufen; es sieht also so aus, als sei das Tuch ein zusammenhängendes Gewebe und der »Saum« eben einfach ein Saum. Aber warum um alles in der Welt sollte sich jemand die Mühe gemacht haben, sorgfältig einen 9 cm breiten Streifen abzuschneiden, nur um ihn dann genauso sorgfältig wieder anzunähen?

Glücklicherweise konnte der französische Textilexperte Gabriel Vial dieses Rätsel etwas aufhellen. Nach sorgfältiger Untersuchung der Kettfädenreihen kam er zu dem Schluß, daß das Grabtuch ursprünglich breiter gewesen sein muß, als es heute ist. Ein Streifen wurde sorgfältig der Länge nach abgeschnitten, danach wurden eine oder drei Kettfädenreihen entfernt und wieder sorgfältig angenäht. Vial geht davon aus, daß drei Reihen entfernt wurden: erstens wäre die Entfernung von nur einer Reihe kaum den Aufwand wert gewesen, und zweitens wäre es äußerst schwierig gewesen, dann den Streifen wieder so akkurat anzunähen, wie dies wohl geschah.

Wie meine Frau (die im Umgang mit der Nadel sehr erfahren ist) und Bill Mottern, Röntgenspezialist von STURP, – sowie dessen Frau – vermuten[18], kann derselbe Effekt auch mit einer Biese oder einer Kappnaht auf der Gesamtlänge des Grabtuches erzielt werden. Daß ein Streifen abgeschnitten wurde, halten sie für wenig wahrscheinlich. Wenn eines Tages ein echter Textilfachmann die Unterseite betrachten darf, so wie dies Giovanni Riggi und das STURP-Team taten, könnte dies aber leicht ermittelt werden.

Wenn es sich bei diesem »Saum« um eine Biese handelt, so stellt sich natürlich die Frage, wozu sie angebracht wurde. Um das Bildnis in die Mitte zu rücken? Als Verzierung? Was auch immer unabhängig davon, ob es sich beim Grabtuch um eine Fälschung oder um ein echtes Grabtuch handelt, die richtige Antwort darauf ist – unser Wissen über den Zustand des Grabtuches als materielles Gewebe ist nur recht dürftig, obwohl fünf scheinbar intensive, systematische wissenschaftliche Untersuchungen durchgeführt und bei dreien zusätzlich noch Textilspezialisten hinzugezogen wurden.

Das Grabtuchgewebe als solches ist also bis jetzt für die Datierung des Grabtuches nicht von grundsätzlicher Bedeutung. Die verläßlichen Schlüsse, die man ziehen kann, unterstützen die C-14-Testergebnisse nicht, laufen diesen aber auch nicht zuwider.

Kapitel 6

Was erfahren wir aus dem sogenannten Körperbild?

Im ersten Teil dieses Buches betrachteten wir die »Fotografie« eines menschlichen Körpers, die sichtbar wird, wenn das Grabtuch als Negativ erscheint. Woraus besteht aber die Substanz, die das Bild auf dem Grabtuch formt? Diese Substanz müßte doch eigentlich wissenschaftlich nachweisbar sein. Und wenn dem so ist, dann muß es doch durchaus möglich sein zu entscheiden, ob es sich nur um ein »mit Schlauheit gemaltes Bild« handelt, wie Bischof d´Arcis im 14. Jahrhundert behauptete und was auch der C-14-Test bestätigte, oder um etwas ganz anderes. Die Antworten auch auf diese Fragestellung sind alles andere als eindeutig.

Was wir als »Körperbild« titulieren, besteht grob gesagt aus allen sichtbaren Körpermerkmalen – Haar, Körperteile und Wunden –, bei denen es sich nicht um eigentliche »Blutflecken« handelt. All das kann man auf Farbfotografien des Grabtuches ziemlich gut erkennen; sie können aber keineswegs eine direkte Untersuchung des Originals ersetzen.

Die Farbe des Körperbildes ist äußerst schwierig zu bestimmen. Dr. Pierre Barbet konnte das Grabtuch am 15. Oktober 1933 bei einer kurzen Ausstellung am Aufgang zum Dom von Turin aus nächster Nähe im Tageslicht sehen; er beschreibt die Farbe als »sepiabraun«.[1] Als ich selbst das Grabtuch 1973 im grellen Scheinwerferlicht sah (die Strahler waren extra für die Fernsehaufzeichnung aufgestellt worden), konnte ich die Farbe als»pures, monochromes Sepia« und»fahles, gelbliches Sepia«[2] identifizieren; auch der amerikanische Journalist Robert Wilcox, der damals genau neben mir stand, bezeichnete die Farbe ganz unabhängig von mir mit genau demselben Wort: »Sepia.«[3] Das STURP-Team jedoch, das 1978 mit einer leistungsstarken Lichtausstattung nach Turin reiste, mit deren Hilfe die Wissenschaftler ihre Untersuchungen durchführen wollten, verwarf alle bisherigen Farbbeschreibungen und definierte die Farbe als Gelb oder Strohgelb. Man sollte sich zumindest darauf einigen können, daß die Färbung des Bildes sehr fein ist und wohl je nach Tageszeit und Beleuchtung changiert.[4] In Farbe und Aussehen gleicht es einem vielbenutzten Bügelbrettüberzug mit leichten Versengungen.

Unabhängig vom Farbton, mutet das Bildnis im Original weit blasser an als auf Fotografien, besonders Schwarzweißfotografien dunkeln es ab. Das ist leicht zu erklären: Wenn man alte bräunliche Familienfotos in Schwarzweiß reproduziert, so wirken die Reproduktionen immer sehr viel schärfer als die Originalaufnahmen. Diese scheinbar magische Wandlung ist darauf zurückzuführen, daß unser Auge Gradationen, also Verläufe, dieses blassen Braungelbs sehr viel schlechter wahrnimmt als Schwarzgradationen. Daß das Grabtuch aber selbst auf Farbfotografien schärfer wirkt als im Original, kommt durch die Verkleinerung zustande, die das Bild – bei nicht originalgroßen Fotos – schärft.

Rufen wir uns auch die fast verschwindend feine Qualität des Originalbildes in Erinnerung: Je näher man an das Tuch herantritt, desto stärker scheint das Bild mit dem Grabtuch zu verschmelzen. Meines Erachtens demonstriert dieser Effekt, daß kein Künstler dieses Bild mit einer konventionellen Technik angefertigt haben kann. Wie ich schon weiter oben erwähnte, habe ich einige Erfahrung im Zeichnen und Porträtieren von Menschen. Es ist äußerst schwierig, in optisch kaum unterscheidbaren Farbtönen zu malen, außerdem bräuchte man einen zwei Meter langen Pinsel, um zu sehen, was man malt, und um es außerdem sofort noch korrigieren zu können.

Gänzlich ohne Kontur zu arbeiten würde die Sache noch viel schwieriger machen. Im Grunde haben alle Maler bis weit ins

19. Jahrhundert, bis zum Aufkommen des Impressionismus, Konturen als Bezugspunkte für den Bildaufbau benutzt. Mit Hilfe solcher Konturen sieht man, was man malt und wo man malt, besonders wenn die »Leinwand« vier Meter lang ist. Wenn nun das Grabtuch wirklich ein künstlerisches Werk ist, so hat sein Maler das erste konturlose Bild der Kunstgeschichte geschaffen – an sich schon eine äußerst bemerkenswerte Leistung allerersten Ranges.

Wir müssen also endlich herauszufinden versuchen, aus welcher chemischen Substanz das Grabtuchbild besteht. Welche Wissenschaft kann uns dabei behilflich sein? In dieser Frage haben sich die Vertreter der einzelnen Disziplinen jedoch erbitterte Schlachten geliefert und den Laien mit jeder neu vom Zaun gebrochenen Debatte in nur noch größere Verwirrung gestürzt.

Der umfassendste, wenn auch nicht unbedingt überzeugendste Ansatz zur Bestimmung der Beschaffenheit des Grabtuchbildes stammt zweifelsohne von den STURP-Forschern. Sie reisten 1978 zwar mit einer enormen Ausrüstung an modernsten Bildanalysegeräten nach Turin, der sinnvollste Versuch einer Bestimmung bestand jedoch einfach darin, das Grabtuch der Breite oder der Länge nach in einen eigens angefertigten Rahmen zu spannen und es von hinten wie ein überdimensionales Dia mit einem Projektionsscheinwerfer zu durchleuchten.[5] Was in der Folge passierte, war ganz erstaunlich: Die »Blutflecken« waren gut zu erkennen und bestehen eindeutig aus einer ausreichend dichten, lichtundurchlässigen Substanz. Das Körperbild an sich war hingegen überhaupt nicht zu sehen, was bedeutet, daß es aus einer sehr feinen, durchlässigen Substanz bestehen muß.

Ähnlich waren auch die Röntgenaufnahmen in Originalgröße beschaffen, die von jedem Abschnitt des Grabtuches gemacht wurden. Darauf erkennt man zwar deutlich die Ränder der Wasserflecken der Löschaktion aus dem Jahr 1532, aber keinerlei Spuren vom Körperbild oder von den Blutflecken. Wie ich im letzten Kapitel erwähnt habe, trennte Giovanni Riggi als beigeordnetes Mitglied des STURP-Teams das Grabtuch an einer Stelle vom

Hollandtuch ab, um zu sehen, ob das Körperbild auch auf der Unterseite erscheint. Er stellte eindeutig fest, daß dem nicht so ist. Auch die Optikexperten von STURP, die das Körperbild mit Wood-Licht bestrahlen beziehungsweise stimulieren wollten, mußten feststellen, daß es weder fluoreszierte noch Licht zurückwarf, wie es von einer reflektierenden Substanz wie beispielsweise einem Farbpigment zu erwarten wäre.

Woraus könnte das Grabtuchbild also bestehen, das mit bloßem Auge leicht als bräunliche oder gelbliche Färbung auf dem Leinen wahrgenommen werden kann, doch andererseits so fein ist, daß es nur auf einer Seite des Tuches aufscheint und sowohl für Projektionslicht als auch für Röntgenstrahlen durchlässig ist? Teil der STURP-Ausrüstung war auch ein Wild-M400-Kameramikroskop, das kleinste Partikel des Grabtuches sichtbar machen sollte. Damit untersuchte der Physiker und Optikexperte Sam Pellicori vom Santa Barbara Research Center in Kalifornien eingehend das Körperbild, während das Grabtuch der Länge nach in den Rahmen gespannt war (Abb. 26a).

Für diesen Zweck eignete sich logischerweise am besten die Stelle, an der das Bild am intensivsten ist: die Nasenspitze. Pellicori betrachtete die Stelle systematisch in verschiedenen Auflösungen (Abb. 26b und 26c) und machte dabei eine verblüffende Entdeckung: Selbst bei einer solch hohen Auflösung, mit der er die einzelnen Fasern des Garnes sehen konnte, war er nicht imstande, so etwas wie ein aufgetragenes Farbpigment auszumachen, mittels dessen die Färbung verursacht worden sein könnte, die das menschliche Auge leicht als Nasenspitze »wahrnimmt«. Was das Auge als Körperbild sieht, scheint im Vergleich zum bildlosen Bereich nur eine etwas intensivere Gelbfärbung der Fasern im »Bild«bereich zu sein. Diese Verfärbung ist aber nur auf den obersten Fasern zu erkennen. Sie ist außerdem dermaßen gering, daß etwa an Kreuzungsstellen von Fasern die untere Faser nicht gelblich verfärbt ist; offenbar wurde sie von der darüberliegenden Faser vor dem Bildentstehungsprozeß geschützt, wie auch immer dieser vonstatten gegangen sein mag. Pellicori zufolge ist es ausgeschlossen, daß die Gelbfärbung von einer flüssigen Substanz, wie zum Beispiel Farbe, herrührt. Hätte man Wasser- oder Ölfarben aufgetragen, so wären die Fasern normalerweise verklebt oder verfilzt. Ganz offensichtlich weisen die Grabtuchfasern aber keine derartigen Spuren auf.

Die Auflösung, mit der Pellicori vor Ort arbeitete, war nach Mikroskopie-Maßstäben nicht übermäßig hoch. Außerdem waren er und seine Kollegen auch noch durch die alles andere als optimalen Bedingungen in dem Untersuchungsraum behindert. Ihnen war im Palazzo Reale ein großes, zugiges Zimmer mit Holzboden zugewiesen worden. Der Luftzug konnte nicht abgestellt werden und bauschte immer wieder das Tuch. Selbst durch den vorsichtigsten Schritt konnte die Aufnahme verwackeln; alle Anwesenden mußten gebeten werden, im entscheidenden Augenblick in ihrer Bewegung innezuhalten. Es hing also viel davon ab, was man unter einem Mikroskop mit höherer Auflösung an den Grabtuchfasern des Bildbereichs erkennen konnte. Mit Genehmigung der Turiner Behörden nahm das STURP-Team mit über dreißig speziell beschichteten, fünf Zentimeter langen Klebestreifen vorsichtig Fasern von ausgesuchten Stellen des bildlosen Tuchteils wie des Bildbereichs ab und legte sie zur Verschiffung in die USA auf Objektträger.

Die Wahl für die Analyse dieser Klebestreifen war auf Dr. Walter McCrone gefallen, einen Mikroskopieexperten aus Chicago, der 1973 mit seiner Behauptung, die berühmte Vinland-Karte der Yale University sei eine Fälschung aus moderner Zeit, weltweit für Schlagzeilen gesorgt hatte. Diese Karte soll angeblich ein Jahrhundert, bevor Kolumbus den amerikanischen Kontinent entdeckte, gezeichnet worden sein. McCrone untersuchte mit seinem Lieblingsinstrument, dem Durchlichtmikroskop, winzige Proben der Tinte, mit der die Karte gezeichnet wurde. Dabei fand er heraus, daß die Tinte Anatas enthielt, eine kristalline Modifikation von Titandioxid, die erst 1920 entwickelt wurde. Seine Virtuosität im Mikroskopieren schien eine ausgezeichnete Referenz für eine unvoreingenommene Untersuchung des Grabtuches zu sein – was mich im Januar 1974 als ersten dazu veranlaßte, mit McCrone diesbezüglich Kontakt aufzunehmen. Nach meinem Eindruck war er erfreulich enthusiastisch und augenscheinlich vorurteilsfrei, was die Echtheit des Grabtuches oder auch andere Annahmen anging.[6]

McCrone wurde also Mitglied des STURP-Teams und unterzeichnete sogar die Vereinbarung, Stillschweigen über seine Erkenntnisse zu bewahren, so lange, bis die Gesamtergebnisse veröffentlicht werden könnten. Bedauerlicherweise wandte er sich für die Genehmigung einer nur von einem Forschungslabor durchzuführenden Radiokarbondatierung an Umberto II., den früheren König von Italien.[7] Das war sehr unbedacht und führte zwingend zu seinem Ausschluß aus dem STURP-Team und zum Verlust der Möglichkeit, das Grabtuch aus nächster Nähe zu untersuchen. Trotz allem machte STURP-Mitglied Ray Rogers auf dem Rückweg von Turin Zwischenstation in Chicago, um McCrone persönlich 32 und somit fast alle Klebestreifen auf den Objektträgern auszuhändigen, 22 davon stammten direkt aus dem Bildbereich.

McCrone hatte ausgesprochene Schwierigkeiten mit dem speziell beschichteten STURP-Klebeband. Gewöhnlich kann man jede Probe auf normalem Klebeband problemlos betrachten, die Anisotropie des Spezialklebebandes verhinderte dies jedoch. Die Proben mußten also auf neue Objektträger plaziert werden. Trotz allem konnte Professor McCrone an Weihnachten 1978 in seinem Notizbuch den Beginn der Untersuchung der Grabtuchfasern verzeichnen:

> Der Tag scheint geeignet, mit der Untersuchung zu beginnen … Ich will herausfinden, woraus das Bild besteht. Es ist sichtbar, also besteht es aus Atomen, diese Atome sollten analysierbar sein. Aus dieser Analyse soll deutlich werden, woraus diese Atome bestehen und wie sie aufs Grabtuch gelangt sind. Wahrscheinlich wird sich herausstellen, daß es sich um Körperflüssigkeiten handelt, die sich mit der Zeit gelb verfärbt haben. Be-

kanntermaßen dunkeln fast alle organischen Flüssigkeiten mit der Zeit nach (Lack auf Gemälden z.B.). Auch Achselschweiß verursacht eine Gelbfärbung von Stoffen ...[8]

Im Gegensatz zu seinen anfänglichen Vermutungen kam McCrone jedoch nach ein paar Tagen zu ganz anderen Schlüssen. Im Gegensatz zu Pellicori fand McCrone unter seinem Mikroskop einen deutlichen und schlüssigen Beweis, daß das Grabtuchbild nicht nur von einem Maler angefertigt, sondern daß es auch noch auf ganz herkömmliche Weise gemalt worden war. Er konnte feststellen, daß die Fasern aus dem Bildbereich mit ganz fein zermahlenen Eisenoxidpartikeln beschichtet waren.

McCrone wußte natürlich, daß Eisenoxid, ein anorganisches Pulver, schon seit der Zeit der ältesten Höhlenmalereien zur Herstellung traditioneller Pigmentfarbstoffe verwendet worden ist. Eisenoxid kann als Rost vorkommen, in erodierter Flugasche, als Blutstein, Ocker, Umbra oder als Gebrannte Erde. Er wußte natürlich auch, daß ein Maler ein Bindemittel einsetzen mußte, um das Pigment auf der Oberfläche zu fixieren, ganz besonders auf einer so steifen Oberfläche, wie es unbehandeltes Leinen war. Natürlich fand er auch dafür einen Beweis: »Eindeutige Hinweise auf ein sehr dünnes, getrocknetes Bindemittel mit gelegentlichen Verdickungen von darin gut aufgelösten Pigmentpartikeln.«[9] Um die chemische Beschaffenheit dieses Bindemittels zu bestimmen, führte er eine Reihe von Untersuchungen durch, mit denen er ausschließen konnte, daß der mutmaßliche Maler trocknende Öle oder Leim verwendet hatte, wie dies bei Ölmalerei der Fall ist. Die Tests ergaben, daß es sich um ein eiweißhaltiges Bindemittel handelte. Durch weitere Ausschlußverfahren fand er heraus, daß das Bindemittel aus Gallert bestand; es konnte durch Aufkochen von Pergamentstücken gewonnen werden. Neben Eisenoxid fand McCrone in der Schmutzschicht der Grabtuchoberfläche vereinzelt auch Partikel anderer Pigmentfarbstoffe wie Quecksilbersulfid (Zinnober), Ultramarin, Krapprot und Auripigment (Königsgelb). Dies alles bestätigte, so jedenfalls McCrone, daß das Grabtuch »ein mit Schlauheit gemaltes« Bild sei, wie dies auch schon Bischof d´Arcis 600 Jahre zuvor behauptet hatte.

McCrone flog eigens zur ersten Besprechung des STURP-Teams nach der Untersuchung von 1978 am 24./25 März 1979 von Chicago nach Santa Barbara in Kalifornien, um dort seine Erkenntnisse zu präsentieren. Angesichts der diametral entgegengesetzten Untersuchungsergebnisse von STURP empfing man ihn nicht gerade mit offenen Armen. Im Sommer 1980 brach er den Kontakt zu STURP ab, ohne damit allerdings von seiner Verpflichtung entbunden zu sein, Stillschweigen zu bewahren. Im September 1980 veröffentlichte der an der Grabtuchthematik interessierte englische Journalist Peter Jennings ohne Genehmigung den Inhalt eines Vortrags, den McCrone vor einer angeblich »geschlossenen« Gesellschaft in London gehalten hatte.[10] Dadurch schien es sich für McCrone zu erübrigen, seine Erkenntnisse weiterhin unter Verschluß zu halten. In rascher Folge veröffentlichte er eine Reihe von Artikeln in seiner »Haus«zeitschrift *The Microscope.* Die Nachrichten über seine Erkenntnisse verbreiteten sich allmählich in der ganzen Welt, und er gab seinen Veröffentlichungen die Vorhersage mit auf den Weg, daß das Grabtuch auf die Zeit um 1350 datiert werden würde, sollte je ein C-14-Test gemacht werden – was er zu seiner großen Befriedigung ja noch erleben durfte. Bis heute hält er unerschütterlich an seinen Schlußfolgerungen von 1980 fest.

McCrone ist ein Chemiker von Weltrang, und sein sechsbändiges Werk *Particle Atlas* ist ein Standardwerk der Mikroanalyse. Während unserer nun schon mehr als 20 Jahre währenden persönlichen Bekanntschaft hat er mir stets Anlaß gegeben, seinen scharfen Verstand, seine persönliche Integrität und seine Professionalität zu bewundern. Ich teilte ihm auch mit, daß ich ihn höher schätzen würde als viele Verfechter der Echtheitsthese, Forscher also, die theoretisch auf meiner »Seite« stehen. Über die von ihm an führender Stelle vertretene Fraktion innerhalb des Grabtuchstreits schreibt er mit der für ihn charakteristischen Vehemenz: »Ich bin kein Don Quichotte, und ich kämpfe bekanntlich nicht gegen Windmühlen. Wenn ich das also in diesem Fall tue, so habe ich dazu guten Grund. Ich kann Ihnen versichern, daß ich für die Behauptung, daß ein Künstler das ›Grabtuch‹ von Turin mit stark verdünnter Wasserfarbe gemalt hat, zwingende, eindeutige und sehr einleuchtende Gründe habe.«[11]

Die entscheidende Frage ist aber doch, ob seine Erkenntnisse richtig sind, selbst wenn der C-14-Test so deutlich zu seinen Gunsten ausfiel. Nach einigen Monaten wurde er gebeten, dem STURP-Team die Proben zurückzugeben, und dieser Bitte kam er auch bereitwillig nach. Schon vorher wurde er allerdings von STURP heftig kritisiert. Das Team bestritt das Vorhandensein von Eisenoxidpartikeln zwar nicht – das war auch kaum möglich, nachdem die Röntgenspektralanalyse schließlich ergeben hatte, daß es auf dem gesamten Grabtuch Hinweise auf Eisen, Kalzium und Strontium gab –, insistierte aber hartnäckig darauf, daß diese Spuren gerade im Bildbereich so verschwindend gering seien, daß sie sich zu dem vom Auge wahrzunehmenden Bild gar nicht zusammensetzen könnten. Zum Beweis trug man so viel Eisenoxid auf ein Stück Tuch auf, daß es vom Farbton her exakt dem Grabtuchbild glich; dieser Auftrag konnte auf den Röntgenaufnahmen deutlich nachgewiesen werden, was bei der Färbung des Grabtuches nicht möglich war. Dem STURP-Team zufolge bilden nur die Blutflecken ausreichend eisenhaltige Stellen, was ja auch nicht weiter verwunderlich ist, denn Blut enthält bekanntlich Eisen. Auch am Fußende sollen sich stark eisenhaltige Stellen befinden; dabei spielt jedoch ein anderer Faktor eine Rolle, von dem in Kapitel 8 noch die Rede sein wird.

Nach der Rückgabe gingen die 32 Klebestreifen zu einer zweiten Expertenuntersuchung an den mittlerweile verstorbenen Dr. John Heller, Professor für Innere Medizin und medizinische Physik an der Yale University in New Haven, Connecticut, und an Hellers langjährigen Kollegen Dr. Alan Adler, der als Chemiker an der Western Connecticut State University tätig war. Bei der Untersuchung der Klebestreifen versuchten Heller und Adler, diese Eisenoxidpartikel nachzuweisen, die McCrone und das STURP-Team gefunden hatten. Der Nachweis war einfach; zu ihrem großen Erstaunen aber kam das Eisenoxid in ziemlich reiner Form vor. Die zwei Wissenschaftler wußten, daß Malerfarben recht häufig Verunreinigungen aufweisen. Also baten sie verschiedene Museumsdirektoren um eine Genehmigung für eine Untersuchung antiker Textilien. Dabei konnten sie leicht feststellen, daß auch diese Exemplare oft chemisch reines Eisenoxid aufwiesen. Sie fanden allmählich heraus, daß die Antwort auf die Frage, woher dieses Eisenoxid stammt, wahrscheinlich in der Leinenherstellung begründet liegt. Beim Rotten werden die Flachsstengel in Wasser getaucht, dabei nimmt der Bast Eisen, Kalzium und Strontium auf, die als Spurenelemente im Wasser vorkommen. Heller und Adler vermuten, daß das Eisen bei der Löschaktion 1532 an die Kanten gewaschen wurde. Darum waren letztere auf den Röntgenaufnahmen auch zu sehen. Da das Grabtuch im Lauf der Jahrhunderte immer wieder angefaßt wurde, wurden diese Eisenpartikel auf das ganze Tuch verteilt. Sie waren aber weiterhin der Meinung, daß diese Eisenpartikel nicht das Körperbild auf dem Grabtuch formen könnten.

Wenn man der Argumentationslinie von Heller und Adler folgt, was bildet dann das Bild? Bei der Untersuchung des Grabtuches in verschiedenen Vergrößerungsgraden unter dem Mikroskop kamen sie zu dem unumstößlichen Schluß, daß nichts auf das Grabtuch aufgetragen wurde. Die beiden Wissenschaftler analysierten das Grabtuch auf seine Eisenhaltigkeit, fanden aber nicht das von McCrone festgestellte Bindemittel.

Ihrer Mutmaßung zufolge wurde das Bild durch etwas gebildet, was man danach wieder vom Grabtuch entfernte. In hoher Auflösung konnten sie sehen, daß die Grabtuchfasern im Bildbereich verschossener sind als jene im bildlosen Bereich (Abb. 26c). Wie Ray Rogers von STURP festgestellt hatte, ist das Bild nur an der Spitze der Fasern sichtbar, und im bildlosen Bereich ähneln die Fasern zum Teil jenen im Bildfeld. »Das läßt vermuten, daß es sich um eine Veränderung in der Beschaffenheit des Tuches handelt. Es ist vom Alter verschossen. Aus irgendeinem Grund sind die Fasern im Bildbereich schneller gealtert als der Rest des Gewebes.«[12]

Diese Gelbfärbung, eine Art beschleunigtes Altern, kann man zu Hause bei Zeitungspapier beobachten, das zu lange in der Sonne lag; wie Flachs besteht Papier hauptsächlich aus Zellulose. Wenn wir uns nun vorstellen, daß genau dies passierte, haben wir ein geeignetes Modell für die *mögliche* Entstehung des Körperbildes, wobei der Körper, der auf dem Bild zu sehen ist, als Lichtquelle fungierte. Adler und Heller wollten jedoch mit solchen Spekulationen nicht in Zusammenhang gebracht werden. Sie behaupteten lediglich, daß sich McCrone trotz seiner wissenschaftlichen Reputation geirrt habe. Auch die anderen Pigmentspuren, die McCrone fand, haben nichts mit dem Bild zu tun. Sie erklären sich ganz anders, wie ich weiter unten noch darlegen werde.

Was meint nun aber McCrone zu Hellers und Adlers Kritik? »Unsinn.« »Geschwätz.« »Adler ist ein *Trottel*; Sie dürfen mich gerne zitieren.« Soweit McCrones Kommentare aus unserem Briefwechsel. Zu den Fotografien, auf denen Adler verschossene Fasern aus dem Bildbereich sah, erklärt McCrone, daß es sich hier in Wirklichkeit um Fasern aus dem bildlosen Bereich handelt und daß ihr »verschossenes« Aussehen von Luftblasen herrührt, die im Klebstoff des Klebestreifens eingeschlossen sind.[13] Auf die Frage, wie ein Künstler aus dem Mittelalter den fotografischen Effekt erzielen und das Bild als Negativ malen konnte, bemerkte er:

> Er [der Künstler] … stellte sich vor, wie ein Grabtuch aussehen könnte. Es sollte kein normales Bildnis mit Licht und Schatten sein. Er stellte sich das Grabtuchbildnis im Rahmen eines dunklen Grabes vor, eine Leiche im Tuch. Die Kontaktstellen, Brauen, Nasenrücken, Wangenknochen, Bart, Haare etc., malte er dunkel. Die Stellen, die keinen Kontakt mit dem Tuch hatten, schattierte er. Dadurch erhielt er eine Bilddichte, die dem Abstand zwischen Leiche und Tuch entsprach. So kann die Entstehung des Grabtuchbildes erklärt werden und darüber hinaus auch die dreidimensionale Rekonstruktion durch STURP. Ein fotografisches Negativ dieses auf diese Weise gemalten Bildes würde automatisch als Positiv erscheinen. Im Tageslicht erschei-

nen Nase, Brauen, Wangenknochen etc. dunkler und die nicht hervorstehenden Stellen heller; so entsteht dieses Verhältnis zwischen Positiv und Negativ – genau umgekehrt wie eine normale künstlerische Wiedergabe des Grabtuches.[14]

Die Künstlerin Isabel Piczek war von McCrones Erklärung keineswegs überzeugt. Vielmehr wies sie darauf hin, daß ein Maler des Mittelalters die Oberfläche auf jeden Fall grundiert hätte, um sicherzugehen, daß die Farben darauf haften würden. Dafür gibt es aber beim Grabtuch keinerlei Hinweise. Isabel Piczek hält es auch für unwahrscheinlich, daß zu dieser Zeit ein Maler in der Lage gewesen sein könnte, ein so außerordentliches und großartiges Bild, auf dem anatomisch alles stimmt, als Negativ zu malen.

Einen Teil der Schuld für die immer noch hitzigen wissenschaftlichen Auseinandersetzungen über das Grabtuchbild trägt das STURP-Team. Schon 1978 sollte klargewesen sein, daß das Bildnis entweder das Werk eines Künstlers aus dem Mittelalter sein muß, wie Bischof d´Arcis behauptete, oder der Abdruck eines Gekreuzigten auf seinem Grabtuch. Es wäre das mindeste gewesen, daß das STURP-Team einen Experten für mittelalterliche Kunst einbezogen hätte, um die erste Möglichkeit zu untersuchen, und einen Mediziner mit archäologischen Kenntnissen oder einen Archäologen mit medizinischen Kenntnissen, um die zweite Möglichkeit einer kritischen Untersuchung zu unterziehen. Das haben sie aber genauso wenig getan, wie einen Textilspezialisten einzuladen.

Darüber hinaus bemerkte Joyce Plesters von der wissenschaftlichen Abteilung der National Gallery in London[15] (die ihre Kritik gleichmäßig auf McCrone und auf das STURP-Team verteilt), daß ein Kunsthistoriker auf keinen Fall so etwas Primitives wie ein Klebeband verwendet hätte, um Proben zu entnehmen und zu bestimmen, ob das Grabtuch ein Bildwerk ist. Normalerweise würde man mit einer Nadel und/oder einem Skalpell selektiv winzige Stichproben entnehmen. Auch hätte die betreffende Person anschließend die Proben selbst unter dem Mikroskop untersucht. Zur Untersuchung eines Objekts, das entweder ein Grabtuch oder ein Bild aus dem Mittelalter ist, war die STURP-Aktion schon von Anfang an schlecht gerüstet. Es geht hier aber nicht um eine Entscheidung zwischen Heller/Adler einerseits und McCrone andererseits – wenn die ganze Probenentnahme fehlerhaft war, könnten beide Seiten unrecht haben.

Eine weitere gut durchdachte These über eine mögliche Entstehung des Körperbildes wurde in den letzten zwei Jahren von dem britischen Physiker Dr. Alan Mills von der University of Leicester entwickelt. Gepreßte Pflanzen hinterlassen oft bräunliche Abdrücke auf Papierseiten, zwischen die sie gelegt wurden. Mills behauptet nun, daß diese Abdrücke durch die Freisetzung von Sauerstoffmolekülen entstehen, die durch das Trauma des Geschnittenwerdens und Absterbens der Pflanze ausgelöst wird. Der englische Physiker hat schon lange großes Interesse am Grabtuch und hält es durchaus für denkbar, daß eine solche Sauerstofffreisetzung auch für die Entstehung des Grabtuchbildes verantwortlich ist.[16]

Dr. Leoncio Garza-Valdès, ein aus Mexiko gebürtiger Mikrobiologe und Kinderarzt am Santa Rossa Hospital im texanischen San Antonio, stellte auf der anderen Seite des Atlantiks eine These auf, die Berührungspunkte mit Mills' Theorie aufweist: Was McCrone als eiweißhaltiges Bindemittel interpretierte, das der mutmaßliche mittelalterliche Künstler benutzt haben soll, könnte tatsächlich eine durchsichtige organische Schicht sein, die Bakterien und Pilze auf der Grabtuchoberfläche abgelagert haben. Man kann sich dies etwa so vorstellen wie die Entstehung eines Korallenriffs. Was vom Auge als Körperbild wahrgenommen wird, könnte durch größere und virulentere Konzentrationen dieser Bakterien und Pilze entstanden sein. Die Abdrücke von gepreßten Pflanzen korrespondieren durchaus damit. Dr. Garza-Valdès führt weiter aus, daß diese Bakterien Eisen produzieren und die feinen Eisenoxidpartikel wahrscheinlicher auf diese Weise aufs Grabtuch gekommen sein könnten als durch das Rotten des Flachses; auch bei anderen antiken Textilien mit dieser Schicht finden sich Eisenpartikel.

Diese neue Sichtweise auf McCrones Ergebnisse ist aber umstritten und hat immer noch stark hypothetischen Charakter. Garza-Valdès´ Forschung auf diesem Gebiet muß erst noch beendet und die Ergebnisse publiziert werden. Klar ist nur, daß das Rätsel des Körperbildes derzeit von den Wissenschaftlern, die es untersucht haben, nicht befriedigend gelöst worden ist. Die Behauptung, daß es einen Beweis für das Wirken eines mittelalterlichen Künstlers gibt, wäre aber sicherlich mehr als verfrüht.

Kapitel 7

Bestehen die Wundspuren auf dem Grabtuch wirklich aus Blut?

Wie wir bereits festgestellt haben, weckt bereits die Farbe der »Blutrinnsale«, so wie sie auf dem Grabtuch erscheinen (im Gegensatz zum Negativ, auf dem sie weiß aussehen), unser berechtigtes Mißtrauen. Uns allen ist folgendes bekannt: Schneiden wir uns in den Finger und verbinden ihn mit einem Taschentuch, geht die anfänglich leuchtend rote Farbe des frischen Blutes rasch, meist schon innerhalb weniger Stunden, in ein mattes Braun über. Aber schon im frühen 16. Jahrhundert bezeichnete ein gewisser Antoine de Lalaing die Blutflecken auf dem Grabtuch als »hell, als wären sie heute gemacht worden«.[1] Vignon, der das Tuch in den dreißiger Jahren des 20. Jahrhunderts sah, bezeichnete den Farbton als »Malve-Karmin«.

Wie immer man diese Schilderungen interpretieren möchte, beiden schließe ich mich bereitwillig an. Als ich selbst das Grabtuch im November 1973 sah, hatte ich Gelegenheit, es mit eingeschalteten und mit ausgeschalteten Fernsehscheinwerfern zu betrachten. Wenn die Lichter abgeschaltet waren und in dem Raum, in dem das Grabtuch ausgestellt war, nur noch recht gedämpftes Tageslicht herrschte, unterschieden sich die »Blutspuren« farblich kaum vom Körperbild. Waren sie hingegen eingeschaltet, so nahmen die Blutflecken eine sehr charakteristische »saubere« Farbe an, die zwischen Malve und Karminrot changierte, was mich stark an Magenta erinnerte. Und Magenta verwenden Drucker für ihr primäres Rot, wie ich von einigen Gelegenheiten her weiß, bei denen ich Vierfarbandrucke kontrolliert habe. Außerdem hatten die Blutrinnsale, wie dies auch beim Druck der Fall ist, ein dünnes und flaches Aussehen, so als seien sie eher Entwürfe von Blutrinnsalen als echtes Blut.

Von unserer Erfahrung mit kleineren Schnittwunden wissen wir außerdem, daß Blut nach dem Gerinnen schnell verkrustet und dann abblättert, gleichgültig, ob die Wunde verbunden war oder nicht, und auch unabhängig davon, welcher Art Verletzung sie zu verdanken ist. Aber eines der außergewöhnlichen Merkmale der Blutrinnsale auf dem Grabtuch ist ihre merkwürdige Vollständigkeit – sie sind praktisch ganze Flecken, ohne auch nur den kleinsten Hinweis darauf, daß Verkrustungen abgeblättert wären.

Wie ist das alles möglich, wenn das Grabtuch keine offensichtliche Fälschung ist? Anfang der dreißiger Jahre registrierte der französische Chirurg Dr. Barbet diese Anomalien, schenkte ihnen aber keine größere Beachtung, weil sie mit bestimmten chemischen und sonstigen Charakteristika durchaus in Einklang standen. Aber heute können wir angesichts der Radiokarbondatierung dieses Problem nicht mehr in dieser Art und Weise ignorieren. Da diese Flecken in ihrer Ausbreitung, wie Gerichtsmediziner attestieren, sich offenbar so wie Blutflecken verhielten, müssen sie entweder echtem Blut welchen Ursprungs auch immer zu verdanken sein, das auf bisher ungeklärte Weise ein vollständiges, nicht abblätterndes, malve-karminrotes Abbild seiner selbst auf dem Tuch hinterließ, oder es müssen außerordentlich geschickt hergestellte Blutflecken sein, die das äußerst kunstvolle Gemälde des Körperbildes ergänzen (und von letzterem ist ja Walter McCrone bis heute überzeugt).

1978 erwies sich ja bekanntlich in einem Experiment des STURP-Teams, bei dem das Grabtuch von hinten mit einer starken Lampe durchleuchtet wurde, als sei es ein Diapositiv, daß die »Blutflecken« lichtundurchlässig waren, was für das Körperbild nicht zutraf. Dies schien eindeutig darauf zu verweisen, daß die Ursache für diese Flecken auf alle Fälle auf eine konkrete Sub-

1a Mario Trematore trägt den Grabtuchschrein in der Nacht des 11. auf den 12. April 1997 aus der brennenden Kathedrale.

1b Kardinal Giovanni Saldarini, Erzbischof von Turin.

1c Überprüfung des Grabtuches in der Residenz des Kardinals am 14. April 1997. Man stellte fest, daß das Tuch nicht beschädigt worden war.

2a *Zustand des prächtigen, von Bertola entworfenen Altars in der erhöhten Königskapelle der Kathedrale, in der das Grabtuch von 1694 bis 1993 aufbewahrt wurde, vor dem Brand. Die Kapelle wurde durch das Feuer stark beschädigt, obwohl Baugerüste an manchen Stellen den Altar schützten. Die Restaurierung wird mehrere Jahre dauern.*

2b *Die Panzerglasvitrine, in der das Grabtuch in der Nacht des 11. auf den 12. April 1997 lag. Der Feuerwehrmann Mario Trematore mußte heftig auf das kugelsichere Glas einschlagen, um den Schrein mit dem Grabtuch herauszuholen und in Sicherheit zu bringen.*

3a *Das Memorandum von Bischof d'Arcis von Troyes, das um 1389 geschrieben wurde; vor dem C-14-Test der wichtigste Beleg für die These, daß das Tuch angeblich aus dem Mittelalter stammt.*

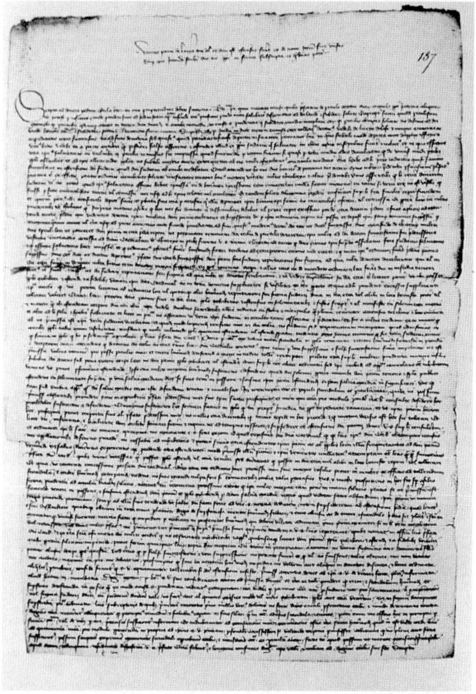

3b *Professor Edward Hall, Dr. Michael Tite und Dr. Robert Hedges während der Pressekonferenz am 13. Oktober 1988, auf der sie die Ergebnisse der C-14-Untersuchung präsentierten.*

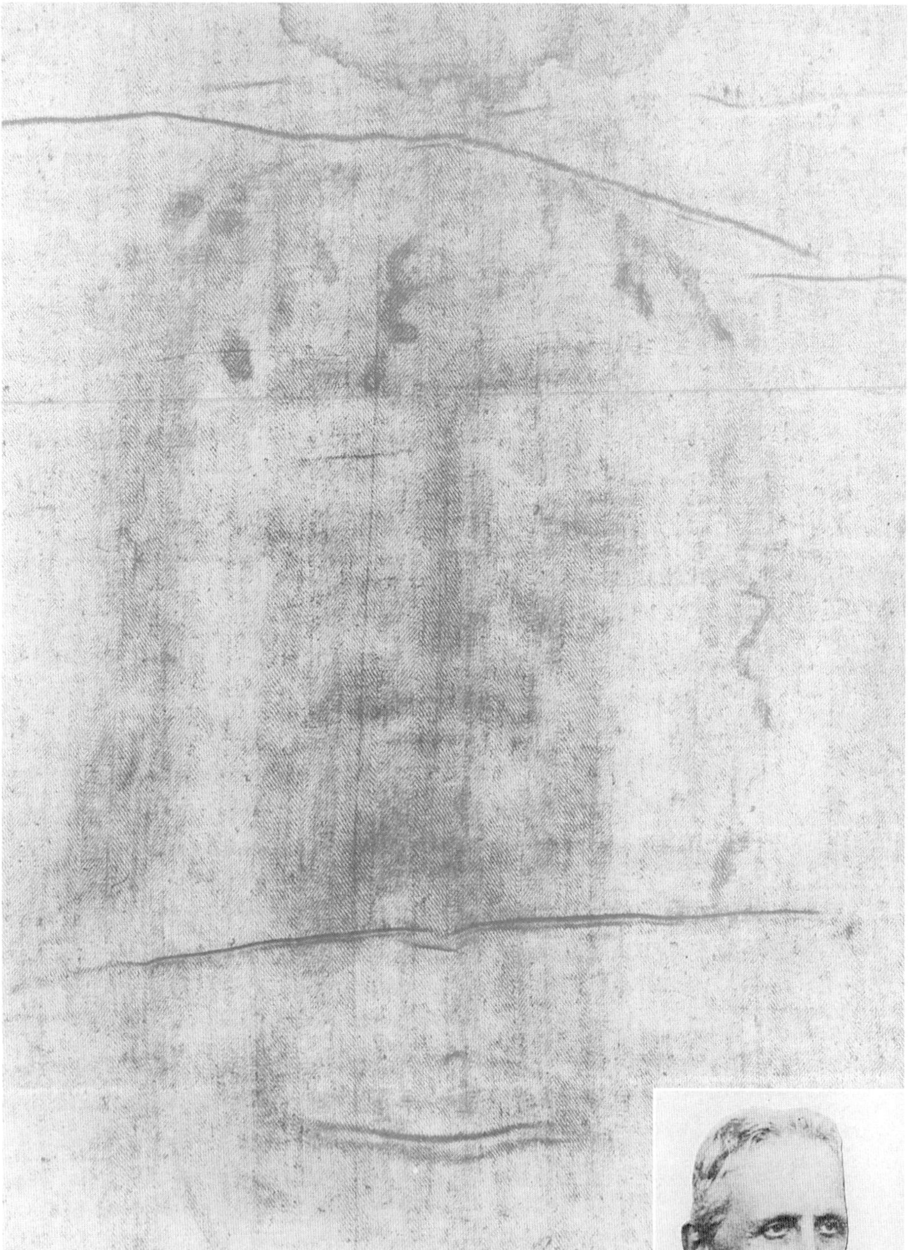

4a Das Gesicht auf dem Grabtuch, wie man es mit bloßem Auge sieht.

4b Secondo Pia, der im Mai 1898 die erste offizielle Fotografie vom Grabtuch machte und dabei das »Negativbild« entdeckte.

5a Das Grabtuchantlitz auf dem fotografischen Negativ.

5b Der jüdisch-amerikanische Berufsfotograf Barrie Schwortz aus Los Angeles, der mittlerweile so sehr an die Echtheit des Grabtuches glaubt, daß er hochgelobte Grabtuch-Websites im Internet einrichtete.

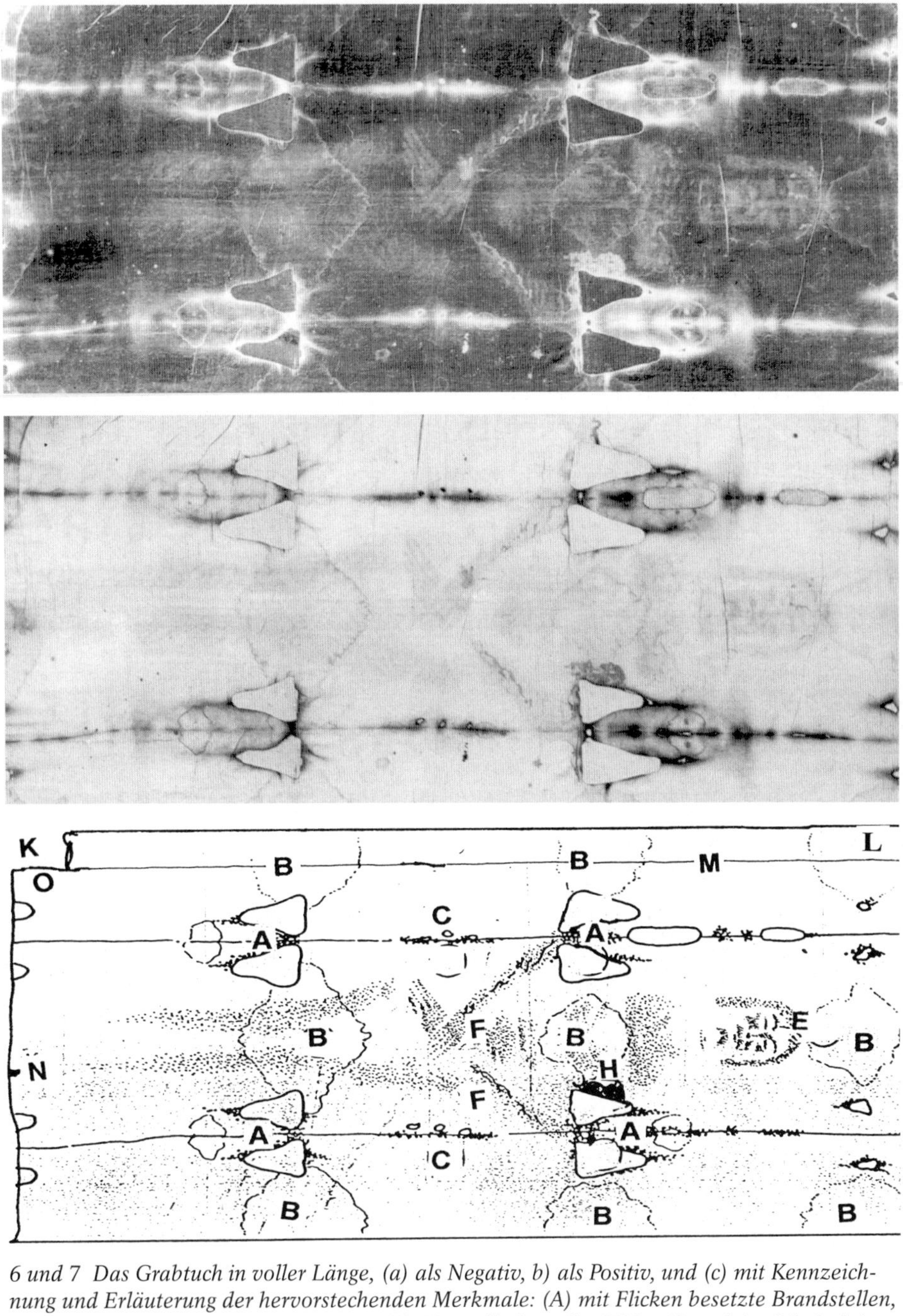

6 und 7 Das Grabtuch in voller Länge, (a) als Negativ, b) als Positiv, und (c) mit Kennzeichnung und Erläuterung der hervorstechenden Merkmale: (A) mit Flicken besetzte Brandstellen, die von dem Feuer von 1532 stammen; (B) Wasserflecken, die 1532 während der Löschaktion entstanden; (C) »Schürhaken«-Brandstellen, die von einem unbekannten Vorfall vor 1532 herrühren; (D) Wunden der Geißelung; (E) Blutrinnsale, durch eine »Dornenkrone« hervorgerufen; (F) Blutrinnsale, vermutlich auf das Durchbohren der Handgelenke mit Nägeln zurück-

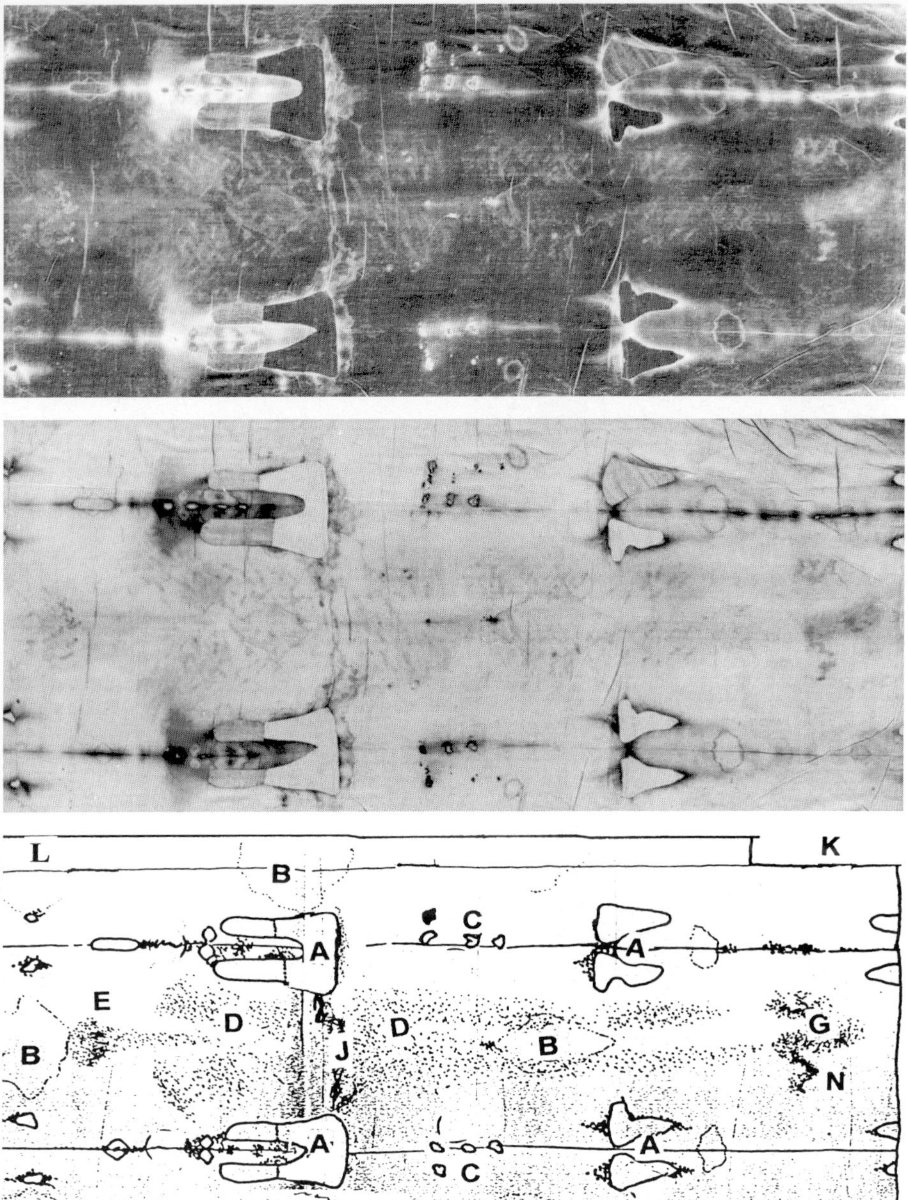

zuführen; (G) Blutrinnsale, vermutlich auf das Durchbohren der Füße mit Nägeln zurückzuführen; (H) Blutfluß von einem Lanzenstich in die Brust; (J) Weiterfluß von (H) in die Rückenpartie; (K) Stellen, an denen dem Tuch zu einem unbekannten Zeitpunkt Teile entnommen wurden; (L) sogenannter Seitenstreifen; (M) Saum, mit dem der Seitenstreifen an das Haupttuch angenäht ist; (N) einander entsprechende Flecken; (O) Entnahmestelle der Proben für die Radiokarbondatierung 1988.

Das Vorderseitenbild auf dem Grabtuch (a) neben typischen Kopien von Künstlern des 16. und 17. Jahrhunderts (b—d). Die Qualitätsunterschiede sind deutlich, so daß das Grabtuch wohl kaum das Werk eines Künstlers sein kann:

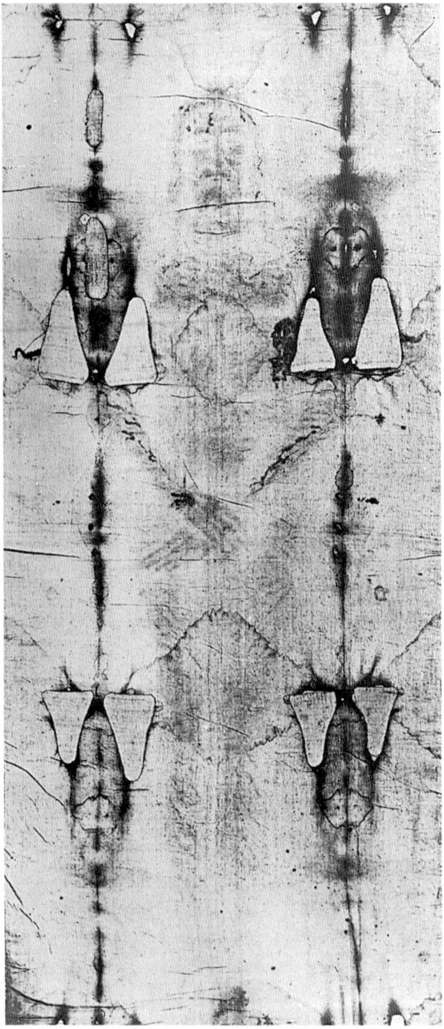

8 und 9a Das Grabtuch.

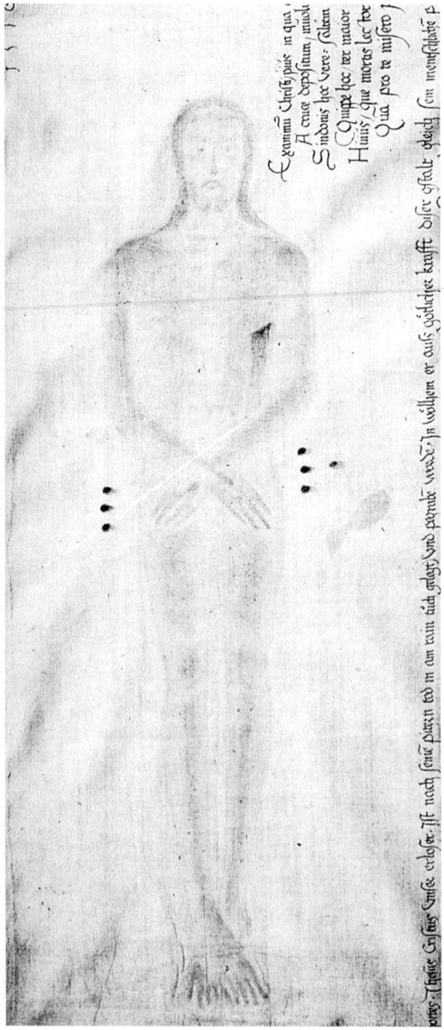

8 und 9b Kopie von 1516, Kirche St. Gommarus, Lierre, Belgien.

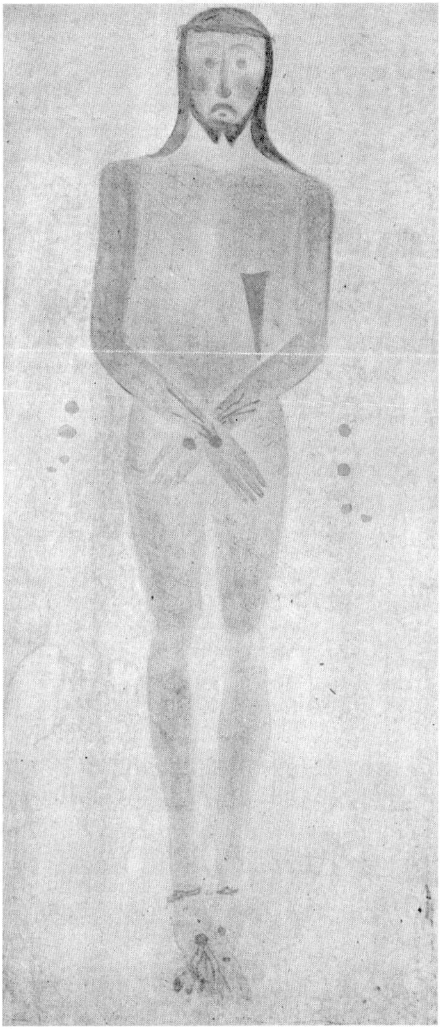

8 und 9c *Kopie von ungefähr 1550, Xenobregas bei Lissabon, Portugal.*

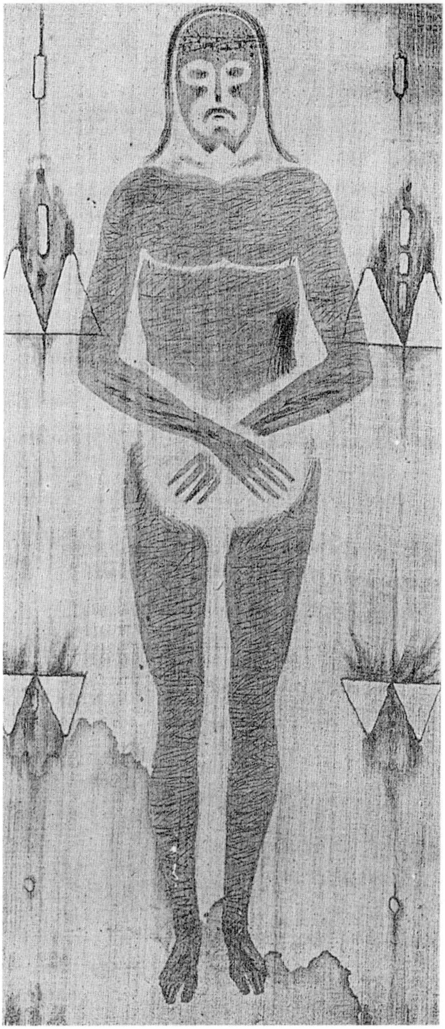

8 und 9d *Kopie aus dem 17. Jahrhundert, Kirche Notre Dame, Chambéry, Frankreich.*

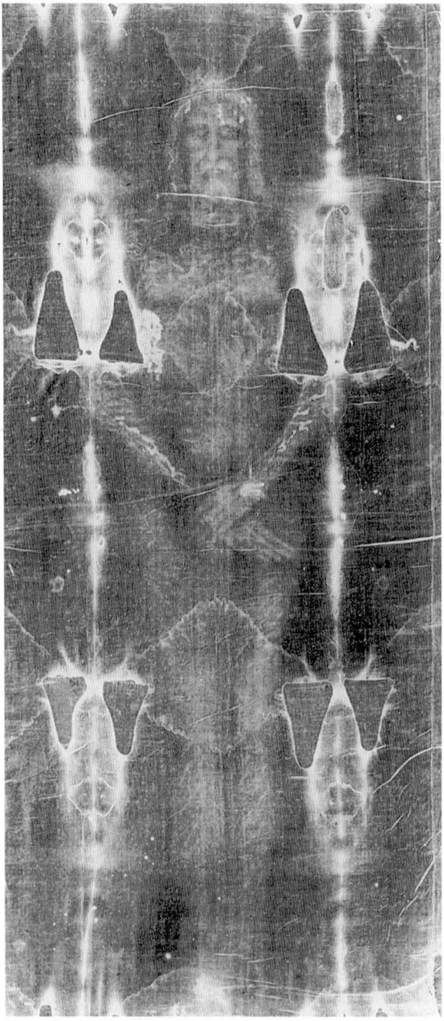

10a Die Vorderansicht des Mannes auf dem Grabtuch, wie sie auf einem fotografischen Negativ zu sehen ist.

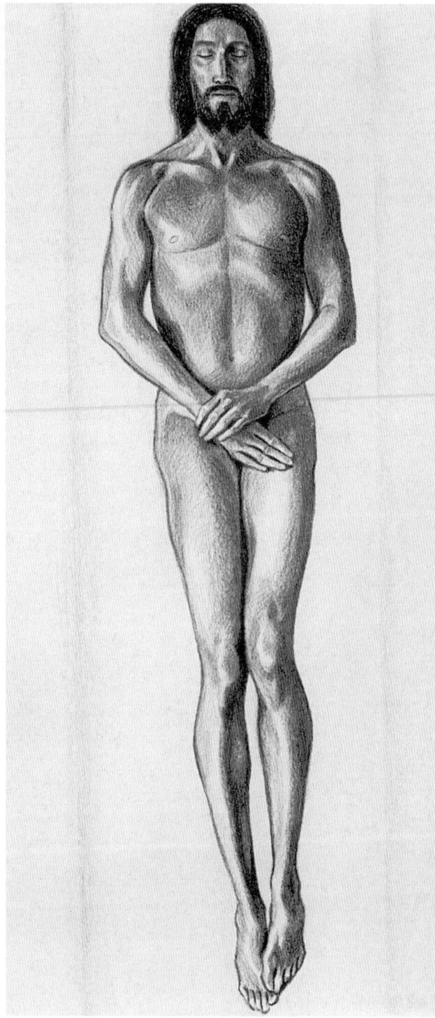

10b Rekonstruktion Isabel Piczeks, einer Künstlerin in Los Angeles, mit Hilfe eines Modells entstanden.

11a (kleines Bild rechts) Die Ungaro-Amerikanerin Isabel Piczek, eine traditionell ausgebildete Künstlerin, die davon überzeugt ist, daß kein Künstler das Grabtuch hergestellt haben kann.

11b (großes Bild rechts) Isabel Piczek überprüft, auf einer Leiter in ihrem Atelier stehend, die Haltung eines Aktmodells, das in Grabtuchpose unter ihr liegt.

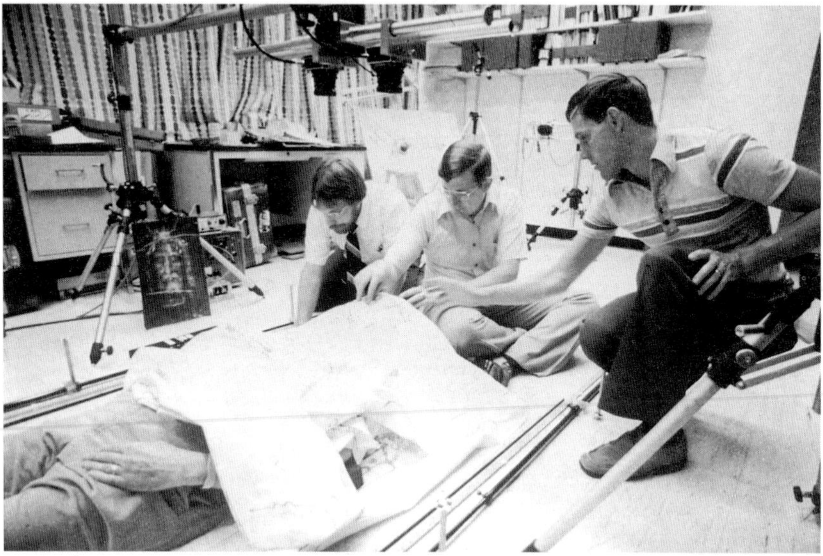

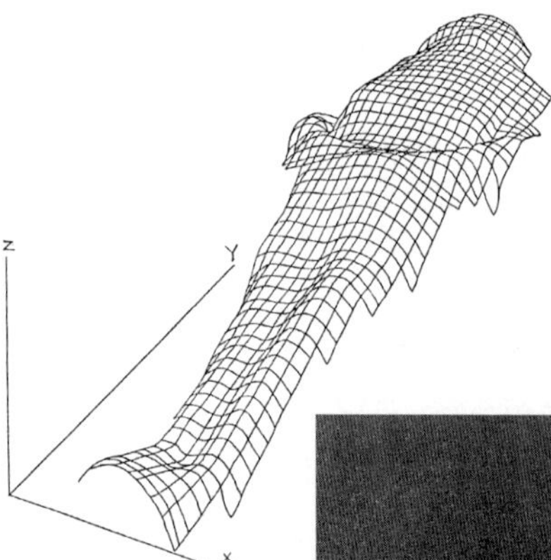

12a Dr. John Jackson und seine Kollegen von STURP bei der Rekonstruktion der Grabtuchhaltung, kurz vor der Untersuchung des Grabtuches 1978.

12b Jacksons Rekonstruktion der Drapierung des Tuches: (links) mathematische Darstellung (unten) Modell aus Linnen

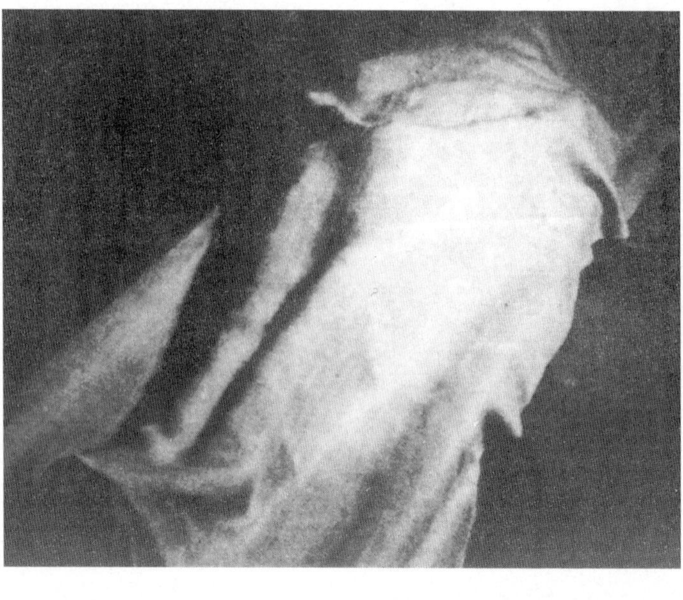

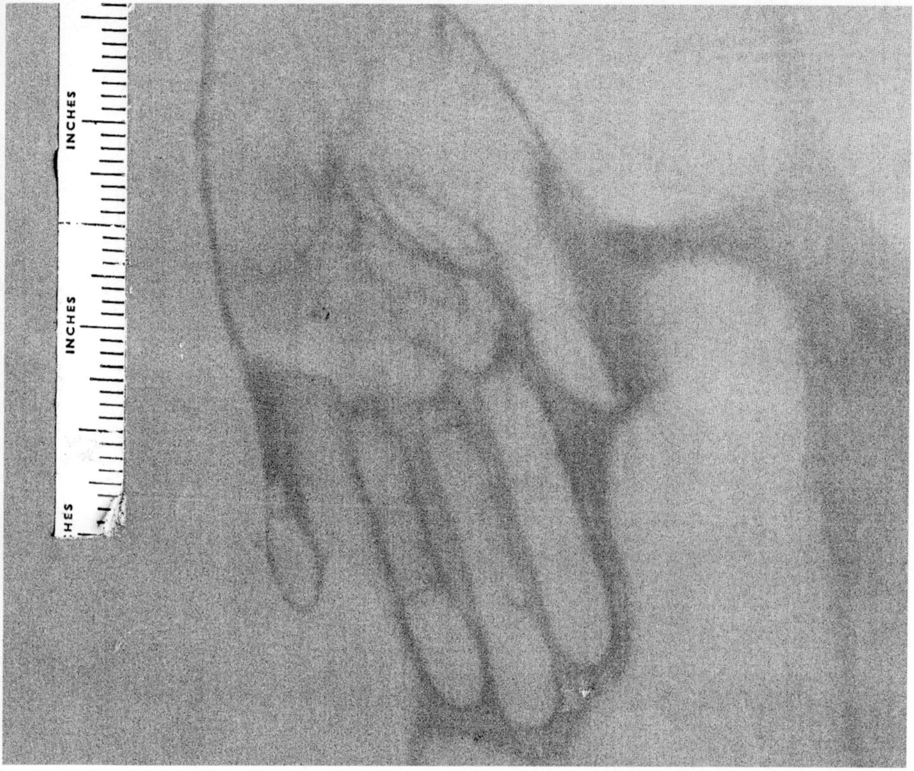

13a Die verwandteste »natürliche« Parallele zum Bildnis auf dem Grabtuch? Konturen einer Hand und eines Gesässes auf dem Matratzenbezug eines Patienten, der 1981 in einem Hospiz in Liverpool an Bauchspeicheldrüsenkrebs starb.

13b Einige der Forscher, die das Grabtuch in medizinischer Hinsicht für überzeugend halten:

Dr. Robert Bucklin, Professor emeritus für Pathologie an den Universitäten von Texas und Kalifornien.

Professor J. M. »Taffy« Cameron, pensionierter Direktor der Abteilung für forensische Medizin am London Hospital.

Professor Jérôme Lejeune von der Französischen Akademie der Medizin in Paris.

Dr. Gilbert Lavoie, Berater der Weltgesundheitsorganisation.

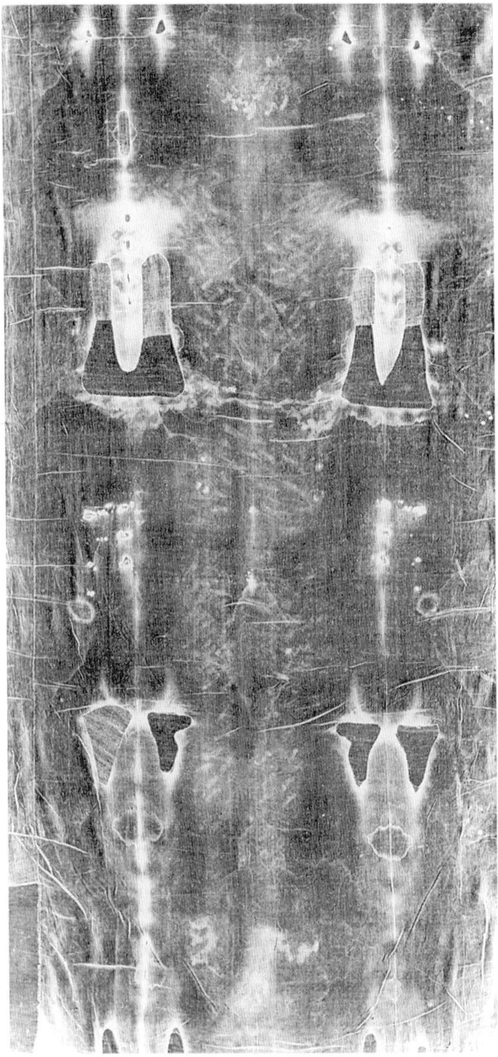

14a Negativaufnahme der Körperrückseite auf dem Turiner Grabtuch.

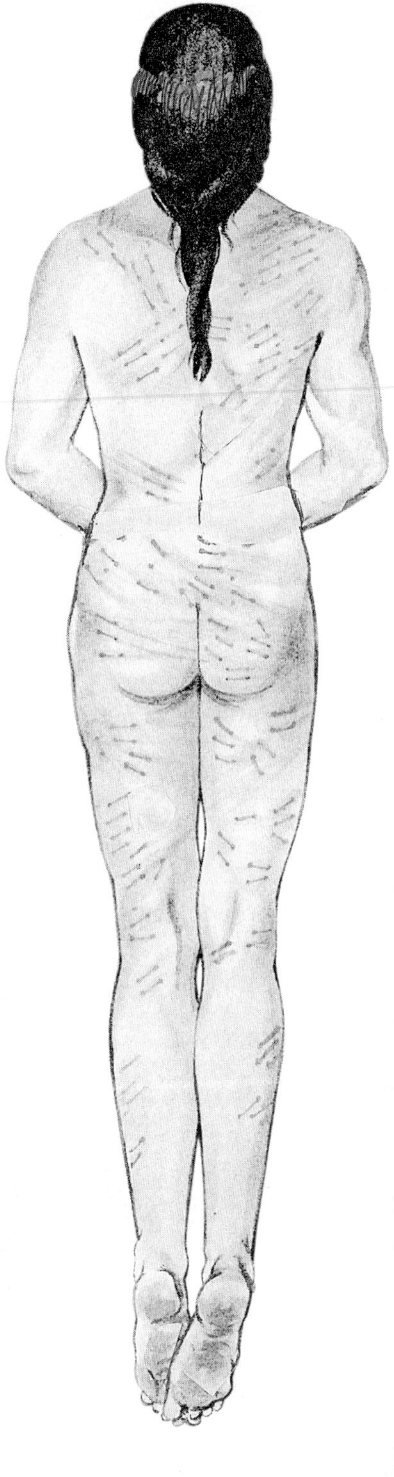

14b Diese Skizze zeigt die Verteilung der Wunden, die offenbar durch eine Geißelung entstanden.

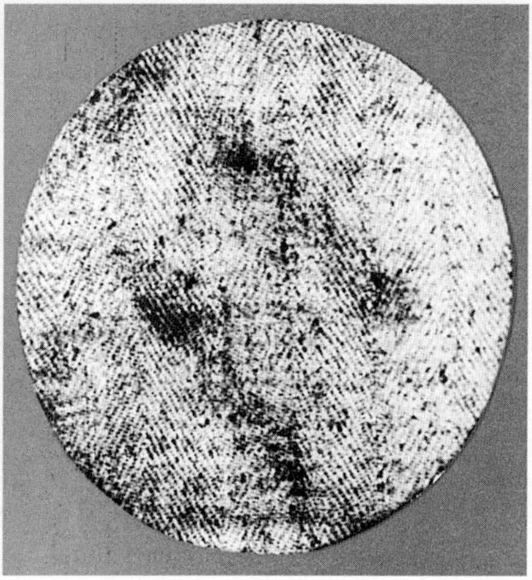

15a Nahaufnahme von mutmaßlichen Geißelungswunden.

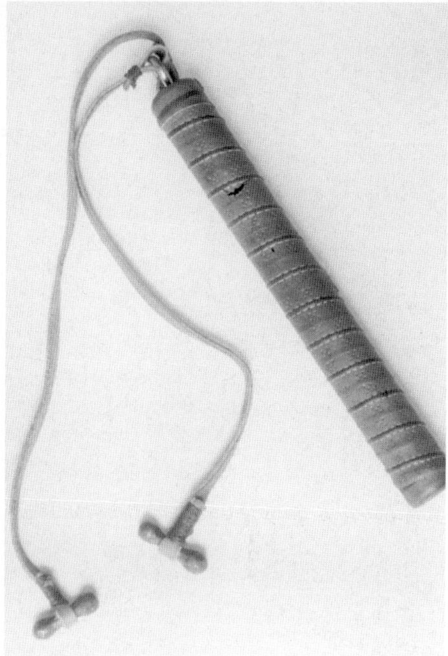

15b Rekonstruktion der aller Wahrscheinlichkeit nach verwendeten Geißel.

15c Für das Mittelalter typische, kaum realistische Darstellung einer Geißelung aus dem Holkham Bible Picture Book, um 1326, somit fast genau zu der Zeit entstanden, auf die der Radiokarbontest das Grabtuch datiert.

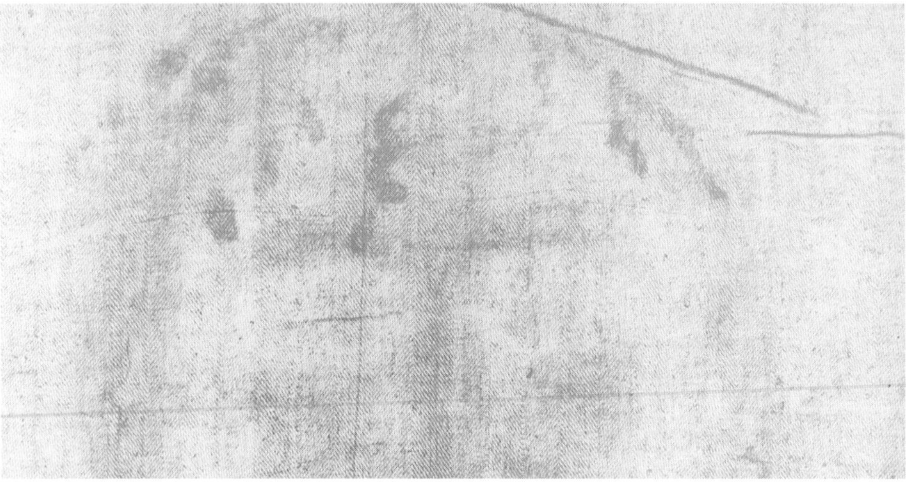

16a Die Blutrinnsale von der »Dornenkrone« auf der Stirn.

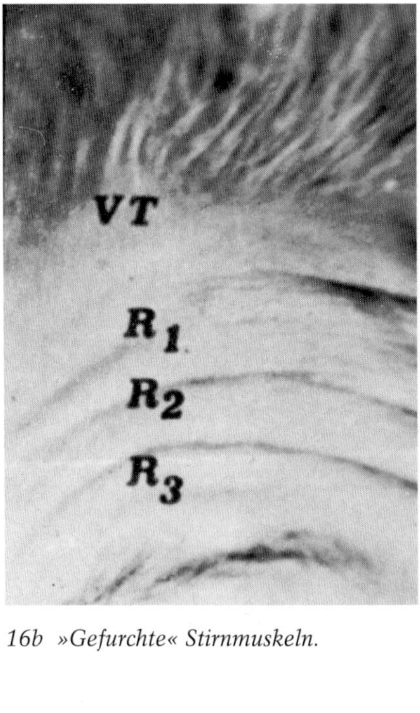

16b »Gefurchte« Stirnmuskeln.

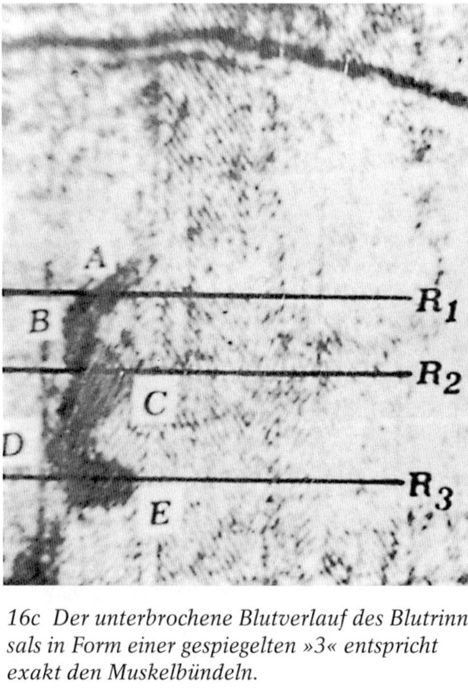

16c Der unterbrochene Blutverlauf des Blutrinnsals in Form einer gespiegelten »3« entspricht exakt den Muskelbündeln.

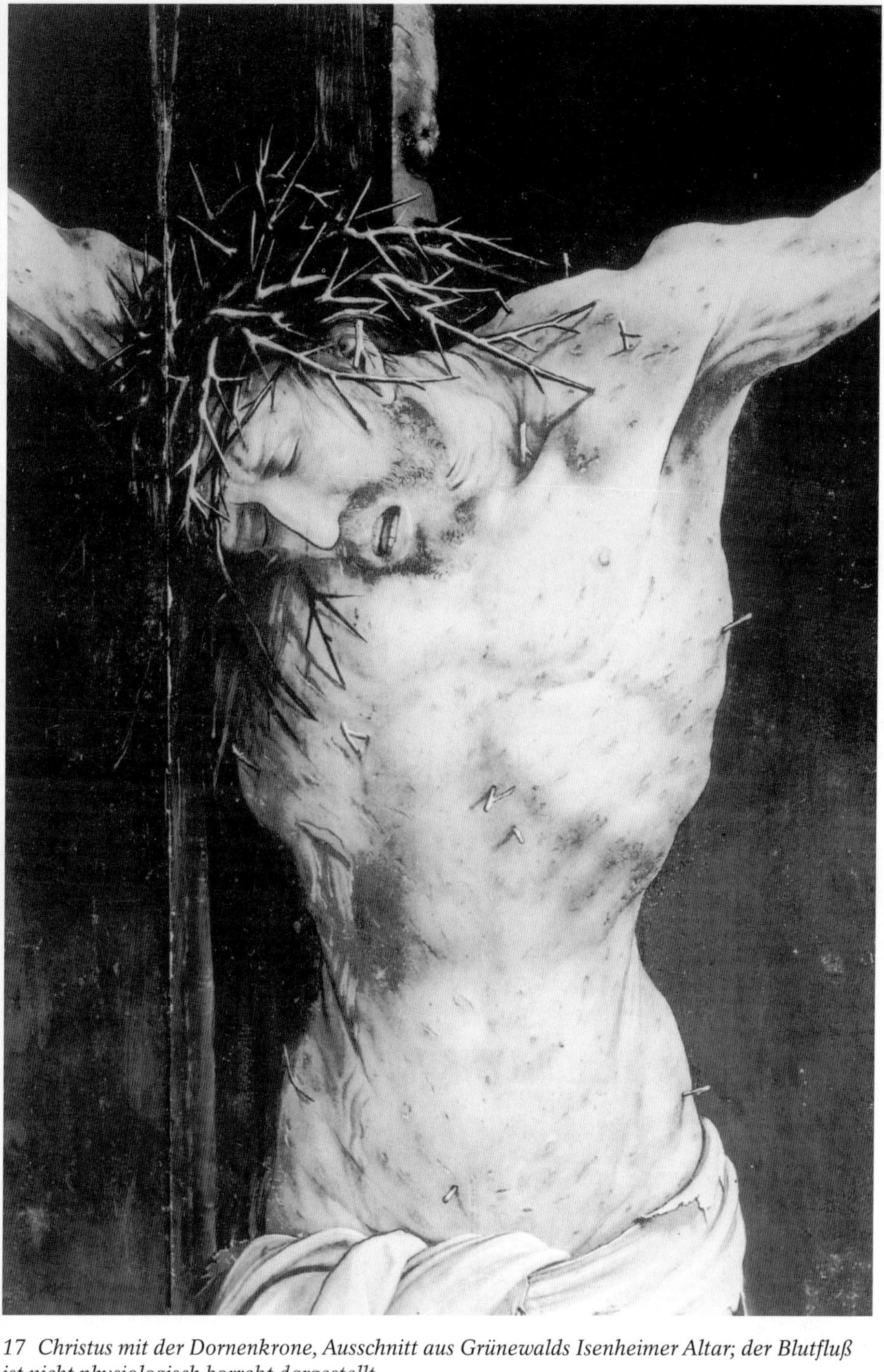

17 Christus mit der Dornenkrone, Ausschnitt aus Grünewalds Isenheimer Altar; der Blutfluß ist nicht physiologisch korrekt dargestellt.

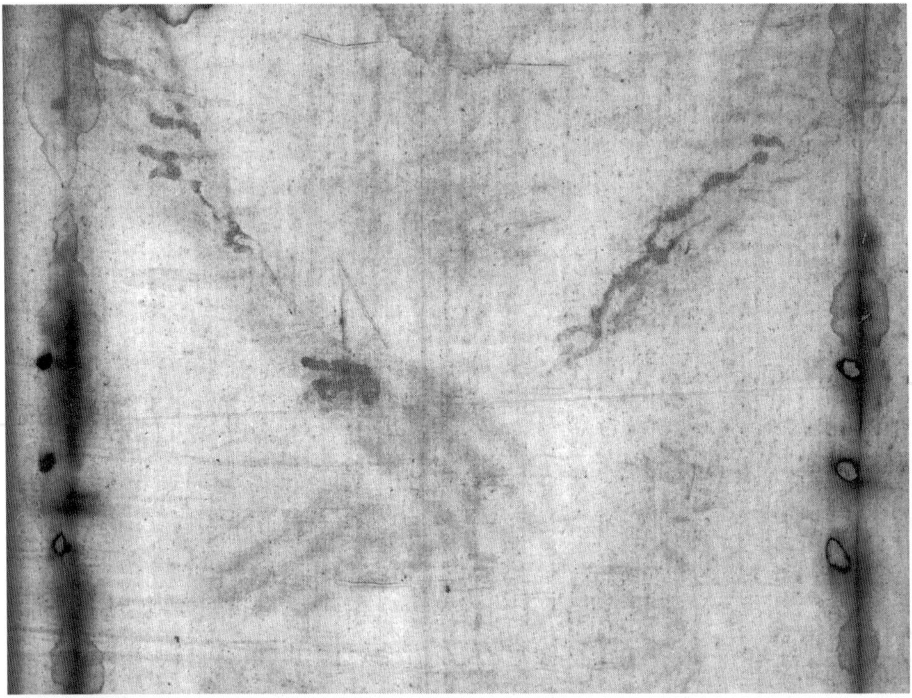

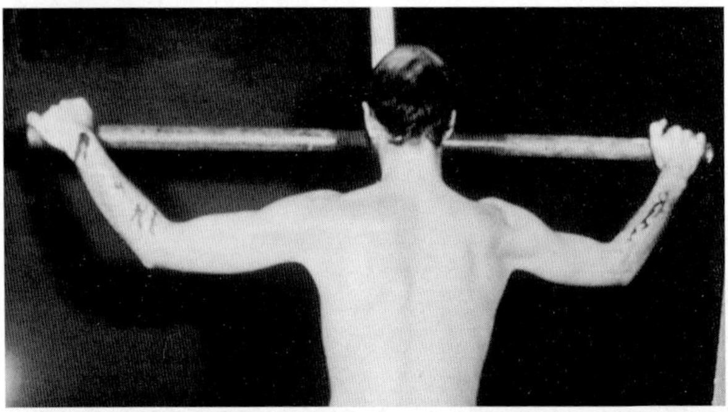

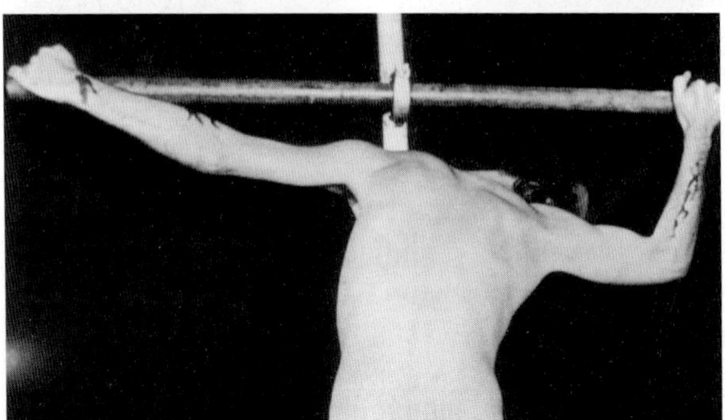

18a Nahaufnahme der »gekreuzten Hände« und der Blutrinnsale in diesem Teil des Grabtuches.

18b Die Blutrinnsale werden auf die Arme eines Modells übertragen; die schwerkraftbedingte Flußrichtung in der Kreuzigungshaltung des noch Lebenden ist deutlich erkennbar.

18c Hier ist aufgrund des v-förmigen Flusses die Position zu sehen, die der Körper wahrscheinlich im Todeszeitpunkt einnahm.

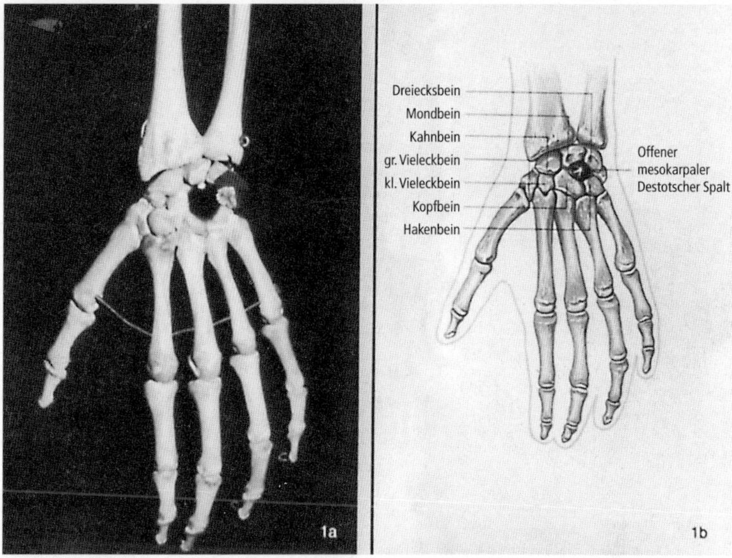

19a Röntgenaufnahmen der Hand; die wahrscheinliche Position des Nagels im Handgelenk ist deutlich zu sehen.

19b Gemälde des flämischen Malers Anthonis van Dyck aus dem 17. Jahrhundert; seltenes Beispiel einer Kreuzigung, bei der die Nägel durch die Handgelenke getrieben sind. Selbst van Dycks Darstellung des Blutflusses besitzt nur wenig von der medizinischen Plausibilität der Darstellung auf dem Grabtuch.

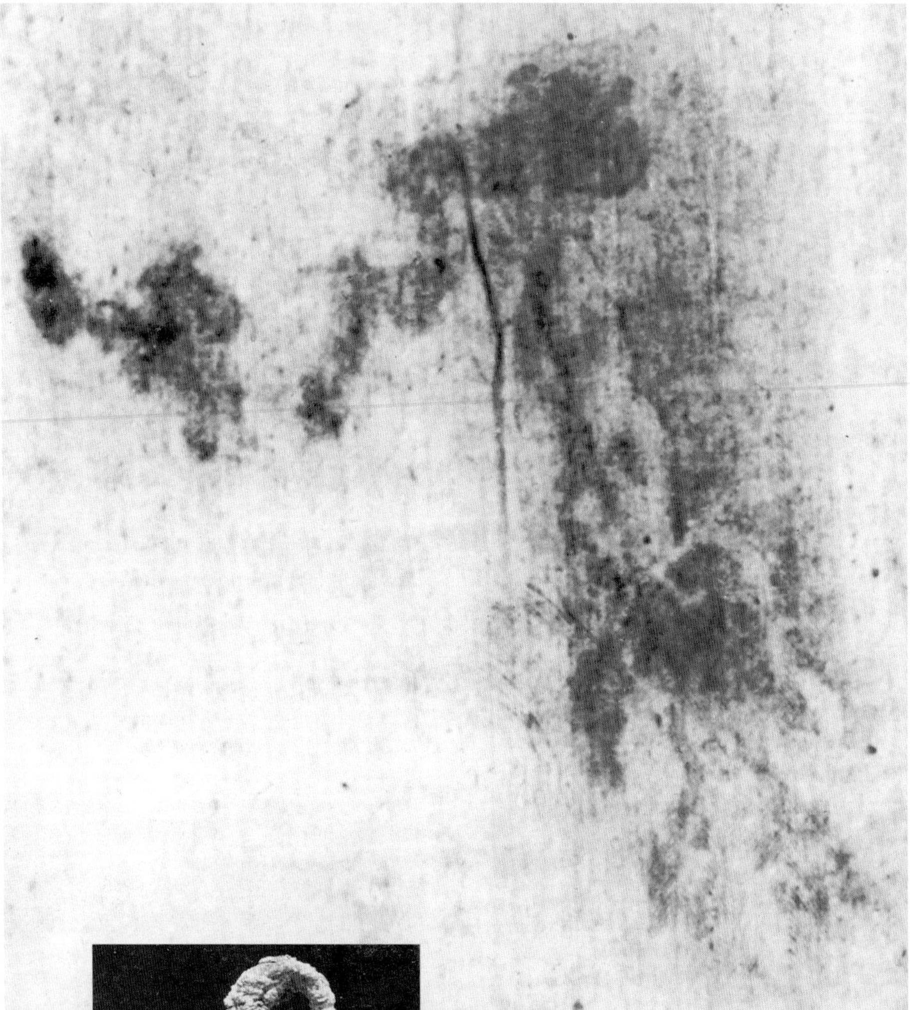

20a Nahaufnahme des »blutigen Fußes« auf dem Grabtuch, die den Blutfluß aus Richtung Knöchel zeigt.

20b Fußwurzelknochen des einzigen archäologisch bekannten Kreuzigungsopfers; die Nagelwunden sind deutlich zu sehen.

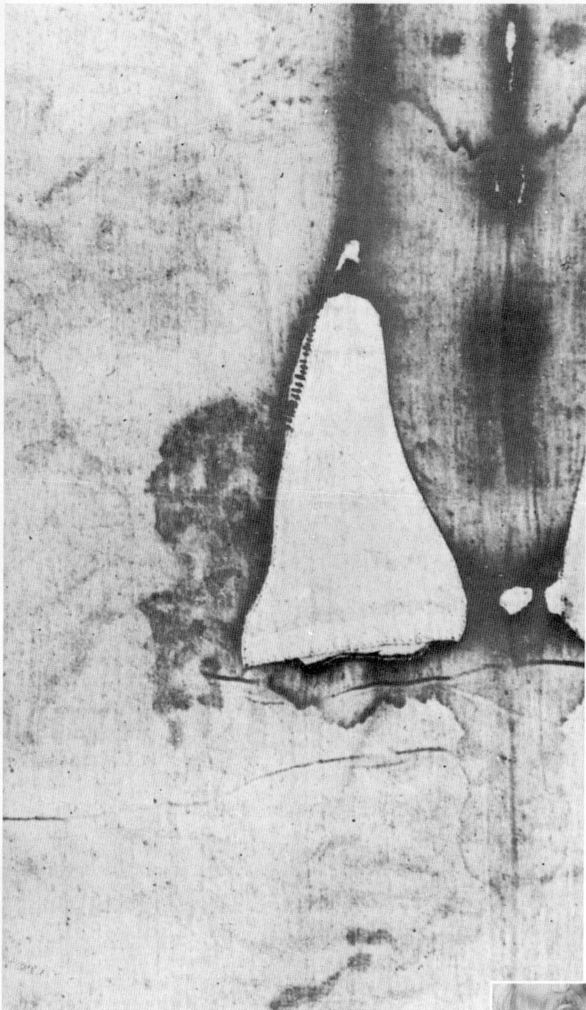

21a Nahaufnahme des Blutflusses auf der Brust, der offenbar vom Durchbohren mit einer Lanze herrührt.

21c Anschauliche, aber medizinisch nicht überzeugende Darstellung vom Blutfluß aus der Lanzenwunde. Detail aus La Grande Pietà Ronde, Jean Malouel zugeschrieben, um 1390. Louvre, Paris.

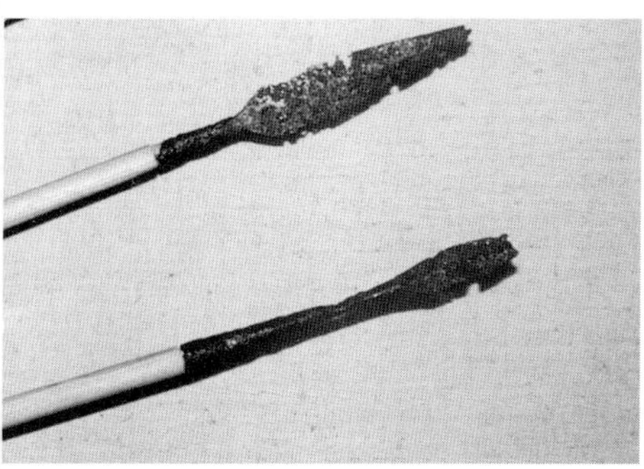

21b Einige lancea aus römischer Zeit. Landesmuseum Zürich.

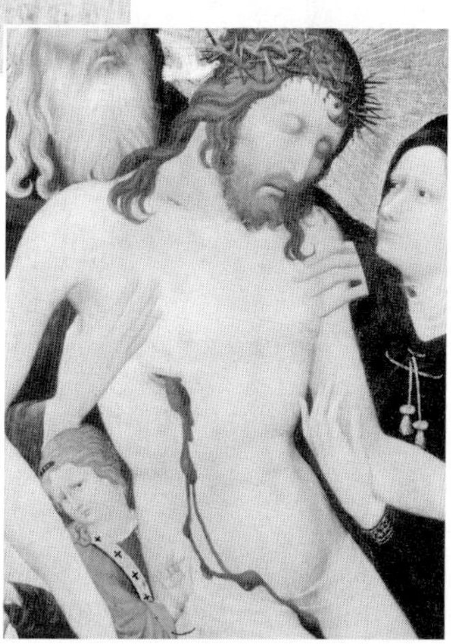

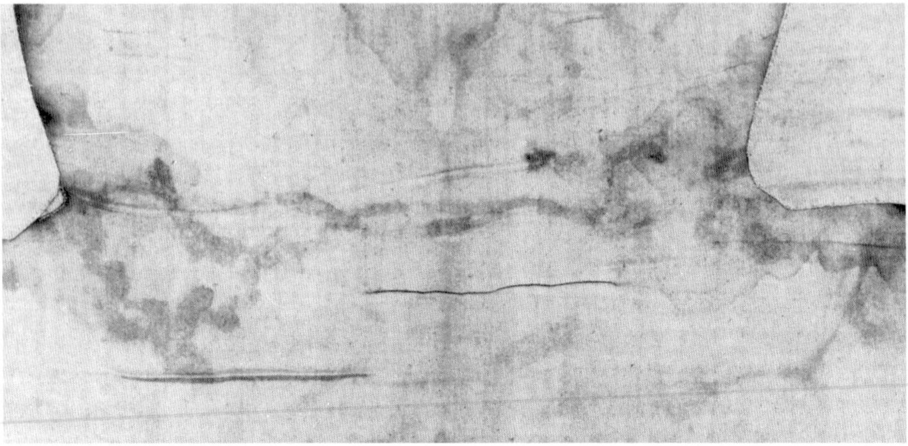

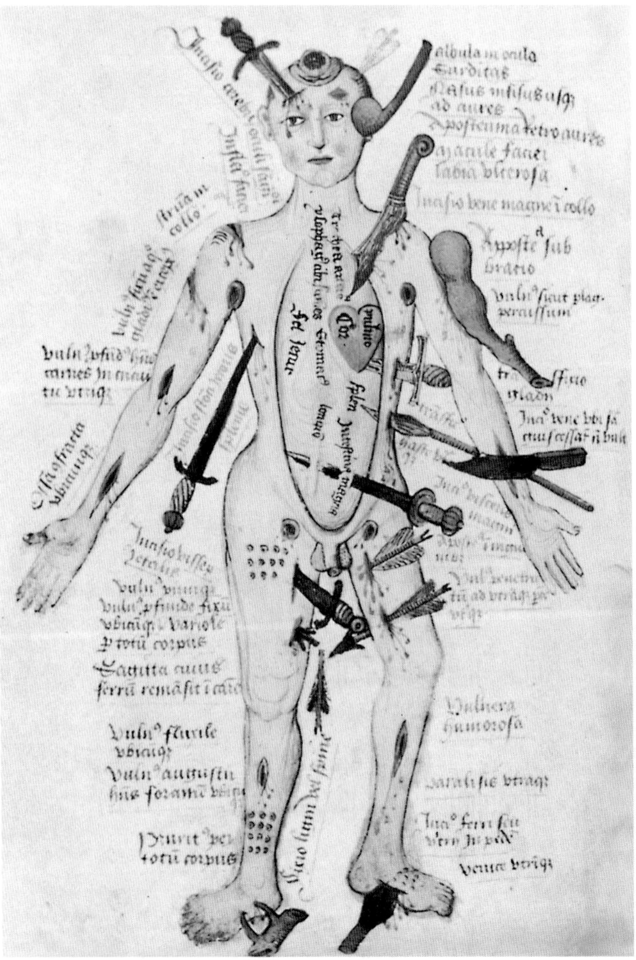

22a Nahaufnahme vom Blutfluß quer über das Kreuz.

22b »Wundenmann«, um 1500. Diese medizinische Illustration zeigt, daß man noch hundert Jahre nach dem Zeitpunkt, zu dem das Turiner Grabtuch angeblich von einem Künstler hergestellt wurde, äußerst spärliche medizinische Kenntnisse der Blutungsverläufe besaß.

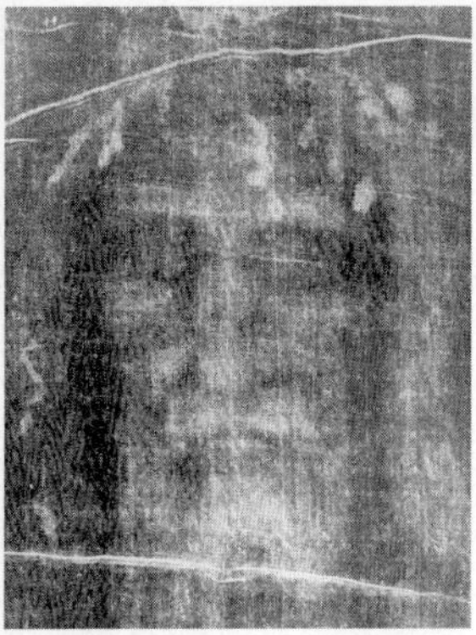

(i)

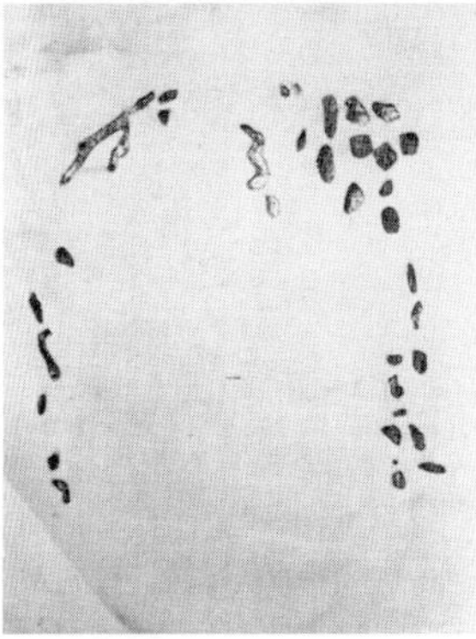

(ii)

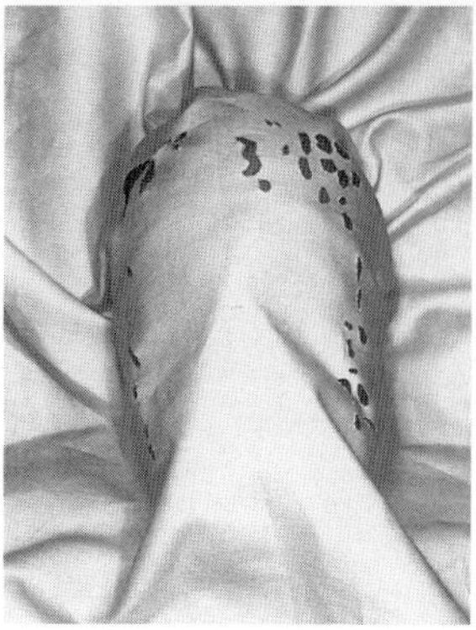

(iii)

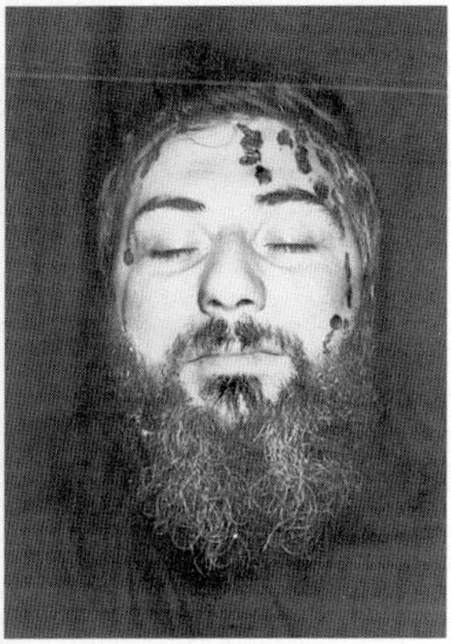

(iv)

23a Schema der Übertragung der Blutrinnsale von der »Dornenkrone« auf das Tuch, entsprechend der Untersuchungen von Dr. Gilbert und Dr. Bonnie Lavoie:

(i) das Gesicht auf dem Grabtuch
(ii) die Blutrinnsale werden auf einem entsprechenden Tuch markiert
(iii) nachdem die Stellen mit den Blutspuren ausgeschnitten wurden, wird dasselbe Tuch über das Gesicht eines Menschen gelegt
(iv) an durch die Löcher aufgetragene Farbe kann mit Hilfe eines lebenden Modells gezeigt werden, wie sich das Blut tatsächlich auf dem vom Grabtuch bedeckten Antlitz verteilt haben kann

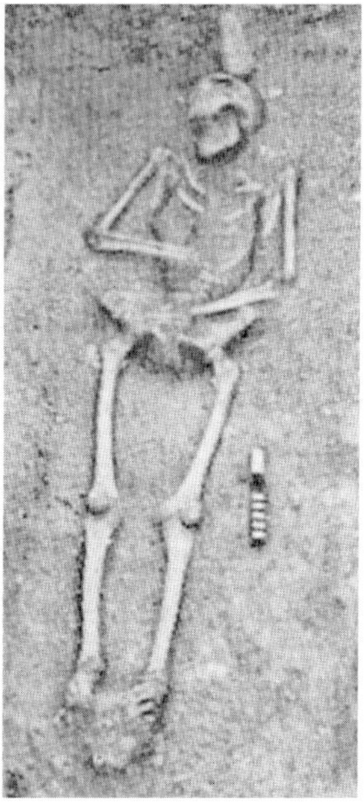

23b Beispiele für Bestattungsarten der Antike; die Hände der Verstorbenen wurden über den Genitalien verschränkt: (rechts) ägyptischer Priester, in einem Sarkophag gefunden, der ungefähr 340 v. Chr. angefertigt wurde. British Museum, London (ganz rechts) Skelett einer jüdischen Frau, das man auf einem Friedhof fand, der zu der Grabungsstelle gehörte, an der man die Schriftrollen vom Toten Meer fand.

24a Beispiel einer mittelalterlichen Beerdigung mit über den Genitalien gekreuzten Händen aus einem Stundenbuch, um 1410

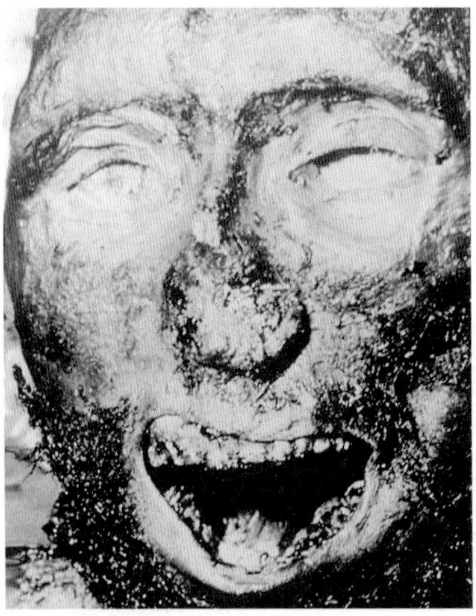

24b Das bemerkenswert gut erhaltene Gesicht des mittelalterlichen Ritters, der in St. Bee's in Cumbria gefunden wurde; die Aufnahme entstand kurz nach der Entfernung der beiden Leichentücher, in die sein Körper gewickelt war

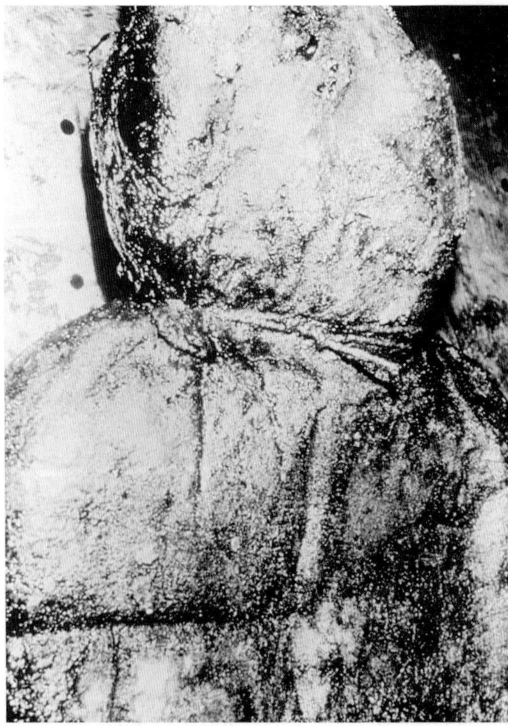

24c Aufnahme des inneren Leichentuchs ebendieses mittelalterlichen Ritters aus St. Bee's, kurz bevor man es entfernte; es zeigt die für das Mittelalter typische Art, eine Leiche in Grabtücher zu wickeln.

stanz zurückzuführen war. Als man den unteren Rand des Grabtuches auftrennte und die Bereiche mit dem Körperbild von unten betrachtete, sahen die Wissenschaftler, daß die »Blutflekken« bis zur Unterseite des Tuches durchgedrungen waren; das Körperbild reicht aber nicht so tief. Aber die Röntgenaufnahmen zeigten weder das Körperbild noch die Blutflecken, was die Vermutung erlaubte, daß die Substanz, die die Blutflecken produziert hatte, entweder echtes Blut war, das auf einem Röntgenbild nur schwer oder gar nicht zu sehen ist, oder aber irgendein Pigment mit einem Atomgewicht, das zu niedrig ist, um auf einem Röntgenbild zu erscheinen – wirklich ein extrem schlauer mittelalterlicher Maler, der sogar die Erfindung der Röntgenstrahlen vorwegnahm!

Von Sam Pellicori war bereits die Rede. Bei seiner Arbeit mit dem Wild-M400-Kameramikroskop konnte er in keinem Bereich des Körperbildes irgendwelche materiellen Partikel erkennen, in Bereichen mit »Blutflecken« fand er jedoch definitiv eine Substanz, wie das Experiment mit der Beleuchtung von der Rückseite auch erwarten ließ (Abb. 27b). Optisch ähnelte sie stark vergrößertem Blut; allerdings hatte es das STURP-Team neben einigen anderen Versäumnissen auch unterlassen, jemanden nach Turin zu bitten, der über ausreichende professionelle Erfahrung verfügte, Blut unter dem Mikroskop zu analysieren.

Erneut hing daher wieder alles von der Meinung unbeteiligter Spezialisten ab, die zu Hause in den USA Proben von diesem auf Klebeband fixierten »Blut« untersuchten, und erneut fiel die Prüfung dieser »Blutproben« erst einmal Walter McCrone zu. Am 26. Dezember 1978 legte dieser eine Klebebandprobe unter sein Mikroskop, die entsprechend der Beschriftung aus dem Bereich der Seitenwunde stammte. Er hielt in seinem Notizbuch fest: »Begann mit 3–CB in einem stark gefärbten Bereich mit Blut von der Lanzenwunde. Benutzte eine geringe Vergrößerung 10´ & 10´ … Ich konnte dicke Krusten (von Blut?) sehen – zu rot. Ich habe noch nie getrocknetes Blut gesehen, das so aussah. Die Probe, die wir für den *Particle Atlas* benutzten, ist sprühgetrocknet, ist aber gelb bis schwarz, je nach Dicke der Partikel. Warum ist dieses Blut anders?«[2]

Er führte mit seinem Polarisationsmikroskop weitere Untersuchungen durch und probierte viele verschiedene Vergrößerungen aus. Schließlich gelangte McCrone zu der Ansicht, daß dieses »Blut« genau wie das Körperbild aus Eisenoxyd bestünde, allerdings in einer stärkeren Konzentration. Als er dann noch ein Elektronenrastermikroskop einsetzte, stellte er zusätzlich fest, daß es mit Quecksilbersulfid oder Cinnabarit vermischt war, letzteres ist besser bekannt als Künstlerfarbe Zinnober. Und Zinnober war nicht nur in vereinzelten Partikeln, sondern in beträchtlicher Menge vorhanden.

Und wiederum fiel es wie im Falle der Körperbild-Proben John Heller und Alan Adler zu (Abb. 27c), Zweitgutachten über die Klebebänder mit den »Blutproben« zu erstellen. Adler entnahm den Bändern ein Fäserchen, das deutlich eine Kruste aus roten Partikeln besaß, die McCrone als Eisenoxyd und Zinnober identifiziert hatte, und wandte einen sogenannten Doppelbrechungstest an, bei dem die Partikel, wenn die Probe zwischen zwei rechtwinklig zueinander angeordneten Polarisationsfolien plaziert wird, als leuchtend rote Pünktchen aufscheinen sollten, falls sie tatsächlich aus Eisenoxyd bestehen. Das taten sie nicht. Sie verhielten sich auch bei einem anderen Test, bei dem sie auf Pleochroismus geprüft wurden, nicht wie Eisenoxyd. Wären sie tatsächlich aus Eisenoxyd gewesen, hätten sie das Licht in alle Richtungen brechen müssen. Adler äußerte auch erhebliche Zweifel daran, daß das »Blut« signifikante Mengen von Zinnober enthalten würde, weil auf den Röntgenaufnahmen nichts davon zu sehen war. Er erläuterte: »Wenn Sie je eine Röntgenaufnahme von Zahnfüllungen gesehen haben, wissen Sie, daß das Quecksilber sich abzeichnet. Man kann das Blut auf den Röntgenbildern nicht ›sehen‹. Wenn das Blut zu einem Drittel aus Cinnabarit [d.h. Zinnober] bestehen würde, wie McCrone behauptet, würde das Quecksilber auf den Röntgenbildern erscheinen, und das ist nicht der Fall.«[3]

Und Isabel Piczek, die Zinnober täglich bei ihrer künstlerischen Arbeit verwendet, fügte dem noch hinzu:

> Zinnober ist … das schwerste bekannte Pigment … undurchsichtig, leuchtend rot und sehr giftig. Es ist ungleichmäßig beständig. [Cennino] Cennini [ein mittelalterlicher Maler, der ein Buch über die Maltechniken seiner Zeit geschrieben hat] warnt, daß Zinnober schwarz wird, wenn man es der Luft und dem Licht aussetzt. Seine Lichtbeständigkeit ist sehr schwach … Zinnober ist *wasserabstoßend.* Es ist sehr schwer mit wäßrigen Bindemitteln zu mischen … Auf unbehandelte Leinwand gemalt, der Luft, der Sonne und dem Feuer ausgesetzt (wie 1532 bei dem Brand in der Kapelle von Chambéry), sind die Chancen nahezu null, daß Zinnober seine rote Farbe behalten hätte.[4]

Als nächstes versuchten es Heller und Adler mit Mikrospektralphotometrie, einer inzwischen gut entwickelten Methode, Partikel unbekannter Zusammensetzung durch die Analyse der Spektren ihrer Wellenlängen zu identifizieren, wobei jede einzelne Substanz auf dem Computerbildschirm eine Meßkurve mit einem Muster von Ausschlägen nach oben und nach unten aufweist, das sich von der Kurve anderer Substanzen so deutlich unterscheidet wie der Fingerabdruck eines Menschen von dem eines anderen. Wenn ein Partikel auf dem Grabtuch menschliches Blut war, dann mußten, wie Adler wußte, seine Häm-Porphyrin-Komponenten bei ungefähr 410 Nanometern eine deutliche Spitze, die sogenannte Soret-Bande, aufweisen und danach scharf abfallen. Heller, der früher an der Yale University Professor für Medizin und medizinische Physik gewesen war, suchte dort um die Erlaubnis nach, einen Mikrospektralphotometer benutzen zu dürfen, und bat außerdem einen bekannten Biologen, Dr. Joseph Gall, um Hilfe. Als ein »Blutpartikel« vom Grabtuch eingegeben wurde, zeigte es eine ausgeprägte Spitze bei 410 Nanometern, die dann scharf abfiel, was Adler als eindeutigen Beweis ansah, daß es sich um denaturiertes Hämoglobin handeln müsse, wie es bei einer sehr alten Blutprobe zu erwarten war.

Ungeachtet des Urteils von McCrone, daß es »Eisenoxyd und Zinnober« sei, ergaben einige anerkannte chemische Tests ähnlich positive Ergebnisse für die verschiedenen einzelnen Bestandteile, die zusammen das bilden, was wir als Blut bezeichnen. So konnten Gallenfarbstoffe ebenso wie Proteine nachgewiesen werden. Wie man bereits durch ultraviolette Fotografie auf optischem Wege festgestellt hatte, sahen die Blutflecken aus, als seien sie von einem Halo umgeben und als hätten sie irgendeine Art von Serum abgesondert. Man prüfte Proben von diesen Stellen mit dem Bromkresolgrün-Standardtest, den Ärzte routinemäßig für den Nachweis von Eiweiß im Urin verwenden, und hierdurch konnte das Vorhandensein von Serumalbumin ermittelt werden.

Wenn aber entgegen der Meinung McCrones die Blutflecken tatsächlich aus Blut bestehen, warum erscheinen sie dann so hell und vollständig? Gilbert Lavoie konnte in erheblichem Maße dazu beitragen, diese Frage zu beantworten. Er ließ frisches Blut auf verschiedene Materialien tropfen und drückte dann während des Gerinnungsprozesses in unterschiedlichen Abständen ein Tuch aus Linnen darauf. Lavoie stellte fest, daß der Abdruck innerhalb von zwei Stunden auf das Tuch gebracht werden muß, um ein Abbild wie auf dem Grabtuch zu erhalten.[5] Aus solchen Experimenten haben er und andere Forscher abgeleitet, daß das, was man auf dem Grabtuch sieht, nicht vollständiges Blut ist, sondern daß es sich vielmehr um Wundsekrete, also Absonderungen, mit geronnenem Blut handelt. Geronnenes Blut enthält nämlich nur sehr wenige Blutzellen und gleicht in einem solchen Falle eher Blut-Bildern als echten Blutflecken.

Außerdem stieß Alan Adler auf eine sehr wichtige Erklärung dafür, wieso, und darin sind sich alle Beteiligten einig, das »Blut« zu rot aussieht. Er entdeckte, daß die Gallenfarbstoffe auf dem Grabtuch seltsamerweise einen »außergewöhnlich hohen« Anteil des Farbstoffes Bilirubin aufweisen, was wiederum die Frage nach dem Grund hierfür aufwarf. Alan Adler dazu:

Eine Möglichkeit ist, daß der Betreffende eine schwere Malaria hatte, aber das erscheint nicht sehr wahrscheinlich. Aber eine Folterung, Geißelung und Kreuzigung, die zu einem Schock führen – das alles würde zu einer gewaltigen Hämolyse führen [einer Auflösung der roten Blutkörperchen, Anm. des Autors]. In weniger als dreißig Sekunden passiert das hämolysierte Hämoglobin die Leber und baut einen sehr hohen Bilirubinspiegel auf. Wenn dieses Blut dann aus den Wunden austritt und gerinnt, und alle Zellen mit intaktem Hämoglobin zurückbleiben, gelangt nur das hämolysierte Hämoglobin zusammen mit dem Serumalbumin nach außen, welches das Bilirubin bindet. Was man dann am Ende auf dem Tuch hat, ist eine Absonderung, die in Anbetracht des hämolysierten Hämoglobins einen erhöhten Bilirubinwert aufweist. Wenn man nun Bilirubin, das gelborange ist, mit Methämoglobin mischt, das orangebraun ist, erhält man rotes Blut.[6]

Bei Untersuchungen auf Eiweiß in dem Grabtuch-»Blut« fand Adler zudem heraus, daß im Fall, wenn sich die winzige »Blutprobe« bei der von ihm eingesetzten speziellen Protease-Methode auflöste – was sie auch sollte –, das Fäserchen darunter sauber und von keinem Körperbild berührt erschien. Das deutete darauf hin, daß das Blut zuerst auf das Tuch übertragen wurde und die Bildung des »Körperbildes« später stattfand, also ein Verfahren, das dem eines Künstler genau entgegengesetzt ist.

So plausibel und überzeugend dies alles klingen mag – schließlich stammen diese Funde von einem weltweit anerkannten Fachmann für Porphyrine, die im Blut zu finden sind (noch dazu von einem, der als Jude kaum christlicher Neigungen bezichtigt werden kann) –, so hat doch Walter McCrone Adlers Ergebnisse schriftlich als nicht stichhaltig abgetan: »All das sind Märchen – es gibt auf dem Grabtuchbildnis *kein* Blut.«[7]

Mit anderen Worten, wir erleben wieder einmal das wenig erbauliche Schauspiel, daß hochqualifizierte und renommierte amerikanische Wissenschaftler zweier Lager im Streit miteinander liegen, und der Laie sitzt verwirrt zwischen zwei Stühlen. McCrone scheint auch keineswegs von der Tatsache beeindruckt gewesen zu sein, daß der italienische Gerichtsmediziner Professor Pierluigi Baima-Bollone nach der Analyse ganzer Fäden, die er während der STURP-Untersuchung im Jahr 1978 aus dem Bereich der Blutflecken in der Rückengegend entnommen hatte, behauptete, er habe diese eindeutig als menschliches Blut der Blutgruppe AB identifizieren können.[8] Ebenso ignorierte er, daß der hochangesehene französische Genetiker Professor Jérôme Lejeune zuverlässig menschliches Hämoglobin auf einer »Blutprobe« vom Grabtuch, in deren Besitz er gelangt war, identifiziert hat. Lejeune, der das Gen entdeckte, das für das Down-Syndrom verantwortlich ist, plante noch weitere genetische Untersuchungen, starb aber schon im April 1994.

Während das alles sehr nach einer Sackgasse aussieht, gibt es aber dank der neuesten Fortschritte der Wissenschaft einen weiteren Ansatz zur Lösung dieses Problems, und diese Methode könnte als eine Art neutraler Schiedsrichter fungieren. Sie beruht auf der Tatsache, daß die »Blutflecken« auf dem Grabtuch, wenn sie tatsächlich nur aus Eisenoxyd und Zinnober bestünden, wie dies McCrone behauptet, keinerlei Ergebnisse für das Vorhandensein von DNS, dem genetischen Code des Menschen, liefern würden. Wenn sie andererseits tatsächlich aus »Blut« bestehen, wie Adler und seine Kollegen behaupten, dann sollten zumindest einige Spuren von DNS vorhanden sein und einer sinnvollen Analyse unterzogen werden können.

Nun sind offenbar tatsächlich Spuren von DNS vorhanden. Der erste Hinweis dafür kam aus Italien und gründete auf zwei 1,5 Zentimeter langen Fäden, die italienische Wissenschaftler aus der blutbefleckten Fußregion entnommen hatten, als sie 1978 gleichzeitig mit dem STURP-Team das Tuch untersuchen durften. Als man diese Fäden 1995 im Rechtsmedizinischen Institut von Genua eigens auf DNS hin untersuchte, berichtete der an diesem Institut tätige Professor Marcello Canale: »Wir haben die DNS, die auf diesen winzigen Fäden vorhanden ist, herausgelöst und durch eine Kettenreaktion amplifiziert, die uns mit Hilfe eines bestimmten Enzyms erlaubt, die DNS unbegrenzt häufig zu replizieren. Diese Methode kann man sogar bei einer einzigen Zelle anwenden ... Die DNS-Kette ist sehr lang, und wir können sehr kleine Abschnitte identifizieren, die individuelle Eigenschaften repräsentieren, die uns letztlich dazu befähigen können, das Individuum zu bestimmen, von dem sie stammen.«[9]

Wenn jedoch Skeptiker einer solchen Behauptung aus dem »tiefkatholischen« Italien mißtrauen, ist vielleicht eine zweite Analyse, die ganz andere Proben auswertete und in den USA durchgeführt wurde, für sie akzeptabler. Wie die offiziellen Protokolle des Erzbischöflichen Amtes von Turin dokumentieren, war die Entnahme der Proben für die Radiokarbondatierung am 21. April 1988 um 13 Uhr beendet, aber das Grabtuch wurde erst um 20 Uhr 30 an diesem Tag wieder in seinen Schrein zurückgelegt. Im Rahmen einer Erklärung, was mit dem Grabtuch in diesen siebeneinhalb Stunden geschah, wurde vor kurzem bekannt, daß Giovanni Riggi, der Turiner Mikroanalytiker, der die Proben für den C-14-Test abschnitt, in dieser Zeit offenbar mit Zustimmung Kardinal Ballestreros dem Grabtuch einige kleinere Proben aus dem Dornenkronenbereich der »Blutflecken« entnahm. Da er nicht vorhatte, sie auf der Stelle selber zu untersuchen, deponierte er sie anscheinend in einem Banktresor, um eine zukünftige und nutzbringende Verwendung abzuwarten.

Diese Gelegenheit ergab sich vor viereinhalb Jahren, als Dr. Leoncio Garza-Valdès im Rahmen seiner Untersuchungen des transparenten organischen Materials, das die Fasern des Grabtuches überzieht, nach Turin reiste, weil er hoffte, dort das Tuch eventuell mit eigenen Augen zu sehen. Bei einem Treffen mit Professor Gonella wurde er Giovanni Riggi vorgestellt und erfuhr dabei von dessen privater Sammlung von »Blutflecken«-Proben. Einige Monate nach seiner Rückkehr nach San Antonio gelang es ihm, das Center for Advanced DNA Technologies in Texas für eine Mitarbeit und eine Untersuchung der Proben zu gewinnen. Als er Riggi von dieser Möglichkeit in Kenntnis setzte, reiste dieser mit den Proben im Gepäck nach San Antonio.

Als Riggi im Health Science Center der Trinity University eintraf, wurden seine »Blutproben« rasch zwei hochqualifizierten Forschern übergeben, die bisher nichts mit dem Grabtuch zu tun hatten, nämlich Dr. Victor Tyron, Direktor des Center for Advanced DNA Technologies, und seiner Frau und Technischen Leiterin des Zentrums, Nancy Mitchell Tyron. Als Victor Tyron die erste Probe des Grabtuch-Materials, ein 1,5 Millimeter großes Teilchen »Blut« auf Klebeband, erhielt, reichte er es an seine Frau weiter, als sei es ein Objekt für eine routinemäßige Untersuchung. Nancy Tyron hatte zwar bemerkt, daß die Probe ungewöhnlich klein war und auch alt wirkte, wußte aber nicht, daß sie vom Turiner Grabtuch stammte. Dennoch konnte sie ohne Probleme ermitteln, daß es sich um menschliches Blut handelte, und bei weiteren Arbeitsgängen stellten sowohl sie als auch ihr Mann schnell das Vorhandensein von X- und Y-Chromosomen fest, was bestätigte (wenn es nicht schon derart offensichtlich gewesen wäre), daß die Person auf dem Grabtuch männlichen Geschlechts war. Sie untermauerten diese Funde noch dadurch, daß sie dieselben Untersuchungen noch einmal an weiteren Proben Riggis vornahmen, die aus anderen Bereichen des Grabtuches stammten.

Aber konnte das Ehepaar Tyron auch DNS feststellen? Sehr wohl. Victor Tyrone zufolge fanden sie durch die Anwendung routinemäßiger Polymerase-Kettenreaktionen, mit denen man Teile von doppelstrangiger DNS aufspüren kann, drei unverwechselbare Gensegmente:

Beta Globin Gensegment von Chromosom 11
Amelogenin X Gensegment von Chromosom X
Amelogenin Y Gensegment von Chromosom Y

Diese Behauptung ist so bedeutsam und derart interessant, daß ich beschloß, ihre Glaubwürdigkeit von einem unabhängigen Dritten, dem in Amerika geborenen, aber in Australien lebenden DNS-Spezialisten Dr. Thomas Loy, den ich schon lange kannte, nachprüfen zu lassen. Zufällig arbeitet er nicht allzu weit von mir entfernt am Centre for Molecular and Cellular Biology an der Queensland University und ist auf seinem Gebiet so bekannt, daß er in diesem Zusammenhang sogar in Michael Crichtons Buch *Jurassic Park*, der Grundlage des gleichnamigen Films von Steven Spielberg, erwähnt wird. Loy bestätigte mir, daß von seiner Seite absolut kein Grund bestünde, an den Ergebnissen der Tyrons zu zweifeln.

Wie ich erfuhr, wird inzwischen sehr häufig DNS in Blut und Geweben aus jahrtausendealten archäologischen Funden analysiert und ausgewertet. So wird etwa derzeit untersucht, was man über Inzucht herausfinden kann, die die ägyptischen Pharaonen praktiziert haben sollen. Im Gegensatz zur mikroskopischen Analyse, wie sie McCrone vornahm, in der sehr viel von der Wahrnehmungsfähigkeit des Mikroskopierenden abhängt, basiert die DNS-Analyse auf High-Tech-Instrumenten und ist somit wesentlich exakter. Die Amelogenin X-und Y-Gene, die das Ehepaar Tyron fand, kommen bei Bakterien und Pilzen nicht vor und weisen daher eindeutig auf menschlichen Ursprung hin. Loy bestätigte auch, daß die Erklärung Alan Adlers für das »zu rote« Blut glaubhaft sei. Er selbst hatte schon 300 000 Jahre altes Blut von ähnlich lebhafter Farbe gesehen, und stets waren die Todesumstände des Verstorbenen dafür verantwortlich, andere Faktoren, die mit dem Alter der Probe zu tun hatten, schieden dagegen aus.

Wie Loy betonte, ist das einzige, vor dem jedermann auf der Hut sein muß, wenn er sich mit DNS aus neuer oder auch aus älterer Zeit befaßt, eine Kontamination. Aber als ich diesen Punkt im Gespräch mit Nancy Tyron direkt ansprach, versicherte sie mir, daß die Arbeitsergebnisse des Zentrums häufig bei Gerichtsverhandlungen vorgelegt werden müssen und daher strengste Sicherheitskontrollen gegen mögliche Verschmutzungen bestehen. Nur in einem Fall, wenn eine zweite Person zufällig noch einmal genau dieselbe Stelle des Grabtuches mit Blut befleckt hätte, auf der sich bereits das Blut der ersten Person befand, wäre eine gravierende Kontamination möglich gewesen – und ein solches Szenario kann (einmal abgesehen von Nonnen, die sich beim Aufsetzen der

Flicken in den Finger stechen konnten) als ziemlich unwahrscheinlich gelten.

Für diejenigen, die für die Echtheit des Grabtuches plädieren, ist die gute Nachricht der DNS-Ergebnisse, daß sie eine gewichtige, wenn auch noch keineswegs endgültige Antwort auf McCrones Verdikt darstellen, das »Blut« auf dem Grabtuch sei »Eisenoxyd und Zinnober«. Die schlechte Nachricht dagegen ist, daß jemand Schlüsse daraus ziehen könnte, die zentrale Dogmen der katholischen Kirche wie etwa die jungfräuliche Geburt Jesu in Frage stellen. Es gibt sogar den Science-fiction-Alptraum, daß in einigen Jahren oder Jahrzehnten jemand aus dem Turiner Grabtuch einen Jesus-Klon herstellen könnte; eine solche Vorstellung hat sogar bereits einen Schriftsteller zu einem äußerst phantasievollen Roman mit entsprechendem Inhalt inspiriert.[10]

Aber alle derartige Befürchtungen besorgter Kleriker kann man letzlich als grundlos betrachten. Nancy Tyron erläuterte mir, daß das Klonen vom Grabtuch nicht nur nicht auf dem Arbeitsprogramm von San Antonio steht, sondern daß es mit dem vorhandenen Material auch nicht möglich wäre, da sie nur 700 Basenpaare, die Grundbausteine der DNS, isolierten und das ganze menschliche Genom aus etwa drei Milliarden solcher Basenpaare besteht.

Aber als im Frühjahr 1996 Garza-Valdès Kardinal Saldarini von diesen und anderen damit einhergehenden Untersuchungen in Kenntnis setzte, indem er ihm die Kopie eines Artikels schickte, der in *The Mission,* der Hauszeitschrift des Health Science Center, erschienen war, reagierte der Kardinal alles andere als beglückt und gratulierte ihm nicht. Ganz im Gegenteil, schroff erklärte er, daß Giovanni Riggi in seiner Funktion abgelöst worden sei, als er, Saldarini, die Nachfolge Kardinal Ballestreros als Kustos des Grabtuches angetreten habe, so daß Riggi nicht autorisiert gewesen sei, Proben für eventuelle DNS-Untersuchungen oder sonstige Studien herauszugeben. Eine Autorisierung für solche Vorhaben hätte nur der Besitzer des Grabtuches, Papst Johannes Paul II., erteilen können, und für diese Untersuchungen sei dies nie erfolgt.[11] Unabhängig davon ließ Saldarini ein öffentliches Communiqué verbreiten, in dem er forderte, daß alle Proben vom Grabtuch, die seit der Prüfung von 1978 genommen worden seien und sich in Privatbesitz befänden, umgehend an ihn zurückgegeben werden sollten. Gleichzeitig untersagte er jede wissenschaftliche Forschungsarbeit an nicht zurückgegebenen Materialien und distanzierte sich von deren Ergebnissen.

Dieser Vorbehalt brachte nicht nur die Arbeit der Tyrons zum Stillstand, sondern ist auch ein großes Hindernis für uns, denn wie gültig ihre Ergebnisse als Widerpart der Thesen Walter McCrones auch immer sein mögen, praktisch können sie nicht anerkannt werden, weil die Kirche sie in Bausch und Bogen ablehnt.

Ganz ähnlich wie beim Körperbild kann die Identifikation der »Blutflecken« auf dem Grabtuch als echtes Blut nicht als erwiesen gelten. Dies trägt auch zukünftig zu den Ungewißheiten auf dem Gebiet bei, das theoretisch am leichtesten zu klären sein müßte, ich meine natürlich die physische Beschaffenheit des Tuches.

Wir sind aber noch nicht am Ende mit dieser materiellen Beschaffenheit. Denn obwohl wir das Körperbild, das Blutbild und das Gewebe erörtert haben, müssen wir noch näher betrachten, welche weiteren Hinweise in der mikroskopisch feinen Schmutzschicht schlummern könnten, die bekanntermaßen jeden Zentimeter der Gewebeoberfläche bedeckt.

Kapitel 8

Und die Schmutzschicht auf der Oberfläche des Grabtuchs?

Wie wir alle wissen, brauchen wir einen beliebigen Gegenstand nur ein paar Tage der Luft auszusetzen, und es sammelt sich Staub darauf an. Würden wir diesen Staub unter einem Mikroskop betrachten, könnten wir feststellen, daß er, je nach der speziellen Umgebung, in der sich der Gegenstand befand, viele verschiedene Bestandteile aufweist. Würde es sich beispielsweise um ein modernes innerstädtisches Industriegebiet handeln, dann müßten wir mit Flugasche von Kraftwerken und mit Blei aus den Auspuffrohren von Autos rechnen, die noch keinen Katalysator haben. Wäre es eine ländliche Umgebung, so würden wir in einem solchen Fall Pollen und Pflanzensporen finden.

Unabhängig davon, ob das Grabtuch nun erst 600 oder schon 2000 Jahre alt ist, weiß man aus seiner Ausstellungsgeschichte, daß es in ganz unterschiedlichen Regionen gezeigt wurde. Zwangsläufig wirkt sich dies zum einen auf die Bestandteile der zufälligen Schmutzschicht aus, die auf seiner Oberfläche zu finden ist, und zum anderen darauf, welche möglichen Hinweise auf die bekannte oder unbekannte Vergangenheit des Grabtuches diese Partikel enthalten.

Als ich das Grabtuch 1973 selbst prüfen konnte, betrachtete ich die Oberfläche des Tuches von einem extrem günstigen Blickwinkel einer Kante aus und ließ meine Augen an verschiedenen Punkten der Längsseite quer über die Breite wandern. Ich machte dies zwar vor allem, um festzustellen, ob im Bereich des Bildes irgendwelche Erhebungen zu sehen waren (was nicht der Fall war), aber ich entdeckte dabei verstreute Unebenheiten, die sich als winzige Wachströpfchen entpuppten. Natürlich war es keine Überraschung, daß sie vorhanden waren, bedenkt man, daß bei vielen dokumentierten Ausstellungen Kerzen angezündet wurden. Außerdem waren diese Tröpfchen im Verhältnis gesehen eigentlich schon zu groß, um noch zur mikroskopisch feinen Schmutzschicht zu zählen. Dennoch brachte mir mein Versuch wenigstens ein zufriedenstellendes Sofortergebnis.

Als ich das Grabtuch in konventionellerer Weise von vorne besah und besonders nach ungewöhnlichen Verfärbungen außer den bereits dokumentierten suchte, fiel mir auch auf, daß die Stelle am Hinterkopf, an der sich ein Haarstrang abzuzeichnen scheint, einen deutlich graueren Farbton besaß als der Rest; möglicherweise deutet dies darauf hin, daß die Haare des Mannes auf dem Grabtuch mit Öl eingerieben worden waren. Als ich 1978 zur Ausstellung des Tuches nach Turin reiste, schlug ich den Mitgliedern des STURP-Teams vor, im Verlauf ihrer Untersuchungen (die gerade anliefen) aus diesem Bereich Proben zu entnehmen, aber es zeigte sich, daß sie viel zu sehr damit beschäftigt waren, ihr vorher festgelegtes Programm durchzuziehen. Das bedauerte ich, denn meiner Meinung nach hätte eine schlüssige Identifikation von Haaröl an einer solchen Stelle einen recht signifikanten zusätzlichen Beleg dafür erbracht, daß das Grabtuch wirklich einmal einen menschlichen Körper umgab.

Aber durch die Reflexionsspektroskopien, die das Ehepaar Roger und Marty Gilbert, Mitglieder von STURP, im Rahmen des Forschungsprojekts erstellten, wurde etwas anderes Hochinteressantes zutage gefördert. Als die Gilberts am Bild der Körperrückseite arbeiteten, stießen sie auf einige ungewöhnliche Reflexionsspektren, die erwiesenermaßen sehr hohe Eisenspuren aufwiesen, das merkwürdige dabei war, daß sie ausschließlich im Bereich der Fußsohlen, und zwar besonders der Ferse, auftraten. Um herauszufinden, ob sich an dieser Stelle irgend etwas Besonderes befand, riefen sie den Optikspezialisten Sam Pellicori herüber und baten ihn, sein Wild-M400-Kameramikroskop darauf zu richten. Nachdem Pellicori diesen Bereich eine Zeitlang mit der größtmöglichen Vergrößerung betrachtet hatte, erklärte er feierlich: »Es ist Schmutz!« Und wie auch die anderen Anwesenden durch den Sucher sehen konnten, gab es dort tatsächlich eine so beträchtliche Menge von Schmutzpartikeln tief in und zwischen den Fäden wie sonst an keiner anderen Stelle auf dem Grabtuch. Dr. John Heller schrieb später: »Was könnte logischer sein, als Schmutz am Fuß eines Mannes zu finden, der ohne Schuhe ging? Natürlich wurde niemand mit Schuhen oder Sandalen an den Füßen gekreuzigt, also war er barfuß, ehe sie ihn ans Kreuz nagelten. Es ist nicht so viel Schmutz, daß man ihn mit bloßem Auge sehen kann; daraus folgt, daß kein Fälscher ihn dorthin getan haben kann, denn Künstler fügen wohl kaum etwas hinzu, was nicht zu sehen ist ... Es war nur ein einzelner Anhaltspunkt, allerdings ... kein nebensächlicher.«[1]

Das sind aber nur beiläufige Ergänzungen mehrerer gezielter Aktionen, bei denen man im Rahmen der wissenschaftlichen Untersuchungen der letzten 25 Jahre Proben von der Staubschicht des Grabtuches entnommen und analysiert hat. Eine erste Entnahme fand 1973 statt, als der Schweizer Kriminologe Dr. Max Frei erstmals Klebestreifen auf die Oberfläche des Grabtuches drückte, um Pollenproben zu erhalten (davon wird etwas später noch die Rede sein). 1978 entnahm man zu Untersuchungszwecken zahlreiche Pröbchen, denn zu dieser Zeit benutzte das STURP-Team, wie bereits erwähnt, Klebestreifen für eine Analyse des Körperbilds, und auch Dr. Frei nahm noch einmal Proben. Überdies saugte der Turiner Mikroanalytiker Giovanni Riggi mit einem Ministaubsauger die Unterseite des Grabtuches ab, dies war in seinem Programm im Anschluß an das Auftrennen des Saumes an einer Kante vorgesehen.

Bei den gemeinsamen Bemühungen der verschiedenen Forscher konnte man eine beträchtliche Anzahl von Grabtuchverunreinigungen feststellen, deren Interpretation, wie gewöhnlich, größte Schwierigkeiten bereitete.

Bei manchen Stoffen, wie etwa Flugasche von Kohlekraftwerken, liegt es für jedermann klar erkennbar auf der Hand, wieso sich gerade solche Partikel auf dem Grabtuch befinden. Turin ist nicht nur eine bedeutende Industriestadt, sondern vor allem als zentraler Produktionsstandort der Automarke Fiat weltweit bekannt, und die Asche von Kraftwerken und Industriebetrieben ist Bestandteil der Luft, die alle Turiner einatmen. Sie muß daher im Lauf der Zeit zwangsläufig den Weg zu allen Gegenständen finden, selbst wenn sie so gut weggeschlossen sind wie das Grabtuch.

Genauso gut zu erklären ist das Vorhandensein verschiedener Metallpartikel. In dem Staub, der von der Unterseite des Grabtuches abgesaugt wurde, also von einem Teil des Tuches, der seit 1534 weitestgehend abgedichtet war, fand Giovanni Riggi nicht nur Eisen, sondern auch Bronze-, Silber- und sogar Goldteilchen. Da man weiß, daß das Grabtuch im Lauf seiner Geschichte in den unterschiedlichsten Behältern aufbewahrt worden ist – und wahrscheinlich war davon der Silberschrein, der bei dem Brand 1532 unglücklicherweise so stark beschädigt wurde, am reichhaltigsten verziert –, ist das angeblich geschwärzte Aussehen einiger Silberpartikel wohl auf dieses Unglück zurückzuführen. Andere Teilchen wertvoller Metalle stammen wahrscheinlich von liturgischen Gefäßen aus Gold und Silber, die bei den Ausstellungen des Grabtuches und bei besonderen Gottesdiensten zu Ehren dieses verehrten Objekts in seiner Nähe plaziert wurden. Außerdem waren im Mittelalter viele Meßgewänder mit Gold und Silber verziert. Aus Dokumenten weiß man überdies, daß das Grabtuch nach dem Brand von 1532 zeitweilig in einem Eisenkasten aufbewahrt wurde, der mit an Sicherheit grenzender Wahrscheinlichkeit nicht der erste seiner Art war, in dem das Tuch aufbewahrt wurde.

Zu diesem Thema ist auch noch zu sagen, daß auf den Röntgenaufnahmen des STURP-Teams auch mehrere drahtartige Objekte zu erkennen waren, die Metallspänen ähnelten – allerdings waren manche ein wenig breiter – und scheinbar wahllos an verschiedenen Stellen in das Gewebe eingebettet waren. Hätte man auch nur eines von diesen Objekten entnommen und einer metallurgischen

Analyse unterzogen, hätte man vielleicht einen wichtigen Hinweis auf ihre historische Herkunft – und die des Grabtuches – gewonnen, aber ärgerlicherweise unterließ das amerikanische Forscherteam auch dieses.

Sodann waren sowohl auf den Klebebändern als auch in der Staubsaugerprobe in großer Zahl winzige Textilpartikel vorhanden; allein Heller und Adler listeten unter anderem rote Seide, blaues Leinen, gewöhnliche Baumwolle, gewöhnliche Wolle und sogar rosafarbenes Nylon auf.

Die rote Seide ist historisch leicht einzuordnen, denn das Grabtuch wird stets mit einer roten Taftabdeckung aufbewahrt, die Prinzessin Klothilde 1868 annähte. Wir wissen aber auch, daß das Grabtuch bereits 1453 mit einer roten Seidendecke geschützt war, offenbar einem Vorläufer der schwarzen Abdeckung, die Prinzessin Klothilde abtrennte. Eine umfassende Analyse müßte daher unterscheiden, welche Fasern von der roten Seide des 19. Jahrhunderts und welche von jener aus dem Mittelalter stammen.

Die Herkunft des blauen Leinens ist ebenfalls leicht zu eruieren, denn sie stammt fast sicher von der blauen Einfassung des Grabtuches, die wie die rote Abdeckung 1868 von Prinzessin Klothilde angebracht wurde. Als ich im Juli 1988 Professor Hall in seinem Radiokarbondatierungslabor in Oxford besuchte, in dem die Probe vom Grabtuch auf ihre Untersuchung wartete, erwähnte Hall, wie erstaunt er und sein Assistent Dr. Hedges über die Anzahl winziger roter und blauer Fasern seien, die sie auf der Probe entdeckt hätten. Deren Vorhandensein konnte ich leicht mit den roten und blauen Stoffen erklären, die Prinzessin Klothilde an das Grabtuch angenäht hatte.

Was Baumwolle, Wolle und Nylon betrifft, so fielen sie und andere ähnliche Teilchen wohl von den Gewändern und der Alltagskleidung jener Menschen, die über die Jahrhunderte das Grabtuch in die Hand nahmen oder ihm zumindest sehr nahe kamen. Aber in diesen Fällen ist eine exakte Ermittlung der Herkunft so gut wie unmöglich. Bei Baumwolle wissen wir beispielsweise, daß allein 1978 die Personen, die das Grabtuch anfaßten, mindestens vier verschiedene Arten von Baumwollhandschuhen trugen, ganz abgesehen von all den anderen Anlässen in den zurückliegenden Jahrzehnten und Jahrhunderten, bei denen die Personen, die das Grabtuch ausstellten, vielleicht Baumwollkleider trugen oder bei denen ein Baumwolltuch über oder unter das Grabtuch gelegt wurde. Auch Wolle ist ein derart häufig vorkommendes Material, daß es zu allen Zeiten von überallher stammen kann.

Das größte Rätsel sind die rosafarbenen Nylonfasern, die eindeutig ein Produkt unseres Jahrhunderts sind (und daher kaum Prinzessin Klothilde zugeschrieben werden können) und auch überraschend gleichmäßig über das Tuch verteilt sind. Heller und Adler fanden sie auf ihren Klebebändern, und auch auf denen von Dr. Max Frei kamen sie vor. Sie sollen aus einem Material bestehen, das für Korsetts und Miederhöschen verwendet wird, was Anlaß zu allen möglichen finsteren Spekulationen über die Unterwäsche der relativ wenigen Frauen gab, die im Zeitalter des Nylons Zugang zum Grabtuch hatten.[2] Nach Ansicht eines amerikanischen Klerikers könnte die Erklärung aber einfach darin liegen, daß sie von dem Nylon stammen, das in manchen modernen liturgischen Gewändern verarbeitet ist, aber das muß erst noch geklärt werden.

Und wenn es Rätsel dieser Art schon bei Materialien geben kann, die erst in den letzten, sehr gut dokumentierten Jahren auf das Grabtuch gelangt sein können, dann ist es kein Wunder, daß andere, weniger leicht datierbare Materialien heftig umstritten sind. So fand McCrone unter den Schmutzpartikeln auf den Bändern des STURP-Teams unzweifelhaft Künstlerfarben, zu denen neben den bereits erwähnten Eisenoxyd und Zinnober auch Krapprot gehörte (ein matteres Rot, das aus der Wurzel der Färberröte hergestellt wird), ferner Ultramarin (eine sehr kostbare blaue Künstlerfarbe, die aus echtem orientalischem Lapislazuli gewonnen wird) und Auripigment (gelbe Künstlerfarbe, das aus Arsentrisulfid hergestellt wird).

Zwar hat niemand McCrones Ergebnisse angefochten, und verständlicherweise hat er selber sie als Untermauerung seiner These gewertet, daß das Grabtuch von der Hand eines Künstlers stamme, aber tatsächlich verweist schon die Entdeckung von Spuren eines so teuren Pigments wie Ultramarin auf einem Tuch, für dessen Komposition kein Blau benötigt wurde, darauf, daß zumindest dieses besondere Farbpartikel nicht für das Grabtuch bestimmt war, sondern ganz zufällig auf das Gewebe gelangte.

Eine einleuchtende Erklärung dafür, wie alle möglichen Miniaturfarbsprengsel fast zwangsläufig auf das Grabtuch gelangen mußten, bietet eine im 16. und 17. Jahrhundert geläufige Praxis jener Künstler, die das Grabtuch kopierten. Sie legten oft ihr fertiges Werk auf das Original in der frommen Absicht, etwas von seiner Heiligkeit auf ihr Werk zu übertragen. So trägt beispielsweise die lebensgroße Kopie des Grabtuches[3], die im Monasterio Real in Guadalupe bei Toledo in Spanien aufbewahrt wird, die Inschrift: »Auf Bitten von Signor Francesco Ibarra wurde dieses Bildnis der kostbaren Reliquie, die in der Sainte Chapelle im Schloß von Chambéry ruht [also unseres heutigen Turiner Grabtuches], so ähnlich wie möglich gemacht und *wurde darauf gelegt* [kursiv vom Autor; im spanischen Original heißt es ›è stata distesa dissopra‹] im Juni 1568.«[4]

In Frankreich und Spanien gibt es rund fünfzig Kopien dieser Art, und auf mehreren von ihnen sind ähnlich lautende Inschriften zu finden, die dem Betrachter erklären, daß sie mit dem Original »in Kontakt« gebracht wurden.

Das STURP-Team entdeckte bei seiner Arbeit vor Ort eine weitere Möglichkeit, wie das Grabtuch jede Menge Farbspuren abbekommen haben kann, ohne daß dies irgendwie auf einen Künstler zurückzuführen ist. In praktisch allen sieben Räumen des Turiner Königspalasts, in denen das Team seine Untersuchungen durchführte, waren die Decken während der Renaissance herrlich ausgemalt und prächtig mit Fresken geschmückt worden, von denen winzige Farbpartikel wie Konfetti herabregneten, als das Team unten arbeitete. Folglich ist es an sich überhaupt nicht strittig, daß Farbpigmente auf dem Grabtuch zu finden sind. Gegenstand zukünftiger Auseinandersetzungen kann nur noch sein, ob und wie man zwischen eindeutig »verirrten« Pigmenten und solchen unterscheiden kann, die vielleicht absichtlich aufgetragen wurden.

Aber nicht nur die Farbpartikel sind stark umstritten, sondern auch die Pollen, auf die Dr. Frei stieß. Als er 1973 nach Turin eingeladen wurde, um die Echtheit von Farbfotografien vom Grabtuch aus dem Jahr 1969 notariell zu beglaubigen, fiel ihm auf, wieviel Staub auf der Oberfläche des Tuches lag, und er fragte, ob er mit Klebeband einige Proben davon entnehmen dürfe. Dies wurde ihm zugestanden, und er preßte zwölf Klebestreifen auf das Tuch, die er dann in seinem Zürcher Labor unter dem Mikroskop analysierte.

Wie Frei erwartet hatte, fanden sich auf den Klebestreifen mikroskopisch feine Verschmutzungen praktisch derselben Materialien, die ich weiter oben bereits erwähnt habe – Asche, Metallteilchen, Textilfasern. Aber da er von Haus aus Botaniker war und auf diesem Gebiet die größte Sachkenntnis besaß, suchte er besonders nach Pollenkörnern. Er wußte nämlich, daß jedes Pollenkorn, so winzig es auch ist, eine sehr harte Außenschale, die sogenannte Exine, besitzt, die buchstäblich Zehntausende von Jahren überdauern kann. Außerdem wußte er, daß jedes Pollenkorn sich, je nachdem von welcher Pflanze es stammt, markant von allen anderen unterscheidet. Das heißt, wenn man die Pflanzenart zu identifizieren vermag, von der ein Pollenkorn stammt, so kann man zumindest auch eine Aussage darüber treffen, in welchen Gebieten die Pflanze wächst, also ob in gemäßigten Zonen, in tropischen oder in Wüstenzonen.

Bei seiner kriminologischen Arbeit analysiert Frei regelmäßig auch Pollen auf der Kleidung von Verdächtigen, um zu ermitteln, ob sie sich eventuell am Schauplatz eines Verbrechens aufgehalten haben könnten. Beim Grabtuch könnte er vielleicht, wenn er die Pollen gründlich genug untersuchte, etwas zur Lösung der Frage beitragen, in welchen unterschiedlichen Gebieten es sich im Lauf der Jahrhunderte befunden hat. Wenn die Pollen nur von der für Frankreich und Italien typischen Flora stammten, also aus den einzigen beiden Ländern, in denen es in seiner wohl dokumentierten

Geschichte vom 14. Jahrhundert bis in unsere Zeit aufbewahrt worden ist, dann würde dies darauf hindeuten, daß es niemals außerhalb dieser Länder gewesen war, und die These, derzufolge es eine Fälschung sei, nachhaltig stärken. Wenn man hingegen Pollen aus weiter östlich gelegenen Klimazonen fände, bewiese das zwar nicht die Echtheit des Grabtuches, aber es würde zumindest zeigen, daß der Fälscher, abgesehen von all seiner übrigen »Schlauheit«, sich die Mühe gemacht hätte, sich ein Stück Tuch außerhalb Europas für seine Zwecke zu beschaffen.

Als Frei sorgfältig die winzigen Pollen für eine Untersuchung unter dem Mikroskop vorbereitete, stellte er für sich selbst einige wichtige Regeln auf. Beispielsweise mußte er davor auf der Hut sein, dem Fund von Pollen wie denen einer Libanonzeder allzu große Bedeutung beizumessen. Dieser Baum wurde in so vielen europäischen Parks und Gärten gepflanzt, daß Pollenfunde einer Zeder kaum hilfreich wären. Aber als er beharrlich eine Probe nach der anderen analysierte und viele entweder von heimischen europäischen Arten oder populären importierten stammten, erwiesen sich einige Pollen nach und nach als bedeutender als andere (Abb. 29). Vor allem konnte er Pollen von Halophyten identifizieren, das sind Pflanzen, die typisch für die Wüstenregionen rund um das Jordantal und besonders gut für das Leben auf Böden mit dem hohen Salzgehalt gerüstet sind (und ein solcher findet sich fast ausschließlich um das Tote Meer herum). Frei meinte dazu: »Diese Pflanzen sind von hohem diagnostischem Wert für unsere geographischen Studien, da identische Wüstenpflanzen in all den anderen Ländern nicht vorkommen, in denen das Grabtuch vermutlich der frischen Luft ausgesetzt war. Folglich könnte eine Fälschung, die im Mittelalter irgendwo in Frankreich hergestellt wurde, also in einem Land, in dem diese typischen Halophyten nicht vorkommen, keine solchen Pollenkörner enthalten, die charakteristisch für die Wüstengebiete Palästinas sind.«[5]

Frei fand auch Pollen von Pflanzen, die als Indikator dafür gelten können, daß sich das Grabtuch eine Zeitlang in einem Gebiet mit Steppenvegetation befand. Das schien auf die Türkei zu verweisen, besonders auf die östlichen Gebiete Anatoliens.

Um jedoch eine wirklich schlüssige Argumentation vorlegen zu können, die stabile Beziehungen zwischen dem Grabtuch und diesen Orten aufwies, benötigte Frei weitere Daten. Daher entnahm er 1978 bei der Prüfung des Tuches noch einmal Klebebandproben, forschte wiederum fünf Jahre und reiste sogar in die Türkei und nach Israel mit dem Ziel, seine Ergebnisse in einer grundlegenden Studie in Buchform zu veröffentlichen. Im Januar 1983 starb er allerdings, ohne seine Arbeiten beenden zu können. Und obwohl fünf Jahre später seine schriftlichen Unterlagen und seine Pollensammung von einer amerikanischen Grabtuchgruppe erworben wurde, haben Flügelkämpfe und weitere Schwierigkeiten in dieser Forschungsgruppe dazu geführt, daß uns der Einblick in seine Forschungsarbeiten bis heute weitgehend verwehrt blieb.

Ebenso schädlich für Freis Forschungsarbeiten – und symptomatisch für die Härte der Auseinandersetzungen – waren Zweifel an seiner beruflichen Kompetenz, die schon vor seinem Tod im Umkreis des STURP-Teams geäußert wurden. Als seine Mitglieder 1978 Seite an Seite mit Frei arbeiteten, beobachteten sie mit nicht geringem Schrecken seine scheinbar amateurhafte Methode, Klebebandproben zu entnehmen. An Stelle ihres Apparates mit Drehmomenteinstellung und regulierbarem Druck und des Mylar-Spezialklebebandes, die sie aus den USA mitgebracht hatten (Abb. 28b), nahm Frei im Stil eines Lt. Columbo, des weltbekannten Fernsehdetektivs, einen Klebebandabroller aus der Tasche, wie er in jedem Supermarkt zu kaufen war, und drückte Streifen mit recht kräftigem Druck auf das Grabtuch (Abb. 28a). Als das STURP-Team sich an die Auswertung seiner Klebebandproben machte, zeigte sich, daß auf den insgesamt 34 Proben nur ein einziges Pollenkorn war, und zwar von Beifuß-Ambrosia, das in großen Mengen in der Nähe Turins vorkommt.[6] Wie hatte es also Frei geschafft, so viele Pollen auf seinen Klebestreifen zu finden? Schließlich hatte er nur zwölf untersucht. Es kam das Gerücht auf, daß Frei bestenfalls ein schlechter Wissenschaftler und schlimmstenfalls ein Scharlatan sei.

Die unglückselige Folge davon war, daß es die Grabtuch-Gegner ermutigte, Freis Kompetenz noch böswilliger zu kritisieren, und da er tot war, konnte er sich dagegen nicht mehr zur Wehr setzen. Freis amerikanischer Kritiker John Nickell schilderte den Schweizer beispielsweise folgendermaßen: »Er hat einmal an der Abendschule der Zürcher Universität einen Kurs in der Technik des Mikroskopierens abgehalten« und wurde »daraufhin … gebeten, ein kriminologisches Labor für die städtische Polizei einzurichten«.[7]

Die Wahrheit ist, daß Frei 1948 die zentrale wissenschaftliche Abteilung der Polizei der Stadt Zürich eingerichtet hatte und 25 Jahre lang deren Direktor war. Ab 1952 hielt er Vorlesungen über Kriminologie an der juristischen Fakultät der Universität Zürich, an der Schweizer Polizeiakademie in Neuchâtel und an der Polizeilichen Führungsakademie in Hiltrup. Er war wissenschaftlicher Redakteur der deutschen Zeitschrift *Kriminalistik*, wurde regelmäßig nicht nur von der Polizei der Schweiz, sondern auch von der deutschen und der italienischen Polizei konsultiert. 1961 wurde er von der UNO beauftragt, in leitender Funktion die Umstände des Flugzeugabsturzes, bei dem der UNO-Generalsekretär Dag Hammarskjöld ums Leben kam, mitaufzuklären.

Damit dürfte der Vorwurf des STURP-Teams, daß Frei ein Amateur sei, wohl hinfällig sein. Überdies sah es in Wirklichkeit so aus, daß sich das Mylar-Spezialklebeband des STURP-Teams aufgrund seiner anisotropen Eigenschaften als ungeeignet erwies, während Freis »stinknormales« Klebeband seinen Zweck erfüllte. Und während der STURP-Apparat mit Drehmomenteinstellung aufgrund seines wissenschaftlich kontrollierten geringen Drucks nur ganz wenige Pollen aufsammelte, drückte Frei als geübter Kriminologe ganz bewußt kräftig auf das Linnen auf, um besonders die tiefsitzenden und somit auch ältesten Partikel herauszuholen.

Daß Frei mit seiner »amateurhaften« Methode Hunderte von

Pollen erhielt, steht außer Zweifel. Als im Juli 1988 dank der Großzügigkeit seiner Witwe seine Sammlung von der in Amerika ansässigen Grabtuchgruppe ASSIST[8] erworben werden konnte, wurde Dr. Walter McCrone zu einem Workshop über die Untersuchung der Pollen an der Philadelphia Academy of Natural Sciences eingeladen; Leiter dieser Veranstaltung war Dr. Benjamin Stone, der Leiter des dortigen Botanischen Instituts. Alle Anwesenden konnten sich an einem Mikroskop, das mit zwei Videomonitoren verbunden war, selbst davon überzeugen, was auf den einzelnen Objektträgern zu sehen war, nämlich nicht nur dieselbe Mischung von Verunreinigungen wie auf den Bändern des STURP-Teams, sondern vielmehr Hunderte von Pollen. Paul Maloney von ASSIST, der später eine Inventarisierung der Pollen in Angriff nahm, sagte dazu:

> Beispielsweise konnte ich auf dem Band, das Frei auf den Blutfleck an der Ferse gedrückt hatte, innerhalb kürzester Zeit mindestens sieben Pollen zählen. Und sieben fanden sich beim raschen Zählen auch auf dem Band vom Blutfluß quer über den Rücken. Aber solche Schnellzählungen sind nicht wirklich repräsentativ. Mein nahezu abgeschlossenes fotografisches Inventar eines Bandes vom »Seitenstreifen« neben dem Rückenbild und eines Bandes vom Blutfluß, der den linken Arm entlanglief, enthält über 160 Pollen, und ein weiteres aus der Nähe der Stirn des Mannes auf dem Grabtuch weist über 275 auf.[9]

Wie also zumindest Walter McCrone zugeben mußte, hatte Max Frei tatsächlich die Pollen gesammelt, deren Vorhandensein er reklamierte. Die einzige schwerwiegende Frage, die professionelle Pollenanalytiker stellten, lautet: Gelang es Frei tatsächlich, die Klassifizierung der einzelnen Körner bis zur Art voranzutreiben? Offenbar vermochte er dies bei mindestens 58 verschiedenen Pflanzenarten. Seine Liste publizierte nach seinem Tod ein befreundeter Kollege (Darst. 10). Dr. Oliver Rackham vom Corpus Christi College in Cambridge ist zwar selbst kein Pollenanalytiker,

Pollen von Pflanzen, die den historisch belegten Wegen des Grabtuches durch Westeuropa und den westlichen Mittelmeerraum entsprechen

1. Arten, die unter ihrem Alltagsnamen am bekanntesten sind:

Gartenanemone (Anemone coronaria L.)
Rotbuche (Fagus silvatica L.)
Rizinuspflanze (Ricinus communis L.)
Libanonzeder (Cedrus libanotica Lk.)
Zypresse (Cupressus sempervirens L.)
Haselnuß (Corylus avellana L.)
Stech-Wacholder (Juniperus oxycedrus L.)
Lorbeer (Laurus nobilis L.)
Fuchsschwanz (Amaranthus lividus L.)
Morgenländische Platane (Platanus orientalis L.)
Meerkiefer (Pinus halepensis L.)
Pistazie (Pistacia halepensis L. und Pistacia lentiscus L.)
Reis (Oryza sativa L.)
Zistrose (Cistus credicus L.)
Kanten-Flechtbinse (Scirpus triquetrus L.)
Roggen (Secale spec.)
Stech-, Christusdorn (Paliurus Spina-Christi Mill.)
Bergdistel (Carduus personata Jacq.)
Eibe (Taxus baccata L.)

2. Andere Arten:

Alnus glutinosa Vill. (Schwarzerle)
Capparis Spec. (Kapernstrauch)
Carpinus betulus L. (Hainbuche)
Lythrum salicaria L. (Blutweiderich)
Phyllirea angustifolia L. (Steinlinde)
Poterium spinosum L. (Becherblume)
Ridolfia segetum moris

Pollen von Pflanzen, die vermuten läßt, daß sich das Grabtuch irgendwann in seiner Geschichte im Nahen Osten befand, besonders in Anatolien und Israel

1. Arten, die in Wüsten und Halbwüsten gefunden werden

Acacia albida Del. (Akazie)
Artemisia Herba-Alba A. (Kampfer-Beifuß)
Atraphaxis spinosa L. (Bocksknöterich)
Haplophyllum tuberculatum J. (Raute)
Helianthemum versicarium B. (Sonnenröschen)
Oligomejus subulata Boiss.
Peganum Harmala L. (Steppenraute)
Pteranthus dichotomus Forsk. (Flügelnelke)
Scabiosa prolifera L. (mediterrane Scabiose)

2. Arten, die in Steppengebieten (Osttürkei oder Südisrael) vorkommen

Glaucium grandiflorum (Hornmohn)
Hyoscyamus reticulatus L. (Netz-Bilsenkraut)
Ixiolirion montanum Herb. (Berg-Amaryllis)
Linum mucronatum Bert. (Lein)
Roemeria hybrida (L.) DC. (violetter Hornmohn)
Silene conoida L. (kegelfrüchtiges Leimkraut)

3. Arten, die besonders typisch für anatolische (türkische) Gebiete sind

Epimedium pubigerum DC. (Sockenblume)
Prunus spartiodes Spach. (Rosacee)

4. Arten, die auf salzhaltigen Böden, besonders am Toten Meer, vorkommen

Althaea officinalis L. (Eibisch)
Anabasis aphylla L. (Gänsefußgewächs)
Gundelia Tournefortii L. (Composite)
Haloxylon persicum Bg. (Saxaulbaum)
Prosopis farcta Macbr. (Schraubenblume)
Reaumuria hirtella J. & Sp. (Tamariskengewächs)
Suaeda aegyptica Zoh. (Sode, Salzmelde)
Tamarix nilotica Bunge (Tamariske)

5. Arten, die sehr typisch für die Umgebung von Jerusalem sind

Bassia muricata Asch (Dornmelde)
Echinops glaberrimus DC. (Kugeldistel)
Fagonia Mollis Del. (Jochblattgewächs)
Hyoscyamus aureus L. (Gold-Bilsenkraut)
Onosma syriacum Labil. (Lotwurz)
Zygophyllum dumosum B. (Jochblatt)

Anmerkung: Alle Gebietsangaben stellen nur Annäherungen dar.

arbeitet aber mit Pollenfachleuten zusammen und kennt ihre Methoden gut. Er kommentierte Freis Liste folgendermaßen:

> Normale Pollenanalytiker können die meisten Identifizierungen nur bis zur Gattung (z.B. Pistacia) oder sogar nur bis zur Familie (Chenopodiaccae) vornehmen. Sie benützen Begriffe wie »vom Typ Ranunculus« oder »vom Typ Quercus-cerris« für eine Gruppe von Arten, die alle denselben Typus von Pollen besitzen, für die keine nähere Zuordnung möglich ist. Von Freis achtundfünfzig Identifizierungen reichen sechsundfünfzig bis zur Art, und er benützt nie den Ausdruck »vom Typ«. Diese große Genauigkeit der Identifizierung macht mich mißtrauisch. Wenn sie stimmt, dann hat Frei erhebliche Fortschritte über die Grenzen dessen hinaus gemacht, was die Palynologie leisten kann. Vielleicht trifft das ja zu, aber er hat nie erklärt, wie er es geschafft hat. Die Identifizierung von Arten statt Gattungen oder Familien ist entscheidend für seine Argumentation.[10]

Wir wissen von Max Frei, daß in seinem noch immer unveröffentlichten Manuskript (ein Dokument, das, wie alles andere auch, durch die internen Streitigkeiten von ASSIST blockiert wird) ein besonderes und von ihm entwickeltes Verfahren geschildert wird, mit dem es ihm gelang, Pollenkörner vom Klebeband abzulösen, wodurch er die einzelnen Proben erheblich detaillierter und wesentlich bequemer untersuchen konnte, als es bisher der Fall gewesen war.[11] Vielleicht ist dies die Antwort auf Dr. Rackhams Zweifel. Bemerkenswert ist auch, daß der führende israelische Pollenanalytiker Dr. Aharon Horowitz nach dem Studium von

Darst. 10: Die Pollenarten, die auf dem Grabtuch gefunden wurden, entsprechend der Identifizierung von Dr. Max Frei

Die Tabelle links zeigt die Liste der Pflanzen, von denen die Pollen stammen, die Dr. Max Frei im Staub des Grabtuches gefunden haben will, mit zusätzlicher Angabe der Regionen, in denen diese Pflanzenarten überwiegend vorkommen. Frei lebte nicht mehr lange genug, um seine Untersuchungen abschließen zu können, und diese Liste beruht auf einer Zusammenstellung, die Professor Heinrich Pfeiffer an Freis Stelle publizierte.

Freis Liste israelischer Pflanzen die Meinung äußerte, diese Liste weise überzeugend nach, daß das Grabtuch zu einem bestimmten Zeitpunkt in Palästina gewesen sein muß.[12] Dr. Avinoam Danin vom Fachbereich Biologie der Hebrew University in Jerusalem meint sogar, daß die Pollen auf dem Grabtuch einen Weg von der israelischen Negev-Wüste nach Norden ins libanesische Hochland aufzeigen.[13]

Und es ist noch ein weiterer Fund ans Licht gekommen, der diese These unterstützt und noch immer die Pollen betrifft, zugleich aber zu einer anderen Sorte von auf dem Grabtuch enthaltenen Stoffen überleitet, zu mineralischen Ablagerungen. Der uns inzwischen schon vertraute Turiner Mikroanalytiker Giovanni Riggi berichtete, daß er bei seiner Analyse des von der Unterseite des Grabtuches abgesaugten Staubs auch Pollen fand, für deren Identifizierung ihm die nötige Fachkenntnis fehlte. Er bemerkte dabei aber, daß rund die Hälfte davon von Frei nicht hätte identifiziert werden können, da sie einen dicken, kalkreichen mineralischen Überzug aufwiesen, der alle ihre distinktiven Merkmale verhüllte.

Daher war Riggi einigermaßen erstaunt, als er Dias von einigen der 160 Pollen zu sehen bekam, die Paul Maloney von ASSIST von Freis Klebebändern gemacht hatte. Nur ein einziger wies einen Überzug auf. Frei hatte seine Proben von der Bildseite des Grabtuches genommen, Riggi seine Pollen von der Unterseite abgesaugt. Das bedeutete in letzter Konsequenz, daß die Seite, die theoretisch mit dem Grab in Berührung gewesen war, also die Unterseite des Grabtuches, Spuren besaß, die die Vermutung nahelegten, daß es einmal auf einer kalküberzogenen Fläche gelegen hatte. Für die Seite mit dem Körperbildnis traf dies nicht zu. Es stellte sich somit die Frage, ob dieser mineralische Überzug vom Felsengrab in Jerusalem stammen könnte.

Hier kommt uns der glückliche Umstand zu Hilfe, daß der STURP-Mitarbeiter Ray Rogers schon 1982 einige der Klebebandproben vom Grabtuch zu dem Kristalloptiker Dr. Joseph Kohlbeck, einem alten Freund von ihm, der Resident Scientist bei Hercules Aerospace in Utah war, mitgenommen hatte. Rogers bat Kohlbeck lediglich, Mikrofotografien von den Klebebandproben zu machen, die 1978 entnommen wurden, denn er wußte, daß Kohlbeck optische Geräte benutzen konnte, die alles übertrafen, was ihm in seinem Labor in Los Alamos zur Verfügung stand.

Kohlbeck entwickelte jedoch ein lebhaftes Interesse an einigen der Partikel aus Kalziumkarbonat (oder Kalkstein), die er sofort unter all dem übrigen Schmutz auf dem Band entdeckte. Ganz unabhängig von den Beobachtungen Maloneys und Riggis (die sowieso erst noch bevorstanden), lösten diese Partikel in ihm die interessante Frage aus, ob ihr chemischer »Fingerabdruck« in irgendeiner Weise zu dem des Steins in dem Grab passen würde, in das Jesus in Jerusalem gelegt worden war.

Er wußte, daß zu den beliebtesten Zielen von Pilgern im modernen Jerusalem die Grabeskirche gehört, deren zentrales Heiligtum einen überraschend gut dokumentierten Anspruch erhebt, die einstige Grabstätte Jesu zu sein. Leider wurde sie im Laufe ihrer Geschichte derart durchgeackert und ist derzeit so gut gegen weiteres Durchackern geschützt, daß Kohlbeck die Chancen, irgendwelche Proben von dort zu erhalten, zu Recht als äußerst gering einschätzte. Aber er kam zu dem Schluß, daß Kalksteinfelsen in anderen Gräbern im Bereich Jerusalems annähernd dieselben Eigenschaften aufweisen müßten. Er machte die Bekanntschaft einer außerordentlich hilfreichen und kenntnisreichen Wissenschaftlerin, der Archäologin Dr. Eugenia Nitowski, die für ihre Promotion alte jüdische Gräber in Israel außerordentlich gründlich untersucht hatte. Sie hatte das erste Grab des Typs, bei dem ein Stein vor der Graböffnung hin- und hergewälzt wurde, östlich des Jordans freigelegt, und aufgrund der Kontakte, die sie besaß, konnte sie Kohlbeck entsprechende Proben von Kalksteinproben aus Jerusalemer Gräbern besorgen.

Er analysierte sie unter dem Mikroskop und stellte rasch fest, daß sie genau die von ihm insgeheim erhofften charakteristischen Merkmale aufwiesen. Kohlbeck dazu:

> Dieser besondere Kalkstein bestand in erster Linie aus Travertin-Aragonit, der sich aus Quellen abgelagert hatte, und nicht aus dem häufigeren Kalzit. Kalzit und Aragonit haben unterschiedliche Kristallstrukturen – Kalzit ist rhomboedrisch [d.h. trigonal] und Aragonit orthorombisch [d.h. er hat drei ungleiche Achsen, die im rechten Winkel zueinander stehen]. Aragonit ist seltener als Kalzit. Außer Aragonit enthielten unsere Proben aus Jerusalem noch kleine Mengen von Eisen und Strontium, aber kein Blei.[14]

Inzwischen war Dr. Nitowski schon sehr gespannt, was er als nächstes finden würde, und Kohlbeck nahm sich eine Probe vor, die dem Grabtuch genau in dem Fußbereich entnommen worden war, in dem Roger und Mary Gilbert ihren inzwischen berühmten »Schmutz« gefunden hatten. Diese Probe wurde ausgewählt, weil sie eine höhere und daher potentiell bedeutsamere Konzentration von Kalziumkarbonat aufwies als die anderer Bereiche. Zu Kohlbecks großer Befriedigung stellte sich heraus, daß die Probe eine seltenere Art von Aragonit enthielt, genau wie die Proben, die aus den Jerusalemer Gräbern stammten. Darüber hinaus fanden sich ebenfalls kleine Mengen Strontium und Eisen, was wiederum auf eine enge materiale Affinität hindeutete.

Aber selbst diese Parallelen genügten nicht, um den benötigten Fingerabdruck gesichert nachzuweisen, so daß Kohlbeck sowohl die Proben vom Grabtuch als auch jene aus den Jerusalemer Gräbern zu Dr. Ricardo Levi-Setti vom berühmten Enrico-Fermi-Institut an der University of Chicago brachte. Dort erstellte Levi-Setti mit Hilfe einer Ionenmikrosonde von beiden Proben Ionenstrahl-Mikroanalysen, und als er und Kohlbeck das Muster der Spektren betrachteten, die die beiden Proben erzeugten (Darst. 11), wurde deutlich, daß sie einander in der Tat ungewöhnlich stark glichen. Die einzige Diskrepanz war eine kleine organische Variation, die leicht durch die winzigen Flachsteilchen zu erklären war, die nicht vom Kalzium des Grabtuches zu trennen waren. Wie Kohlbeck bereitwillig einräumte, kann man das natürlich nicht als

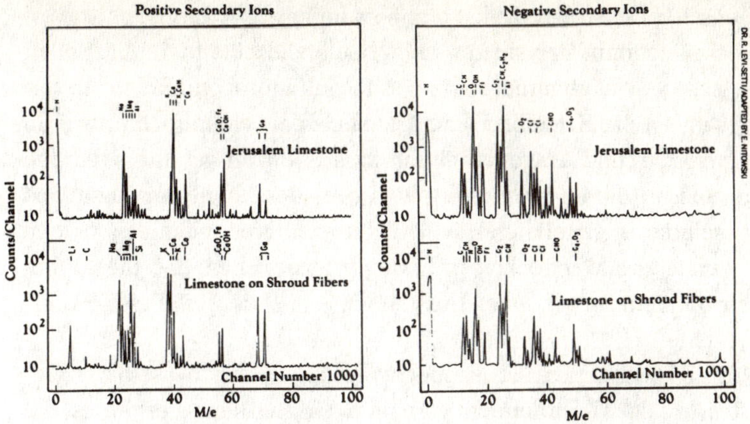

Darst. 11: Vergleich des chemischen »Fingerabdrucks« von Kalksteinstaub von der Unterseite des Grabtuches mit Staub aus einem Jerusalemer Grab

Die beiden Grafiken zeigen die relativen Anteile der chemischen Bestandteile, die in dünnen Schichten von Aragonit, der besonderen kristallinen Form von Kalziumkarbonat, enthalten waren, das man auf den Fasern des Grabtuches und in Jerusalemer Gräbern aus dem 1. Jahrhundert fand. Die Spitzen, die die Ionen eines bestimmten chemischen Bestandteils anzeigen, gleichen sich derart stark, daß der Kristallograph Kohlbeck der Meinung ist, es bestehe eine hohe Wahrscheinlichkeit, daß der Kalkstein auf dem Grabtuch aus Jerusalem stammt. (Darstellung folgt der Zeichnung aus Biblical Archaeology Review, Juli/August 1986, S. 23)

Beweis dafür einstufen, daß das Aragonit auf dem Grabtuch ausschließlich von einem Kalksteingrab in Jerusalem stammen kann. Es ist durchaus möglich, daß sich Aragonit aus einer anderen Region findet, die jenem auf dem Grabtuch ähnlich ist. Erst zukünftige Untersuchungen, die noch ausgefeilter sein werden als alle bisherigen, können vielleicht eines Tages eine Entsprechung nachweisen, die als absolut schlüssig gelten kann.

Dennoch geht aus meiner bisherigen Schilderung eines glasklar hervor: Das Grabtuch erfüllt nicht nur in optischer Hinsicht die Kriterien einer typischen Bestattung eines Juden im 1. Jahrhundert, der auf eine Art und Weise gekreuzigt wurde, wie dies von Jesus von Nazareth berichtet wird, sondern seine physischen Eigenschaften deuten, selbst wenn es keineswegs an Gegenhinweisen mangelt, in überzeugender Weise in dieselbe Richtung. Sollen wir also wirklich annehmen, daß Piczek und Bucklin, Heller und Adler, Frei und Kohlbeck und auch andere Wissenschaftler von einem mittelalterlichen Fälscher zum Narren gehalten wurden und sich grundlegend irrten, was auch das Urteil der Radiokarbondatierung implizieren will? Oder existieren zumindest triftige Gründe, die Möglichkeit in Erwägung zu ziehen, daß die Radiokarbondatierung unter Umständen ein falsches Ergebnis erbrachte?

Ehe wir das tun, ist es aber wohl angeraten, die gesamte Geschichte des Grabtuches noch einmal aufzurollen, aber dieses Mal aus einem ganz anderen Blickwinkel: nicht wie in der Geschichtsschreibung sonst üblich nach vorwärts gerichtet, sondern rückwärts ablaufend. Denn wir müssen herausfinden, ob das 14. Jahrhundert wirklich der früheste Zeitpunkt ist, bis zu dem ein »Grabtuch« zurückverfolgt werden kann, das dem Turiner Tuch entspricht. Und wenn dies nicht der Fall ist, wie weit zurück können wir dann tatsächlich gehen?

Teil 3

Das Grabtuch im Lauf der Jahrhunderte

Kapitel 9

Stammt das Grabtuch wirklich aus der Zeit um 1350?

Vor und nach der C-14-Untersuchung war in Presseberichten zu lesen, daß die Existenz des Grabtuches erst seit ungefähr 1350 historisch nachweisbar sei. Dies wurde aus dem 1389 verfaßten Memorandum von Pierre d´Arcis, des Bischofs von Troyes, abgeleitet, in dem es heißt, daß Bischof Heinrich von Troyes »ungefähr fünfunddreißig Jahre« vorher, also um das Jahr 1355 herum, im französischen Lirey Nachforschungen über die mutmaßliche Echtheit eines Grabtuches Jesu Christi angestellt habe. Doch in keinem erhaltenen Dokument aus dieser Zeit werden ein Grabtuch in diesem Ort oder Berichte über eine Echtheitsprüfung in der Diözese Troyes erwähnt. Es ist auch nicht belegt, daß das Grabtuch von Lirey mit dem heute in Turin aufbewahrten Grabtuch identisch ist. Daß das Grabtuch »nur bis in die Zeit um 1350 zurückverfolgt werden kann«, wird allzu oft als »Tatsache«, als »stichhaltiger« Beweis angeführt, daß es sich beim Grabtuch um eine Fälschung handelt.

Aus diesem Grund betrachte ich in meiner Neubewertung aller mit dem Grabtuch in Zusammenhang stehenden Faktoren nichts als gegeben, auch nicht jene angeblich »unumstößlichen Fakten« oder die fehlenden Nachweise für eine Herkunft des Grabtuches aus dem Altertum. Ich werde das Grabtuch Schritt für Schritt und Epoche für Epoche zurückverfolgen, so gut wie möglich jede Änderung der Besitzverhältnisse und der Aufbewahrungsorte überprüfen und analysieren, ob sich historische Berichte von Einzelpersonen, in denen von einem mutmaßlichen Grabtuch Jesu die Rede ist, auf das Turiner Grabtuch beziehen könnten oder auch nicht. Dabei werden Sie sehen, daß der Argumentationsfaden an manchen Stellen ausgesprochen dünn ist, allerdings doch weit vor die Zeit um 1350 hinausreicht. Sie als Leser müssen für sich aber selber eine Entscheidung treffen, wann Ihnen die Schilderung der historischen Beziehungen zu fadenscheinig erscheint.

Daß man nichts als von vornherein als gegeben hinnehmen soll, kann ich Ihnen wohl am besten dadurch demonstrieren, indem ich erzähle, was mir an jenem Tag passierte, an dem ich über der scheinbar letzten Fassung dieses Kapitels saß. Am 11. April 1997 formulierte ich voller Zuversicht, daß zumindest eines sicher sei, nämlich daß »das Grabtuch seit dem 24. Februar 1993 wie stets aufgerollt in seinem Schrein in einer kugelsicheren Vitrine über dem Hochaltar der Turiner Kathedrale liegt«. Wenige Stunden später war diese Aussage bereits schon wieder überholt. In jener Nacht brach in der Königskapelle in der Kathedrale von Turin der Brand aus, aus dem der Feuerwehrmann Mario Trematore das Grabtuch in einer dramatischen Rettungsaktion bergen konnte. In diesem Moment verlor jedes Buch, das gerade über dieses Thema geschrieben wurde, seine Aktualität.

Nicht nur die neue, kostspielige Ausstellungsvitrine des Grabtuches wurde ein Raub der Flammen, sondern nahezu die gesamte Kapelle, in der das Grabtuch seit 400 Jahren aufbewahrt wurde. Alles, was vorher »beständig« und dauerhaft erschien, bot nun ein Bild des Grauens. Bei unserem Gang durch die Geschichte werden wir sehen, daß sich im Umfeld des Grabtuches solche Katastrophen derart häufig nachweisen oder aus schriftlichen Zeugnissen rekonstruieren lassen, daß der Eindruck, eine geheime Botschaft sei darin verborgen, nicht ganz von der Hand zu weisen ist.

Man vergißt oft, daß das Grabtuch erst seit 15 Jahren im Besitz der Katholischen Kirche und somit des Vatikans mit Johannes Paul II. an der Spitze ist. Umberto II. von Savoyen, der frühere König

Darst. 12: Das Grabtuch im Besitz des Hauses Savoyen, 1453–1983

Maria, Tochter Philipps II. des Kühnen, Herzog von Burgund = Amadeus VIII., erster Herzog von Savoyen; gab 1434 die Herzogswürde zurück und wurde zu Papst Felix erhoben, gest. 1451

Anna de Lusignan, Tochter König Johanns II. von Zypern = **Ludwig I.**, erwarb 1453 von Margareta de Charny das Grabtuch, gest. 1465

Philipp Graf von Genf (Aymon von Genf war der Stiefgroßvater Margareta de Charnys)

Jolantha von Frankreich = **Amadeus IX.**, passiv, aber sehr fromm; führte die Verehrung des Grabtuches in Chambéry ein, gest. 1472

Philipp II., Graf von Bresse, übernahm mit 58 Jahren die Herrschaft über das Herzogtum, gest. 1497

Ludwig, König von Zypern, gest. 1482

Philibert I., gest. 1482 (mit 16 Jahren)

Karl I., gest. 1490 im Alter von 21 Jahren, hinterließ einen sieben Monate alten Sohn

Karl II., gest. 1496 im Alter von 7 Jahren

Margarete von Österreich, gab den Silberschrein für das Grabtuch in Auftrag, der 1532 zerstört wurde = **Philibert II.**, gest. 1504 im Alter von 24 Jahren

Karl III., gebildet und fromm; als das Grabtuch 1532 bei einem Brand zerstört wurde, war er 46 Jahre alt. Danach wurde das Grabtuch wegen der Kriegswirren an verschiedene Orte überführt. Karl III. starb 1553

Luise = Karl von Orléans, Eltern König Franz´ I. von Frankreich

Emanuel Philibert, brachte das Grabtuch 1578 nach Turin, gest. 1580

Karl Emanuel I., machte erste Entwürfe für eine Grabtuchkapelle, gest. 1630

Christine, Tochter König Heinrichs IV. von Frankreich = **Viktor Amadeus I.**, gest. 1637

Thomas Franz, Prinz von Carignano, gest. 1656

Franziska von Orléans = **Karl Emanuel II.**, zu Ehren seiner Vermählung 1663 wurde das Grabtuch ausgestellt; beauftragte Guarino Guarini 1668 mit dem Bau der Königskapelle

Anna von Orléans, Enkelin Karls I. = **Viktor Amadeus II.**, dankte 1730 ab, gest. 1732. 1694 wurde das Grabtuch in der Königskapelle niedergelegt

Prinzessin Elisabeth Theresa von Lothringen = **Karl Emanuel III.**, zu Ehren seiner Vermählung 1737 wurde das Grabtuch ausgestellt; gest. 1773

Maria Antonia von Bourbon, Infantin von Spanien = **Viktor Amadeus III.**, zu Ehren seiner Vermählung 1750 wurde das Grabtuch ausgestellt; gest. 1796

Prinzessin Maria Klothilde von Frankreich = **Karl Emanuel IV.**, zu Ehren seiner Vermählung 1775 wurde das Grabtuch ausgestellt; dankte als König von Sardinien 1802 ab, gest. 1819

Prinzessin Maria Theresa von Österreich = **Viktor Emanuel I.**, zu Ehren seiner Vermählung 1789 wurde das Grabtuch ausgestellt; dankte 1821 ab

Karl Felix, zu Ehren seiner Thronbesteigung 1821 wurde das Grabtuch ausgestellt

Maria Adelaide von Österreich = **Viktor Emmanuel II.**, zu Ehren seiner Vermählung 1842 wurde das Grabtuch ausgestellt; 1861 Thronbesteigung als König von Italien; gest. 1878

Prinzessin Margarete von Savoyen und Genua = **König Umberto I.**, zu Ehren seiner Vermählung 1868 wurde das Grabtuch ausgestellt; gest. 1900. 1898 gab man die erste Fotografie des Grabtuches in Auftrag

Klothilde, unterfütterte 1868 das Grabtuch neu

Elena Petrowitsch-Nisgosch = **König Viktor Emanuel III.**, erlaubte 1931 und 1933 Grabtuchausstellungen; dankte 1946 ab, gest. 1952

Maria José von Belgien = König Umberto II., zu Ehren seiner Vermählung 1931 wurde das Grabtuch ausgestellt; abgesetzt 1946, gest. 1983; er vermachte dem Heiligen Stuhl das Grabtuch; gegenwärtig ist **Papst Johannes Paul II.** Eigentümer des Grabtuches

DAS GRABTUCH IM BESITZ DES HAUSES SAVOYEN

1453–1983
Die Namen der Eigentümer sind fett hervorgehoben

von Italien, starb im März 1983 und vermachte das Grabtuch dem Heiligen Stuhl. Anhand des Stammbaums des Hauses Savoyen (Darst. 12) kann man mit nicht ganz hundertprozentiger Zuverlässigkeit – schließlich muß man sich auf historische Belege verlassen, die hie und da Lücken aufweisen – das Grabtuch bis ins Jahr 1453 zurückverfolgen.

Seit 1694, also seit über 300 Jahren, lag das Grabtuch nachweislich in seinem versilberten Holzschrein, der 1997 aus der in Flammen stehenden Königskapelle gerettet werden konnte. Dieser Schrein lag hinter einem schmiedeeisernen Gitter in einer asbestverkleideten und mit mehreren Schlössern verschlossenen Eisentruhe im oberen Teil des Barockaltars, dem – einstigen – Mittelpunkt der Kapelle auf der Höhe des piano nobile zwischen der Kathedrale und den Reali Appartamenti im Palazzo Reale, dem Königspalast. Diese Kapelle hatten die Herzöge von Savoyen bei Guarino Guarini eigens in Auftrag gegeben. War eine öffentliche Ausstellung des Grabtuches angesetzt, so stiegen immer zwei Geistliche auf eine lange Leiter, um den oberen Teil des Altars zu erreichen, öffneten das Gitter und die verschiedenen Behältnisse im Inneren und holten den Grabtuchschrein heraus. Das Grabtuch wurde dann entrollt und den Gläubigen präsentiert. 1978, 1933, 1931 und 1898 fanden Ausstellungen in der Kathedrale statt, in den Jahrhunderten davor wurde das Grabtuch zumeist auf einem Balkon des Palasts oder auf einer eigens im Schloßhof errichteten Tribüne feierlich entrollt. Bis zur Absetzung Umbertos II. im Jahr 1946 waren Hochzeitsfeierlichkeiten im Haus Savoyen sehr häufig Anlaß solcher »Ausstellungen«, so beispielsweise in den Jahren 1931, 1868, 1842, 1789, 1775, 1750, 1737, 1665, 1663 und 1620. In früheren Jahrhunderten wurde es anläßlich des von Rom eingeführten Fests zu Ehren des Grabtuches am 4. Mai öffentlich gezeigt.

Fast von jeder Ausstellung sind Aufzeichnungen und Andenken jeder Art überliefert. Mit der raschen Verbesserung der Fotografie liegen seit 1898 auch fotografische Aufnahmen vor (die Qualität entspricht natürlich dem jeweiligen Stand der Technik: 1898 und 1931 Schwarzweiß-Standfotografien, 1969 Farbstandbilder, 1973

Fernsehfilm in Farbe, 1978 sehr hochwertige Farbaufnahmen). Den Beweis, daß das damals ausgestellte Grabtuch identisch mit dem heute in Turin aufbewahrten ist, liefern diverse Zustandsaufnahmen der letzten Ausstellungen.

Bis 1868 wurden natürlich künstlerische Darstellungen der Ausstellungen angefertigt, und diese Bilder, hauptsächlich billige Kupferstiche, wurden seit Ende des 16. Jahrhunderts als Andenken vom Grabtuch hergestellt. Um nur ein Beispiel für eine teilweise fehlerhafte Darstellung zu geben: Der Stich, auf dem die Ausstellung des Grabtuches im Jahr 1842 vom Palastbalkon zu sehen ist (Abb. 30a)[1] – für dieses Ereignis wurde übrigens erwogen, eine Daguereotypie anfertigen zu lassen –, zeigt zwar den Palast und die Würdenträger, die das Grabtuch hielten, ziemlich präzise, aber die Darstellung des Grabtuches selber ist alles andere als originalgetreu: Der Mann auf dem Tuch wirkt sehr grobschlächtig. Zwischen den Beinen, die auf dem Original in geschlossener Haltung liegen, ist ein großer Spalt. Die Füße befinden sich etwas mehr als 30 cm vom Ende des Tuches entfernt, auf dem originalen Grabtuch ist der Abstand zwischen Tuchenden und den Füßen nur wenige Zentimeter groß. Auf dem Stich erkennt man, daß der Mann auf dem Grabtuch einen faltenreichen Lendenschurz trägt, auf dem Original ist er vollkommen nackt.

Ich möchte an dieser Stelle allerdings darauf hinweisen, daß diese Unterschiede nicht dahingehend zu deuten sind, daß das Turiner Grabtuch nicht jenes Tuch ist, das 1842 öffentlich gezeigt wurde. Dieser Gedanke wäre allzu weit hergeholt, da jede künstlerische Darstellung vor Einführung der Fotografie ganz ähnliche Abweichungen aufweist, was teilweise mit der Herstellung solcher Drucke und Kupferstiche zum Angedenken an das Ereignis der Grabtuchausstellung zu erklären ist.

Da am meisten Geld zu verdienen war, wenn diese Souvenirs bereits vor oder zeitgleich mit Beginn der Präsentation erhältlich waren, hatten Lithographen und Graveure, sozusagen die Paparazzi jener Tage, nur ganz kurz Zeit, um kaum mehr als eine grobe Skizze anzufertigen. In der Mehrzahl der Fälle entwarfen sie große Teile des Bildes bereits vorab, kopierten beispielsweise, so weit verfügbar, Porträts wichtiger Personen, die für dieses Ereignis ihr Erscheinen angekündigt hatten. Da das Grabtuch fast nur bei Ausstellungen zu sehen war, mußten sie sich auf Darstellungen stützen, die bei der letzten Präsentation angefertigt worden waren, wobei eine solche Darstellung wiederum Kopie einer älteren war und so fort. Das Lendentuch ist ab 1560 in jeder künstlerischen »Kopie« zu sehen (Abb. 30b). Diese Ausstaffierung geht auf einen Erlaß des prüden Papstes Paul IV. zurück, der sich dermaßen über die nackten Körper auf Michelangelos *Jüngstem Gericht* entsetzte, daß er die Übermalung der Schambereiche und auch die Bedeckung aller anderen intimen Stellen auf ähnlichen Darstellungen anordnete. So wird vielleicht verständlich, daß die Grabtuchdarstellungen einiges zu wünschen übriglassen, auch wenn die Kopisten der letzten Jahrhunderte über großes Können verfügten und unzweifelhaft das uns heute bekannte Turiner Grabtuch abbildeten.

Der Besitz des Turiner Grabtuches innerhalb des Hauses Savoyen kann natürlich mit Hilfe des Stammbaums dieses Adelgeschlechts zurückverfolgt werden; daß es sich bei den künstlerischen Darstellungen um das Turiner Grabtuch handelt, wird ironischerweise aber auch dadurch bestätigt, daß die Brandlöcher und die Flicken, die nach dem Brand von 1532 angebracht wurden, immer wieder auf den Stichen und Drucken zu sehen sind. Durch die Darstellung der Brandlöcher und der Rückenansicht kann man das Turiner Grabtuch von Darstellungen anderer Tücher unterscheiden, auch vom »Grabtuch von Besançon«, das während der Französischen Revolution zerstört wurde und diese Charakteristika nicht aufwies. Bei unserem Gang durch die Geschichte werden wir aber noch sehen, daß dies nicht die einzigen Entstellungen und Verunstaltungen sind, die uns einen »Fingerabdruck« des »Turiner« Grabtuches liefern.

Gehen wir von 1694 einige Jahrzehnte zurück bis ins Jahr 1578, in dem das Grabtuch zur ständigen Aufbewahrung nach Turin überführt wurde. Damals ist das Grabtuch historisch immer noch sehr gut dokumentiert (und ich möchte hier auch auf die detaillierte Chronologie im Anhang dieses Buches verweisen). Von 1587 an bis zur Errichtung der Königskapelle wurde das Grabtuch in einem *tempietto,* einem Schrein auf vier hohen Säulen, im Presbyterium der Turiner Kathedrale aufbewahrt. Auch die Überführung des Grabtuches nach Turin im Jahr 1578 ist gut dokumentiert, sollte dies doch symbolisch Herzog Emanuel Philiberts Entscheidung bekräftigen, anstelle von Chambéry das günstiger gelegene Turin zur Hauptstadt seines Herzogtums zu erheben. Um die Gläubigen in Chambéry etwas über den Verlust des Grabtuches hinwegzutrösten, ließ der diplomatische Herzog verlauten, daß es sich nur um eine vorübergehende Aufbewahrung in Turin handeln würde, mit der man dem hl. Karl Borromäus, dem Erzbischof von Mailand, die Mühen einer Alpenüberquerung ersparen wolle. Der Erzbischof trat damals »zu Fuß« eine Pilgerreise von Mailand aus an, um das Grabtuch anzubeten. Das erste Blatt, auf dem eine Grabtuchausstellung zu sehen ist, entstand im Jahr 1578 als Andenken an die Ausstellung, die zu Ehren der Ankunft des hl. Karl Borromäus in Turin abgehalten wurde. Der Schrein, in dem das Grabtuch damals über die Alpen gebracht wurde, ist erhalten und kann im Turiner »Museo della Sindone« besichtigt werden.

Von 1453 bis 1578, also in den 125 Jahren, in denen sich das Grabtuch im Besitz des Hauses Savoyen befand, war es aber keineswegs permanent in Chambéry. Als das Feuer in der Sainte-Chapelle ausbrach, war das Grabtuch leider dort; bei dieser Gelegenheit wurde es in Mitleidenschaft gezogen und anschließend geflickt. Die Sainte-Chapelle allerdings nahm weitaus größeren Schaden als ihr Gegenstück, die Königskapelle in Turin, anno 1997. Das Buntglasfenster und die qualitätvolle Ausstattung wurden vollständig zerstört. In den ersten Jahrzehnten nach 1453 führten die savoyischen Herzöge, überwiegend junge Männer, die vor Vollendung ihres 21. Lebensjahres starben, das Grabtuch ständig mit sich, während sie mit ihrem Gefolge von Schloß zu Schloß zogen. Im Jahr 1502 wurde die Sainte-Chapelle zum ständigen

Aufbewahrungsort des Grabtuches bestimmt. Doch es fand auch dort keine Ruhe: Erst brach 1532 das entsetzliche Feuer aus, dann fiel drei Jahre später die Armee des französischen Königs in Savoyen ein, und das Grabtuch mußte aus Sicherheitsgründen immer wieder an einen anderen Ort gebracht werden, nach Turin, Mailand, Vercelli, Nizza und Aosta. Erst nach dem Frieden von Château-Cambrésis 1561 konnte Herzog Emanuel Philibert das Grabtuch aufgrund der günstigen diplomatischen und militärischen Lage vorübergehend wieder nach Chambéry bringen.

Trotz des häufigen Wechsels der Aufbewahrungsorte sind die »Abenteuer« des Grabtuches in diesen Jahrzehnten gut überliefert. Die These, daß Leonardo da Vinci das Grabtuch 1492 »erfunden« habe, ist somit abwegig. In einem Dokument vom Juni 1485, zwei Monate vor der Schlacht bei Bosworth, steht eindeutig verzeichnet, daß Jean Renguis, der Kaplan des Herzogs, »als Vergütung für zwei Überführungen des Grabtuches von Turin nach Savigliano« zwei Écus ausgezahlt erhielt. Zwei Jahre vorher erstellten ebendieser Jean Renguis und Georges Carrelet, Küster der Sainte-Chapelle, eine Inventarliste. Darin wird das Grabtuch folgendermaßen beschrieben: »Eingehüllt in ein rotes Seidentuch, aufbewahrt in einer Schatulle, die mit karmesinrotem Leder ausgeschlagen, mit vergoldeten Silbernägeln beschlagen und mit einem goldenen Schlüssel verschlossen ist.« Von 1471 bis 1478 sind die Überführungen des Grabtuches in Archiven festgehalten worden: so 1471 von Chambéry nach Vercelli, 1473 von Vercelli nach Turin und von Turin nach Ivrea, 1474 von Ivrea nach Moncalieri und wieder nach Ivrea zurück, 1475 von Ivrea nach Chambéry und 1478 von Chambéry nach Pinerolo. An dieser Stelle möchte ich, um noch einmal kurz auf die »Leonardo-These« zurückzukommen, am Rande anmerken, daß Leonardo da Vinci im Jahr 1471 erst 19 Jahre alt war.

Künstlerische Darstellungen, also»Aufzeichnungen« über die Existenz des Grabtuches, zeigen in der Zeit vor 1532, dem Jahr, in dem das Grabtuch durch das Feuer seine so nützlichen »Fingerabdrücke« bekam, das Grabtuch natürlich ohne Brandlöcher. An den zwischen 1532 und der Überführung des Grabtuches 1578 nach Turin hergestellten Kopien fällt auf, daß die Brandlöcher weggelassen wurden; wahrscheinlich wollten die Savoyer ihren Fehler bei der Verwahrung des Grabtuches vertuschen.

Für diese Mängel entschädigt uns aber eine ausgezeichnete Kopie des Grabtuches. Sie ist annähernd ein Drittel so groß wie das Original, stammt eindeutig aus dem Jahr 1516 und wird heute in der Gommaruskirche im belgischen Lierre aufbewahrt (Abb. 8 + 9b). Auf dieser Kopie erkennt man deutlich die vier erwähnten »Schürhakenspuren«. Da das Tuch originalgetreu den Mann auf dem Grabtuch nackt zeigt, entstand es somit eindeutig vor dem Pontifikat Papst Pauls IV. Bei unserem Gang durch die Geschichte sollten wir also diese beiden »Ersatz-Fingerabdrücke« im Hinterkopf behalten, ob sie nun von Bedeutung sind oder nicht.

Im Jahr 1453 kam es zu einer größeren Veränderung der Besitzverhältnisse. Es ist kein eigentliches Übertragungsdokument überliefert; somit ist es geboten, diesen Besitzerwechsel sehr genau zu untersuchen, um sicherzugehen, daß es sich nicht um einen Schwindel handelt und um zum anderen jede Verwirrung zu vermeiden. Es gibt aus dieser Zeit verschiedene Dokumente, die in dieser Hinsicht von Interesse sind. Dabei handelt es sich um folgende Schriftstücke: eine an die betagte Herzoginwitwe Margareta de Charny adressierte Petition des Dekans und der Stiftsherren der Kirche von Lirey aus dem Jahr 1443, in dem sie auf Rückgabe des Grabtuches dringen; eine Übertragungsurkunde aus dem Jahr 1453, mit der Herzog Ludwig I. von Savoyen Margareta de Charny für »wertvolle Dienste« ein kleines Schloß und Einkünfte aus einem Gut zuspricht (diese »Dienste« bezogen sich wahrscheinlich auf Margaretas Testament, in dem sie das Grabtuch dem Haus Savoyen zuspricht); ein Brief aus dem Jahr 1457, in dem Margareta, die das mutmaßliche Grabtuch noch nicht an die Stiftsherren von Lirey zurückgegeben hatte, die Exkommunikation angedroht wurde; die Aufhebung der Exkommunikation im Jahr 1459, die wahrscheinlich nach erfolgreichen Kompensationsverhandlungen erfolgte; sowie ein Vertrag von Herzog Ludwig aus dem Jahr 1464

– vier Jahre nach Margaretas Tod – über Zahlungen an die Stiftsherren von Lirey als Ausgleich für den Verlust des Grabtuches.

Obwohl eine offizielle Übertragungsurkunde nicht existiert, geht aus diesen Dokumenten deutlich hervor, daß Margareta de Charny im Besitz eines Grabtuches Christi war und dieses Herzog Ludwig vermachte. Trotz der Transaktion, die Margareta und Ludwig gewissermaßen »unter dem Ladentisch« vollzogen, läßt sich aus der Tatsache, daß das Grabtuch Christi sich seitdem im Besitz des Hauses Savoyen befunden hat und inzwischen als »Turiner« Grabtuch bekannt geworden ist, der Schluß ziehen, daß das Grabtuch Margareta de Charnys unser Turiner Grabtuch sein muß. Warum Margareta es einer Familie vermachen wollte, mit der sie keine enge Verwandtschaft verband, ist leicht zu erklären. Trotz ihrer beiden Ehen hatte sie keine Nachkommen, und angesichts ihres verhältnismäßig hohen Alters mußte es ihr Bestreben sein, es entfernteren Verwandten zu vererben, die ihr als geeignet erschienen, einen so wichtigen Besitz, wie es das Grabtuch war, gut zu verwahren. Somit war klar, daß ihre Wahl auf den sehr frommen Herzog Ludwig und seine Gemahlin Anna von Zypern fiel und nicht auf ihren Neffen, einen launischen jungen Mann mit einer falschen Nase aus Silber, oder auf die Stiftsherren von Lirey, deren Holzkirchlein durch die Folgen des Hundertjährigen Kriegs zwischen England und Frankreich stark gelitten hatte und hoffnungslos heruntergekommen war.

Schwierig zu klären ist nun aber, wie Margareta und ihre Vorfahren in den Besitz des Grabtuches gelangten. In diesem Zusammenhang führt uns die Geschichte auf unsicheren Boden. Als Frankreich drei Jahre nach der Schlacht von Azincourt, in der Jean, der erste Mann Margareta de Charnys, ebenso fiel wie weitere 10 000 Franzosen, im Jahr 1418 von marodierenden englischen Truppen heimgesucht wurde, überstellten die Stiftsherren von Lirey das Grabtuch und andere Kirchenschätze in die Obhut Margaretas und ihres zweiten Mannes Humbert de Villersexel, die die Gegenstände bereitwillig in ihrem gut befestigten Schloß Montfort in Südfrankreich aufbewahrten. Humbert händigte den Stiftsherren eine noch erhaltene Empfangsbestätigung aus:

> Zum Schutze vor übelwollenden Personen haben Wir in diesen Kriegszeiten von den Kaplanen, dem Dekan und dem Kapitel der Kirche Ste.-Marie zu Lirey, die Pretiosen und Reliquien ebendieser Kirche erhalten, namentlich folgende Gegenstände: Erstens: ein Tuch mit dem Bildnis oder der Darstellung des Schweißtuchs unseres Herrn Jesu Christi in einer Truhe, geschmückt mit dem Wappen derer von Charny ... Obengenannter Gegenstand wurde in unsere Obhut gegeben ... zur guten und sicheren Verwahrung auf unserem Schloß Montfort.[2]

Wie gleich deutlich werden wird, muß man trotz der Erwähnung eines »Bildnisses oder Darstellung« davon ausgehen, daß es sich hierbei um das Turiner Grabtuch handelte. Da bekannt ist, daß Margareta das Tuch im Gegensatz zu den Pretiosen und anderen wertvollen Gegenständen anschließend nicht dem Kapitel zurückgab, ist überdies sehr wahrscheinlich, daß es für Margareta, abgesehen von finanziellen Überlegungen, eine große Bedeutung besaß. Sie hätte sogar eine Exkommunikation in Kauf genommen, um das Grabtuch nach ihrem Tod in sicherer Hand zu wissen. Finanzielle Überlegungen und darüber hinausgehend zu erzielende Gewinne schienen dagegen bei den Stiftsherren von Lirey eine gewisse Rolle gespielt zu haben, denn wie ihr Vertrag mit Herzog Ludwig beweist, akzeptierten sie den Verlust des Grabtuches im Ausgleich gegen entsprechende Zahlungen. Dieses Verhalten könnte durchaus dazu beigetragen haben, wieso Margareta ihnen das Grabtuch nicht mehr retournieren wollte.

Wie aber hatte sich dieses strittige Besitzverhältnis zwischen den Stiftsherren und Margareta entwickelt? Wie gelangte das Grabtuch überhaupt in das kleine, unbekannte Lirey? Margareta war bekanntlich die Tochter des französischen Ritters Geoffroy II.[3] de Charny (Abb. 13) und Lirey sein Erblehen. Die enge Verbindung von Geoffroy II. und dem Grabtuch ist historisch zweifelsfrei belegt. Bei den gut dokumentierten Ausstellungen des Grabtuches durch das Stift von Lirey im Jahr 1389, die den Zorn des Bischofs Pierre d´Arcis von Troyes hervorriefen, nahm Geoffroy aktiv an herausragender Stelle teil. Vor 1389 war das Grabtuch »annähernd fünfunddreißig Jahre« offenbar in der Obhut derer von Charny »versteckt« gewesen, aber aus dem D´Arcis-Memorandum geht deutlich hervor, daß Nicole Martin, der Dekan von Lirey, dessen Name auch aus anderen Quellen bekannt ist, folgendes anregte: »Geoffroy [II.] de Charny, Ritter und weltlichen Herrn des Orte … das genannte Tuch der genannten Kirche [in Lirey] zurückerstatten zu lassen, damit durch ein Wiederaufkommen der Wallfahrten die Kirche durch die Spenden der Gläubigen bereichert werde.«[4]

Dem mußte Geoffroy II. bereitwillig zugestimmt haben. Es strömten nämlich derart viele Pilger nach Lirey, daß Bischof d´Arcis einen Betrug vermutete und Nachforschungen anzustellen begann. Dabei fand er heraus, daß Bischof Heinrich 30 Jahre vor ihm das Grabtuch als Fälschung von der Hand eines Künstlers bezeichnet und darauf gedrängt hatte, die öffentlichen Präsentationen einzustellen. Wie d´Arcis in seinem Memorandum an Papst Klemens mitteilte, wies er Nicole Martin und seine Stiftsherren daraufhin unter Androhung der Exkommunikation an, unverzüglich die Grabtuchausstellungen abzubrechen und auch künftig zu unterlassen.

Im D´Arcis-Memorandum wie auch aus Verwaltungsberichten der Kommune aus jener Epoche wird deutlich, daß Geoffroy II. keineswegs eine Beendigung der Ausstellungen anordnete, sondern im Gegenteil das Grabtuch eigenhändig vor den versammelten Gläubigen in Lirey ausrollte. D´Arcis weiter: »Überdies unterstützte und verteidigte der Ritter [Geoffroy II.] dieses Verhalten, indem er bei einem gewissen hohen Feste das genannte Tuch mit eigenen Händen hielt und es den Leuten … zeigte, und er ließ sich einen königlichen Schutzbrief über den formellen Besitz und das Eigentum des genannten Tuches geben und für das Recht, es auszustellen.«

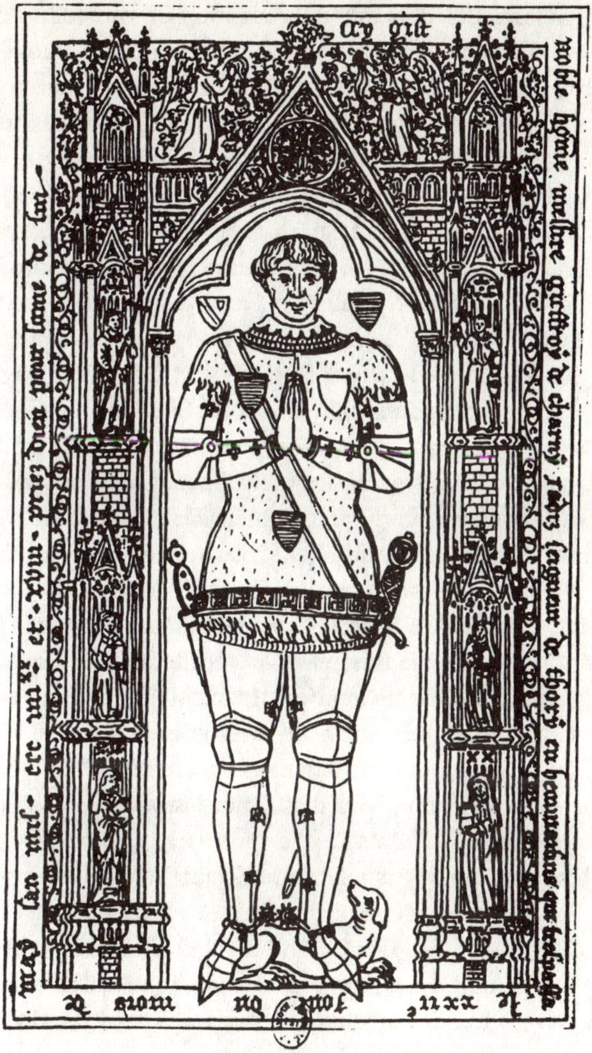

Darst. 13: Geoffroy II. de Charny (gest. 1398)
Relief Geoffroy II. de Charnys. Er stellte das Grabtuch persönlich in der Stiftskirche von Lirey aus, wie auf der Grabplatte in der Zisterzienserabtei von Froidmont nahe des nordfranzösischen Beauvais zu sehen ist. Die Originalgrabplatte wurde zusammen mit der gesamten Abtei im Ersten Weltkrieg zerstört. (Tuschezeichnung, Colléction Roger de Gaignières, Bibliothèque Nationale, Paris)

Es kann keinen Zweifel daran geben, daß Geoffroy II. und seine Tochter als Privatpersonen und in ihrer Funktion als Feudalherren von Lirey das Grabtuch sehr verehrten. In diesem Zusammenhang ist am stärksten von Interesse, wie Geoffroy II. und die Stiftsherren im Jahr 1389 das Ausstellen des Tuches offiziell den Autoritäten und inoffiziell den Leuten gegenüber darstellten. Geoffroy II. erregte d´Arcis´ Argwohn, als er ihn, den Bischof von Troyes und somit die zuständige Person, umging und statt seiner Kardinal de Thury, den päpstlichen Nuntius, um Genehmigung der Ausstellungen ersuchte. De Thury gegenüber stellte er das Grabtuch nicht als das wahre Grabtuch Jesu dar – was sofort Mißtrauen und Argwohn erregt hätte –, sondern als »Abbildung oder Darstellung« desselben, »das viele Leute aus Frömmigkeit besuchten und das früher in jener Kirche [von Lirey] sehr verehrt wurde, wohin auch Zuflucht genommen wurde«. Indem es ihm gelang, das Grabtuch als nichts Besonderes darzustellen, erhielt er ohne jede Schwierigkeit die Genehmigung des Kardinals.

D´Arcis führt jedoch inoffizielle Aussagen und zeremonielle Feierlichkeiten an, die die Ausstellungen begleiteten und aus denen deutlich wird, daß sich Geoffroy II. und seine Stiftsherren unmißverständlich so verhielten, als handle es sich um das wahre Grabtuch. Er schreibt: »Obwohl man es nicht öffentlich das wahre Grabtuch Christi nennt, wird dies nichtsdestoweniger im privaten Umgang als ebensolches ausgegeben und verkündet und so von vielen geglaubt, da schon, und davon berichtete ich bereits, bei früheren Gelegenheiten erklärt ward, es sei das wahre Grabtuch Christi.«

Die Zeremonie, die Geoffroy und seine Kanoniker abhielten, beschreibt d´Arcis so: »Das Tuch [wurde] öffentlich ausgestellt und dem Volk in der vorgenannten Kirche an großen Heiligenfesten und häufig an Festtagen und zu anderen Zeiten mit der allergrößten Feierlichkeit gezeigt, sogar noch feierlicher, als wenn der Leib Christi, unseres Herrn, ausgesetzt wird: nämlich durch zwei Priester, die, mit Alben, Stolen und Manipeln angetan, die größtmögliche Ehrerbietung zeigen, mit brennenden Fackeln und auf einer erhöhten Tribüne, die zu diesem Behufe errichtet ward.«

Viele Verfechter der Echtheitsthese haben versucht, die Glaubwürdigkeit von Bischof d´Arcis und seinem Memorandum zu unterminieren. Sie verwiesen auf seine Übellaunigkeit und auf sein »barbarisches« Latein, außerdem führten sie an, daß sein Memorandum nur in zwei Abschriften erhalten ist und beide weder datiert sind noch die bischöfliche Unterschrift aufweisen.

Dies ist alles nicht von der Hand zu weisen, der entscheidende Punkt ist aber, daß d´Arcis, bevor er das Bistum Troyes zwölf Jahre lang leitete, auch ohne die perfekte Beherrschung des Lateinischen eine respektable Karriere als Jurist machte. Was seine angebliche Mißmutigkeit betrifft, so kann man darauf nur antworten, daß er die Fakten nach bestem Wissen und mit größter Klarheit niederschrieb. Diese Tatsachenschilderungen werden außerdem durch derart viele ergänzende Dokumente bestätigt, daß sie somit nicht ernsthaft in Zweifel gezogen werden können.

Es existiert zum Beispiel ein Brief vom 4. August 1389, in dem König Karl VI. von Frankreich dem Seneschall von Troyes befiehlt, das Grabtuch zu beschlagnahmen und es »in redliche Obhut zu überstellen«. Das stimmt vollständig mit dem d´Arcis-Memorandum überein, denn darin heißt es, daß er, d'Arcis, Maßnahmen ergriffen habe, »das Tuch in die Obhut der Beamten des Königs zu geben«. Des weiteren ist ein Bericht ebenjenes Seneschalls über seinen Gang nach Lirey erhalten, in dem er beschreibt, wie sehr sich Nicole Martin gegen das Eindringen der königlichen Beamten in die Schatzkammer zu Wehr setzte; so behauptete der Dekan, daß er nicht alle erforderlichen Schlüssel zur Schatzkammer hätte, außerdem sagte er der Abordnung, daß sie, selbst wenn sie die Tür einträten, das Grabtuch dort nicht vorfinden würden. Dann gibt es noch einen Brief vom 6. Januar 1390, in dem Papst Klemens VII. Bischof d´Arcis unter Androhung der Exkommunikation befiehlt, über das Grabtuch Stillschweigen zu bewahren. Am selben Tag schrieb Klemens VII. einen Brief an Geoffroy II. de Charny und legte diesem offenbar erneut die Bedingungen dar, zu denen er sich bereit erklären würde, die Ausstellungen des Grabtuches weiterhin zu gestatten (vor allem sollte hierdurch natürlich betont werden, daß es sich bei dem fraglichen Grabtuch nicht etwa um das wahre Grabtuch Christi handle). Klemens VII. schrieb auch an andere einflußreiche Geistliche von Rang und bat sie, dafür Sorge zu tragen, daß seinen Geboten Folge geleistet werde.

Alles in allem muß man den tatsächlichen Gehalt an Fakten bei d´Arcis ebenso kritisch betrachten wie das Tatsachenurteil des C-14-Testergebnisses. Auf den ersten Blick nährt das Memorandum größten Argwohn gegenüber Geoffroy II. de Charny, dem Dekan, den Stiftsherren und selbst dem Grabtuch. Mit größter Selbstverständlichkeit verhielten sich die eben Erwähnten in einer Art und Weise, als würde es sich um das wahre Grabtuch Christi handeln, und verbreiteten dies auch privat. Um die offizielle Genehmigung zur Ausstellung des Grabtuches zu erhalten, stellten sie es aber als »Abbildung oder Darstellung« desselben hin (und darauf berief sich Papst Klemens).

Aus dem Memorandum ergibt sich auch folgender Umstand: Ist das Grabtuch wirklich eine Fälschung aus dem Mittelalter – woran d´Arcis nie zweifelte –, dann kann diese Fälschung keinesfalls Geoffroy II. de Charny angelastet werden. Wenn nämlich, wie d´Arcis schreibt, Bischof Heinrich die von einem Künstler fabrizierte Grabtuchfälschung »annähernd fünfunddreißig Jahre« vorher entdeckte, also um das Jahr 1355, so kann Geoffroy II. an dieser Machenschaft nicht direkt beteiligt gewesen sein. Sein Geburtsjahr ist nicht belegt, doch geht aus einem Dokument von 1356 über den Tod seines Vaters Geoffroy I. de Charny deutlich hervor, daß Geoffroy II. damals noch ein Kind war.[5]

Unabhängig davon, was man nun auch immer von dem zweifelsohne verdächtigen Benehmen Geoffroys II. und seiner Stiftsherren hält, so müssen wir noch einen Schritt, noch eine Generation zurückgehen und prüfen, wie solch eine außergewöhnliche »Fälschung« um die Mitte des 14. Jahrhunderts entstanden sein könnte. Auf diesem Weg werden wir uns natürlich stets des C-14-Testergebnisses – »entstanden zwischen 1260 und 1390!« – bewußt sein.

Trotzdem sollten wir uns daran erinnern, daß Margareta de Charny alles in ihren Kräften Stehende unternahm, um das Grabtuch beim Geschlecht derer von Savoyen in guten Händen zu wissen, und daß Geoffroy II. persönlich an die Echtheit des Grabtuches glaubte. Beide könnten also möglicherweise – und ich sage ausdrücklich, möglicherweise – gute Gründe gehabt haben, von der Echtheit des Grabtuches überzeugt zu sein.

Kapitel 10

Stammt das Grabtuch aus dem Jahr 1204?

Wenn es nun, wie so oft behauptet wird, wirklich keine historischen Belege oder andere harte Fakten für die Existenz eines dem Grabtuch ähnlichen Tuches vor 1350 gibt, wenn also d´Arcis recht hatte und das C-14-Testergebnis (»1260 bis 1390!«) richtig ist, so ist es kaum sinnvoll, näher die Umstände untersuchen zu wollen, unter denen das Grabtuch um das Jahr 1350 in Lirey auftauchte. Die Behauptung, daß es ein »schlauer Künstler« angefertigt habe, müßte dann, obwohl dies sehr unwahrscheinlich ist, schlicht und einfach für alle Zeiten akzeptiert werden.

Es stimmt aber einfach nicht, daß keine historischen Belege vor 1350 vorliegen, es gibt nur keine *fortlaufenden* Nachweise, was natürlich ein ernsthaftes Problem ist.

Ein Hinweis, daß das Grabtuch schon lange vor 1350 existiert haben könnte, findet sich in einer Handschrift aus dem frühen 13. Jahrhundert, die in der königlichen Bibliothek in Kopenhagen aufbewahrt wird[1] und zweifellos echt ist. Es handelt sich um die Erinnerungen des französischen Kreuzritters Robert de Clari, der am Vierten Kreuzzug sowie an der Plünderung Konstantinopels im Jahr 1204 teilnahm. Ein paar Monate vor dem Überfall auf die Metropole am Bosporus wurden die Kreuzritter durch Konstantinopel als »Eintagesgäste« geführt. Dabei besuchte Robert auch die damals bedeutende Kirche der hl. Maria zu Blachernai. Nach seiner tatsachengetreuen Schilderung befand sich »dort das Grabtuch[2], in das unser Herr gehüllt war. Jeden Freitag stand es, so daß die Gestalt unseres Herrn deutlich zu sehen war.« (Darst. 14)

Dies ist ohne jeden Zweifel ein Verweis auf ein Grabtuch, das durchaus das Turiner Grabtuch gewesen sein kann. Literaturwissenschaftler bestätigen, daß der Begriff »*figure*« im Französischen damals »Gestalt« bedeutete. De Clari sah also einen Abdruck von Jesu ganzem Leib.

Natürlich müssen wir stärker auf das »Grabtuch« in Konstantinopel eingehen, doch darauf komme ich weiter unten noch zu sprechen. Im Moment kann als Faktum gelten, daß etwas Grabtuchähnliches in Konstantinopel ausgestellt wurde (angeblich wurden in der Stadt auch andere Reliquien der Passion Christi voller Stolz präsentiert), und zwar zu Anfang des 13. Jahrhunderts, also mehr als 50 Jahre vor dem Datum, das die Radiokarbondatierung als frühestes Entstehungsjahr des Grabtuches angab. Von Bedeutung ist auch die Aussage Robert de Claris, daß »niemand, weder Griechen noch Franzosen, zu sagen wußte, was nach der Eroberung der Stadt aus dem Grabtuch ward«. Dem können wir entnehmen, daß ein Grabtuch mit dem Bildnis Jesu im Jahr 1204, als Konstantinopel voller Franzosen war, auf rätselhafte Weise aus der Stadt verschwand. Und ebenso rätselhaft ist das Auftauchen eines Grabtuches, das wir heute als Turiner Grabtuch kennen, um die Mitte des 14. Jahrhunderts in dem kleinen, unbedeutenden Dorf Lirey in Frankreich. Um keine Mißverständnisse aufkommen zu lassen: Lirey war und ist immer noch ein verschlafener Weiler von 50 Häusern in der tiefsten Provinz. Was mit dem Grabtuch einst eine unmittelbare Verbindung hatte – die Holzkirche und das Herrenhaus derer von Charny –, ist längst verschwunden. Das dürfen wir bei der Analyse, wie eine derart wichtige Reliquie wie das Grabtuch – ob nun echt oder gefälscht – um 1350 an diesem unbedeutenden Ort auftauchen konnte, nicht außer acht lassen.

Unsere wichtigste Quelle ist dabei natürlich Bischof d´Arcis´ Memorandum aus dem Jahr 1389. Demnach soll der damalige Dekan der Stiftskirche von Lirey, Robert de Caillac, dessen

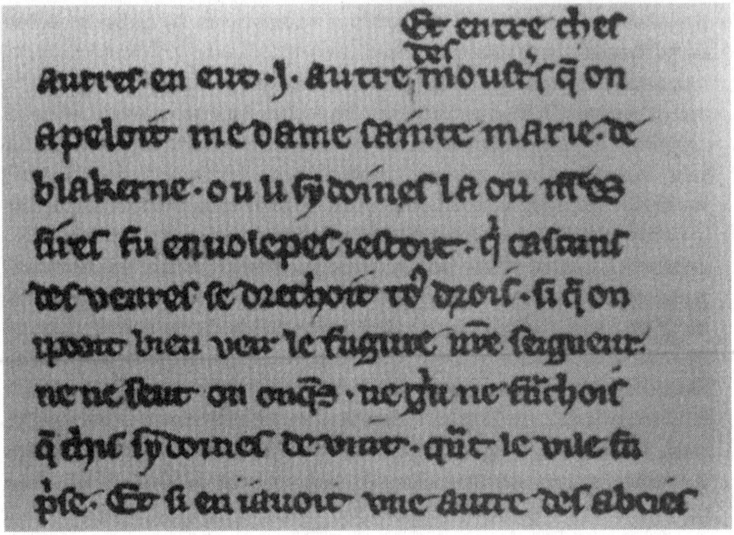
Et entre ches
autres en eut .j. autre moustier que on
apeloit medame sainte marie de
blakerne ou li sydoines la ou nostres
sires fu envolepes i estoit qui cascuns
des venres se drechoit tous drois si que on
i pooit bien veir le figure nostre seigneur.
ne ne seut on onques ne griu ne franchois
que chis sydoines devint quant le vile fu
prise. Et si en i avoit une autre des abeies

Darst. 14: Ein Dokument aus dem Jahr 1203/1204, das auf das Grabtuch verweist?
Die zentrale Aussage im Bericht Robert de Claris über die Wunder, die er in Konstantinopel vor der Plünderung der Stadt durch die Kreuzritter im Jahr 1204 sah. Er spricht von einer »figure« auf einem syndoine, einem Grabtuch Jesu, das jeden Freitag in der Kirche der hl. Maria zu Blachernai ausgestellt wurde. (Königliche Bibliothek Kopenhagen, MS 487, Folio 123)

Namen wir aus unabhängigen Quellen kennen, »annähernd fünfunddreißig Jahre« vorher, also um 1355, das Grabtuch herbeigeschafft haben, das »mit Schlauheit gemalte Tuch« mit dem »zweifachen Bild eines Mannes … das heißt die Rück- und die Vorderseite«. De Caillac, »von der Leidenschaft der Habsucht verzehrt«, erhob den falschen und betrügerischen Anspruch, dies sei »das wirkliche Grabtuch, in welches unser Heiland Jesus Christus im Grab eingehüllt ward und auf welchem das ganze Bildnis des Heilands zusammen mit den Wunden, die Er trug, auf diese Weise abgedrückt ist«. D´Arcis zufolge hat sich »diese Geschichte … nicht nur im Königreich Frankreich herumgesprochen, sondern, sozusagen, in der ganzen bekannten Welt, so daß von überall her Leute herbeieilten, um es [d. i. das Grabtuch] mit eignen Augen zu bewundern«. D´Arcis fährt fort, Heinrich von Poitiers, von 1353 bis 1370 Bischof von Troyes, habe sich

> ... ernsthaft ein[gesetzt], die Wahrheit in dieser Sache zu erforschen. ... Schließlich, nach sorgfältiger Erkundigung und Prüfung, entdeckte er den Betrug und wie das genannte Tuch mit Schlauheit gemalt wurde, wofür die Wahrheit von dem Künstler bestätigt wird, der es gemalt, nämlich daß es ein Werk menschlicher Geschicklichkeit und nicht wunderbar bewirkt oder verliehen ist. Also, nachdem er [d. i. Heinrich von Poitiers] ... sah, daß er die Sache weder durchgehen lassen sollte noch könnte, begann er, formelle Schritte gegen den genannten Dekan [d. i. de Caillac] und seine Mitschuldigen einzuleiten. ... Diese, als sie ihre Bosheit entdeckt sahen, versteckten das Tuch, so daß der Bischof [d. i. Heinrich von Portiers] es nicht finden konnte, und sie hielten es danach annähernd fünfunddreißig Jahre bis zum Jahre, das wir gegenwärtig schreiben, versteckt.

Wir haben uns zu Anfang vorgenommen, bei unserem Gang durch die Geschichte regelmäßig Beweise, insbesondere sichtbare Beweise dafür zu suchen und beizubringen, daß die Verweise auf ein Grabtuch tatsächlich auf das Turiner Grabtuch zielen. Gibt es nun für d´Arcis´ angeblich »mit Schlauheit gemaltes« Tuch einen solchen Beweis? Ja. Es existiert ein sechseinhalb Jahrhunderte altes Objekt, das tatsächlich ein schlagender Beweis ist.

Es handelt sich um ein auf den ersten Blick recht unbedeutend anmutendes Medaillon (Abb. 31a), das nur wenig größer als eine Briefmarke ist und 1855 aus dem Schlamm der Seine gefischt wurde. Heute wird es im Musée de Cluny in Paris aufbewahrt. Teile des Medaillons sind abgebrochen, und es weist auch keine Inschrift auf; der erhaltene Teil aber zeigt unverkennbar eine Darstellung unseres Grabtuches. Man kann deutlich ein doppeltes Körperbild erkennen, ebenso die gekreuzten Hände, die Nacktheit, die durchbohrten Füße auf der Vorderseite und eine halb vom anderen Fuß verborgene Fußsohle auf der Rückenansicht sowie eine recht grobe, aber überzeugende Darstellung der Blutrinnsale auf dem Rücken. Bei genauer Betrachtung kann man sogar das exzellent wiedergegebene Fischgrätmuster des Grabtuches erkennen.

An den teilweise abgebrochenen Alben und weiten Stolen oberhalb des Grabtuches wird ersichtlich, daß das Medaillon ursprünglich auch zwei Geistliche zeigte, die das Grabtuch hielten. Die Köpfe sind zwar abgebrochen, aber mit an Sicherheit grenzender Wahrscheinlichkeit handelt es sich um de Caillac, den »aufmüpfigen« Dekan von Lirey, und einen seiner Stiftsherren. Sehr viel besser zu erkennen sind die zwei Wappenschilde direkt unterhalb des Grabtuches. Das auf der linken Seite mit drei kleineren, inneren Wappen- oder Herzschilden ist das Schild Geoffroy I. de Charnys, des Herrn von Lirey und Vaters Geoffroys II., und das Schild auf der rechten Seite mit drei Blumendevisen ist jenes Jeanne de Vergys, der Mutter (oder Stiefmutter) Geoffroys II. Zu einer Seite des Wappenschilds Geoffroys ist eine Lanze zu sehen, zur anderen eine Zange, zu einer Seite des Wappenschildes Jeanne de Vergys sieht man eine vielriemige Peitsche und zur anderen eine Säule. Zwischen den beiden Wappenschilden und den Schildfiguren ist auf einem runden Feld ein leeres Grab dargestellt, aus dem sich ein Kreuz mit einer Dornenkrone erhebt.

Dieses Medaillon wurde eindeutig als Andenken geprägt, und im Mittelalter waren solche Objekte beliebte Souvenirs für Besucher heiliger Stätten, wie zum Beispiel dem Grab des hl. Thomas Becket in Canterbury oder dem Jakobsgrab in Santiago de Compostela. Man trug solche Medaillons wie Abzeichen am Hut, so wie heute Aufkleber mit der Aufschrift »I love New York« auf Autos geklebt werden. Eindeutig geklärt sind Herkunft und Alter dieses Medaillons. Die beiden Wappenschilde und die Angaben im *D´Arcis Memorandum* weisen eindeutig Lirey als Herkunftsort aus. Wahrscheinlich warf es ein Pilger bei seiner Rückkehr nach Paris in die Seine. Daß das Grabtuch auf dem Medaillon oberhalb anderer Signa der Passion Jesu abgebildet ist, weist auf den Umstand hin, daß das Grabtuch bei dieser Ausstellung freimütig als das wahre Grabtuch angesehen wurde und nicht wie im Jahr 1389 in der offiziellen Bezeichnung nur als »Abbildung oder Darstellung« galt. Dies stimmt auch mit der Behauptung d´Arcis´ überein, daß das Grabtuch von Lirey zu Zeiten des Bischofs Heinrich von Poitiers als echt dargestellt wurde. Wie mir Heraldiker versicherten, starb Geoffroy I. de Charny im Jahr 1356; sie konnten zudem aus den heraldischen Elementen ableiten, daß er noch am Leben war, als dieses Medaillon angefertigt wurde;[4] somit kann es also spätestens 1356 geprägt worden sein.

Auch die bei d´Arcis enthaltene Angabe, das Grabtuch sei bis 1389 nahezu 35 Jahre im Verborgenen aufbewahrt gewesen, scheint korrekt zu sein. Warum sollen wir dann an d´Arcis´ Aussage zweifeln, daß Heinrich von Poitiers entdeckt habe, daß das Tuch eine Fälschung sei, und rechtliche Schritte gegen das Stift von Lirey einleitete, auch wenn keine diesbezüglichen zeitgenössischen Dokumente existieren, die dies belegen könnten?

Problematisch ist aber, daß Dokumente aus jener Zeit d´Arcis zu widersprechen scheinen, weil sich in ihnen kein Hinweis auf eine Auseinandersetzung zwischen dem Bischof und dem Stift von Lirey findet. Ganz im Gegenteil, es existiert sogar ein Dokument, das auf den 28. Mai 1356, also ein Jahr nach dem angeblichen Auftauchen des Grabtuches, datiert ist, in dem Heinrich von Poitiers die Gründung der Stiftskirche von Lirey aufs wärmste begrüßt und das ganze Unternehmen »lobt«, »gutheißt« und »billigt«, und dabei die »fromme Hingebung« Geoffroys I., des Gründers und weltlichen Herrn des Ortes, »mit der er das Tuch bis zum heutigen Tage verehrte und jeden Tag mehr verehrt«, in den höchsten Tönen preist. Dabei handelt es sich natürlich um feststehende Wendungen, die der damaligen Konvention entsprachen; trotzdem hätte Heinrich von Poitiers wohl kaum etwas Derartiges niedergeschrieben, wenn er im Streit mit dem Stift von Lirey gelegen hätte. Sollte es nach diesem Zeitpunkt zum Streit gekommen sein, so war dafür bis zum nachweislichen Tod Geoffroys I. im September 1356 in der Schlacht von Maupertius wohl kaum ausreichend Zeit. Es findet sich ein Erlaß vom Juni 1357, mit dem der Heilige Stuhl in Avignon all jenen Ablaß gewährt, die die Kirche Ste.-

Marie zu Lirey und ihre Reliquien besuchen, so als wäre bereits Gras über einen Skandal gewachsen, in die die Kirche und ihre Reliquie angeblich verwickelt waren.

Angesichts dieses Rätsels muß der Historiker im Originaldokument nach Hinweisen suchen, woher der Verfasser, in diesem Fall Bischof d´Arcis, seine Informationen bezogen haben könnte. Handelte es sich nur um Gerüchte, oder besaß d´Arcis Dokumente seines Amtsvorgängers, die nicht überliefert sind? D´Arcis führt 1389 an, das Tuch sei vor »annähernd fünfunddreißig Jahren« aufgetaucht. Man kann davon ausgehen, daß offizielle Dokumente normalerweise auch damals schon genau datiert waren. Hätten d´Arcis diese Dokumente vorgelegen, so wäre er auch imstande gewesen, ein genaues Datum mitzuteilen. Möglicherweise war seine Angabe also nicht ganz so gut belegt, wie er glauben machen wollte.

Es gibt noch eine andere Stelle, an der sich d´Arcis als unzuverlässig erweist, denn er teilte Papst Klemens folgendes mit: »Seine Verfechter lassen unter den Leuten verbreiten, daß ich aus Eifersucht und Habgier handele und um selbst in den Besitz des Tuches zu gelangen, genau wie ähnliche Gerüchte früher gegen meine Vorgänger in Umlauf gesetzt wurden.«

Obwohl d´Arcis seine Angabe, das Tuch sei um 1350 aufgetaucht, teilweise offenbar auf Gerüchte gestützt haben könnte, scheint er genau zu wissen, daß Heinrich von Poitiers beschuldigt worden war, das Grabtuch in seinen eigenen Besitz bringen zu wollen. Dies wirft ganz neues Licht auf eine bisher übersehene Äußerung in Bischof Heinrichs Lob des Stifts von Lirey im Mai 1356. Darin heißt es nämlich: »Wir selber wünschen, diese Verehrung soweit als möglich zu unterstützen.« Es stellt sich also die Frage, ob Heinrich von Poitiers nicht tatsächlich beabsichtigte, mit einem geeignet erscheinenden Vorwand in den Besitz des Grabtuches zu gelangen.

Selbstredend besitzen wir keine Beweise dafür, daß der Bischof mit »dieser Verehrung« damit meinte, das Grabtuch sei in Händen des Stifts von Lirey. Versuchen wir aber trotz des wenigen, was wir über ihn wissen, uns in seine Lage zu versetzen, als er von der ersten Grabtuchausstellung in Lirey erfuhr. Heinrich von Poitiers wurde 1353 Bischof von Troyes. Er stand also einer Diözese vor, die wie viele andere Bistümer in Frankreich auch wegen der anhaltenden verheerenden Auswirkungen des Hundertjährigen Kriegs und aufgrund des enormen Bevölkerungsrückgangs infolge einer Pestepidemie, die vier Jahre zuvor durch das Land gerast war, vor riesigen finanziellen Problemen stand. Als Diözesanbischof war er auch für die Kathedrale verantwortlich, mit deren Bau schon 1208 begonnen worden, die aber 150 Jahre später immer noch nicht vollendet war und deren Fertigstellung sehr viel Geld verschlang. Als Mensch des Mittelalters wußte er, daß man am besten dieses Geld besorgen konnte, wenn die Kathedrale eine oder mehrere wichtige Reliquien besaß, die Pilger anziehen und zu Spenden und Käufen anregen würden. Troyes besaß die Gebeine der hl. Helena von Athyra[5], wahrlich keine große Attraktion.

Dann erfährt Heinrich von Poitiers, daß in der kleinen Holzkirche des keine zwanzig Kilometer von Troyes gelegenen Dörfchens Lirey angeblich das wahre Grabtuch Christi ausgestellt wird, darauf das Bild Seines Leibes und Seiner Wundmale zu sehen ist. Weiterhin erfährt er von seinem Informanten, daß »Massen« von Leuten »von überall« herbeikommen, um dieses Tuch zu besichtigen und Spenden darzubringen. Könnte unter diesen Umständen selbst der allerchristlichste Bischof nicht ein wenig »Eifersucht und Habgier« verspüren? Und daß Heinrich von Poitiers nicht gerade der Heiligsten einer war, ist historisch verbürgt.

Selbst für eine Zeit, in der viele Bischöfe gleichzeitig auch über weltliche Besitztümer herrschten, war Heinrich von Poitiers bestimmt einer der weltlichsten. Genealogisch ist nachgewiesen, daß Heinrich im Kloster Le Paraclet bei Nogent-sur-Seine, dem Kloster von Abaelard und Héloïse, eine Geliebte hatte, Jeanne de Chenery. Mit ihr hatte er mehrere Kinder, die in amtlichen Stammbüchern als »*bâtards de Poitiers*« verzeichnet sind. Als Capitain und Gouverneur von Troyes leitete er im Jahr 1359 umsichtig und einfallsreich die Verteidigung der Stadt gegen marodierende englische Truppen nach deren Sieg in der Schlacht bei Maupertius. Heinrich von Poitiers war zweifellos eine energische Person; daß er davor zurückscheute, mit allen ihm zur Verfügung stehenden Mitteln eine gewinnbringende Reliquie in die Hand zu bekommen, ist reichlich unwahrscheinlich. Wie und wann genau Heinrich in den Besitz des Grabtuches gelangen wollte, kann allerdings nicht geklärt werden. Aufgrund der bei d´Arcis´ so deutlich angeführten »Leidenschaft der Habsucht«, die angeblich den Dekan und die Stiftsherren von Lirey verzehrte, könnte es durchaus sein, daß ein Esel den anderen Langohr schimpfte.

In diesem Zusammenhang müssen wir uns nun Geoffroy I. de Charny zuwenden, Heinrichs Gegenspieler in diesem Konflikt. Wie das Pilgermedaillon mit den Wappen Geoffroys und seiner Frau deutlich vor Augen führt, war ebenjener Geoffroy, Herr von Lirey, der erste Eigentümer des Grabtuches. Obwohl Bischof d´Arcis in seinem Memorandum behauptete, daß der aufmüpfige Dekan von Lirey das Grabtuch beschafft habe, merkte der Papst in seinem Antwortschreiben an, daß »der Vater Geoffroys [mit letzterem ist Geoffroy II. gemeint] aus hingebungsvoller Frömmigkeit« das Grabtuch für die Kirche erstand und nicht der Kirchensprengel für ihn; dies war ihm wohl aus der Familie de Charny zugetragen worden (Geoffroys I. Witwe Jeanne war mit Heinrichs Onkel Aymon verheiratet).

Als der Dekan und die Stiftsherren von Lirey die Rückgabe des Grabtuches einklagten, erklärte ihnen daher Margareta de Charny am 8. Mai 1443, das Grabtuch sei *»conquis par feu«*, von ihrem Großvater Geoffroy I. also »als Lehensgabe errungen« worden. Diese Wendung *»conquis par feu«* verwirrte selbst die Franzosen, alle stimmen jedoch darin überein, daß der Stab innerhalb der Stafette der Grabtucheigentümer endgültig bei Geoffroy I. als erstem Besitzer verbleibt.

Wer war nun dieser Geoffroy? Ist er etwa der Mann hinter dem angeblichen Grabtuch-Schwindel? Wenn Walter McCrone und die Datierungsexperten recht haben mit ihrer Behauptung, daß das

Grabtuch um das Jahr 1350 in betrügerischer Absicht angefertigt worden sei, so war Geoffroy I. entweder äußerst leichtgläubig oder nahm an diesen Machenschaften aktiv teil. Soweit man auf der Grundlage der in diesem Fall erstaunlich umfangreichen historischen Aufzeichnungen über Geoffroys (I.) Charakter ein Urteil fällen kann, war er ein aufrechter, kluger und großzügiger Mann. Bei der Schlacht von Maupertius fiel er mit der *oriflamme*, der heiligen Schlachtstandarte Frankreichs, in der Hand. Da die *oriflamme*, auf der geschrieben stand: »Kein Ergeben«, als heilig galt, wurde nur den angesehensten Männern die Ehre zuteil, die Standarte in die Schlacht zu tragen. Wie der Chronist Froissart über die Schlachtaufstellung vor Maupertius schrieb, wurde »die heilige Standarte des Königs von Sir Geoffroy de Charny getragen, dem klügsten und tapfersten der Ritter«.[6]

Auch alle anderen Quellen über Geoffroys Leben zeugen von seinem Ansehen. Seit Beginn des Hundertjährigen Krieges zwischen England und Frankreich, der 1337 ausbrach, kämpfte er mit beispiellosem Heldenmut für sein Heimatland. 1340 verteidigte er Tournai gegen die Engländer; 1342 führte er in der Schlacht von Morlaix die erste Reihe der angreifenden Kavallerie an; 1346 nimmt er mit Humbert II., dem Dauphin von Viennois, an einem Feldzug nach Kleinasien und an der Schlacht von Smyrna teil. 1349 unternimmt er eine gewagte Rückeroberung von Calais; dabei wird er von einem Doppelagenten überlistet und von den Engländern gefangengenommen. 1351 wird er freigelassen, und fünf Jahre später stirbt er den Heldentod in der Schlacht von Maupertius.

Neben diesen und anderen Elogen auf seine Tapferkeit hatte sich Geoffroy mit seiner Ritterlichkeit einen ausgezeichneten Ruf erworben. In jedem maßgeblichen Buch zum Rittertum des Mittelalters wird er als Wegbereiter ethischer Werte dargestellt. Er schrieb sogar ein eigenes Werk, *Livre de Charny*,[7] aus dem deutlich wird, daß er ein aufrechter und frommer Mann war, der trotzdem eine sehr realistische Sicht auf die Welt besaß. Freimütig gibt er zu, daß er auf der Überfahrt nach Kleinasien seekrank wurde, und betont: »Du sollst dich nicht von den Schlägen, die du erhältst, zu Boden werfen lassen – einige werden dich auf jeden Fall treffen. Du mußt deinen Körper beherrschen und stets einsatzbereit halten, wenn dir aber ein guter Wein vorgesetzt wird, brauchst du ihn nicht verschmähen, du mußt dich nur in Mäßigung üben … Die Guten … [führen] in ihrer Weisheit allen Ruhm auf die Gnade Gottes und der Jungfrau zurück. Wer nur auf seine eigene Kraft vertraut … wird letztendlich verloren sein.«

Geoffroys Vorbild war der im Alten Testament beschriebene jüdische Held Judas Makkabäus. Er war »edel, aber nicht stolz, immer ehrenhaft, ein großer Kämpfer, der in Waffen für die Sache Gottes starb«.[8] Er verfügte aber auch über eine dunkle, rachsüchtige Seite: Nach seiner Freilassung aus englischer Gefangenschaft 1351 brachte er jenen Mann in seine Gewalt, der ihn in Calais verraten hatte, und ließ ihn hinrichten.

Wie die meisten französischen Edelleute, mit denen er Seite an Seite heldenhaft kämpfte, besaß auch Geoffroy keine Reichtümer. Nach seiner Gefangennahme mußte der König einspringen, um anstelle von Geoffroys Familie das Lösegeld für ihn zu entrichten. Der König mußte auch den Bau der kleinen Kirche von Lirey und das »Collegium« aus sechs Stiftsherren finanzieren.

Wenn Geoffroy nun nachweislich der erste Eigentümer des Grabtuches und das Grabtuch auch nicht das Werk eines »schlauen Künstlers« war, der es im Auftrag Geoffroys und seiner Stiftsherren herstellte – und gegen diese These spricht bisher so ziemlich alles –, wo kam das Grabtuch dann eigentlich her? Hatte Geoffroy es bei dem Feldzug nach Smyrna erstanden? Trotz seiner Seekrankheit hatte er tatsächlich diese »schönste aller türkischen Hafenstädte« erreicht, kehrte aber nachweislich lange vor den Truppen der Kreuzfahrer wieder nach Frankreich zurück. Der Gedanke, daß ein türkischer Straßenhändler mit so einem auffälligen Gegenstand wie dem – echten oder gefälschten – Grabtuch bei Geoffroys Ankunft oder Abfahrt am Kai stand, ist wohl ziemlich unwahrscheinlich. Wenn dem aber so war, so hätten Geoffroy und seine Nachfahren gewiß keinen Grund gehabt, sich über die Herkunft des Tuches auszuschweigen.

Unwahrscheinlich ist auch die Angabe auf einer historischen Tafel in der zweiten Kirche von Lirey aus der Mitte des 16. Jahrhunderts. Ihrem Wortlaut zufolge ist das Grabtuch ein Geschenk des französischen Königs Philipp VI. an Geoffroy »zum Dank für seine Tapferkeit«. Es ist eigentlich undenkbar, daß ein König einem Mann von vergleichsweise niedrigem Stand wie Geoffroy ein solches Geschenk machte. Wenn dem aber so war, so hätten die de Charnys den Behauptungen der Bischöfe von Troyes leicht entgegentreten können und sich nicht in Ausreden flüchten und vorgeben müssen, daß sie nicht an die Echtheit des Tuches glaubten.

Margaretas Anmerkung, das Grabtuch sei »conquis par feu«, klingt beinahe so, als hätte sie sich vorsätzlich so mehrdeutig ausgedrückt, entweder wußte sie nichts oder wollte das, was sie wußte, nicht offenlegen.

Daß weder in Geoffroys Buch über den Ritterstand noch in den vielen erhaltenen Dokumenten im Zusammenhang mit der Gründung der Stiftskirche von Lirey die Existenz eines dort vorhandenen Grabtuches Erwähnung findet, wirft ein großes Problem auf. Das Pilgermedaillon ist das einzige »Zeugnis« vor 1389. War das Grabtuch etwa ein Familienerbstück, das Geoffroy erst am Ende seines Lebens wagte, öffentlich bekanntzumachen? Oder ging es erst durch seine zweite Heirat mit Jeanne de Vergy in seinen Besitz über? Wann diese Vermählung stattfand, ist nicht belegt, aller Wahrscheinlichkeit nach aber erst zu einem relativ späten Zeitpunkt in Geoffroys Leben. Oder enthüllte Jeanne de Vergy das Tuch erst nach dem Tod ihres Gatten und veranstaltete auch in seinem Namen Ausstellungen? All dies wissen wir nicht. Bis zur ersten Ausstellung in der Zeit um 1350 – wann genau diese erste Ausstellung stattgefunden hat, ist nicht überliefert – hat sich niemand als Besitzer des Grabtuches aufgespielt, und das ist eigentlich schon alles, was wir sagen können. Als es dann tatsächlich jemand wagte, war das Echo offenbar derart, daß sich dieser Jemand entschloß, es für»annähernd fünfunddreißig Jahre« schnell wieder in der Versenkung verschwinden zu lassen.

Zwischen Robert de Claris' Erwähnung eines Grabtuches in Konstantinopel, die einzige Aussage, die etwas Licht ins ansonsten undurchdringliche Dunkel zu bringen vermag, und der ersten Grabtuchausstellung in Lirey liegen 150 Jahre, und über diese Zeit wissen wir absolut nichts über den Aufbewahrungsort des Grabtuches. Lohnt es sich vielleicht, Geoffroys Stammbaum auf mögliche Hinweise zu untersuchen? In meinem ersten Buch über das Grabtuch *Eine Spur von Jesus* zitierte ich bereits die Aussage Père Ansèlmes, der bemerkte, daß Geoffroy nur »probablement« Sohn Margareta de Joinvilles und Jean de Charnys (aus der Mont-St.-Jean-Linie der de Charny) gewesen sei. Er ließ in der Schwebe, ob dies auch tatsächlich stimmt.

Dank der vielen genealogischen Studien, die in England und Frankreich durchgeführt wurden und inzwischen jedermann zugänglich sind, scheint nicht der geringste Zweifel mehr daran zu bestehen, daß Geoffroy tatsächlich der Sohn Jeans und Margaretas war. Mir war seinerzeit entgangen, daß das kleine Erbgut Lirey eindeutig von Jean de Joinville, dem Chronisten und um 1290 Herr von Lirey, als Mitgift an seine Tochter Margareta überging und von dieser wiederum auf ihren Sohn Geoffroy, dessen erste und Hauptseigneurie Lirey war. Professor Richard Kaeuper bezeichnet in seiner wissenschaftlichen Einführung zu der von ihm übersetzten und kommentierten englischen Ausgabe des Buches Geoffroys diese Herkunft als erwiesen.[9] Die Familien de Charny, de Joinville und de Vergy lebten außerdem ziemlich nahe beinander, und die durch Verheiratung entstandenen Verbindungen zwischen diesen Familien reichen, soweit sie Geoffroy und seine Nachkommen betreffen, weit zurück (Darst. 15).

Wenn der Stammbaum Geoffroys I. nun tatsächlich als gesichert gilt, wird er dadurch zumindest ein wenig interessanter. So geht zum Beispiel daraus hervor, daß Geoffroy wahrscheinlich der jüngste von drei Brüdern war und mindestens eine Schwester mit Namen Isabel hatte. Jean war offenbar der zweitälteste, Dreux der älteste Bruder und Erbe des Titels Seigneur de Mont-Saint-Jean; es gibt Belege, daß er 1313 unter Ludwig von Burgund an einem Feldzug nach Griechenland teilnahm und zum Lohn mit Agnes de Charpigny, der Enkelin und Erbin Hugo de Charpignys, vermählt wurde. 1209 hatte Agnes´ Großvater Hugo de Lille und Charpigny für seine Teilnahme an der Eroberung Konstantinopels die Baronie la Vostice zugesprochen bekommen, ein Gebiet um eine kleine Hafenstadt an der Nordwestküste des Peloponnes, die heute den Namen Aigion trägt. Dreux erhielt also durch seine Heirat mit Agnes im Jahr 1316 auch ihr Erbe aus dem Vierten Kreuzzug.

Im Stammbaum sieht man auch die starken Verwandtschaftsbande zwischen den Familien de Joinville, de Vergy und de Charny; die letzte war Geoffroys Heirat mit Jeanne de Vergy, die als Mitgift ein Grabtuch eingebracht haben könnte, das möglicherweise im Zuge der Plünderung von Konstantinopel in den Besitz ihrer Familie gekommen war. Wir dürfen aber nicht vergessen, daß dies eine Vermutung ist, die nicht belegt werden kann. An der Plünderung Konstantinopels im Jahr 1204 nahmen viele Vorfahren der Familien de Charny, de Vergy, de Joinville und anderer, mit ihnen verwandter französischer Adelsfamilien teil: Jeder von ihnen könnte ein echtes oder gefälschtes Grabtuch Christi mitgebracht und es ohne Aufhebens von einer Generation auf die nächste vererbt haben. Reliquien, die auf diese Weise in Familienbesitz gelangten, wurden jedoch normalerweise nicht verborgen gehalten, sondern der Diözesanhauptkirche ihres jeweiligen Herrschaftsbereichs übergeben. Es gab also eigentlich keinen Grund für die schuldbewußte Geheimniskrämerei, die die Familie de Charny an den Tag legte.

Aufschlußreicher ist hingegen die These, die ich vor knapp 20 Jahren in meinem ersten Buch über das Grabtuch aufstellte. Damals gab ich zu bedenken, daß das Grabtuch diese ominösen 150 Jahre, in denen es verschollen war, sich möglicherweise im Besitz des Templerordens befand. Für diese Hypothese spricht, daß die Templer ein besonders ausgeprägtes Interesse an Jesu Grab und an allem anderen besaßen, was mit diesem Grab zusammenhing. Bei ihrer Rückkehr aus dem Heiligen Land nach Frankreich Ende des

15 A

Gunod de Change zufolge, einem Historiker aus dem 18. Jahrhundert kam das Grabtuch durch Hugo I. de Lille aus Konstantinopel in den Besitz derer von Charny

Hugo II. de Mont-St.-Jean, Charny und Thoisy = Elisabeth de Vergy

Étienne

Guillaume

Elisabeth de Mont-St.-Jean = Guillaume de Champlitte; nach der Eroberung Konstantinopels wurde er Fürst von Achaia (Griechenland)

Hugo I. de Lille und Charpigny, nahm an der Eroberung Konstantinopels teil; bekam die Baronie la Vostice (heute Aigion) in Griechenland; Gefährte Guillaume de Champlittes (q. v.)

Sibylle de Noyers, Enkelin Pierre de Courteneys, Kaiser von Konstantinopel 1216–1219 = Pons de Mont-Saint-Jean, Herr von Charny und Salmoise, geb. vor 1190, fl. 1228

Guy II. de Charpigny und la Vostice, gest. 1295

Mabile = Hugo de Charny, fl. 1228

Alex de Reynel (Jeans zweite Frau) = Jean de Joinville, berühmter Chronist der Kreuzzüge, um 1290 Herr von Lirey, gest. 1317

Hugo II. de Charpigny und la Vostice, gest. um 1304

Dreux de Charny, verkaufte Boucy 1272

Jean de Charny und Mont-St.-Jean; war 1313 in Griechenland, gest. vor 1319 = Margareta de Joinville (verh. nach 1290), bekam Lirey als Mitgift, gest. vor 1306

Agnes de Charpigny und la Vostice, gest. 1328 = Dreux de Charny; war von ca. 1313 bis 1316 in Griechenland; erbte den Titel der Linie Mont-St.-Jean; gest. vor 1325

Isabeau de Charny

Jean de Charny (Lebensdaten unbekannt) = Jeanne de Frolois, gest. 1342

Isabel de Charny (war 1325 höchstens 7 Jahre alt)

Guillemette de Charny = Philibert de Joinville, Herr von Sexfontaine

(1) Jeanne de Toucy, Herrin von Pierre-Perthuis = **Geoffroy I. de Charny,** Herr von Lirey, erhielt 1355 Montfort und Savoisy; soll um 1355 das Grabtuch zum ersten Mal in Lirey ausgestellt haben, gest. 1356 in der Schlacht von Maupertius

Agnes de Joinville, Erbin der Baronie la Vostice = Guillaume II. de Vergy, Herr von Mirabeau, gest. 1374

Bertrand de Chason, Herr von Missery und d´Escutigny =

Jean de Vergy, Herr von Mirabeau, gest. 1388 als junger Mann

Margareta de Vergy, starb jung

Jeanne de Vergy, Herrin von Mirabeau, Bourbonne und Charny, gest. 1410 = Henri de Bauffremont

DAS GRABTUCH IM BESITZ DERER VON CHARNY UND DERER VON

VERGY
?–1453

Familienverbindungen bis zur Eroberung von Konstantinopel im Jahr 1204. Die Namen der historisch belegten Grabtucheigentümer sind fett hervorgehoben

Nach der Überlieferung derer von Bauffremont brachte ein Mitglied der Mont-St.-Jean-Linie der de Charnys das Grabtuch um 1350 aus Griechenland nach Frankreich; es wurde drei Jahre in der Kirche von Mont-St.-Jean aufbewahrt, bis die Kirche von Lirey fertiggestellt war

15 B

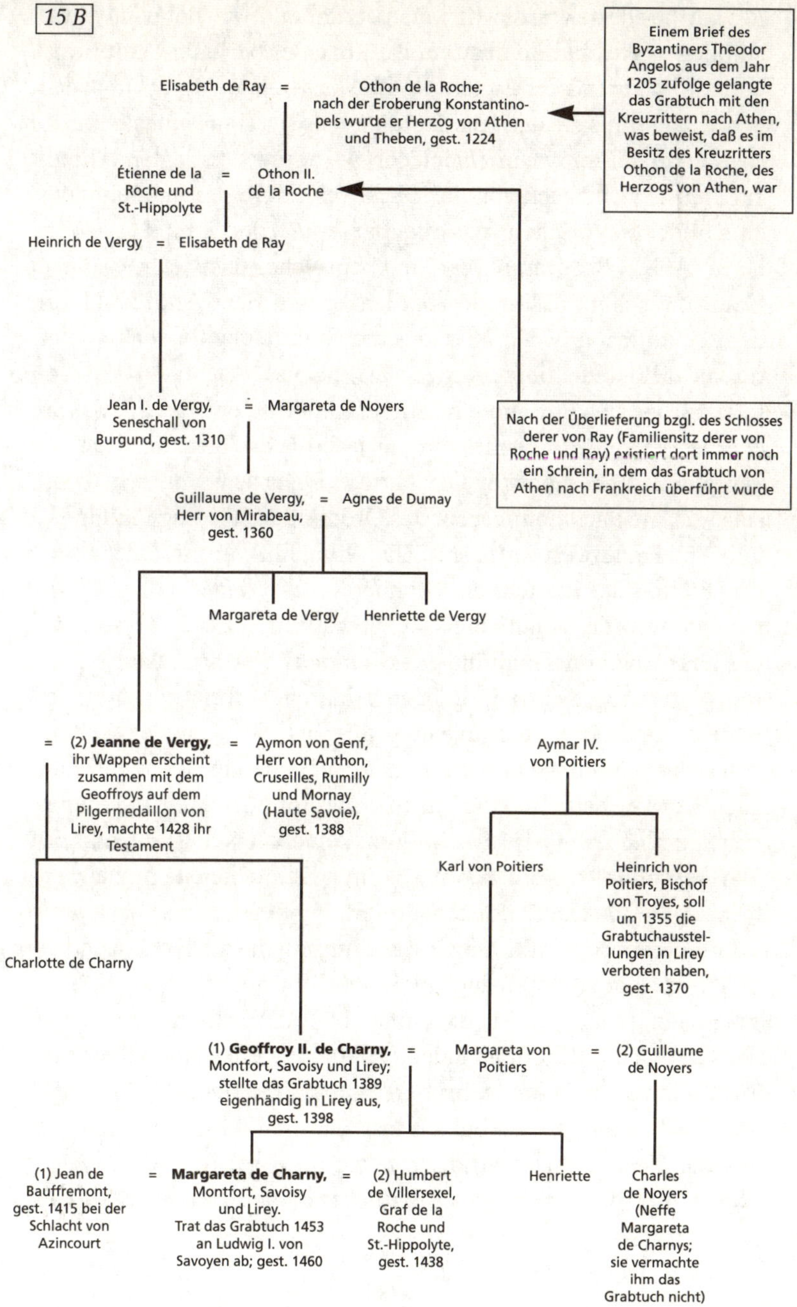

Einem Brief des Byzantiners Theodor Angelos aus dem Jahr 1205 zufolge gelangte das Grabtuch mit den Kreuzrittern nach Athen, was beweist, daß es im Besitz des Kreuzritters Othon de la Roche, des Herzogs von Athen, war
Elisabeth de Ray
=
Othon de la Roche; nach der Eroberung Konstantinopels wurde er Herzog von Athen und Theben, gest. 1224
Étienne de la Roche und St.-Hippolyte
=
Othon II. de la Roche
Heinrich de Vergy
=
Elisabeth de Ray
Jean I. de Vergy, Seneschall von Burgund, gest. 1310
=
Margareta de Noyers
Nach der Überlieferung bzgl. des Schlosses derer von Ray (Familiensitz derer von Roche und Ray) existiert dort immer noch ein Schrein, in dem das Grabtuch von Athen nach Frankreich überführt wurde
Guillaume de Vergy, Herr von Mirabeau, gest. 1360
=
Agnes de Dumay
Margareta de Vergy
Henriette de Vergy
=
(2) **Jeanne de Vergy,** ihr Wappen erscheint zusammen mit dem Geoffroys auf dem Pilgermedaillon von Lirey, machte 1428 ihr Testament
=
Aymon von Genf, Herr von Anthon, Cruseilles, Rumilly und Mornay (Haute Savoie), gest. 1388
Aymar IV. von Poitiers
Karl von Poitiers
Heinrich von Poitiers, Bischof von Troyes, soll um 1355 die Grabtuchausstellungen in Lirey verboten haben, gest. 1370
Charlotte de Charny
(1) **Geoffroy II. de Charny,** Montfort, Savoisy und Lirey; stellte das Grabtuch 1389 eigenhändig in Lirey aus, gest. 1398
=
Margareta von Poitiers
=
(2) Guillaume de Noyers
(1) Jean de Bauffremont, gest. 1415 bei der Schlacht von Azincourt
=
Margareta de Charny, Montfort, Savoisy und Lirey. Trat das Grabtuch 1453 an Ludwig I. von Savoyen ab; gest. 1460
=
(2) Humbert de Villersexel, Graf de la Roche und St.-Hippolyte, gest. 1438
Henriette
Charles de Noyers (Neffe Margareta de Charnys; sie vermachte ihm das Grabtuch nicht)

12. Jahrhunderts wurde von ihnen erzählt, daß sie heimlich etwas Ähnliches wie ein Bild mit dem Antlitz eines bärtigen Mannes anbeteten. Während des Zweiten Weltkriegs bekam Molly Drew den Schrecken ihres Lebens. Sie lebte damals im Haus eines Ordensmeisters der Templer in Templecombe, Somerset, England. Eines Tages löste sich Stuck von der Decke, und darunter kam ein altes Tafelbild zum Vorschein, das offenbar einmal den Templern gehört hatte (Abb. 32b). Darauf war ein ebensolches, fast »körperloses« Haupt zu sehen, das große Ähnlichkeit mit dem Antlitzbild auf dem Grabtuch aufweist. War dies die Grabtuchkopie der Templer für die Mitglieder ihres Ordens in England? Ein C-14-Test bestätigte, daß das Bild um das Jahr 1280 herum entstand[10], was sicherlich korrekt ist. Damit wird auch die These bestätigt, daß ein Templer namens Geoffroy de Charny[11] einer der Ordensgroßmeister war, die nach dem Verbot des Ordens durch König Philipp IV. 1307 in Frankreich auf dem Scheiterhaufen verbrannt wurden. Das Bildnis, das die Templer heimlich verehrt haben sollen, ist nie gefunden worden. Man muß also durchaus in Betracht ziehen, daß das Grabtuch von der Familie des Templers de Charny auf Geoffroy I. überging. Dies würde auch erklären, warum das Adelsgeschlecht de Charny die Provenienz des Tuches verschwieg. Es handelt sich aber wohlgemerkt nur um eine These, die Anhänger, aber auch Kritiker hat[12] und die uns trotz des interessanten Tafelbildes von Templecombe – für das bis jetzt keine zufriedenstellende Erklärung gefunden werden konnte – im wesentlichen nicht viel weiterbringt als das Durchforsten alter Stammbäume.

Gibt es denn künstlerische Darstellungen, die die Existenz eines Grabtuches vor 1350 belegen könnten? Ob wir dies akzeptieren oder nicht, so müssen wir uns damit abfinden, daß von Stund an in der Geschichte der Kunst keine Darstellung eines ausgebreiteten Tuches mit Rücken- und Vorderansicht, wie auf dem Pilgermedaillon von Lirey zu sehen, bekannt ist. Das heißt aber nicht, daß es aus der Zeit bis 1204 nicht irgendwo doch solche Werke geben könnte, die die Existenz des Grabtuches in dieser Zeit verifizieren könnten.

So besitzen wir beispielsweise den wundervollen Epitaphios, eine Stickerei auf einem liturgischen Tuch, das heute im Museum für Kirchliche Kunst in Belgrad aufbewahrt wird (Abb. 32a). Die Stickerei stammt aus Krušedol in der Fruška Gora nordwestlich von Belgrad, der Inschrift nach aus der Herrschaftszeit Stephan Uroš´ II.[13], der Serbien von 1282 bis 1321 regierte, also somit mehr als eine Generation vor 1350 und lange vor der Zeit, in der das Tuch Bischof d´Arcis zufolge von einem Künstler im viele Hunderte Kilometer entfernten Frankreich »mit Schlauheit gemalt« worden sein soll. Diese Darstellung weist so große Übereinstimmungen mit der Vorderansicht des Grabtuches auf, daß man es mit Fug und Recht als direkte oder indirekte Wiedergabe des Grabtuchbildes bezeichnen kann.

Auf dem Epitaphios ist ein Mann mit langen Haaren, einer langen Nase und einem Bart zu sehen, dessen Hände gekreuzt sind. So wie auf dem Kupferstich Girolamo della Roveres aus dem 17. Jahrhundert, der die Entstehung des Grabtuches zeigt[14], kann man auch auf dem Epitaphios deutlich erkennen, daß der Tuchweber die Seitenwunde korrekt auf der spiegelverkehrten Seite anbrachte, die auf dem Grabtuch als anatomisch korrekte Seite erscheint, vergaß aber, auch die gekreuzten Hände spiegelverkehrt darzustellen. Trotz der Darstellung beider Daumen ist auffallend, wie sehr die langgliedrigen Finger der unteren Hand jenen auf dem Grabtuch ähneln.

Zwischen 1301 und 1310 schuf der italienische Bildhauer Giovanni Pisano für die Kanzel des Doms von Pisa eine Skulptur (Abb. 33a)[15], auf der unübersehbar zwei Engel figurieren, die ein Leinentuch mit dem Oberkörper Jesu hochhalten, und seine Hände sind so wie auf dem Grabtuch gekreuzt.[16] Was Giovanni Pisano damals dazu veranlaßt haben könnte, diese Darstellung in dieser Art und Weise und zu dieser Zeit in Italien anzufertigen, ist nicht bekannt, seine Darstellung des toten Jesu mit den gekreuzten Händen ist jedoch das früheste Bildnis Jesu dieser Art. Solche Bildnisse aus dem 14. Jahrhundert stehen in einer byzantinischen Tradition, aus der man sie als Lamm Gottes oder als Der Ruhmreiche König kennt (Abb. 33b). Wir werden weiter unten sehen, daß solche Darstellungen auch schon vor 1204 zu finden sind.

Es gibt noch eine weitere Besonderheit in der Kunst Byzanz. Bei der in der orthodoxen Kirche streng festgelegten Ausschmükkung der Kirchenwände mit religiösen Szenen wechseln im ausgehenden 12. und im 13. Jahrhundert Melismos genannte Darstellungen von Jesus Christus als nacktem Kind, das in einem Opferakt auf dem Altar dargebracht wird, mit Tuchbildern ab, die den Gekreuzigten als Opferlamm abbilden, der auf demselben Altar Gott geopfert wird. Ein Tuchbild, das beide Themen miteinander vereint, findet sich im nördlichen Nebenchor des Markov-Klosters in Serbien. Das Prothesis-Fresko stammt aus dem Jahr 1375, aber Experten, zu denen der renommierte deutsche Kunsthistoriker Hans Belting gehört, sind der Meinung, daß das Thema bereits um das Jahr 1192 zum erstenmal in Bildwerken Verwendung findet.[18]

Seltsamerweise scheint dies zusätzlich durch Schlüsselstellen in den berühmten Gralssagen untermauert zu werden, die zu jener Zeit gerade in der Champagne große Verbreitung fanden. Und in der Champagne befindet sich ja auch die Diözese Troyes, in der das Grabtuch um 1350 auftauchte. Nach der landläufigen Vorstellung war der rätselhafte Gral einfach der Kelch des letzten Abendmahls, in den Gralssagen figuriert dieser Kelch allerdings als eine von vielen möglichen Erscheinungsformen des Grals. Er kann so wie auf dem Bild von Templecombe auch die Form eines Behältnisses für ein »körperloses« Haupt haben oder, in sinnbildlicher Nähe zum Melismos, die Form eines Gefässes aufweisen, aus dem die wechselnden Ansichten Christi erscheinen, vom Kind, oft in Begleitung Mariä, bis hin zum reifen Mann mit den Kreuzigungswunden. In manchen Gralssagen ist dieser Wechsel der Erscheinungen Teil eines besonderen Hochamtes, an dem ausschließlich Auserwählte teilnehmen durften. Bei der »Messe der ruhmreichen Mutter Gottes«, wie sie manchmal genannt wird, ist Jesus selbst und real anwesend. Der Priester ist oft Joseph aus Arimathäa, jener reiche jüdische Kaufmann aus dem Gefolge Jesu Christi, der das Grabtuch gekauft hatte, das Seinen Leib und Sein Blut aufnahm.[19]

Es nimmt nicht wunder, in den Gralssagen byzantinische Einflüsse zu entdecken, und es ist wohl kein Zufall, daß diese Sagen gerade zu dieser Zeit in französischen Ritterkreisen zirkulierten. Diese Ritter hatten die Wunder von Byzanz nämlich vor der Eroberung Konstantinopels und auch danach gesehen; vom Neid angestachtelt, raubten sie alle Wertgegenstände, derer sie nur habhaft werden konnten, und nahmen sie mit nach Frankreich. Vielleicht gab es eine besonders privilegierte Person oder einen Kreis von Personen, die das Grabtuch nach Frankreich brachten, sich zur Geheimgesellschaft formierten und über das Tuch zumindest bis in die Mitte des 14. Jahrhunderts wachten. An dieser Stelle sollte auch erwähnt werden, daß in einer Gralssage die Templer als Hüter des Grals auftreten. Aber trotzdem muß man zugeben, daß der Nebel, in den dieser Zeitabschnitt gehüllt ist, zu undurchdringlich ist, um sichere Aussagen zu treffen.

Alle Anzeichen sprechen jedoch dafür, daß das Grabtuch, ein Tuch, das über den Kopf geschlagen wurde und bis zu den Füßen reicht und das einen Mann mit gekreuzten Händen zeigt, nicht das Produkt eines virtuosen und kundigen Fälschers aus dem 14. Jahrhundert ist, sondern daß es bereits während dieser »fehlenden« 150 Jahre tatsächlich existierte und an unbekannter Stelle aufbewahrt wurde.

Dies vermögen auch die 1225 grundlegend neu gestalteten Fresken in der Heiliggrabkapelle der Kathedrale im englischen Winchester zu belegen. Die Darstellung zeigt Joseph von Arimathäa und Nikodemus bei der Kreuzabnahme, Johannes und Maria stehen daneben. Hinter Johannes und Nikodemus ist ein Mann abgebildet, der ein in der Mitte gefaltetes Tuch hält, das so wie das Turiner Grabtuch eindeutig um den Kopf gewickelt wird und bis zu den Füßen reicht.

Ein weiterer Hinweis darauf, daß Jesus sein Körperbild auf ein Tuch abgedrückt haben könnte, findet sich in einem Schriftstück von 1211. In dieser Zeit schrieb der englische Chronist und

Rechtsgelehrte Gervasius von Tilbury, der in Rom studiert hatte, in seinem großen Werk *Otia imperialia:* »Aus altehrwürdigen Quellen ist überliefert, daß der Herr selbst Seinen ganzen Leib auf das schneeweiße Leinen bettete und durch göttliches Werk das wunderbare Abbild nicht nur des Angesichts, sondern des ganzen Leibes des Herrn auf das Linnen abgedrückt wurde.«[20]

Es ist ziemlich schwierig, die Geschichte des Grabtuches von der Herrschaft des Geschlechts de Charny an bis ins Jahr 1204 zurückzuverfolgen, doch finden sich nicht von der Hand zu weisende und recht interessante Hinweise dafür, daß sich während dieser Zeit ein Tuch, das Ähnlichkeit mit dem Turiner Grabtuch aufwies, an unbekanntem Ort befunden haben muß. Da sind an erster Stelle das bärtige Antlitz und die über den Genitalien gekreuzten Hände des Gekreuzigten auf dem Epitaphios im Belgrader Museum für Kirchliche Kunst und das gefaltete Grabtuch auf dem Fresko der Kathedrale in Winchester zu nennen. Und außerdem sind da die »altehrwürdigen Quellen« bei Gervasius von Tilbury, aus denen hervorgeht, daß Jesus angeblich seinen ganzen Leib auf ein Tuch abdrückte. Was allerdings nicht vorliegt, ist ein halbwegs überzeugender Verweis auf den Ort, an dem ein historisch nachgewiesenes Tuch mit all den eben erwähnten Merkmalen zwischen 1204 und 1350 aufbewahrt worden sein könnte.

So kommen wir wieder auf Robert de Clari, der im Herbst des Jahres 1203 in der Kirche der hl. Maria zu Blachernai in Konstantinopel ein Tuch mit dem Körperbild von Jesus Christus sah. Die Existenz eines solchen Tuches ist also historisch belegt. Die Frage ist nun, ob es auch unser Grabtuch ist?

Kapitel 11

Stammt das Grabtuch aus dem sechsten Jahrhundert?

Bewegen wir uns von 1204 an zurück, so kann aus dieser Zeit eigentlich kein Beweis für die Existenz des Grabtuches stammen. Dies sage ich allerdings unter der Voraussetzung, daß wir dem C-14-Test Glauben schenken, der das Grabtuch frühestens auf das Jahr 1260 datierte.

Doch künstlerische Darstellungen Jesu weisen schon lange vor diesem Jahr eine überraschende Ähnlichkeit mit dem Grabtuchantlitz auf dem versteckten fotografischen Negativ auf (vorausgesetzt, jemand war in der Lage, es auf dem Tuch zu erkennen). Beispiele hierfür sind das große Pantokrator-Mosaik aus dem 12. Jahrhundert in der Apsis der normannisch-byzantinischen Kathedrale von Cefalù in Sizilien (Abb. 36 b (i)), die Pantokrator-Darstellung in der Basilika von Sant´Angelo im italienischen Formis aus dem 10. Jahrhundert (Abb. 36b (ii)) und ein byzantinisches Medaillon-Porträt des Pantokrator auf einer Silbervase aus dem 6. Jahrhundert, die man im syrischen Homs, dem ehemaligen Emesa, fand (Abb. 36b (iii)). Diesen Darstellungen gemeinsam ist die strenge Frontalansicht Jesu mit schulterlangen Haaren, die lange Nase und der leicht geteilte Bart, alles Charakteristika, die auch beim Grabtuchantlitz (Abb. 36b) zu finden sind. Merkwürdigerweise kann man diese künstlerische Darstellung nicht bis ins 1. Jahrhundert zurückverfolgen, denn sie setzt erst im 6. Jahrhundert ein, als habe sich damals ein geradezu unerhörter Sprung in der christlichen Kunst vollzogen, der diese besondere Art der Darstellung bewirkte.

Man kann es sich nun einfach machen und behaupten, der Grabtuchfälscher aus dem 14. Jahrhundert sei so schlau gewesen und habe das Bildnis einfach kopiert. Dies könnte aber problemlos durch einen handfesten historischen Beweis für die Existenz eines Tuches zwischen dem 6. Jahrhundert und dem Jahr 1204 mit dem Abdruck von Jesu Antlitz darauf widerlegt werden. Von einem solchen Grabtuch hätten Künstler aus Byzanz für Darstellungen von Jesus Christus, und ich habe ja oben bereits einige aufgezählt, stark beeinflußt werden können. Und vielleicht waren die Christusdarstellungen aus jener Zeit mit bestimmten kleinen, aber vielsagenden Merkmalen ausgestattet, an denen zu ersehen war, daß die Künstler das Grabtuchantlitz oder eine Kopie desselben als Vorlage verwendet hatten. In einem solchen Fall könnten wir nicht mehr dermaßen stark davon überzeugt sein, daß unser Grabtuch *nicht* aus älterer Zeit stammen könnte.

Gibt es nun ein solches Tuch, dessen Existenz für diese Zeit historisch zweifelsfrei belegt ist? Erinnern wir uns an die Worte Robert de Claris, der in der Kirche der hl. Maria zu Blachernai ein »Grabtuch« mehrere Monate, bevor es infolge des Überfalls der Kreuzritter auf Konstantinopel verschwand, gesehen und es folgendermaßen beschrieben hatte: » … unter den Wundern, die es dort [in Konstantinopel] gibt, … war in der Kirche der heiligen Maria zu Blachernai *syndoines,* in die unser Herr gehüllt war. Jeden Freitag stand sie aufrecht, so daß die Gestalt unseres Herrn dort deutlich zu sehen war.«

Wie ich schon erwähnt habe, ist dieser Augenzeugenbericht eines französischen Kreuzritters erwiesenermaßen authentisch. Er sagt über sich selber, er könne »dies nicht so schön erzählen, wie ein Schriftsteller«, würde aber »durchweg die Wahrheit« sagen. Es kann keinerlei Zweifel daran geben, daß Robert mit »*figure*« das ganze Körperbild Jesu meinte, worauf ja auch seine Schilderung des Vorgangs hinweist, bei dem es mit einem mysteriösen Mechanismus in eine senkrechte Position gebracht wurde.

Doch viel verwirrender an Roberts Aussage ist zunächst, daß es sich auf den ersten (und auch auf den zweiten) Blick keineswegs

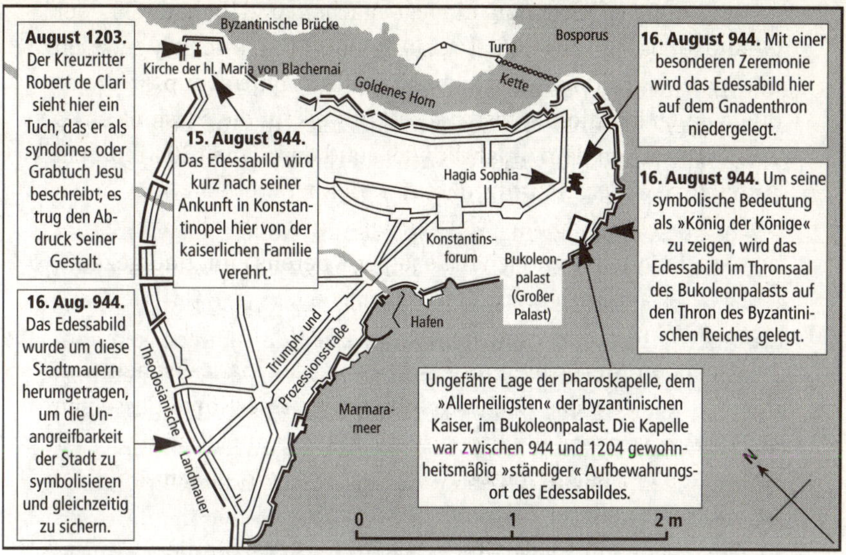

Darst. 16: Konstantinopel um 1204
Konstantinopel in byzantinischer Zeit (Grundlage war das Weichbild des heutigen Istanbul). Man sieht die ungefähre Lage der Kirche der hl. Maria zu Blachernai, in der Robert de Clari ein »Grabtuch« bewunderte, sowie den Bukoleon- oder Großen Palast, in dem die Reliquiensammlung der byzantinischen Kaiser verwahrt wurde.

eindeutig um das Grabtuch mit dem Bildnis Christi handelt; was diesen Punkt betraf, standen einige Herausgeber von Roberts Texten vor einem Rätsel. Bis zur Eroberung Konstantinopels im Jahr 1204 besaßen die byzantinischen Herrscher sicher die bedeutendste Sammlung angeblicher Reliquien Jesu, darunter auch Splitter des wahren Kreuzes, die Nägel, die Lanze, die Dornenkrone und das Grabtuch, das allerdings erst spät in den Inventarlisten auftaucht. Diese Reliquien wurden in einer eigenen Kapelle in dem an die Hagia Sophia und an das Hippodrom angrenzenden Großen Palast verwahrt (siehe Darst. 16). Im traditionellen Denken der Ostkirche galten sie als viel zu heilig, als daß sie dem gemeinen Volk normalerweise gezeigt worden wären. Nach ausführlichen Angaben zu den Reliquien sucht man demnach vergebens. Im

12. Jahrhundert ließen sich die byzantinischen Kaiser zwar als »Landsitz« einen prächtigen Palast in Blachernai im Nordwesten der Stadt bauen, bekanntermaßen war aber die wichtigste Reliquie in der Marienkirche das mutmaßliche Gewand der Muttergottes, das im 5. Jahrhundert aus Kapernaum in Palästina in die Stadt am Bosporus überführt worden war.

Das heißt nicht zwingenderweise, daß Robert de Clari das »Grabtuch« nicht in der Blachernenkirche gesehen haben könnte. Der Franzose hatte die Stadt in den letzten Monaten des Jahres 1203 immerhin unter sehr ungewöhnlichen Umständen kennengelernt. Die Einwohner Konstantinopels waren äußerst beunruhigt über die umherstreifenden, schwer bewaffneten Fremden, die den letzten Usurpator von Byzanz gefangengenommen und den rechtmäßigen, aber unbeliebten Kaiser wieder eingesetzt hatten. Die daraus erwachsenden Spannungen sowie die Verärgerung der Kreuzritter, daß ihr Sold für die geleisteten Dienste immer noch ausstand, eskalierten bald, und den Kreuzrittern wurden daraufhin die Tore der Stadt für weitere »Besuche« verschlossen. 1204 griffen die Kreuzritter ein weiteres Mal an und zogen plündernd und brandschatzend durch die Stadt.

Wie stets in solchen Fällen diplomatisch-politischer Spannungen riefen die Byzantiner, die ebenso gläubig wie abergläubisch waren, ihre Palladien, die schützenden Reliquien, um Hilfe an. Die Blachernenkirche war gewöhnlich der Ort, an dem sie sich zu diesem Zweck versammelten; so geschah dies im Jahr 626, als der Stadt ein Angriff durch die Avaren bevorstand, oder auch 860, als sie von den Russen bedroht wurde. Beide Male half das Gewand der Muttergottes, den Feind in die Flucht zu schlagen.

Warum hatte man das Gewand aber nicht auch 1203 angerufen? Ganz einfach: Die Stadt hatte kurz nach 860 ein neues und wirkungsvolleres Palladium – ein Tuch mit dem Bildnis Jesu – erstanden. Jeder wußte, daß dieses Tuchbild die Stadt Edessa im Jahr 544 höchst wirkungsvoll gegen die Perser geschützt hatte. Was nicht jeder wußte – und auch gar nicht wissen konnte, weil es zuvor nie eine öffentliche Ausstellung des Tuchbildes gegeben hatte –, war der Umstand, daß das Bildnis Seinen ganzen Leib zeigte und das Tuch das Begräbnislinnen Christi war. Entsprechend der landläufigen Ansicht wies das Tuch nur das Bild Seines körperlosen Antlitzes auf, jenes Antlitzes, das den erwähnten byzantinischen Christusdarstellungen zugrunde liegt und angeblich noch zu Jesu Lebzeiten entstand.

Können wir nun aber sicher davon ausgehen, daß das Edessabild, das im Jahr 1203 in Konstantinopel war und mit ebenso großer Wahrscheinlichkeit bei der Plünderung der Stadt verschwand, identisch mit dem Objekt war, das Robert de Clari sah, und mit jenem, das wir heute als Turiner Grabtuch kennen? Wenn sich unser Wissen des Grabtuches nur auf seine letzten Jahre beziehen würde, so wäre dies sehr viel einfacher zu beantworten. Als ich im letzten Kapitel Gervasius von Tilbury zitierte, der um 1211 ein Tuch erwähnte, auf dem Jesus »das wunderbare Abbild … des ganzen Leibes« abdrückte, versäumte ich, deutlich darauf hinzuweisen, daß sich Gervasius auf ebendieses Edessabild bezog. Er berichtet, wie die Geschichte des Tuchbildes bis in die Zeit Jesu zurückverfolgt werden kann. König Abgar von Edessa, eine unleugbar historische Gestalt, hatte einen Brief an Jesus geschrieben und ihn gebeten, zu ihm zu kommen. Jesu antwortete: »Willst Du wirklich meine Gestalt sehen, so sende ich Dir ein Tuch, auf dem das Bild nicht nur meines Angesichtes, sondern meines ganzen Leibes göttlich abgebildet ist.«

Gervasius von Tilbury war nicht der einzige in Westeuropa, der schrieb, daß das Edessabild den Abdruck von Jesu ganzem Leib aufweisen würde. Schon um 1141 schrieb der aus England gebürtige Mönch und Chronist Ordericus Vitalis (1075 bis um 1143), der mehr als die Hälfte seines Lebens in St. Évroult in der Normandie lebte, in seiner *Historia Ecclesiastica:* »Abgar regierte als König von Edessa. Ihm sandte Jesus, der Herr, … ein sehr kostbares Tuch, mit dem er den Schweiß von seinem Angesichte trocknete und auf welchem des Heilands Bild auf wunderbare Weise abgebildet erscheint: welches des Herrn körperliche Gestalt und Größe den Hinblickenden erkennen läßt.«[1]

Leider kann man diese Berichte westeuropäischer Chronisten, die mehr als 3000 Kilometer von Konstantinopel entfernt lebten, kaum als beweiskräftige Zeugnisse einstufen. Außerdem erwähnt keiner der beiden das Grabtuch als solches. Sie beschreiben zwar ausführlich, daß Jesus seinen ganzen Leib auf ein Leinentuch abgedrückt habe, merkwürdigerweise gehen beide aber davon aus, daß dieses Abbild zu seinen Lebzeiten entstand, und reihen sich damit in die Gruppe jener ein, die glaubten, daß das Bild nur das Antlitz zeigen würde.

Bei den Chronisten aus dem Osten suchen wir vergeblich nach einer realistischen Beschreibung des Grabtuches, von dem es in jener Zeit hieß, daß es mit anderen wichtigen Reliquien der Passion im Großen Palast zu Konstantinopel verwahrt würde. Am nächsten kommt diesem Nikolaos Mesarites, der damalige Kustos der Reliquiensammlung im Großen Palast zu Konstantinopel und somit eine Autorität. In einer Auflistung aus dem Jahr 1201 erwähnt er die »Begräbnis-Sindones[2] Christi: ... aus einem Linnen von billigem und leicht erhältlichem Material. Immer noch duften sie nach Myrrhe und widerstehen dem Verfall, weil sie den geheimnisvollen, nackten toten Leib nach der Passion einhüllten.«

»Geheimnisvoll«, weil konturlos (Mesarites verwendet das griechische Wort *aperíleptos,* »ohne Umriß«): Dieser Aspekt ist besonders interessant, da diese Konturlosigkeit ja auch das Hauptmerkmal des Bildes auf dem Turiner Grabtuch ist. Daß der Leib nackt war, konnte Mesarites allerdings nur wissen, wenn er auf dem Tuch nach dem Abdruck suchte. Doch Mesarites drückte sich leicht kryptisch aus und sagte nicht direkt, daß sich ein solcher Abdruck auf dem Tuch befand. Seinen Angaben kann somit kein allzu großes Gewicht beigemessen werden. Daß in einigen Inventarlisten der kaiserlichen Reliquiensammlung das Grabtuch Jesu und das wahrscheinliche Edessabild als zwei verschiedene Gegenstände aufgeführt werden, macht die Sache auch nicht einfacher, denn solche Listen können natürlich nicht als unbedingt zuverlässig gelten.

Wir haben uns vorgenommen, auf jeder Station unseres Gangs

durch die Geschichte nach einem zeitgleichen *bildlichen* Hinweis auf die Existenz des Grabtuches zu suchen. Der Moment scheint nun gekommen zu sein. Wie wir schon sahen, kann man zu jener Zeit keine Darstellungen von Grabtuchausstellungen in der Art des Pilgermedaillons von Lirey oder der Gedenkdrucke aus Turin erwarten. Ob nun das Grabtuch in Konstantinopel und das Edessabild ein und derselbe Gegenstand sind – für beide gilt, daß üblicherweise keines öffentlich ausgestellt wurde. Die Ausstellung im Jahr 1203 scheint in dieser Hinsicht eine einzigartige Ausnahme gewesen zu sein.

Darstellungen aus jener Zeit, die Jesus im Tod mit gekreuzten Händen zeigen wie auf dem Grabtuch – eine Pose, die fälschlicherweise als Beleg für die »Schamhaftigkeit« des Grabtuchfälschers ins Feld geführt wurde –, sind in dieser Hinsicht sehr aufschlußreich. In der Széchenyi-Nationalbibliothek in Budapest wird das sogenannte Pray-Manuskript aufbewahrt, das bei den Magyaren als erster überlieferter Text in finnugrischer Sprache gilt und zuverlässig auf die Jahre 1192 bis 1195 datiert werden kann. Von großem Interesse für alle Erforscher des Grabtuches sind vier Seiten mit Farbillustrationen, besonders die dritte Seite ist höchst aufschlußreich (Abb. 35a). Auf dem oberen Bild sieht man, wie Joseph aus Arimathäa und Nikodemus den Leichnam Jesu Christi für die Grablegung vorbereiten, und auf dem unteren Bild ist der Gang der Frauen zu dem von Engeln bewachten, leeren Grab dargestellt.

Als ich diese Illuminationen in den siebziger Jahren zum erstenmal sah, fiel mir besonders auf, daß der tote Christus auf dem oberen Bild so wie auf dem Grabtuch in unverkennbarer Pose und in vollständiger Nacktheit dargestellt ist. Das Fehlen jeder Bekleidung allein ist für die byzantinische Kunst schon sehr untypisch. Für mich war das ein ausreichender Grund, diese Darstellung in meinem ersten Buch über das Grabtuch zu publizieren; allerdings versäumte ich damals, nach anderen Punkten zu suchen, die eine Verbindung zum Grabtuch aufweisen und deren Darstellungen unserem Grabtuchbild noch ähnlicher sind. Diese wurden erst kürzlich von französischen Wissenschaftlern entdeckt, zu denen auch der bereits erwähnte Jérôme Lejeune gehörte, die eigens nach Budapest gereist waren, um das Pray-Manuskript im Original zu studieren.

Erstens sind gerade bei der oben erwähnten Illustration wie auf dem Grabtuch alle vier Finger jeder Hand dargestellt, aber nicht die Daumen – bei den anderen Illustrationen des Pray-Manuskripts sind die Daumen ganz normal zu erkennen. Zweitens erkennt man auf der Darstellung von Christus im Tode einen einzelnen Blutfleck über seinem rechten Auge, der mit roter Farbe gemalt wurde und genau an der Stelle des wie die Zahl »3« geformten Blutflecks auf der Stirn des Grabtuchantlitzes sitzt. Drittens ist im Pray-Manuskript bei einer anderen Darstellung des Thronenden Christus das Wundmal auf der linken Hand im Handteller gezeichnet, bei der rechten Hand jedoch unverkennbar auf dem Handgelenk, was sehr ungewöhnlich ist.

Das bedeutendste Charakteristikum wurde jedoch zum erstenmal 1986 von dem Dominikanermönch Père A. M. Dubarle aus dem Kloster Saint-Joseph-des-Carmes in Paris beschrieben. Im unteren Bild jener Seite des Pray-Manuskripts ist auf dem Deckel des Sarkophags, der Jesu Grab symbolisiert, ein teilweise aufgerolltes Grabtuch zu erkennen, bei dem es sich offensichtlich um das Grabtuch Jesu Christi handelt. Betrachtet man dieses Tuch ganz genau, so kann man darauf die »Schürhakenspuren« – in einer Reihe drei kleine Löcher und ein weiteres etwas versetzt (Darst. 17a) – sehen, wie sie auch auf dem Grabtuch zu erkennen sind (Abb. 35b); wie man weiß, stammen sie aus einem Brand vor 1532. Größere Löcher dieser Art bemerkt man auch auf dem Sarkophagdeckel (Darst. 17b). Ist es purer Zufall, daß der Sarkophagdeckel ein deutlich zu erkennendes Fischgrätmuster besitzt?

Professor Lejeune schloß aus der Untersuchung dieser Merkmale: »Solche Details finden sich derart massiert außer auf dem Turiner Grabtuch bei keiner anderen bekannten [Christus]darstellung. Man muß daher zwingend davon ausgehen, daß der Illuminator des Pray-Manuskripts … ein Modell vor Augen hatte, das

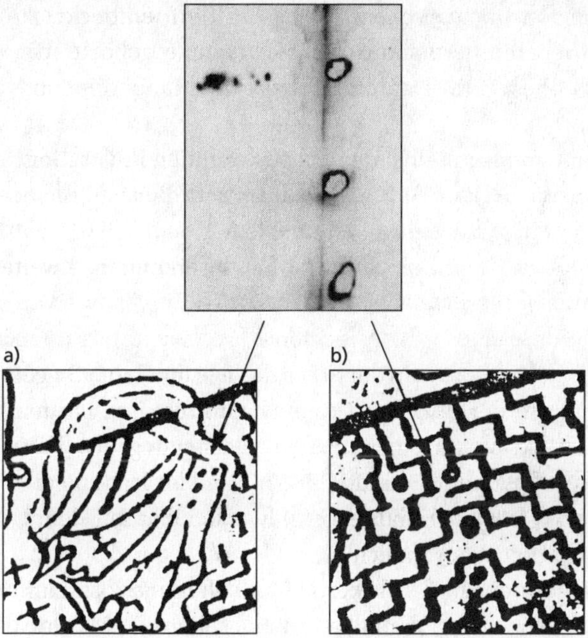

Darst. 17: »Schürhakenspuren« des Grabtuches, wie man sie im ungarischen Pray-Manuskript von 1192 sieht; sie stimmen recht gut mit dem Turiner Grabtuch überein
a) Die Vierergruppe der Löcher (zur besseren Orientierung vergrößert wiedergegeben) im aufgerollten Grabtuch auf dem Sarkophag, b) einige ganz ähnliche Löcher auf dem Sarkophagdeckel, der bezeichnenderweise ein Fischgrätmuster aufweist

alle Einzelheiten des Turiner Grabtuches in minutiöser Wiedergabe aufwies.«[4]

Die Buchmalerei des Pray-Manuskripts ist das besterhaltene Beispiel für eine grabtuchähnliche Darstellung Jesu im Tode aus dieser Zeit. Ähnliche Darstellungen wurden aber bereits schon im 11. Jahrhundert hergestellt, unter anderem eine byzantinische Elfenbeinschnitzerei, die Jesus im Lendenschurz zeigt und heute im Victoria and Albert Museum in London aufbewahrt wird (Abb. 34b). Ein byzantinisches Email aus dem 12. Jahrhundert ist heute in der Eremitage in St. Petersburg zu sehen; direkt unterhalb der Kreuzigungsszene ist Jesus im Tode auf seinem Grabtuch dargestellt, die Inschrift lautet: »Christus wird hier dargebracht (prokeitai) und hat zugleich Anteil an der Gottheit (metexetai theoo).«[5]

Es gibt auch grabtuchähnliche Darstellungen des Oberkörpers Jesu Christi bei der Auferstehung, so zum Beispiel die schon erwähnte Darstellung des Ruhmreichen Königs (Abb. 33b). Vielleicht stehen sie in Zusammenhang mit dem bei Robert de Clari erwähnten Grabtuch, das jeden Freitag »aufrecht stand«.

Wie vielsagend solche kunsthistorischen Überlegungen hinsichtlich unseres Grabtuches auch sind – die Darstellungen selbst bleiben stumm. Sie können uns nicht mitteilen, ob unser Grabtuch identisch ist mit dem »Grabtuch« von Konstantinopel oder mit dem Edessabild.

Über das Edessabild finden sich für die Zeit vor 1204 in historischen Quellen vergleichsweise viele Angaben. Bisher haben wir dies immer nur am Rande erwähnt, doch nun sollten wir uns eingehender damit beschäftigen. Soweit man weiß, stammt es aus Edessa, dem heutigen Urfa, in Anatolien in der Nähe der syrischen Grenze. Edessa gehörte im 6. Jahrhundert zum byzantinischen Herrschaftsgebiet, und im 7. Jahrhundert fiel die Stadt und auch das Edessabild in die Hände der Muslime. Erst 943 erstarkte das byzantinische Reich wieder soweit, daß ein entschlossener Versuch unternommen werden konnte, das Edessabild den Muslimen zu entreißen und wieder für die Christenheit zu gewinnen.

Kaiser Romanus schickte Truppen nach Osten, die unter dem Oberbefehl seines fähigsten Generals, Johannes Kurkuas, standen. Die Armee lagerte vor den Toren der Stadt, und Kurkuas versprach dem erstaunten Emir von Edessa, daß Byzanz Edessa nie mehr angreifen, 200 muslimische Gefangene freilassen und 12000 Silberstücke bezahlen würde, wenn er nur das Tuch mit dem Bildnis Christi ausgehändigt bekäme.[6] Dieses Angebot klang zu gut – besonders für einen Muslim –, als daß man es hätte ausschlagen können; der irritierte Emir suchte aber dennoch um Rat beim Kalifen von Bagdad nach. Nach langen Beratungen akzeptierten der

Kalif und seine Kadis Kurkuas´ Bedingungen. Ein hochgestellter Geistlicher der orthodoxen Kirche, der zum Gefolge von Johannes Kurkuas gehörte, nahm nach eingehender Prüfung das echte Tuchbild entgegen (es soll mindestens einen Betrugsversuch gegeben haben)[7] und überführte es, eskortiert von Kurkuas´ Truppen, von Anatolien nach Konstantinopel.

Am 15. August 944, an Mariä Himmelfahrt – den Tag hatte man gewählt, weil Maria als »Gefäß« Jesu galt und das Edessabild immer wieder mit ihr in Verbindung gebracht wurde –, wurde das Tuchbild mit einem Boot über den Bosporus gebracht und in der Blachernenkirche niedergelegt, wo es von der kaiserlichen Familie betrachtet und verehrt wurde. Am 16. August, der zum Feiertag zu Ehren des Edessabildes erklärt wurde und noch heute von der griechisch-orthodoxen Kirche entsprechend begangen wird, wurde es um die Stadtmauern getragen, um symbolisch darzustellen, daß es das neue Palladium Konstantinopels und zudem noch wirkungsmächtiger als das Gewand der Muttergottes sei, das in der Blachernenkirche aufbewahrt wurde. Danach wurde es erst in der Hagia Sophia und dann im Thronsaal des Großen Palastes gekrönt und auf den Thron gelegt; auf diese Weise sollte manifestiert werden, daß es der »König der Könige« Konstantinopels ist. Nach allen zeremoniellen Handlungen wurde es an seinen Platz in der Pharoskapelle des Palastes gebracht und war fortan Teil der beispiellosen kaiserlichen Sammlung von Passionsreliquien.

Was war nun dieses Tuch, das für die Byzantiner solch enorme Bedeutung besaß? Zeitgenössische Wissenschaftler, wie beispielsweise der hochangesehene englische Historiker Sir Steven Runciman, einer der besten Kenner der Geschichte der Kreuzzüge, oder der Altphilologe Averil Cameron, der am King´s College in London lehrt,[8] sprechen vom Edessabild lediglich als »einer alten Ikone, deren Ursprünge wohl kaum geklärt werden können«.[9] Sie sind der Meinung, daß es sich hierbei kaum um das Turiner Grabtuch handeln kann, denn das Wort »Mandylion«, wie das Edessabild später in der byzantinischen Kunst oft genannt wurde, bezeichne keinen Gegenstand von solcher Größe. Steven Runciman schreibt:

»Das Edessabild wurde im Unterschied zu ›síndon‹ [Grabtuch] von den Byzantinern immer ›mandélion‹ genannt, ›Kopftuch‹.«[10]

Waren die Byzantiner, die Nachfahren der Griechen, aber tatsächlich so leichtgläubig, für ein altes Gemälde solche Mühen auf sich zu nehmen, Verzicht solchen Ausmasses auf sich zu nehmen – man rufe sich die gewaltige Summe Silbers ins Gedächtnis zurück – und es überdies in den Mittelpunkt solch hochrangiger Zeremonien zu stellen? Man darf dabei eines nicht vergessen: In Byzanz hatte 100 Jahre zuvor der Bildersturm gewütet, und die Menschen hatten damals heftige Gefühle gegen gemalte Bildnisse gehegt. Können wir also davon überzeugt sein, daß das Edessabild nur von der Größe eines Kopftuches war, wie Steven Runciman und Professor Cameron behaupten? Wie gelangen Gervasius von Tilbury und Ordericus Vitalis weit entfernt von Byzanz zu der Annahme, daß das Edessabild den Abdruck von Jesu ganzem Leib getragen habe, wenn es sich tatsächlich nur um ein kleines Tuch handelte? Und was sagen die Byzantiner selbst über das Tuch, das sie 943/944 unter großer finanzieller Belastung erworben hatten?

Zufällig wurde ein Jahr später aus Anlaß der ersten Wiederkehr der Überführung des Edessabildes nach Konstantinopel eine offizielle Chronik des Tuches verfaßt, von der Abschriften erhalten sind.[11] Der Autor der Narratio de Imagine Edessena spricht deutlich von den grabtuchähnlichen Merkmalen des Abdrucks. Er war davon so irritiert, daß er über die Entstehung des Tuchbildes zwei verschiedene Versionen verfaßte, denn er gibt zu: »Es wäre ganz und gar nicht überraschend, wenn die Tatsachen oft entstellt sind angesichts der Zeit, die vergangen ist.«

In seiner ersten Version der Geschichte, die schon im 6. Jahrhundert im Umlauf war, wusch Jesus sein Antlitz und hinterließ auf dem Handtuch, mit dem er sich abtrocknete, einen Abdruck. In der zweiten Version, die sich auf keine erhaltene Quelle stützt, heißt es, daß es angeblich durch Jesu Todesnot im Garten Gethsemane entstand: »Sein Schweiß war wie Blut, das auf die Erde tropfte.«[12] Jesus soll ein Stück Tuch genommen und sich den Schweiß vom

Angesicht gewischt haben, wodurch sich seine Züge im Tuch abdrückten; dieses Mal wies der Abdruck eindeutig Blut auf.

Aus beiden Geschichten geht klar hervor, daß die Byzantiner um 945 nicht wußten, daß es sich um das Grabtuch Jesu handelte. Wäre es ihnen nämlich bekannt gewesen, so wäre die Sache heutzutage klar. Angesichts dieser widersprüchlichen Angaben können wir zunächst nur davon ausgehen, daß das Grabtuch damals vielleicht gefaltet und ausschließlich das Antlitz zu sehen war und man erst bei einer späteren, etwas genaueren Untersuchung entdeckte, daß es den Abdruck des ganzen Leibes aufwies. Dies würde die Angaben über die Ausmaße des Tuches bei Gervasius von Tilbury und bei Ordericus Vitalis erklären, obwohl sie sich sonst eng an das Original hielten. Der Blutschweiß, durch den der Narratio zufolge das Edessabild entstand, stimmt zumindest mit den typischen Merkmalen auf dem Turiner Grabtuch überein. Am Anfang der Narratio schreibt er, »durch eine nasse Feuchtigkeit ohne Farbe oder Malkunst [sei] ein Abdruck des Antlitzes auf das Leinentuch gemacht«. Er spricht also nur vom Bild eines Antlitzes; offensichtlich kannte er das Ganzkörperbild nicht. Das ist hochproblematisch.

Es ist nun von entscheidender Bedeutung, ob es uns gelingt, das Aussehen des Antlitzes zu rekonstruieren. Nur eine kleine Zahl von Kopien des Edessabildes aus den zweieinhalb Jahrhunderten, in denen es sich in Konstantinopel befand, sind erhalten. Da byzantinische Darstellungen grundsätzlich nicht naturalistisch sind, unterscheiden sie sich alle sehr stark voneinander. Einige Kopien gelangten in westeuropäische Länder – so die »Sainte Face« von Lâon, das »Sacro Volto« von Genua« und wohl auch die berühmte »Veronika« von Rom –, wo sie Kultstatus genossen und häufig auch übermalt oder in anderer Größe adaptiert wurden.[13] An diesen Kopien wird jedoch ersichtlich, daß das Antlitz auf dem Edessabild einen bräunlich-monochromen Ton aufwies, es in strenger Frontalansicht dargestellt war und auf dem Tuch »körperlos« wirkte – alle diese Einzelheiten erinnern sehr stark an das Grabtuch.

Fresken in serbischen, russischen und zypriotischen Kirchen sind zuverlässigere Quellen, da sie kaum größeren Veränderungen unterworfen wurden; Beispiele finden (oder fanden) sich in der Verkündigungskirche in Grada(c12), Studeni(c12)a, Káto Léfkara (Abb. 37b) und in der Erlöserkirche an der Nerediza, Nowgorod (Abb. 37c).[14] An ihnen kann man möglicherweise Hinweise auf das Aussehen des Originals finden; so weisen manche Fresken beispielsweise ein Netzmuster auf, und dieses formale Detail könnte auf das Gitter zurückgehen, hinter dem das Edessabild aufbewahrt wurde. Das Antlitz befindet sich auf einem querformatigen Tuch, an den Seiten ist also mehr Platz, als ein Maler bei einem Porträt auf Leinwand normalerweise ausgespart hätte.

Auf eine besonders interessante Kopie des Edessabildes machte mich Lennox Manton aufmerksam. Der pensionierte Zahnarzt und angesehene Fachmann für kappadokische Fresken entdeckte das Fresko jüngst in der »Verborgenen« Kirche im kappadokischen Göreme zwischen Urfa (Edessa) und Istanbul (Konstantinopel) in der Zentraltürkei. Es stammt aus dem 10. oder dem frühen 11. Jahrhundert. Trotz einiger Beschädigungen des Antlitzbildes ist die Ähnlichkeit mit dem Gesicht auf dem Grabtuch nicht von der Hand zu weisen. Es handelt sich um das gleiche bräunliche, körperlose und in strenger Frontalansicht wiedergegebene Antlitz auf einem querformatigen Tuch. (Betrachtet man nur das Antlitz auf dem Grabtuch, so stellt man fest, daß an den Seiten im Verhältnis zum Antlitzbild viel Platz ist [Abb. 36a].) Aus der Narratio wissen wir, daß der Abdruck auf dem Edessabild anmutete, als sei es »durch eine nasse Feuchtigkeit ohne Farbe oder Malkunst« entstanden. Können wir also annehmen, daß es sich hier nicht um unser Turiner Grabtuch handelte?

Dies hängt natürlich sehr stark davon ab, ob das Edessabild mehr Merkmale aufwies, als das bloße Auge wahrnehmen kann, oder ob Sir Steven Runciman und Professor Cameron mit ihrer Behauptung recht haben, bei dem Edessabild handele es sich nur um ein kopftuchgroßes Leinentuch. Ausdrücklich möchte ich hier erwähnen, daß der Begriff »Mandylion«, den Sir Steven als entscheidendes Argument für seine Hypothese anführt, in der Narratio an keiner Stelle vorkommt. Zum erstenmal scheint der Begriff um 990 in der Biographie des Asketen Paul vom Berg Latros verwendet worden zu sein, der eine Vision dieses Tuches hatte. Der deutsche Wissenschaftler Ernst von Dobschütz trug Dutzende von Erwähnungen des Edessabildes zusammen, in diesen taucht der Begriff »Mandylion« nur in drei Zitaten auf. Und wenn damit ein kleines Tuch bezeichnet wurde, so besitzt dies nur ganz geringe Aussagekraft, von Überzeugungskraft will ich hier erst gar nicht reden.

Bei unserer Suche nach weiteren Hinweisen für mögliche Maße des Edessabildes finden wir bei dem griechischen Theologen Johannes Damaskenos im 8. Jahrhundert den Begriff *himátion*, der für das etwa zwei Meter breite und drei Meter lange Oberkleid der Griechen des Altertums verwendet wurde. Die alten Griechen waren zwar nicht gerade prüde, aber auch sie hätten ein kopftuchgroßes Gewand wohl etwas knapp bemessen gefunden. Leon, der Anagnost, nennt das Edessabild *péplos*, womit unmißverständlich ein langes Gewand gemeint ist.

Von allen Bezeichnungen, die für das Edessabild gebraucht werden, fand ich den ungewöhnlichen griechischen Begriff *tetrádiplon* am überzeugendsten, auch wenn er nur an zwei Stellen, nämlich in einer Handschrift aus dem 6. Jahrhundert und in der Narratio, vorkommt. Dieser Begriff setzt sich aus zwei sehr gängigen Teilen zusammen, aus dem Präfix tetra für »vier« und diplon für »doppelt«, »gefaltet«, was in der Wortkombination also eindeutig »viermal doppelt gefaltet« bedeutet.

Das Edessabild war also offensichtlich »viermal doppelt gefaltet«. Das hat mich vor mehr als 20 Jahren veranlaßt, ein Experiment durchzuführen. Ich wollte seinerzeit mit Hilfe einer Fotografie herausfinden, was passieren würde, wenn man das Grabtuch viermal zusammenlegt (Darst. 18). Über das Endergebnis war ich wahrscheinlich genauso überrascht wie Secondo Pia, als er das versteckte Negativ auf seiner Aufnahme sah. Zu meinem Erstaunen wirkte das Antlitzbild merkwürdig körperlos, und das Grabtuch war außerdem plötzlich querformatig, genauso wie das Edes-

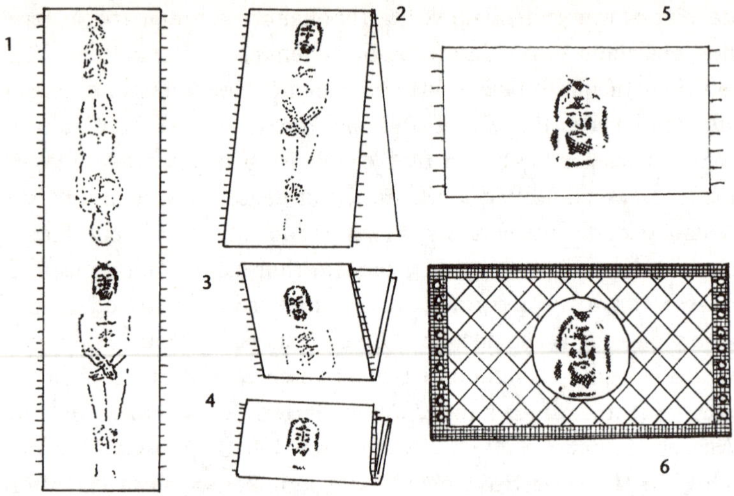

Darst. 18: Wenn man das Grabtuch »viermal doppelt« faltet, sieht es so aus wie künstlerische Darstellungen des Edessabilds

1) Das Grabtuch in voller Länge

2) Das Grabtuch, einmal gefaltet

3 und 4) Das Grabtuch, zweimal und viermal »doppelt gefaltet«

5) Wird das Tuch so zusammengelegt, wirkt das Antlitz körperlos und das Grabtuch wird zum Querformat so wie auf den ältesten bekannten Kopien des Edessabildes

6) So könnte das Grabtuch ausgesehen haben, wenn es auf eine Holztafel aufgezogen und mit Gold verziert wurde, wie es vom Edessabild heißt. Womöglich lag es unter einem Gitter; das könnte das Netzmuster erklären, das einige Darstellungen des Edessabildes aufweisen. Auf manchen Darstellungen kann man auch erkennen, daß das Tuchbild am Saum mit Nägeln auf dem Holz befestigt war. Leider konnten die Kanten des Grabtuches wegen Prinzessin Klothildes blauer Einsäumung nie richtig fotografiert werden.

sabild auf den Darstellungen in Göreme, Grada(c12) oder Studeni(c12)a ist, die ich damals noch nicht kannte.

Wenn man sich vorstellt, daß das Grabtuch auf eine solche Art und Weise gefaltet, auf eine Holztafel aufgezogen und mit Gold verziert wurde und die inneren Lagen nicht sichtbar waren (so jedenfalls wurde das Edessabild der Narratio zufolge aufbewahrt), so konnte jeder Betrachter gar nicht anders als davon ausgehen, daß es sich nur um ein Antlitzbild handelt. Der Negativcharakter des Bildes war schließlich völlig unbekannt, und niemand konnte die geöffneten Augen Jesu Christi »sehen«; so wirken sie nämlich auf dem Tuchbild, und so wurden sie auch von Künstlern dargestellt, die das Turiner Grabtuch kopierten.

Wenn das Grabtuch also auf diese Weise gezeigt wurde, mußten die Leute verständlicherweise davon ausgehen, daß das Bildnis zu Jesu Lebzeiten entstanden war (wie es auch in früherer Zeit hieß). Dem widersprechen natürlich die Blutrinnsale auf der Stirn und das Blut im Haar. Dies scheint auch den Verfasser der Narratio irritiert zu haben, denn in der zweiten Version der Entstehungsgeschichte des Bildes schreibt er, es sei durch den »Blutschweiß hervorgebracht, der in der Todesnot im Garten Gethsemane von Jesu Angesicht rann«.

Es gibt Hinweise, daß einige Privilegierte kurz nach der Ankunft des Edessabildes in Konstantinopel mehr in Augenschein nehmen durften als nur das Antlitzbild. Im Jahr 1987 stieß der Altphilologe Gino Zaninotto in der Vatikanischen Bibliothek zufällig auf eine byzantinische Handschrift,[15] die ich bei meinem Quellenstudium in den sechziger und siebziger Jahren noch nicht kannte und die auch dem umfassend gebildeten Ernst von Dobschütz entgangen war. Es handelt sich dabei um eine Homilie Gregors, der 944 bei der Ankunft des Edessabildes in Konstantinopel Erzdiakon der Hagia Sophia war und offenbar das Bild sah. Er schreibt, daß das Bild nicht entstanden sein konnte, als Jesu sich wusch, sondern daß es »die Schweißtropfen aufnahm, die in der Todesnot [in Gethsemane] wie Blut vom Antlitz des Herrn rannen«; darin stimmt er mit dem Verfasser der Narratio überein und fährt fort: »Von diesem Schmuck ist das wahre Bildnis Christi gefärbt und verziert von den Rinnsalen der [Bluts]tropfen aus Seiner Seitenwunde. Diese beiden [Dinge] sind von großer symbolischer Bedeutung – hie Blut und Wasser, da der Schweiß von Seinem Antlitz.« Diese Behauptung ist nur dann sinnvoll, wenn sich Gregor auf ein Tuch bezog, das perfekt mit dem Turiner Grabtuch übereinstimmt.

Gregor sah das Tuch mit eigenen Augen, und ihm zufolge trug das Edessabild nicht nur den Blutschweiß Seines Angesichts, sondern auch ein Mal der Seitenwunde. Gregor verfolgte diesen Punkt nicht weiter, denn damit hätte er der Überlieferung widersprochen. Dieses Mal konnte aber logischerweise erst nach der Kreuzabnahme des toten Jesus auf das Tuch gelangt sein; mit anderen Worten, das Tuch mußte Jesu Grabtuch sein.

Es gibt noch weitere Beweise für diese These. Wenn das Edessabild und das Turiner Grabtuch identisch sind, so müssen auf letzterem Spuren zu finden sein, alte Falze etwa, die beweisen, daß es über einen langen Zeitraum »viermal doppelt gefaltet« war. Im Zuge der STURP-Untersuchung im Jahr 1978 wurde auch eine Röntgenaufnahme des Grabtuches gemacht, um solche Falze nachzuweisen. Die Aufnahme zeigt, daß das Grabtuch buchstäblich von Hunderten solcher alten Falze durchzogen ist; man kann auch eine Reihe deutlicher Falzkämme und -furchen erkennen, die ziemlich genau an den Stellen verlaufen, an denen das Tuch laut Rekonstruktion »viermal doppelt gefaltet« gewesen sein muß (Darst. 19).[16]

Da die Falze leicht schief verlaufen und es an einer Stelle sogar vier Falze auf einmal gibt, konnte Dr. John Jackson vom STURP auch die sehr überzeugende Schlußfolgerung ziehen, daß diese viermal doppelte Faltung auf eine bestimmte Weise entstanden und das Grabtuch um ein Kantholz von der Breite des Grabtuches gewickelt worden war.[17] Sollte das Grabtuch in einem Schrein aufbewahrt worden sein, der nur wenig breiter als das Grabtuch selber war, und sollte es außerdem eine mechanische Vorrichtung gegeben haben, mit der das Grabtuch über dem Falz, der auf der Vorderansicht über die Schultern verläuft, hochgezogen wurde, so

Darst. 19: Alte Falze auf dem Grabtuch
Mit Hilfe von Röntgenaufnahmen, die 1978 gemacht wurden, konnte Dr. John Jackson alte Falze identifizieren, die deutlich als Falzkämme und Falzfurchen zu erkennen sind und darauf verweisen, daß das Grabtuch einst »viermal doppelt« gefaltet war. Die Vielzahl der Falze an den Punkten D und F stützen diese These (siehe auch Darst. 20). (Darstellung beruht auf der Originalskizze von Dr. Jackson, dort verlaufen die Falze allerdings nicht so gerade wie auf meiner Zeichnung.)

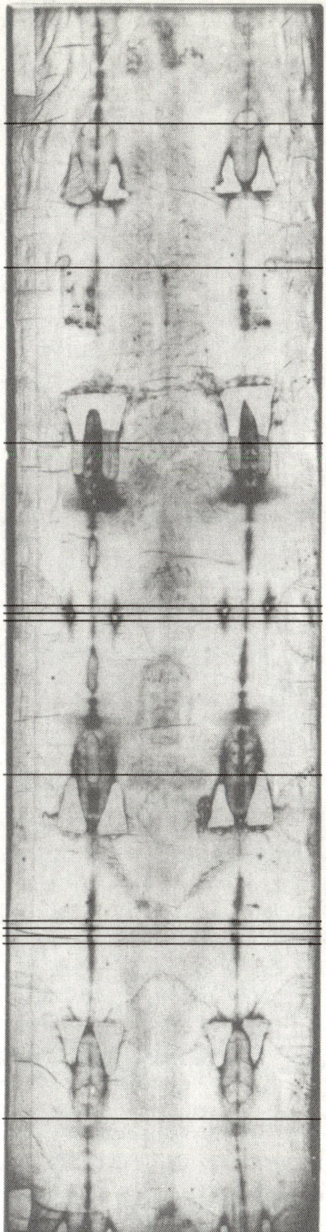

A – Falzkamm

B – Falzkamm

C – Falzfurche

D – Stelle mit vielen Falzen und ein verblichener, sieben Zentimeter breiter Streifen

E – Falzkamm

F – Drei Falzfurchen, ein Falzkamm

G – Falzfurche

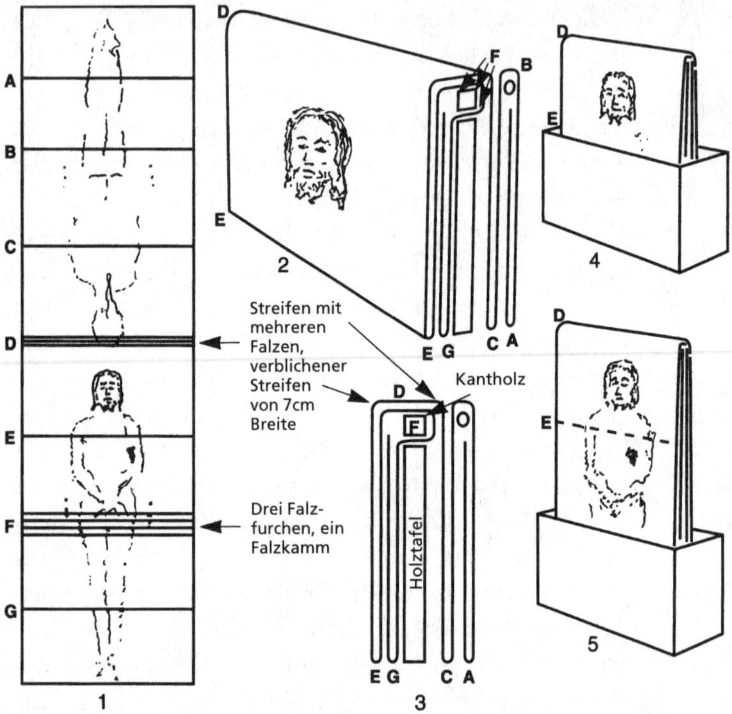

Darst. 20: Das Grabtuch »stand jeden Freitag aufrecht«
Die Rekonstruktion einer möglichen »Aufrichtung« des »Grabtuches« aus seinem Schrein, wie sie von Robert de Clari aus dem Konstantinopel des Jahres 1203 berichtet wird, erfolgte mit Hilfe des Verlaufs der Falze: 1) Die Falze nach Jackson; 2) Jacksons Rekonstruktion der Faltung um ein Kantholz an der Falz F; 3) Jacksons Skizze der Faltung im Schrein; 4) erste Phase der Aufrichtung; 5) zweite Phase der Aufrichtung. Wie das Grabtuch aufgerichtet worden sein könnte, ist natürlich nur eine Vermutung. Daß die Byzantiner Spaß an solchen technischen Spielereien hatten, ist bekannt. Dr. Jackson rekonstruierte auch eine originalgroße technische Vorrichtung, die auf ihren Einsatz wartet.

könnte das Endresultat nach John Jacksons Ansicht tatsächlich ein senkrechtes Aufrichten des Tuches gewesen sein, so wie es Robert de Clari sah und schilderte (Darst. 20).

Wir Skeptiker können uns vielleicht nur schwer vorstellen, welche Ehrfurcht »die Auferstehung aus dem Grab« jenen eingeflößt haben muß, die als würdig erachtet wurden, damals das Grabtuch in Konstantinopel zu sehen. Ein solches Szenario könnte eine Erklärung dafür liefern, wieso in manchen Gralssagen der Gekreuzigte bei besonderen Messen in Seinen Wunden erscheint. Auch wäre solch eine technische Spielerei typisch für die Freude der Byzantiner an technischen Erfindungen gewesen. Ausländische Botschafter am Hof von Konstantinopel berichteten immer wieder mit Erstaunen von seltsamen Begebenheiten. So saß der Kaiser bei einer Gelegenheit erst leicht erhöht vor ihnen auf dem Thron, und im nächsten Moment wurde er wie durch Zauberhand an die Decke gehoben und trug sogar andere Gewänder. Es gab auch brüllende mechanische Löwen. In der bei Robert de Clari erwähnten Blachernenkirche teilte sich auf wundersame Weise jeden Freitag der Schleier vor einer besonders wertvollen Ikone der Jungfrau Maria. Zweifellos besaßen die Byzantiner ausreichend Geschick und Können, um das Grabtuch spektakulär »aus dem Grab auferstehen« zu lassen, sofern sie das Grabtuch besaßen. Und alles spricht für diese These.

Gehen wir nun wenigstens vorübergehend davon aus, daß das Edessabild identisch mit dem Turiner Grabtuch ist, und suchen wir nach weiteren Hinweisen aus der Zeit vor der Überführung des Edessabildes nach Konstantinopel im Jahr 944. Im 7., 8. und 9. Jahrhundert ist die Existenz des Tuchbildes in Edessa im Grunde genauso gut belegt wie seine Aufbewahrung in Konstantinopel. Wir dürfen uns Edessa nicht als einen vom Islam geprägten Ort vorstellen, wie es das heutige Urfa ist (Abb. 40a). Die Stadt wurde zwar im 7. Jahrhundert von den Muslimen erobert, es standen allerdings überall noch Kirchen. Diese vielen Gotteshäuser spiegelten natürlich auch das Sektierertum der damaligen Zeit wider, sie unterstrichen aber vor allem Edessas Ruhm in der christlichen Hemisphäre als Standort des Tuchbildes mit Jesu Antlitz sowie die bereits früh einsetzende Christianisierung dieser Stadt.

Die größte und eindruckvollste Kirche war die Kathedrale, die nach der Zerstörung des ersten Baues durch die verheerende Überschwemmung im Jahr 525 vollständig wiederaufgebaut und umgestaltet wurde. In dieser Kathedrale wurde das Edessabild in einer eigenen Kapelle mit eigenem Kustos aufbewahrt. Mit einer besonderen Zeremonie wurde es ungefähr einmal im Jahr aus seinem Schrein geholt, es war aber viel zu heilig, als daß es öffentlich ausgestellt wurde wie das Grabtuch in Lirey oder das Turiner Grabtuch. Eine Hymne aus dem Jahr 569 besingt die Schönheit der Kathedrale und vergleicht die Farbe ihres Marmorwerks mit dem »Bildnis – kein Werk Sterblicher«, die übliche Beschreibung des Abdrucks auf dem Edessabild. Dies ist der älteste erhaltene historische Hinweis auf die Existenz des Edessabildes in jener Zeit.

Leider sind aus dieser Zeit weder direkte Kopien noch freie Nachahmungen des Edessabildes erhalten, wie wir sie aus Göreme, Nowgorod oder Grada(c12) kennen. Unabhängig davon, ob es sich beim Edessabild und beim Turiner Grabtuch um das selbe Tuchbild handelt, so ist es das erstemal bei unserem Gang durch die Geschichte, daß wir mit leeren Händen dastehen. Dies ist zweifellos auf den Bilderstreit über die Angemessenheit von Christusdarstellungen überhaupt und auf die Bilderstürmer des 8. und 9. Jahrhunderts zurückzuführen. Zu jener Zeit wurde das Tuchbild offenbar in ein statthaftes indirektes Abbild Jesu übersetzt, in den Pantokrator, den Herrscher des Weltalls.

Es kann sicher kein Zufall sein, daß zeitgleich mit dem Wiederauftauchen des Edessabildes als historisch belegtes Objekt – der Überlieferung zufolge wurde es 544 bei der persischen Belagerung in einer Nische über einem Stadttor wiedergefunden – in der Kunst die charakteristische Frontalansicht des Christusantlitzes eingeführt wird, auf die ich schon zu Anfang dieses Kapitels hinwies. Die Ähnlichkeit einer solchen Darstellung selbst aus dem 6. Jahrhundert mit dem Antlitz auf dem Turiner Grabtuch alias Edessabild ist wirklich erstaunlich.

Ich möchte an dieser Stelle die Goldmünzen des byzantinischen Kaisers Justinian II. erwähnen, weil sie ein sehr anschauliches Beispiel sind. Sie sind auch deshalb bemerkenswert, weil sie zuverlässiger als durch einen C-14-Test datiert werden können. Justinians Regentschaft umfaßte zwei Perioden, die erste dauerte von 685 bis 695, die zweite von 705 bis 711.[19] Er war der erste christliche Herrscher überhaupt, der Münzen mit Jesu Antlitz prägen ließ. Vermutlich im Jahr 692 ließ er seinen Graveur das Antlitz Jesu auf die Vorder- oder »Kopf«seite schlagen, sein eigenes Bild in augenfälliger Unterordnung auf die Rück- oder »Zahl«seite. Ein herausragendes Exemplar eines solchen Solidus befindet sich heute im Museum von St. Gallen in der Schweiz (Abb. 38a). Die Ähnlichkeit mit dem Grabtuchantlitz ist selbst auf dieser kleinen Münze sehr groß. Diese kunstvoll gefertigten Münzen finden sich in Sammlungen auf der ganzen Welt.

Ein gemaltes Christusantlitz aus noch früherer Zeit, eine Pantokrator-Ikone, ist im Katharinenkloster auf dem Berg Sinai zu sehen (Abb. 38b). Nach Meinung von Experten, unter anderem auch Kurt Weitzmann von der Princeton University, stammt es aus dem 6. Jahrhundert und wurde mit einer speziellen Wachs-Einbrenntechnik hergestellt. Diese Technik wurde später nicht mehr angewendet. Auch hier sind auffallende Parallelen zum Grabtuchantlitz vorhanden. Der amerikanische Wissenschaftler Alan Whanger hat ein spezielles Polaroid-Verfahren entwickelt, mit dem 70 »Kongruenzen« zwischen dem Grabtuch und der Ikone im Katharinenkloster ermittelt wurden.[20]

Existiert eine Methode, mit der man wie mit einem Fingerabdruck den spezifischen Einfluß des Grabtuches auf diese frühen Christusdarstellungen beweisen könnte? Ja. Schon vor dem Zweiten Weltkrieg untersuchte der französische Wissenschaftler Paul Vignon sehr umfassend die zahlreichen, immer wieder auftretenden Eigenheiten solcher früher Antlitzbilder. Er fand Merkmale wie die hochgezogene Augenbraue, die V-Form zwischen den Augenbrauen, einen vergrößerten linken Nasenflügel, eine starke Linie unter der Unterlippe, einen Querstrich auf dem Hals und vieles mehr (Abb. 39b). All das verweist auf eine gemeinsame Inspirationsquelle und stimmt mit identischen Details des Grabtuchantlitzes überein (Abb. 39a).[21]

Sie hier noch einmal aufzuzählen wäre müßig, außerdem habe ich sie in meinem ersten Buch über das Grabtuch ausführlich behandelt. Ein Beispiel will ich stellvertretend für andere dennoch geben: Hinter einer unscheinbaren Tür in der Via Alessandro Poerio im römischen Stadtteil Trastevere befinden sich die wenig bekannten San-Ponziano-Katakomben; dort gibt es über einem steil hinabführenden Pfad, der links und rechts von Grabnischen voller Gebeine gesäumt ist, ein Pantokrator-Fresko (Abb. 39c). Die Christusdarstellung ist identisch mit dem Antlitz auf dem Solidus Justinians II. und stammt erwiesenermaßen aus der gleichen Zeit. Zwischen den Brauen Christi malte der Künstler ein nach oben offenes Quadrat, das streng geometrisch ist und somit von der übrigen naturalistischen Darstellung abweicht. Leider ist das Fresko in einem äußerst schlechten Zustand und das Quadrat inzwischen verblichen.

Warum sollte der Maler die Augenbrauen auf so seltsame Weise darstellen? Auf dem Grabtuch kann man an exakt derselben Stelle genau dasselbe, nach oben offene Quadrat sehen. Könnte dies ein Merkmal sein, das der Grabtuchfälscher aus dem Mittelalter seinem Bild hinzufügte, um ihm einen authentischeren Anstrich zu verleihen? Wohl kaum. Die Katakomben von S. Ponziano wurden 820 geschlossen und erst lange nach dem Mittelalter wieder geöffnet. So ist das dortige Pantokrator-Fresko so etwas wie der Fußabdruck eines anderen Menschen, den Robinson Crusoe auf seiner angeblich unbewohnten Insel findet. Es stimmt also nicht, daß für die Zeit vor 1350 keine historischen Belege für das Grabtuch zu finden sind. Das Fresko beweist, daß das Grabtuch schon im 6. oder 7. Jahrhundert existierte. Und wenn dem so war, dann kann es kaum ein anderes Tuchbild als das sogenannte Edessabild gewesen sein.

Damit stellt sich automatisch die nächste Frage: Was wissen wir über die Ursprünge des Edessabildes? Können wir es womöglich bis in die Zeit Jesu Christi zurückverfolgen?

Kapitel 12

Könnte das Grabtuch sogar aus der Zeit Jesu stammen?

Wenn das Turiner Grabtuch identisch mit dem Edessabild aus byzantinischer Zeit ist, so hätten die Byzantiner sicher nie ein Jota daran gezweifelt, daß es aus dem ersten nachchristlichen Jahrhundert stammt. Die Ursprünge des Edessabildes sind klar und untrennbar mit der berühmten Geschichte der Christianisierung Edessas zu Zeiten König Abgars verbunden. Es gab zwar viele Herrscher dieses Namens, beim fraglichen Abgar jedoch handelt es sich um einen Zeitgenossen Jesu Christi.

Aber auch die Byzantiner konnten die Ursprünge des Edessabildes nicht problemlos zurückverfolgen. Wir »verloren« das Tuchbild zwischen 1204 und 1350 aus den Augen und suchen immer noch nach einer Erklärung, wo es sich in diesen 150 Jahren befand. Im 6. Jahrhundert verschwand es in Edessa. Vielleicht war aber in diesem Fall sein Standort bekannt. Der *Narratio* und der bildlichen Darstellung auf einigen wertvollen Ikonen (Abb. 40b) zufolge wurde es »über den Stadttoren von Edessa« wiederentdeckt, nachdem es zu einem früheren Zeitpunkt dort offenbar absichtlich versteckt worden war. Es sollen sich in dieser Nische auch zwei weitere Gegenstände, ein Ziegel, das sogenannte Kerameion, das selbst als Reliquie verehrt wurde, und dasselbe Antlitz zeigte, welches auf dem Tuchbild abgedrückt ist, sowie eine alte Öllampe befunden haben.

Glaubt man der *Narratio*, so entdeckte der Bischof von Edessa das Tuchbild im Jahr 544 während der historisch nachgewiesenen

Belagerung von Edessa durch die Perser unter Khoshrev (oder Chosroes) I. Angeblich hatte der Bischof einen Traum, der ihn zu dem Versteck des Edessabildes führte. Als er es aus seinem Versteck holte, half es auf wundersame Weise, das persische Heer in die Flucht zu schlagen. Auch in der *Kirchengeschichte* des Chronisten Euagrius aus der Zeit um 593 liest man Ähnliches, allerdings erwähnt der weltliche Historiker Prokop von Kaisareia in seiner Schilderung der persischen Belagerung um 546 kein Tuch mit einem solchen wundersam entstandenen Bildnis Christi, das die Stadt geschützt haben soll. Daß das Tuchbild im Jahr 544 wiedergefunden wurde, kann demnach nicht als gesichert gelten. Dokumentiert ist lediglich, daß aus einer Erwähnung des Tuchbildes um 569 hervorgeht, daß es schon einige Zeit vorher existierte. In den umfangreichen Schriften Jakobs von Sarug, eines Gelehrten aus Edessa, der im Jahr 521 starb, findet sich keine Erwähnung des Edessabilds. So schrieb zum Beispiel die gelehrte, strenggläubige spanische Nonne »Ätheria« in ihrem ausführlichen Bericht über ihre Reise nach Edessa im Jahr 383 nichts über ein Tuch, das Jesu Bildnis zeigte; dabei hatte man ihr in dieser Stadt die Statuen Abgars und seines Sohnes gezeigt.

Ab welcher Zeit lag unser Grabtuch alias Edessabild also in der Nische über einem edessenischen Stadttor? Edessa war jahrhundertelang alles andere als ein sicherer Aufbewahrungsort für Objekte von solcher Bedeutung gewesen. Vor allem im 6. Jahrhundert machte der Fluß Daisan, was »der Hüpfende« bedeutete, seinem Namen alle Ehre, trat häufig über die Ufer und überflutete die Stadt. Im Jahr 525 kam es zu einer katastrophalen Überschwemmung, bei der 30 000 Menschen den Tod fanden.[1] Die vielzitierte Edessenische Chronik berichtet auch für die Jahre 413, 303 und 201 von großen Überschwemmungen; im Jahr 201 starben 2 000 Menschen, und auch das Schiff der »Christenkirche« soll zerstört worden sein. Hierbei handelt es sich um die erste Erwähnung einer von und für Christen erbauten und offenbar auch von den Stadtoberen geduldeten Kirche überhaupt.

Wenn unser Grabtuch nun identisch mit dem Edessabild ist, so

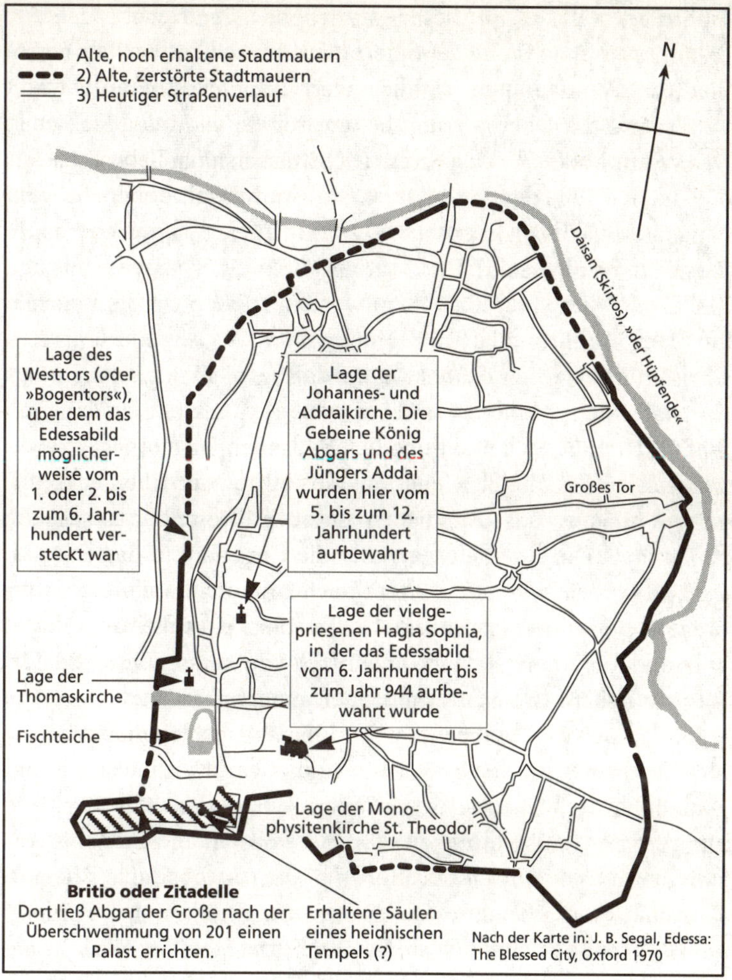

Darst. 21: Edessa – Aufbewahrungsort des Grabtuchs für fast 1000 Jahre?
Stadtplan von Edessa, übertragen auf das Weichbild des heutigen Urfa, mit Angabe der wichtigsten christlichen und anderer Stätten, die in der Zeit der Aufbewahrung des mutmaßlichen Edessabildes (= Turiner Grabtuch) bestanden. Einst war die Stadt Pilgerziel von Christen, heute ist sie vollständig muslimisch, alle Spuren christlichen Lebens sind ausgelöscht. (Nach der Karte in: J. B. Segal, Edessa: The Blessed City, Oxford 1970)

mußte es, sollte es all diese Katastrophen überstehen, an einer hohen, trockenen Stelle deponiert gewesen sein, etwa über einem Stadttor. Wenn es nun wirklich über dem Westtor aufbewahrt wurde, wie die Überlieferung besagt, so war es in der Tat sicher. Das Westtor befand sich nämlich nachweislich an höherer Stelle als die anderen Teile der Stadt (Darst. 21). Warum sollte aber ein Tuch, das später von den Kaisern in Byzanz so verehrt wurde, überhaupt versteckt worden sein? Und warum an so einer ungewöhnlichen Stelle? Um diese Fragen zu beantworten, müssen wir die Epochen vor dem 6. Jahrhundert näher betrachten, als die edessenischen Christen in so großer Gefahr waren, daß sie nicht einmal mehr aus der Stadt fliehen konnten und verzweifelte Maßnahmen ergreifen mußten, um die Sicherheit des Tuchbildes auf längere Sicht zu gewährleisten. Das heißt wiederum, daß es vor der Christenverfolgung Anhänger der christlichen Lehre in dieser Stadt gegeben haben muß. Die Überlieferung über die Christianisierung Edessas, die sich von Persien im Osten bis nach Britannien im Westen verbreitete, präsentiert eine solche Geschichte; sie ist allerdings derart wirr und außerdem so stark umstritten wie kaum etwas anderes, was wir bisher in Sachen Grabtuch erfahren haben.

Infolge der weit verbreiteten und berühmten Überlieferung ist die Geschichte zweifellos variiert und abgewandelt worden und genießt bei der zeitgenössischen Wissenschaft verständlicherweise nur geringe Glaubwürdigkeit. Die fast vollständig erhaltene Version der syrischen Handschriften, die *Doctrina Addai* aus dem 4. Jahrhundert, die heute in Sankt Petersburg aufbewahrt werden,[2] wurde nachweislich stark verfälscht. Darin heißt es, daß König Abgar an einer unheilbaren Krankheit litt und mit seinem Legaten Hannan [Ananias, Anm. d. Ü.] einen Brief an Jesus schickte, von dessen Wundertaten er gehört hatte, und diesen inständig bat, ihn zu heilen. In Jerusalem wurde Jesus Abgars Brief vom Legaten vorgelesen. Jesus antwortete: »Hinsichtlich deiner schriftlichen Einladung, zu dir zu kommen, mußt du wissen: es ist notwendig, daß ich zuerst all das, wozu ich auf Erden gesandt worden bin, erfülle und dann, wenn es erfüllt ist, wieder zu dem zurückkehre, der mich gesandt hat. Nach der Himmelfahrt werde ich dir einen meinen Jünger senden, damit er dich von deinem Leiden heile und dir und den Deinigen das Leben verleihe.« Hannan, der nicht nur Abgars Legat, sondern auch sein Hofmaler war, porträtierte daraufhin Jesus »mit erlesenen Farben« und brachte dieses Bildnis zusammen mit der Nachricht Jesu nach Edessa, wo es »unter großen Ehrenbezeigungen« in einem der königlichen Paläste niedergelegt wurde.

Im Text wird weiters geschildert, daß der Apostel Thomas nach der Auferstehung Jesu dessen Versprechen erfüllte und Addai, einen der 72 Jünger des größeren Kreises,[3] nach Edessa schickte. Addai wurde vom Juden Tobias an Abgars Hof geführt, und Abgar sah bei Addais Eintritt in seinen Palast eine »wundervolle Erscheinung« auf dessen Angesicht. Voller Ehrfurcht kniete er nieder und erklärte seinen Glauben an Gott und Jesus Christus. Der Jünger legte ihm die Hand auf, und Abgar war geheilt.

Addai unterwies Abgar und sein Gefolge ausführlich in der christlichen Heilslehre und erzählte dabei auch die Geschichte der »Protonice«, vermutlich die Witwe des römischen Kaisers Claudius, die nach Jerusalem gepilgert sein soll und dort angeblich die Stelle fand, an der Jesus gekreuzigt wurde, und auch sein Grab, in dem sich immer noch drei Kreuze befanden.

Addai verkündete auf dem offenen Platz Bethtabara den Edessenern das Wort und riet ihnen, vom heidnischen, götzendienerischen Glauben abzulassen. Abgar bat Addai inständig darum, ein christliches Gotteshaus zu errichten, und veranlaßte viele Hohepriester der Stadt, alle heidnischen Opferaltäre mit Ausnahme »des großen Altars, der in der Mitte der Stadt stand«, niederzureißen. Auch große Teile der Bevölkerung in den angrenzenden ländlichen Gebieten wurden bekehrt. Bei Versammlungen der neu konvertierten Christen wurden das »Alte und das Neue Testament« und ein Buch, das *Diatessaron* genannt wurde, verlesen. Ein gewisser »Narsai«, angeblich König des an Edessa grenzenden Assyriens, soll auch Interesse an der neuen Religion signalisiert haben wie angeblich auch der römische Kaiser Tiberius, der angeblich »einige Hohepriester der Juden« bestraft haben soll, weil sie an Jesu Kreuzigung teilnahmen.

Nach einigen Jahren starb Addai eines natürlichen Todes. Die allgemeine Trauer war groß, und Abgar ehrte ihn mit einer Bestattung in einem großen, reichverzierten Grabmal, als hätte er zu seiner Familie gehört. Die Führerschaft über die Christengemeinde in Edessa übernahm Aggai, der die königlichen Tiaren anfertigte und zu den vielen »Konvertiten« gehörte. Bis zum Tod Abgars erging es den Christen in Edessa gut. Abgars ältester Sohn und Nachfolger auf dem Thron führte die christenfreundliche Politik seines Vaters fort, nach dessem Tod übernahm sein Bruder die Herrschaft. Und er ist der »Rebell«, der wieder zum heidnischen Glauben zurückkehrte und Aggai zwang, ihm eine herkömmliche Tiara mit heidnischen Attributen anzufertigen. Aggai weigerte sich. Daraufhin ließ ihm der König die Beine brechen. Aggai starb bald darauf, ohne daß er seinen Nachfolger Palut ernennen konnte. Palut mußte nach Antiochien reisen, um sich von Bischof Serapion segnen zu lassen. Dieser wiederum hatte die Bischofswürde vom römischen Papst Zephyrinus erhalten.

Diese Geschichte aus der *Doctrina Addai* ist gespickt mit Anachronismen, zeitlichen Verlegungen, und Interpolationen, sogenannten Einschüben, die auf gar keinen Fall aus der Lebenszeit Jesu stammen können. Der Begriff »Neues Testament« kam erst mit dem Apologeten Tertullian (um 160–220) auf, der gemeinhin als Begründer der Kirche Afrikas gilt. Das *Diatessaron*, eine Kompilation der vier Evangelien zu einer zusammenhängenden Erzählung, wurde frühestens um 160 von dem syrischen Schriftsteller Tatian zusammengestellt, möglicherweise sogar in Edessa. Die Geschichte der Kreuzauffindung durch Protonice, die Witwe des Claudius, scheint sich auf die westeuropäische Legende der Auffindung des Heiligen Kreuzes durch Helena, die Mutter Konstantins des Großen (um 255 bis um 336), zu beziehen.[4] Serapion von Antiochien war erst ab 199 Bischof, denn das Pontifikat von Papst Zephyrinus dauerte von 198 bis 217. Und was jenen »Narsai« betrifft, den »König von Assyrien«, so ist sicher Narses gemeint, der

König des an Edessa grenzenden Adiabenerreiches, und dieser war keineswegs ein Zeitgenosse von Abgar V. oder Jesus, sondern lebte zur gleichen Zeit wie Abgar der Große, der von 177 bis 214 über Edessa herrschte.

Es ist auffallend, daß trotzdem viele Elemente der Geschichte in zeitlicher und historischer Hinsicht eine ziemlich große Übereinstimmung aufweisen. Über die geographischen Verhältnisse der Stadt und die heidnischen Glaubensriten wissen wir sehr viel, auch über den fatalen Streit um die Tiara, die königliche Kopfbedeckung, die für die Herrscher von Edessa von so überragender Bedeutung war, daß sie auch auf ihren Münzen zu sehen war.[5]

Es scheint also durchaus plausibel, daß all diese Anachronismen und Interpolationen der ursprünglichen Version der Geschichte Edessas einfach hinzugefügt wurden, wobei diese Version nicht unbedingt bis in die Lebenszeit Jesu zurückgehen muß, andererseits aber auch nicht sehr viel später entstanden sein kann. Um 325 verfaßte Bischof Eusebius von Kaisareia, der als maßgeblicher Begründer der christlichen Geschichtsschreibung gilt, sein Werk *Kirchengeschichte;* darin berichtet er kurz von den oben erwähnten Begebenheiten. Anachronismen wie das *Diatessaron* oder das Pontifikat von Papst Zephyrinus kommen darin nicht vor, auch das angeblich von Hannan gemalte Porträt von Jesus Christus wird an keiner Stelle erwähnt. Eusebius deutet aber auch die »wundervolle Erscheinung« an, die Abgar bei Addais[6] Anblick sehen konnte: »ein deutliches Gesicht im Antlitz des Apostels«. Bevor Eusebius aus dem Briefwechsel zwischen Abgar und Jesus zitiert, versichert er folgendes: »Für diese Tatsache gibt es ein schriftliches Zeugnis, das den Archiven der damals königlichen Stadt Edessa entnommen ist. In den dortigen amtlichen Urkunden, welche über die früheren Ereignisse und auch über die Geschichte des Abgar berichten, ist auch die erwähnte Begebenheit aus dieser Zeit bis auf den heutigen Tag aufbewahrt.«[7]

Eusebius zufolge befanden sich Dokumente in den Archiven Edessas, die zumindest im Kern die Abgarlegende stützen könnten und aus der Zeit vor 214 stammen mußten, bevor Edessa römische Militärkolonie wurde. Wenn dem so war, waren sie wahrscheinlich auch frei von Interpolationen.

Was man auch immer von Eusebius' Zeugnis halten mag – Historiker schätzen im allgemeinen seinen Scharfblick und seine Zuverlässigkeit –, sicher ist auf jeden Fall, daß es um 30 n. Chr. einen König von Edessa mit Namen Abgar gegeben hatte, und zwar Abgar Ukkama (»der Schwarze«, ein syrischer Name, der auch bei Eusebius erwähnt wird) oder Abgar V.; er soll von 4 v. Chr. bis 7 n. Chr. und von 13 bis 50 n. Chr. regiert haben.

Somit war er ein Zeitgenosse Jesu, der dessen Kreuzigung, die spätestens am Ende der Statthalterschaft von Pontius Pilatus im Jahr 36 stattgefunden haben muß, um mindestens 14 Jahre überlebte. Von seinen religiösen Neigungen ist, abgesehen von der Abgarlegende, nichts bekannt, und man weiß nicht, ob er für die christliche Heilslehre empfänglich war. Er ließ nur eine Münze mit dem Porträt seines parthischen Protektors und keine mit seinem eigenen Bildnis prägen. Tacitus erwähnt Abgar in seinen *Annales* nur an einer Stelle als »hinterlistigen Herrscher«, der sich nur dadurch einen Namen gemacht hätte, daß er einen jungen Prinzen überlistete, den die Römer als Marionettenregenten anstelle von Gotarzes, des rechtmäßigen Königs der Parther, einsetzen wollten; diesen jungen Mann nahm Abgar gefangen, ließ ihm die Ohren abschneiden und schickte ihn seines Wegs.

Dies alles widerspricht jedoch nicht einer möglichen Christianisierung Edessas unter Abgar V., ist aber gleichzeitig auch keine Bestätigung. Bei der langen Herrschaftszeit Abgars des Großen von 177 bis 214 liegen die Dinge völlig anders. Damals mußte Edessa eine geduldete Christenkirche innerhalb der Stadtmauern besessen haben, denn in der Chronik Edessas wird erwähnt, daß diese bei der Überschwemmung im Jahre 201 beschädigt worden sei. Viele der interpolierten Personen in der *Doctrina Addai* aus dem 4. Jahrhundert – Serapion, Papst Zephyrinus und andere – lebten während der Herrschaft Abgars des Großen. Auch soll er die rituelle Kastration, einen recht barbarischen traditionellen Ritus seines Volkes, verboten haben.

Am interessantesten sind jedoch die Münzen, die er schlagen ließ.[8] Während der Herrschaft seines Vaters Ma´nu VIII., der den Thron durch eine prorömische und antiparthische Politik errang, zeigten die edessenischen Kupfermünzen normalerweise den regierenden römischen Kaiser auf der Vorder- oder »Kopf«seite und Ma´nu mit einer schmucklosen Tiara auf der Rückseite. Nach dem Tod seines Vaters führte Abgar der Große dessen prorömische Politik fort und nahm zu Ehren des regierenden römischen Kaisers Lucius Aelius Commodus, eines sehr toleranten Mannes, der stark von seiner christlichen Frau Marcia beeinflußt war, die Vornamen Lucius Aelius an.

Noch interessanter ist, daß er sich eine spezielle Tiara anfertigen ließ, die hohe Kopfbedeckung, die, wie wir aus der *Doctrina Addai* wissen, von größter Bedeutung für die Abgar-Könige war und mit der er seiner Einstellung Ausdruck zu geben pflegte. Auf den frühesten Münzen aus seiner Herrschaftszeit sieht man Commodus´ Porträt auf der Vorder- und Abgar mit einer schmucklosen Tiara auf der Rückseite. Später aber trat eine bedeutende Änderung ein: Auf der Rückseite sieht man Lucius Abgar mit einer Tiara, die unverkennbar mit einem einfachen Kreuz geschmückt ist.

Erklärte er sich damit offen zum Christentum? Das war ziemlich gewagt, denn noch immer waren damals Kreuzigungen als römische Hinrichtungsart weit verbreitet. Nach Commodus´ Ermordung bestieg nach Wirren und Machtkämpfen der dem Christentum eher feindlich eingestellte Septimius Severus den Kaiserthron. Abgar wurde vorsichtiger und ließ seine Tiara einmal schmucklos, dann wieder mit Rundschilden, die ein Kreuz bilden, manchmal auch mit einem aus dem Heidentum abgeleiteten Halbmond schmücken, der manchmal aber auch mit zwei, drei Sternen vermengt wurde, die oft Kreuze ähnelten (Darst. 22). Es hat den Anschein, als wollte er keinen Aufschluß darüber geben, ob er Christ war oder nicht.

Da wir in diesem Zusammenhang genauso vorsichtig sein müssen wie Abgar selber, können wir auch nicht mit letzter Sicherheit

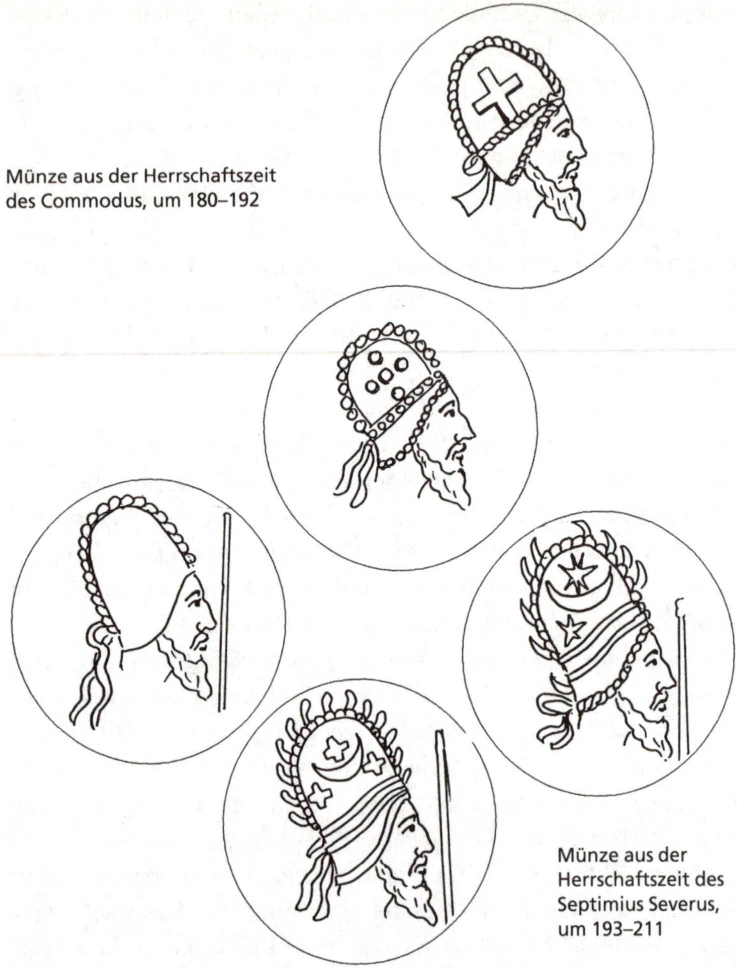

Darst. 22: Die verschiedenen Tiaren König Abgars des Großen von Edessa, der ihre Darstellung auf Münzen rätselhafterweise immer wieder ändern ließ

Die verschiedenen Tiaren des edessenischen Königs Lucius Aelius Abgar auf Kupfermünzen, die unter römischer Oberherrschaft geprägt wurden. Während der Herrschaftszeit des toleranten römischen Kaisers Commodus erscheint das christliche Kreuz offen auf der Tiara; während der Regentschaft des unnachsichtigeren Septimius Severus gibt die Tiara keinen Aufschluß über Abgars religiöse Einstellung.

behaupten, daß es sich beim Kreuz auf Abgars Tiara um ein christliches handelte, auch wenn das durchaus von überragendem Interesse und der erste Fall in der Weltgeschichte wäre, daß ein Herrscher seine Insignien, in diesem Fall die Tiara, mit einem christlichen Kreuz schmückte.

Insgesamt legen alle Zeichen beredtes Zeugnis davon ab, daß die Christen unter Abgars langer Herrschaft toleriert wurden, auch wenn wir dies nicht mit letzter Sicherheit beweisen können. Beachtenswert in der Edessenischen Chronik ist auch der Bericht über die durch die Überschwemmung entstandenen Schäden an der »Christenkirche«. Dieser Satz deutet an, daß das Christentum zwar nicht offizielle Staatsreligion war, aber immerhin geduldet wurde. Unter diesem Blickwinkel müssen wir auch, wie in der *Doctrina Addai* aus dem 4. Jahrhundert erwähnt, die Zerstörung der heidnischen Opferaltäre und die Verschonung des großen, zentralen Altars betrachten. Abgar der Große war demnach ohne jeden Zweifel ein Herrscher, der für die Christen jener Zeit ein derart günstiges Klima schuf, so daß man Edessa als sicheren Standort für das Grabtuch erachtete. Und unter der Voraussetzung, daß die edessenische Kunst unter dem starken Einfluß der Parther von streng frontalansichtigen Bildnissen geprägt war,[9] konnte das Antlitzbild auch fast als beinahe perfekte Entsprechung des städtischen Stils gelten.

Heißt das aber, daß nicht Abgar V., sondern Abgar der Große hinter Edessas Christianisierung stand? Und waren die Legenden Hannans, Addais und Aggais nur pure Fiktion? Nicht unbedingt. Fast unmittelbar nach Abgars Tod nahmen die Römer Edessa ein; danach setzte vor allem unter Diokletian die Verfolgung der edessenischen Christen ein. Diese Zeit der Christenverfolgung und ihr Martyrium ist ausreichend dokumentiert und scheint andere Ausmaße angenommen zu haben als die Verfolgung eines Addai oder Aggai und ihrer Anhänger, deren Schicksal in der Hand Abgars V. lag (Darst. 23) und im Rahmen des traditionellen edessenischen und nicht des römischen Heidentums stattfand. Und wer auch immer Addai war, jedenfalls war er eine historische Person; sein

Grabmal wird von ungefähr 190 bis in die Mitte des 11. Jahrhunderts als Sehenswürdigkeit in Edessa aufgeführt. Danach zerstörten einfallende türkische Truppen alle christlichen Gedenkstätten.[10] Seine Gebeine wurden zusammen mit den mutmaßlichen Gebeinen Abgars V. aufbewahrt. Das edessenische Syrisch ist mit der aramäischen Sprache verwandt, die in Palästina gesprochen wurde, und vermutlich gab es in Edessa im 1. Jahrhundert nach Christi Geburt auch eine blühende jüdische Gemeinde, so daß eine Christianisierung Edessas kurz nach Jesu Kreuzigung, wie sie in der *Kirchengeschichte* beschrieben wird, nicht unmöglich gewesen zu sein scheint.

Jüngst konnte dank der hervorragenden Forschungsarbeit des amerikanischen Historikers Dan Scavone (Abb. 41b) von der University of Southern Indiana in Evansville ein weiterer, sehr wichtiger Aspekt der christlichen Ursprünge Edessas zutage gefördert werden.[11] Interessanterweise verbindet Professor Scavone die Ursprünge der Gralssage mit der Christianisierung Edessas.

Wie wir uns erinnern, galt der Gral als heiliges Gefäß für den Leib und das Blut Jesu und ist untrennbar mit Joseph aus Arimathäa verbunden. Wir erinnern uns auch, daß der Gral eng mit einer besonderen Erscheinung in Zusammenhang gebracht wird, die wenigen Auserwählten vorbehalten war und manchmal die Gestalt des körperlosen Antlitzes Christi annahm und manchesmal auch die Gestalt des Leibes mit den Kreuzigungswundmalen. Vermutlich besteht hier eine Verbindung zum Grabtuch, doch die im 12. und 13. Jahrhundert sehr verbreiteten Versionen der Gralssage komplizieren die Sache insofern, als ihnen zufolge Joseph von Arimathäa den Gral nach Britannien brachte und König Artus

Darst. 23: Die Könige (oder Toparchen) Edessas von der Zeit Jesu bis zur Einverleibung Edessas ins Römische Reich

An diesem Stammbaum wird deutlich, daß die Geschichte des Übertritts eines Königs Abgar zum Christentum, auf den ein zweiter Sohn folgte, der wieder zum Heidentum zurückkehrte, besser in die Herrschaftszeit Abgars V. paßt als in die Abgars des Großen, auch wenn es für die christlichen Neigungen des letzteren sehr viel mehr Beweise gibt.

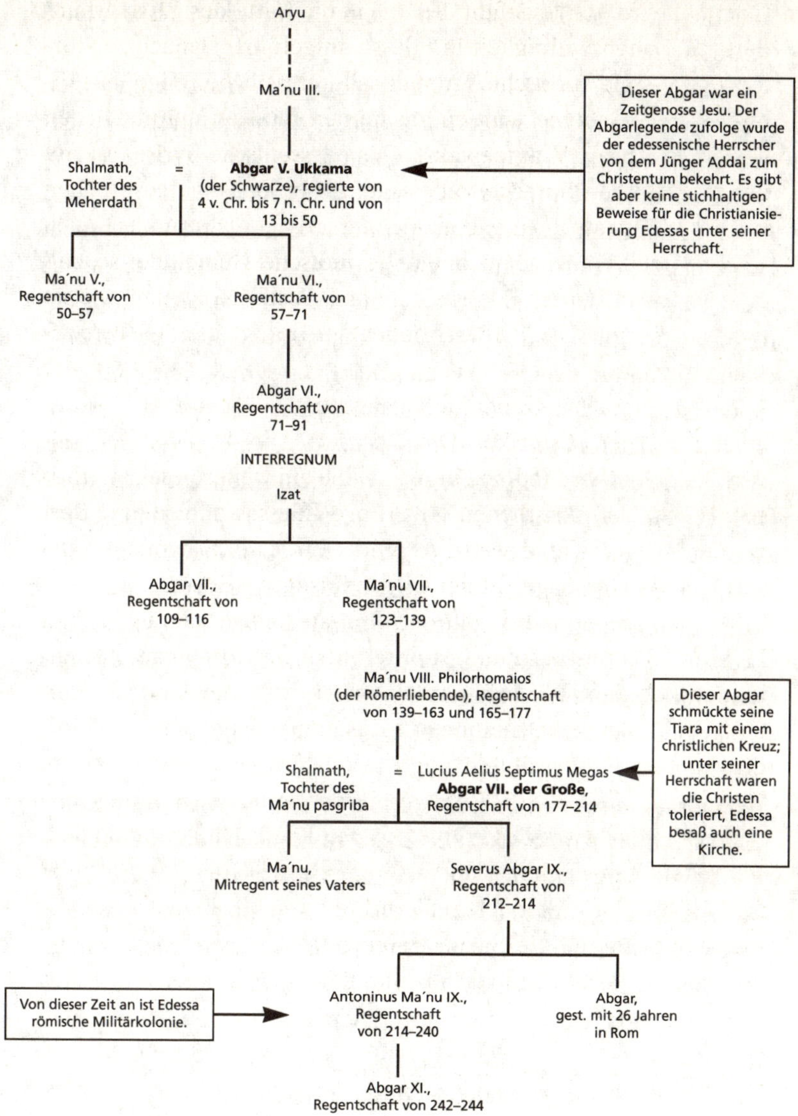
Aryu
Ma´nu III.
Shalmath, Tochter des Meherdath
=
Abgar V. Ukkama (der Schwarze), regierte von 4 v. Chr. bis 7 n. Chr. und von 13 bis 50
Dieser Abgar war ein Zeitgenosse Jesu. Der Abgarlegende zufolge wurde der edessenische Herrscher von dem Jünger Addai zum Christentum bekehrt. Es gibt aber keine stichhaltigen Beweise für die Christianisierung Edessas unter seiner Herrschaft.
Ma´nu V., Regentschaft von 50–57
Ma´nu VI., Regentschaft von 57–71
Abgar VI., Regentschaft von 71–91
INTERREGNUM
Izat
Abgar VII., Regentschaft von 109–116
Ma´nu VII., Regentschaft von 123–139
Ma´nu VIII. Philorhomaios (der Römerliebende), Regentschaft von 139–163 und 165–177
Dieser Abgar schmückte seine Tiara mit einem christlichen Kreuz; unter seiner Herrschaft waren die Christen toleriert, Edessa besaß auch eine Kirche.
Shalmath, Tochter des Ma´nu pasgriba
=
Lucius Aelius Septimus Megas **Abgar VII. der Große**, Regentschaft von 177–214
Ma´nu, Mitregent seines Vaters
Severus Abgar IX., Regentschaft von 212–214
Von dieser Zeit an ist Edessa römische Militärkolonie.
Antoninus Ma´nu IX., Regentschaft von 214–240
Abgar, gest. mit 26 Jahren in Rom
Abgar XI., Regentschaft von 242–244

und die Ritter der Tafelrunde zu einem festen Bestandteil der Sage wurden.

Aufgrund dieser Widersprüche suchte Dan Scavone nach den Ursprüngen der Gralssagen und gelangte zu erstaunlichen Ergebnissen. Am Anfang seiner Studien stand die Frage, warum Joseph von Arimathäa, der in den Evangelien und in frühen apokryphen Schriften eng mit dem Grabtuch Jesu in Zusammenhang gebracht wird, in den in Europa kursierenden Versionen der Gralssagen aus dem 12. und 13. Jahrhundert auch mit dem Gral in Verbindung gebracht wird. Im Verlauf seiner Forschungen stieß Scavone auf eine kaum bekannte georgische Handschrift aus dem 6. Jahrhundert,[12] in der ausdrücklich und unmißverständlich erwähnt wird, daß Joseph das Blut Jesu nicht in einem Kelch oder einer Schale auffing, wie es in späteren Versionen der Geschichte der Kreuzabnahme heißt, sondern mit dem Grabtuch aufnahm. In der Handschrift spricht Joseph in der ersten Person: »Ich aber stieg hinauf zum Heiligen Berg Golgatha, wo das Kreuz des Heilands errichtet worden war, und sammelte in einer Kopfbinde *und einem großen Tuch* [kursive Hervorhebung des Autors] das theure Blut auf, das aus Seiner heiligen Seite geflossen war.«[13]

Für Scavone war dies das fehlende Glied innerhalb der Gralssage und ein Hinweis darauf, daß der Gral ursprünglich Jesu Grabtuch gewesen sein könnte. Das erklärt auch die enge Verbindung zu Joseph aus Arimathäa. Wie aber erklären sich dann Elemente wie König Artus und Britannien in der Gralssage?

Scavone fand zunächst heraus, daß die Annahme, Philippus habe Frankreich christianisiert, leicht zu der Vermutung führen konnte, daß Joseph aus Arimathäa, der der georgischen Handschrift zufolge ein Gefährte Philippus' war, nach Britannien weitergezogen sei, um es zu christianisieren. Dann aber entdeckte Scavone, daß die Annahme der Christianisierung Frankreichs durch Philippus falsch war und durch einen Fehler eines französischen Bischofs aus dem 9. Jahrhundert zustande kam, der einen Bezug auf das kleinasiatische Galatien, wo Philippus mit sehr viel größerer Wahrscheinlichkeit gewirkt hatte und auch begraben wurde, mit »Gallis«, »Gallier«, wiedergegeben hatte, der alten Bezeichnung für die Bewohner des heutigen Frankreich.

Wie aber kam der falsche Bezug auf Britannien zustande? Der Fehler liegt bei Beda dem Ehrwürdigen und seinem Werk *Kirchengeschichte des englischen Volkes* aus dem 8. Jahrhundert. Darin erklärt Beda, die Christianisierung Britanniens sei von einem britischen König Lucius ausgegangen, der Papst Eleutherus (Pontifikat 175–189) in einem Brief bat, ihn zum Christentum zu bekehren; dieser Bitte kam Eleutherus natürlich nach.[14]

Woher besaß Beda nun diese Information? Und wer war König Lucius? Scavone überprüfte Bedas Quellenangabe und fand eine fast identische Passage über Papst Eleutherus im Liber Pontificalis aus der Zeit um 530. In einem Aufsatz des großen deutschen Theologen Adolf von Harnack,[15] der nicht wissen konnte, daß seine Erkenntnisse viele Jahrzehnte später einmal für die Erforschung des Turiner Grabtuches von Bedeutung sein würden, stieß Scavone auf den Hinweis, daß die Kopisten des Liber Pontificalis in ihrer Vorlage ein wichtiges Wort fehlgedeutet hatten, nämlich »britio«. Damals wie auch heute konnte man leicht davon ausgehen, daß damit »Britannien« gemeint war. Wie Harnack aus einem Fragment der weitgehend nicht mehr erhaltenen Hypotyposen des christlichen Philosophen Klemens von Alexandreia (um 150–216) wußte, befanden sich die Grablegen von Thomas und von Addai angeblich in der »Britio Edessenorum«. Mit »Britio« ist natürlich nicht Britannien gemeint, sondern die Festung oder Zitadelle Edessas, auf syrisch »birtha«, noch heute das Wahrzeichen Urfas im Süden der Stadt (Abb. 41c).

Wenn nun »Britio« die Zitadelle Edessas ist, wer ist dann der bei Beda erwähnte König Lucius? Harnack zufolge hatte es nie einen britischen König dieses Namens gegeben. Vielmehr handelte es sich wohl um Lucius Aelius Abgar, den wir als Abgar den Großen kennen. Er war der erste Herrscher, der nachweislich christlich orientiert war, so daß er durchaus in Frage kommt, an Papst Eleutherus geschrieben und ihn gebeten zu haben, Apostel in seine Stadt zu entsenden. Es könnte also durchaus sein, daß aufgrund dieser beiden kleinen Fehler, die jemandem im 6. Jahrhundert unterlaufen waren, die Geschichte von der Christianisierung Britanniens durch Joseph aus Arimathäa erst in die Welt gesetzt wurde. Darein wurden dann noch König Artus und der Gral verwoben, und so sind die wirren Gralssagen entstanden, wie wir sie heute kennen.

Anders gesagt, heißt dies, daß die Geschichte der Christianisierung Edessas wiederum mit dem Brief Abgars des Großen an Papst Eleutherus ihren Ausgang nahm und nicht mit dem Brief Abgars V. an Jesus? Nicht unbedingt. Daß sich die Christianisierung Edessas mit ziemlicher Sicherheit im ausgehenden 2. Jahrhundert unter Abgar dem Großen vollzog, beweist nicht, daß es nicht bereits Bekehrungsversuche unter Abgar V. gegeben haben kann; allerdings läßt sich die Christianisierung Edessas unter Abgar dem Großen historisch ausreichend gut belegen, während alles, was sich während der Regentschaft Abgars V. ereignet haben mag, in Dunkel getaucht ist.

Was ist nun mit dem Turiner Grabtuch beziehungsweise mit dem Edessabild? Es kann kaum ein Zufall sein, daß in der christlichen Kunst gerade jener drei oder mehr Jahrhunderte, in denen das Tuchbild möglicherweise in einer Nische über dem Stadttor Edessas verborgen gelegen haben könnte (wer auch immer es dort versteckt hatte, wurde wahrscheinlich während der Christenverfolgungen getötet, sonst wäre es womöglich wieder früher aus dem Versteck genommen worden), nur sehr vage Vorstellungen vom Aussehen Jesu existierten, obwohl seit dessen Lebenszeit erst relativ wenig Zeit vergangen war. Auf den meisten Porträts, so auf vielen Fresken in den Katakomben oder auch auf einem Bodenmosaik aus dem 4. Jahrhundert in einer römischen Villa in Hinton St. Mary in Dorset, England, ist Jesus als bartloser Jüngling dargestellt. Die wenigen Darstellungen, die ihn als bärtigen Mann zeigen, so zum Beispiel in den Santi-Pietro-e-Marcellinus-Katakomben, sind vage und keine Frontalansicht wie das Grabtuchantlitz und die späteren »maßgeblichen« Christusporträts. Offenbar geben die Bilder eine ungefähre mündliche Überlieferung von Christi

Aussehen im Fleische wieder; in den Evangelien findet sich nicht die Spur eines Hinweises.

Das Verschwinden des Edessabildes mit dem Abdruck Christi könnte auch erklären, warum in der einzigen literarischen Erwähnung des Edessabildes in der schon erwähnten Doctrina Addai aus dem 4. Jahrhundert das Tuchbild unmißverständlich als »mit erlesenen Farben« gemalt beschrieben wird, und dies ungeachtet der seit dem 6. Jahrhundert virulenten und einmütigen Überzeugung (als zumindest einige wenige Auserwählte das Original mit eigenen Augen sehen durften), nach der das Tuchbild ein »Abdruck« war, »nicht von Menschenhand gemacht«, ein Abdruck auf einem Tuch, auf wundersame Weise durch eine »nasse Feuchtigkeit ohne Farbe oder Malkunst« hergestellt. In diesem Fall können wir die Erwähnung in der Doctrina Addai außer acht lassen, denn es besteht durchaus Grund zur Annahme, daß der Verfasser niemals gesehen hatte, was er beschrieb. Wichtig festzuhalten ist aber, daß er überhaupt ein Porträt erwähnt; es hatte sich also bis ins 4. Jahrhundert eine Erinnerung daran erhalten, daß ein besonderes Jesusbild zu Zeiten Abgars nach Edessa gebracht worden war. Und dieses Bild war sicherlich jenes, das die Byzantiner, als sie es im 6. Jahrhundert über dem Stadttor von Edessa wiederentdeckten, als Edessabild erkannten (und von dem ich glaube, daß es das Turiner Grabtuch ist). Sie gingen davon aus, daß es auf wundersame Weise durch den Leib Jesu selbst hervorgebracht worden sei.

Vieles bleibt jedoch weiterhin Spekulation. Was war die »wundervolle« Erscheinung, die Abgar sah und die Eusebius in seiner weitgehend interpolationsfreien Version der Abgarlegende erwähnt? Betrachten wir einmal die geheimnisvollen Erscheinungen Christi in Seinen Wunden, wie in den Gralssagen geschildert. Könnte es denn so gewesen sein, daß Abgar das Tuchbild ganz allein sehen durfte und dies wesentlich zu seiner Konversion beitrug? Es heißt, »das Gesicht erschien nur dem Abgar«.

Wenn das Turiner Grabtuch das Edessabild war, warum wurde es dann gefaltet und »viermal doppelt« auf ein Brett aufgezogen, wie wir dies rekonstruiert haben? Um zu verbergen, daß es Jesu

Grabtuch war? Wenn Addai oder ein anderer Abgar das tatsächliche Aussehen Jesu Christi zeigen wollte, hatte er ihm das Tuchbild dann vielleicht einfach als eine Art Porträt vorgeführt und deshalb handlicher zusammengefaltet? Schließlich ist das Antlitz der bedeutendste Teil. Wenn dem so war, würde dies die späteren irreführenden Mißverständnisse erklären, nach denen der Abdruck noch zu Jesu Lebzeiten entstanden war.

Warum hatte jemand während der Christenverfolgung das Tuchbild über einem Stadttor Edessas versteckt? Wie konnte es möglich sein, daß man bei der Wiederauffindung ein »Zwillings«bild Jesu auf einem Ziegel fand? Auf beide Fragen kann es nur eine einzige Antwort geben: weil parthische Herrscher die Bilder ihrer »Götter« über den Stadttoren anbrachten[16] und weil Abgar ohne weiteres eine Keramik oder einen »Ziegel« mit Jesu Antlitz in Auftrag gegeben haben könnte, das dem Grabtuchantlitz nachempfunden war (etwas Ähnliches wird tatsächlich auch in der Narratio berichtet). Als der rebellische Thronfolger und Christenfeind anordnete, das Bild vom Stadttor zu entfernen, unternahm ein Christ den lebensgefährlichen Versuch, den Ziegel herauszubrechen, stopfte das Edessabild/Turiner Grabtuch in die Lücke und brachte den Ziegel mit dem Bild nach innen wieder an. Auf diese Weise erschien das Stadttor nach außen hin wieder völlig normal aus.

Es könnte so gewesen sein, aber genau wissen wir das nicht. Zumindest liefert diese Hypothese eine plausible Erklärung dafür, daß unser Grabtuch, ob es nun unter Abgar V. oder unter Abgar dem Großen nach Edessa kam, im 6. Jahrhundert wie berichtet wiedergefunden worden sein könnte. Entgegen der häufig geäußerten Behauptung, daß es keinerlei Aufzeichnungen über das Grabtuch vor der Zeit um 1350 gäbe, konnten wir nun ein Tuchbild, das so aussah wie das Turiner Grabtuch und bei dem alle Berichte darauf hinauslaufen, daß es sich um selbiges handelte, durch viele Jahrhunderte bis fast in die Zeit Jesu Christi zurückverfolgen. Die Annahme, das Grabtuch habe sich die ersten 1200 Jahre in Edessa und Konstantinopel befunden, deckt sich sehr stark mit dem Fund vieler Pollen, die Max Frei im Zuge seiner Untersuchung auf dem Grabtuch fand und die darauf verweisen, daß das Tuch lange Zeit in Anatolien und angrenzenden Gebieten aufbewahrt wurde (siehe auch Darst. 10). In Verbindung mit den im ersten Teil dieses Buches abgehandelten überzeugenden Beweisen scheint dies eine Bestätigung zu liefern, daß das Turiner Grabtuch wirklich das Leichentuch eines wie Jesus Christus gekreuzigten Juden ist und wahrscheinlich tatsächlich aus dem ersten nachchristlichen Jahrhundert stammt.

Damit stellt sich die unvermeidliche Frage, ob man weiterhin sicher sein kann, daß der C-14-Test »überzeugend« bewies, daß das Grabtuch eine Fälschung aus dem Mittelalter ist. Können wir es weiterhin als Werk eines mittelalterlichen Kunstfälschers einstufen?

Natürlich ist immer noch schwer zu glauben, daß der von drei international anerkannten Forschungslaboratorien durchgeführte C-14-Test aus dem Jahr 1988 eine Fehldatierung um 1300 Jahre erbracht haben soll. Es ist nun wohl an der Zeit, die Zuverlässigkeit dieses Verfahrens, von dem seine Anwender behaupten, es liefere Ergebnisse von einer »Genauigkeit« ± 100 Jahre, etwas genauer zu untersuchen.

Teil 4

Radiokarbondatierung: Richtig oder falsch?

Kapitel 13

»Eins zu tausend Trillionen«?

Schlägt Ihr Herz nach unserem anstrengenden Gang durch fast 2000 Jahre etwas schneller? Sind Sie von der Echtheit des Grabtuches mittlerweile überzeugt? Nun, wie wäre es mit einer kalten Dusche? Aufgrund der Ergebnisse der von Professor Harry Gove (Abb. 42a) eingeführten und zur Datierung des Grabtuches eingesetzten Beschleuniger-Massenspektrometrie ist es zu 95 Prozent wahrscheinlich, daß das Grabtuch zwischen 1260 und 1390 angefertigt wurde, zugleich hat man aber einen Prozentsatz von »ungefähr eins zu tausend Trillionen«[1] ermittelt, der *gegen* die Tatsache spricht, daß das Tuch aus der Zeit Jesu stammt. Wieder ernüchtert?

Professor Gove ist ein liebenswürdiger und intelligenter Mann, den ich kenne und schätze. Er würde nie leichtfertig eine solche erstaunliche Wahrscheinlichkeitsrechnung aufstellen, denn Zahlen sind für ihn von großer Bedeutung (selbst wenn es sich, wie hier, um das Verhältnis von eins zu einer Trillion handelt). Aber einmal abgesehen vom Grabtuch, kann man sich wirklich darauf verlassen, daß nur *eine* wissenschaftliche Untersuchung eine *derartige* Exaktheit erbringen kann? Und diese Einschränkung gilt besonders für die Radiokarbondatierung, obwohl sie jenen, die ihre Wirkungsweise verstehen, sogar noch unfehlbarer als der Papst erscheint (und erst recht jenen, die nicht verstehen, wie diese Methode funktioniert).

Wenn man schon die Zuverlässigkeit der Radiokarbondatierung anzweifelt, so sollte man zumindest das chemophysikalische Grundprinzip dieser Methode verstehen: Jeder Organismus nimmt zusammen mit Kohlendioxid auch eine geringe Anzahl radioaktiver ^{14}C-Isotope auf; diese Isotope werden konstant in den oberen Schichten der Atmosphäre produziert und sinken durch die Luftschichten nach unten ab. Durch Einatmen, über die Nahrungskette oder durch die Photosynthese lagern sich diese instabilen Isotope in pflanzlichen und tierischen Organismen ab. In einem aktiven, also lebenden, Organismus bleibt das Verhältnis von stabilen, nichtradioaktiven und instabilen, radioaktiven Isotopen konstant und beträgt etwa eins zu einer Trillion. Wenn der Organismus abstirbt, hört der Aufnahmeprozeß auf; die verbleibenden ^{14}C-Isotope zerfallen zu stabilen Isotopen (^{12}C), deren Zahl sich dadurch erhöht. Die sogenannte Halbwertszeit von ^{14}C-Isotopen, also die Zeit, in der sie zerfallen, beträgt ungefähr 5730 Jahre. Indem man die Anzahl von ^{14}C-Isotopen mit der von ^{12}C-Isotopen vergleicht, kann man theoretisch noch Jahrhunderte später den genauen Zeitpunkt bestimmen, wann ein Organismus oder eine organische Substanz – Knochen, Wolle, Leder, Leinen oder Reiskörner – zerfiel. Dieser Zeitpunkt kann also so exakt wie die Uhrzeit von einem Ziffernblatt abgelesen werden.

Willard F. Libby, ein Chemiker von der University of Chicago, entdeckte als erster, wie hilfreich diese Methode für die Archäologie sein kann. Vier Jahre lang hatte Libby am Bau der ersten Atombombe mitgewirkt; dabei kam er auf die Idee, in einen Apparat einen Geigerzähler einzusetzen, um die Zerfallsrate der instabilen Isotope zu »zählen«. Erste Experimente an archäologischen Proben führte er Ende der vierziger Jahre durch, unter anderem untersuchte er auch die Leinenhülle der Qumran-Rollen, die damals gerade entdeckt worden waren. Das waren die Anfänge der sogenannten »Radiokarbondatierung«; allmählich kristallisierte sich heraus, daß die von Libby ursprünglich ermittelte Halbwertszeit von 5568 Jahren für ^{14}C-Isotope falsch war; tatsächlich beträgt die Halbwertszeit, wie bereits erwähnt, annähernd 5730 Jahre. Eine Testreihe mit verschiedenen Holzproben, deren Alter aufgrund der Jahresringe bekannt war, ergab, daß entgegen der Annahme Willard F. Libbys, der radioaktive Zerfall würde einen konstanten Rückgang instabiler Isotope bewirken, es aufgrund einer veränderten kosmischen Strahlung zu bestimmten Schwankungen während der Radiokarbonmessung kam. Diese Berichtigung machte zwar eine Neukalibrierung notwendig – inzwischen ist dies ein Routinebestandteil jedes C-14-Tests –, hat aber Libbys bahnbrechende Erkenntnisse in keiner Weise trüben können. 1961 wurde ihm für die Erforschung dieses neuen Wissensgebiets der Nobelpreis für Chemie verliehen. Erst kürzlich wurde in Italien bekannt, daß Libby interessanterweise nur kurze Zeit später um die Genehmigung ersucht hatte, das Grabtuch mit seiner neuen Methode zu untersuchen.[2] Trotz seiner wissenschaftlich überzeugenden Referenzen wurde der Antrag mit der durchaus einsichtigen Begründung abgelehnt, daß ein viel zu großes Stück des Tuches, nämlich mindestens 870 cm², für diesen Zweck zerstört werden müßte.

Im gleichen Maße, wie nachfolgende Generationen von Wissenschaftlern die Datierungsmethoden Schritt für Schritt verbessern konnten, so daß immer kleinere Gewebeproben benötigt wurden, nahm auch die Forderung nach einer Radiokarbonuntersuchung des Grabtuches zu. Der größte Entwicklungssprung gelang Harry Gove im Mai 1977. Er entwickelte mit zwei Wissenschaftlern ein C-14-Verfahren, bei dem es ihnen mit Hilfe des Beschleuniger-Massenspektrometers der University of Rochester gelang, anstatt monatelang nach der Methode Libbys die Betapartikel zu zählen, die Anzahl der radioaktiven Isotope zu isolieren und zu messen. Die ersten »Proben«, die Gove und seine Kollegen auf diese Weise untersuchten, waren zwar nur Grillkohle und etwas Graphit, doch die Ergebnisse, die sie erzielten, bewiesen, daß ihre Methode funktionierte. Die Messung dauerte nur wenige Minuten; vor allem war die Menge der benötigten Proben tausendmal geringer als bei allen anderen Verfahren, ohne daß die Präzision der Untersuchung darunter litt. Kaum war ein Artikel über diese bahnbrechende Methode im Nachrichtenmagazin *Time* erschienen, schickte Reverend David Sox, der zu dieser Zeit Generalsekretär der British Society for the Turin Shroud war, umgehend einen vertraulichen Brief an Gove, in dem er diesen fragte, ob die Möglichkeit bestünde, mit diesem Verfahren eventuell auch das Grabtuch zu untersuchen.

Gove antwortete Sox, seine Methode würde sich derzeit noch im Entwicklungsstadium befinden und Datierungsproben könnten noch nicht angenommen werden. Trotzdem nahm Harry Gove im Oktober 1978 an der Internationalen Grabtuch-Konferenz in Turin teil, die zeitgleich zur öffentlichen Ausstellung und Untersuchung des Tuchs abgehalten wurde. Er plädierte dafür, sobald sein Verfahren ausgereift sein werde, es bei der Datierung des Grabtuches einzusetzen. Während seiner Reise legte er einen Zwischenstop in England ein und besuchte Professor Edward Hall, den Direktor des Research Laboratory for Art and Archaeology der Oxford University. Dieser hatte damals ein neues, auf der BMS-Methode basierendes Verfahren zur Radiokarbondatierung entwickelt. Gove erwähnte das Grabtuch nur beiläufig, als sich Hall enthusiastisch dazu äußerte und sofort seine deutliche Bereitschaft signalisierte, »in die Sache einzusteigen«[3].

In den darauffolgenden Jahren wurde Walter McCrones Kritik an der wissenschaftlichen Arbeit von STURP immer lauter und somit auch die Notwendigkeit, das neue Verfahren beim Grabtuch anzuwenden, immer dringlicher. Nach Oxford und Rochester erklärten sich auch das BMS-Labor in Tucson im US-Bundesstaat Arizona und das Laboratorium in Brookhaven im US-Bundesstaat New York, das nach der inzwischen verbesserten Libby-Gaszählermethode arbeitete, dazu bereit, an der Untersuchung mitzuwirken. Auch der Tod des Grabtucheigentümers Umberto II., des früheren Königs von Italien, im März 1983 und der Wechsel der Besitzverhältnisse – Umberto hatte es dem Heiligen Stuhl vermacht – dämpften die wachsende Zuversicht, daß die Radiokarbondatierung des Grabtuches nur noch eine Frage der Zeit sei, nur unwesentlich.

Am 1. Juni präsentierten Dr. Tite und Dr. Burleigh, die damals beide am British Museum tätig waren, auf dem Internationalen Kongreß über Radiokarbondatierung im norwegischen Trondheim die Ergebnisse einer Reihenuntersuchung von Textilproben, die von den BMS-Laboratorien in Oxford, Tucson, Rochester und Zürich sowie von den Forschungslabors in Brookhaven und Harwell, die beide noch nach der Gaszählermethode arbeiteten, durchgeführt worden war. Damit sollte der Radiokarbondatierung des Grabtuches der Weg gebahnt werden. Gove erklärte sich bereit, unter der Schirmherrschaft des British Museum einen Forschungskongreß zu organisieren, an dem Vertreter dieser Laboratorien teilnehmen sollten. Um den neuen Eigentümer des Grabtuches, den Vatikan, nicht zu übergehen, bat Gove Professor Carlos Chagas, den Präsidenten der Päpstlichen Akademie der Wissenschaften, den Vorsitz der Konferenz zu übernehmen.

Gove meinte verständlicherweise, damit großes diplomatisches Geschick an den Tag gelegt zu haben, übersah aber, daß alle Grabtuch-Entscheidungen, bei denen Rom begünstigt wurde, bei der Turiner Fraktion Verstimmung auslösen würden, ganz besonders bei Professor Luigi Gonella, dem wissenschaftlichen Berater Kardinal Ballestreros, der 1978 einen Großteil der Untersuchungen koordiniert hatte. Als der britische Journalist Peter Jennings dann auch noch in einem Artikel enthüllte, daß die angeblich vertrauliche Forschungskonferenz, die Gove gerade vorbereitete, im Juni stattfinden sollte, besaß Turin einen Grund, die ganze Sache abzusagen. Unmittelbar darauf wurden hitzige Telegramme zwischen den USA, Großbritannien, Turin und Rom gewechselt; sogar ich wurde eingeschaltet, um einige unbedachte Bemerkungen der englischen und amerikanischen Laboratoriumsleiter gegenüber den Italienern auszubügeln. Nachdem sich die Gemüter wieder beruhigt hatten, setzte Chagas erneut ein Treffen an. Unter seinem, wie allgemein bemerkt wurde, tadellosen Vorsitz einigte man sich auf eine Liste von Abmachungen für die Radiokarbondatierung des Grabtuches; diese Liste wurde als »Protokoll von 1986« bekannt.

Diesem Protokoll zufolge war vorgesehen, allen sieben Untersuchungslabors, die »in die Sache einsteigen« wollten – zu den ursprünglichen sechs stieß noch das Laboratorium von Gif-sur-Yvette in Frankreich –, die Genehmigung zu erteilen, Proben vom

Grabtuch zu entnehmen, und zwar in einem Ausmaß, das für ihre Zwecke ausreichen würde. Die Entnahme der Gewebeproben war für den 10. Mai 1987 angesetzt; aus logistischen Gründen sollte sie »unmittelbar vor« weiteren Untersuchungen stattfinden, die schon lange von verschiedenen Grabtuch-Verbänden als Fortsetzung der STURP-Untersuchungen von 1978 geplant waren.

Die angesehene Schweizer Textilexpertin Mechthild Flury-Lemberg von der Abegg-Stiftung in Bern sollte, so das »Protokoll«, die Entnahme von Gewebeproben überwachen. Man wies sie deutlich darauf hin, daß keine Proben von den versengten Stellen, von der Stelle mit dem Antlitz sowie von anderen Stellen mit eindeutigem Darstellungscharakter entnommen werden durften. Es wurde auch festgelegt, daß Michael Tite, der Direktor des Research Laboratory, der stellvertretend für das British Museum anwesend sein sollte, bei der Entnahme als Supervisor fungieren sollte. Um das Verfahren als sogenannten »Blindtest« durchzuführen, wurde Tite gebeten, seine Museumsbeziehungen zu nutzen, so daß jedes Labor zusammen mit der Grabtuchprobe mindestens zwei alte »Kontrollmuster« erhalten würde, die das selbe Webmuster wie das Grabtuch aufweisen sollten. So konnten die Laboratorien nicht von vornherein wissen, welche der drei Textilproben vom Grabtuch stammen würde.

Im »Protokoll« wurde auch festgeschrieben, daß die Laboratorien für ihre Arbeit kein Honorar verlangen dürften und zudem ihre Ergebnisse der Päpstlichen Akademie der Wissenschaften, dem Turiner Istituto di Metrologia und dem British Museum zur Analyse vorzulegen hätten. Diese wiederum würden ihrerseits die Resultate erst nach erfolgter Überprüfung an die Presse weitergeben. Alle bei dem Treffen Anwesenden, auch der Turiner Kardinal Anastasio Ballestrero, stimmten diesen Vereinbarungen zu und legten sie dem Heiligen Stuhl vor.

Fünf Tage nach dem Treffen schrieb die Turiner Tageszeitung *La Stampa*, die wohl entsprechend instruiert worden war, daß das »Protokoll«-Treffen stattgefunden und der Papst der Empfehlung stattgegeben habe, daß alle sieben Laboratorien eine Datierung des Grabtuches vornehmen sollten. In den folgenden Wochen zeigte sich aber, daß hinter den Kulissen intrigiert wurde und daß der avisierte Termin im Mai kaum einzuhalten war. Kurz vor dem lang ersehnten Startschuß drückten einige Untersuchungslabors ihr Mißbehagen über den Umstand aus, daß zeitgleich zu ihrem Test auch andere wissenschaftliche Untersuchungen am Grabtuch vorgenommen werden sollten, und zeigten sich besorgt, daß man ihnen die Schau stehlen könnte.

Noch jemand war darüber besorgt: Professor Luigi Gonella. In endlosen Telefonaten, unter anderem auch mit mir, sprach er von Professor Chagas in einer Art und Weise, als sei dieser »Staatsfeind« Nr. 1 und nicht der höchste wissenschaftliche Berater des Papstes. Ein Interview in *La Stampa* gab im April 1987 schließlich Aufschluß über die Richtung, für die sich Gonella entschieden hatte: Er teilte mit, daß nur zwei oder drei Laboratorien den C-14-Test durchführen würden.

Am 10. Oktober platzte dann die Bombe. Kardinal Ballestrero schrieb an die sieben vereinbarungsgemäß »ernannten« Labors, daß nur Oxford, Tucson und Zürich an der Datierung teilnehmen würden. Diese Entscheidung war wohl auf Gonellas Rat hin gefallen, denn er war der Meinung, daß diese drei Laboratorien die größte »Erfahrung auf dem Gebiet der archäologischen Radiokarbondatierung« nachweisen könnten. Ballestrero hatte auch entschieden, daß die Päpstliche Akademie der Wissenschaften, und damit Professor Chagas, nicht mehr an dem Projekt beteiligt wäre. Auch die Beteiligung von Mechthild Flury-Lemberg wurde verworfen. Michael Tite vom British Museum war nun der Alleinverantwortliche für die wissenschaftliche Glaubwürdigkeit des Projekts im In- und Ausland.

Der Kardinal wollte sowohl mit diesem Brief als auch mit seinem überheblichen Aushebeln des »Protokolls von 1986« demonstrieren, daß die Entscheidungsgewalt über das Grabtuch nicht beim Vatikan in Rom läge, sondern bei ihm in Turin. Sogar die drei ausgewählten Laboratorien waren von diesem Vorgehen überrascht. In einem ersten gemeinsamen Antwortschreiben, das unter der Federführung Professor Douglas Donahues aus Tucson entstand, erklärten sie sich »zögerlich hinsichtlich der weiteren Vorgehensweise« und verlangten, daß die Entscheidung »noch einmal sorgfältig überdacht« werde.

Diese zögerliche Haltung wurde allerdings von Harry Goves blinder Wut überschattet. Beinahe zehn Jahre hatte er sich dafür eingesetzt, daß eine Untersuchung durchgeführt würde, und nun sollte er schmählich übergangen werden und nicht einmal bei der Durchführung anwesend sein dürfen. Seine Vermutung war wohl so falsch nicht, daß Gonellas Beweggründe teilweise auf den Umstand zurückzuführen seien, daß er, Gove, seinerzeit Chagas, den Gonella nicht ausstehen konnte, miteinbezogen hatte und der päpstliche Berater ihn nun absichtlich kränken wolle. Gove schrieb dem Papst zunächst einen scharfen, aber, wie er ahnte, nutzlosen Brief und veröffentlichte dann am 15. Januar 1988 zusammen mit Garman Harbottle vom Untersuchungslabor in Brookhaven eine Pressemitteilung, in der die Ungereimtheiten dieser Entscheidung, die jede vernünftige Lösung verhindern würde, detailliert dargelegt wurden.

Mit dem Hinweis, »das Labor in Harwell [besitzt] mehr Erfahrung als alle drei ausgewählte Forschungslaboratorien zusammen«, widerlegten sie auch Gonellas Argument, die drei ausgesuchten Institute würden über die größte Erfahrung bei der Datierung archäologischer Proben verfügen. Sie verwiesen auch darauf, daß schließlich das ausgewählte Labor in Zürich dasjenige gewesen war, das bei der Vergleichsuntersuchung im Jahr 1985 einen schwerwiegenden Fehler begangen und bei der Altersbestimmung um 1000 Jahre falschgelegen habe. Goves und Harbottles Mitteilung schloß mit der Bemerkung: »Das Vorgehen des Erzbischofs unter Mißachtung des Protokolls wird mit großer Wahrscheinlichkeit kein überzeugendes Ergebnis präsentieren können, das einer strengen wissenschaftlichen Prüfung standhalten kann. … Wahrscheinlich ist es besser, gar nichts zu tun, als eine solche eingeschränkte Untersuchung anzuberaumen.«

Hätten die drei ausgewählten Forschungsinstitute Rückgrat bewiesen und auf die Einhaltung des ursprünglichen »Protokolls« gepocht, wäre die Geschichte vielleicht ganz anders verlaufen. Aber Gonella vermutete richtig, daß ihnen »der Preis zu hoch war«. Dies gilt wohl besonders für Professor Edward Hall von der Oxford University, der sich mit dem Labor in Harwell, das immer noch nach der alten Gaszählermethode arbeitete, einen verbissenen Zweikampf lieferte, wer von ihnen den gewichtigeren Beitrag zur Entwicklung der Radiokarbondatierung in England liefern würde. Gonella mußte nur zart andeuten, daß er Laboratorien in Pisa und Udine beauftragen würde, sollten die drei ausgewählten Forschungslabors eine Zusammenarbeit verweigern – und die drei Laboratorien gaben sofort nach.

Am 22. Januar, genau eine Woche nach Goves und Harbottles Pressekonferenz, trafen sich die Herren Damon (Tucson), Hall und Hedges (Oxford) und Wölfli (Zürich) im Board Room des British Museum mit Luigi Gonella, um letzte Einzelheiten zu besprechen und den Termin für die Entnahme festzulegen.

Bis zu diesem Tag hatte Gonella STURP und andere Gruppen aufgefordert, Programme für zusätzliche Grabtuch-Untersuchungen auszuarbeiten und somit die seltene Gelegenheit, daß das Grabtuch aus seinem Schrein genommen werde, zu nutzen. Die British Society for the Turin Shroud hatte beispielsweise vorgeschlagen, eine Gruppe, die aus Kriminalisten von Scotland Yard und aus international bekannten Textilexperten zusammengesetzt sein sollte, hinzuzuziehen, die unmittelbar nach der Gewebeentnahme einige Untersuchungen durchführen sollte. Aber nach dem Zusammentreffen in London gab Professor Gonella deutlich zu verstehen, daß solcherart Vorschläge abschlägig beschieden worden waren. Die Testlaboratorien hatten geschickt taktiert und sich versichert, daß unabhängig von dem Ausgang der Testergebnisse die Aufmerksamkeit der Öffentlichkeit ihnen und nur ihnen allein gehören und nicht durch andere Unternehmungen abgelenkt werden würde.

Der Rest ist bekannt. Die Proben wurden am 21. April 1988 entnommen und in den darauffolgenden Monaten von den drei

Laboratorien untersucht. Die Institute, die engen Kontakt zueinander hielten, verfuhren alle nach der gleichen Radiokarbondatierungsmethode. Langsam »sickerten« die Ergebnisse durch: Das Grabtuch stammt aus dem Mittelalter. Am 13. Oktober wurde dann offiziell bekanntgegeben, daß das Grabtuch mit 95prozentiger Wahrscheinlichkeit zwischen 1260 und 1390 entstand.

Harry Gove hielt sich während der Untersuchung in Tucson auf und erfuhr das Ergebnis bereits vorab. Umgehend schlug er seine eigene Warnung, daß eine nur von drei Häusern durchgeführte Untersuchung »einer strengen wissenschaftlichen Prüfung« nicht standhalten würde, in den Wind. Er tröstete sich damit, daß alle drei Labore seine BMS-Methode eingesetzt hatten, und erklärte, das Ergebnis sei ein »Triumph«[4] für dieses Verfahren. Angesichts der Begeisterung, die er an den Tag legte, hätte man meinen können, der Test hätte seiner Methode und nicht dem Grabtuch gegolten (überdies hatte er mit jemandem gewettet, wie der Test ausgehen würde, und ein Paar Cowboystiefel gewonnen).

Edward Halls Enthusiasmus auf der anderen Seite des Atlantiks war ähnlich überschäumend. So erklärte er in einem Vortrag mit dem provozierenden Titel »The Turin Shroud: A Lesson in Self-Persuasion« (»Das Turiner Grabtuch: Eine Lektion in Autosuggestion«) im bis auf den letzten Platz besetzten Auditorium der British Museum Society in London, daß die Radiokarbondatierung den überzeugenden Nachweis erbracht hätte, daß das Grabtuch eine Fälschung sei. Wer weiterhin an seine Echtheit glaube, müsse, so Hall, ein ausgemachter »Schafskopf« sein. Im März 1989 waren seine Bemühungen, die Werbetrommel so heftig wie möglich zu schlagen, schließlich von Erfolg gekrönt: Ausgerechnet am Karfreitag konnte er verkünden, daß die Zukunft seines Forschungslabors gesichert sei. Nach seiner Emeritierung würde das Labor in Oxford einem neuen Lehrstuhl unterstellt, für den eine Gruppe von 45 wohlhabenden Geschäftsleuten eine Million Pfund gestiftet hatte. Und wer wurde als sein Nachfolger berufen? – Dr. Michael Tite.

Der Ehrlichkeit halber muß gesagt werden, daß die scheinbare

Unanfechtbarkeit des C-14-Urteils, das so nachdrücklich von Tite, Gove, Hall und auch von den Medien verfochten wurde, nahezu jeden, der an die Echtheit des Grabtuches glaubte, baß erstaunte, so auch mich. Eine anderslautende logische Erklärung, warum das Ergebnis falsch sein könnte, wenn es denn falsch war, war einfach nicht bei der Hand. Am besten war es wohl, in aller Ruhe abzuwarten, bis es jemandem gelingen würde, zum einen zu klären, wie das Grabtuch, vorausgesetzt die Datierung war richtig, gefälscht werden konnte, oder zum anderen, sollte die Datierung doch falsch sein, herauszufinden, wie drei international renommierten Forschungslabors ein solcher Fehler unterlaufen konnte.

Leider brachten in Europa einige hitzköpfige Anhänger der These, daß das Grabtuch authentisch sei, keine Geduld auf. Sie waren vor allem durch die verdächtig schnelle Berufung Tites nach Oxford in Aufregung versetzt worden und verstiegen sich nacheinander in diverse, recht unappetitliche Verschwörungstheorien, die vor allem von dem französischen Priester Bruno Bonnet-Eymard, von dem bereits die Rede war, verbreitet wurden. Wie ich bereits zu Anfang des Buches erwähnt habe, beschuldigte Bonnet-Eymard Dr. Tite, Gewebemuster aus dem 14. Jahrhundert mit den Grabtuchproben vertauscht zu haben, als er sie, unbeobachtet von den Videokameras, in die numerierten Stahlbehälter legte. Ich wiederhole hier ausdrücklich, daß ich mich dieser Unterstellung, die jeder Grundlage entbehrt, nicht anschließe.

Trotzdem sollte man zumindest einige »Tatsachen« und Hintergrundinformationen kennen, die von den Anhängern der Verschwörungstheorien verdreht wurden, nicht zuletzt, um diese Einwände ein für allemal zu entkräften. So trifft es zum Beispiel zu, daß der Franzose Gabriel Vial vom Stoffmuseum in Lyon, den Gonella anstelle von Mechthild Flury-Lemberg als Textilexperten eingesetzt hatte, am Tag der Entnahme ganz unerwartet ein besonderes »Kontrollmuster« mitbrachte. Es handelte sich dabei um Fäden eines Chorrocks aus dem 13. Jahrhundert, der einst dem hl. Ludwig von Anjou gehört hatte. Einige Anhänger der Verschwörungstheorien halten diesen Stoff für jenes Muster, das Tite mit den

Grabtuchproben »vertauscht« hatte, doch ist von niemandem zu leugnen, daß dieses Gewebe im Gegensatz zum Köper (Fischgrätmuster) des Grabtuches eine Leinwandbindung aufwies. Zufälligerweise waren es, wie gesagt, Fäden und keine Stoffstreifen, und Stoffstreifen nahmen die Labore bekanntermaßen in Empfang.

Daß Giovanni Riggi, der Mikroskopiespezialist aus Turin, der mit Gonella befreundet und von diesem auch anstelle Mechthild Flury-Lembergs mit der Entnahme der Gewebeproben beauftragt worden war, zudem noch einer ganz eigenen Vorgehensweise bei der Entnahme folgte, goß noch mehr Öl ins Feuer der Verschwörungstheoretiker. Anstatt exakt die Anzahl der von den Labors benötigten Proben zu entnehmen, trennte er tatsächlich doppelt so viel Stoff ab, halbierte den Stoffstreifen und zerschnitt wiederum eine Hälfte in drei Teile (je einer für ein Institut), während er die andere Hälfte selber behielt. Als er feststellen mußte, daß die Probe für das Labor in Tucson zu klein war und somit nicht das nötige Gewicht aufwies, schnitt er von seiner Probe einen kleinen Teil ab; das Forschungsinstitut in Tucson erhielt folglich eine zweiteilige Probe (zu dieser Aufteilung siehe Darst. 24). Vermutlich trennte Riggi auch Teile an den Kanten des Grabtuches ab und behielt sie; jedenfalls fehlen diese Teile. Ob dies alles mit ausdrücklicher Erlaubnis von Kardinal Ballestrero geschah, ist bis heute in Turin umstritten. Auf Fotografien der Tuchstreifen ist jedenfalls deutlich Ballestreros Siegel zu erkennen. Die zusätzlichen Proben reichen wahrscheinlich für eine zweite Radiokarbondatierung aus. Wer sie heute besitzt und wo sie aufbewahrt werden, ist nicht bekannt, vermutlich befinden sie sich im Besitz Kardinal Saldarinis.

Anfangs war all dies nicht bekannt. Erst als die Fachzeitschrift *Nature* die exakten Maße der Grabtuchprobe, nämlich 70 mm x 10 mm, veröffentlichte – eine scheinbar exakte Zahl in einem Bericht über scheinbar exakte Messungen –, war klar, daß diese Größe nicht mit den Proben übereinstimmte, die die Laboratorien erhalten hatten. Zusätzlich kompliziert wurde die Angelegenheit noch durch den Umstand, daß zwar die Mitarbeiter der einzelnen Forschungslabors ihre Grabtuchprobe nach Öffnen der Behälter fotografiert hatten – schließlich würden die Proben beim C-14-Test unwiederbringlich zerstört werden –, die einzelnen Häuser aber dabei ganz verschieden vorgingen: Die einen fotografierten nur die Vorderseite, andere wiederum die Rückseite.

Den beiden Verschwörungstheoretikern Holger Kersten und Elmar Gruber aus Deutschland genügten solche Diskrepanzen, um ein neues und noch weitaus raffinierteres Szenario zu ersinnen. So sei zwar das Grabtuch in Turin tatsächlich das wahre Grabtuch Jesu und stamme auch aus dem 1. nachchristlichen Jahrhundert, doch hätten Michael Tite und gewisse vatikanische Würdenträger unter der Hand abgesprochen, den Test zu manipulieren. Angeblich, so jedenfalls Kersten und Gruber, wolle der Vatikan um jeden Preis das schockierende Geheimnis wahren, das natürlich nur dem Vatikan selbst bekannt sei: Das Grabtuch beweise, daß Jesus nicht am Kreuz gestorben sei; die ganze Auferstehungsgeschichte sei ein Schwindel. Wenn dieser »Betrug« aufgedeckt würde, dann verlöre der gesamte Klerus auf einen Schlag Ansehen und Stellung und das ganze Christentum wäre vernichtet; so läge es auf der Hand, daß dies nicht an die Öffentlichkeit dringen dürfe. Es lag also im Interesse der Kirche, den Nachweis zu führen, daß das Grabtuch eine Fälschung sei.

Kersten und Gruber trafen leider einen Nerv der Zeit, so daß ihr scheinbar gut recherchiertes Buch weite Verbreitung fand. Das ist besonders traurig, denn ihr zentrales Argument verdient einfach nicht die geringste Beachtung. Nicht zuletzt durch die unbedingte Entschlossenheit der katholischen Kirche, die entgegen aller Wahrscheinlichkeit die beiden für 1998 und 2000 geplanten Ausstellungen weiterhin so durchzuführen beabsichtigte, als habe die Echtheit des Grabtuches nie in Frage gestanden, wurde dies noch einmal besonders deutlich. Die Behauptung von Kersten und Gruber, daß die Proben für die Testlabors nicht zusammenpassen und daher nicht vom Grabtuch stammen würden, kann leicht durch meine Skizze (Darst. 24) ad absurdum geführt werden, denn sie beweist eindeutig, daß die Proben zusammenpassen.

Ich möchte hier ganz klar sagen, daß ich nicht den leisesten

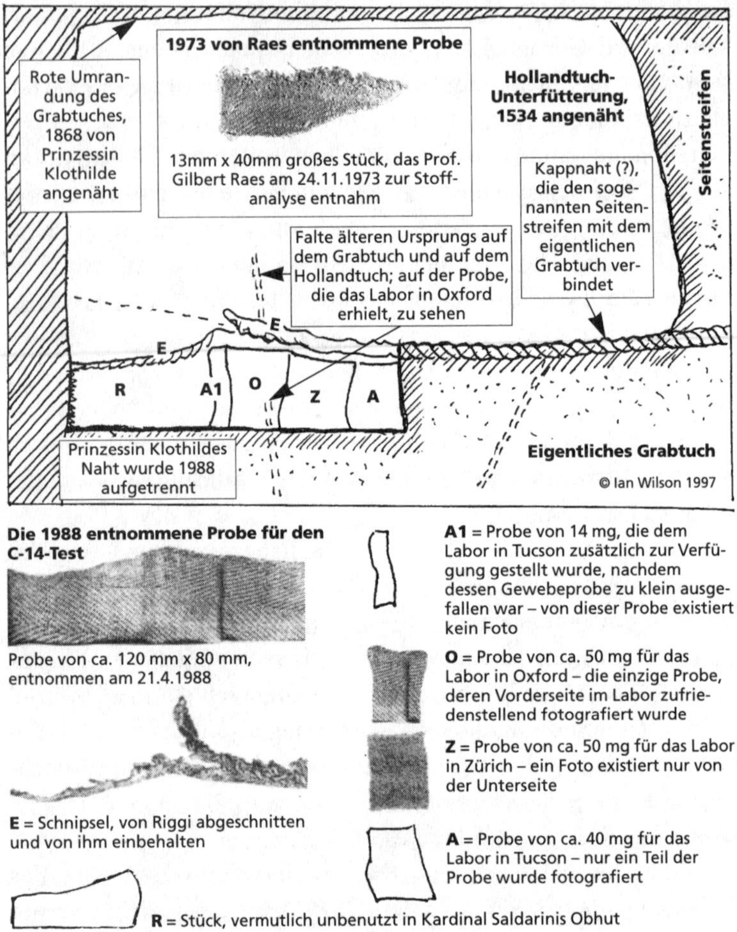

Darst. 24: Verteilung der Grabtuchprobe, die Giovanni Riggi am 21. 4. 1988 entnahm

Diese Skizze macht deutlich, daß die Behauptung von Kersten und Gruber, die Proben, die die Untersuchungslabors erhalten hatten, würden nicht mit der von Riggi entnommenen Gesamtprobe übereinstimmen, falsch ist. Außerdem wird damit Riggis Verteilungsplan berichtigt; er verabsäumte, seine anfänglich zu kleine Zuteilung für das Labor in Tucson zu vermerken. Die Proben sind maßstabsgetreu skizziert. Die Laboratorien konnten von sich aus ihre Proben in drei oder vier kleinere Stücke zerteilen, um sie verschiedenen Untersuchungen zu unterziehen; dadurch wird deutlich, daß man für die Datierung mittels der BMS-Methode nur sehr kleine Proben benötigt.

Zweifel daran hege, daß die Radiokarbondatierung nach bestem Wissen und Gewissen und nach den besten wissenschaftlichen Verfahren von hochkompetenten Wissenschaftlern an den wirklichen Grabtuchproben vorgenommen wurde. Auch zweifle ich keinen Moment daran, daß man mit einem weiteren C-14-Test genau dasselbe Ergebnis erhalten würde. Mein Vertrauen, daß die Labors tatsächlich feststellten, daß das Grabtuch aus dem Mittelalter stammt, gründet sich vor allem darauf, daß Professor Douglas Donahue vom Labor in Tucson, das als erstes ein Ergebnis präsentierte, praktizierender Katholik ist. Dessen Erwartungen, den Nachweis zu führen, daß das Grabtuch aus dem 1. Jahrhundert stammt, waren hoch. Sein Kollege Damon ist praktizierender Quäker. Beide Männer hätten also allen Grund zur Freude gehabt, wenn sich erwiesen hätte, daß das Grabtuch auf das 1. Jahrhundert zu datieren gewesen wäre.

Etwas ganz anderes ist allerdings die nahezu vollkommene Unfehlbarkeit, die fast alle – Wissenschaftler und Journalisten wie Laien – dem Untersuchungsergebnis zugestanden. Nach der Publikation der Untersuchungen war es, als müsse man nun alle anderen Erkenntnisse, die man aus dem Grabtuch gewonnen hatte, ignorieren und die Radiokarbondatierung als ultima ratio akzeptieren, da es sich hierbei um ein wissenschaftlich exaktes High-Tech-Verfahren handeln würde, dessen angebliche Fehlermarge wenig mehr als hundert Jahren betrage.

Wir sollten nicht vergessen, daß zuallerst das Übergehen des »Protokolls von 1986« gründlich ins Visier genommen worden wäre, hätte die Datierung des Grabtuches übereinstimmend auf das erste nachchristliche Jahrhundert gelautet. Im »Protokoll«, wir erinnern uns, war festgelegt worden, für einen sorgsam ausgeführten wissenschaftlichen Test geeignete »Kontrollmuster« zu besorgen, damit keines der beteiligten Institute wissen konnte, welches die Grabtuchprobe sei.

Wie bereits erwähnt, ist die Drei-zu-eins-Köperbindung des Grabtuches für die damalige Zeit so ungewöhnlich, daß es Michael Tite trotz größter Bemühungen – er hatte sogar einmal mich um

Hilfe gebeten – nicht gelang, weder aus dem 1. noch aus dem 14. Jahrhundert einen Vergleichsstoff in gleicher Webart ausfindig zu machen. Es mußten also abweichende Webmuster verwendet werden; so war in den Labors sofort zu erkennen, welches die originale Probe war. Der ursprüngliche Plan eines »Blindtests« mußte somit aufgegeben werden.

Damit gab man sich zufrieden. Ebenfalls als völlig legitim erschien es den Verantwortlichen, daß die Wissenschaftler das Grabtuch vor der Datierung in Augenschein nehmen durften; entsprechend den in der archäologischen Forschung geltenden Regularien hätten sie die betreffende Forschungsstätte keinesfalls inspizieren dürfen, sondern einfach auf das Eintreffen der Muster warten müssen.

Kaum hinnehmbar ist jedoch, daß Dr. Tite in diesem besonderen Fall aus Gründen, die nie ganz deutlich wurden, die Forschungslabors über das Alter der Kontrollmuster vorab informiert hatte, wogegen es einer normalen Vorgehensweise bei einem Vergleichstest entsprochen hätte, den Instituten zumindest diese Information vorzuenthalten. Daß dies nicht geschah, steht außer jedem Zweifel, denn es war ausdrücklich in den Unterlagen erwähnt, die Tite und Kardinal Ballestrero jedem Direktor der beteiligten Laboratorien mit dem jeweiligen Musterset übergaben:

> Die Behälter mit der Nummer 1 ... 2 und ... 3, ausgehändigt an [Name des Labors] enthalten eine Gewebeprobe, die am 21. April 1988 um 9 Uhr 45 in unserem Beisein dem Turiner Grabtuch entnommen wurde, sowie zwei Kontrollmuster von einem oder beiden der folgenden Textilien des British Museum: Gewebe aus dem 1. Jahrhundert, [Gewebe] aus dem 14. Jahrhundert. Die Herkunft der Muster in den jeweiligen Behältern wurde separat verzeichnet und wird bis zum Ende der Untersuchung unter Verschluß gehalten.
>
> [gez.] Anastasio Ballestrero
> Michael Tite[5]

Aber nicht nur das ist merkwürdig. Im »Protokoll von 1986« war auch die Sorgfalt hervorgehoben worden, die Mechthild Flury-Lemberg bei der Auswahl der Probenstellen für den C-14-Test walten lassen sollte. Daß trotz des langen Zeitraums, innerhalb dessen die Entnahme geplant worden war, die Stelle erst kurz vor dem faktischen Eingriff von Gonella und Riggi festgelegt wurde, und das auch erst nach längerer, heftiger Auseinandersetzung, ist in diesem Zusammenhang fast nicht zu glauben, auch wenn dies von den damals anwesenden Experten bestätigt und bezeugt wurde.

Gonella und Riggi konnten, abgesehen vom eigentlichen Bildnis, kaum eine ungeeignetere Stelle wählen. Wenn wir uns das Prinzip der Radiokarbondatierung vor Augen führen, so ist hierfür notwendig, daß ein Muster ausschließlich aus der ursprünglichen organischen Substanz in möglichst unverfälschter Form bestehen sollte (im Fall des Grabtuches also aus dem einst ungeschnittenen Flachs). Schon in den sechziger Jahren teilten zwei Wissenschaftler des Instituts in Harwell Vera Barclay, der Nestorin der britischen Grabtuchforschung, mit, daß das Grabtuch in dieser Hinsicht alles andere als ideal sei. »Es erscheint zweifelhaft, daß der Kohlenstoffgehalt des Materials über die Jahre konstant geblieben ist. Eine erfolgreiche Datierung setzt voraus, daß kein Austausch von Kohlenstoff, etwa durch den Zusatz eines Materials, das jünger ist als das eigentliche Grabtuch, stattgefunden hat«,[6] schrieb J. P. Clarke vom Labor in Harwell.

Und P. J. Anderson erklärte:

> Die Geschichte des Grabtuches zeigt, daß man, was die Zuverlässigkeit eines C-14-Tests angeht, nicht allzu großes Vertrauen darin setzen sollte. Eine Bedingung für eine korrekte Untersuchung ist, daß im Muster kein Kohlenstoffaustausch zwischen den Molekülen des Materials und dem Kohlendioxid beispielsweise aus der Luft stattgefunden hat. Die Zellulose des Leinens erfüllt diese Forderung, aber die Auswirkungen von Bränden

und Löschwasser ... sowie eine mögliche Kontamination in früherer Zeit könnten meiner Ansicht nach die Resultate verfälschen. Jeder andere mikrobiologische Einfluß auf das Grabtuch (Schimmel und andere durch Feuchtigkeit entstehende Pilze) kann sich massiv auf den ^{14}C-Gehalt auswirken. Diese Möglichkeit muß auf jeden Fall Berücksichtigung finden.

Daß diese Unwägbarkeit auch mit modernen Methoden nicht ausgeschaltet werden kann, zeigt das vor kurzem erschienene Buch von Dr. Sheridan Bowman, der Nachfolgerin Michael Tites im British Museum Research Laboratory. Sie listet darin die Konservierungssubstanzen und Verpackungsmaterialien auf, die Archäologen nicht zum Verschicken von für eine Radiokarbondatierung vorgesehene Proben verwenden sollten: »Viele Substanzen, die zum Schutz oder zur Konservierung von Proben verwendet werden, können danach nicht wieder entfernt werden. Verwenden Sie keinen Leim oder Biozide ... [etc.] Auch ganz normale Verpackungsmaterialien wie Papier, Karton, Baumwolle oder Schnur enthalten Kohlenstoff und können die Proben verunreinigen. Zigarettenasche ist generell zu vermeiden.«[7]

In diesem Zusammenhang sollten wir uns vor Augen halten, daß das Grabtuch jeden Tag in direktem Kontakt mit vielen dieser eben erwähnten kohlenstoffhaltigen Materialien ist, so z.B. mit dem Hollandtuch aus dem 16. Jahrhundert oder mit der Seidenumhüllung aus dem 19. Jahrhundert, ganz zu schweigen von den unzähligen Kerzen, von denen es im Lauf der Jahrhunderte erleuchtet worden ist, oder auch vom Wasser, das man 1532 zur Brandbekämpfung eingesetzt hatte.

Wenden wir uns nun wieder der Entscheidung zu, die Gonella und Riggi nach ihrem Streit fällten. Sie wollten eine Probe, einen einzelnen Streifen, von der Vorderkante möglichst nahe am Seitenstreifen entnehmen (Abb. 43a). Das war völlig unsinnig. Jeder unmittelbare Kontakt mit dem Gewebe des Grabtuches nach der Anfertigung kann die Untersuchung einer Probe verfälschen. Was fällt uns auf, wenn wir die zahlreichen Zeichnungen und Graphiken betrachten, auf denen dargestellt ist, wie das Grabtuch in früheren Jahrhunderten öffentlich präsentiert wurde? Auf jedem Bild (Abb. 30a, 31a, 43b, 43c) sieht man einen Bischof, der das Grabtuch hochhält. Und an welcher Stelle hält er das Tuch fest? Natürlich genau an der Ecke der Vorderkante und möglichst nahe an der Seite. Davon auszugehen, daß die Kontaminierung dieser Stelle durch Handschweiß eine Fehldatierung um rund 1300 Jahre beim C-14-Test verursacht hätte, wäre abwegig. Ohne jeden Zweifel war aber Gonellas und Riggis Wahl dieser Stelle schlecht überlegt. Am besten wäre es gewesen, einige kleinere Proben von verschiedenen Stellen des Tuches zu nehmen. Durch die Wahl dieser einzigen Stelle gingen sie allerdings das Risiko ein, daß jedes Labor gleichermaßen eine auf Kontamination zurückzuführende Schwankung bei der Altersbestimmung in Kauf nehmen mußte.

Ebenso schlecht war die Entscheidung, drei Forschungslabors auszuwählen, die alle nach demselben Verfahren, nämlich der BMS-Methode, arbeiteten, anstatt zumindest ein Labor zu beauftragen, das die erweiterte Gaszählermethode nach Libby einsetzte. Dies hat allein Luigi Gonella zu verantworten. Sogar Dr. Walter McCrone, der die theoretische Möglichkeit in Betracht zog, daß die Laboratorien voneinander abweichende Resultate erzielen könnten, von denen eines oder auch zwei das Grabtuch auf eine frühere Zeit datierten, schrieb sieben Jahre vorher in einem Brief an mich, daß »es wünschenswert sei, ein Ergebnis, wenn möglich, nach zwei unterschiedlichen Verfahren zu erhalten«[8]. Die Laboratorien in Oxford, Zürich und Tucson sind im Grunde identisch: Dies mußte notwendigerweise dazu führen, daß alle drei Häuser dasselbe Ergebnis erzielten.

Obwohl die Wissenschaftler in den Testlabors dies nur ungern eingestehen, ist unter Archäologen bekannt, daß die Fehlerquote bei C-14-Testergebnissen die von den Labors angegebenen Margen deutlich überschreiten kann. Das beste Beispiel dafür ist der Lindow Man, die gut erhaltene Leiche eines Kreuzigungsopfers, die man 1984 in einem Torfmoor in der englischen Grafschaft Cheshire fand. Drei verschiedene Labors erhielten Gewebeproben: Harwell datierte die Leiche auf das 5. Jahrhundert n. Chr., Oxford auf das 1. nachchristliche Jahrhundert und das British Museum schließlich auf das 3. Jahrhundert v. Chr.[9] Jedes Labor behauptete, sein Ergebnis sei richtig und weise lediglich eine Schwankung von ± 100 Jahren auf: Die drei Ergebnisse wiesen aber eine Spannbreite von nahezu 800 Jahren auf. Diese Schwankungen sind bis zum heutigen Tag unklar, doch die Untersuchungslabors behaupten weiterhin, daß jeweils ihr Ergebnis das wissenschaftlich exaktere sei.

Ein anderes Beispiel ist die ägyptische Mumie Nr. 1770 aus der Sammlung des Manchester Museum. In den späten siebziger Jahren wickelte die bekannte Ägyptologin Dr. Rosalie David zusammen mit einigen Kollegen die Mumie nach wissenschaftlichen Grundsätzen aus (Abb. 42c) und übersandte dem British Museum Proben der Mumienbinden und des Körpergewebes, um diese mit der Radiokarbondatierung zu untersuchen. Das Londoner Labor kam zu dem erstaunlichen Ergebnis, daß die Mumienbinden 800 bis 1000 Jahre jünger seien als die Mumie.[10] Daß die Mumie 1000 Jahre nach der ersten Bestattung noch einmal neu gewickelt worden war, könnte dies möglicherweise erklären; Rosalie David hält das jedoch für unwahrscheinlich.

Viele Archäologen, die sich regelmäßig der Dienste der Radiokarbonlabore bedienen, scheuen sich davor, die Ergebnisse allzu offen zu kritisieren, auch wenn sie nicht immer mit diesen einverstanden sind. Der griechische Archäologe Spyros Iakovidis hatte keine solchen Skrupel. Auf einer internationalen Konferenz sagte er 1989: »Im Zusammenhang mit der Zuverlässigkeit von Radiokarbontests möchte ich davon berichten, was mir bei meinen Ausgrabungen in Gla [in der griechischen Provinz Böotien] passierte. Ich schickte zwei Laboratorien, die weit voneinander entfernt waren, die gleiche Anzahl verbrannter Getreidekörner. Die Ergebnisse differierten um 2000 Jahre, die archäologischen Daten lagen in der Mitte. Ich habe das Gefühl, daß man dieser Methode nicht recht trauen kann.«[11]

Solche Beispiele sind keine Einzelfälle. So führte 1989 das englische Science and Engineering Research Council einen besonderen Reihentest durch, an dem 38 verschiedene Radiokarboninstitute teilnahmen, die entweder nach der alten Gaszählermethode oder nach der BMS-Methode arbeiteten. Alle Laboratorien erhielten Objekte, deren Alter nur dem Veranstalter bekannt war. Die Ergebnisse dieser großen Versuchsreihe waren zutiefst schockierend: Die faktischen Fehlermargen waren durchschnittlich zwei- bis dreimal höher als die Schwankungsbreite, die die Forschungslabors angesetzt hatten. Von den 38 Teilnehmern lieferten nur sieben Labore Ergebnisse, die die Organisatoren zufriedenstellten. Jene Institute, die die neue BMS-Methode einsetzten, schnitten besonders schlecht ab.[12] Erwähnen sollte man auch, daß sich das hochangesehene Labor in Oxford (Abb. 42b) weigerte teilzunehmen. Die BMS-Methode ist nun aber jene, von der wir glauben sollen, sie habe den »überzeugenden Beweis« geliefert, daß es sich beim Grabtuch um eine mittelalterliche Fälschung handle.

Das soll aber nicht heißen, daß ausgerechnet auf eine der oben erwähnten Kontaminierungsursachen die Fehldatierung des Grabtuches um 1300 Jahre zurückzuführen sei, immer vorausgesetzt, daß es eine Fehldatierung ist. Wir werden noch sehen, daß es durchaus eine weitere Fehlerquelle geben kann, die der Wissenschaft selbst im Jahr 1988 kaum bekannt gewesen sein dürfte.

In ihrem Eifer, der Welt ein Meisterwerk der BMS-Methode vorzuführen, haben es die Mitarbeiter der beteiligten Untersuchungslabors schlicht und einfach verabsäumt, mögliche Gründe in ihrer Analyse zu berücksichtigen, deretwegen ihre Grabtuchdatierung falsch sein könnte. In ihrem Artikel in der Zeitschrift *Nature* bezeichneten sie ihre Ergebnisse als »überzeugend«. Edward Hall kommentierte in seinem nach der Präsentation der Untersuchungsergebnisse im British Museum gehaltenen Vortrag sarkastisch die Überheblichkeit der Forscher, die die Möglichkeit, daß die vorgestellten Testergebnisse aus noch ungeklärten Gründen ebensogut auch falsch sein könnten, gänzlich ignorierten. Dabei kann keiner der Experten auch nur einigermaßen schlüssig erklären, wie die Menschen, die zwischen 1260 und 1390, also dem

Zeitraum, in dem das Grabtuch angeblich entstanden sein soll, lebten, das Grabtuchbild hätten anfertigen können.

Ich nehme die Testlabors selbstredend jederzeit gegen jene Art von Anschuldigungen in Schutz, die Bonnet-Eymard, Kersten und Gruber und andere erhoben haben; die schiere Hybris jedoch, mit der sie ihre Testergebnisse als unfehlbar darstellten, alle Bedenken als gegenstandslos beiseite wischten und sich zum Richter über die Echtheit des Grabtuches erhoben, ist für mich unentschuldbar. Wer an der Arroganz der Untersuchungslabors verzweifelt, braucht nur Harry Goves letztes Buch *Relic, Icon or Hoax? Carbon Dating the Turin Shroud* (Reliquie, Ikone oder Fälschung? Über die Radiokarbondatierung des Turiner Grabtuches) lesen: ein detailreicher und sehr präziser, in Tagebuchform gehaltener Bericht über die windungsreichen Vorgänge, bis schließlich eine Untersuchung angesetzt und die Resultate publiziert werden konnten. Ich kann das Buch jedem nur empfehlen. Gove schildert sehr schön das unumstößliche Selbstvertrauen der Mitarbeiter der einzelnen Laboratorien und ihren Glauben, nur sie allein würden den einzig wahren Schlüssel zum Geheimnis des Grabtuches besitzen. Wer aber nach einer Antwort auf die berechtigte Frage sucht, wie jemand im 14. Jahrhundert – sofern der Test doch eine richtige Altersbestimmung lieferte – so eine »gute« Fälschung herstellen konnte, der findet in Goves Buch nicht den kleinsten Hinweis. Auch Professor Edward Hall sagte, diese Frage sei für ihn völlig gegenstandslos und er würde daran keinen Gedanken verschwenden.

Man kann das Grabtuch aber nicht so »in der Luft« hängen lassen. Das C-14-Resultat war entweder richtig, oder es war falsch. Trifft ersteres zu, dann lautet die Frage: Wie konnte jemand im 14. Jahrhundert solch ein Bild herstellen?

Kapitel 14

Wenn das Testergebnis stimmt, ist das Grabtuch dann das Werk eines Malers des Mittelalters?

Sollte das Untersuchungsergebnis von 1988 tatsächlich richtig sein, dann müssen wir nicht lange nach Hinweisen und historischen Quellen suchen, in denen die Herstellung des Grabtuches beschrieben wird. Wie Bischof d´Arcis in seinem *Memorandum* schrieb – und das Grabtuch ist aufgrund des C-14-Resultats in denselben Zeitraum wie das bischöfliche Dokument datiert worden –, ist es eine Generation vor ihm »mit Schlauheit gemalt« worden. D´Arcis insistiert ähnlich beharrlich wie Gove auf dem Umstand, daß man es einfach als »Werk menschlicher Geschicklichkeit und nicht wunderbar bewirkt oder verliehen« betrachten solle.

Welche »Schlauheit« und »Geschicklichkeit« benötigte nun ein Künstler, um, unabhängig vom Inhalt, das Bild auf die »Leinwand« zu bannen?

Die Untersuchung von STURP ergab, daß die Darstellung unleugbar ein bloßes »Oberflächen«-Phänomen ist, nur die obersten Fasern veränderte und nicht tief in das Gewebe eindrang, was man noch heute gut mit bloßem Auge erkennen kann. An dieser Stelle spielt keine Rolle, woraus das »Körper«-Bild besteht, ob nun, wie McCrone behauptet, aus einer eisenoxidhaltigen Farbe oder ob es vielmehr, so zumindest die Meinung der STURP-Wissenschaftler, eine reine Verschleißerscheinung ist. Welche Technik auch immer bei diesem »Oberflächen«-Phänomen verwendet wurde, das Tuch weist jedenfalls keinerlei Spuren eines Farbauftrags auf, wie dies üblicherweise der Fall ist, wenn ein Künstler während des Malakts mit dem Pinsel über die Leinwand fährt. Selbst wenn man davon ausgeht, daß eine Art »Farbe« benutzt wurde, so ist deren Auftrag nicht nur verschwindend gering, sondern zudem feuchtigkeits- und hitzeresistent. Außerdem muß sie auch chemischen Prozessen und veränderten Umweltbedingungen widerstanden haben, denn es gibt keinen Hinweis, daß die Farbe bei den Bränden von 1532 und von 1997 durch Hitzeeinwirkung oder durch Wasser verlief oder fahl wurde. Bei der Untersuchung durch das STURP-Team erwies sich auch, daß dem Tuch Bleichmittel und andere chemische Substanzen nichts anhaben konnten. Überdies ist das Bild nur dann richtig zu sehen, wenn es als Negativ invertiert betrachtet wird; erwähnenswert ist auch die Korrektheit der Darstellung in medizinischer, anatomischer, historischer und kulturgeschichtlicher Hinsicht.

Kann man sich einen Maler aus der Zeit um 1350 vorstellen, der alle diese Kriterien hätte erfüllen können? Walter McCrone aus Chicago (Abb. 44a) bejaht diese Frage, ohne zu zögern; wie gesagt, wurde das Grabtuch seiner Ansicht nach von einem Künstler des Mittelalters mit einer aus Milliarden winziger Eisenoxidpartikel, Wasser und Leim angerührten Farbe gemalt.

Dieser »talentierte« Maler ging, so jedenfalls McCrones Darstellung, auf die Weise vor, indem

> ... er sorgfältig das Neue Testament, die Quellen zur Kreuzigung sowie Christusdarstellungen anderer Maler studierte. Er stellte sich das Grabtuchbildnis im Rahmen eines dunklen Grabes vor. Er ging davon aus, daß im Gegensatz zu einem normalen Bildnis, das Licht und Schatten aufweist, dieses Bild nur durch direkten Körperkontakt mit dem Tuch entstanden sein kann. Die Stellen, die Kontakt mit der Ober- bzw. der Unterseite des Tuches hatten (die Stirn, der Nasenrücken, die Wangenknochen, der Bart etc.), trug er direkt auf. So entsteht automatisch ein Negativ; die Stellen, auf die normalerweise Licht

fällt und die hell erscheinen, wie z.B. der Nasenrücken, werden mit Farbe dunkel gemalt, auf einem Negativ erscheinen sie dann wieder hell. Er versah den Körper mit dunklen Blutflecken, wie sie im Neuen Testament beschrieben sind; sie bilden ein fotografisches Positiv über dem sonst negativen Körperbild.[1]

Wenn es doch nur so einfach wäre, wie es bei McCrone klingt! Ich habe zwar nur eine sehr verschwommene Vorstellung von Mikroskopie, aber zumindest weiß ich ungefähr, wie man einen Körper zeichnet. Wie die Malerin Isabel Piczek schon sagte – und hier kann ich ihr nur zustimmen –, ist es einfach nicht möglich, nach der von McCrone geschilderten Methode einen Körper im Negativverfahren zu malen, zumal es auch keine Möglichkeit gab, das Ergebnis zu überprüfen. Doch Walter McCrone wollte »beweisen«, daß er recht hatte. Anfang der achtziger Jahre beauftragte er den Maler Walter Sanford, nach seinem Verfahren und mit der von ihm eruierten Farbmischung ein »Grabtuch«bildnis anzufertigen. Sanford hatte nur die Aufgabe, das Grabtuchbildnis in seinem Nuancenreichtum annähernd zu kopieren, trotzdem reicht das Ergebnis (Abb. 44b) nicht im entferntesten an das Original heran. Selbst McCrone scheint begriffen zu haben, daß er sich auf dem Holzweg befindet. Obwohl er anfangs davon überzeugt war, das Geheimnis des Grabtuches gelüftet zu haben, und dies auch entsprechend enthusiastisch herausposaunte, hat er mittlerweile seine Hinweise auf Sanfords Werk ohne jede weitere Erläuterung stark eingeschränkt.

Auf ebenso schwachen Füßen stehen auch seine Vorschläge von Malern, die im 14. Jahrhundert das Grabtuchbildnis auf eine derart raffinierte Art und Weise geschaffen haben könnten. Zuerst verwies McCrone auf den viktorianischen Kunstsammler Sir Charles Eastlake, der in seinem Werk *Methods and Materials in Paintings of the Great Schools and Masters* Techniken deutscher und englischer Maler aus dem Trecento beschrieb, mit denen eine größtmögliche Transparenz von Werken auf Leinwand erzielt werden konnte: »Im Register von Treviso, das von Guid´ Antonio

Zanetti verwahrt wird, ist eine deutsche Maltechnik auf Tuch (mit Wasserfarben) erwähnt, die offenbar im England des 14. Jahrhunderts sehr verbreitet war und die Aufmerksamkeit ausländischer Kollegen auf sich zog … Wenn man Leinwand auf diese Weise bemalt, ist sie danach nicht dunkler, als wenn sie unbemalt ist, denn die Farben haben keinen Körper.«[2]

Dies klingt natürlich vielversprechend, und dadurch scheint auch der Nachweis geführt zu sein, daß ein Maler aus dem 14. Jahrhundert durchaus in der Lage war, Leinen so zu bearbeiten, wie das beim Grabtuch der Fall ist. Allerdings ist dies kein direkter Beweis, denn keines der von Eastlake aufgeführten Werke ist erhalten.

Als nächstes führte McCrone dann die besser dokumentierte Grisaille an, eine im Mittelalter beliebte Maltechnik mit monochromer Farbe (zumeist, wie der Name bereits sagt, in Grautönen). Die Grisaille fand eigentlich zuerst in der Glasmalerei Anwendung, ich nenne hier nur das sehr bekannte *Five Sisters Window* aus dem 13. Jahrhundert in der Kathedrale von York. Um die Mitte jenes Jahrhunderts setzte sich die Grisaille auf Leinwand jedoch nachweislich in Frankreich durch.

Ein besonders bemerkenswertes Beispiel hierfür ist das auf Seide gemalte *Parament von Narbonne,* das man nach Narbonne, der Stadt in Frankreich, benannte, in der es gefunden wurde (heute befindet es sich im Louvre). Der Kunsthistoriker Millard Meiss datiert das Parament mit großer Wahrscheinlichkeit auf die Jahre 1370 bis 1375.[3] Es zeigt recht lebhaft Szenen von Jesu Geißelung, die Kreuztragung, die Kreuzannagelung und die Grablegung; auffällig ist dabei die charakteristische Kreuzung der Hände. Bei der Kreuzigungsszene ist interessant, daß der Zenturio, der – eine künstlerische Neuerung dieser Zeit! – dem Betrachter den Rücken zuwendet, einen langen geflochtenen Zopf trägt, der bis in den Nacken fällt und stark an den offenen Haarzopf auf der Rückenansicht des Grabtuches erinnert.[4]

1991 stieß Walter McCrone während eines Familienurlaubs in der Provence zufällig im Papstpalast von Avignon auf ein interessantes Fresko, das den Thronenden Christus zeigt (Abb. 44c) und offenbar 1341 von Simone Martini für das Tympanon der Kathedrale Notre-Dame-des-Doms in Avignon angefertigt wurde. Martini ist ein Zeitgenosse Geoffroy de Charnys und lebte zwischen 1280/1285 und 1344, also genau in dem Zeitraum, in der das Grabtuch angeblich angefertigt wurde. Besonders fiel Dr. McCrone auf, daß Martini wie die französischen Grisaillemaler auf Tuch mit nur einem Farbton malte, in diesem besonderen Fall mit abgestuftem Rot. Genaue Untersuchungen förderten zutage, daß es sich hierbei um Sinopia handelt, eine rötlichbraune Farbe, die aus Eisenerz gewonnen und zur Unterzeichnung von Fresken verwendet wurde. McCrone behauptet nicht, daß Martini der Urheber des Grabtuchbildnisses sei, ist aber der Meinung, daß der Grabtuchmaler, was Wirkungsort und Wirkungszeit angehen, in Martinis Umgebung zu lokalisieren sein müsse. Bemerkenswert ist auch die Aussage von Millard Meiss, daß der »unmittelbare Ursprung [der Grisaille] bis heute nicht geklärt werden konnte«.[5]

Aber selbst wenn dem so ist, ist der Weg bis zum definitiven Nachweis, daß das Grabtuchbildnis wirklich das Werk eines Künstlers dieser Zeit ist, noch weit. Simone Martini und auch der Meister des Paraments waren zweifellos sehr erfahren und begabt, ihre Darstellung menschlicher Körper unterscheidet sich aber vom Grabtuchbildnis geradezu fundamental. Ihre Palette war monochrom, was ja große Ähnlichkeit mit der Schwarzweißfotografie besitzt, alle anderen Aspekte stimmen aber mit den traditionellen Gestaltungsmitteln mittelalterlicher Kunst überein. Die Körper sind klar umrissen und die Pinselstriche deutlich erkennbar; weder Licht- noch Formgebung erinnern auch nur im entferntesten an eine Fotografie. Die gekreuzten Hände auf dem »Grab-Parament«, einer Grisaille auf einer Mitra, sind der künstlerischen Darstellungsweise jener Jahre verpflichtet. Deren Ursprünge können u.U. auf das Grabtuch in Lirey, von dem bekannt ist, daß es kurz zuvor wieder auftauchte, zurückgeführt werden. Der Meister des Paraments tat zwar sein Bestes, um das Blut, das von Jesu

Händen und Füßen und aus dessen Seite rann, möglichst naturgetreu darzustellen, hatte aber wie seine Zeitgenossen noch keine Vorstellung von der Wirkungsweise der Schwerkraft. So wirkt das Blut, das von den Händen und aus der Seite fließt, nicht im geringsten so realistisch wie die blutigen Rinnsale auf dem Grabtuch.

Im Juli 1988 besuchte ich Professor Edward Hall in seinem Labor in Oxford. Dabei teilte er mir mit, daß ihn sein Besuch in Turin, der erst wenige Tage zurücklag, zwar nicht von der Authentizität des Grabtuches überzeugt, er aber die Gelegenheit genutzt habe, das Bildnis sorgfältig mit einer Lupe zu studieren. Seiner Ansicht nach sei es unwahrscheinlich, daß es sich um ein Gemälde handelte. Daraufhin fragte ich ihn, warum er sich dann nicht Walter McCrones Erkenntnissen anschließen wolle. Er gab unumwunden zu, daß er McCrone für einen schlechten Wissenschaftler halte, der sich zu sehr auf subjektive Einschätzungen dessen verlassen würde, was er durch ein Mikroskop sähe. Auch Michael Tite vom British Museum zeigte sich völlig unbeeindruckt von McCrones Hypothese. Tite neigt zwar auch zu der Annahme, daß das Grabtuch im 14. Jahrhundert angefertigt wurde, seiner Ansicht nach wurde allerdings ein echtes Kreuzigungsopfer in das Tuch gewickelt.

Walter McCrones Beweiskette geriet noch mehr unter Druck, als vor kurzem seine – angebliche – Entlarvung der Vinland-Karte als Fälschung ernsthaft in Mißkredit geriet. Dabei waren es diese Erkenntnisse seiner aufsehenerregenden Publikation, auf der seine Reputation aufbaut. Wie das Grabtuch angeblich Jesu Leichnam zeigt, so ist die Vinland-Karte der mutmaßliche Beweis dafür, daß die Wikinger lange vor Columbus den amerikanischen Kontinent entdeckten. Die Existenz der Karte wurde 1965 offiziell bekanntgegeben und ihre Echtheit von einem Triumvirat angesehener Gelehrter bestätigt. Zu dieser kleinen Gruppe gehörte auch R. A. Skelton, der Direktor des Kartenraums des British Museum.[6] Als McCrone 1972 gebeten wurde, die Karte zu untersuchen, gelangte er schnell zu einer anderen, negativen Einschätzung.

Wer auch immer die Karte angefertigt hatte, hatte erst den Umriß des Festlands mit gelber Tinte gezeichnet und dann sorgfältig mit schwarzer Tinte nachgezogen – und genau dies zog McCrones Verdacht auf sich. Als er Proben der gelben Tinte unter dem Mikroskop untersuchte, fand er darin eine Substanz, die er als Anatas identifizierte. Hierbei handelt es sich um eine kristalline Modifikation von Titandioxid, die erst im Jahr 1920 entwickelt wurde. Somit meinte er die Karte als Fälschung des 20. Jahrhunderts entlarven zu können;[7] aufgrund dieser Untersuchung bat ich ihn auch um ein Gutachten des Grabtuches.

Das erste Wissenschaftlerteam, das die Karte nach ihm untersuchte, ist jedoch von McCrones Ergebnissen alles andere als überzeugt. 1985 wurde die Karte ins Crocker Laboratory der University of California gebracht, wo ein neues, vielversprechendes protoneninduziertes Röntgenspektralanalyseverfahren, die sogenannte NMR-Spektroskopie, entwickelt worden war. Bei diesem Verfahren werden mit einem starken Zyklotron harmlose Protonen auf das Muster geschossen; es entstehen Röntgenstrahlen, mit denen alle vorhandenen Teile im Bruchteil einer Sekunde identifiziert und quantifiziert werden, ohne daß sich die Wissenschaftler auf ihren eigenen subjektiven Eindruck verlassen müssen. McCrone hatte seine Schlußfolgerungen am Mikroskop aus fast nicht mehr sichtbaren und nicht unbedingt repräsentativen, sehr kleinen Teilen gezogen; mit der Röntgenspektralanalyse konnte dagegen praktisch das Objekt als Ganzes ausgewertet werden.

Diese Analyse der Vinland-Karte war wirklich eine Offenbarung. 1987 veröffentlichte Dr. Thomas Cahill vom Crocker Laboratory in der angesehenen wissenschaftlichen Zeitschrift *Analytical Chemistry*[8] die Untersuchungsergebnisse seines Teams: Die Karte enthielt tatsächlich 5000mal weniger Titandioxid, als McCrone behauptet hatte, und somit auch nicht mehr als andere Dokumente des Mittelalters, deren Echtheit außer Frage stand. Cahill wies seinem Kollegen überdies nach, daß seine Behauptung im Jahr 1972, Titandioxid bzw. Anatas habe vor 1920 nicht existiert, falsch sei. Bei der Röntgenspektralanalyse stellte sich nämlich heraus, daß nicht nur die Tinte einer zweifelsfrei aus dem 15. Jahrhundert stammenden Gutenberg-Bibel, sondern auch andere, nachweislich echte Dokumente aus der Zeit zwischen dem 12. und dem 15. Jahrhundert einen gewissen Anteil an Titandioxid aufwiesen.

Unabhängig davon fand Jacqueline Olin von der Smithsonian Institution in Washington heraus, daß Anatas ein Nebenprodukt von Kupfervitriol ist. Kupfervitriol wurde im Mittelalter zur Herstellung von Tinte benutzt und kann demnach nicht, wovon McCrone ausging, als verläßliche Basis für die Datierung eines Dokuments gelten. Ohne nun die Authentizität der Vinland-Karte besonders herauszustreichen, konnte Cahill überzeugend darlegen, daß sich Dr. Walter McCrone bei seiner vermeintlichen Entlarvung der Karte als Fälschung grundlegend geirrt hatte.

McCrone widersprach natürlich heftig und erklärte, die Röntgenspektralanalyse sei zur Datierung von Objekten wie der Vinland-Karte und dem Turiner Grabtuch ungeeignet und seine Methode für solche Zwecke immer noch am geeignetsten. Doch Cahills Erkenntnisse sind bis heute in der Wissenschaft unangefochten, und das aufwendige Buch von R. A. Skelton über die Vinland-Karte wurde kürzlich von der Yale University Press wieder aufgelegt. Dr. Wilcomb Washburn von der Smithsonian Institution schrieb für den Nachdruck eine neue Einleitung, in der er freimütig erklärte, daß jene, die bis jetzt »Fälschung« schrien, nun »in die Defensive gedrängt [seien] und sich jenen gegenüber verantworten müßten, die vorher in der Defensive waren«.[9] Unabhängig davon schrieb mir Dr. Garman Harbottle vom Laboratorium in Brookhaven kurz vor der Untersuchung des Grabtuches: »Sie [die Mitarbeiter des Crocker Laboratory] haben zu meiner Zufriedenheit gezeigt, ... daß sich McCrone um den Faktor 10000 geirrt hat.« Wenn nun McCrones Analyse der Vinland-Karte von einer Koryphäe wie Harbottle für falsch erklärt wird, ist es keineswegs abwegig, auch seine Urteile über das Grabtuch neu zu überdenken.

McCrones Hypothese, daß das Grabtuchbild das Werk eines Malers aus dem 14. Jahrhundert sei, ist nur eine unter vielen. Darüber hinaus ist behauptet worden, daß das Bildnis auf dem Grabtuch zwar das Werk eines Künstlers sei, aber nicht notwendigerweise aus dem 14. Jahrhundert stamme, denn diese Zeit sei – angeblich – künstlerisch so niedrig stehend gewesen, daß in dieser Epoche kein derart geniales Werk entstanden sein könnte. Als ein kleines, vom Turiner Kardinal Pellegrino ernanntes Expertenteam im Jahr 1973 das Grabtuch untersuchte, bemerkte Noemi Gabrielli, die frühere Direktorin der piemontesischen Kunstgalerien und einzige Frau im Team: »Studiert man die stilistischen Merkmale [des Grabtuches], so stellt man fest, daß es sich nicht um dasselbe Grabtuch handeln kann, das sich 1356 im Besitz von Geoffroy de Charny befand und später in den Besitz der Herzöge von Savoyen überging. Es scheint ein ungefähr 150 Jahre jüngeres Exemplar zu sein, das aber immer noch in die Jahre vor dem Brand von 1532 zu datieren ist.«[10]

Anders gesagt, Frau Gabrielli zufolge hat ein Mitglied des Hauses Savoyen um das Jahr 1500 de Charnys älteres Tuch mit einer künstlerisch weniger überzeugenden Darstellung heimlich gegen ein Grabtuch vertauscht, das in diesem Zeitraum von »einem großartigen Maler« geschaffen wurde, dessen Identität Dr. Gabrielli leicht zu erraten glaubte: »Wenn man das Grabtuchbildnis mit dem Antlitz Christi auf dem *Abendmahl* vergleicht, so erkennt man in technischer und geistiger Hinsicht durchaus eine Verwandtschaft.«

Gemeint ist natürlich Leonardo da Vincis *Abendmahl.* Wenn das Grabtuch tatsächlich, wie McCrone behauptet, ein Gemälde ist, so muß trotz aller gegenteiliger Beweise Gabriellis Vermutung einer ernsthaften Prüfung unterzogen werden. Die Brandlöcher von 1532 beweisen eigentlich zweifelsfrei, daß das Grabtuch in Turin identisch mit jenem ist, das die Feuersbrunst jenes Jahres überstand, was durch die Schürhakenspuren, die auf der Kopie von Lierre aus dem Jahr 1516 zu sehen sind, zusätzlich bewiesen wird. Doch vor diesem Zeitpunkt ist die Möglichkeit eines heimlichen Austausches theoretisch nicht auszuschließen. 1986 schrieb ich über Leonardos mögliche Urheberschaft des Grabtuches:

> Leonardo da Vinci ist der einzige Künstler, der anatomische Kenntnisse besessen haben könnte, die sich mit den Merkmalen auf dem Grabtuch decken. Leonardo sezierte und studierte als erster Leichen und Tierkadaver ... Er ist einer der wenigen Künstler, die sich die selbstverständliche Mühe gemacht hätten, die Berührungspunkte eines Körpers auf dem Grabtuch festzustellen, die Wirkung der Schwerkraft auf die Blutrinnsale zu berücksichtigen und die Spuren der Geißelhiebe exakt nachzuvollziehen. Auch ist er einer der wenigen, die mit Substanzen experimentiert haben könnten, um die feine eisenoxidhaltige Gallertmasse herzustellen, die McCrone fand, und er ist der einzige Künstler, der schon lange vor 1800 die Sfumato-Technik einsetzte, bei der die Konturen mit zunehmender Ferne verschwimmen; auch das Grabtuchbildnis ist konturlos. Darüber hinaus weist nur Leonardos Werk signifikante Parallelen zu den rätselhaften Merkmalen auf dem Grabtuch auf, so zum Beispiel, daß sichtbare Pinselspuren oder offensichtliche materielle Substanzen fehlen.[11]

Das heißt aber noch lange nicht, daß Leonardo auch wirklich das Grabtuch schuf. Man darf nicht vergessen, daß der C-14-Test das Grabtuch auf einen Zeitpunkt lange vor Leonardos Geburt datierte; er hätte also ein sehr altes Tuch verwenden müssen. Bedenkt man dessen Genie, ist dies grundsätzlich nicht auszuschließen. Das Pilgermedaillon von Lirey beweist, daß, von den eindeutigen Schürhakenspuren auf dem Pray-Manuskript von 1192 einmal abgesehen, ein Tuch in der Machart des heute in Turin aufbewahrten Grabtuches schon lange vor Leonardos Geburt bekannt war. In dessen umfangreichem Nachlaß, der neben Notizen und Skizzen auch Dokumente enthielt, die der Künstler zu Lebzeiten bewußt verborgen hielt, fanden sich weder Hinweise, daß er an einem Werk wie dem Turiner Grabtuch gearbeitet hätte, noch Unterlagen, die schlagend beweisen würden, daß er mit dem Haus Savoyen in Verbindung stand (sein Selbstporträt hängt heute allerdings in der königlichen Bibliothek von Turin).

Die Leonardo-These schöpft bei weitem nicht alle Möglichkeiten aus, die hinsichtlich des Grabtuches als Kunstwerk kursieren. Die Textilexperten Randall R. Bresee und Emily A. Craig von der University of Tennessee publizierten vor kurzem die Theorie, daß das Bildnis mittels der sogenannten »Reibetechnik« hergestellt worden sein könnte. Im Jahr 1992 hörte sich Emily Craig einen Vortrag von Bresee an. In dieser Rede forderte dieser die Anwesenden auf, sich zu überlegen, wie ein Maler des Mittelalters die Aufgabe, das Grabtuchbildnis herzustellen, hätte meistern können. Craig hatte eine Idee und führte privat eine Reihe von Versuchen durch, deren Ergebnisse sie zu der Annahme führten, sie habe die Methode des »schlauen« Malers des Grabtuches ermittelt.

Ihrer Theorie zufolge malte dieser das lebensgroße Körperbild auf Papier oder Pergament, und zwar auf ganz traditionelle Weise mit feinem, eisenoxidhaltigem und in Leim gelöstem Pigment. Der nächste Schritt enthielt dann den eigentlichen »Trick«: Der Künstler soll, so Emily Craig, das Papier mit der bemalten Seite nach unten auf ein gleich großes Leinentuch gelegt und die oben liegende, unbemalte Rückseite mit einem Rundholz oder einem Holzspatel heftig bearbeitet haben, so daß sich die Farbe wie beim Druckvorgang negativ auf das Tuch abrieb. Durch Wärme wurde das Bild dann »fixiert« (nach genau demselben Prinzip arbeiten übrigens Photokopiermaschinen).

Bresee und Craig bauten ihre These aus und veröffentlichten 1994 im Januar/Februar-Heft des *Journal of Imaging Science and Technology*[12] ihren Vorschlag. Sie behaupteten, daß ihre These historisch nachweisbar sei, und erwähnten den italienischen Künstler Cennino Cennini und dessen um das Jahr 1390 entstandenes Werk *Il Libro dell´Arte*. Darin gab dieser Maler des Trecento »Anweisungen«, wie »Pigment zu Puder gemahlen, Kohle mit Federn gebürstet und ein Bild aufs Tuch gebrannt« wird. Der Aufsatz von

Bresee und Craig enthielt auch Fotografien eines »Grabtuch«bildnisses, das zu Demonstrationszwecken auf Zeitungspapier gemalt worden war (Abb. 45a), sowie des Endresultats, das sie durch Abrieb auf Leinen erzielt hatten (Abb. 45b). Ebenfalls publiziert wurde das fotografische Negativ, das davon angefertigt worden war (Abb. 45c). Nicht ohne eine gewisse Berechtigung stellten sie die Behauptung auf, daß ihr Reibbild nur ein blasses Oberflächenphänomen ohne sichtbare Spuren von Farbauftrag oder Pinselspuren und zudem noch hitze- und wasserresistent sei: Alle diese Eigenschaften stimmen mit den scheinbar einzigartigen Merkmalen des Grabtuches überein. Das fotografische Negativ charakterisierten sie als » eine große dreidimensionale Tiefe aufweisend«.

Ihr Verweis auf Cennino Cennini ist allerdings nicht recht überzeugend. In seinem Buch führt dieser alle Techniken auf, die von Malern des Hoch- und Spätmittelalters verwendet wurden, darunter befindet sich ausgerechnet jenes Verfahren, das Bresee und Craig einsetzten, nicht. Die zwei amerikanischen Wissenschaftler hatten einfach mehr in Cenninis Sätze hineininterpretiert, als tatsächlich darin enthalten war. Außerdem sieht man auf ihren Bildern nur ein Gesicht und keinen Körper. Der Leser muß also selbst entscheiden, ob dieser Versuch unter stark eingeschränkten Bedingungen, bei dem übrigens die Wundmale und vieles andere mehr nicht im geringsten berücksichtigt wurden, wirklich überzeugt. Mir kommt das Antlitz auf dem Tuch als das vor, was es faktisch ist: ein amateurhaft gemaltes und mittels Abrieb schwach auf ein Leintuch übertragenes Gesicht, das kaum mehr als eine oberflächliche Ähnlichkeit mit dem Grabtuch aufweist; mehr ist es einfach nicht. Keinesfalls besitzt es die fotografische Qualität und die detailliert ausgearbeitete Dreidimensionalität der Darstellung auf dem Turiner Grabtuch.

Stuft man es als künstlerisches Werk ein, so sollte man auch den Gedanken nicht außer acht lassen, daß der Fälscher aus dem Mittelalter auch anders hätte vorgehen können: Er hätte die Farbe vielleicht nicht mit einem Pinsel aufgetragen und dann abgerieben, sondern auch eine lebensgroße Statue von Jesus Christus anfertigen und das Bild auf diese Weise auf das Tuch übertragen können. Professor Edward Hall, der eigentlich kein ausgeprägtes Interesse dafür an den Tag legte, wie denn das Grabtuchbildnis entstanden sein könnte, sagte bei unserem Treffen im Juli 1988, daß er die Theorie der »heißen Statue« gar nicht so abwegig fände. In aller Kürze geschildert, geht man bei dieser Methode so vor: Eine Bronzestatue von Jesus Christus wird erhitzt und dann rasch mit einem Leinentuch umwickelt. Auf diese Weise wird das »Körper«bild wie mit einem Brenneisen in das Tuch eingebrannt. Diese These stellte schon Anfang der siebziger Jahre der Engländer Geoffrey Ashe auf.[13] Statt einer Statue erhitzte Ashe einfach ein Messingornament, wie es zur Verzierung von Pferdegeschirren verwendet wird, und wickelte es in ein feuchtes Leintuch. Das Ergebnis war natürlich etwas dilettantisch und alles andere als überzeugend, erreichte aber stärker die Qualität der Darstellung auf dem Grabtuch.

Der Pferdefuß dieser Theorie ist aber, daß davon ausgegangen wird, daß im 14. Jahrhundert eine lebensgroße, liegende, anatomisch korrekte und völlig unbedeckte Bronzestatue von Jesus Christus existierte, die exakt bis zur richtigen Temperatur erhitzt und dann mit einem 4,20 m langen Leinentuch ganz umhüllt wurde. Man darf eine solche Konstellation natürlich nicht ganz ausschließen; im *Chronicon de Melsa [Meaux]*, einer um 1340 entstandenen französischen Chronik, wird beschrieben, wie ein Bildhauer in einer Abtei nur durch das Studium eines unbekleideten Modells ein sehr realistisches Kruzifix schuf.[14] Auch eine erhaltene Grabskulptur König Karls V.[15], des Nachfolgers von Johann dem Guten, Geoffroy de Charnys Förderer, ist sehr naturgetreu. All dies zeigt, daß ein hochbegabter Bildhauer zu jener Zeit, auf die der C-14-Test und das d´Arcis-Memorandum das Grabtuch datiert haben, in Frankreich gewirkt haben mußte.

Auch wenn man einmal davon ausgeht, daß ein Bildhauer des Trecento solch eine Statue angefertigt haben könnte, so hätte er immer noch ein Problem lösen müssen, nämlich die Wunden aufzutragen – nicht mit richtigem Blut, sondern als Blutgerinnselübertragung –, und zwar in einer derart realistischen Manier, daß die Wundmale in den letzten 100 Jahren unzählige Mediziner in die Irre führen konnten. Zusammen mit allen anderen präzisen Details und Beweisen führt dies zur Schlußfolgerung, daß es etwas Grabtuchähnliches bereits lange vor dem 13. oder 14. Jahrhundert gegeben haben muß. Gegen die »Einbrenn«theorie spricht auch das Ergebnis der fluoreszenzfotografischen Untersuchung von STURP aus dem Jahr 1978. Dabei fand man heraus, daß die Brandmale von 1532, wenn sie mit UV-Licht bestrahlt werden, rot fluoreszieren, das Körperbild jedoch nicht. Dies schwächt die These, daß das Bildnis auf dem Tuch mit einer normalen Einbrenntechnik hergestellt wurde, ganz erheblich.

Die Argumente, daß das Bildnis von einem genialen Maler geschaffen wurde, sind trotz Bischof d´Arcis und trotz McCrones, Craigs und Bresees Bemühungen ausgesprochen schwach. Es kann nicht zufriedenstellend geklärt werden, wie das Grabtuchbildnis entstand. Wie schon erwähnt, schließen sich einer solchen ablehnenden Haltung auch Wissenschaftler der Untersuchungslabors an.

Kapitel 15

Könnte das Grabtuch das Bildnis eines im Mittelalter Gekreuzigten sein?

Hält man die Radiokarbondatierung von 1988 für zutreffend und ist außerdem von den medizinischen Beweisen überzeugt, daß das Grabtuchbildnis einen Menschen darstellt, der auf dieselbe Weise wie Jesus gekreuzigt wurde, so kann man eigentlich nur noch die höchst unangenehme Möglichkeit in Betracht ziehen, daß der Mann auf dem Grabtuch ein armer, unglückseliger Mensch des Mittelalters war, der sozusagen »nach Maß« gekreuzigt und dessen Leiche danach absichtlich so wie Jesus Christus in ein Grabtuch gehüllt wurde. Ich hatte im vorhergehenden Kapitel bereits kurz erwähnt, daß Michael Tite diesen Vorschlag gar nicht so abwegig findet. In einem kürzlich im *Sunday Telegraph* erschienenen Artikel war zu lesen, daß dies derzeit auch die Meinung vieler anderer Wissenschaftler ist, die das C-14-Ergebnis für richtig halten.[1]

Diese Theorie enthält zwei voneinander abweichende Grundthesen: 1. Ein unbekannter Mensch wurde gegen Ende des 13. Jahrhunderts entweder bei lebendigem Leib oder nach seinem Tod mit der Absicht ans Kreuz geschlagen, dadurch das Grabtuchbildnis herstellen zu können; 2. die Kreuzigung war eine Hinrichtung, das Bildnis entstand zufällig und gänzlich unbeabsichtigt während der Bestattung, und die Vermarktungsmöglichkeit als »Grabtuch Jesu Christi« wurde erkannt und sofort genutzt.

Trifft die erste Version zu, so kann man das Grabtuch mit Fug und Recht als »widerwärtiges Produkt einer barbarischen Handlung« bezeichnen, »die als Vermarktungsstrategie im Interesse der Kirche ausgeheckt wurde«[2], wie es ein Kommentator formulierte. Im Grunde ist diese These weitaus schwieriger zu beweisen, und deshalb gibt es heutzutage auch keine Verfechter dieser Version, die sie richtig weiterentwickelt haben.

Es ist jedoch nicht von der Hand zu weisen, daß man sich gerade im Mittelalter in makabrer Weise für die physischen Details der Leiden Christi interessierte. Ich erwähne hier nur die Stigmata des hl. Franz von Assisi, die im Jahr 1224 auftraten und wohl psychosomatischen Ursprungs waren und in den folgenden Jahrhunderten bei vielen Männern und Frauen auftraten. Eine zweifellos selbst beigebrachte Stigmatisation ist in den *Annals of Dunstable* verzeichnet. Im Jahr 1222, also zwei Jahre vor der Stigmatisation des hl. Franz, wurde vor dem Council of Oxford gegen einen jungen Engländer verhandelt, der »behauptete, Christus zu sein und ... Hände und Füße durchbohrt hatte«[3]. Aus anderen Quellen wird ersichtlich, daß dieser junge Mann in der Art, wie man sich heute Ohrlöcher sticht, seine Hände und Füße durchstochen hatte, um als Kuriosum auf Jahrmärkten aufzutreten, wo er sich öffentlich ans Kreuz schlagen ließ.

Bemerkenswert ist auch, daß sich um 1340 – also noch zu Lebzeiten Geoffroy de Charnys – die Flagellantenbewegung in Europa ausbreitete. Gruppen von jungen Männern zogen mit entblößtem Oberkörper von Stadt zu Stadt und geißelten sich zur Buße eigenhändig mit Lederpeitschen, an deren Enden Metallspitzen angebracht waren, wie dies einst auch bei Jesu Geißelung der Fall war.

Doch daß im Mittelalter jemand absichtlich die Leiche eines ermordeten oder aus anderen Gründen verstorbenen Mannes benutzte, um das Grabtuch zu fälschen, wäre ein absichtlicher Verstoß gegen die Moralvorstellungen jener Zeit gewesen. Im 13. und 14. Jahrhundert war es wichtig, die Toten schnell und angemessen zu begraben. Obduktionen zu medizinischen Forschungszwecken waren fast ohne Ausnahme verboten. Die von Papst Bonifaz VIII. (Pontifikat 1294–1303) erlassene Bulle *De sepulturis* untersagte unter Androhung von Exkommunizierung und Hinrichtung auf dem Scheiterhaufen jede ungenehmigte Autopsie. Zwar gab es einige wenige Fälle, bei denen man sich darüber hinwegsetzte,[4] aber es ist schlicht und einfach sehr unwahrscheinlich, daß jemand so weit ging und alle Mühen und Risiken eines Mordes auf sich nahm, nur um das Grabtuch anzufertigen, wo es doch viel einfacher gewesen wäre, mit ein paar Tropfen Tierblut und einem alten Tuch eine »Reliquie« von hundertprozentiger Glaubwürdigkeit und exzellenter Vermarktungsmöglichkeit zu fabrizieren.

Daß man nicht ohne weiteres ein Bildnis wie jenes auf dem Grabtuch erhält, wenn man einen Mann »nach Vorgabe« kreuzigt, ihn blutüberströmt sterben läßt und dann mit einem Tuch umwickelt, stellt einen weiteren nicht zu unterschätzenden Schwachpunkt dieser Theorie dar. Auf der Grundlage unzähliger Experimente konnte in den letzten Jahrzehnten bewiesen werden, daß ein Bild, das man mit Hilfe dieser scheinbar so offensichtlichen Methode gewinnt, immer stark verzerrt und unscharf wirkt. Das Grabtuchbildnis ist nämlich kein direktes Kontaktbild, zumindest nicht, was den Körperabdruck angeht. Wenn es denn überhaupt mittels eines Körpers hergestellt wurde, so scheint es durch eine einzigartige Emanation, also ein Ausströmen aus dem Körper, geschaffen worden zu sein.

Wenden wir uns dem alternativen Vorschlag zu, das Grabtuchbild sei ein Zufallsprodukt der Bestattung eines Gekreuzigten. Von der bereits erwähnten Schwierigkeit, das Bild auf Leinen zu übertragen, was im selben Maße für diesen Vorschlag gilt, einmal abgesehen, wurde lange argumentiert, daß im Mittelalter keine Kreuzigungen mehr durchgeführt wurden, nachdem diese Hinrichtungsart im Westteil des römisch-byzantinischen Reichs schon in der ersten Hälfte des vierten Jahrhunderts durch einen Erlaß des ersten christlichen Kaisers Konstantin des Großen unter Strafe gestellt worden war.

Dennoch wurden Kreuzigungen durch Feinde des Christentums von Zeit zu Zeit durchgeführt, nicht zuletzt auch, um so den christlichen Glauben zu verhöhnen. So wurde im Jahr 1597 im japanischen Nagasaki eine ganze Abordnung christlicher Missionare gekreuzigt[5]; der mexikanische Revolutionär Emiliano Zapata (1883-1919) ließ angeblich die verhaßten Großgrundbesitzer an Telegrafenmasten kreuzigen; und Mitglieder der SS sollen während des Zweiten Weltkrieges im KZ Dachau inhaftierte Juden gekreuzigt haben. Ein jüngeres Beispiel ist aus der Türkei bekannt. Dort wird die Kreuzigung bei politischen Gefangenen angeblich als Folter verwendet.

Als Dr. Michael Straiton, ein Allgemeinmediziner aus England, vor der Veröffentlichung der C-14-Testergebnisse diese Nachricht hörte, kam ihm die zündende Idee, wie das Grabtuchbildnis entstanden sein könnte, ohne daß recht eigentlich eine Fälschung beabsichtigt gewesen wäre. Straiton hatte gerade in der Türkei Urlaub gemacht und war davon überzeugt, daß das Grabtuchbildnis wirklich das Abbild eines Menschen zeigt, der auf exakt dieselbe Weise wie Jesus gekreuzigt worden sei. Angesichts des C-14-Ergebnisses kann es aber nicht das Abbild des historischen Jesus sein. Laut Straiton könne es sich vielmehr um das Bildnis eines Kreuzritters handeln, der als Verhöhnung von Jesu Tod am Kreuz von Seldschuken oder Sarazenen gekreuzigt worden sei.

Straiton fiel auf, daß die Wissenschaftler, die den C-14-Test durchgeführt hatten, in ihrem Bericht in der Zeitschrift *Nature* behaupteten, daß das Grabtuch mit gegen 95 Prozent tendierender Wahrscheinlichkeit zwischen 1260 und 1390 gewoben worden sei. In ihrem Report stand jedoch auch, daß eine Wahrscheinlichkeit von 68 Prozent bestünde, daß das Grabtuch aus einem sehr viel kürzeren Zeitraum stammen könne, nämlich aus den Jahren 1270 bis 1290.

Straiton war historisch bewandert und wußte, daß dies »genau die Zeit« war, zu der die Kreuzritter bei den letzten Gefechten mit den Seldschuken besonders große Verluste erlitten, als sie versucht hatten, diese an der Eroberung des Heiligen Landes zu hindern. Sultan Baibars I. war bis zu seinem Tod im Jahr 1277 der bedeutendste und auch skrupelloseste Gegner der Kreuzfahrer gewesen; beinahe wäre einer seiner Giftanschläge auf Prinz Edward von England, der später als Edward I. den Thron bestieg, geglückt. Baibars´ Nachfolger schlugen eine noch erbarmungslosere Gangart des totalen Krieges gegen die Kreuzritter ein. 1285 nahmen die Seldschuken die Johanniterburg von Margat ein, vier Jahre später die Hafenstadt Tripolis, wo sie keine Gefangenen machten und ausnahmslos alle in der Stadt Verbliebenen abschlachteten.

1291 fiel Akra, die letzte Feste der Kreuzritter. Wieder zeigten die Muslime keinerlei Erbarmen. Nach Straitons Ansicht entstand wohl im Zuge dieser Greueltaten völlig zufällig das Bildnis eines unbekannten Kreuzritters auf dem Leichentuch. Er schreibt:

> Ich denke, das Grabtuch – und vielleicht auch andere Tücher, die inzwischen verschwunden sind – ist der Beweis für einen gigantischen, blutigen Scherz der Seldschuken, es ist die Rache an dem Feind, den sie vollständig aus dem Mittleren Osten vertreiben wollten. Was läge näher, als einen Plan zur Vernichtung des Gegners auszuarbeiten, bei dem die grausame Todesart, die Kreuzigung von Gottes Sohn, den die Christenheit anbetet, sorgfältig und in jeder erdenklichen Einzelheit inszeniert wird? Ein Opfer oder auch mehrere wurden gegeißelt, eine Dornenkrone wurde ihnen aufs Haupt gedrückt, sie mußten das Kreuz tragen, an das sie zum Hohn und aus Vergeltung geschlagen wurden. Das Ritual war beendet, als dem Opfer nach dem eingetretenen Tod auf die bekannte Weise eine Lanze in die Seite gebohrt wurde. Die Leiche wurde hängen gelassen und verweste; sie ist dann von wilden Tieren angefressen worden. Später wurden die sterblichen Überreste möglicherweise von Gleichgesinnten geholt; [sie wurden] in ein einfaches, in der Region hergestelltes Tuch gehüllt und in einem der vielen, vor langer Zeit geplünderten römischen Gräber bestattet. Irgendwann wurde die Leiche von Bauern gefunden, die den Wert des Tuches für Reliquiensammler erkannten. Diese nahmen das Tuch mit nach Frankreich, hatten aber keine Ahnung, woher es eigentlich stammte. Was wäre natürlicher, als dieses Tuch als das echte Begräbnislinnen Jesu Christi zu verehren (schließlich

weist es genau jene Merkmale auf, die in den Evangelien aufgeführt sind)? Sie wären nie auch nur auf den Gedanken gekommen, daß die Darstellung erst als Folge einer Kreuzigungsinszenierung, die kurz zuvor stattgefunden hatte, auf das Grabtuch gelangte.[6]

Und weiter: »Ich bin davon überzeugt, daß wir auf dem Grabtuch das Bildnis des ›Unbekannten Soldaten der Kreuzritter‹ sehen, der Opfer einer Imitation der Kreuzigung Christi wurde.«

Straitons Hypothese klingt im ersten Moment plausibel, liefert aber keine Antwort auf die Frage, wie die »barbarischen« Türken eine derart akkurate Inszenierung der Kreuzigung Jesu durchführen konnten, in dessen Ablauf sich bis in die kleinste Einzelheit historisch korrekte Merkmale auf dem Gewebe des Grabtuches abzeichneten. Schließlich war ihr einziges Motiv die Verhöhnung des Christentums, und man kann kaum erwarten, daß sie ausgezeichnete Kenntnisse des Neuen Testaments besaßen. Ebenso unwahrscheinlich ist auch, daß der unbekannte Kreuzritter, der der Gnade der Türken derart schrankenlos ausgeliefert war, nicht wilden Tieren zum Fraß vorgeworfen, sondern ans Kreuz geschlagen wurde und zudem noch von seinen Mitbrüdern – auf jeden Fall von Ortsansässigen, denn wie ich bereits beschrieben habe, war die Einhüllung der Leiche nur im Osten gebräuchlich – sehr rasch, aber mit angemessener Würde bestattet werden konnte. Und schließlich vermag diese Theorie nur unzureichend zu erklären, wie dieser Kreuzritter einen so exakten und einzigartigen Abdruck auf dem Grabtuch hinterlassen konnte; dieses Phänomen ist in der Geschichte der Menschheit singulär.

Aber ich will Straiton gegenüber fair sein. Er entwirft ein glaubwürdiges Bild von dem »übel zugerichteten und gegeißelten« Körper des Kreuzritters, der »einige Zeit, bedeckt von Fliegenschwärmen, in der Sonne hing « und dessen ganzer Leib von Sekreten überzogen war, die Ursache für das heute auf dem Grabtuch sichtbare Abbild waren, denn durch sie drückten sich sein Gesicht und sein Leib auf das Gewebe ab. Zu Recht nahm Straiton

Bezug auf ein sehr interessantes »Grabtuch-Phänomen« unserer Tage, auf die sogenannte »Jospice-Matratze«. 1981 starb im Pflegeheim Jospice in der Nähe der englischen Stadt Liverpool ein Mann an Bauchspeicheldrüsenkrebs; zum Erstaunen des Pflegepersonals hinterließ sein Körper einen unauslöschlichen Abdruck auf der aus synthetischem Material bestehenden Matratze. Teile vor allem der Hand, seines Armes und von Schultern, Kiefer und Gesäß waren auf der Unterlage seines Sterbebetts deutlich zu erkennen (Abb. 13a).

Dieser Abdruck ist ein Rätsel für sich. Aber allein um Straitons Argument zu untermauern, kann er nicht als Erklärungshilfe für das Grabtuch herangezogen werden. Vom Körper sind einfache Umrisse und Schattenflecken zu sehen, sogar die Konturen der Hand, aber es handelt sich nicht um ein fotografisches Negativ. Gemäß der Hypothese des englischen Arztes müßte man auch alle Hinweise in der Kunst und in Dokumenten vor dem Jahr 1270 für die Existenz eines Tuches, das große Ähnlichkeit mit dem Turiner Grabtuch aufwies, als bloßen Zufall abtun. Natürlich hat Straiton das Recht, diese Ansicht zu vertreten, und sie verdient auch unser aller Respekt. Der Leser muß sich aber seine eigene Meinung bilden, ob seine Argumentation angesichts der präsentierten Punkte tragfähig erscheint.

Daß ein Mensch, der im Mittelalter auf ganz ähnliche Weise wie Jesus Christus gekreuzigt wurde, einen solch außergewöhnlichen Abdruck wie auf dem Turiner Grabtuch hinterlassen haben soll, ist genauso gut oder genauso schlecht nachzuweisen wie die These, daß ein Künstler das Bildnis gemalt hat.

Gibt es aber keine weitere Möglichkeit? Doch. Es mag weit hergeholt erscheinen, aber könnte es nicht sein, daß derjenige, der im 14. Jahrhundert das Grabtuch schuf, der erste Fotograf in der Geschichte der Menschheit war …?

Kapitel 16

Könnte das Grabtuch das Werk eines Fotografen des Mittelalters sein?

Wenn das Grabtuch tatsächlich aus dem 14. Jahrhundert stammt und es weder das Gemälde eines virtuosen Künstlers noch der Abdruck eines realen Kreuzigungsopfers ist, so bleibt nur noch die Möglichkeit übrig, daß es jemand bereits im Mittelalter mit einer fotografischen oder fotografieähnlichen Technik herstellte.

Auf den ersten Blick mutet dies völlig abwegig an. Schließlich wurde die Fotografie in der Form, wie wir sie kennen, erst im 19. Jahrhundert erfunden, also mehr als 400 Jahre nach dem Zeitpunkt, zu dem das Grabtuch laut C-14-Test entstand. Sie kann auf eine lange Entwicklungsgeschichte zurückblicken, die mit Thomas Wedgwood einsetzt, der im Jahr 1802 als erster lichtempfindliche Chemikalien verwendete, um Silhouettenbilder zu vervielfältigen. 1814 machte Joseph Nicéphore Niepce die ersten beständigen Bilder, und Louis Jacques Daguerre entwickelte 1837 sein Daguerreotypie-Verfahren, das er zwei Jahre später der Öffentlichkeit vorstellte. Scott Archer schließlich gelang es im Jahr 1851, eine kollodiumbeschichtete Glasplatte in lichtempfindlicher Silbernitratlösung zu baden und zu belichten. Aber auch dann vergingen noch 33 Jahre, bis sich der Amerikaner George Eastman den ersten richtigen Rollfilm patentieren lassen konnte.

Das Grabtuchbildnis weist einen so starken fotografischen Charakter auf, vor allem, wenn man das Bild, das auf dem Negativ eines Schwarzweißfotos erscheint, genauer betrachtet, so daß ernsthaft in Erwägung gezogen werden sollte, jemand habe vor vielen Jahrhunderten zufällig das Verfahren der Fotografie zumindest in groben Umrissen entdeckt und sei somit befähigt gewesen, das Bild auf diese Art und Weise anzufertigen.

Trotz des Medieninteresses, das die Journalistin Lynn Picknett und ihr Partner Clive Prince 1994 durch die Publikation ihres bereits erwähnten Buchs *Die Jesus-Fälschung: Leonardo da Vinci und das Turiner Grabtuch*[1] entfachten, in dem diese These vorgestellt wurde, ist diese Vermutung bisher nicht erschöpfend untersucht worden. Dem Autorengespann zufolge ist diese Fotografie Leonardo da Vincis ohnehin schon beeindruckender Liste von Erfindungen hinzuzufügen; das Universalgenie der Renaissance sei also auch der erste Fotograf in der Geschichte der Menschheit gewesen. Angeblich stammte diese Information von einem geheimnisvollen Italiener mit Namen »Giovanni«, der einen hohen Rang innerhalb der Geheimgesellschaft Prieuré de Sion (Orden des Heiligen Grals, des Heiligen Blutes) innehatte; die Loge würde dieses Geheimnis seit vielen Jahrhunderten hüten.

Giovannis Identität ist, zumindest in meinen Augen, völlig ungeklärt. Er hat allem Anschein nach versucht, mit mir Kontakt aufzunehmen, erstaunlicherweise allerdings ergebnislos; dabei kann jeder, der ernsthaftes Interesse an der Erforschung des Grabtuches besitzt, relativ leicht meine Adresse herausfinden. Statt dessen bestimmte er Lynn Picknett, der Welt das bis dato streng gehütete Geheimnis mitzuteilen, obwohl diese Journalistin bis 1990/1991 weder über das Grabtuch geschrieben noch irgendein Interesse an dessen Erforschung gezeigt hatte. Die Kurzversion der »Erkenntnis«, die Giovanni Picknett und Prince zuteil werden ließ, lautet ungefähr so:

> Leonardo fälschte das Grabtuch im Jahre 1492. Es handelt sich um eine Montage: Er setzte das Bild seines Kopfes auf den Körper eines tatsächlich gekreuzigten Mannes. Wir haben es nicht mit einem Gemälde, sondern mit einer Projektion zu tun, die er mit Hilfe von Chemikalien und Licht auf ein Tuch »fixierte«.

> Mit anderen Worten, er hatte eine fotografische Technik angewandt. Der Meister hatte zwei wichtige Gründe, das Tuch zu fälschen. Den Auftrag – eine Art höhnischer Publicity-Gag – hatte ihm Papst Innozenz VIII. erteilt. Doch er widmete sich der Aufgabe mit Hingabe und Kühnheit und mobilisierte sein ganzes Genie, weil ihm damit die Gelegenheit gegeben war, die Grundlagen des Christentums aus dem Zentrum der Kirche heraus anzugreifen (wobei ihm vielleicht auch die Vorstellung gefiel, daß Generationen von Pilgern vor seinem eigenen Bild beten würden). Das Bild ist durchdrungen von einer subtilen Symbolik, mit der er die Kirche herausforderte.[2]

Picknett und Prince entdeckten trotz einer »gesunden Skepsis«, daß all dies »wahr« sei. Wollte man ein Fazit ihrer Hypothese ziehen, so würde es so lauten: »interessante Idee, aber verfehlte Beweisführung«. Um ihre Ansicht zu untermauern, daß Leonardo das Grabtuch 1492 tatsächlich gefälscht habe, zitierten sie wiederholt und in aller Beharrlichkeit mich. Ich soll angeblich Lynn Picknett gesagt haben: »Ja, das Grabtuch verschwand um jene Zeit.« Mit allem Respekt vor Frau Picknetts journalistischen Fähigkeiten: Ich habe genauso oft wiederholt, daß ich, so lange ich bei Verstand bin, nie so etwas sagen würde. Dies sollte aus der ausführlichen Chronologie des Grabtuches, die ich diesem und auch bereits meinem 1978 erschienenen Buch (dt. 1980) beifügte, eigentlich klar ersichtlich sein.

Darin war und ist das Jahr 1492 als Zeitpunkt für einen der beiden Fälle, bei denen das Grabtuch »verschwand«, einfach nicht aufgeführt. In diesem Jahr war Herzog Karl II., der Eigentümer des Grabtuches, erst zweieinhalb Jahre alt, und die faktische Kontrolle über das Grabtuch lag in den Händen seiner Mutter, der Herzoginwitwe Blanca, die eine sehr fromme Frau war. Sie hatte das Grabtuch auch persönlich 1494 in Vercelli gezeigt; ihr wäre sehr wohl aufgefallen, wenn dieses Tuch nicht jenes gewesen wäre, das sie und ihr Gefolge auf ihren Reisen in den vorangegangenen Jahren mit sich geführt hatten.

Picknetts und Princes These, daß Leonardo angeblich sein eigenes Gesicht auf dem Grabtuch abgebildet habe, führt zu der Frage, ob der krankhaft eitle »Maestro«, wie sie ihn titulieren, sein Gesicht tatsächlich dermaßen zurichtete, auf daß es zu dem Körperbild mit Wunden paßte. Auch ihre Behauptung, das Fehlen von Wein auf dem Tisch von Leonardos *Abendmahl* belege dessen antichristliche Haltung, kann leicht widerlegt werden. Man muß nur Gianpetrinos ausgezeichnete Kopie des Gemäldes betrachten, die gegenwärtig im Magdalen College in Oxford zu sehen ist: Auf der Tafel stehen zehn großzügig gefüllte Becher (Abb. 46d). Daß Picknett und Prince sie übersahen, liegt wahrscheinlich an der sehr mangelhaften Qualität der Fotografien, auf die sie sich stützten, denn selbst auf dem Original sind die Becher mühelos zu erkennen, auch wenn das Bild im ganzen in sehr schlechtem Zustand ist. Des weiteren soll Papst Innozenz VIII. das Grabtuch als höhnischen Publicity-Gag in Auftrag gegeben haben; schon die Annahme einer solchen Vorgehensweise ist absurd, bedenkt man, daß das Grabtuch während des Pontifikats Innozenz´ VIII. nur eine ganz untergeordnete Rolle spielte und das Kirchenoberhaupt nie auch nur im entferntesten darauf Zugriff hatte. Überdies hätte er für zynische oder auch andere Publicity-Zwecke in Rom ohne jede Schwierigkeit über weitaus geeignetere Objekte verfügen können.

Die Leonardo-These von Picknett und Prince ist somit komplett zu verwerfen. Nur einen eventuell interessanten Punkt enthält sie, und das ist der Gedanke, daß damals tatsächlich jemand – mit Sicherheit aber nicht Leonardo da Vinci! – mit einem bisher unbekannten fotografischen Verfahren das Grabtuch angefertigt haben könnte. Picknett und Prince rackerten im wahrsten Sinne des Wortes, um dies herauszuarbeiten, und führten viele Versuche, erst mit einem Fratzenkopf, dann mit einer weiß bemalten Büste, durch, um ein passables, wenn auch retuschiertes Porträt herzustellen, dessen aufgemalte »Blutflecken« deutlich zu erkennen sind. Professor Nicholas Allen, Dekan der Fakultät für Kunst und Design am Port Elizabeth Technikon, einer Technischen Universität in Südafrika, gelang es, eine weitaus bessere Reproduktion des Grabtuchkörperbildes herzustellen, auch ohne blühenden Nonsens über die Mitwirkung Leonardo da Vincis zu verbreiten.

Unabhängig von Picknett und Prince, ließ sich Professor Allen von der Erkenntnis leiten, die das amerikanische Forschungsteam STURP gewonnen hatte, daß nämlich das Grabtuchbild nicht mit Farbe, also einer physikalisch nachweisbaren Substanz, hergestellt wurde, sondern durch eine Oberflächenveränderung des Leinenstoffs unter Lichteinwirkung entstand. Allen gelangte so zu der Überlegung, daß es sich hierbei um das Ergebnis eines fotografieähnlichen Verfahrens handeln könne, welche im Mittelalter bereits rudimentär bekannt gewesen sei und auch eingesetzt worden sein könnte.

Kurz nach der Radiokarbondatierung Ende 1988, zu einer Zeit, als Picknett und Prince noch keinen Gedanken an das Grabtuch verschwendeten, begann Allen zu ermitteln, mit welchen Materialien und lichtempfindlichen Substanzen trotz der begrenzten Kenntnisse, über die jene Periode verfügte – und wir reden immerhin von der Zeitenwende vom 13. zum 14. Jahrhundert –, es möglich gewesen sein konnte, das Grabtuchbild herzustellen. Nach umfangreichen Studien stieß er auf Bergkristall, Silbersalze und Urin, was natürlich nicht besonders vielversprechend klingt. Doch beispielsweise Bergkristall ist ein Quarz, welcher sich aufgrund seiner optischen Eigenschaften ausgezeichnet als Kameralinse eignet. Silbersalze – Silbernitrat und Silbersulfat – sind lichtempfindliche chemische Verbindungen. Urin kann aufgrund seines Ammoniumgehalts gut als Fixierung verwendet werden (eigentlich benötigt man hierfür Ammoniak, aber Urin geht auch).

Das Wissen, diese Substanzen für fotografische Zwecke einzusetzen, besaßen bereits die alten Ägypter. Zu Zeiten der Pharaonen verwendete man Bergkristalle, später auch andere Quarze sowie Glas, als Linsen, vor allem als Vergrößerungsgläser. Nicholas Allen stieß auf die Schriften von Ibn al-Haytham, eines arabischen Gelehrten, der Ende des 10., Anfang des 11. Jahrhunderts lebte. Dessen Werk *Kitab al-manazir* wurde im 13. Jahrhundert ins Lateinische übersetzt und löste in Europa ein überwältigendes Interesse an optischen Studien aus, besonders am Prinzip der *camera obscura,* dem Vorläufer des späteren Fotoapparats.

Professor Allen entdeckte auch, daß die an naturwissenschaftlichen Studien interessierten Araber und Christen des Hoch- und Spätmittelalters, abgesehen von ihrem Grundwissen, wie eine Kamera funktioniert, auch über ganz erstaunliche Kenntnisse auf dem Gebiet der Lichtempfindlichkeit der Silbersalze Silberchlorid und Silbernitrat verfügten. So beschrieb der Araber Jabir ibn Haayan schon im 9. Jahrhundert, daß Silbernitrat dadurch gewonnen werden könne, indem man Silber in *eau prime*, heute unter der Bezeichnung Salpetersäure bekannt, löste. Wie al-Haythams Werk wurde auch Ibn Haayans Untersuchung ins Lateinische übersetzt; seine Schrift *De inventione ventatis* fand weite Verbreitung.

Nachdem Allen nun die verschiedenen Materialien und Substanzen, die im Mittelalter für »fotografische« Zwecke zur Verfügung standen, gefunden hatte, überlegte er, wie sie in der Praxis, also zur Herstellung einer wirklich überzeugenden Replik des Grabtuches, einzusetzen seien.

Dazu mußte Allen zuerst eine *camera obscura* konstruieren: Er verdunkelte einen normalen Raum (daher der Name »*camera*«, italienisch für »Zimmer«) vollständig, wobei er nur die Öffnung für die Linse aus Bergkristall aussparte (vgl. Darst. 25). Bei geschlossener Öffnung brachte er 4,20 Meter von der Linse entfernt ein quer gefaltetes Tuch mit exakt den Ausmaßen des Grabtuches an – er plante, das Bild zuerst auf die Vorderseite und danach auf die Rückseite zu projizieren –, tränkte es mit lichtempfindlicher Silbernitratlösung und ließ es trocknen.

Seine »Kamera« war nun also mit einem quasi unbelichteten Film, dem »Grabtuch«, bestückt. Allen brauchte jetzt nur noch eine passende »Leiche«. Mit großer Sorgfalt stellte er in bestmöglicher Übereinstimmung mit der Haltung des Mannes, der auf

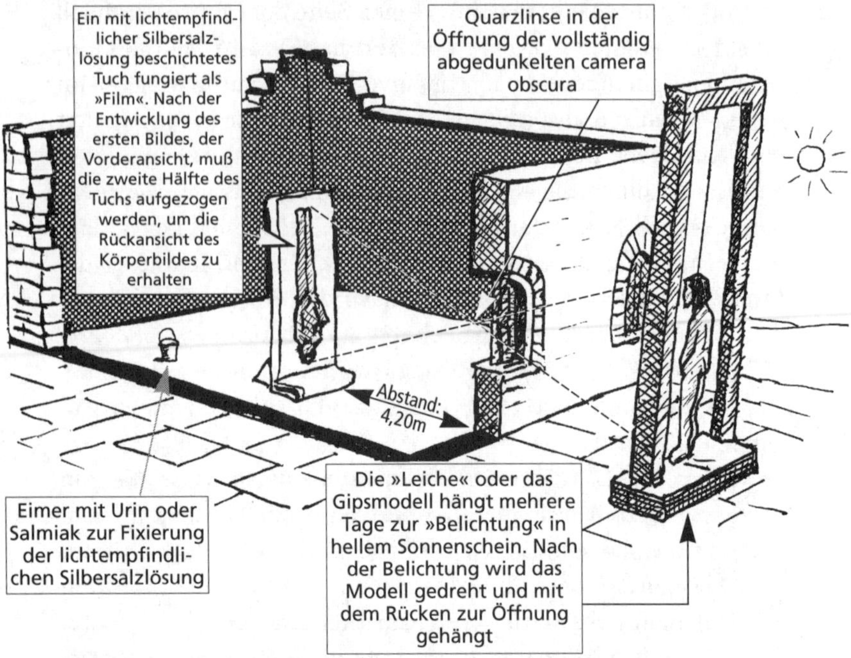

Darst. 25: Wie könnte im Mittelalter ein Fälscher das Grabtuch per Fotografie hergestellt haben?
Die von Professor Nicholas Allen rekonstruierte »Kamera«, mit der das Grabtuchbild unter Einsatz von im Mittelalter vorhandenen Substanzen und Kenntnissen hergestellt worden sein könnte. Das Grabtuch fungierte dabei in der camera obscura als »Film«

dem Grabtuchbild zu sehen ist, ein perfektes Gipsmodell eines nackten, bärtigen – und lebenden! – Mannes her (Abb. 47a). Er »behandelte« das Modell, stattete es mit den Merkmalen des Grabtuchbildnisses, als da sind zerschmetterte Nase, gequetschte Wangen usw., aus und hängte es in einer Entfernung von 4,20 Metern vor die immer noch geschlossene Öffnung seiner *camera obscura* ins helle Sonnenlicht.

Nun war der Augenblick gekommen, die Öffnung bzw. Blende der *camera obscura* zu öffnen und das Tuch dadurch zu belichten. Professor Allen wußte von früheren Versuchen, daß aufgrund der Entfernung, in der er auf der einen Seite der Linse das Modell und auf der anderen das Tuch plaziert hatte, das Abbild des Modells in Originalgröße – natürlich invertiert, also umgedreht – von der Linse aufs Tuch projiziert werden würde. Er brauchte jetzt nur ausreichend Zeit, in diesem Fall waren es mehrere Tage, damit das Modell durch die Reflexion des Sonnenlichts als »Negativ« auf dem Tuch abgebildet würde. Um ein »Doppelbildnis« zu bekommen, also eine Vorder- und eine Rückansicht, mußte er die Prozedur wiederholen. Er schloß nach der ersten »Belichtung« die »Blende«, drehte das Modell um, so daß sich nun die Rückseite vor der Öffnung befand, hängte das »Grabtuch« mit der unbelichteten Hälfte hinter die Öffnung und ließ die Blende erneut einige Tage offen.

Wie bei Allens früheren Experimenten entstand auch hier ein dunkelrot-bräunliches »Negativ«bild des Modells auf dem Tuch. Solange die lichtempfindlichen Silbersalze noch aktiv waren, konnte es durch Lichteinwirkung rasch zerstört werden. Nun kam die dritte Substanz, Urin oder Ammoniakwasser, zum Einsatz. Durch das Tauchbad des »Grabtuches« in dieser Flüssigkeit wurden die Silbersalze entfernt und das Bild fixiert, so daß es Tageslicht ausgesetzt werden konnte, ohne Schaden zu nehmen.[3]

Das Ergebnis von Allens Versuch weist folgende auffallende Übereinstimmungen mit dem Bild auf dem Turiner Grabtuch auf:

i. eine strohgelbe Verfärbung der oberen Leinenfasern;
ii. das Vorhandensein fotografischer Negative, die nur aus einer Entfernung von mindestens zwei Metern deutlich zu erkennen sind;
iii. weder Farb- noch Puderspuren, keine Tönung und auch keine Flecken;
iv. kein direkter Auftrag;
v. keine Veränderung durch Hitze;
vi. keine Veränderung durch Wasser;
vii. nur geringe Veränderungen der Gewebeproben durch chemische Einflüsse, z.B. Bleichmittel, wie sie in jedem Haushalt

> verwendet werden; die Veränderung ist kaum mehr als eine leichte Verätzung organischen Materials.[4]

Das eindrucksvollste Merkmal war aber zu sehen, nachdem Nicholas Allen das »Grabtuch« mit einem Schwarzweißfilm fotografiert und das Negativ untersucht hatte. Genauso wie auf dem Grabtuch war ein unverwechselbares, perfekt realistisches »Positiv« eines unbekleideten, toten Mannes zu sehen, das eine derartige dreidimensionale Tiefe besaß, daß niemand es irrtümlicherweise für ein Gemälde halten konnte (Abb. 47c). Im Gegensatz zu älteren, nicht recht überzeugenden Reproduktionen des Grabtuches, die alle nur ein Gesicht zeigen – ich nenne hier nur die Experimente von McCrone, Sanford, Craig/Bresee und Picknett/Prince –, kann das Testergebnis Professor Allens für sich beanspruchen, als durchaus seriös zu gelten.

Schlüssiger als seine Vorgänger – ob sie nun für oder gegen die Echtheit des Grabtuches waren, ist an dieser Stelle unerheblich – konnte er nachweisen, daß das Grabtuchbild, zumindest das Körperbild, reproduzierbar ist. Seinen Aufsatz, in dem er seine experimentell erzielten Erkenntnisse publizierte, schließt mit der Bemerkung:

> Anscheinend ... war man im ausgehenden 13. oder im frühen 14. Jahrhundert mit einem fotografischen Verfahren vertraut, das bisher als genuine Erfindung des 19. Jahrhunderts galt. Dies kann die Technik- und die Kunstgeschichte revolutionieren. Anstatt das Turiner Grabtuch als bloßen Schwindel oder raffinierte »Fälschung« aus dem Mittelalter abzutun, sollte man dieses bemerkenswerte und einzigartige Relikt einer vergessenen mittelalterlichen Technik sorgsam für zukünftige Analysen hüten.[5]

Ebenfalls uneingeschränkt ist Allen zuzustimmen, wenn er den Anspruch erhebt, daß er den fotografischen Charakter des Grabtuches eindeutig bewiesen habe. Jene, die das Grabtuch für ein Produkt des 1. Jahrhunderts halten, haben dies schon vor Jahren propagiert – jedenfalls alles andere als gute Nachrichten für Walter McCrone und seine Gefolgschaft.

Die erfolgreiche Beweisführung, daß man das Grabtuch wirklich mit Hilfe von Substanzen und Kenntnissen, die im Mittelalter zur Verfügung standen, herstellen konnte, ist für die Fraktion der Echtheitsbefürworter sicherlich noch wichtiger. Auch wenn ich mich nicht zu jenen zähle, die in Abrede stellen wollen, daß ein solches Vorgehen theoretisch möglich gewesen wäre, so bedeutet das für mich nicht automatisch, daß das Grabtuchbild auch tatsächlich auf diese Weise – und zu dieser Zeit – entstand.

Professor Allen war bei gewissen Details mehr als zurückhaltend, nicht zuletzt auch, weil es strittig war, ob der mutmaßliche Fotograf eigens eine echte Leiche oder ein menschenähnliches Modell verwendete.[6] Daß auf eine Leiche zurückgegriffen wurde, ist allerdings äußerst unwahrscheinlich, wenn man bedenkt, daß diese nach »mehreren Tagen« in der prallen Sonne wahrscheinlich schon halb verwest gewesen wäre und auch einen Verstand und Geruchssinn überfordernden Gestank abgegeben hätte. Ganz abgesehen davon wäre dies auch ein radikaler Verstoß gegen religiöse Tabus des Mittelalters gewesen. Außerdem wäre der aufgehängte Leichnam durch die eintretende Leichenstarre niemals lange genug in derselben Haltung geblieben und hätte somit nie wie eine liegende Figur wirken können. Hätte es sich um ein wirkliches Kreuzigungsopfer gehandelt, so wären die entsprechenden »Blutflecken« kaum über die erforderliche Brennweite von zweimal 15 Meter auf das Grabtuch übertragen worden.

Auch die andere Möglichkeit, daß das Grabtuch im Mittelalter auf Allens Weise hergestellt wurde, allerdings unter Zuhilfenahme eines Gipsmodells eines lebenden (oder vielleicht auch toten) Mannes, birgt Widersprüche in sich. Wie der bereits erwähnte Cennino Cennini in seinem Werk *Il Libro dell'Arte* schrieb, wurden die technischen Mittel zur Herstellung gipsener Gesichtsmasken lebender Menschen erst im 14. Jahrhundert entwickelt. Dem Modell stopfte man dabei Strohhalme in die Nase, damit es, während der Gips auf dem Gesicht abband, noch Luft bekam. Trotzdem wäre es schwierig genug gewesen, ein wirklich gutes Gipsmodell anzufertigen, auch ohne daß das hochentwickelte Verfahren zur Verfügung stand, mit dem laut Professor Nicholas Allen das »Grabtuch« angefertigt wurde und für das unbedingt Vorkenntnisse zumindest der grundlegenden Techniken zur Herstellung eines fotoähnlichen Bildes erforderlich waren.

Gar nicht stark genug hervorzuheben ist allerdings der Umstand, den ich im folgenden zu bedenken gebe: Sogar den zugegebenermaßen sehr unwahrscheinlichen Fall vorausgesetzt, daß ein Mensch des Spätmittelalters über ein so großes Wissen an fotografischer Technik verfügte – nur, um anschließend dieses Wissen wieder vollständig zu vergessen! –, wieso hat all dies dann nur dazu ausgereicht, ein »Negativ« zu produzieren, das zu jener Zeit keinen einzigen Betrachter überzeugt hätte? Das versteckte »Positiv«, auf dem alles deutlich zu erkennen ist, wäre für die nächsten 500 Jahre für niemanden zu sehen gewesen, nicht einmal für den Fotografen selber.

Verknüpft man Professor Allens These, daß das Grabtuch die Projektion eines Gipsmodells sei, mit der Hypothese, es handle sich beim Grabtuch um ein »virtuoses Gemälde«, so dürften die »Blutflecken« auf dem Grabtuch nur Kleckse sein, die allein der Wirkung wegen aufgetragen wurden. Doch Pathologen und Ärzte haben die medizinische Echtheit der Flecken hinlänglich bestätigt, von den historischen Beweisen gar nicht zu reden, denenzufolge ein solcher Gegenstand, wie es das Grabtuch ist, schon vor dem Zeitpunkt, zu dem es angeblich als beeindruckende Fälschung entstand, in Umlauf war.

Ohne Allens Leistung auch nur im geringsten herabzuwürdigen, kann man zusammenfassend sagen, daß seine These doch große Schwachpunkte aufweist, wie übrigens auch alle anderen Thesen, die bis heute kursieren und denenzufolge das Grabtuchbild im Mittelalter oder auch später entstanden sei.

Das bedeutet allerdings nicht, daß das Grabtuch nicht im Mittelalter von einem virtuosen Handwerker hergestellt worden sein könnte. Vielleicht wird eine Theorie, die alle Teilelemente umfaßt und miteinander vereint, ja eines Tages noch aufgestellt. Was wir aber bis heute wissen, nährt zumindest ernsthafte Zweifel an der absoluten Richtigkeit der C-14-Ergebnisse. Wie trotz der angeblich so hohen Wahrscheinlichkeit von »tausend Trillionen zu eins« drei sehr renommierte Testlabore u.U. doch ein völlig falsches Ergebnis erzielten, möchte ich im folgenden erörtern.

Kapitel 17

Wie konnte ein möglicherweise falsches C-14-Testergebnis entstehen?

Ich erwähnte bereits, daß einige hartnäckige Verfechter der Echtheitsthese unmittelbar nach Veröffentlichung der C-14-Resultate jene Wissenschaftler, die die Untersuchungen durchgeführt hatten, des Betrugs beschuldigten. Dieses Argument, und das habe ich im Laufe dieses Buches schon des öfteren betont, halte ich für falsch und für völlig abwegig.

Der Weg der Grabtucherforschung ist so dornig, daß sogar jene, die als seriöse Wissenschaftler gelten können und sich der These angeschlossen haben, daß das Grabtuch aus dem ersten nachchristlichen Jahrhundert stammt, manchmal dieser Fraktion einen Bärendienst erweisen. Dies war beispielsweise beim russischen Biochemiker Dr. Dmitri Kusnezow der Fall. Erst vor kurzem äußerte er Zweifel am offiziellen Testergebnis. Wer sich wie ich aktiv für die Erforschung des Grabtuches interessiert, wurde zum erstenmal im Juni 1993 auf einem Symposium, das die französische Grabtuchgesellschaft CIELT[1] in Rom veranstaltete, auf Kusnezow aufmerksam, der zu diesem Thema einen kompetent klingenden Vortrag in erstaunlich gutem Englisch hielt.

Kusnezow, ein höflicher, ruhiger und trotz seines Dschingis-Khan-Bartes jugendlich wirkender Mann, stellte sich als Direktor des E. A. Sedow-Biopolymerforschungslabors in Moskau und Leninpreisträger vor. In seiner Rede führte er aus,[2] daß die Laboratorien bei der Stoffanalyse nicht berücksichtigt hätten, daß Leinen, das ja aus Flachs gewonnen werde, besondere Eigenschaften besitzt. Die Proteine und Lipide (Wachse und Fette) der Flachspflanze würden bei der Verarbeitung ausgeschieden, wodurch die verbleibenden Fasern einen verfälschten, da zu hohen ^{14}C-Gehalt aufweisen würden. Werde der Leinenstoff einer ungewöhnlich hohen Temperatur ausgesetzt, wie dies zum Beispiel beim Brand von 1532 geschah, so ist es möglich, daß der ^{14}C-Gehalt dadurch zusätzlich »angereichert« werde. Das zu untersuchende Leinengewebe erscheine somit bei einem C-14-Test jünger, als es faktisch ist. Kusnezow gab zwar zu, daß er recht eigentlich auch nicht sagen könne, wieso etwas Derartiges bei der Untersuchung eingetreten sein sollte, ging aber doch davon aus, daß dies möglicherweise durch den noch nicht gänzlich erforschten Prozeß des Isotopenaustauschs zu erklären sei. Im Nu stand er im Mittelpunkt der Diskussion, und die italienischen Medien feierten ihn als Star, der *die* Antwort auf den C-14-Test gefunden habe. Sein Auftreten war bescheiden und zurückhaltend, so daß sogar Skeptiker ihn ins Herz schlossen und insgeheim hofften, er möge recht haben.

Kusnezows Thesen gaben während der folgenden Monate und Jahre auch ausreichend Anlaß zu großer Zuversicht. Ich hatte allerdings starke Vorbehalte und bat Michael Tite, Kusnezows Vortragsunterlagen sorgfältig zu prüfen. Tites sehr freundliche Antwort lautete: Er hege ernsthafte Zweifel, daß sich eine Anreicherung von ^{14}C-Isotopen im Grabtuch auf die von Kusnezow beschriebene Art und Weise vollzogen habe, nachdem ja die Laboratorien ein normales Verhältnis von ^{12}C- und ^{13}C-Isotopen in den Gewebeproben ermittelt hätten. Aber natürlich konnte man von Tite nicht erwarten, daß er gegen seine eigenen Überzeugungen handeln und jemandem, der das Testergebnis in Frage stellte, umstandslos beipflichten würde. Als Kusnezow darauf antwortete, man müsse vielleicht grundlegend definieren, was die Wissenschaftler in den Forschungslabors unter »normal« verstünden, waren die beiden, was Kritik anging, quitt.

Großzügig unterstützt und ermutigt von STURP-Wissenschaftlern wie beispielsweise John Jackson, konnte Kusnezow weiterhin seine Erkenntnisse in renommierten amerikanischen Fachzeitschriften wie dem *Journal of Archaelogical Science* verbreiten. In dem 1995 ebenda veröffentlichten Artikel »Effects of Fires and Biofractionation of Carbon Isotopes on Results of Radiocarbon Dating of Old Textiles: The Shroud of Turin«[3] (»Die Auswirkungen von Feuer und organischer Fraktionierung von Kohlenstoffisotopen auf die Ergebnisse der Radiokarbondatierung bei alten Textilgeweben«) skizzierte er in groben Zügen, wie er in seinem Labor die beim Brand von 1532 herrschenden Bedingungen so exakt wie irgend möglich nachgestellt hatte; dabei war, wie wir gesehen haben, der Hitzegrad in unmittelbarer Nähe des Grabtuches so groß, daß der Silberschrein schmolz.

Unter Laborbedingungen »erhitzte« Dmitri Kusnezow Gewebeproben antiker Leinenstoffe, unter anderem auch ein Fragment aus dem 1. Jahrhundert aus En Gedi in Israel, auf 200°C und ermittelte eine ausreichende Menge an sogenannter »durch Verbrennung entstandener Karboxylation«, also eine »Karbonisierung der Gewebezellulose«, die »einen beträchtlichen Fehler bei den C-14-Testergebnissen« bewirkte. Angesichts seiner neuen Erkenntnisse forderte er eine »Neubewertung« der in *Nature* veröffentlichten Testergebnisse.

Namens der drei an der Altersbestimmung des Grabtuches beteiligten Laboratorien reagierten Paul Damon, Douglas Donahue und A. J. T. Jull aus Tucson angemessen auf Kusnezows fundamentale Kritik. In derselben Ausgabe des *Journal of Archaeological Science* schrieben sie, daß sie erfolglos versucht hätten, Kusnezows Karbonisierungseffekt zu wiederholen, und verwiesen darauf, daß Kusnezow und dessen Kollegen »keine geeigneten Kontrolluntersuchungen durchgeführt« und Messungen »mit einem offenbar vorher nicht geprüften Gerät ohne die übliche Vorgehensweise hinsichtlich Reproduzierbarkeit, Normierung, Kontroll- und Blindproben« gemacht hätten. Sie schrieben:

> Wir haben den Nachweis geführt, daß sich, selbst eine eventuelle Kohlenstoffverlagerung bei großer Hitzeeinwirkung vor-

ausgesetzt, keine signifikante Abweichung des durch den C-14-Test ermittelten Alters des Leinens ergibt. Daraus ziehen wir den Schluß, daß Kusnezows Kritik an der Radiokarbondatierung des Turiner Grabtuches im besonderen und der Radiokarbondatierung von Leinenstoffen im allgemeinen haltlos und falsch ist. Des weiteren schlußfolgern wir, daß andere Teile des Versuchs nicht verifizierbar und nicht reproduzierbar sind.[4]

Dmitri Kusnezow verteidigte sich vehement im Mitteilungsblatt der British Society for the Turin Shroud, in dem bereits die Kritik des Forschungslabors in Tucson ungekürzt erschienen war. Er beschuldigte die Wissenschaftler aus Arizona, die eine Wiederholung seines Experiments in Angriff genommen hatten, das Experiment nur in Teilen durchgeführt zu haben. Somit seien sie gar nicht in der Lage gewesen, einen beweiskräftigen Eins-zu-eins-Vergleich zu erzielen. Auch wirkten die äußerst komplexen physikalischen Formeln, mit denen es ihm scheinbar gelang, die wissenschaftlichen Berechnungen des Labors in Tucson zu widerlegen, sehr glaubwürdig.

Der russische Forscher unterschlug allerdings die Tatsache, daß die hochkarätigen physikalischen Kalkulationen, mit denen sein Text vollgestopft war, nicht von ihm selber stammten. Er hatte sie vielmehr einfach einem Bericht John Jacksons über die Ergebnisse des Forschungslabors in Tucson entnommen. Jackson war Mitarbeiter von STURP und hatte seinen Report mit der Absicht geschrieben, zwischen den beiden widersprüchlichen Standpunkten zu vermitteln. Kusnezow griff, ohne auf Jacksons Studie zu verweisen und ohne dessen Genehmigung eingeholt zu haben, unbekümmert auf die Berechnungen zurück, als hätte er sie höchstpersönlich aufgestellt, wußte aber nicht, daß der Bericht eine Fehlberechnung enthielt, auf die Jackson im nachhinein gestoßen war und die er im Falle einer Veröffentlichung noch korrigieren wollte. Jackson erkundigte sich bei dem Moskauer Wissenschaftler, der sechsmal bei ihm in den USA zu Gast gewesen war, lediglich nach dem Grund seines Fehlverhaltens, aber statt sich zu entschuldigen oder sein Verhalten näher zu erklären, brach Kusnezow die Kommunikation mit ihm abrupt ab.

In der Zwischenzeit wurden noch fragwürdigere Verhaltensweisen Kusnezows bekannt; teilweise betraf dies auch mich selbst. Als wir uns in Rom das erstemal trafen, bat er mich um ein Exemplar meines 1978 erschienenen Buches über das Grabtuch, das ich ihm auch gerne zukommen ließ. Kurz danach äußerte er die Hoffnung, mein Buch in einem russischen Verlag unterzubringen. Diese Aussicht stimmte mich natürlich besonders froh, denn ich dachte, daß der Inhalt meines Buchs für die orthodoxe Kirche und die Gläubigen in Rußland von besonderem Interesse sein könnte. Schließlich beteten sie das Edessabild noch lange an, nachdem es im Jahr 1204 in Konstantinopel verschollen war und sich somit nicht mehr in den Händen des Klerus befand.

Im September 1995 meldete sich Kusnezow bei mir telefonisch und teilte mir mit, daß schon Tausende von Vorbestellungen für das Buch vorliegen würden und eine Übersetzung bereits in Arbeit sei. Die Auslieferung des Buches sei für Mai 1996 geplant. Er bräuchte allerdings dringend von mir noch ein formelles Schreiben, in dem ich ihn bevollmächtigte, alle Angelegenheiten zu regeln, die das russische Urheberrecht beträfen – eine bürokratische Spitzfindigkeit, auf die die Druckerei in St. Petersburg leider bestehen würde. Und da Rußland ja ein »sehr armes Land« sei, fragte er, ob ich mich mit einem Autorenhonorar von 2% zufrieden geben würde und diesen Passus der Vollmacht noch beifügen könne.

Gerne faßte ich ein entsprechendes Schriftstück ab und schickte es ihm per Telefax. Kurz danach brach die Kommunikation ab, was mich zunächst nicht beunruhigte, da unser Kontakt ohnehin immer nur sporadisch war und ich wußte, daß er oft monatelang nicht in Moskau war. Im März 1996 erfuhr ich dann zu meinem großen Erstaunen, daß er in den Vereinigten Staaten mit meinem Schreiben bei verschiedenen Leuten hausieren gegangen war und sie mit dem Versprechen einer hohen Gewinngarantie geködert hatte, die Ausgabe meines Buches in russischer Sprache zu finanzieren. Zehntausende von Dollars wechselten den Besitzer. Ich war auf einmal äußerst mißtrauisch und versuchte sofort, mit ihm zu sprechen und mir sein Verhalten erklären zu lassen. Aber so wie John Jackson traf ich auf eine Mauer des Schweigens. Die amerikanischen Finanziers hatten am Anfang verbindliche Rückversicherungen von Kusnezow erhalten und konnten weder meine Unruhe noch meine Besorgnis nachvollziehen. Sie wurden erst nervös, als die Übersetzung nicht zum angekündigten Zeitpunkt erschien. Auch sie erhielten keinerlei Antwort – bis heute. Muß noch erwähnt werden, daß sie weder einen Gewinn noch eine Dividende ihrer »Investition« je erhalten haben?

Sie als Leser müssen sich natürlich Ihre eigene Meinung von diesen Vorgängen bilden. Vielleicht ist es aber durchaus verständlich, daß ich aus gutem Grund Kusnezows wissenschaftlichen Hypothesen gegenüber mittlerweile sehr kritisch eingestellt bin, selbst wenn andere Wissenschaftler und auch ich ihm gerne Glauben schenken würden. Das Experiment, mit dem er zeigte, daß sich durch Erhitzen eines antiken Leinenstoffes in einem geschlossenen Behälter der ^{14}C-Gehalt des Leinens beträchtlich verändert kann, konnte bis dato niemand wiederholen. Ich bin wie die Wissenschaftler der Testlabors der Meinung, daß das aller Wahrscheinlichkeit nach auch nie der Fall sein wird.

Aber Kusnezow war natürlich nicht der einzige, der wissenschaftlich beweisen wollte, daß das Ergebnis, das die Radiokarbondatierung erbrachte, falsch sei. Auf dem schon erwähnten Rom-Symposium vom Juni 1993, auf dem Kusnezow sprach, wartete auch jemand anders mit neuen Erkenntnissen auf: Dr. Leoncio Garza-Valdès (Abb. 48b) von der Trinity University in San Antonio, Texas, den ich bereits weiter oben kurz erwähnt habe.

Der Titel seines Vortrags »Biogenic Varnish and the Shroud of Turin« (»Organische Beschichtung und das Turiner Grabtuch«) klang ziemlich abschreckend. Später bedauerte ich allerdings sehr, nicht hingegangen zu sein. Garza-Valdès´ Hobbys sind Mikrobiologie und Archäologie; er betreibt seine Studien schon fast professionell. Sein Forschungsschwerpunkt ist die Kultur der

Maya. Zu diesem Thema hat er auch schon in internationalen Fachzeitschriften publiziert. Zum Grabtuch gelangte er über einen Umweg. In den achtziger Jahren interessierte sich Garza-Valdès zufällig für eine guatemaltekische Albitplastik, die *Itzamna Tun* genannt wurde und die zwei Experten aus New York vor allem wegen des glänzenden lackartigen Überzugs für eine Fälschung hielten. Die Kunstexperten wollten *Itzamna Tun* und eine ähnliche Plastik sogar für ihre Sammlung von »Fälschungen« erwerben.

Garza-Valdès lehnte das Angebot der Sammler glücklicherweise ab und unterzog die Beschichtung einer chemischen Analyse. Es stellte sich heraus, daß es sich bei dem Überzug nicht um einen künstlich hergestellten Lack handelte, sondern vielmehr um natürliches, organisches Material, das sich im Zuge der Symbiose von Millionen bläulichgrüner Bakterien und rosafarbener Pilze abgelagert und, wie dies auch bei Korallen der Fall ist, eine harte Schicht gebildet hatte.

Die Untersuchung ergab außerdem, daß die bräunliche Substanz, die man aus den Zwischenräumen des *Itzamna Tun* mittels Ausschaben gewonnen hatte, Blut und menschliche DNS enthielt, was die Vermutung zuläßt, daß die Plastik, sollte sie tatsächlich alt sein, bei Blutopferritualen der Maya benutzt wurde. Das Labor in Tucson datierte die Blutproben auf 400 n. Chr. und bestätigte damit, daß das Objekt wirklich eine Antiquität ist.

Das Rätselhafte aber war, daß der Zeitpunkt, auf den es dadurch datiert wurde, sechs Jahrhunderte vor der Maya-Epoche lag, der man die Plastik aufgrund des Stils zugerechnet hatte. Nun kommt Garza-Valdès´ Entdeckung der organischen Schicht ins Spiel. Durch das ständige Anwachsen der Schicht war die gesamte Oberfläche des Gegenstandes damit überzogen. Solange diese Beschichtung nicht durch ein Lösungsmittel sichtbar gemacht wird, ist es wie Plaque praktisch unsichtbar. Das Laboratorium in Tucson wußte nichts von dieser Schicht und konnte dies bei der Blutanalyse somit auch nicht gesondert berücksichtigen. So war das Endresultat ein Mischergebnis, das die Statuette einige Jahrhunderte vor jene Zeit datierte, in der sie tatsächlich angefertigt worden war.

Garza-Valdès fand überdies heraus, daß diese organische Beschichtung nicht nur an diesem Objekt zu finden war, sondern auch an anderen alten Gegenständen – einem guatemaltekischen Bohrer der Maya aus Feuerstein, einem Truhenornament aus Jaspis, ebenfalls aus Guatemala, einem geschliffenen Knochen aus Mexiko, den die Maya zum Aderlaß verwendeten, und einer Goldkette aus Kolumbien –, die er zum Vergleich ebenfalls untersuchen ließ.

Die entscheidende Frage lautete nun: Weist auch das Grabtuchleinen eine solche Beschichtung auf? Dr. Garza-Valdès reiste mit seinem tragbaren Mikroskop nach Turin, wo Giovanni Riggi ihm erlaubte, jene Proben zu begutachten, die er 1988 zusätzlich zu den Gewebeproben für den C-14-Test entnommen und behalten hatte (Abb. 24). Seine erste Reaktion beschreibt Garza-Valdès so: »Ich brauchte nur durchs Mikroskop zu schauen und sah, daß ich im folgenden davon ausgehen mußte, daß die Probe stark kontaminiert war. Die Proben, die man zur Datierung verwendet hatte, waren eine Zusammensetzung von Leinen, Bakterien, Pilzen und einer organischen Schicht, die sich jahrhundertelang auf den Fasern abgelagert hatte.«[5]

Leoncio Garza-Valdès kehrte, einige kleine Teilstückchen von Riggis Proben im Gepäck, nach San Antonio zurück. Mit Unterstützung von Professor Stephen Mattingly, dem Leiter des Instituts für Mikrobiologie an der Trinity University, führte er eine umfassende und sorgfältige Studie dieser – und das muß an dieser Stelle noch einmal betont werden – tatsächlich vorhandenen Beschichtung durch. Bei seiner Rede in Rom und bei weiteren Vorträgen an Universitäten demonstrierte er mit Dias und Diagrammen, daß etwas Röhrenähnliches, dessen Durchmesser unterschiedlich groß ist, die Fasern des Grabtuches umgibt (Darst. 26 und Abb. 48c), so wie ein Kabel eine Isolierschicht aufweist.

Anfang September 1994 nahm Harry Gove Garza-Valdès´ Einladung zu einem informellen Roundtable-Gespräch an der Trinity

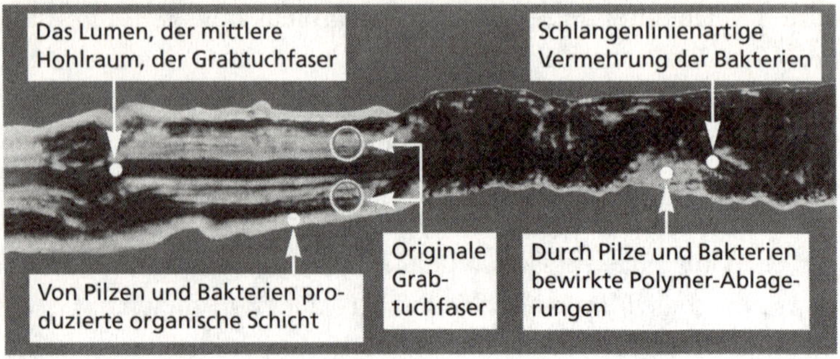

Darst. 26: Querschnitt in hoher Auflösung durch eine Grabtuchfaser, auf der die von Dr. Garza-Valdès gefundene organische Schicht zu sehen ist

Garza-Valdès und seine Kollegen konnten mit dem Mikrotom, einer Vorrichtung zum Schneiden mikroskopischer Präparate, die charakteristische Verteilung der organischen Schicht auf einer Grabtuchfaser sowie die Vermehrung der Bakterien und Pilze vorführen (Reproduktion einer Mikrofotografie von Garza-Valdès)

University an, wo er wie die übrigen Anwesenden auch Gelegenheit hatte, solcherart beschichtete Grabtuchfäden unter dem Mikroskop zu begutachten. Danach war er, um seine eigenen Worte zu gebrauchen, »von der Richtigkeit von Garza-Valdès´ Erkenntnissen überzeugt; manche Fäden hatten einen ›Ring‹ oder eine organische Beschichtung«[6].

Professor Gove würde mich natürlich auffordern, sofort klarzustellen, daß er damit noch lange nicht meinte, eine solche Beschichtung stelle die Korrektheit der Grabtuchergebnisse tatsächlich ernsthaft in Frage. Er hatte lediglich unvoreingenommen und wohlwollend anerkannt, daß die Beschichtung kein Phantasieprodukt Garza-Valdès´ ist, wovon sich jeder mit eigenen Augen überzeugen kann. Die entscheidende Frage ist aber: Könnte die Beschichtung das Ergebnis des C-14-Tests wirklich beeinflußt haben? Und wenn ja, in welchem Ausmaß?

Daß der Mikroorganismus, aus dem sich die Schicht gebildet hatte, relativ viel Kohlenstoff und somit auch viele ^{14}C-Isotope enthält, ist ein wichtiger Teil in Garza-Valdès´ Argumentationskette, den ich unter anderem auch von Thomas Loy vom Zentrum für Molekular- und Zellbiologie der University of Queensland prüfen ließ. Aus dem Umstand, daß viele der Bakterien und Pilze immer noch aktiv sind, ergibt sich natürlich ein verhältnismäßig hoher Gehalt an »jungen« ^{14}C-Isotopen. Wie Garza-Valdès meiner Frau und mir im August 1996 in San Antonio erläuterte, konnte er dies nachweisen, indem er einige der Gewebeproben des Grabtuches in eine Nährlösung legte und aufsehenerregende Resultate erzielte. Wortwörtlich sagte er: »Die Bakterien vermehren sich zwei Wochen lang wie verrückt – was beweist, daß die Organismen leben. An den Ablagerungen kann ich auch die Geschwindigkeit messen, mit der die Kulturen wachsen. Man kann unmöglich behaupten, daß keine Kontaminierung vorhanden ist.«[7]

Walter McCrone brachte einen wesentlichen Einwand gegen diese These vor: Wäre eine derartige Beschichtung der Grabtuchfasern vorhanden gewesen – was er bestritt –, so wäre sie zwangsläufig durch die gründliche Reinigung, der alle Proben durch die beteiligten Laboratorien routinemäßig unterzogen werden, um störende Kontaminierungen und Verunreinigungen zu beseitigen, entfernt worden.

Im Fall des Grabtuches ist glücklicherweise belegt, daß alle drei Forschungslabors eine Reinigungslösung aus Salzsäure und Natriumhydroxid (Ätznatron) mit identischem Mischungsverhältnis und in derselben Konzentration verwendeten. So konnte Garza-Valdès die Reinigung wiederholen und die Wirkung auf die organisch beschichteten Grabtuchfasern beobachten. Er schrieb: »Man kann die Proben sogar mit der sechsfachen Konzentration der Lösung aus Salzsäure und Ätznatron behandeln, die 1988 verwendet wurde, ohne daß die Bakterien oder die organische Schicht auch nur im entferntesten darunter litten. Die Zellulose des Flachses wird allerdings teilweise gelöst, dadurch erhöht sich die Quote der kontaminierenden Substanz relativ zum Zellulosegehalt des Flachses.«[8]

Noch ein weiterer, gewichtiger Einwand wurde von Walter

McCrone wie auch von anderen Wissenschaftlern geltend gemacht. Demzufolge müsse die Schicht recht massiv gewesen sein, um die Testergebnisse so grundlegend zu beeinflussen, daß die Datierung, die auf das erste Jahrhundert lauten sollte, um 1300 Jahre abwich. Entsprechend McCrones Berechnungen »hätte der Leinenstoff mit einer Schicht [aus jungen Substanzen] bedeckt sein müssen, die zwei Drittel seines Eigengewichts betrug.«[9] Auch Professor Edward Hall hatte 1989 in seinem Vortrag vor der British Museum Society eine ähnliche Berechnung präsentiert, derzufolge das Testergebnis erst bei 60 Prozent Kontamination verfälscht würde. Damals wußte er noch nichts von Garza-Valdès´ Entdeckung und machte sich über die Vorstellung lustig, auf der Gewebeprobe, die sein Labor getestet hatte, könnte mehr als ein Staubkorn einer jungen Substanz verblieben sein.

Diese Quote von 60 Prozent akzeptiert Garza-Valdès ohne weiteres; schließlich behauptet er, manche Grabtuchfasern würden tatsächlich eine solche hohe Kontamination aufweisen; deren Durchmesser sei allerdings Schwankungen unterworfen. Mit Rhodamin konnte er die Dicke der Schicht nachweisen. Dieser besondere Farbstoff wird von der Zellulose der Leinenfasern, nicht aber von der organischen Schicht absorbiert. Dadurch kann die Schicht als, wie es Harry Gove nannte, »Ring« im Querschnitt sichtbar gemacht werden. Bei den Untersuchungen der Grabtuchproben in San Antonio soll Gove zugegeben haben, daß der »Ring« bis zu 57 Prozent zu sehen war;[10] später allerdings zog er diese Aussage wieder zurück.

Wie Dr. Garza-Valdès zugibt, wird die Sache noch dadurch kompliziert, daß wie auf jedem anderen Objekt auch die Schicht auf dem Grabtuch an verschiedenen Stellen variiert, wobei die Bakterienvermehrung natürlich an der Stelle am größten ist, an der der Gegenstand am häufigsten angefaßt wurde. Das läßt Gonellas und Luigis Wahl der Tuchkante als Entnahmestelle von Proben für den Radiokarbontest nur noch schlimmer erscheinen. Alles in allem haben Hunderte von verschwitzten Händen das Grabtuch im Lauf der Jahrhunderte gerade an diesem und auch am entgegengesetzten Ende gehalten, um es vor den Betrachtern auszubreiten (Abb. 43b und 43c); so ist dort eine maximale Bakterienbildung entstanden.

Wenn die Grabtuchfasern nun tatsächlich so dick beschichtet sind, stellt sich die Frage, warum dieser Umstand bis jetzt weder den STURP-Leuten aufgefallen ist, die das Grabtuch 1978 untersuchten, noch Dr. Walter McCrone bei seiner Mikroananalyse und auch nicht den Mitarbeitern der Testlabors, die im Jahr 1988 die Gewebeproben vor dem Radiokarbontest gründlich begutachteten. Walter McCrone machte mich besonders nachdrücklich auf folgenden Umstand aufmerksam: »Ich hatte über 60 Klebestreifen mit Faserproben des Grabtuches und prüfte diese sehr sorgfältig. Rechnet man die Anzahl der Fasern auf einem halben Dutzend Streifen hoch, so kommt man bei den Proben auf über 100 000 Leinenfasern. Die einzige Schicht, die ich bei einigen Fasern entdecken konnte, war eine Farbschicht aus Ocker oder Venezianischrot und in Leim gelöste Tempera.«[11]

Dr. Garza-Valdès antwortete darauf kühl, daß man die Schicht ganz einfach nicht wahrnehmen würde, wenn man nicht weiß, daß sie da sei. Es sei so wie bei Plexiglas – man könne problemlos hindurchsehen, ohne es gleichzeitig wahrzunehmen: »Darum haben viele Leute, die die Proben durch ein Mikroskop betrachteten, die Schicht übersehen und behauptet, die Fasern seien rein. Noch vor ein paar Jahren war es völlig unklar, wie es den Maya gelang, ihren Jadeskulpturen einen so glänzenden Schliff zu geben, und welche Methode sie verwendeten, um den wundervollen Glanz zu erzielen. Doch die Maya haben im Grunde gar nichts gemacht – es waren vielmehr die Bakterien, die verantwortlich dafür sind, daß sich dieser Stoff auf der Oberfläche der alten Kultgegenstände ablagerte.«

In Anbetracht der bereits erwähnten Reinheit des Grabtuches kann diese Bemerkung in ihrer Wirkung gar nicht richtig erfaßt werden. Wie Harry Gove in seinem Buch berichtet, hat Dr. Willi Wölfli vom Labor in Zürich die Reinheit der Gewebeproben besonders hervorgehoben. Und wie sehr ich beim ersten Anblick des

Grabtuches im November 1973 überrascht war, ist mir nachdrücklich im Gedächtnis geblieben. In meinem 1978 erschienen Buch über das Grabtuch schrieb ich: »Das Linnen, obwohl vom Alter elfenbein gefärbt, sah noch überraschend rein aus, *es schien sogar noch ein damastähnlicher Schimmer auf der Oberfläche zu liegen.*«[12]

Könnte die »saubere«, reine Oberfläche des Grabtuches der Grund gewesen sein, warum niemand unter dem Mikroskop eine Schicht auf den Gewebeproben sah, die durchsichtigem Plexiglas ähnelte? Auch diesen Punkt bat ich Dr. Loy von der University of Queensland eingehend zu prüfen. Er versicherte mir, daß man die Schicht leicht übersehen könne, wenn man nicht mit neuesten Forschungsergebnissen auf dem Gebiet der Mikrobiologie vertraut sei und gezielt nach solch einer Schicht Ausschau halte. Dr. Garza-Valdès konnte die Schicht ja nur durch den Einsatz von Rhodamin sichtbar machen, und es war sicherlich kein Zufall, daß es sich hierbei um genau jenen Farbstoff handelte, den auch Dr. Walter McCrone verwendet hatte, um eine Substanz zu finden, die er als Leim interpretierte.

Ist nun McCrones »Leim« Garza-Valdès´ organische, transparente Schicht? Wie bei der Vinland-Karte ist auch hier denkbar, daß McCrone durchaus etwas richtig wahrnahm, aber daraus falsche Schlüsse zog.

Trotzdem kann man nicht genug betonen, daß die Konsequenzen der Erkenntnisse von Dr. Leoncio Garza-Valdès, sofern sie zutreffen – zum Zeitpunkt der Fertigstellung meines Manuskriptes waren sie noch nicht in ihrem Gesamtumfang abzusehen und auch nicht publiziert –, weit über die Grabtuchthematik hinausgehen. Wie Garza-Valdès bereits sagte: »Jeder ältere Gegenstand weist eine organische Schicht aus Bakterien auf, das ist keine Besonderheit des Grabtuches.«[13]

Daß es sich hier um keinen pseudowissenschaftlichen Humbug handelt, zeigt das ausgeprägte Interesse der international renommierten Ägyptologin Dr. Rosalie David aus Manchester an diesem Thema. Ich habe ja bereits erwähnt, daß Dr. David eingehend die ägyptische Mumie Nr. 1770 der Sammlung des Manchester Museum untersuchte. Das Ergebnis des C-14-Testlabors des British Museum gab Rätsel auf: Die Datierung der Mumienbinden ergab, daß sie 800 bis 1000 Jahre jünger sind als die Leiche selber.[14] Es kann nicht ganz ausgeschlossen werden, daß die Mumie 1000 Jahre nach ihrer Bestattung noch einmal neu gewickelt wurde, doch das hält Rosalie David für sehr unwahrscheinlich.

Dieses Ergebnis wie auch andere stark divergierende C-14-Resultate, wie sie besonders bei Leinen vorkamen, erregten ihren Verdacht. Könnten die Binden vielleicht eine noch nicht entdeckte kontaminierende Substanz enthalten, so daß man sie fälschlicherweise auf einen jüngeren Zeitpunkt datierte? Bevor Rosalie David von Garza-Valdès´ Entdeckung der organischen Schicht gehört hatte, war ihr nicht klar, woraus sich diese Schicht, die Verunreinigungen hervorrief, zusammensetzen könnte.

Ihr Interesse war so groß, daß sie 1996 Garza-Valdès´ Einladung zu einem Symposium über Archäomikrobiologie in San Antonio begeistert annahm. Bei dieser Konferenz hatten sie Gelegenheit, die Spannbreite möglicher Fehldatierungen, die auf diese Schicht zurückzuführen seien, zu diskutieren. Gemeinsam stellten sie ein Projekt auf die Beine, bei dem sie Datierungsabweichungen an anderen Mumien und den dazugehörigen Mumienbinden überprüften. Das erste Experiment führten sie in Zusammenarbeit mit Dr. Harry Gove durch und analysierten Knochengallert und Mumienbinden aus Leinen eines Ibis, der den Ägyptern heilig war und daher sehr häufig einbalsamiert wurde. Diese Mumie eignete sich auch deshalb so gut, weil es im Gegensatz zu einer menschlichen Mumie sehr unwahrscheinlich war, daß man den Ibis später noch einmal neu wickelte. So war von vorneherein diese mögliche Fehlerquelle bei der Datierung auszuschließen.

Als dieses Buch, das Sie in Händen halten, kurz vor dem Abschluß stand, publizierten Harry Gove, Rosalie David, Leoncio Garza-Valdès und Steven Mattingly, Professor für Mikrobiologie an der Trinity University, gemeinsam die Ergebnisses dieses Versuches in einem Aufsatz.[15] Darin kann man lesen, daß Dr. David sorgfältig Knochen- und Gewebeproben des Ibis sowie Gewebeproben der Binden entnahm und sie persönlich zu jenem Laboratorium in Tucson brachte, das auch an der Analye der Grabtuchproben teilgenommen hatte. Dort wurden die Gewebeproben derselben Vorbehandlung unterzogen wie die Grabtuchstreifen und im folgenden analysiert. Gleiches geschah mit den Gewebeproben des Ibis. Man erwartete natürlich, daß der Kadaver und die Mumienbinden auf ungefähr denselben Zeitraum datiert würden.

Aufgrund der Knochen- und Gewebeproben ermittelte man einen Todeszeitraum des Ibis zwischen 829 und 795 v. Chr.; die Testergebnisse der Binden ergaben jedoch, daß der Flachs, aus dem sie hergestellt wurden, zwischen 384 und 170 v. Chr. geschnitten worden war. Wie bei der Mumie Nr. 1770 ergab sich auch hier zwischen der Datierung der Mumienbinden und dem Alter der Mumie eine ganz erhebliche Abweichung: Im Gegensatz zu der von seiten des Untersuchungslabors angegebenen möglichen Bandbreite der Resultate von ± 65 Jahren beträgt die Differenz tatsächlich rund 550 Jahre. Bemerkenswert ist in beiden Fällen, daß das Leinen wesentlich jünger zu sein scheint. Außerdem konnte Garza-Valdès unter dem Mikroskop feststellen, daß die Binden sehr lange Zeit in Ägypten ungestört in trockenem Klima aufbewahrt worden waren und daher keine so dicke Schicht ausgebildet hatten wie das Grabtuch, das im Lauf der Jahrhunderte viele Male gezeigt worden war, was die Bakterienausbildung natürlich gefördert hatte. Trotz all dieser Umstände war der Altersunterschied schon bemerkenswert.

Die einzelnen Laboratorien reagierten natürlich hochgradig nervös. Ungeachtet der Tatsache, daß Dr. Harry Gove, der die BMS-Methode als erster einführte, dieses Experiment mit durchgeführt hatte, verwiesen sie darauf, daß ein einbalsamierter Ibis vielleicht doch kein optimales Demonstrationsobjekt sei. Donahue und Jull aus Tucson, die zu den 21 Unterzeichnern des Aufsatzes in *Nature* gehörten, in welchem der Nachweis geführt wurde, daß das Grabtuch angeblich aus dem Mittelalter stamme, gaben zu bedenken, daß jener Vogel möglicherweise mit Mittelmeerfisch gefüttert worden sein könnte. In diesem Fall müsse eine »meeresbezogene Korrektur« erfolgen, denn Nahrung aus dem Wasser könne »altes Karbon« enthalten[16], und dieses Karbon baue sich als ^{14}C ab, so daß ein Lebewesen, das sich ausschließlich davon ernährt, älter erscheinen kann, als es tatsächlich der Fall ist.

Da »Danny«, wie Dr. Garza-Valdès die Ibismumie liebevoll nannte, leider mit an Sicherheit grenzender Wahrscheinlichkeit gute 2000 Jahre vor der Erfindung des C-14-Tests lebte, kann niemand mit Sicherheit sagen, wovon er sich ernährte. Trotzdem gab Dr. Rosalie David zu diesem Punkt folgendes zu Bedenken:

> … [der Ibis] stammt wahrscheinlich aus Sakkara südlich von Kairo, das rund 240 Kilometer von der Mittelmeerküste entfernt ist, möglicherweise auch aus dem mittelägyptischen Hermopolis am Nil (dem Kultzentrum des Gottes Toth, dessen heiliges Tier der Ibis war), 400 Kilometer im Landesinneren. Es ist wahrscheinlich, daß Ibisse an diesen Orten gezüchtet und gehalten wurden. Pilger, die die Kultstätten besuchten, kauften sie, um sie ihrem Gott zu opfern, und ließen sie mumifizieren und in weitläufigen unterirdischen Katakomben bestatten. Daß sie mit Mittelmeerfisch gefüttert wurden (oder auch mit Fisch aus dem ungefähr 160 Kilometer entfernten Roten Meer), ist wegen der großen Entfernungen äußerst unwahrscheinlich, da es sicher andere geeignete Futterquellen in der Nähe gab. Der Unterschied zwischen dem ^{13}C-Gehalt des Knochengewebes und dem der Binden betrug -21/1000 zu -26,5/1000 – ein ziemlicher Unterschied zu dem erwarteten Nullwert bei maritimen Proben. *Höchstwahrscheinlich ist keine meeresbezogene Korrektur nötig, um das Knochengewebe des Ibis richtig zu datieren* [Hervorhebung des Autors].[17]

In dem Report führt sie außerdem aus: Wenn ein Teil von Dannys Futter »möglicherweise aus Nahrung bestand, deren Karbongehalt nicht vom Kohlendioxid in der Luft, sondern von Süßwasser oder Brackwasser herrührte«, würde die Möglichkeit bestehen, daß der ^{14}C-Gehalt den eines nur auf dem Land lebenden Tiers unterschreiten könne. Obwohl diese Beweisführung auch auf die Anbaubedingungen von Flachs zutrifft, unterminiert sie sich selbst. Wie auch Gove, Mattingly, David und Garza-Valdès zugeben, besteht der einzige Weg darin, das Experiment zu wiederholen und dabei vielleicht Proben eines mumifizierten Rindes zu verwenden, das die Ägypter auch als heiliges Tier verehrten und von dem es genügend intakte und mumifizierte Exemplare gibt.

Natürlich ist damit noch nicht endgültig bewiesen, daß Garza-Valdès´ These, auf Faktoren gestoßen zu sein, die für eine mögliche Fehldatierung des Grabtuches verantwortlich seien, richtig ist. Trotz allem darf mit gutem Grund gesagt werden, daß das von den Untersuchungslabors angegebene Verhältnis einer Wahrscheinlichkeit von »eins zu tausend Trillionen« gegen eine Fehldatierung mittlerweile doch etwas übertrieben anmutet.

Kapitel 18

Schlußfolgerungen: Das Blut und das Grabtuch – entscheiden Sie selbst

Die von Garza-Valdès lokalisierte Quelle einer möglichen Fehldatierung besitzt den unleugbaren Vorzug, daß gegen kein einziges Naturgesetz verstoßen werden muß. Geht man davon aus, daß diese organische Schicht existiert – und, wie bereits erwähnt, gibt dies sogar Harry Gove zu –, dann ist sie, wenn auch natürlich etwas kleiner, ebenso natürlichen Ursprungs wie zum Beispiel das Great Barrier Reef in Australien (das einige hundert Kilometer nördlich von meinem Haus ist, in dem ich dies gerade schreibe). Außerdem nimmt sie so wie das Riff an Umfang ständig zu. Unabhängig davon, ob sich Garza-Valdès´ Erkenntnisse als richtig herausstellen sollten oder nicht, man muß sie auf alle Fälle ernst nehmen, und renommierte Wissenschaftler wie Professor Gove tun dies bereits. Wenn der Wissenschaftler von der Trinity University recht hat, muß diese bislang vernachlässigte mögliche Fehlerquelle nicht nur bei der Datierung des Grabtuches besonders berücksichtigt werden, sondern auch bei allen künftigen C-14-Tests. Damit könnte diesem Untersuchungsverfahren verdientermaßen mehr Vertrauen entgegengebracht werden, als es derzeit noch der Fall ist.

Wenn Garza-Valdès´ These sich aber als falsch erweisen sollte, wären damit alle Argumente für eine mögliche Fehldatierung des Grabtuches ein für allemal vom Tisch?

Nicht notwendigerweise. Eine andere These, die von hochkarätigen Wissenschaftlern aufgestellt wurde, besagt, daß das Bildnis des Gekreuzigten auf dem Grabtuch durch thermonukleare Einwirkung entstanden sein könnte. Dies hätte den niedrigen radioaktiven Gehalt des Tuches erhöhen und es dadurch »verjüngen« können. Dr. Thomas J. Philips vom High Energy Physics Laboratory der Harvard University schreibt in einem Brief an die Zeitschrift *Nature*, der in derselben Ausgabe erschien, in der auch die C-14-Testergebnisse veröffentlicht wurden:

> Wenn das Turiner Grabtuch ... wirklich das Begräbnislinnen Christi ist, so erlebte es der Bibel zufolge etwas Einzigartiges: die Auferstehung eines Toten. Leider kann dieser Vorfall keiner direkten wissenschaftlichen Prüfung unterzogen werden ... der Körper emanierte aber ... möglicherweise auch Neutronen; dabei wurde das Grabtuch bestrahlt, und einige Atomkerne veränderten sich durch Neutronenaufnahme zu Isotopen mit anderer Massenzahl.[1]

Eine ähnliche Möglichkeit zieht die mittlerweile pensionierte englische Atomphysikerin Kitty Little in Betracht, die zu den Pionieren auf ihrem Forschungsgebiet gehörte und am Atomic Energy Research Establishment in Harwell, Oxfordshire, tätig war. Sie erinnert sich an ein Experiment, das sie in den fünfziger Jahren durchführte. Dabei bestrahlte sie im Forschungsreaktor BEPO eine Reihe von Fasern, worunter sich auch Zellulosefasern befanden. »BEPO lief damals nur mit drei Megawatt und erzeugte eine Temperatur von 70°C bis 90°C. Dadurch konnte ich Bestrahlungseffekte ohne Hitzeinterferenz erzielen.«

Little beobachtete, wie die Fasern bereits bei dieser relativ niedrigen Temperatur dieselbe Färbung wie auf dem Grabtuch annahmen (das Tuch war ihr aber zu diesem Zeitpunkt noch völlig unbekannt): »[Die] Zellulosefasern waren genauso strohgelb wie auf dem Grabtuchbild ...«

Daß die Strahlung, die diesen Effekt bewirkte, auch von Neutronenemissionen angereichert war, macht das Ganze noch interessanter. Dazu erklärt sie: »Dabei entstand im ganzen Stoff zusätzliches ^{14}C.« Dieses zusätzliche ^{14}C würde eine Textilie im allgemeinen wie auch in diesem besonderen Fall »jünger erscheinen lassen, als sie tatsächlich ist ...«[2]

Diese These, die Little und Philips unabhängig voneinander aufstellten, könnte erklären, warum die C-14-Testergebnisse falsch waren und auch wie das Bild des Gekreuzigten auf das Tuch gelangte. Dieser Hypothese kann ich schlecht widersprechen, habe ich doch 1978 selber in meinem Buch die Ansicht vertreten, daß das Bild durch eine Art nuklearen Strahlenblitz, der vom Körper ausging, entstanden sein könnte: »In der Dunkelheit des Grabes in Jerusalem lag der tote Leib Jesu, ungewaschen, mit Blut bedeckt, auf einer Steinplatte. Plötzlich bricht eine geheimnisvolle Kraft aus ihm hervor. In diesem Moment entmaterialisiert sich das Blut, vielleicht durch den Strahlenblitz ausgelöst, während sein Bild und das des Leibes sich unauslöschlich in das Grabtuch einbrennen, der Nachwelt buchstäblich eine ›Momentaufnahme‹ von der Auferstehung hinterlassend.«[3]

Das Problem bei einer solchen Hypothese – unabhängig, ob sie nun von mir stammt oder von einem anderen Wissenschaftler – ist aber ihr Ausgangspunkt, daß nämlich dem allem Anschein nach toten Leib Christi vor 2000 Jahren etwas Widernatürliches widerfahren sei. Daß so etwas tatsächlich vonstatten ging, behaupten die Christen seit exakt 2000 Jahren. Ein rechtschaffener Agnostiker kann da nur entsetzt die Hände über dem Kopf zusammenschlagen und automatisch diese ketzerische Meinung von einem »Wunder« verwerfen. Robert Hedges vom Laboratorium in Oxford antwortete 1989 auf Philips These: »Wenn eine übernatürliche Erklärung herangezogen wird, ist es sinnlos, überhaupt wissenschaftliche Messungen am Grabtuch vorzunehmen.«[4]

Was sollen wir nun von dem Geheimnis um das Grabtuch halten? Trotz aller Argumente, die ich an anderer Stelle in diesem Buch aufgeführt habe, denken wir sicherlich zu logisch, um an Wunder zu glauben. Wir sollten uns das Grabtuch also endlich aus dem Kopf schlagen, denn es ist »zu gut, um wahr zu sein«, und *muß* ganz einfach eine Fälschung sein. Die »sichere« und rationale Alternative wäre, das Ergebnis der drei Forschungslabors, demzufolge ein raffinierter Fälscher das Grabtuchbildnis zwischen 1260 und 1390 hergestellt hat, klaglos zu akzeptieren. Oder etwa doch nicht?

Nach 30 Jahren eingehender Beschäftigung mit dieser Materie beneide ich fast jene, die einer solchen Meinung sind. Ein Mann, der zumindest nach außen hin diese Haltung stets treu und vorbildlich vertreten hat, ist Reverend David Sox. Er war Dozent an der American School in London und gehörte 1977 zu den Gründungsmitgliedern der British Society for the Turin Shroud; aufgrund seiner Energie und seines Enthusiasmus ernannte man ihn sogar zum Generalsekretär. Sein gut recherchiertes Buch *File on the Shroud*, das 1978 erschien, war zwar insgesamt sehr ausgewogen, tendierte aber alles in allem doch dazu, das Tuch als authentisches Zeugnis des ersten nachchristlichen Jahrhunderts einzuordnen.

1980 informierte ihn Walter McCrone über seine Eisenoxidfunde und konnte den Geistlichen der Episkopalkirche davon überzeugen, daß das Grabtuch eine Fälschung ist. Daraufhin schrieb Sox unverzüglich das Buch *The Image on the Shroud.* Als dann im Oktober 1988 die C-14-Testergebnisse veröffentlicht wurden, publizierte Sox als erster ein Buch darüber. Der Titel des dünnen Bändchens *The Shroud Unmasked: Uncovering the Greatest Forgery of All Times* läßt nicht den leisesten Zweifel an seinem Standpunkt aufkommen.

Warum glaubt Sox nun, daß das Grabtuch eine Fälschung ist? In seinem zuletzt erwähnten Buch erwähnt er neben den Erkenntnissen von McCrone und den C-14-Testergebnissen dafür folgende Hauptgründe:

(1) »*Die Existenz des Grabtuches ist erst seit 1346 belegt*« – Diesen Punkt habe ich ausführlich in den Kapiteln 10 bis 12 behandelt.

(2) »*Die Blutflecken sind rot geblieben*« – Zu diesem Punkt verweisen nicht nur die Experten Dr. Alan Adler und Dr. Thomas

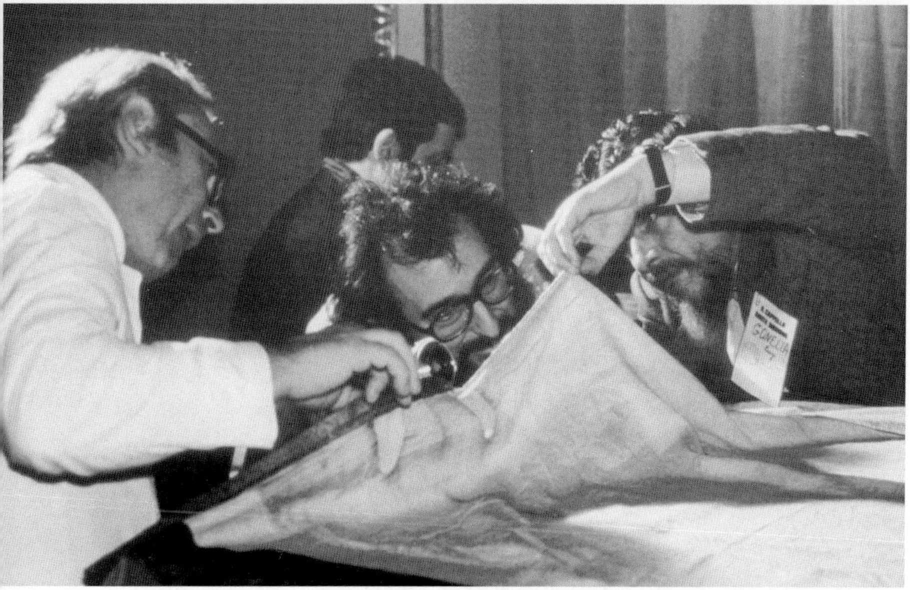

25a. *Giovanni Riggi (links) und andere untersuchen die Unterseite des Grabtuches, 1978. Riggi mußte das Grabtuch an den Kanten auftrennen, um die Unterseite zu sehen, er versäumte jedoch, den Zustand der Kanten zu dokumentieren.*

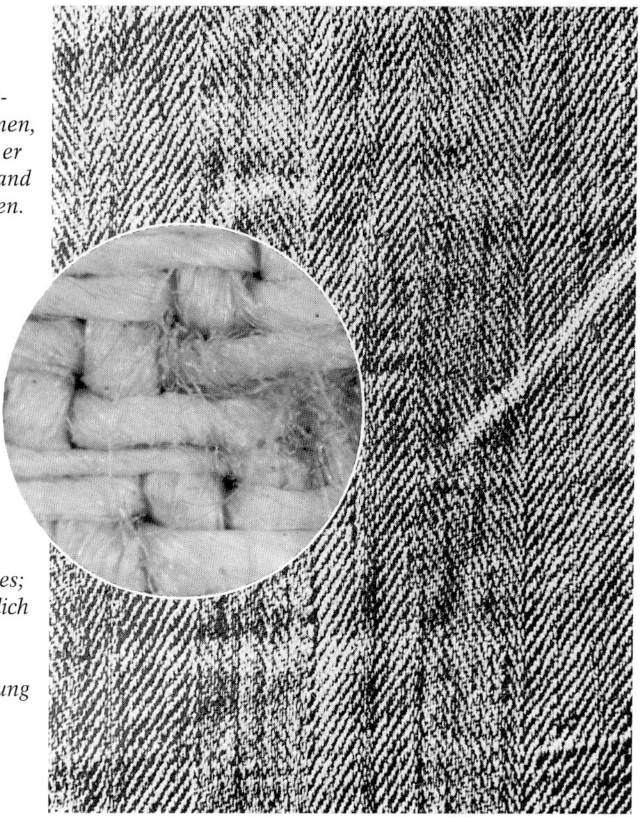

25b. *Nahaufnahme der Köperbindung des Grabtuches; das Fischgrätmuster ist deutlich zu erkennen.*

25c. *(Einklinker)* Vergrößerung des Webmusters.

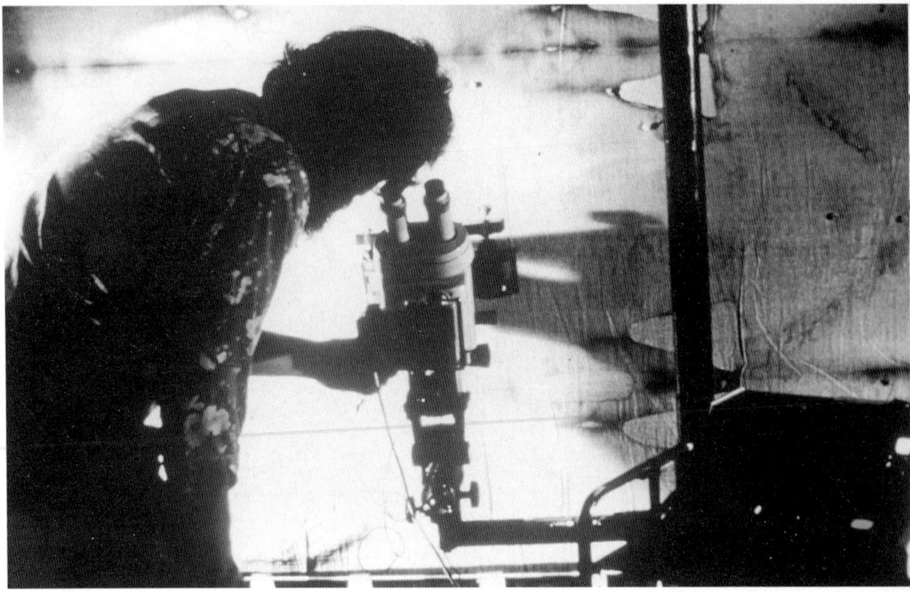

26a. *Der amerikanische Physiker Sam Pellicori untersucht die Vorderseite des Grabtuches unter dem Mikroskop, 1978.*

26b. *»Körper«bild des Grabtuches, kleiner Vergrößerungsgrad.*

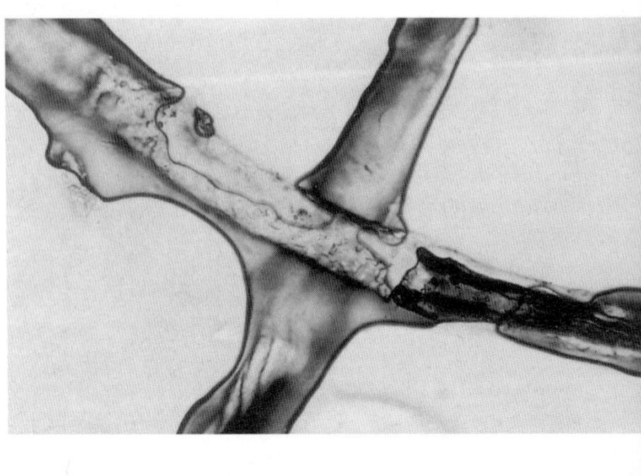

26c. *»Körper«bild des Grabtuches, großer Vergrößerungsgrad.*

27a. »Blut«fleck auf dem Grabtuch, kleiner Vergrößerungsgrad.

27b. Der Mikrobiologe Stephen Mattingly betrachtet »Blut«flecken auf den Grabtuchproben unter dem Mikroskop. Mattingly und sein Kollege Dr. Tryon bestätigen, daß es sich um Blut handelt; sie stellten auch DNS-Segmente an den Flecken fest.

27c. Der Chemiker Alan Adler untersucht die »Blut«flecken unter dem Mikroskop.

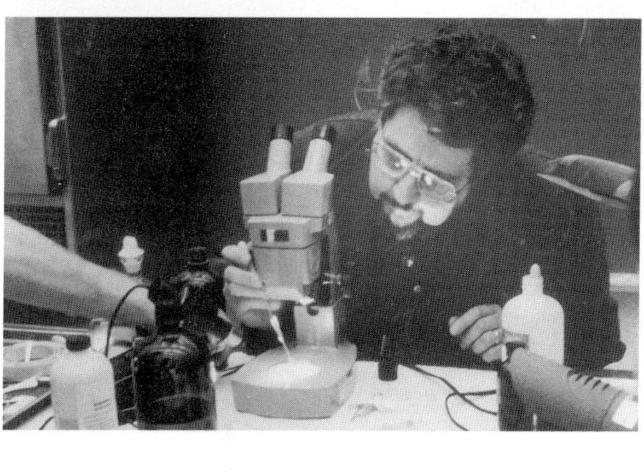

28a. *Max Frei 1978 bei der Entnahme von Pollenproben mit einem normalen Klebeband. Auf diese Weise entnahm er Hunderte von Pollen, die an den Grabtuchfasern hafteten. Freis Pollenuntersuchungen sind allerdings umstritten.*

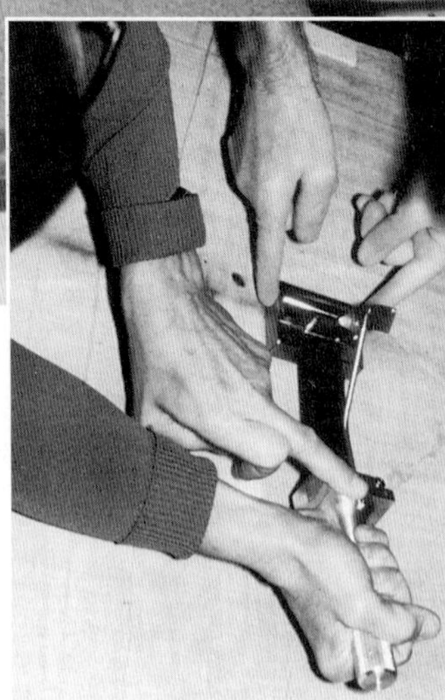

28b. *Der moderne Apparat mit Drehmomenteinstellung, den STURP-Mitarbeiter 1978 zur Entnahme von Proben verwendeten. Im Gegensatz zu Max Frei fand das STURP-Team kaum Pollen.*

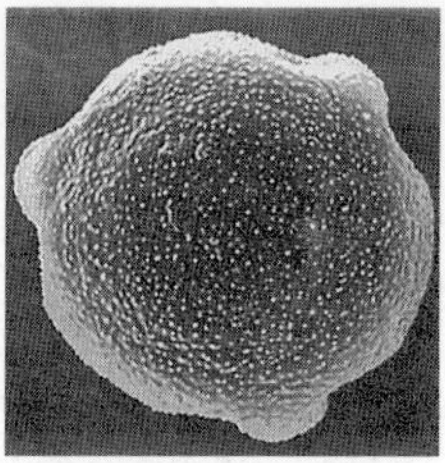

1. Coryllus avellana L.
(Haselnuß)
Verbreitet u.a. in Frankreich und Italien.

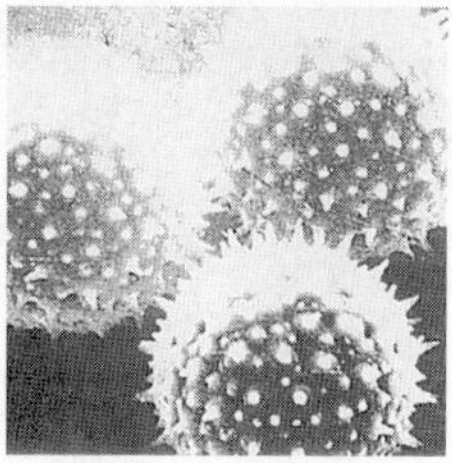

2. Althaea officinalis Marsh
(Eibisch)
Eine auf Salzböden des Mittelmeerraumes häufig vorkommende Pflanze (halophytum).

3. Phillyrea angustifolia
(Steinlinde)
Verbreitet im gesamten Mittelmeerraum.

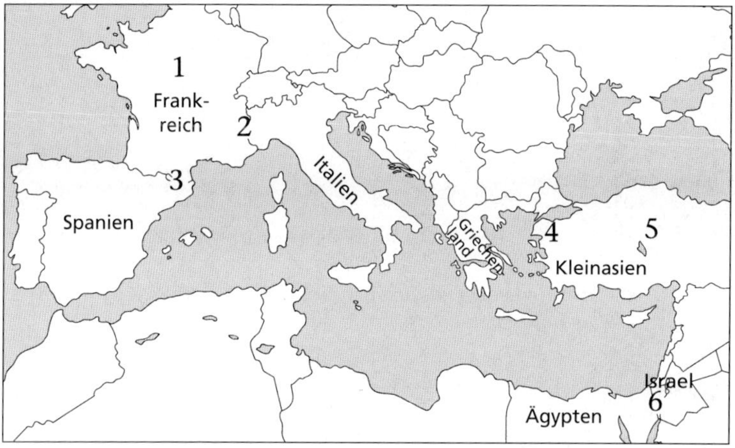

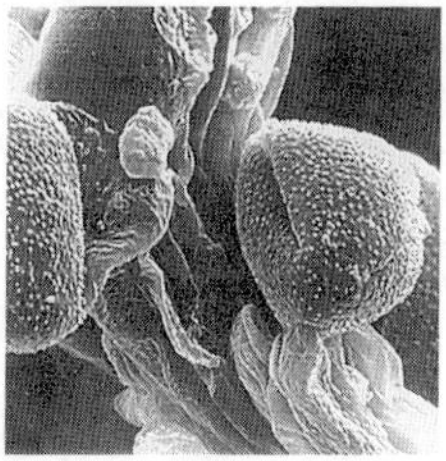

4. Pteranthus dichotomus Forsk
(Flügelnelke)
Heimisch in Sand- oder Salzwüsten, vor allem in der Steppe Anatoliens und um Jerusalem.

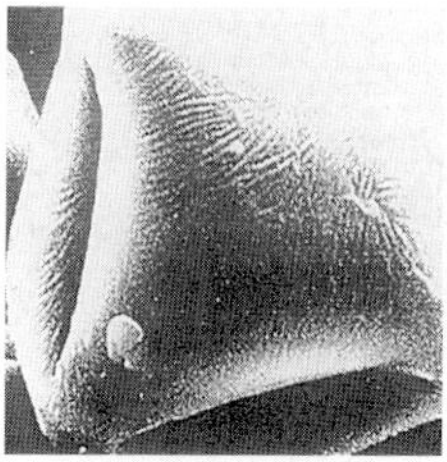

5. Haplophyllum tuberculatum Juss.
(Raute)
Wüstengewächs, vor allem in Kleinasien und bei Jerusalem verbreitet.

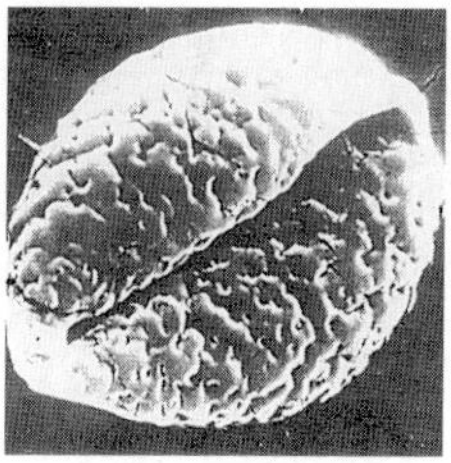

6. Prosopis Farcta Macbr.
(Schraubenblume)
Verbreitet in Kleinasien und am Toten Meer.

29. Beispiele der 58 verschiedenen Pollen, die Dr. Frei in den Staubpartikeln auf dem Grabtuch fand und bis zu seinem Tod 1983 auswerten konnte. Karte: Die wichtigsten Gebiete am Mittelmeer und im Nahen Osten, in denen die abgebildeten Pollen eventuell vorkamen.

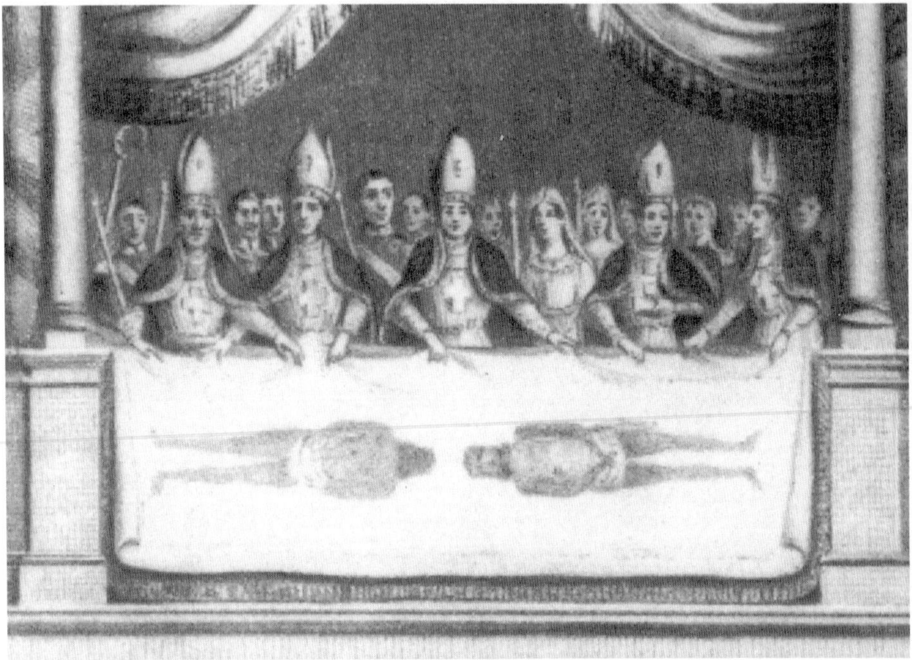

30a. *Druck von 1842 zum Gedenken an die öffentliche Präsentation des Grabtuches auf dem Balkon des Palazzo Reale in Turin.*

30b. *Kupferstich auf Seide, um 1690, zum Gedenken an die Ausstellung des Grabtuches auf einem Podest des Innenhofes des Königspalasts.*

31a. Pilgermedaillon mit dem Wappen Geoffroy de Charnys und seiner Gemahlin Jeanne de Vergy; es ist die älteste bekannte Darstellung des Grabtuches in seiner vollen Länge mit dem Doppelbildnis.

31b. Ein Zeugnis für den Ruhm des Ritters Geoffroy de Charny auf beiden Seiten des Ärmelkanals; die erste Seite der Handschrift eines seiner Bücher über das Rittertum. Wahrscheinlich war es seine persönliche Abschrift, die der Sammler Thomas Coke (1697–1759) von Holkham Hall, Norfolk, erwarb. Sie wird heute in der Bodleian Library in Oxford aufbewahrt.

32a. *Epitaphios, um 1300. Stickerei auf einem liturgischen Tuch, für den serbischen König Stephan Uroš II. (1282–1321) angefertigt. Tücher, die das Grabtuch Jesu symbolisieren, wurden in der orthodoxen Kirche bereits vor Mitte des 13. Jahrhunderts verwendet (um 1350 tauchte das »Grabtuch von Turin« in Lirey auf).*

32b. *Tafelbild mit Antlitz, das große Ähnlichkeit mit dem Grabtuchmotiv aufweist. Es wurde während des Zweiten Weltkriegs in der Decke eines Hauses in Templecombe, Somerset, gefunden. Mit dem C-14-Test konnte es auf die Zeit um 1280 datiert werden. Ist dies ein Beweis dafür, daß das Grabtuch im Besitz der Templer war?*

Der französische Kreuzritter Robert de Clari schreibt 1203 über die »Wunder«, die er in Konstantinopel sah: »Die *syndoine,* in die unser Herr gehüllt war … stand jeden Freitag aufrecht, so daß die Gestalt unseres Herrn deutlich zu sehen war.« Gab es in byzantinischer Zeit eine Vorrichtung, mit der das Grabtuch aus seinem Schrein geholt und aufgestellt werden konnte?

33a. (oben) Engel mit Tuch, auf dem Jesus als Halbfigur in der Haltung des Grabtuches dargestellt ist, um 1310; Skulptur des italienischen Bildhauers Giovanni Pisano, der das Original für die Kanzel des Doms von Pisa anfertigte.

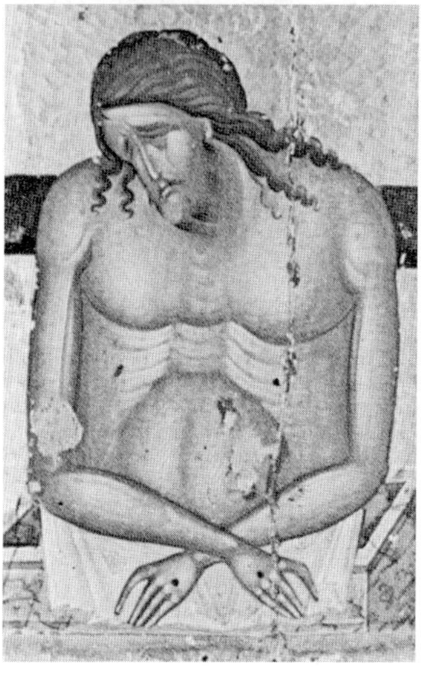

33b. (rechts) Darstellung Christi mit gekreuzten Händen während der Auferstehung, Byzanz, 14. Jahrhundert (im Westen bekannt als Schmerzensmann, im Osten als Der ruhmreiche König). Dieses Motiv erscheint in der westlichen und in der byzantinischen Kunst um 1200 recht häufig und scheint einen Bezug zur Gralssage zu besitzen, in der es heißt, der Gekreuzigte sei aus dem Grab auferstanden.

34a. Fresko der Heiliggrabkapelle in der Kathedrale von Winchester, um 1225. Darstellung der Kreuzabnahme. Links vom Kreuz hält eine Figur ein großes Tuch, das wie das Turiner Grabtuch um den Kopf geschlagen wird und bis zu den Füßen reicht.

34b. Byzantinische Elfenbeinschnitzerei, um 1100, aus der Sammlung des Victoria and Albert Museum, London; Darstellung Jesu im Tod mit gekreuzten Händen.

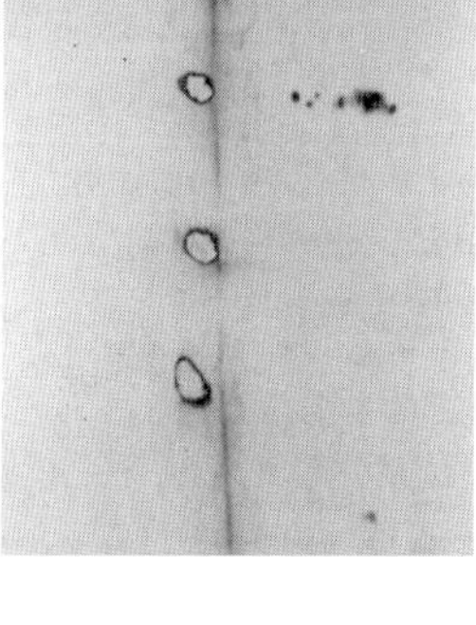

35a. Grablegungsszene aus dem ungarischen Pray-Manuskript aus der Zeit zwischen 1192 bis 1195. Die Darstellung Christi gleicht dem Grabtuchbildnis. Auffallend sind die Hände ohne Daumen (vier Finger) und das Blut auf der Stirn.

35b. Eine der vier Stellen mit den sogenannten »Schürhakenspuren«, ein Brandschaden, der vor dem Feuer von 1532 entstanden sein muß. Ähnliche Löcher sind im Pray-Manuskript und auf dem Sarkophagdeckel dargestellt.

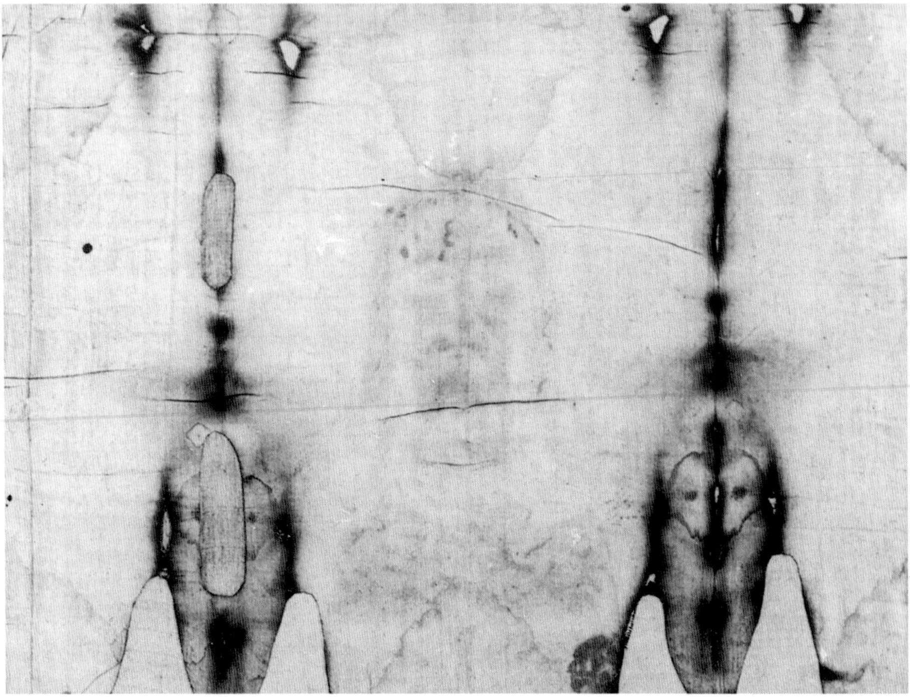

36a. Grabtuchantlitz, normale Ansicht.

(i)

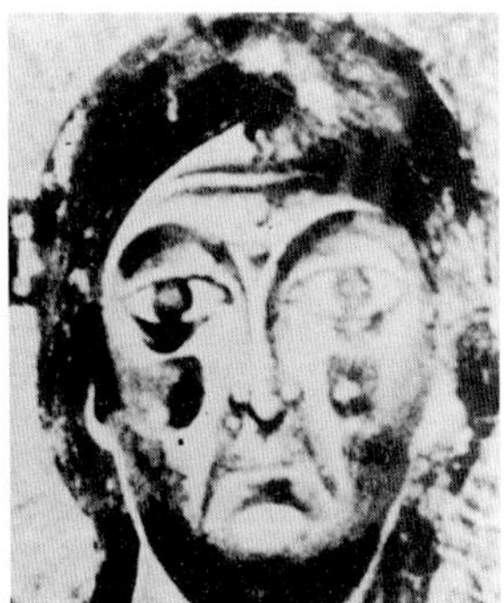

(ii)

(iii)

36b. Für die byzantinische Kunst zwischen dem 6. und 12. Jahrhundert charakteristische Darstellungen von Christi Antlitz; möglicherweise angeregt durch das Grabtuchantlitz:

(i) Christus Pantokrator, Cefalú, Sizilien, um 1200.

(ii) Christus Pantokrator, Sant´Angelo in Formis, Italien, um 1000.

(iii) Christus Pantokrator, Medaillon-Porträt auf einer Silbervase, gefunden in Homs, Syrien, um 600.

37a. *Eine der ältesten bekannten Darstellungen des Edessabildes, Detail eines Fresko in der Sakli Kilise, der »Verborgenen« Kirche, in Göreme, Kappadokien, um 1100.*

37b. *Kopie des Edessabildes, Fresko in der Erzengel-Michael-Kirche in Káto Léfkara, Zypern, Ende 12. Jahrhundert.*

37c. *Kopie des Edessabildes, Erlöserkirche an der Nerediza, Nowgorod, Rußland, 12. Jahrhundert (zerstört). Die Ähnlichkeit mit dem Grabtuchantlitz (linke Seite) ist unverkennbar.*

38a. Christusdarstellung auf einer Goldmünze des byzantinischen Kaisers Justinian II. (Regentschaft 685–695 und 705–711), vermutlich um 692; es ist die erste Münze, die Christi Antlitz zeigt. Auch diese Darstellung weist auffallende Ähnlichkeit mit dem Antlitz auf dem Grabtuch auf (rechte Seite).

38b. Christus Pantokrator. Ikone aus dem Katharinenkloster auf dem Berg Sinai, um 600.

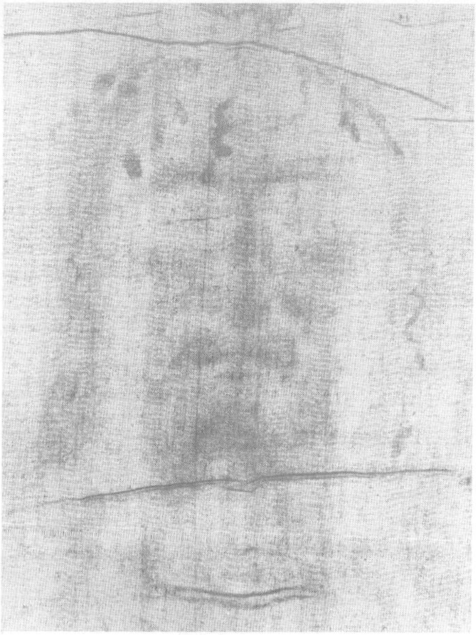

39a. Das Grabtuchantlitz.

39b. Die wichtigsten Vignon-Zeichen: (1) zwei lose Haarsträhnen, (2) Querstreifen auf der Stirn, (3) nach oben offenes »Quadrat« zwischen den Brauen, (4) V-Form auf der Nasenwurzel, (5) hochgezogene rechte Augenbraue, (6) stark geschwollene »eulenhafte« Augen, (7) geschwollene linke Wange, (8) geschwollene rechte Wange, (9) vergrößerter linker Nasenflügel, (10) Schwellung zwischen Nase und Oberlippe, (11) starke Linie unter der Unterlippe, (12) unbehaarte Zone zwischen Lippe und Bart, (13) geteilter Bart, (14) Querstrich auf dem Hals, (15) Locken auf der linken Seite länger als die Locken auf der rechten Seite.

39c. Christus Pantokrator, um 700. Fresko in den San-Ponziano-Katakomben, Rom. Das nach oben offene Quadrat zwischen den Augenbrauen entspricht dem Merkmal auf dem Grabtuchantlitz.

39d. Christus Pantokrator, Detail eines Mosaiks in der Kuppel der Kirche von Daphni bei Athen, um 1100. Auch diese Darstellung entspricht den Vignon-Zeichen, so z.B. die V-Form auf der Nasenwurzel und das stilisierte Quadrat.

40a. Heutige Ansicht von Urfa, dem früheren Edessa. Die Stadt war einst berühmt für ihre wundervollen Kirchen; heute sind sie zerstört und durch Moscheen ersetzt. Das Bild zeigt die Halil Rahman Moschee.

40b. Detail einer byzantinischen Ikone: Die Auffindung des Edessabildes im 6. Jahrhundert. Es war in einer Nische über einem Stadttor Edessas versteckt.

41a. Eine Münze Lucius Aelius Abgars von Edessa (177—214). War er der erste Herrscher in der Geschichte, der das christliche Kreuz auf der Tiara, der Kopfbedeckung der edessenischen Herrscher, trug?

41b. Der amerikanische Historiker Dan Scavone stellte die These auf, daß die Gralssage, der zufolge Joseph aus Arimathäa den Gral nach Britannien brachte, auf einer falschen Interpretation des Wortes »Britio« (eine Transkription des aramäischen »birtha«, »Zitadelle«) beruht und das Grabtuch tatsächlich nach Edessa gebracht wurde.

41c. Heutige Ansicht der »Britio«, der Zitadelle von Edessa. Von hier aus wurde die Stadt christianisiert. Abgar baute dort seinen Palast.

42a. *(Einklinker) Der amerikanische Atomphysiker Harry Gove, Erfinder der BMS-Methode, die zur Datierung des Grabtuches eingesetzt wurde. Gove behauptet, gegen die Herkunft des Grabtuches aus dem 1. Jahrhundert spräche eine Wahrscheinlichkeit von tausend Trillionen zu eins.*

42b. *Das Testlabor in Oxford. Dort wurde eine Probe des Grabtuches auf das Jahr 1325 datiert.*

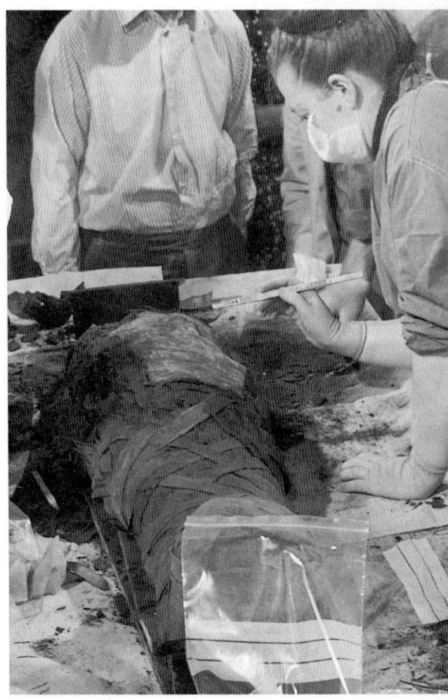

42c. *Die Ägyptologin Dr. Rosalie David vom Manchester Museum bei der Untersuchung einer Mumie. Daß der C14-Test die Mumienbinden manchmal bis zu 1000 Jahren »jünger« datierte als die Leiche, ist nach wie vor rätselhaft.*

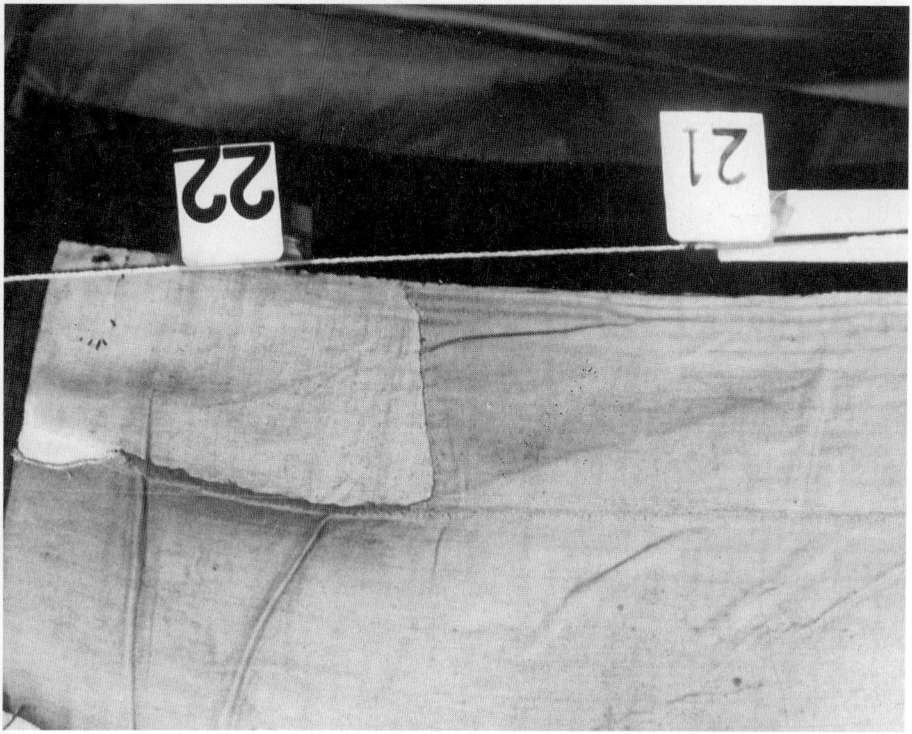

43a. (oben) Die Ecke des Grabtuches, von der die Proben für den C-14-Test entnommen wurden. An dieser Stelle wurde das Grabtuch von Geistlichen bei Ausstellungen normalerweise stets gehalten (b und c), und daher ist es dort vermutlich am stärksten von Bakterien verunreinigt. Die Wahl dieser Stelle war daher äußerst ungünstig.

43b. (links) Ausstellung des Grabtuches in Turin, Detail eines Stichs, um 1690.

43c. Ausstellung des Grabtuches nach der Überführung nach Turin, Detail eines Stichs, um 1578.

Hat ein Maler das Grabtuch im Mittelalter gefälscht? – Die These *Walter McCrones (44a. unten)*, einem Chemiker und Mikroskopieexperten aus Chicago.

44b. Reproduktion des Grabtuchantlitzes des Malers Walter Sanford. Sanford stützte sich auf McCrones Angaben über mögliche Verfahren, mit denen das Grabtuch im Mittelalter hergestellt worden sein könnte, und über Materialien, die dabei verwendet wurden.

44c. Simone Martinis monochrome Darstellung des Christus Pantokrator in Avignon, um 1341. Walter McCrone nimmt an, daß das Grabtuch mit einer ähnlichen Technik gemalt wurde.

Stellte ein Fälscher aus dem Mittelalter das Grabtuch mit der »Reibetechnik« her? – Die These von Randall Bresee und Emily Craig von der University of Tennessee:

45a. Erster Schritt: Ein Porträt wird ganz normal auf Papier gemalt.

45b. (rechts oben) Zweiter Schritt: Das Porträt wird mit der Vorderseite nach unten auf ein Tuch derselben Größe gelegt und die Rückseite heftig mit einem Rundholz oder Holzspatel bearbeitet, so daß sich das invertierte Porträt auf das Tuch abreibt.

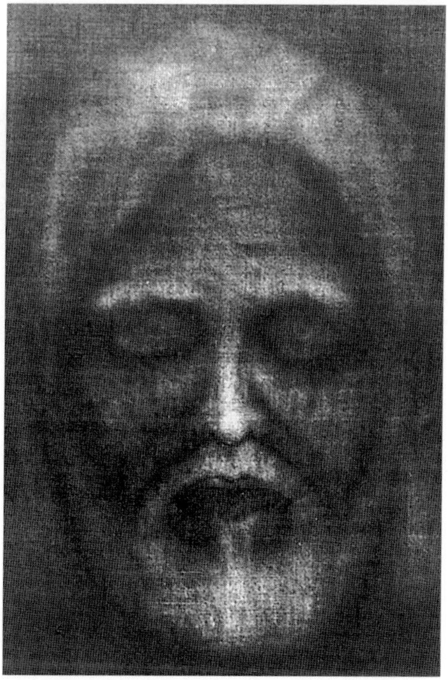

45c. (rechts) Dritter Schritt: Das Porträt wird fotografiert; hier das Negativ des Bildes von (b). Craig und Bresee zufolge ist das nur eine von mehreren Möglichkeiten, mit der man durch »Abrieb« viele Merkmale des Grabtuchantlitzes reproduzieren kann.

Schuf Leonardo da Vinci das Grabtuch mit einer fotografischen Technik?

46a. Die Londoner Journalistin Lynn Picknett und ihr Partner Clive Prince stellten die These auf, daß Leonardo da Vinci 1492 eine einfache fotografische Technik entwickelte, mit der er das Grabtuchbildnis herstellen konnte. Dabei soll er für das Körperbild eine Leiche und für das Antlitzbild sein eigenes Gesicht als Modell verwendet haben.

46b. Auf Gianpetrinos guter Kopie des Abendmahls von Leonardo da Vinci sind weingefüllte Becher auf der Tafel zu erkennen (diese Kopie hängt derzeit in der Kapelle des Magdalen College in Oxford). Dies widerspricht dem Hauptargument von Picknett und Prince, daß Leonardo das Grabtuch aus verbissenem Haß auf die christliche Religion gefälscht habe.

Wie stellte ein Künstler aus dem Mittelalter das Grabtuch mit fotografischen Mitteln her? – Die These von Nicholas Allen, Kunstprofessor in Südafrika:

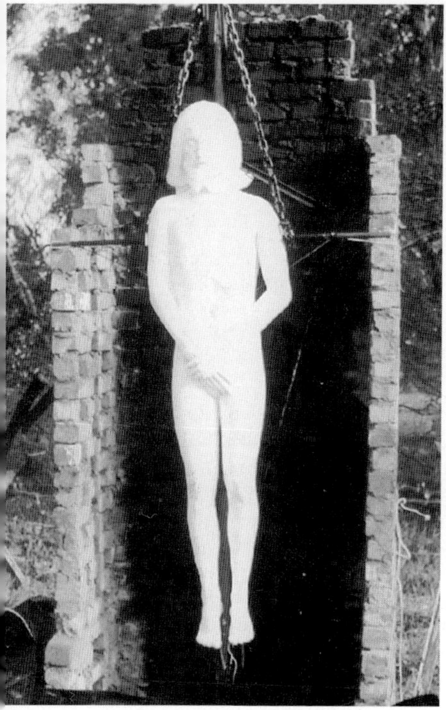

47a. Das Gipsmodell, das Allen verwendete.

47b. Professor Nicholas Allen geht davon aus, daß für die Herstellung des Grabtuches Substanzen und Kenntnissen eingesetzt worden sein könnten, die im Mittelalter zugänglich waren.

47c. Negativ des Bildes, das Allen mit Substanzen und Kenntnissen, über die man im Mittelalter verfügte, als Vorderansicht des Körperbildes auf dem Grabtuch herstellte. Diese Reproduktion des Grabtuches ist überzeugender als alle anderen »Repliken«, denn sie bestätigt, daß das Grabtuchbild einen weitaus stärker fotografischen als einen malerischen Charakter besitzt.

Wie könnte der C-14-Test möglicherweise eine grobe Fehldatierung des Grabtuches erbracht haben? Die These des amerikanischen Mikrobiologen Leoncio Garza-Valdès:

48a. *Die »Fälschung«, die keine war: die Maya-Plastik Itzamna Tun. Eine durchsichtige organische Schicht aus Bakterien war der Grund für eine krasse Fehldatierung des Kultobjekts.*

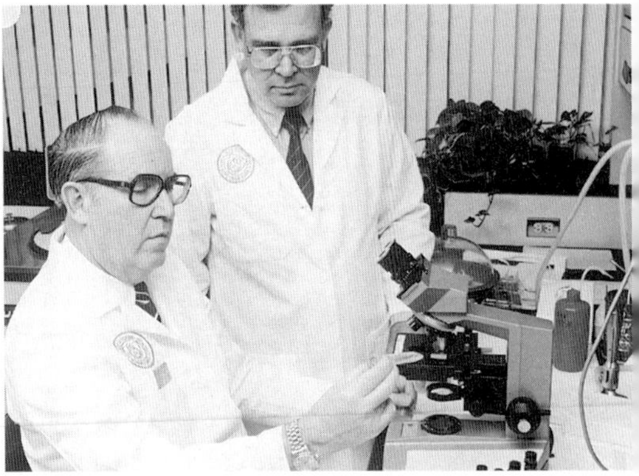

48b. *Dr. Leoncio Garza-Valdès (links) am Mikroskop. Er fragte sich, ob eine ähnliche organische Schicht das so verläßlich anmutende Datierungsergebnis des Grabtuches maßgeblich verfälscht haben könnte.*

48c. *Querschnitt einer mikroskopischen Vergrößerung eines Grabtuchfadens. Man erkennt, daß die Fasern von organischem Material umhüllt sind, das Millionen von Mikroorganismen produzieren. Garza-Valdès zufolge könnte das Mengenverhältnis dieser immer noch aktiven Mikroorganismen zur Leinengröße des Grabtuches sehr wohl eine Fehldatierung von 1300 Jahren hervorrufen.*

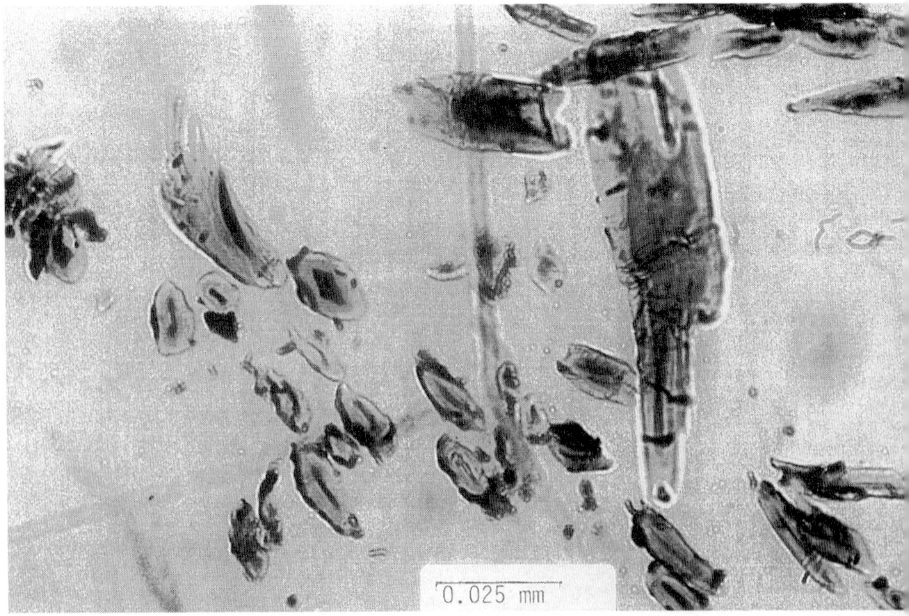

Loy auf die Tatsache, daß jahrtausendealtes Blut im Fall eines traumatischen Todeskampfes eine hellrote Färbung behalten kann.

(3) »*Es gibt Zeichen von schamhaftem Verhalten seitens des Künstlers*« – Wie ich zeigen konnte, wurden Menschen in der Antike und auch im Mittelalter mit gekreuzten Händen beerdigt.

(4) »*Es fehlt jede Übereinstimmung mit dem jüdischen Begräbnisritus*« – Der jüdische Gelehrte Victor Tunkel wies nach, daß die Verwendung des Grabtuches überraschenderweise doch mit dem Ritus übereinstimmt, den die Juden in Palästina während des ersten Jahrhunderts bei der Bestattung von Gekreuzigten befolgten.

(5) »*Köperbindungen aus Leinen … wurden bei archäologischen Ausgrabungen in Palästina bislang noch nicht gefunden*« – Wie ich schon erwähnte, war die Köperbindung zu Jesu Lebzeiten bekannt, es wurden lediglich bis heute keine solche Leinen-Webarten gefunden.

Die Einwände des Reverends gegen die Echtheit des Grabtuches sind nicht gerade atemberaubend, worauf ich bereits an anderer Stelle eingegangen bin. Wer die Fälscher-Hypothese akzeptiert, muß sich jedoch einige grundsätzliche Fragen stellen, so zum Beispiel: »Wer könnte dieses ungewöhnliche Bild angefertigt haben?« »Wie ging dieser Fälscher vor, um keinerlei Spuren zu hinterlassen?« »Woher besaß er das Wissen, um alle medizinischen, historischen und kulturellen Details korrekt auszuführen?« Haben Sox oder einer der anderen, die die Echtheit des Grabtuches in Frage stellten – von McCrone über Hall bis zu Picknett und Prince – wirklich befriedigende Antworten auf diese Fragen geliefert haben? Ich meine nein.

Wenn jemand die Frage, von wem und auf welche Weise das Grabtuch gefälscht wurde, erschöpfend beantwortet hätte, so wäre natürlich ein allgemeiner Konsens vorhanden gewesen. Etwas Derartiges ist aber nicht in Sicht. Bis zum heutigen Tag gibt es auch erst eine wirklich überzeugende Reproduktion des Grabtuchbildes – allerdings auch nur in Teilen –, nämlich jene von Professor Nicholas Allen. Wenn dessen These aber zutrifft, dann muß im Mittelalter ein genialer Mensch über ein sehr avanciertes Wissen eines frühen fotografischen Aufnahmeverfahrens lange vor Daguerre und Nadar verfügt haben, was unwahrscheinlich ist. Und dieser Umstand spricht weitaus stärker für als gegen die Echtheit des Grabtuches.

Es wäre aber anmaßend, den Glauben an die Authentizität des Grabtuches als einfach und vernünftig abzutun. Das Lager der Echtheitsverfechter ist ebenso in sich gespalten wie das der Kritiker. Ich habe nie versucht, die schiere Unfaßbarkeit der Annahme herabzuwürdigen, daß das Tuch erhalten sei, in das Jesus Christus bei der Grablege eingehüllt wurde. Daß es außerdem noch ein »Foto« des Toten mit allen Wundmalen zeigt, erscheint noch unglaublicher. Jeder Mensch, der bei klarem Verstand ist, weiß, daß Leichen normalerweise keinen Abdruck auf Begräbnisbinden oder -hemden hinterlassen. Selbst in meinen Augen ist der C-14-Test ein nützliches und erprobtes radioarchäologisches Verfahren, auf das gewöhnlich Verlaß ist.

Aber das ist nur die halbe Wahrheit. Ohne Übertreibung kann man sagen, daß das Grabtuch nie umstrittener und die ganze Situation nie verfahrener als heute war. Während ich dies schreibe, ist das Grabtuch als materieller Gegenstand praktisch »verschwunden«. Die Identität und die Motive derer, die den Brandanschlag auf die Kapelle verübten, sind noch immer unbekannt, und das Grabtuch wurde bis zur Ausstellungseröffnung im April dieses Jahres an einem unbekannten Ort aufbewahrt.

Die Stille und Ruhe jener abgeschiedenen Welt, in der das Grabtuch in den letzten vier Jahrhunderten aufbewahrt wurde, ist jäh gestört worden. Der Aufbau auf dem Hochaltar der Kathedrale, wo erst vor kurzem die kugelsichere Vitrine aufgestellt worden war, die Königskapelle mit dem Bertola-Altar, dem ständigen Aufbewahrungsort des Grabtuches, und die angrenzenden Räume des königlichen Palastes, in denen ich das Grabtuch 1973 besichtigte –

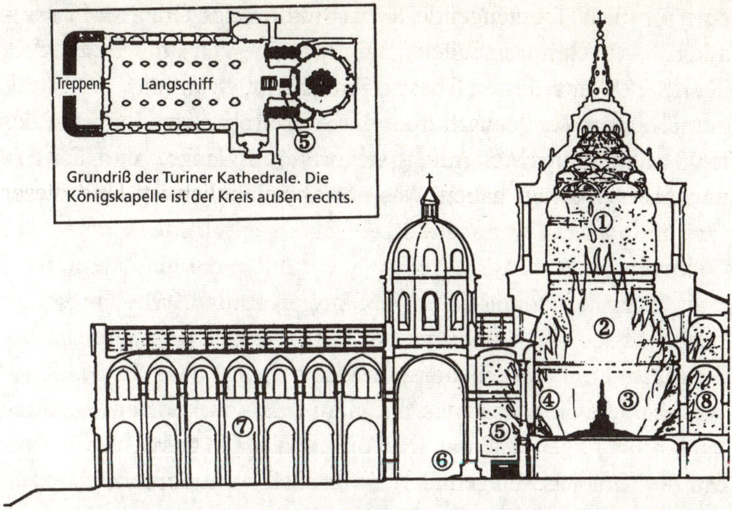

1. Kuppel von Guarino Guarini aus dem 17. Jahrhundert. Einsturzgefährdet.
2. Königskapelle. Die Mittel- und die oberen Teile der Marmorverkleidung wurden durch die Hitze stark in Mitleidenschaft gezogen.
3. Bertola-Altar (Grabtuchaltar) aus dem 17. Jahrhundert. Durch die schützenden Einrüstungen wurde er weniger stark beschädigt, als ursprünglich angenommen, muß aber restauriert werden.
4. Schmuckfenster, durch das man den Grabtuchaltar von der Kathedrale aus sehen konnte. Beim Brand vollständig zerstört.
5. Kugelsichere Vitrine aus dem Jahr 1993. Sie wurde von dem Feuerwehrmann Mario Trematore eingeschlagen, um den Grabtuchschrein zu retten.
6. Hochaltar der Kathedrale. Die neue Grabtuch-Vitrine befand sich direkt dahinter.
7. Abgesehen von Wasser- und Rauchschäden, blieb die Kathedrale selbst weitgehend unbeschädigt. Das Grabtuch wurde durch das Langschiff in Sicherheit gebracht.
8. Palazzo Reale. Der Gang im oberen Stockwerk und die unmittelbar an die Königskapelle angrenzenden Räume wurden stark beschädigt, 60 Prozent der Kunstwerke aus dem 18. und 19. Jahrhundert wurden ein Raub der Flammen.

Darst. 27: Die Kathedrale von Turin, Brandschaden vom April 1997
Quer- und Längsschnitt der Kathedrale und der Königskapelle mit Beschriftung jener Teile, die beim Brand vom 11. April 1997 schweren Schaden nahmen. (Skizze basiert auf der in Sindon, Dezember 1993, S. 67 veröffentlichten Zeichnung)

dort führte 1978 auch das STURP-Team seine Untersuchungen durch –, wurden beim Brand im April 1997 schwer beschädigt (Darst. 27). Im Winter 1997 und Frühjahr 1998 galten die größten Bemühungen der Restaurierung jener Räumlichkeiten, die für die 1998 und 2000 geplanten Ausstellungen vorgesehen sind; die Renovierungsarbeiten an der Kapelle werden wohl noch bis ins nächste Jahrhundert andauern.

Umstritten ist das Grabtuch aus Gründen, die man kaum dem Brand anlasten kann, als Forschungsgegenstand. Wie ich bereits erwähnt habe, waren die Umstände für die STURP-Untersuchungen im Jahr 1978 für die damalige Zeit alles andere als ideal, einmal ganz davon abgesehen, daß man heute weitaus bessere Methoden einsetzen könnte. Im Vorfeld des C-14-Tests von 1988 wurden verschiedene ernsthafte Vorschläge unterbreitet, die zeitgleich zur Probeentnahme für die Radiokarbondatierung durchgeführt werden sollten, um zumindest einige der Mängel der Untersuchung von 1978 auszugleichen.

Am Ende wurden aber neben der Entnahme von Proben durch die ernannten drei Laboratorien keine weiteren Untersuchungen genehmigt; alle anderen sorgfältig ausgearbeiteten Programme wanderten in den Papierkorb. Mit einer Ausnahme! Giovanni Riggi, der Mann, der die Gewebeproben für die Testlabors vom Grabtuch abtrennte, schnitt für sich selbst einige kleine »blutgetränkte« Proben ab; zu welchem Zweck dies geschah, ist bis heute ein Rätsel. Wie ich aber schon bemerkte, wurde der auf der Untersuchung dieser Proben basierenden Arbeit von Garza-Valdès durch Kardinal Saldarini ein Riegel vorgeschoben. Der Geistliche bestimmte, daß es keine Genehmigung für zusätzliche zu den C-14-Testmustern 1988 entnommene Proben gegeben habe und diese somit unverzüglich zurückzugeben seien, und bat jeden eindringlich, »Geduld zu haben, bis ein eindeutiges und systematisches Forschungsprogramm ausgearbeitet werden kann«. Mit anderen Worten, alle Studien des Grabtuches, die die C-14-Testergebnisse von 1988 eventuell widerlegen könnten, sind bis auf unbestimmte Zeit auf Eis gelegt.

Das internationale Lager der Echtheitsverfechter (zu dem ich gehöre) ist kein sonderlich lehrreiches Beispiel für eine einige Fraktion, denn wie auch das Lager der Echtheitskritiker ist es kreuz und quer in zahllose miteinander verstrittene Gruppen und Untergruppen gespalten. In allen möglichen Ländern gibt es Grabtuchgesellschaften, in manchen existieren sogar gleich mehrere, zu denen gelegentlich Menschen gehören, deren Vorstellungen mir ziemlich abstrus vorkommen.

So gibt es in Italien das »Centro Internazionale di Sindonologia« in Turin und in Rom das »Collegamento pro Sindone«, die in kaum einem Punkt der gleichen Meinung sind. STURP in Nordamerika hatte sich wegen interner Querelen schon lange am Rand der Lähmung befunden, bevor es sich 1996 offiziell auflöste. Inzwischen hat sich eine neue Gruppe mit Namen AMSTAR formiert; in den USA existieren mindestens noch fünf weitere Gruppen, die alle kaum von sich reden machen, dafür um so heftiger miteinander debattieren. In Spanien gibt es das »Centro Español de Sindonolgia«, in Frankreich das »Centre International d'Études sur le Linceul de Turin« (trotz internationalem Anspruch ist der Blickwinkel ausgesprochen französisch) und in Großbritannien die »British Society for the Turin Shroud«. Diese Gesellschaft ist eigentlich eine über den Parteien stehende Amateurorganisation, die normalerweise nicht den Versuch unternimmt, Schlagzeilen zu produzieren; aufgrund des »zweifelhaften und zerstörerischen« Unterwanderungsversuchs durch Picknett und Prince, den Verfechtern der »Leonardo-These«, nahm aber ihr guter Ruf recht großen Schaden.

Das alles sollte uns nicht sehr erstaunen. Im Leben wie im Sterben war Jesus umstritten. Selbst nach seinem Tod lagen die Jünger miteinander im Streit und wurden von Gegnern des Christentums verhöhnt und gefoltert.

Doch dessenungeachtet könnte sich der verwirrte Beobachter auch fragen: Warum soll ich überhaupt für so etwas Umstrittenes wie das Grabtuch Interesse aufbringen? Ist das Grabtuch denn all das »Blut« wert? Es ist schließlich nur ein alter, unbrauchbarer

Fetzen. Warum soll ich überhaupt einen Gedanken und soviel Zeit und Kraft wie diese »Enthusiasten« daran verschwenden? Wen interessiert denn eigentlich, ob es echt oder doch eine Fälschung ist?

Das Grabtuch läßt ohne weiteres solche Gedanken zu, das ist eine seiner überzeugendsten Eigenschaften. Es ist schließlich nur ein Stück Stoff, das nicht sprechen und Ihnen nicht antworten kann. Es ist allein Ihnen überlassen, was Sie über das Grabtuch denken. Gott sei Dank gibt es trotz all dieser unterschiedlichen Gruppierungen keinen wirklichen Grabtuchkult.

Als intelligenter Mensch müssen Sie schließlich selbst entscheiden, ob Sie das Grabtuch für eine Fälschung aus dem Mittelalter halten oder, um es mit den Worten des amerikanischen Autors John Walsh zu sagen, für »eines der genialsten und unglaublichsten Produkte des menschlichen Geistes und des menschlichen Könnens überhaupt« oder für »die ehrfurchtgebietendste und aufschlußreichste Reliquie Christi im Fleische«,[5] die mit einer 2000 Jahre alten Fotografie bedruckt ist, die Jesus im Tod zeigt. Das sind die zwei Möglichkeiten, die das Grabtuch bietet. Walsh schrieb diese Zeilen zwar schon vor fast 35 Jahren, sie haben aber bis heute nichts von ihrer Gültigkeit verloren.

Sie können mit allen Beweisen aus den verschiedenen Bereichen, sei es nun Chemie, Physik oder Geschichte, Archäologie oder die Blut- und C-14-Tests, spielen, solange Sie Lust haben. Doch immer werden Sie stets an den Punkt gelangen, wo Sie sich die Frage stellen: Was teilt dieses fotografisch negative Bildnis, auf das Secondo Pia vor genau 100 Jahren stieß, meinem Verstand und vor allem meinem Gefühl mit? Haben Sie das Gefühl, daß das Bildnis den Mann zeigt, der auf im wörtlichen Sinne unvorstellbare Weise vor 2000 Jahren den Tod überwand, als er blutüberströmt im Felsengrab zu Jerusalem lag? Oder läßt Sie das Bild völlig kalt? Und zwar so kalt, wie sein toter Körper nach den Gesetzen der Logik gewesen sein muß?

Ein Autor besitzt eine große Verantwortung, denn er kann durch seine Worte manchmal Gefühle in Menschen auslösen, wie es ihm auf anderem Weg kaum jemals möglich ist. Erst kürzlich erfuhr ich, welche Wirkung die oben zitierte Hypothese, die ich in meinem Buch *Eine Spur von Jesus* aufstellte, auf die Engländerin Margaret Hebblethwaite ausübte. Ich schrieb damals, der bestattete Körper Jesu könnte sich durch den Ausbruch einer »geheimnisvollen Kraft« entmaterialisiert und zugleich auf dem Grabtuch buchstäblich eine »›Momentaufnahme‹ von der Auferstehung« hinterlassen haben.

Nur wenige Tage nach dem Brand in der Kathedrale von Turin schilderte Margaret Hebblethwaite, die nach eigenen Angaben im Geist des reformerischen Bischofs von Durham erzogen wurde, demzufolge ein historischer Beweis für das Leben Jesu und seine Auferstehung ohne die geringste Bedeutung sei, ihre Reaktion auf meine These in einem Artikel, der in der katholischen Zeitschrift *The Tablet* erschien:

> Ich werde nie vergessen, wie es mir vor Entsetzen und vor Angst heiß und kalt den Rücken hinunterlief, als ich diese Zeilen las – ganz genauso, wie es in den Evangelien von den Frauen gesagt wird. Ist Jesus also wahrhaftig auferstanden? Historisch und physisch? Ist das Grabtuch der ewige Beweis für sein Leiden und für sein Aussehen und vor allem für seine Auferstehung von den Toten? Zu meiner weiteren Verblüffung – der Verblüffung über meine eigene Verblüffung – mußte ich feststellen, daß meine Gefühle meine eigenen Argumente Lügen straften. Der mögliche Beweis für die physische Auferstehung Jesu ließ mich beben vor schrankenloser Freude und angsterfülltem Glauben. Ich konnte nicht länger argumentieren, daß historische Fakten keine Bedeutung hätten. Der Glaube an Jesus Christus gründet darauf, daß der Sohn Gottes wirklich für uns lebte, starb und auferstand, und nicht nur auf dem Glauben, daß es so gewesen sein könnte. Ich begann, an seine physische Auferstehung zu glauben – nicht weil das Grabtuch der Beweis dafür war –, sondern weil dieser Glaube anders war, stärker war. Es war aussichtslos, mir einzureden, daß es das gleiche sei.[6]

Meines Wissens habe ich Margaret Hebblethwaite weder getroffen noch mit ihr korrespondiert. Aber ich möchte ihr sagen, daß ich durch ihre Zeilen im selben Maße aufgewühlt wurde, wie sie durch meine Hypothese. In beiden Fällen war natürlich nicht der immer unzulängliche Kampf um die Wahl der richtigen Worte wichtig, mit denen man seinen Gefühlen Ausdruck verleiht; wichtig war vielmehr, was unsere Worte in unseren Herzen auslösten. Margaret Hebblethwaite: »Die Ergebnisse der Radiokarbontests waren mir ziemlich gleichgültig, denn das Grabtuch hatte für mich seinen Zweck erfüllt.«

Dieser Satz mag fast schon kaltschnäuzig klingen, doch der verstorbene italo-amerikanische Pater Rinaldi, ein katholischer Priester, dem in Amerika der Spitzname »Mr. Shroud« anhing und dem ich für meine Besichtigung des Grabtuches im Jahr 1973 zu danken habe, gab nach der Radiokarbondatierung ganz ähnlichen Gefühlen Ausdruck. Er schrieb, daß ihn nicht seine eigene Reaktion auf die Nachricht beunruhigte, sondern wie diese auf jene wirken könnte, die » ... eine übertriebene Vorstellung von der Bedeutung des Grabtuches für den christlichen Glauben haben. Bei Vorträgen über das Grabtuch erinnerte ich mein Auditorium oft daran, daß für uns Christen Gott wichtig ist, nicht das Grabtuch. Wenn das Grabtuch von Bedeutung ist, so deshalb, weil es wie kein anderes Bildnis von Seinem Leiden zeugt, doch ist es bestenfalls ein Zeichen unseres Glaubens in Christo und unserer Hoffnung. Er und nur Er allein ist unser größter und teuerster Besitz.«[7]

Diese Worte klingen so widersinnig, daß sie von Andersdenkenden leicht falsch interpretiert werden können, was auch tatsächlich geschah. Pater Rinaldi starb im Februar 1993, und fünf Jahre später zitierte Walter McCrone in seinem jüngsten Buch *Judgement Day for the Shroud* exakt diese Worte, um zu belegen, daß selbst Pater Rinaldi nach der Radiokarbondatierung den Glauben an die Echtheit des Grabtuches verloren habe.

Trotz meines Respekts vor Walter McCrone und seiner Arbeit muß ich an dieser Stelle sagen, daß er wie auch in seinen anderen Urteilen, die weite Verbreitung fanden, nicht weiter danebenliegen kann. Ich war mit Pater Rinaldi bis zu seinem Tod eng befreundet; er wollte in seinem Rundbrief nur sagen, was er auch sonst immer vertreten hat, nämlich daß das Grabtuch letztlich nicht wichtig ist, wichtig sind diese nicht mit Händen zu greifenden Gefühle, die das Grabtuch in uns auslöst, unabhängig davon, woraus es besteht und aus welcher Zeit es stammt, wie nicht zuletzt Margaret Hebblethwaite nicht ohne Schmerzen am eigenen Leib erfahren mußte.

Wie steht es nun mit den Gefühlen anderer hartgesottener Wissenschaftler? Professor Harry Gove »glaubt« bei weitem nicht an das Grabtuch, aber wie ich an anderer Stelle dieses Buches erwähnte, ist er ein bewundernswerter und ehrlicher Mann, der in seinem Buch freimütig zugibt, daß er bei einer Wette mit seiner Assistentin Shirley Brignall auf den Ausgang der C-14-Untersuchung ein Paar Cowboystiefel gewann. Shirley Brignall sagte ihm mit gebührendem Ernst, daß »ihr Herz sogar heute noch sagt, daß es das Grabtuch Christi ist«. McCrone gesteht in seinem Buch beinahe ein, daß er dasselbe fühlt, auch wenn seine Meßgeräte etwas ganz anderes sagen. Wer sein Buch *Judgement Day for the Shroud* liest, kann sich durchaus über den Raum und den Reichtum an Details wundern, den dieser renommierte Mikroskopie-Experte den Zitaten aus Rinaldis Rundbrief widmet. Ich habe ihn darauf hingewiesen, daß vielleicht etwas – oder jemand – in seinem Herzen ist, das sich nach Freiheit sehnt.

Die entscheidende Frage aber ist: Was ist mit Ihnen, lieber Leser? Hat Ihnen der Mann auf dem Grabtuch bei der Lektüre und beim Betrachten der Abbildungen etwas gesagt? Hat sich Ihr Puls beschleunigt?

Die ehrliche Antwort kennen nur Sie allein.

Nachwort

Die Gene Gottes?

Als die englische Ausgabe dieses Buches im Februar 1998 gerade gedruckt wurde, arbeitete man zur selben Zeit in Turin auf Hochtouren, die renovierte Kathedrale für die für April vorgesehene Eröffnung der Grabtuchausstellung herzurichten. Allerdings wird der Hochaltar wegen der Schäden im rückwärtigen Teil des Gotteshauses nicht zu sehen sein.

Presseberichte über neue Forschungsergebnisse, die im Vorfeld erschienen waren, haben nur unwesentlich zur weiteren Aufklärung des Rätsels um das Grabtuch beigetragen. So gelang es beispielsweise Alan Whanger, einem amerikanischen Psychiater, in Zusammenarbeit mit dem angesehenen israelischen Botaniker Avinoam Danin, auf dem Grabtuch 28 verschiedene Pflanzenarten zu identifizieren, die fast alle in der näheren Umgebung von Jerusalem vorkommen, und Forscher eines Pariser Laboratoriums entdeckten mit optischen Spezialgeräten auf dem Tuch altgriechische und lateinische Worte, unter anderem »Jesus« und »Nazareth«, die kreisförmig um das Antlitz angeordnet sind. Die Seriosität dieser Wissenschaftler steht außer jeder Frage, problematisch erscheint jedoch, daß sie vielleicht nur das »sehen«, was sie sehen wollen und von dessen Vorhandensein sie zudem stillschweigend ausgehen.

Im Mittelpunkt einer anderen Meldung, die nur die Lokalpresse brachte, ohne daß eine Verbindung zum Grabtuch hergestellt wurde, betrifft Dmitri Kusnezow. Im Dezember 1997 berichtete die in Connecticut erscheinende *New Times*, daß er wegen Scheckdiebstahls und -fälschung verhaftet worden sei. Im Moment wartet er im Gefängnis auf seinen Prozeß.

Ein vielversprechender Erkenntnissprung innerhalb der Grabtuchforschung ist die Entdeckung der organischen Beschichtung der Grabtuchfasern durch Dr. Leoncio Garza-Valdès (darauf ging ich in Kapitel 17 ein). Im September 1997 baten mich Garza-Valdès und das Verlagshaus Doubleday um Mithilfe bei seinem neuen Buch. Zusammen mit meiner Frau Judith reiste ich daraufhin ein zweites Mal nach San Antonio, Texas. Dort zeigte uns Garza-Valdès unter dem Mikroskop diese Schicht. Für mich lag es auf der Hand, daß es sich um den »damastähnlichen Schimmer auf der Oberfläche« handelte, der mir schon 1973 aufgefallen war, als ich das Grabtuch zum erstenmal persönlich in Augenschein nehmen konnte.

Bei meinem Besuch in Texas konnte ich auch mit Stephen Mattingly sprechen, einem Kollegen von Garza-Valdès an der Trinity University, der dort Mikrobiologie lehrt. Professor Mattingly ist alles andere als ein »Shroudie«, wie die Grabtuchforscher liebevoll auf Englisch genannt werden (engl. shroud = Grabtuch), teilte mir aber im Gespräch mit, daß es für ihn nur eine Frage der Zeit sei, bis die Mitarbeiter der Testlabors akzeptieren müßten, daß die Schicht die Ergebnisse von 1988 verfälscht habe. Ich konnte bei dieser Gelegenheit auch mit Harry Gove telefonieren. Er gab mir deutlich zu verstehen, daß nicht er das Haupthindernis sei, daß Garza-Valdès´ Erkenntnisse Berücksichtigung fänden – obwohl er ja einst behauptet hatte, die Wahrscheinlichkeit, daß das Grabtuch aus dem 1. Jahrhundert stamme, läge bei eins zu tausend Trillionen –, sondern daß die an der Untersuchungsreihe von 1988 beteiligten drei Laboratorien ihren Ruf nicht fahrlässig aufs Spiel setzen wollten.

Bei unserem Gespräch sagte Gove auch, daß die Ergebnisse von 1988 nur dann zu revidieren seien, wenn eine verläßliche Methode existiere, mit der man jene organische Schicht erfolgreich von antiken Stoffen entfernen könne. Wie mir Professor Mattingly mitteilte, gibt es bereits ein solches Verfahren. Dabei wird Zellulose in Glukose gespalten. Bevor diese Methode beim Grabtuch eingesetzt werden kann, muß sie allerdings erst noch an anderen alten Leinenproben erprobt werden, so zum Beispiel an jenen Mumienbinden aus Ägypten, deren Altersbestimmung so starke Schwankungen aufwies. Wenn ein erneuter Datierungsversuch nach der Entfernung der Schicht deutlich andere Ergebnisse liefert als vorher, so würde einer neu anzusetzenden Untersuchung des Grabtuches wohl auf der Stelle stattgegeben. In diesem Zusammenhang möchte ich auch daran erinnern, daß ein kleiner Teil der Grabtuchprobe, die 1988 für die C-14-Tests entnommen worden war, nicht verwendet wurde und sich heute vermutlich in Kardinal Saldarinis Besitz befindet. Diese Probe würde auch nach der Entfernung der Schicht noch ausreichend Kohlenstoffisotope enthalten, um die älteren Datierungen der Laboratorien in Oxford, Tucson und Zürich grundlegend zu korrigieren.

So vielversprechend und aussichtsreich eine Revision in naher Zukunft auch erscheint – und damit würden Garza-Valdès´ Erkenntnisse ja bestätigt werden –, der texanische Wissenschaftler fühlt sich jedenfalls von einem offiziellen Schreiben Kardinal Saldarinis vom 31. Juli 1996 zutiefst in seiner Ehre verletzt. Darin teilte ihm der Kleriker nämlich mit, daß er, Saldarini, zu keinem Zeitpunkt die Genehmigung erteilt habe, Garza-Valdès die Proben Giovanni Riggis aushändigen zu lassen und seine daraus gewonnenen Resultate folglich nicht anerkannt würden.

Bei meinem Besuch im September 1997 las ich diesen Brief sehr aufmerksam. Dabei fiel mir auf, welche Mühe Kardinal Saldarini darauf verwandt hatte, dem Amerikaner verständlich zu machen, wieso er so und nicht anders handeln müsse. Er verwies darauf, daß er nicht einmal dafür garantieren könne, daß es sich um Riggis Grabtuchproben handele, denn er, Saldarini, sei bei der Übergabe nicht zu Rate gezogen worden. Nach all den Sensationsberichten über einen Gentest mit den »Blut«spuren teile ich seine Bedenken. Deshalb hätte Garza-Valdès meiner Ansicht nach ganz diplomatisch vorgehen und den Kardinal um eine Audienz bitten sollen, um ihm auseinanderzusetzen, daß er die Proben auf Treu und Glauben übernommen hatte und keinen Zweifel an ihrer Echtheit hegte, da sie Ballestreros Siegel trugen. Außerdem hätte er den wichtigen Punkt erwähnen können, daß die Sache mit dem Gentest von der Presse weit übertrieben worden sei, es sich aber bei dem »Blut« auf dem Grabtuch wirklich um Blut handele, und zwar um menschliches. Dies ist schließlich eine Erkenntnis von großer Bedeutung. Wäre Garza-Valdès einem Kurs gefolgt, wie ich ihn gerade kurz skizziert habe, so meine ich, daß der im allgemeinen sehr aufgeschlossene Kardinal das Urteil über seine Erkenntnisse revidiert und den Texaner bei einer erneuten Radiokarbondatierung uneingeschränkt unterstützt hätte.

Doch Garza-Valdès schickte Kardinal Saldarini eine recht formelle Antwort, die aus der Kopie eines Standardschreibens des päpstlichen Sekretärs bestand, in dem Johannes Paul II. dem amerikanischen Wissenschaftler seinen Segen für seine Forschungen erteilt hatte, und Garza-Valdès fügte noch den Kommentar hinzu, daß ihm diese Legitimation vollauf genügen würde. Immer noch arbeitet er an dem Manuskript seines neuen Buchs, das den griffigen Titel *The DNA of God* (»Die Gene Gottes«) tragen soll (an der Titelfindung war ich – allerdings unbewußt – beteiligt). Der Buchtitel zielt allerdings an der Relevanz seiner Argumente vorbei, und er wird mit dieser Formulierung vermutlich gerade jene Leute vor den Kopf stoßen, deren Unterstützung er am dringendsten benötigt.

Die Situation ist also völlig verfahren. Das war jedenfalls der Stand Anfang 1998. Ob und in welche Richtung sich die Dinge entwickeln werden und ob man sich vielleicht auf eine Regelung einigen kann, darüber darf jeder selbst spekulieren …

Anmerkungen

Einleitung

1. Shroud of Turin Research Projekt, Forschungsprojekt zum Turiner Grabtuch
2. Ian Wilson, *The Shroud of Turin*, New York 1978 (im selben Jahr in England veröffentlicht als: *The Turin Shroud*, London 1978; dt. *Eine Spur von Jesus. Herkunft und Echtheit des Turiner Grabtuchs*, Freiburg i. Br. 1980).
3. Paris, Bibliothèque Nationale, Collection de Champagne, Bd. 154, Folio 138.
4. Zitiert nach Ian Wilson, *Eine Spur von Jesus*, Freiburg i. Br. 1980, S. 296.
5. Michael Sheridan/Phil Reeves, in: *Independent*, 14.10.1988.
6. Ebd.
7. P. E. Damon u.a., »Radiocarbon dating of the shroud of Turin«, in: *Nature*, Bd. 337, Nr. 6208, 16.2.1989, S. 611–615.
8. Christopher Knight/Robert Lomas, *Unter den Tempeln Jerusalems. Pharaonen, Freimaurer und die Entdeckung der geheimen Schriften Jesu*, München 1997. Die Autoren behaupten, das Bild auf dem Grabtuch »entspreche vollkommen« dem »bekannten Bildnis des letzten Großmeisters der Tempelritter« und bilden als Beweis hierfür eine Zeichnung ab, bei der man durchaus eine gewisse Ähnlichkeit mit dem Mann auf dem Grabtuch erkennt. Aber welche Provenienz hat dieses »bekannte Bildnis«? Im Quellenverzeichnis des Buches heißt es nur, daß es aus der Sammlung der Autoren stamme. Tatsächlich gibt es kein Porträt von Jacques de Molay, das zu seinen Lebzeiten oder kurz nach seinem Tod angefertigt wurde und somit maßgeblich wäre; die Zeichnung weist eine realistische Formensprache auf und könnte daher von einem Illustrator des 19. Jahrhunderts stammen, der sich das mögliche Aussehen de Molays vorgestellt haben könnte.

9. Harry Gove, *Relic, Icon or Hoax? Carbon Dating the Turin Shroud*, Bristol/Philadelphia 1996, S. 264.

Kapitel 1

1. Wäre Pias Aufnahme gelungen, die er am ersten Tag der Ausstellung machte, so hätte ihn dabei kein Glas behindert. Aber danach bestand Prinzessin Klothilde von Savoyen darauf, das Grabtuch mit einer Glasplatte zu schützen.
2. Zitiert in: *Amateur Photographer*, 8.3.1967.
3. Das erklärt Schwortz in der Einleitung zu seiner Internet-Website http://www.shroud.com.
4. Zitiert in der Fernsehsendung *Everyman*, die BBC 1 am 15. 10. 1995 ausstrahlte.
5. Piczek, Isabel, *Why the Shroud of Turin Could Not Have Been the Work of a ›Clever Artist‹*, Los Angeles 1989 (Privatdruck).
6. Siehe Zugibe, Frederick T., *The Cross and the Shroud: A Medical Examiner Investigates the Crucifixion*, New York 1982, S. 108.
7. Eine ausgezeichnete Besprechung dieser Kopien mit Vergleichsabbildungen findet sich in Lugi Fossati, SDB, »Copies of the Shroud Part I« und »Copies of the Shroud Parts II and III«, in: *Shroud Spectrum*, Nr. 12, September 1984, und Nr. 13, Dezember 1984. *Shroud Spectrum* wird veröffentlicht vom Indiana Center for Shroud Studies, 1252 N. Jackson Branch Ridge Road, Nashville, Ind. 47448, USA.
8. In einem Brief an den Autor.
9. Dr. Alan Whanger, Duke University Medical Center, Durham, North Carolina, Pressemitteilung vom 29. März 1994.

Kapitel 2

1. Siehe David Buckton (Hrsg.), *Treasures of Byzantine Art and Culture*, London 1994, Exponat Nr. 112.
2. Diese Information stellte mir dankenswerterweise Robin Bootle, Produzent des QED-Programms *Riddle of the Shroud* zur Verfügung, das von BBC 2 am 17.10.1988 ausgestrahlt wurde.
3. Artikel des Autors in der Farbbeilage des *Observer*, 31.1.1988.
4. Paris, Bibliothèque Nationale, Nouv. acq. lat. 3093, S.155, reproduziert in Millard Meiss, *French Painting in the Time of Jean de*

Berry: The Late Fourteenth Century and the Patronage of the Duke, London 1967, S. 35.

5. Wenn im Zusammenhang mit dem Mann auf dem Grabtuch von rechts oder links die Rede ist, bezieht sich das auf einen echten Körper, der in das Grabtuch gelegt wurde und den Abdruck produzierte, wobei das Grabtuch selbst ein echtes, seitenverkehrtes Negativ mit umgekehrten Licht- und Schattenwerten ist, sowie auf das fotografische Negativ von Pia-Enrie, auf dem rechts und links wieder entsprechend umgedreht sind, so daß wir eine echte »Fotografie« vor uns haben. Daher beziehen wir uns jeweils auf die rechte oder linke Seite des faktischen Körpers.
6. Siehe besonders Dr. Sebastiano Rodante, »The Coronation of Thorns in the Light of the Shroud«, in: *Shroud Spectrum* 1, 1982, S. 4–24.
7. Lynn Picknett/Clive Prince, *Die Jesus-Fälschung. Leonardo da Vinci und das Turiner Grabtuch*, Bergisch Gladbach 1995, Tafelteil, Abb. 36.
8. Eine vollständige Übersetzung der entsprechenden Äußerungen Paleottos findet sich in Dorothy Crispino, »Perceptions of an Antecessor«, in: *Shroud Spectrum International*, 23.6.1987, S. 16–21.
9. Pierre Barbet, *Die Passion Jesu Christi in der Sicht des Chirurgen,* Karlsruhe 1950.
10. Anthony F. Sava, »The wounds of Christ«, in: *Catholic Bible Quarterly* 16, 1957, S. 440.
11. Frederick T. Zugibe, *The Cross and the Shroud: A Medical Examiner Investigates the Crucifixion,* New York 1982.
12. Gertrud Schiller, *Ikonographie der christlichen Kunst*, Bd. 2, Gütersloh 1968, Abb. 494.
13. Ebd., Abb. 696.
14. Ebd., Abb. 777.
15. Quelle nicht bekannt.
16. »In der Mitte des Körpers bemerkt man die Spuren einer Eisenkette, die ihn so eng an die Säule fesselte, daß sie ganz blutig erscheint …« Aus Dorothy Crispinos ausgezeichneter Übersetzung (ins Englische) des offiziellen Berichtes der Armen Klarissinnen, die das Grabtuch geflickt haben, »The Report of the Poor Clare Nuns, Chambéry, 1534« in: *Shroud Spectrum* 2, März 1982, S. 25.

17. Zitiert in Reginald W. Rhein, Jr., »The Shroud of Turin: Medical Examiners Disagree« in: *Medical World News* 21, Nr. 26, 22.12.1980, S. 50.
18. Gilbert R. Lavoie/Bonnie B. Lavoie/Rev. Vincent J. Donovan/John S. Ballas, »Blood on the Shroud of Turin: Part II«, in: *Shroud Spectrum International* 8, September 1983, S. 2–10.

Kapitel 3

1. Siehe z.B. die Ergebnisse des kalifornischen Constitution Research Projekt, von denen das englische *Sunday Times Magazine* am 13. Oktober 1968 berichtete. Zwar stellten die Mitarbeiter dieses Projektes fest, daß die Wachstumsrate sich beschleunigt, d.h., in vielen Ländern werden Jugendliche größer als vergleichbare gleichaltrige Gruppen in der vorhergehenden Generation, aber ebenso fanden sie heraus, daß die Größe der Männer in den USA zwischen 1875 und 1960 nur um rund einen halben Zentimeter zunahm. Außerdem bemerkten sie, daß keine Anzeichen dafür vorhanden sind, daß die durchschnittlichen maximalen Körpermaße von Europäern heute höher liegen als bei vergleichbaren Populationen vor 100 oder sogar vor 1500 Jahren.
2. Nicu Haas, »Anthropological Observations on the Skeletal Remains from Giv'at ha-Mivtar«, in: *Israel Exploration Journal*, Bd. 20, Nr. 1 und 2, 1970.
3. H. Gressmann, Festschrift für K. Budde, Anhang zur *Zeitschrift für die alttestamentliche Wissenschaft* 34, 1920, S. 60–68.
4. H. Daniel-Rops, *Die Umwelt Jesu*, München 1980.
5. Matthäus 27, 26; Markus 15, 15 und Johannes 19, 1.
6. Johannes, 19, 34.
7. J. R. Cole, in: *Current Anthropology*, Bd. 24, Nr. 3, Juni 1983, S. 296.
8. m.Sanh 6,4; y.Hag 77d–78a; y.Sanh. 23. Ich danke James H. Charlesworth (vgl. Anm. 9) für diese Quellenangaben. Er führt seinerseits dankend Baumgarten, *Studies in Qumran Law*, S. 176 als Quelle an.
9. 11QTemple 64, 6–13, zitiert in James H. Charlesworth, *Jesus and the Dead Sea Scrolls*, New York 1992. Man beachte, daß genau dieselbe Formulierung »aufgehängt an einem Baum« auch von Petrus für die Kreuzigung Jesu benutzt wurde, als er seine Rede

im Hause des Hauptmanns Kornelius hielt, wie zitiert in Apg. 10, 39.

10. Flavius Josephus, *Jüdische Altertümer,* Köln 1883^2, Buch 17, Kap.10, 10., S. 586.
11. Flavius Josephus, *Geschichte des Jüdischen Krieges,* Halle a. d. Saale 1900, Buch 5, Kap. 11, S. 533f.
12. A.a.O., Buch 11, Kap. 6, S. 642–644.
13. Johannes 20, 25.
14. Der Name bedeutet »Hügel der Wasserscheide«.
15. Nicu Haas, »Anthropological Observations on the Skeletal Remains from Giv'at ha-Mivtar«, in: *Israel Exploration Journal*, Bd. 20, Nr. 1 und 2, 1970, S. 38–59.
16. Eugenia L. Nitowski, *The Field and Laboratory Report of the Environmental Study of the Shroud in Jerusalem,* Salt Lake City 1986, S. 101.
17. In seinem Brief sprach Dr. Webster hier direkt von »Jesus«, was ich im gegenwärtigen Kontext geändert habe, um die Neutralität der Identifizierung zu wahren.
18. Brief von Dr. Victor Webster an den Autor vom 4. August 1978.

Kapitel 4

1. Victor Tunkel, »A Jewish View of the Shroud«, Vortrag am 12. Mai 1983 vor der British Society for the Turin Shroud.
2. Solomon Ganzfried, *Code of Jewish Law (Kitzur Shulchan Aruch)*, ins Englische übersetzt von Hyman E. Goldin, New York 1927, Bd. IV, Kap. CXCVII. Gesetze, die sich auf die Reinigung (Tohara) beziehen, sind Nr. 9 und 10, S. 99f.
3. Privater Briefwechsel mit Victor Tunkel, 1983.
4. Joh 20,7, in der Übersetzung der Jerusalemer Bibel.
5. Siehe Pater Robert A. Wild, »The Shroud of Turin – Probably the Work of a 14th-Century Artist or Forger«, in: *Biblical Archaeology Report*, März–April 1984; und auch David Sox, *The Shroud Unmasked,* Basingstoke 1988, S. 71.
6. Siehe das Foto aus einem Reisebuch aus dem 19. Jahrhundert, das abgedruckt ist in: *Shroud Spectrum International* 13, Dezember 1984, S. 46f.
7. Vgl. hierzu beispielsweise die Rekonstruktion des Grabs eines Angelsachsen, dessen Holzsarg und Leichentuch 1973 in Quern-

more in Lancaster gefunden wurden, in Jean Glover, »The Conservation of Medieval and Later Shrouds from Burials in North West England«, in: *Archaeological Textiles*, Occasional Papers No. 10, United Kingdom Institute for Conservation of Historic and Artistic Works, 1990, S. 49.

8. Roland de Vaux, OP, »Fouille au Khirbet Qumran«, in: *Revue Biblique*, Bd. 60, 1953, S. 83–106, bes. S. 102 und Tafel V.
9. Siehe etwa Millard Meiss, *French Painting in the Time of Jean de Berry: The Boucicaut Master*, London 1968, Tafeln 143, 152, 154, 156, 157, 158 und 162.
10. Joh 19, 40.
11. Siehe die Beispiele in Kurt Weitzmann, »The Origin of the Threnos«, in: *De Artibus Opuscula XL Essays in Honour of Erwin Panofsky*, hrsg. von Millard Meiss, New York 1961, Abb. 2, 3, 6 etc.
12. *The Rohan Book of Hours, Bibliothèque Nationale, Paris*. Einleitung von Millard Meiss, London 1973, Tafel 71 und 73.
13. Siehe Jean Glover, » The Conservation of Medieval and Later Shrouds from Burials in North West England«, in: *Archaeological Textiles,* a.a.O., S. 51–54.

Kapitel 5

1 1969, 1973, 1978, 1988, 1992 und 1997 (um den Zustand des Grabtuches nach dem Brand zu überprüfen).

2 Für die englische Übersetzung siehe: Dorothy Crispino in: *SSI* Nr. 2, März 1982, S. 19–27.

3 Die »Schürhakenspuren-These« stammt von mir. Wenn ich recht habe, war es eine Art »Feuerprobe«, der man im Mittelalter gern Gegenstände unterzog. Meine These hat auch Kritiker; manche meinen, die Löcher seien entstanden, als ein dreiarmiger Leuchter aus Versehen umgekippt und auf das Tuch gefallen sei. Meines Erachtens sind die Löcher so weit in der Mitte und wiederholen sich in derart großer Übereinstimmung mit der in Abb. 7 dargestellten Faltung, daß Absicht zu vermuten ist.

4 Ein jüngst bei Ausgrabungen im südosttürkischen Çayönü von Archäologen der University of Chicago entdecktes Fragment soll zuverlässig aus der Zeit um 7000 v. Chr. stammen. Siehe: Heather Routledge, »Oldest Cloth«, in: *Archaeology* 1994, S. 20.

5 Siehe die Fotografie in John Tyrer, »Looking at the Shroud as a Textile«, in: *SSI* Nr. 6, März 1983, S. 38.

6 D. De Jonghe/M. Tavernier, »Les damassés de la Proche-Antiquité«, in: *Bulletin du Centre International d´Étude des Textiles Anciens* Nr. 47/48, Lyon 1978, S. 14; »Les damassés de Palmyre«, ebd. Nr. 54, 1981, S. 20.

7 Diese Frage habe ich beispielsweise ausführlich mit Dr. John Peter Wild, Privatdozent für Archäologie an der Manchester University und Autor des Buches *Textiles in Archaeology*, erörtert.

8 Donald King, »A Parallel for the Linen of the Turin Shroud, in: *Bulletin du CIELT* 67, 1989, S. 25f.

9 John Tyrer, »The Textile Said to be Similar in Weave to the Shroud«, in: *British Society for the Turin Shroud Newsletter* 27, Dezember 1990/Januar 1991, S. 11ff.

10 Gabriel Vial, »Le Liceul de Turin – Étude Technique«, in: *Bulletin du Centre International d´Étude des Textiles Anciens* Nr. 67, Lyon 1989, S. 11–24.

11 Gilbert Raes, Brief an den Autor vom 23.5.1974.

12 R. Pfister, *Nouveaux textiles de Palmyre,* Paris 1937, S. 40; Yigael Yadin, *The Finds from the Bar-Kokhba Period in: The Cave of Letters,* Jerusalem 1963, S. 252; Elisabeth Crowfoot, *Discoveries in the Judaean Desert II,* Oxford 1961, S. 59. Auf diese Veröffentlichungen stieß ich durch Angaben in einem Aufsatz Gabriel Vials (siehe Anm. 6).

13 Eventuell handelt es sich um ein Exemplar aus der Zeit Tarkos´, des Königs der 25. nubischen Dynastie, der von 690 bis 664 v. Chr. regierte. Das Gewebe hat 55 Kett- und 20 Schußfäden pro Quadratzentimeter, das Grabtuch hingegen durchschnittlich 38 Kett- und 24,4 Schußfäden.

14 Elisabeth Crowfoot, Brief an den Autor vom 19.9.1977.

15 Donald, D. Smith, »Textiles and Spain«, in: *SSI* Nr. 35/36, Juni bis September 1990.

16 Isaak Chilo, ein Pilger, der Jerusalem 1334 besuchte, schrieb: »Dann kamen wir nach Ramla ... Unter ihnen [den Juden] traf ich einen Mann aus Cordoba und einen anderen aus Toledo, beide vermögende, einflußreiche Männer mit Baumwollmanufakturen«, zitiert in: *Jewish Travellers in the Middle Ages,* Dover 1987, und in: Dorothy Crispino, »Qutn«, in: *SSI* Nr. 35/36, Juni bis Sept. 1990, S. 22.

17 Giovanni Riggi, *Rapporto Sindone (1978–1987)*, Mailand 1988, S. 61.

18 Aus meiner privaten Korrespondenz mit Bill Mottern, Brief vom 8.2.1982.

Kapitel 6

1 Pierre Barbet, *Die Passion Jesu Christi in der Sicht des Chirurgen*, Karlsruhe 1953, S. 48.

2 Ian Wilson, *Eine Spur von Jesus*, Freiburg 1980, S. 20f.

3 Robert Wilcox, *Shroud*, London 1978, S. 39.

4 Ich möchte an dieser Stelle anmerken, daß ich am Morgen des 24. November 1973 das Grabtuch in gedämpftem Tageslicht sah. Es war aufgehängt und nicht von künstlichen Lichtquellen bestrahlt. Ich konnte es damals nicht aus nächster Nähe sehen, aber die Farbe erschien mir »bräunlich«, was mit Barbets Beschreibung übereinstimmt.

5 Ian Wilson, *The Mysterious Shroud*, New York 1986, Abb. 11 und 12.

6 Zu meinem ersten Brief an McCrone und sein Antwortschreiben siehe: Walter McCrone, *Judgement Day for the Turin Shroud*, Chicago 1996, S. 48–51.

7 Das war äußerst undiplomatisch. Kardinal Ballestrero, der mit einer kommunistischen Kommunalregierung zu verhandeln hatte, das de jure über den Turiner Besitz des Exkönigs Umberto II. verfügte, riß die Verfügungsgewalt über das Grabtuch an sich und wies alle »Genehmigungen« seitens Umbertos zurück.

8 Aus einer Kopie von McCrones handschriftlichen Notizen seines »Shroud Research Notebook«, die er mir im Laufe unserer langen privaten Korrespondenz zusandte. McCrone veröffentlichte sie auch in seinem Buch *Judgement Day for the Turin Shroud* (siehe Anm. 6), das ich allerdings erst erhielt, als mein Manuskript des vorliegenden Buchs schon fast fertig war. Ich finde diese Notizen komisch; sie klingen so an, als habe er sie für ein »Publikum« geschrieben.

9 Walter McCrone, »Microscopical Study of the Turin Shroud«, in: *Newsletter of Analytical Chemistry Division of American Chemical Society*, Frühjahr 1989.

10 Vortrag vor der British Society for the Turin Shroud am 11. 9. 1980.

11 Aus einem Interview McCrones, veröffentlicht in der *Sun-Times*, Chicago, 24. 10. 1981.

12 Ray Rogers, zitiert in: David Sox, *The Shroud Unmasked: Uncovering the Greatest Forgery of all Time,* London 1988, S. 67f.

13 Aus Notizen über die relevanten Fotos in meinem Buch *The Evidence of the Shroud.*

14 Walter McCrone, »Microscopical Study of the Turin Shroud IV«, in: *The Microscope,* o. J.

15 Dr. Plesters in einem Brief vom 29.7.1982 an den Autor, zitiert in: Ian Wilson, *The Mysterious Shroud,* New York 1986, S. 127f.

16 Allan A. Mills, »Image Formation on the Shroud of Turin: The Reactive Oxidation Intermediates Hypothesis«, in: *Interdisciplinary Science Reviews* Bd. 20, Nr. 4, Dezember 1995, S. 319–327.

Kapitel 7

1. Dieses Zitat stammt aus Lalaing, *Voyage de l'archiduc Philippe-le-Beau*, zitiert in: Ulysse Chevalier, *Étude critique sur l'origine du S. Suaire de Lirey-Chambéry-Turin*, Paris 1900, pièce justificative DD.
2. Von einer Fotokopie des handgeschriebenen Originals, die mir Walter McCrone im Laufe unserer Korrespondenz freundlicherweise zuschickte.
3. T. W. Case, *The Shroud of Turin and the C-14-Dating Fiasco*, Cincinnati 1996, S. 53.
4. Isabel Piczek, »*The Shroud According to the Professional Arts*«, Privatdruck, S. 14.
5. Gilbert R. Lavoie/Bonnie B. Lavoie/Rev. Vincent J. Donovan/John S. Ballas, »Blood on the Shroud of Turin: Part II«, in: *Shroud Spectrum International* 8, September 1983, S. 2–10.
6. Alan D. Adler, »The Origin and Nature of Blood on the Turin Shroud«, in: *Turin Shroud – Image of Christ*, hrsg. von William Meacham, Hongkong 1987, S. 59.
7. Randbemerkung in unserer privaten Korrespondenz.
8. Pierluigi Baima-Bollone/Mario Jorio/Anna Lucia Massaro, »Identification of the Group of the Traces of Human Blood on the Shroud«, in: *Shroud Spectrum International* 6, März 1983, S. 3–6.
9. Aus einem Artikel des Journalisten Luciano Regulo, veröffentlicht 1995 in der August-Ausgabe der italienischen Zeitschrift *Chi.*

10. Ray Leonard, *The Legacy of the Shroud*, 1988.
11. Brief von Kardinal Saldarini an Dr. Garza-Valdès, Protokoll Nr. 200.41/96, abgeschickt am 31.7.1996.

Kapitel 8

1. Dr. John Heller, *Report on the Shroud of Turin*, Boston 1983, S. 112.
2. Dem STURP-Team gehörten mindestens drei Frauen als aktive Mitglieder an, außerdem gab es mithelfende Ehefrauen. Auch Arme Klarissinnen waren als Helferinnen anwesend.
3. Die Maße betragen 4,40 x 1 Meter.
4. Domenico Leone, *El Santo Sudario en España*, Barcelona 1959, S. 47–56
5. Aus einem Bericht an den britischen Filmproduzenten David Rolfe, Januar 1977.
6. Dies entnahm ich Informationen, die Paul Maloney von ASSIST von Professor Luigi Gonella anläßlich eines Treffen am 21. 11. 1987 erhielt.
7. Joe Nickell, »Pollens on the ›Shroud‹: A Study in Deception«, in: *Sceptical Inquirer*, Bd. 18, Sommer 1994, S. 379–385.
8. Association of Scientists and Scholars International for the Shroud of Turin.
9. Paul Maloney, »The Current Status of Pollen Research and Prospects for the Future«, Vortrag beim »Symposium Scientifique International sur le Linceul de Turin« in Paris am 7./8. 9. 1989, S. 10 des Manuskripts.
10. Dr. Oliver Rackham, Brief an John Ray vom Selwyn College, Cambridge, vom 19.10.1996.
11. Dieses Manuskript wurde offenbar von Dr. Anna M. Ottolenghi, Durham, North Carolina, unter dem Titel »A Contribution to the Study of the Problem of the Authenticity of the Shroud based on Microscopic traces« ins Englische übersetzt, aber ich habe bisher keine Kopie davon gesehen. Laut Maloneys Zusammenfassung dieses Manuskripts erklärt Frei darin: »Ich habe die Klebebänder durchgesehen und die Pollen, die ich fand, mit einem Kreis umrandet. Als ich soweit war, die einzelnen Pollen zu präparieren, machte ich einen T-förmigen Einschnitt in das Band, löste den Klebstoff mit Toluol auf und hob dann das Pollenkorn sehr vor-

sichtig mit einer winzigen Drahtschlinge ab. Aber das war eine sehr unbefriedigende Methode, die Pollen zu handhaben und sie auf dem Weg vom Band auf den Objektträger möglichst nicht zu verlieren. Daher erfand ich eine besondere Technik, bei der ich Dreiecke aus Klebeband benutzte. Ich senkte die Spitze eines Dreiecks in den Einschnitt, hob das Pollenkorn mit dieser Spitze oder der Kante des Dreiecks ab und legte beides zusammen auf einen Objektträger. Dann gab ich einen Tropfen Fixiermittel auf den Objektträger, brachte noch Kontrollpollen auf und legte zum Schluß ein Deckglas darauf, womit das Präparat fertig war. Auf diese Weise konnte ich die Pollen auf dem Dreieck mit den Kontrollpollen vergleichen.« Aus Maloney, »The Current Status of Pollen Research and Prospects for the Future«, a.a.O., S. 7.

12. Typische Veröffentlichungen des Spezialisten Horowitz, die sich auf Pollenanalysen beziehen, sind etwa: »Climatic and Vegetational Developments in North-eastern Israel during Upper Pleistocene-Holocene Times« in: *Pollen et Spores* 13, 1971. S. 255–278; außerdem »Preliminary Palynological Indications as to the Climate of Israel during the last 6000 Years«, in: *Palaeorient* 2, 1974, S. 407–414.
13. Aus der privaten Korrespondenz zwischen Paul Maloney, Horowitz und Danin, die in Maloneys Artikel »The Current Status of Pollen Research and Prospects for the Future« angeführt wird, und dem Autor freundlicherweise zur Verfügung gestellt wurde.
14. Joseph A. Kohlbeck und Eugenia L. Nitowski, »New Evidence May Explain Image on Shroud of Turin«, in: *Biblical Archaeology Review*, Juli-August 1986, S. 23.

Kapitel 9

1 Siehe L. Fossati, »L´ostensione del 1842«, in: *Collegamento pro Sindone* November/Dezember 1992, S. 24f.

2 Archiv des Départment de l´Aube, 9 G4, zitiert in: Ulysse Chevalier, *Étude critique sur l´origine du Saint Suaire de Lirey – Chambéry – Turin,* Paris 1900, pièce justicative Q.

3 Dies ist eine willkürliche Benennung, um ihn von seinem Vater Geoffroy I. zu unterscheiden, von dem später noch die Rede sein wird.

4 Zum vollen Wortlaut des Memorandums siehe die Übersetzung in: Ian Wilson, *Eine Spur von Jesus,* Freiburg 1980, Anhang II.

5 Es handelt sich um eine Petition von Geoffroys I. Frau Jeanne de Vergy, die darum bittet, die Zuwendungen an ihren Mann nun ihrem minderjährigen (»*en bas âgé*«) Sohn Geoffroy II. zukommen zu lassen.

Kapitel 10

1 Handschrift MS 487, Folio 123; moderne Ausgabe: Philippe Lauer, *La conquête de Constantinople,* Classiques français du moyen âge 40, Paris 1924, Neuauflage 1956.

2 Robert de Clari verwendet den Begriff *syndoines,* eine Ableitung von *síndon,* dem in der griechischen Übersetzung des Neuen Testaments für das Grabtuch Jesu verwendeten Wort.

3 Dr. Peter Dembowski, Professor für altfranzösische Literatur an der University of California, bemerkte in »Sindon in the Old French Chronicle of Robert de Clari«, in: *SSI* Nr. 2, März 1983, S. 16: »Das französische Wort *figure* erhielt die Bedeutung ›Gesicht‹ erst in der Zeit der *précieux.* Vor 1650 war *figure* mit der Bedeutung des lateinischen Wortes identisch und bezog sich nur auf ›Figur‹, ›Umriß‹, ›Gestalt‹ usw. Das ist jedem bekannt, der sich mit der altfranzösischen Sprache befaßt, siehe dazu auch Walther von Wartburg, *Französisches Etymologisches Wörterbuch* Bd. III, Tübingen 1949, S. 512.«

4 Auf meine Frage, ob die Tatsache, daß sich das Wappenschild Jeanne de Vergys auf der rechten Seite des Medaillons befindet, bedeuten würde, daß Geoffroy tot war und die Leitung der Ausstellungen in den Händen seiner Frau lag, antwortete mir der Genealoge und Heraldiker Noel Currer-Briggs in einem Brief vom 22. Juni 1992: »Die ›rechte‹ Seite [*dextre*, Anm. d. Ü.] ist in der Heraldik tatsächlich von größerer Bedeutung, aber nur wenn zwei oder mehr Wappen untergebracht werden müssen ... Auf dem Medaillon von Lirey treten die Wappenschilde von Charny und Vergy nicht als Allianz auf, sondern jedes wird für sich gezeigt, Charny auf der ›linken‹, Vergy auf der ›rechten‹ Seite. *Senestre* und *dextre* bedeuten in der Heraldik links und rechts vom Schildträger, nicht vom Gegenüber aus gesehen. Das Schild, das der Ritter vor der Brust trug, schützte also mit der *dextre*-Seite seine rechte und mit

der *senestre*-Seite seine linke Seite. Die Plazierung der Wappenschilde auf dem Medaillon bedeutet also keineswegs, daß Geoffroy tot war, sondern daß er im Gegenteil noch am Leben war, als das Medaillon geprägt wurde, und daß seine Frau mit der Grabtuchausstellung genauso stark in Verbindung stand wie er selber.« Nachdem ich Currer-Briggs´ Brief erhalten hatte, zog ich weitere Erkundigungen beim College of Arms in London ein. P. Ll. Gwynn-Jones, gegenwärtiger Principal King of Arms und Träger des Hosenbandordens, antwortete mir in einem Schreiben vom 5.9.1998: »Ich halte es zwar für wahrscheinlich, daß Geoffroy de Charny noch am Leben war, als das Medaillon geprägt wurde, dies muß aber nicht notwendigerweise der Fall gewesen sein. Seine Witwe hätte jederzeit das Wappen ihres verstorbenen Mannes abbilden lassen können, wenn sie das gewollt hätte. Ich fürchte, dieser Punkt kann nicht zweifelsfrei geklärt werden.«

5 Stephen Murray, *Building Troyes Cathedral,* Indianapolis 1987, S. 16ff.

6 Froissart, *Chronicles,* Harmondswort 1968, S. 129.

7 Ich beziehe mich auf die englische Übersetzung: Richard W. Kaeuper/Elspeth Kennedy, *The Book of Chivalry of Geoffroi de Charny,* Philadelphia 1996.

8 Maurice Keen, *Das Rittertum,* München 1987, S. 26f.

9 Richard W. Kaeuper/Elspeth Kennedy, *The Book of Chivalry of Geoffroi de Charny: Text, Context and Translation,* Philadelphia 1996, S. 3f.

10 Die Probenentnahme wurde am 20.11.1986 in Templecombe in meinem Beisein von Dr. John Gowlett vom Oxforder Labor durchgeführt. An Ostern des darauffolgenden Jahres wurde von dem privaten Fernsehsender TSW, der in Plymouth und in Südwestengland empfangen wird, der Dokumentationsfilm *A Head of Time* ausgestrahlt, in dem auch über die C-14-Testergebnisse berichtet wurde.

11 Oft wird sein Name als »de Charnay« wiedergegeben, auch ich habe das in meinem ersten Buch über das Grabtuch getan. Im 13. und 14. Jahrhundert gab es jedoch keine standardisierte Schreibung von Namen. Die unterschiedlichen Schreibweisen geben somit keinen Aufschluß, ob die beiden de Charny miteinander verwandt waren oder nicht.

12 Malcolm Barber, »The Templars and the Turin Shroud«, in: *Catholic Historical Review* April 1982, abgedruckt in: *SSI* Nr. 6, März 1983, S. 16–34.

13 »Herr, gedenke Deines Dieners Stephan Uroš.«

14 Der Stich ist in der Galleria Sabauda in Turin aufbewahrt. In meinem Buch *Eine Spur von Jesus* ist er auf S. 21 abgedruckt; damals schrieb man den Stich noch Clovio zu, inzwischen geht man aber davon aus, daß es ein Werk Giovanni della Roveres ist, dessen Familie vom Haus Savoyen gefördert wurde.

15 Siehe: Louis M. LaFavia, *The Man of Sorrows: Its Origin and Development in Trecento Florentine Painting,* Rom 1980.

16 Zu beachten ist, daß in manchen Gralssagen zwei Engel oder engelgleiche Wesen den Gral halten; auch auf den *Epitaphioi* umgeben sie oft den Leichnam Jesu.

17 Vgl. Hans Belting, *Das Bild und sein Publikum im Mittelalter: Form und Funktion früher Bildtafeln der Passion,* Berlin 1981, S. 193, Abb. 77.

18 Ebd., S. 191

19 Zu zwei zitierten symbolischen Stellen in den Sagen siehe das Kapitel über den Gral in: Geoffrey Ashe, *King Arthur´s Avalon,* London 1957, S. 265–268.

20 Gervasius von Tilbury, »Otia imperialia III«, in: *Scriptores rerum brunsvicensium,* hrsg. von G. Liebnitz, Hannover 1707, I, S. 966f.

Kapitel 11

1 Ordericus Vitalis, *Historia ecclesiastica* Teil III, Buch IX, 8, »De gestis Balduini Edessae principatum obtinet«.

2 Der Gebrauch der Pluralform (im Original *síndones)* ist nicht von Bedeutung; auch Robert de Clari spricht von *syndoines.*

3 So benannt nach seinem Entdecker Georgius Pray (18. Jahrhundert).

4 Jérôme Lejeune, »Étude topologique des Suaires de Turin, de Lier et de Pray«, in: *L´identification scientifique de l´homme du Linceul Jésus de Nazareth: Actes de Symposium Scientifique International, Rome 1993*, hrsg. von A. A. Upinsky, Paris 1995, S. 107.

5 Hans Belting, *Das Bild und sein Publikum im Mittelalter: Form und Funktion früher Bildtafeln der Passion,* Berlin 1981, S. 190, Abb. 75.

6 Siehe dazu ausführlich Steven Runciman, *The Emperor Romanus Lecapenus and his Reign,* Cambridge 1963, S. 145.

7 Siehe z.B. Judah B. Segal, *Edessa: The Blessed City,* Oxford 1970, S. 216.

8 Averil Cameron, *The Sceptic and the Shroud. An Inaugural Lecture in the Departments of Classics and History delivered at King´s College London on 19th April 1980,* London 1980.

9 Steven Runciman, »Some Remarks on the Image of Edessa«, in: *Cambridge Historical Journal* III, 1929–1931, S. 244.

10 Zitiert ohne Quellenangabe in: David Sox, *File on the Shroud,* London 1978, S. 55. Möglicherweise stammt es aus einem persönlichen Brief von Sir Steven Runciman an seinen Freund Sox.

11 Die Chronik wird meist unter ihrem lateinischen Titel *Narratio de Imagine Edessena* angeführt. Für das griechische Original siehe: J. P. Migne, *Patrologia Cursus Completus, Series Graeca,* Paris 1857–1866, Bd. CXIII, Sp. 423–454. Für die deutsche Übersetzung (aus dem Englischen) siehe: Ian Wilson, *Eine Spur von Jesus,* Freiburg 1980, Anhang III, S. 301–315.

12 Lukas 22, 44.

13 In meinem Buch *Holy Faces, Secret Places* behandle ich diese »Heiligen Antlitze« ausführlich, auch die berühmte »Veronika« in Rom. Ich gehe davon aus, daß es sich bei all diesen Bildnissen um Kopien des Grabtuchantlitzes handelt, die inzwischen über einen eigenen Kultstatus verfügen. Ich erwähne sie hier nur am Rande, um die Sache nicht zu sehr zu komplizieren.

14 Zu Bildnissen aus der Zeit vor dem Zeiten Weltkrieg siehe: André Grabar, »La Sainte Face de Lâon et le Mandylion dans l´art orthodoxe«, in: *Seminarium Kondakovianum,* Prag 1935. Über den Zustand der Fresken in Serbien ist nichts bekannt. Das Fresko in der Erlöserkirche an der Nerediza ist nachweislich zerstört.

15 Zu einem Bericht über Zaninottos Studien und deren Weiterentwicklung siehe: A. M. Dubarle, »L´homélie de Grégoire le Référendaire«, in: *L´identification scientifique de l´homme du Linceul Jésus de Nazareth: Actes de Symposium Scientifique International, Rome 1993,* hrsg. von A. A. Upinsky, Paris 1995, S. 51.

16 John Jackson, »Foldmarks as a Historical Record of the Turin Shroud«, in: *SSI* Nr. 11, 1984, S. 6–29.

17 John Jackson, »New Evidence that the Turin Shroud was the

Mandylion«, in: *L'identification scientifique de l'homme du Linceul Jésus de Nazareth: Actes de Symposium Scientifique International, Rome 1993,* hrsg. von A. A. Upinsky, Paris 1995, S. 301ff

18 Für den Originaltext siehe: Codex vaticanus syriacus 95, Folio 49–50. Für die französische Übersetzung siehe: André Grabar, »Une hymne syriaque sur l'architecture de la Cathédrale d'Edesse«, in: *L'art de la fin de l'antiquité et du moyen âge* (Collège de France Fondation Schlumberger pour des études Byzantines), Paris 1968.

19 Siehe James D. Breckenridge, »The Numismatic Iconography of Justinian II«, in: *Numismatic Notes and Monographs* Nr. 144, New York 1954.

20 Alan Whanger, »Polarized Overlay Technique: A New Comparison Method and Its Applications«, in: *Applied Optics* 24, Nr. 16, 15.3.1985, S. 766–772

21 Paul Vignon, *Le Saint Suaire devant la science, l'archéologie, l'histoire, l'iconographie, la logique,* Paris 1939.

Kapitel 12

1 Nach dieser Katastrophe ließ Kaiser Justinian die Stadtmauern und die Stadttore weitgehend neu aufbauen. Dabei könnte das Edessabild wiedergefunden worden sein; diese Idee unterbreitete ich bereits in *Eine Spur von Jesus.*

2 Siehe *Doctrina Addai.*

3 Siehe Lukas 10, 1.

4 Wie J. B. Segal in seinem Buch *Edessa: The Blessed City,* Oxford 1970, erwähnt, scheint in der *Doctrina Addai* auch die Geschichte der Konversion Königin Helenas von Adiabene zum Judentum enthalten zu sein, wie sie von dem jüdischen Chronisten Josephus (um 37 bis um 100) überliefert wurde.

5 Ein besonders wertvolles Exemplar, das von Abgar XI. getragen wurde, der nur von 240–242 regierte, ist auf einer römischen Münze zu sehen. Darauf ist dargestellt, wie Abgar von Kaiser Gordian III. empfangen wurde.

6 Bei Eusebius: »Thaddäus«.

7 Eusebius, *Kirchengeschichte,* München 1967, S. 111f.

8 Ein ausgezeichneter Bericht dazu findet sich in: Ethelbert Stauf-

fer, *Christus und die Caesaren,* Hamburg 1948.

9 Zur Frontalansicht in der parthischen Kunst, speziell des ersten Jahrhunderts, siehe: Malcolm A. R. Colledge, *The Parthians,* New York 1967, S. 150ff. Auch J. B. Segal, *Edessa: The Blessed City,* Oxford 1970, führt einige edessenische Beispiele an.

10 Zu ausführlichen Angaben über das Schicksal der Gebeine Addais und Abgars siehe: J. B. Segal, *Edessa: The Blessed City,* Oxford 1970.

11 Ausführliche Angaben zu Professor Scavones These bezog ich aus unserer privaten Korrespondenz und aus seinem Vortrag »Joseph of Arimathea and the Edessa Icon«, den er auf einem Symposium in Mount Saint Alphonsus, Esopus im US-Bundesstaat New York, 24./25. August 1996, hielt.

12 Deutsche Übersetzung in: Adolf Harnack, »Ein in georgischer Sprache überliefertes Apokryphon des Josef von Arimathia«, in: *Sitzungsberichte der Königlich preussischen Akademie der Wissenschaften,* Bd. 17, 1901, S. 923.

13 Ebda.

14 Beda der Ehrwürdige, *Kirchengeschichte des englischen Volkes,* Darmstadt 1997, S. 37.

15 Adolf Harnack, »Der Brief des britischen Königs Lucius an Papst Eleutherus«, in: *Sitzungsberichte der Königlich preussischen Akademie der Wissenschaften,* Bd. 26, 1904, S. 909–916.

16 Siehe z.B. die Rekonstruktion des Tores von Hatra im British Museum, London.

Kapitel 13

1 Harry Gove, *Relic, Icon or Hoax? Carbon Dating the Turin Shroud,* Bristol/Philadelphia 1996, S. 303.

2 Pierluigi Baima-Bollone, »Why Hasn´t the Shroud Been Dated with the Carbon-14 Test?«, in: *Stampa Sera,* Turin, 17.9.1979, zitiert und ins Englische übersetzt in: David Sox, *The Shroud Unmasked,* Basingstoke 1988, S. 82.

3 Harry Gove, *Archaeometry* 31, Nr. 2, 1989, S. 35.

4 Harry Gove, wie Anm. 1, S. 264.

5 Zitiert in: David Sox, wie Anm. 2, S. 136.

6 Vera Barclay, Mitteilung in: *Sindon,* Dezember 1961, S. 36.

7 Sheridan Bowman, *Radiocarbon Dating,* London 1990, S. 56.

8 Walter McCrone in einem Brief vom 21.4.1981 an den Autor.
9 *Current Archaeology*, August 1986.
10 Baima-Bollone, ebd.
11 *Thera and the Aegaen World*, Materialien der 3. internationalen Konferenz auf der griechischen Insel Santorin vom 3. bis 9.9.1989, Bd. III (Chronologie), 1990, S. 240.
12 Andy Coghlan, »Unexpected Errors Affect Dating Techniques«, in: *New Scientist*, 30.9.1989, S. 26.

Kapitel 14

1 Walter McCrone, »The Shroud of Turin: Blood or Artist´s Pigment?« *Accts. Chem. Res.*, Bd. 23, Nr. 3, 1990, S. 82.
2 Charles Eastlake, *Methods and Materials in Paintings of the Great Schools and Masters*, Dover 1969, S. 95f.
3 Millard Meiss, *French Painting in the Time of Jean de Berry: The Late Fourteenth Century and the Patronage of the Duke*, London 1967, S. 99–107
4 Walter McCrone erwähnt in seinem letzten Buch *Judgement Day for the Shroud* nicht einmal den Meister des Paraments von Narbonne; ganz allgemein präsentiert McCrone weitaus weniger Beispiele aus der Kunstgeschichte als ich. Ich möchte mich bei D. Aldred in Norwegen bedanken. Diesem Fachmann für mittelalterliche Glasmalerei verdanke ich den Hinweis auf das Parament von Narbonne.
5 Meiss, *French Painting in the Time of Jean de Berry*, S. 102.
6 R. A. Skelton/T. E. Marston/G. D. Painter, *The Vinland Map and Tartar Relation*, New Haven 1965.
7 W. C. McCrone, »Chemical Analytical Study of the Vinland Map«, Bericht für die Yale University Library, New Haven 1975.
8 T. A. Cahill/R. N. Schwab/B. H. Kusko/R. A. Eldred/G. Möller/D. Dutschke/D. L. Wick, »The Vinland Map Revisited: New Compositional Evidence on the Inks and Parchment«, in: *Analytical Chemistry* Bd. 59, 15.3.1987, S. 829–833.
9 Zitiert in: Wilford Noble, »Disputed Map Held Genuine After All«, in: *New York Times*, 13.2.1996.
10 Noemi Gabrielli, Bericht in: *La Santa Sindone*, Beilage zu *Rivista Diocesana Torinese*, Januar 1976.
11 Ian Wilson, *The Evidence of the Shroud*, London 1986, S. 69.

12 Emily Craig/Randall Bresee, »Image Formation and the Shroud of Turin«, in: *Journal of Imaging Science and Technology,* Januar/Februar 1994.

13 Geoffrey Ashe, »What Sort of Picture«, in: *Sindon* 1966, S. 15–19.

14 Das Zitat lautet: »Et hominem nudum coram se stantem prospexit secundum cuius formosam imaginem crucifixum ipsum aptius decoraret«, in: *Chronicon,* 3, 35, zitiert in: Herbert Thurston, »The Holy Shroud as a Scientific Problem«, in: *The Month,* Bd. 101, 1903, S. 175.

15 Siehe Meiss, *French Painting in the Time of Jean de Berry*, Katalogteil, Tafel 591.

Kapitel 15

1 *Sunday Telegraph,* 28.1.1996. Der Artikel wurde zwar von Robert Matthew unterzeichnet, dem Wissenschaftskorrespondenten der Zeitung, der über einen wissenschaftlichen Grabtuch-Aufsatz von Dr. Allan Mills von der Leicester University berichtete; ein Redakteur des *Sunday Telegraph* fügte allerdings ohne Matthews Wissen und Billigung folgende Schlußfolgerung hinzu: »Wie viele Wissenschaftler unterstützt auch Dr. Mills die 1989 aufgekommene These, daß das Bildnis einen sterbenden Kreuzritter zeigt, der von den Sarazenen zur Verspottung der Leiden Christi gefoltert und gekreuzigt wurde.« Mills ist keineswegs dieser Ansicht. Da jedoch viele lebende Wissenschaftler von der Richtigkeit der Radiokarbondatierung überzeugt sind, wäre dies trotzdem ein berechtigtes Gegenargument.

2 Siehe Joseph Marino OSB, Aufsatz in: *Fidelity,* S. 43.

3 Luard (Hrsg.), *Annals of Dunstable,* Rolls Series, S. 76.

4 Barbara Tuchman, *Der ferne Spiegel,* München 1986.

5 Tarquinho Ladu, »La Crocifissione dei Santi Paolo Miki S. J. e Pietro Battista Blasquez, OFM, e compagni, martiri in Giappone nel 1597«, in: *Sindon* (N.S.) Nr. 5/6, Dezember 1993, S. 35–44

6 Michael Straiton, »The Man of the Shroud: A Crucified Crusader?« Vortrag vor der British Society for the Turin Shroud am 13.4.1989, veröffentlicht in: *Catholic Medical Quarterly*.

Kapitel 16

1 Lynn Picknett/Clive Prince, *Die Jesus-Fälschung*, Bergisch Gladbach 1995.
2 Ebd., S. 92f.
3 Professor Allen wies bei der Durchsicht dieses Abschnitts darauf hin, daß »bei der ersten Belichtung (der lichtempfindlichen Silbersalzschicht) in Wirklichkeit gleichzeitig zwei Bilder entstehen. Das eine Bild ist beständig; es ist eine chemisch verursachte Versengung der Leinenfasern (sozusagen das Nebenprodukt der besser sichtbaren Veränderung der Silbersalzschicht). Das andere ist das Bild, das über der ›Versengung‹, also über dem oxidierten Teil, liegt. Bei der Fixierung mit Ammoniak wird dieses Bild, die veränderte Silbersalzschicht, entfernt, und es bleibt nur die ›Versengung‹ zurück.«
4 Nicholas Allen, »Verification of the Nature and Causes of the Photo-negative Image on the Shroud of Lirey – Chambéry – Turin«, in: *De Arte* [Zeitschrift der Fakultät für schöne Künste und Kunstgeschichte der Universität Südafrika], April 1995, S. 31.
5 Ebd., S. 34.
6 Wie Professor Allen bei der Durchsicht dieses Kapitels anmerkte, sollte der Leser nicht denken, er hätte sich über diesen Punkt nicht genügend Gedanken gemacht. Er schreibt: »Ich habe alle Möglichkeiten in Erwägung gezogen – von der Verwendung lebender Modelle über einbalsamierte Tote bis hin zu eingefrorenen Leichen. Der Erfolg dieser Methode hängt ganz entscheidend von zwei Faktoren ab, nämlich a) von der Dauer der Belichtung, und b) von der Stabilität des Objekts (Leiche, Skulptur o. ä.). Meiner Meinung nach hat das Grabtuchbildnis eine Natürlichkeit, wie sie normalerweise Leichen vor Beginn der Leichenstarre haben. Die Quetschungen und das gemarterte Aussehen des Abgebildeten sind so genau, daß sie kaum durch Zufall von einem abgelichteten Modell stammen können oder durch andere Konservierungsarten wie Einfrieren erfolgreich erhalten werden konnten. Aus diesem Grund bin ich derzeit der Meinung, daß die Person, die das Bild hergestellt hat, *sehr wahrscheinlich* mit einer noch nicht erstarrten Leiche und einer relativ kurzen Belichtungszeit *oder* mit einer eingefrorenen Leiche und einer kurzen bis mittleren Belichtungszeit (möglicherweise in den Julischen Alpen) gear-

beitet hat. Diese Überlegungen führen Sie in Ihrem darauffolgenden Argument nicht an [Hervorhebung von Prof. Allen].«

Kapitel 17

1 Centre International d'Études sur le Linceul de Turin.
2 Andrej A. Iwanow/Dimitri A. Kusnetzow, »Biophysical Correction to the Old Textile Radiocarbon Dating Results«, in: *L'identification scientifique de l'homme du Linceul,* ebd., S. 229–235.
3 Dimitri A. Kusnetzow/Andrej A. Iwanow/Pavel Veletsky, »Effects of Fires and Biofractionation of Carbon Isotopes on Results of Radiocarbon Dating of Old Textiles: The Shroud of Turin«, in: *Journal of Archaeological Science,* Bd. 22, 1995.
4 A. J. T. Jull/D. J. Donahue/P. E. Daon, »Factors which Affect the Apparent Radiocarbon Age of Textiles: A Comment on Effects of Fires and Biofractionation of Carbon Isotopes on Results of Radiocarbon Dating of Old Textiles: The Shroud of Turin«, in: *Journal of Archaeological Science,* 1, 1996, S. 157–160.
5 Zitiert in: Jim Barrett, »Science and the Shroud: Microbiology Meets Archaeology in a Renewed Quest for Answers«, in: *The Mission,* Journal of the Health and Science Center, San Antonio, Frühjahr 1996.
6 Harry Gove in einem Brief an den Autor, veröffentlicht in: *British Society for the Turin Shroud Newsletter,* Nr. 40, Mai 1995, S. 20ff.
7 Interview mit Dr. Garza-Valdès, aufgezeichnet am 28. 8. 1996 in San Antonio, Texas.
8 Ebd.
9 Brief an den Autor vom 17. 1. 1995.
10 Daniel Scavone in einem Brief an den Autor, veröffentlicht in: *British Society for the Turin Shroud Newsletter*, Nr. 41, September 1995, S. 21.
11 Ebd.
12 Ian Wilson, *Eine Spur von Jesus: Herkunft und Echtheit des Turiner Grabtuches,* Freiburg i. Br. 1980, S. 20
13 Interview mit Dr. Garza-Valdès, ebd.
14 Rosalie David, *Mysteries of the Mummies: The Story of a Manchester University Investigation;* London 1978.
15 Harry Gove et al., »A Problematic Source of Organic Contamina-

tion of Linen«, in: *Nuclear Instruments and Methods in Physics Research – Section B,* Amsterdam 1997, S. 504–507.

16 Unveröffentlichtes Gespräch, wie Anm. 7.

17 Gove et al., wie Anm. 15, S. 506.

Kapitel 18

1 Thomas J. Philips, Leserbrief, in: *Nature,* 16. 2. 1989.

2 Kitty Little, »The Holy Shroud of Turin and the Resurrection«, in: *Christian Order,* April 1994, S. 226. Dr. Little machte in diesem Aufsatz auch die interessante Anmerkung, daß eine radioaktive Strahlung, abgesehen von einer möglichen Verfälschung des Datierungsergebnisses, auch konservierende Wirkung auf das Grabtuch gehabt haben könnte, berücksichtigt man seinen hervorragenden Erhaltungszustand: »Nach der Molekularstruktur der Faser zu urteilen, variieren die Auswirkungen der radioaktiven Strahlung auf Zellulose beträchtlich ... Bei qualitativ hochwertigem Stoff bewirken hohe Dosen zwar einen größeren Verschleiß, eine niedrige Dosis aber erhöht die Stabilität und Widerstandsfähigkeit gegen Verschleiß; das Leinen des Grabtuchs soll in sehr gutem Zustand sein. Das würde auch damit übereinstimmen, daß Joseph aus Arimathäa den besten Stoff gekauft hatte, der damals verfügbar war.«

3 Ian Wilson, *Eine Spur von Jesus,* S. 278.

4 Robert Hedges, Leserbrief, in: *Nature,* 16. 2. 1989.

5 John Walsh, *Das Linnen,* Frankfurt 1965.

6 Margaret Hebblethwaite, »The Shroud and my Faith«, in: *The Tablet,* 19. 4. 1997.

7 »Liebe Freunde«, Rundbrief vom Oktober 1988, der von Turin aus an verschiedene Empfänger abgesandt wurde, darunter auch an Walter McCrone und mich.

Chronologie

von der Kreuzigung Christi bis heute (mit historischem Hintergrund), ausgehend von der These, daß das Turiner Grabtuch identisch ist mit dem seit 1204 verschollenen »Edessabild«

Das Grabtuch in Jerusalem?

30 Sehr wahrscheinlich das Jahr der Kreuzigung Christi unter Pontius Pilatus, in den Jahren 27 bis 36 Statthalter von Judäa.

Freitag, 7. April (nach dem jüdischen Kalender der 13. Nisan): mit großer Wahrscheinlichkeit der Tag der Kreuzigung Jesu Christi. Den Evangelien zufolge ersucht Joseph aus Arimathäa, ein wohlhabender und einflußreicher Mann aus der geheimen Anhängerschaft Jesu, Pontius Pilatus um Erlaubnis für die Kreuzabnahme und Grablegung Jesu. Er besorgt eine reine *sindon*, ein Grabtuch, wickelt den Leichnam Christi darin ein und bestattet ihn in seinem eigenen Felsengrab.

Sonntag, 9. April (sehr wahrscheinlich): Dem Johannesevangelium zufolge finden Petrus und Johannes am Morgen ein leeres Grab vor, die Leichentücher und -binden liegen auf dem Boden. Das *sudarion* lag, so Johannes »für sich zusammengefaltet an einer besonderen Stelle«. Hierbei könnte es sich um das Grabtuch gehandelt haben.

Gelangt das Grabtuch nach Edessa?

Der Jünger Thaddäus [syr. Addai, Anm. d. Ü.] reist, so wird berichtet, im selben Jahr auf Einladung König Abgars V., der damals über das Reich von Edessa herrscht und angeblich mit Jesus Briefe wechselte, von Jerusalem nach Edessa, dem heutigen Urfa in Anatolien. Er heilt den Regenten von einer schweren Krankheit und bekehrt einen Teil der Edessener zum Christentum. Dem König soll Thaddäus **ein Tuch mit dem Abdruck von Jesus Christus** übergeben haben. Wie es in späteren Versionen heißt, soll auf diesem sogenannten **»Edessabild«** ein Ganzkörperabdruck von Jesus Christus ganz ähnlich jenem auf dem Turiner Grabtuch zu sehen gewesen sein.

50 Tod Abgars V. von Edessa. Sein ältester Sohn Ma´nu V. bar Abgar besteigt den Thron.

57 Ma´nu V. stirbt. Sein Bruder Ma´nu VI. bar Abgar wird König. In den Erzählungen über das Edessabild ist Abgars zweiter Sohn der »Rebell«, der zum heidnischen Glauben zurückkehrt, die Christen grausam verfolgt und Edessas christliche Gemeinde wohl vollständig auslöscht. Aus Verzweiflung könnten die Christen das Tuchbild in einer Nische über einem der Stadttore von Edessa versteckt haben, um es in Sicherheit zu bringen. **Von da an ist für viele Jahre der Aufbewahrungsort des Edessabildes nicht genau zu bestimmen.**

Verschwand das Grabtuchs zum erstenmal in einer Nische über einem Stadttor von Edessa?

177 Lucius Aelius Septimius Megas Abgar VIII. besteigt den edessenischen Thron (177–212). Er ist wahrscheinlich Rom-Anhänger und Christ.

180 Commodus wird römischer Kaiser. Der Einfluß seiner christlichen Frau Marcia macht ihn den Christen wohlgesonnen. Die Kupfermünzen von Edessa zeigen auf der Vorderseite Commodus und auf der Rückseite Lucius Abgar mit dem Kreuz auf der Tiara. Abgar VIII. war somit der erste Herrscher der Geschichte, der seine Insignien offen mit christlichen Symbolen versah.

Um 190 Klemens von Alexandreia (um 150–216) verzeichnet im 5. Buch seiner *Stromata* (»Teppiche«) die Grablegen der Apostel. Thaddäus und Thomas sind in »der Britio der Edessener« beigesetzt. Bei der »Britio« handelt es sich, so die Ansicht des amerikanischen Historikers Dan Scavone, um die *birtha*, die »Zitadelle« von Edessa, noch heute ein Wahrzeichen der Stadt.

192 Commodus fällt einer Verschwörung zum Opfer. Nach kurzem Machtkampf besteigt der christenfeindliche Severus den Kaiserthron. Manche edessenische Münzen zeigen Lucius Abgar mit der einfachen Tiara, auf anderen Münzen ist die Tiara mit heidnischen Symbolen und einem kreuzähnlichen Muster zu sehen – möglicherweise war es klüger, die Hinweise auf den christlichen Glauben nicht allzu stark zu betonen.

201 November: In der Chronik von Edessa ist verzeichnet, daß die Stadt in diesem Monat von einer verheerenden Überschwemmung heimgesucht wird, dabei kommen 2000 Edessener ums Leben. Die »Christenkirche« soll dabei schwer beschädigt worden sein. Daß sie aber überhaupt erwähnt wurde, verweist darauf, daß Lucius Abgar die Christen duldete.

205 Gemäß der Chronik von Edessa läßt Abgar die *birtha* [aramäisch für »Burg, Festung «, Anm. d. Ü.] errichten.

212 Tod Lucius Abgars. Abgar IX. besteigt den Thron, wird aber bereits nach kurzer Zeit von den Römern festgenommen und abgesetzt. Das Kreuz verschwindet von der Tiara auf den Münzen Edessas.

216 Edessa wird römische Militärkolonie.

313 Nach dem Sieg Konstantins des Großen, des ersten christlichen Kaisers, und mit der Duldung der Christen im gesamten Römischen Reich beginnt Cona, der erste »offizielle« Bischof von Edessa, mit dem Bau der Kathedrale von Edessa.

325 Eusebius von Kaisareia (260–339) verfaßt die *Kirchengeschichte;* darin berichtet er ausführlich über den Briefwechsel zwischen Jesus und Abgar V. und behauptet, er habe die Originaldokumente in der Registratur von Edessa eingesehen und »die frühe Geschichte und auch die Ereignisse zu Zeiten Abgars aufgenommen; diese Aufzeichnungen sind bis heute erhalten«, und er habe sie aus dem Altsyrischen übersetzt. Bei Eusebius findet sich allerdings kein Hinweis auf ein Tuchbild.

Um 375–390 In Edessa wird die *Doctrina Addai* verfaßt. Sie beruht auf älteren Versionen der Geschichte Abgars, nimmt aber Varianten jüngeren Datums auf, so die Legende von Abgars Legaten Hannan, der das Porträt Jesu »mit erlesenen Farben« gemalt haben soll. Dies scheint eine verfälschte Erinnerung an ein Bildnis Jesu zu sein, das man nach Edessa gebracht hatte.

383 Auf einer großen Pilgerreise ins Heilige Land, nach Kleinasien, Ägypten und Konstantinopel besucht die strenggläubige spanische Nonne »Ätheria« Edessa. Der Bischof präsentiert ihr die Statuen Abgars und dessen Sohnes und liest ihr den mutmaßlichen Brief Jesu an Abgar vor. Er zeigt ihr allerdings weder ein »Porträt« noch ein Tuch, das der Beschreibung des Grabtuches entspricht.

413 Überschwemmung in Edessa.

492 Gelasius wird Papst (Pontifikat 492–496). In dem ihm zugeschriebenen sogenannten *Decretum Gelasianum* werden die mutmaßlichen Briefe von Abgar und Jesus als apokryph eingestuft. Seitdem wird die Abgar-Legende von der Westkirche verworfen, die Ostkirche hält dagegen an ihr fest.

494 In Edessa werden die sterblichen Überreste des Jüngers Thaddäus (Addai), der Edessa christianisiert haben soll, in die Kirche des hl. Johannes des Täufers überführt, die nach Berichten arabischer Geographen »in der Stadtmitte neben der Kirche der heiligen Muttergottes« stand.

Vor 500 Einer georgischen Handschrift zufolge nahm Joseph aus Arimathäa das Blut Jesu mit dem Leinentuch auf, das Seinen Leib bedeckte: »Ich [Joseph] aber stieg den heiligen Berg Golgatha hinauf, wo das Kreuz des Herrn stand, und nahm das kostbare Blut, das aus seiner Seitenwunde geflossen war, mit einer Kopfbinde und einem großen Tuch auf.« Vermutlich war bekannt, daß das Grabtuch Jesu blutbefleckt war. Hierbei kann es sich um den Vorläufer der Gralssage gehandelt haben.

502 Edessas Stadtmauern werden instandgesetzt und die Stadttore mit Steinen bekragt. Möglicherweise hat man bei diesen Arbeiten das Edessabild wiederentdeckt.

503 Der persische Angriff auf Edessa wird zurückgeschlagen. Die Edessener behaupten, »Christus steht vor den Toren«.

507 Die Chronik des Josua Stylites wird fertiggestellt; darin wird das Edessabild nicht erwähnt.

521 Tod Jakobs von Sarug, eines Gelehrten aus Edessa; seine umfangreichen Schriften enthalten keinen Hinweis auf das Edessabild.

525 Schwere Überschwemmung in Edessa. 30 000 Menschen – ein Drittel der Stadtbevölkerung – sterben, viele bedeutende Gebäude, darunter auch die Kathedrale, werden zerstört.

527 Kaiser Justinian besteigt in Konstantinopel den Thron. Er ordnet für Edessa den Bau von Kanälen und eines Bollwerks an, damit Überschwemmungen in Zukunft vermieden werden können. Die Stadtmauern werden wiederaufgebaut. Möglicherweise wurde damals die Nische, in der das Edessabild versteckt wurde, geöffnet **und das Tuch wiedergefunden.**

Um 530 Ein Kopist fügt im *Liber Pontificalis* ein, daß ein britischer König namens Lucius Papst Eleutherus gebeten habe, christliche Missionare zu schicken. Möglicherweise handelt es sich um eine Verwechslung mit Lucius Abgar VIII. von Edessa, einem Zeitgenossen von Papst Eleutherus, der in der *birtha* von Edessa residierte.

Taucht das Grabtuch als Edessabild, und somit als historischer Gegenstand, wieder auf?

544 Der Perser Khosrev belagert erfolglos Edessa.

Um 546 Der Historiker Prokop von Kaisareia, der die persische Belagerung tatsachengetreu schildert, erwähnt kein Tuch mit dem Bildnis Christi, das die Stadt geschützt haben soll; vielmehr schreibt er die Standhaftigkeit der belagerten Stadt dem Mut und dem Einfallsreichtum ihrer Bewohner zu. Dem Chronisten Euagrius zufolge, der in seiner *Kirchengeschichte* über die Belagerung Edessas im Jahre 544 berichtet, wurde der persische Angriff »von dem gottgeschaffenen Bildnis *[theoteúkon eikeru]*, das nicht von Menschenhand geschaffen [war]«, zurückgeschlagen. Als alles verloren schien, hatte der Bischof eine Vision und entdeckte so offenbar das Versteck des Tuchbilds. Dies ist eine der ältesten Erwähnungen des Edessabildes; besonders hervorgehoben ist dabei der Umstand, daß das Bildnis nicht von Menschenhand gemacht war, was auch eines der Hauptmerkmale des Grabtuches ist.

569 Die syrische Hymne *soughita* besingt die Schönheit von Edessas neuer Kathedrale und vergleicht ihr Marmorwerk mit dem »Bildnis – kein Werk Sterblicher«. Neben der Erwähnung bei Euagrius ist dies der älteste erhaltene historische Verweis auf das Edessabild; in beiden Fällen wird das Bildnis explizit nicht als Werk eines Künstlers eingestuft.

Vor 600 In den *Acta Thaddaei*, einem spätestens um diese Zeit entstandenen Bericht über die Christianisierung Edessas, heißt es, Jesus habe sein Antlitz an einem *tetrádiplon*, einem »viermal doppelt gefalteten« Tuch, getrocknet, und seine Gesichtszüge hätten sich im Tuch abgedrückt. Dies kann ein Hinweis darauf sein, daß das Tuch sehr lang war und deshalb gefaltet werden mußte.

639 Die Muslime erobern ohne großes Blutvergießen Edessa. Zu dieser Zeit gibt es in der Stadt Glaubensgemeinschaften der Nestorianer, Monophysiten und Orthodoxe, die auch unter den neuen Herrschern geduldet werden.

Um 692 Der byzantinische Kaiser Justinian II. läßt Goldmünzen schlagen, die das Bildnis des Thronenden Christus zeigen; zum erstenmal erscheint das Antlitz Jesu auf einer Münze. Die Darstellung ist dem Edessabild nachempfunden und weist eine große Ähnlichkeit mit dem Grabtuch auf.

723 In den folgenden 120 Jahren wüten Bilderstürmer im byzantinischen und muslimischen Reich; zahllose Ikonen und andere, von Künstlern geschaffene Bildnisse Jesu Christi werden zerstört, doch das Edessabild, als Abdruck offensichtlich nicht von einem Künstler angefertigt, übersteht den ikonoklastischen Furor.

Um 730 Johannes Damaskenos (um 675–745) verurteilt in seinem Traktat *Über den orthodoxen Glauben* die Bilderstürmerei. Über das Edessabild schreibt er: »Die Legende will, daß Abgar, als er König von Edessa war, einen Porträtmaler zu Jesus ausgesandt hat, um ein Bildnis des Herrn zu malen. Geblendet von Seinem strahlenden Antlitz, konnte der Maler nicht arbeiten, und der Herr selbst bedeckte Sein Angesicht mit einem *himátion*, bildete sein Antlitz darauf ab und sandte es Abgar, um ihm zu Diensten zu sein.« Ein *himátion* war in der Antike das normale Oberkleid der Griechen: ein gerade geschnittenes Gewand, das etwa zwei Meter breit und drei Meter lang war.

Um 750 Beda Venerabilis verfaßt in England die *Kirchengeschichte des englischen Volkes*, begeht dabei allerdings denselben Fehler, der schon im 200 Jahre älteren *Liber Pontificalis* enthalten ist, und verwechselt Lucius Abgar VIII. von Edessa mit einem »britischen« König Lucius.

787 Leon der Anagnost berichtet während des Ökumenischen Konzils in Nikäa, daß er Edessa besucht und gesehen habe, daß »das heilige Bild, das nicht von Menschenhand gemacht ist, von den Gläubigen verehrt und angebetet wurde«.

943 Frühjahr: Der alte byzantinische Kaiser Romanos, der den Thron von dem rechtmäßigen Erben Konstantin Porphyrogennetos usurpiert hat, entsendet Truppen unter Führung von Johannes Kurkuas nach Edessa. Diese sollen mit den Muslimen über die Übergabe des Edessabildes verhandeln. Kurkuas stellt dem Emir von Edessa in Aussicht, daß er die Stadt verschonen, 200 muslimische Gefangene freilassen, 12000 Silberstücke bezahlen und daß Byzanz Edessa nie mehr angreifen werde, wenn ihm das Tuch mit dem Bildnis Christi übergeben würde. Nach langen Beratungen stimmen der Kalif und seine Kadis zu. Ein Bischof im Gefolge von Kurkuas' Armee nimmt im Namen des Kaisers das Tuchbild entgegen. Die edessenischen Christen versuchen zwar, ihm anstelle des Originals eine Fälschung auszuhändigen, doch schließlich erhält der Bischof das originale Bild, das nach Konstantinopel überführt wird.

Gelangt das Grabtuch als »Edessabild« nach Konstantinopel?

944 15. August (Mariä Himmelfahrt): Das Tuchbild erreicht Konstantinopel. In der Kirche der hl. Maria zu Blachernai, dem Aufbewahrungsort des Gewandes der Muttergottes, wird es niedergelegt und von Mitgliedern der kaiserlichen Familie verehrt. Der kunstbeflissene spätere Kaiser Konstantin Porphyrogennetos konnte angeblich das Bildnis gut sehen, doch Stephan und Konstantin Lepakenoi, die beiden Söhne des regierenden Kaisers Romanos, fanden es schwierig, das Antlitz zu erkennen. In derselben Nacht wird das Tuchbild auf einer Galeere zum Bukoleonpalast gebracht und in der Pharoskapelle niedergelegt.

16. August: Das Tuchbild wird in seinem Schrein um die Stadtmauern von Konstantinopel getragen, dann in die Hagia Sophia gebracht und auf den »Gnadenthron« gelegt. Der Erzdiakon der Hagia Sophia, Gregor, preist in einer Homilie, daß es nicht nur »die Schweißtropfen aufnahm, die in der Todesnot [in Gethsemane] wie Blut vom Antlitz [Christi] rannen«, sondern auch »Blut und Wasser *[haíma kaí hydór]* aus seiner Seitenwunde«. Das zeigt, daß das Tuch nicht nur das Bildnis Jesu, sondern **auch Spuren von Blut aufwies; somit muß der Abdruck nach der Kreuzabnahme entstanden sein und dieselben Merkmale wie das Turiner Grabtuch besessen haben.**

Um 945 27. Januar: Konstantin Porphyrogennetos besteigt als rechtmäßiger Kaiser den Thron. Kurz danach läßt er eine Goldmünze mit einem eindrucksvollen, grabtuchähnlichen Christusbild und der Inschrift »Rex Regnantium«, König der Könige, prägen; Numismatikern zufolge handelt es sich bei der Darstellung auf der Münze um das Mandylion, das im August des Vorjahres nach Konstantinopel überführt worden war. Seit dieser Zeit weist die Hartwährung des byzantinischen Kaiserreiches den Heiligenschein Jesu mit drei Kreisen auf jedem Strahl auf, was wahrscheinlich ein Hinweis auf die von Schürhaken verursachten Brandlöcher im Grabtuch war (diese Beschädigung könnte während des Bildersturms verursacht worden sein, was allerdings nicht gesichert ist). Kaiser Konstantin gibt die *Narratio de imagine Edessena*, eine Chronik des Edessabildes, in Auftrag. Ihr zufolge ist das Bild durch »nasse Feuchtigkeit ohne Farbtönung und Malkunst« entstanden. An anderer Stelle ist vermerkt, daß es »durch Schweiß, nicht durch Farbstoffe erschaffen wurde«. Im Text gibt es zwei voneinander abweichende Erklärungen für die Entstehung des Bildes: erstens, daß sich Jesus damit abgewaschen hat; zweitens, daß das Bildnis durch den »Blutschweiß« entstand, der im Garten Gethsemane von Seinem Antlitz rann (»sein Schweiß war wie Blut«, Lukas 22,44).

958 Um den Mut seiner Truppen in Kleinasien zu heben, verfaßt Konstantin VII. Porphyrogennetos einen Brief an seine Armee und sendet ihr zudem Wasser, das an heiligen Reliquien geweiht wurde: » ... die heiligen und verehrungswürdigen Wappen der Passion Christi, unseres wahren Herrn; das wahre Kreuz ... das bildnistragende Tuch [síndon] und andere Signa seines geheiligten Leidens«. Dies ist die erste schriftliche Erwähnung von Jesu Grabtuch in Konstantinopel; sie erklärt sich nur dadurch, daß das Edessabild und das Grabtuch, das heute in Turin aufbewahrt wird, identisch sind.

959 Tod Konstantins VII. Porpyhrogennetos. Zuvor hatte er das Felsengrab in Jerusalem mit Marmor verkleiden lassen. Drei runde Löcher wurden hineingeschnitten, durch die Pilger das Grab sehen konnten. Diese Löcher ähneln sehr stark den »Schürhakenspuren« im Grabtuch; es kann also eine historische Verbindung bestehen.

965 (bis 975) St. Ethelwold von Winchester, ein ehemaliger Mönch aus Glastonbury (908–984), verfaßt die Concordia regularis, ein liturgisches Stück, in dem der Geistlichkeit das sudary (»Schweißtuch«)

als Beweis für die Auferstehung Jesu Christi aus dem Reich der Toten vorgehalten wird.

968 Der byzantinische Kaiser Nikephoros Phokas läßt das *kerámion,* den Ziegel, der angeblich zusammen mit dem Edessabild gefunden wurde, von Hierapolis nach Konstantinopel bringen.

977 Papst Benedikt VII. gewährt einer Gruppe flüchtiger griechischer Mönche unter Führung von Sergius, dem Metropoliten von Damaskus, in Rom Asyl und überläßt ihnen die fast aufgelassene Kirche des hl. Bonifaz. Innerhalb von zehn Jahren nach ihrer Ankunft in Rom bauen sie den Alexius-Kult auf. In ihrer Version der Alexius-Legende führt der Ruhm des Mandylion mit Jesu Antlitz den jungen Alexius nach Edessa, wo er zum Bettler wird. In der Vita Alexii wird das Bild bezeichnet als »ein Bildnis Jesu Christi, unseres Herrn, welches nicht von Menschenhand auf eine sindon gebracht wurde« (dieser Begriff wird auch in den Evangelien für das Grabtuch benutzt). In einem anderen lateinischen Text (Codex Mon. Aug. S. Ulr. 111) heißt es:

»[Alexius kam] in die Stadt Edessa, ... in der ein blutiges Bild des Herrn aufbewahrt wird. ... Es ist nicht von Menschenhand gemacht, wird aber geziemlich als ... Sein Antlitz betrachtet."

Um 990 In einer Vita des Asketen Paul vom Berg Latros wird zum erstenmal für das Edessabild der Begriff »Mandylion« verwendet. Der Verfasser behauptet, ohne jemals den Berg Latros verlassen zu haben, wurde Paul eine wundersame Vision des »Bildnisses Christi zuteil, das nicht von Menschenhand stammt und gemeinhin ›das heilige Mandylion‹ geheißen wird«.

1011 Am 23. November, dem Tag des hl. Klemens, weiht Papst Sergius IV. (Pontifikat 1009–1012) einen Altar in der Kapelle Johannes´ VII. dem sudarium. Dies ist die erste bekannte Erwähnung des Tuchs mit dem Bildnis Jesu als »Veronika« von Rom. Dieses Veronika-Bild scheint eine Kopie vom Antlitz Jesu auf dem Edessabild/Grabtuch gewesen zu sein, die wohl eigens vor der Trennung von West- und Ostkirche für den Vatikan angefertigt wurde.

1036 Das Mandylion soll in einer Prozession durch Konstantinopel getragen worden sein.

1054 Kardinal Humbert von Silva Candida belegt die Ostkirche mit der Bannbulle, da er über deren Darstellungen des gekreuzigten Jesus Christus schockiert ist.

1058 Der arabische Schriftgelehrte Abu Nasr Yahya behauptet, das Mandylion in der Hagia Sophia von Konstantinopel gesehen zu haben.

1063 Ein Menolog, ein Stundenbuch, der Abgar-Legende wird abgefaßt. Es befindet sich heute in Moskau.

1078 Die Seldschuken erobern Jerusalem, besetzen die heiligen Stätten und vertreiben die Kreuzritter.

Um 1100 Spätestens zu dieser Zeit entsteht eine byzantinische Elfenbeinschnitzerei, heute im Viktoria and Albert Museum in London, die einen auf einem Tuch liegenden Jesus im selben Gestus wie auf dem Turiner Grabtuch zeigt (Bildtafel 34b). Aus der gleichen Zeit stammt die sogenannte Stroganow-Ikone in der Eremitage von St. Petersburg mit einer ähnlichen Darstellung des toten Jesu als Lamm Gottes; sie trägt die Inschrift: »Christus liegt im Tod, sich als Gott offenbarend.«

Um 1130 In einer in Westeuropa verbreiteten Predigt, die sich auf eine Homilie Papst Stephans II. aus dem Jahr 769 bezieht, heißt es, daß das Edessabild den ganzen Leib Jesu darstelle: »Auf dieses Linnen haben sich – wie wundersam es ist, so etwas zu sehen oder gar zu vernehmen – die wunderbaren Züge des herrlichen Antlitzes und die erhabene Gestalt seines ganzen Leibes so göttlich übertragen, daß all jene, die den Herrn nicht im Fleische sahen, ihn nun verwandelt auf dem Linnen erblicken können.« Es wird also explizit gesagt, daß man auf dem Edessabild das Abbild von Jesu ganzem Leib sehen konnte.

Ordericus Vitalis (1075–um 1143), der aus England gebürtige Mönch von St. Évroult in der Normandie, schreibt in seiner *Historia Ecclesiastica:* »Abgar regierte als König von Edessa. Ihm sandte

Jesus, der Herr ... ein sehr kostbares Tuch, mit dem er den Schweiß von seinem Angesichte trocknete und auf welchem des Heilands Bild auf wunderbare Weise abgebildet erscheint: welches des Herrn körperliche Gestalt und Größe den Hinblickenden erkennen läßt.«

1144 Edessa fällt an die Türken. Obwohl die Gebeine Abgars und Addais ihren in der Kirche des hl. Johannes des Täufers befindlichen Sarkophagen entnommen worden waren, können sie wieder eingesammelt werden. Man bringt sie in die Kirche des hl. Theodor.

1147–1149 Nach der Rückeroberung durch die Kreuzritter wird Edessa unter großem Blutvergießen von den Türken bald von neuem erobert. Die Stadt wird erbarmungslos geplündert, und die Kirchen werden in Schutt und Asche gelegt. Edessa ist nun ausschließlich moslemisch – alle Spuren des Christentums werden vollständig getilgt.

1147 Graf Heinrich I. von Champagne reist nach Konstantinopel, wo ihn Kaiser Manuel I. Komnenos (1143–1180) empfängt. Ungefähr dreißig Jahre später kursieren in der Champagne Gralssagen. In einer wird geschildert, wie anläßlich einer Messe ein wundersames Bild des gekreuzigten Jesu erscheint.

1149 Am 15. Juli wird in Jerusalem die Grabeskirche geweiht, die von den Kreuzrittern wiederaufgebaut wurde.

Aus demselben Jahr stammt die erste bekannte Darstellung der Füße Christi (in Bronze) auf einem Taufbecken im belgischen Tirlemont; wie auch auf dem Grabtuch sind die Füße mit nur einem Nagel durchbohrt. Diese Darstellung findet in der Westkirche weite Verbreitung und wird stilbildend.

Um 1150 Ein englischer Pilger berichtet von einem Goldbehältnis, einer *»capsula (aurea)«*, in Konstantinopel, »in der das *mantile* aufbewahrt wird, das, auf das Angesicht des Herrn gelegt, das Bildnis seines Antlitzes bewahrte«. Dieser Pilger erwähnt auch ein *»sudarium,* welches über sein Haupt gelegt ward«.

1171 Der Chronist Wilhelm von Tyrus (um 1130–um 1185), der sich im Troß König Amalrichs I. von Jerusalem befand, als dieser Manuel I. in Konstantinopel besuchte, schreibt, daß ihm die Gunst zuteil wurde, »die kostbaren Signa der Passion Jesu Christi unseres Herrn« zu sehen, »das Kreuz, die Nägel, die Lanze, den Schwamm, das Schilfrohr, die Dornenkrone, die *sindon* und die Sandalen.«

Um 1180 Chrétien de Troyes, ein Epiker aus der Champagne, verfaßt für den Grafen Philipp von Flandern die Gralssage *Perceval oder die Geschichte vom Gral.* Für Chrétien war der Gral trotz der Mißverständnisse der französischen Miniaturisten eindeutig kein Kelch, sondern eher eine Schale.

1190 In Konstantinopel taucht eine anonym erstellte Inventarliste auf, die unter den Reliquien der Stadt ebenfalls verzeichnet: (1) »einen Teil des Linnens *[linteaminum],* in welches der gekreuzigte Leib Christi eingehüllt war«; (2) die *sindon;* (3) »das Tuch, das der Herr König Abgar von Edessa übersandte und auf dem Er selbst Sein Angesicht abbildete«.

Um 1192 Der Illustrator des Pray-Manuskripts (Bildtafel 35a) stellt einen völlig unbedeckten Jesus im Tod dar, seine Hände sind gekreuzt, so wie es das Turiner Grabtuch zeigt. Er liegt auf einem Tuch, das deutlich als Doppeltuch, das über dem Kopf zusammengeschlagen wird, ausgewiesen ist.

Aus derselben Zeit stammt die erste künstlerische Darstellung des *Melismos,* einer Eucharistieszene, die den toten Christus mit seinen Kreuzigungswunden – wie auf dem Grabtuch – als Lamm Gottes darstellt und stark an die Schilderungen in den Gralssagen erinnert. Sie ist im Ort Kurbinovo an der heutigen Grenze von Griechenland zu Serbien erhalten geblieben.

Ausgehendes 12. Jahrhundert Eine isländische Quelle unbekannter Herkunft verzeichnet die Reliquien in Konstantinopel: »An bestimmten altehrwürdigen Orten Konstantinopels befinden sich das Schriftstück, das der Herr von eigener Hand verfaßte, eine Lanze, Nägel, Dornenkrone, Rock, Geißel, Kelch, Gewand, Sandalen, der Stein, der dem Haupt des Herrn im Grab unterlegt war, und Tuchbinden mit einem Schweißtuch und dem Blut des Herrn.«

1201 Nikolaos Mesarites, Kustos der Reliquiensammlung im Großen Palast zu Konstantinopel, erwähnt in einer Auflistung die »Begräbnis-Sindones *[entáphioi síndones]* Christi: » ... aus einem Linnen von billigem und leicht erhältlichem Material. Immer noch duften sie nach Myrrhe und widerstehen dem Verfall, weil sie den geheimnisvollen, nackten toten Leib nach der Passion einhüllten.« Und er fährt fort: »An diesem Ort ersteht Er [Jesus] wieder auf, und das Sudarium und die Begräbnis-Sindones sind der Beweis.« In derselben Aufzeichnung erwähnt Mesarites auch ein »*cheirómaktron* [Handtuch, Anm. d. Ü.]« mit dem »Urbild« Jesu, »geschaffen durch eine gewisse Kunst der Zeichnung, nicht von Hand gefertigt«.

1202 Beginn des Vierten Kreuzzugs zur Eroberung Konstantinopels und zur Wiedereinsetzung des kurz zuvor gestürzten byzantinischen Kaisers. Auch Gautier de Montbéliard, mutmaßlicher Mäzen Robert de Borons, Autors eines Gralsromans, nimmt an diesem Kreuzzug teil.

1203 17. Juli: Die Kreuzfahrer erstürmen die Mauern von Konstantinopel. Der Usurpator Alexios III. flieht, die Byzantiner holen den geblendeten Exkaiser Isaak aus dem Gefängnis. Sie krönen ihn zum Kaiser und beenden den Kampf. Die Kreuzritter halten sich als Gäste in der Stadt auf und warten auf eine Vergütung ihrer Dienste. Das Klima zwischen den Einwohnern Konstantinopels und den schwerbewaffneten Kreuzfahrern aus dem Westen wird unterdessen immer angespannter. Robert de Clari aus der Picardie berichtet, in der Kirche der hl. Maria von Blachernai zu Konstantinopel die *»syndoine«* gesehen zu haben, »in die unser Herr gehüllt war. Jeden Freitag stand sie aufrecht [se drechoit tous drois, ›se dressait tout droit‹], so daß die Gestalt unseres Herrn dort deutlich zu sehen war.« Hierbei handelt es sich wohl um das Edessabild, das mittels einer in byzantinischer Zeit gebräuchlichen Vorrichtung aufrecht gezeigt werden konnte.

1204 12. April: Die Kreuzfahrer sind verärgert, da ihre Bezahlung immer noch aussteht, die Stadttore sind ihnen wieder verschlossen. Sie greifen Konstantinopel an, erobern es ein zweites Mal und ziehen plündernd und brandschatzend durch die Stadt. Die Truppen unter Bonifaz II., Marquis de Montferrat, besetzen den Stadtteil Blachernai.

Garnier de Trainel, der Bischof von Troyes, verzeichnet und sichert alle Reliquien aus der kaiserlichen Kapelle, aber weder das Mandylion noch die *syndoine*, falls es sich bei der von Robert de Clari erwähnten *syndoine* um eine eigene Reliquie handelte, finden sich auf dieser Liste. Robert de Clari bestätigt dies, denn von der *syndoine* wußten nach seinen Worten »weder Griechen noch Franzosen, was daraus geworden ist«. Auch das *Kerameion* verschwindet spurlos. Wenn das Edessabild und das Turiner Grabtuch identisch sind, so haben wir es hier mit einem zweiten und noch ominöseren Verschwinden des Tuches zu tun.

Das Grabtuch verschwindet zum zweiten Mal, sein Aufbewahrungsort ist unbekannt

1205 1. August: Theodor, der Bruder von Michael Angelos, dem Despoten von Epirus, das nach dem Fall von Konstantinopel unter byzantinischer Herrschaft geblieben ist, schreibt im Namen seines Bruders an Papst Innozenz III. und beklagt die Plünderung christlicher Reliquien im Jahr zuvor: »Die Venezianer bemächtigten sich der Gold-, Silber- und Elfenbeinschätze, die Franzosen der Reliquien, wobei sie auch die heiligste aller Reliquien nahmen, das Tuch, in welches unser Herr Jesus nach Seinem Tode und vor Seiner Auferstehung gehüllt war. Wir wissen, daß die heiligen Gegenstände von ihren Dieben in Venedig, in Frankreich und an anderen Orten aufbewahrt werden, so das heilige Linnen in Athen.« Das kann bedeuten, daß das Grabtuch nach Athen gebracht wurde; Athen kam unter die Herrschaft des französischen Kreuzfahrers Othon de la Roche, der einem Stammbaum zufolge ein Vorfahre von Jeanne de Vergy, der Frau Geoffroys I. de Charny, war. Da dieses Dokument nur als Abschrift erhalten ist, ist seine Authentizität fraglich.

1209 Morea [Achaia, Peleponnes, Anm. d. Ü.] wird unter den Kreuzfahrern aufgeteilt. Hugo von Lille und Charpigny, ein Vorfahre der Gemahlin von Geoffroys I. Bruder Dreux, bekommt die Baronie La Vostice, heute die kleine Hafenstadt Aigion, zugesprochen.

Um 1210 Der fränkische Ritter und Dichter Wolfram von Eschenbach verfaßt den Gralsroman Parzival; darin treten die Templer als Hüter der Gralsburg Munsalvaesche auf. Um dieselbe Zeit wird wahrscheinlich von einem Kaplan im Auftrag eines nordfranzösischen oder belgischen Adelshauses der Gralsroman Perlesvaus geschrieben. Darin wird der Gral als ein Gefäß geschildert, in dem das Blut Christi aufgefangen worden war; Gawain erblickt das große Geheimnis: ein Kelch, der sich (wie beim *Melismos)* in ein Kind und dann in den Gekreuzigten verwandelt. Am Anfang des Epos wird auch geschildert, wie Artus an einer Messe teilnahm und ihm schien » ... der Eremit hielt einen Mann im Arm, der an der Seite blutete ... [an] Händen und Füßen und der eine Dornenkrone trug ... Dann ... war ihm, als würde sich der Leib des Mannes [wieder] in die Gestalt des Kindes verwandeln.«

Um 1211 Über das Edessabild schreibt Gervasius von Tilbury in seiner Chronik *Otia imperialia:* »Aus altehrwürdigen Quellen ist überliefert, daß der Herr selbst Seinen ganzen Leib auf das schneeweiße Leinen bettete und durch göttliches Werk das wunderbare Abbild nicht nur des Angesichts, sondern des ganzen Leibes [toto corpore] des Herrn auf das Linnen abgedrückt wurde.«

Um 1220 Umfassende Neugestaltung der Fresken in der erst 40 Jahre zuvor erbauten Heiliggrabkapelle in der Kathedrale von Winchester. Die neue Darstellung der Kreuzabnahme zeigt nun Joseph von Arimathäa oder Nikodemus, der ein großes Tuch hält, das wie das Turiner Grabtuch um den Kopf geschlagen wird und bis zu den Füßen reicht.

1225 Othon de la Roche, Herrscher von Athen – wo sich laut Theodor Angelus das Grabtuch befinden soll (siehe Eintrag unter 1205) – wird Großmeister des Templerordens.

1247 Balduin II., der letzte Souverän des Lateinischen Kaiserreichs, übergibt auf der Grundlage einer sogenannten Goldenen Bulle seinem Vetter, König Ludwig IX. von Frankreich, eine Reihe von Reliquien, u.a. auch die Dornenkrone und »einen Teil des *sudarium,* in das Sein Leib im Grab eingehüllt war«.

1306 Spätestens in diesem Jahr stirbt Margareta von Joinville, die Mutter Geoffroys de Charny; es ist auch das letzte mögliche Geburtsjahr des späteren Grabtucheigentümers Geoffroy. Im selben Jahr reist Jacques de Molay, Großmeister der Templer, von Zypern nach Paris, um sich den Anklagen gegen seinen Orden zu stellen und die Gerüchte zu zerstreuen, daß die höheren Ränge des Ordens heimlich ein »bärtiges Haupt« verehrten.

1307 Freitag, 13. Oktober: Auf Order König Philipps des Schönen werden in Frankreich alle Templer, auch Jacques de Molay, in der Morgendämmerung verhaftet. Das mutmaßliche »bärtige Haupt« wird nicht gefunden.

1309 Avignon wird für die nächsten 78 Jahre der Sitz des Papstes; die französischen Päpste betreiben eine Politik im Sinne der Interessen Frankreichs.

1313 Ludwig von Burgund zieht gegen Morea erfolgreich zu Felde. An diesem Krieg nimmt auch Dreux de Charny, der ältere Bruder Geoffroys I., teil. Zum Lohn erhält Dreux die Hand Agnes´ von Charpigny, der Enkelin und Erbin Hugos von Charpigny, des bereits erwähnten Barons von La Vostice.

1314 19. März: Jacques de Molay, Großmeister der Templer, und Geoffroy de Charny, Ordensmeister der Normandie, werden zu lebenslanger Haft verurteilt. De Molay und de Charny beteuern ihre Unschuld und behaupten, unter Folter falsche Geständnisse abgelegt zu haben. Am selben Abend werden sie auf dem Scheiterhaufen verbrannt. Dieser Geoffroy de Charny könnte ein Verwandter des späteren Grabtucheigentümers Geoffroy I. de Charny gewesen sein.

1321 Für den serbischen König Stephan Uro II. wird der »Epitaphios« geschaffen, eine Stickerei auf einem liturgischen Tuch, die den toten Christus liegend darstellt und auffallende Übereinstimmungen mit dem Grabtuch aufweist.

1325 Spätestens in diesem Jahr stirbt Dreux de Charny.

1337 Beginn des Hundertjährigen Krieges. Erste Erwähnung des Grabtucheigentümers Geoffroy de Charny. Er nimmt als *bachelier*, als Ritter, der noch kein Lehen durch Heirat oder Erbe bekommen hat, unter Raoul, Herzog von Brienne und *connétable* von Frankreich, an den Schlachten im Languedoc und in der Guyenne teil.

1340 Geoffroy I. de Charny gehört zur »Blüte des Rittertums«, die das von der Armee des englischen Königs Edward III. belagerte Tournai erfolgreich verteidigt.

1341 Geoffroy I. ist in Angers, wo er sich auf einen Feldzug unter Führung des Herzogs der Normandie vorbereitet: Ziel dieser Kampagne ist es, die Engländer aus der Bretagne zu vertreiben.

1342 30. September: Geoffroy de Charny hat in der Schlacht von Morlaix in der Bretagne das Kommando über die erste Welle der berittenen Armee. Sein Angriff wird zurückgeschlagen. Fünfzig Ritter des Hochadels werden getötet, Geoffroy de Charny wird von Richard Talbot gefangengenommen und nach Goodrich Castle, Talbots Hauptsitz, in Herefordshire gebracht. In einem englischen Adelspatent aus der Mitte des 14. Jahrhunderts wird erwähnt, daß Geoffroy nach Frankreich zurückgekehrt sei, »um Lösegeld zu holen«. Die zeitlichen Angaben weichen zwar voneinander ab, doch das Lösegeld scheint relativ schnell bezahlt worden zu sein, denn Ende des Jahres soll Geoffroy die Nachhut einer Armee kommandiert haben, die bei Vannes in der Bretagne gegen die Engländer geführt wurde. Das muß vor dem 19. Januar 1343 gewesen sein, denn an diesem Tag schließen Frankreich und England eine dreijährige Waffenruhe.

1343 13. Juni: Philipp VI. gewährt Geoffroy I. de Charny eine Rente von 120 Livres für die Errichtung einer Kirche und eines Kapitels in Lirey.

1345 Geoffroy de Charny nimmt unter Humbert II., Dauphin von Viennois, an einem Feldzug nach Kleinasien teil. In Marseille sticht er ein See; in seinem Epos *Livre Charny* beschreibt er sehr anschaulich die Mühen der Überseereise, so beispielsweise die Seekrankheit. Es wird erwähnt, daß er als Lohn für seine Dienste von Humbert Zuwendungen erhält.

1346 2. August: Nach seiner Rückkehr nach Frankreich und der Belagerung von Aiguillon in Südwestfrankreich wird Geoffroy zum *chevalier* geschlagen.

Winter: Geoffroy verteidigt die Stadt Béthune gegen die Flamen.

1347 Juli: Geoffroy de Charny gehört zur königlichen Delegation, die in Sangatte bei Calais mit dem englischen König Edward III. darüber verhandelt, die Belagerung von Calais aufzuheben, gegen die die Franzosen militärisch machtlos sind. Die Verhandlungen scheitern; die hungernde Bevölkerung von Calais muß sich kurz darauf den Engländern ergeben.

Bestimmten Quellen zufolge erhält Geoffroy in diesem Jahr den Titel *porte-oriflamme* verliehen, Träger der heiligen königlichen Schlachtstandarte. Im Beisein des Königs und anderer Würdenträger leistet er barhäuptig und auf Knien den traditionellen Schwur: »Ich schwöre und verspreche beim kostbaren, heiligen Leib Jesu Christi hier … daß ich die oriflamme höchstselbst treu tragen und halten und sie nicht aus Angst vor dem Tod oder aus anderen Gründen aufgeben werde …«

1348 Januar: Geoffroy de Charny wird in den Kronrat Philipps VI. aufgenommen.

Oktober: Philipp VI. schenkt Geoffroy ein Haus in der Rue Petit Marais in Paris.

In diesem wie auch in den folgenden Jahren wütet in Europa die Pest und rafft die Menschen massenweise dahin. Möglicherweise verliert Geoffroy bei der Epidemie seine erste Frau Jeanne de Toucy, deren Todestag allerdings nicht bekannt ist.

Im selben Jahr wird Geoffroy zum Gouverneur von St. Omer ernannt und vom König mit allen militärischen Machtbefugnissen ausgestattet.

1349 3. Januar: Geoffroy bestätigt die Schenkung von Land und zahlt jährlich 140 Livres an die Stiftsherren von Lirey, um deren Auskommen zu sichern. In der Kirche von Lirey wird später das Grabtuch aufbewahrt und ausgestellt.

17. Januar: Geoffroy de Charny nimmt in der Abtei von Lis bei Melun an der Beratung zwischen Philipp VI., dem Erzbischof von Rouen, dem Erzbischof von Laon, dem Abt von Corbie und anderen Würdenträgern des Reichs teil.

16. April: Geoffroy de Charny schreibt an Papst Klemens VI. und setzt ihn von seiner Absicht in Kenntnis, in Lirey eine Kirche mit fünf Kanonikern und einer Pfründe zu stiften. Er bittet, Guillaume de Bazarnes de Toucy, einen Onkel seiner verstorbenen Frau, als einen der Stiftsherren einsetzen zu dürfen. Dieser Wunsch wird ihm gewährt, wegen Geoffroys Gefangennahme aber nicht vollzogen (siehe Eintrag unter 1350).

19. April: Philipp VI. gewährt Geoffroy de Charny und seinen Erben ein Einkommen von 5500 Livres. Dies soll nicht mehr wie früher als Apanage auf Lebenszeit in Höhe von jährlich 1000 Livres aus Philipps Schatzkammer gezahlt, sondern aus den ersten Abgaben aus den *bailliages*, einer Art früher Verwaltungsbezirke, von Toulouse, Beaucaire und Carcassonne bestritten werden. Diese Zuwendungen werden auch Geoffroys Erben zuteil – ein entscheidender Hinweis darauf, daß er Nachkommen hatte. Daraus kann man schlußfolgern, daß die Geburt seines Sohnes, der als Geoffroy II. bekannt ist, nicht sehr lange zurücklag.

26. April: Geoffroy sendet eine weitere Bittschrift an Klemens VI.

Von St. Omer aus, wo Geoffroy auf Befehl Philipps VI. stationiert ist, plant er die Rückeroberung des von den Engländern besetzten Calais. In Geheimgesprächen mit dem aus der Lombardei stammenden Amerius von Pavia, der als Kommandant der Festung von Calais in englischen Diensten steht, handelt er aus, daß Pavia das französische Heer gegen eine Zahlung von 20000 Écus in die Stadt hineinläßt.

31. Dezember: Nachts kommt Geoffroy de Charny mit dem Bestechungsgeld und Soldaten nach Calais; er weiß nicht, daß Pavia als Doppelagent tätig ist und Edward III. von der Absprache in Kenntnis setzte, woraufhin Edward die Garnisonstruppen in Calais verstärkte. In voller Rüstung unter dem Banner Walter Maunys überfällt der englische König zusammen mit seinem Sohn Edward, dem Schwarzen Prinzen, und weiteren Vertrauten Geoffroys Truppe aus dem Hinterhalt. Es kommt zu einem heftigen Gefecht, die Franzosen werden vertrieben, doch Geoffroy wird verletzt und zum zweiten Mal gefangengenommen.

1350 1. Januar: Edward III. behandelt seinen Gefangenen mit beispielhafter Ritterlichkeit. Er läßt ihn nach England bringen, wo er eine bestimmte Zeit in Gefangenschaft verbringen soll.

Tod Philipps VI. Geoffroys Befehlshaber besteigt als Johann II. der Gute den französischen Thron.

Trotz der Verheerungen durch die Pest und die Schwächung Roms durch die Abwesenheit des Papstes begehen von Weihnachten bis Ostern annähernd eine Million Pilger die Feierlichkeiten zum Heiligen Jahr – Höhepunkt ist die Ausstellung der Veronika im Petersdom zu jedem Sonn- und Feiertag, was so viele Besucher anzieht, daß Todesfälle durch Ersticken oder Niedertrampeln keine Seltenheit sind.

1351 31. Juli: Gegen ein Lösegeld von 12000 Goldécus aus der Kasse Johanns des Guten wird Geoffroy freigelassen.

September: Geoffroy nimmt an den Verhandlungen zur Verlängerung der Waffenruhe zwischen England und Frankreich teil. Kurz danach überfällt er in einem nächtlichen Überraschungsangriff die Festung des Verräters Pavia. Er bringt ihn in sein Lager in St. Omer, verurteilt ihn wegen seines Wortbruchs zum Tode und läßt ihn enthaupten.

1352 6. Januar: Geoffroy de Charny wird in den neu gegründeten Ordre de l'Étoile, den »Sternenorden«, eine religiös-militärische Bruderschaft im Stil der Tafelrunde und der Templer, aufgenommen.

1353 Juni: Geoffroy de Charny erhält für die Gründung der Kirche von Lirey von Johann dem Guten eine jährliche Rente von 140 Livres. Auf einer Tafel der im 16. Jahrhundert wiederaufgebauten Kirche steht, sie sei ursprünglich »aus Holz ... sehr klein und bedeutungslos und wartete auf glücklichere Zeiten ...«

1. Juli: Gründung des Stiftes von Lirey mit vier Stiftsherren und einem Dekan.

1354 Geoffroy de Charny erneuert seine Petition von 1349 – dieses Mal sendet er sie an den Pontifex in Avignon, Gegenpapst Innozenz VI. –, daß die Kirche von Lirey zum Stift erhoben wird. Im selben Jahr wird Heinrich von Poitiers ins Bistum von Troyes bestellt; er wird Capitain und Gouverneur der Stadt.

3. August: Gegenpapst Innozenz VI. gewährt Pilgern Ablaß, die die Kirche von Lirey besuchen.

Im selben Jahr kehrt Philipp von Joinville, Gemahl von Geoffroys Nichte Guillemette de Charny, der Erbin der Baronie La Vostice, nach Frankreich zurück.

Das Grabtuch taucht in Lirey in der Diözese Troyes wieder auf

1355 Dem D´Arcis-Memorandum aus dem Jahr 1389 zufolge wird zu dieser Zeit das Grabtuch zum erstenmal gezeigt. Die Pilger strömen nach Lirey, und Gedenkmedaillons werden geprägt (das einzige erhaltene Exemplar ist im Musée de Cluny in Paris zu sehen). Doch Bischof Heinrich weigert sich, das Grabtuch als echt anzuerkennen; er behauptet, es sei das Werk eines Künstlers, und verbietet seine Ausstellung. Das Grabtuch kommt für die nächsten 34 Jahre in ein Versteck.

20. Februar: Geoffroy de Charny unterzeichnet als Herr von Savoisy und Montfort; diese Lehen hatte er nach der Einnahme des Vermandois, einer Region um Noyon nördlich von Paris, erhalten.

25. Juni: Geoffroy de Charny wird erneut zum *porte-oriflamme* ernannt, zum Träger der Schlachtstandarte des französischen Königs.

1356 Samstag, 28. Mai: In Aix-en-Othe gibt Bischof Heinrich von Poitiers offiziell Geoffroy de Charnys Petitionen statt; die Stiftskirche von Lirey wird geweiht. Bei dieser Gelegenheit wird Geoffroy de Charny – ganz im Gegensatz zu den Behauptungen in dem 34 Jahre später verfaßten D´Arcis-Memorandum – von Heinrich von Poitiers gerühmt: »Wir preisen die Bittschriften in allen Teilen, nehmen sie an und heißen sie gut … Wir selbst wünschen, diese Verehrung so weit als möglich zu unterstützen.« Er erwähnt auch »die fromme Hingebung des besagten Ritters [d. i. Geoffroy], mit der er das Tuch bis zum heutigen Tage verehrte und jeden Tag mehr verehrt«.

Juli und August: Wie berichtet wird, nimmt Geoffroy de Charny an der Belagerung von Breteuil teil. Johann der Gute schenkt ihm als deutlichen Beweis seiner Zufriedenheit für geleistete Dienste ein Herrenhaus in der Nähe des Palais Royal in Paris sowie einen Landsitz in Ville-l´Évêque, das damals vor den Mauern von Paris lag. Beide Häuser gehörten dem ehemaligen Schatzmeister der Königin und wurden konfisziert, als dieser sich in den Dienst des Königs von Navarra stellte.

19. September: Geoffroy de Charny fällt mit der *oriflamme* in der Hand beim letzten Angriff in der Schlacht von Maupertius, König Johann wird gefangengenommen. In einem nahegelegenen Franziskanerkloster wird Geoffroy rasch beigesetzt. Karl, der Sohn Johanns des Guten, der Seite an Seite mit seinem Vater und Geoffroy kämpfte, kann entkommen. Er übernimmt die Regentschaft während der Gefangenschaft seines Vaters.

November: Geoffroys Witwe Jeanne de Vergy bittet den Prinzregenten, die Zuwendungen, die früher ihrem Mann zugestanden wurden, ihrem unmündigen Sohn Geoffroy II. zu gewähren.

1357 5. Juni: Zwölf Bischöfe des Heiligen Stuhls in Avignon gewähren all jenen Ablaß, die die Kirche Ste.-Marie zu Lirey und deren Reliquien aufsuchen und für die Seelen »des Ritters Geoffroy de Charny, des Herrn [von Lirey, Anm. d. Übers.] ... und Jeanne de Toucys, Gemahlin desselben«, beten.

1358 Marodierende englische Banden besetzen das Schloß Heinrichs von Poitiers in Aix-en-Othe und versuchen, Troyes einzunehmen. In dem ganzen Chaos bricht auch noch die Jacquerie aus, der Bauernaufstand, in dessen Verlauf Plünderer große Teile Frankreichs terrorisieren. In Lirey folgt Simon Fratris dem verstorbenen Robert de Ciallac im Amt des Dekans nach. Möglicherweise verläßt Jeanne de Vergy zu dieser Zeit Lirey.

1364 König Johann der Gute stirbt in London. Sein Sohn besteigt als Karl V. den Thron.

1366 Geoffroy II. de Charny wird in einem Zensusbericht, der von seiner Mutter und seinem Stiefvater ausgestellt wird, als *»escuyer, moindre d´age«,* als minderjähriger Junker, bezeichnet.

1367 Aymon von Genf wird zu dieser Zeit als Herr von Lirey erwähnt, was bedeutet, daß er Jeanne de Vergy vor dieser Zeit geheiratet hat.

1370 Karl V. ordnet eine zweite Beisetzung Geoffroys de Charny auf Staatskosten in einem Heldengrab an. In der kürzlich gegründeten und reich ausgestatteten Abbaye des Céléstins in Paris wird er neben Johann II. dem Guten beigesetzt.

25. August: Tod Heinrichs von Poitiers.

1375 Gesandte des Königs berichten, Troyes befinde sich in einem verheerenden Zustand, da die Einwohner nicht mehr in der Lage seien, die hohen Steuern, die zur Zahlung von Lösegeldern und zur Finanzierung der Landesverteidigung erhoben werden, zu bezahlen.

Im selben Jahr wird Geoffroy II. de Charny zum Seneschall für Caux ernannt.

1378 20. September: Robert von Genf, ein Verwandter von Aymon, dem Gemahl Jeanne de Vergys, wird von den Kardinälen, die die Wahl Urbans VI. für ungültig erklären, zum Papst gewählt. Er nimmt den Namen Klemens VII. an. Die Doppelwahl spaltet das Papsttum zwischen Rom und Avignon.

1380 Tod Karls V. Karl VI. folgt ihm unter der Vormundschaft seiner Onkel, der Herzöge von Orléans und Burgund, auf dem Thron nach. Englische Truppen greifen Troyes an, können die Stadt aber nicht einnehmen.

1382 Der junge König Karl VI. rühmt Geoffroy II. de Charny, der in den Diensten des Herzogs von Burgund steht, für seinen Beitrag zum Sieg der Franzosen über die Flamen in der Schlacht von Roosebeke am 21. November.

1388 Tod Aymons von Genf. Jeanne de Vergy wird zum zweiten Mal Witwe. Sie richtet in der Kirche von Genf einen Feiertag ein, um Aymons Seele zu gedenken.

Im selben Jahr wird Geoffroy II. de Charny zum Seneschall des größeren Bezirkes Mantes befördert.

1389 4. August: Ein in Paris von König Karl VI. von Frankreich unterzeichneter Brief befiehlt dem Seneschall von Troyes, das Grabtuch aus der Stiftskirche Ste.-Marie zu Lirey in der Diözese Troyes zu beschlagnahmen: »Der Bischof von Troyes [Pierre d´Arcis, Anm. d. Übers.] hat vor Unserer Kurie erklärt, daß ›in der Stiftskirche von Ste. Marie zu Lirey ein gewisses, handgemachtes und künstlich bemaltes Tuch verwahrt ist, das ein Angedenken an das Bild oder das Abbild des *sudarium* ist, in welches der so kostbare Leib unseres Herrn und Heilands Jesu Christi nach Seiner Passion eingehüllt war‹. Obwohl es die Gläubigen der Gefahr der Götzenverehrung aussetzt, hat der Ritter Geoffroy II. das Tuch selbst zeremoniell ausgestellt oder es ausstellen lassen, als wäre es das wahre *sudarium* Christi, und er hat trotz Unseres Verbotes nicht damit aufgehört. Und so befehligen Wir dir, Bailli, das Tuch zu holen und zu Uns zu bringen, auf daß Wir es in einer anderen Kirche in Troyes in redliche Obhut überstellen.«

15. August: Jean de Venderesse, Seigneur von Marfontainnes und Seneschall von Troyes, berichtet über seinen Gang nach Lirey an Mariä Himmelfahrt: »Wir gingen zur Kirche von Lirey und verlangten kraft des königlichen Schreibens und auf Befehl des Königs die Herausgabe des Tuches. Der Dekan erwiderte, er könne uns das Tuch nicht aushändigen, denn es läge versiegelt in der Schatzkammer, wo Gewänder, Reliquien und kostbare Bücher [Register] verwahrt werden und die mit mehreren Schlüsseln geöffnet werden müsse, er aber habe nur einen Schlüssel. Mein Mittelsmann hielt dafür einzubrechen, doch der Dekan wandte ein, das Tuch sei nicht dort. Wir brachten ein Siegel an der Tür zur Schatzkammer an, ließen sie bewachen und gingen zu Tische. Am Abend wiederholte der Dekan, das Tuch sei nicht dort, und verlangte, daß wir das Siegel entfernten. Er behauptete, der andere Schlüssel sei bei der Familie des Herrn von Lirey. Wir sagten, das Siegel müsse an der Tür verbleiben, bis der andere Schlüssel gebracht würde. Der Dekan antwortete, er wisse nicht, wann der Schlüsselbewahrer des Herrn von Lirey käme. Wir sagten, wir wollten noch den nächsten Tag abwarten. Dann aber faßten der Dekan und seine Stiftsherren eine offizielle Petition ab, und wir verfolgten die Sache nicht weiter … « Im Anhang an dieses Schreiben wird der Dekan namentlich als Nicole Martin erwähnt, die Stiftsherren waren Jean Boygney, Jacques Coardot und Thiebaut Goutey.

5. September: Der Erste Sergeant des Königs berichtet dem Seneschall von Troyes, er sei in Lirey gewesen und habe Dekan Nicole Martin und seine Stiftsherren davon in Kenntnis gesetzt, daß das Tuch nun »dem Worte nach unserem Herrn und König übergeben wird«.

Dieser Beschluß wurde auch Jacquemon de Monfort, einem Knappen derer von Charny, zur Übermittlung an seinen Herrn mitgeteilt.

30. Oktober: Karl VI. und seine Onkel halten sich acht Tage lang zu Feierlichkeiten und Konferenzen bei Gegenpapst Klemens VII. in Avignon auf.

Gegen Jahresende: Pierre d´Arcis, Bischof von Troyes, appelliert wegen der Ausstellung des Grabtuches in Lirey an Gegenpapst Klemens VII. Gemäß seiner Schilderung zeigt das Tuch das Doppelbildnis eines Gekreuzigten, wobei behauptet würde, daß es das wahre Tuch sei, in das Jesu Leib eingehüllt war; es ziehe Massen von Pilgern an, seines Wissens sei das Tuch aber das Werk eines Künstlers.

Weihnachten: Das Hauptschiff der Kathedrale von Troyes stürzt ein, nachdem wohl ein Querbogen des Fenstergeschosses gebrochen war. Kurz darauf bricht die Fensterrosette im nördlichen Querschiff.

1390 Januar: In Troyes wird eine Einsatztruppe aus etwa dreißig Helfern zusammengestellt, die Holzteile und Schutt aus der teilweise eingestürzten Kathedrale räumen.

6. Januar: Klemens VII. schreibt an Bischof d´Arcis und befiehlt ihm unter Androhung der Exkommunizierung, Stillschweigen über das Grabtuch zu bewahren. Am selben Tag sendet Klemens VII. einen Brief an Geoffroy II. de Charny, in dem er ihm offenbar erneut die Bedingungen darlegt, unter denen eine Ausstellung gestattet ist. Klemens VII. schreibt auch an andere maßgebliche Personen und bittet sie, dafür zu sorgen, daß seinen Geboten Folge geleistet wird.

Juni: Eine päpstliche Bulle gewährt jenen Ablaß, die Ste.-Marie und die Reliquien in Lirey aufsuchen.

1398 22. Mai: Tod Geoffroys II. de Charny. Er wird in der Zisterzienserabtei von Froidmont bei Beauvais beigesetzt; die Grabplatte zeigt ihn als Ritter in Rüstung.

1400 Margareta, die Tochter Geoffroys II. de Charny, vermählt sich mit Jean von Bauffremont.

1408 Gegenpapst Amadeus VIII., der spätere Herzog von Savoyen, veranlaßt den Bau der später so genannten Sainte-Chapelle zu Chambéry, die der Muttergottes, dem hl. Paul und dem hl. Mauritius geweiht ist.

1415 Jean de Bauffremont, der erste Mann von Margareta de Charny, fällt in der Schlacht von Azincourt.

1416 Kaiser Sigismund ernennt Amadeus VIII. zum Herzog von Savoyen. Er will die Direktherrschaft über die zersplitterten savoyischen Herrschaftsgebiete im Piemont, dem er Vercelli zuschlägt, errichten.

1418 8. Januar: Die verwitwete Margareta de Charny vermählt sich mit Humbert von Villersexel, Graf de la Roche, Herr von Saint-Hippolyte-sur-Doubs.

6. Juni: Wegen der Gefahr durch marodierende Banden übergeben die Stiftsherren von Lirey Humbert das Grabtuch zur sicheren Verwahrung. Auf dem Übergabedokument ist vermerkt, daß das Grabtuch »ein Tuch mit dem Bildnis oder der Darstellung des Schweißtuchs unseres Herrn Jesu Christi« ist. Humbert verwahrt es auf seinem Schloß zu Montfort bei Montbard.

Später wird das Grabtuch in der Chapelle des Buessarts in Saint-Hippolyte-sur Doubs verwahrt. Chronisten des 17. Jahrhunderts zufolge fanden zu dieser Zeit jährlich Ausstellungen des Grabtuches auf einer Wiese am Ufer des Doubs statt, die »Pré du Seigneur« genannt wurde.

1434 Herzog Amadeus VIII. von Savoyen, der als großzügiger Regent und als »Salomo seiner Zeit« große Hochachtung genießt, gibt die Herzogswürde zurück und zieht sich auf die Priorei von Ripaille zurück. Sein Sohn Ludwig, der zwei Jahrzehnte später das Grabtuch empfangen wird, besteigt den Herzogsthron.

1438 Tod Humberts von Villersexel, des Gemahls von Margareta de Charny.

1439 Nach den Widerständen gegen Papst Eugen IV. wird der ehemalige Herzog Amadeus, der für befähigt gehalten wird, den innerkirchlichen Konflikt zu lösen, vom Basler Konzil zum Gegenpapst Felix V. erhoben.

1443 8. Mai: Der Dekan und die Stiftsherren von Lirey senden eine

Petition an Margareta de Charny und fordern sie zur Rückgabe des Grabtuches auf. Nach der Aussage Margareta de Charnys unter Eid war das Grabtuch *»conquis par feu messire Geoffroy de Charny«.*

9. Mai: Das Parlament von Dôle fällt ein Urteil in Sachen Margareta de Charny gegen die Stiftsherren von Lirey.

1447 18. Juli: Der Gerichtshof von Besançon fällt ein Urteil in Sachen Margareta de Charny gegen die Stiftsherren von Lirey.

1448/1449 6. Juli: Im Archiv von Mons (Folio 24) ist aufgezeichnet, Margareta de Charny (Madame de la Roche) sei mit dem, »was das heilige Grabtuch unseres Herrn genennet wird«, in ihrer Obhut nach Mons gekommen und habe dort französischen Wein verlangt.

1449 Im selben Jahr berichtet der Benediktiner Cornelius Zantiflet in einer Chronik, Margareta de Charny habe das Grabtuch im belgischen Chimay in der Diözese Lüttich ausgestellt. Zantiflet bezweifelt die Echtheit des Grabtuches. Er schreibt, es handele sich um »ein bestimmtes Tuch, worauf der Leib Jesu Christi, des Herrn, mit Sorgfalt und mit bemerkenswerter Virtuosität gemalt war; alle Gliedmaßen sind zu erkennen, Füße, Hände und die Seite sind blutrot befleckt, als hätten sie erst jüngst Stigmata und Wunden erlitten«.

1452 13. September: Margareta de Charny stellt das Grabtuch auf Schloß Germolles bei Mâcon öffentlich aus.

1453 22. März: Margareta de Charny erhält in Genf von Herzog Ludwig I. von Savoyen Schloß Varabom und die Einkünfte aus Gut Miribel bei Lyon für »wertvolle Dienste«. Diese Dienste bezogen sich wahrscheinlich auf Margaretas Erbregelung des Grabtuches.

Das Grabtuch geht, zunächst ohne festen Aufbewahrungsort, in den Besitz des Hauses Savoyen über

1457 Margareta de Charny wird die Exkommunikation angedroht, wenn sie das Tuch nicht an die Stiftsherren von Lirey zurückgibt.

30. Mai: Der Exkommunikationsbrief wird übersandt.

1459 Karl von Noyers, Margaretas Halbbruder, verhandelt über Kompensationszahlungen an die Stiftsherren von Lirey für den Verlust des Grabtuchs. Diese mußten erkennen, daß sie das Grabtuch nicht zurückerhalten werden. Die Exkommunikation wird aufgehoben.

1460 7. Oktober: Margareta de Charny stirbt. Sie hinterläßt die Ländereien von Lirey ihrem Vetter und Patensohn Antoine Guerry des Essars.

1464 6. Februar: Nach einer in Paris geschlossenen Vereinbarung zahlt Herzog Ludwig I. von Savoyen den Stiftsherren von Lirey aus den Einkünften des Schlosses Gaillard bei Genf jährlich eine bestimmte Summe als Ausgleich für den Verlust des Grabtuches. (Dies stellt das erste erhaltene Dokument dar, das das Grabtuch als Eigentum des Hauses Savoyen ausweist, und beweist eindeutig, daß das Grabtuch von Lirey und das im Besitz des Hauses Savoyen befindliche Grabtuch identisch sind.) In dem Übereinkommen wird eigens vermerkt, daß Geoffroy de Charny, Seigneur von Savoisy und Lirey, das Grabtuch dem Stift von Lirey übergeben hatte und daß es von Margareta de Charny an Herzog Ludwig überging.

1465 Herzog Ludwig I. stirbt in Lyon. In einer Chronik von Savoyen wird zwei Jahrzehnte später der Erwerb des Grabtuches als seine größte Errungenschaft verzeichnet. Ludwigs Sohn Amadeus IX. übernimmt die Herrschaft; er ist ein passiver, aber frommer Regent und teilt mit seiner Gemahlin Jolantha von Frankreich eine besondere Verehrung für das Grabtuch. Amadeus soll 1502 den Brauch, das Grabtuch in der Sainte-Chapelle von Chambéry zu verehren, eingeführt haben; Jolantha hat angeblich in Chambéry das Kloster der Armen Klarissinnen gegründet.

1467 21. April: Papst Paul II. erhebt die Sainte-Chapelle von Chambéry zur Stiftskirche.

Im selben Jahr wird der Franziskaner Francesco della Rovere, der spätere Papst Sixtus IV., zum Kardinal ernannt. In seinem Traktat *Über das Blut Christi* schreibt della Rovere über das Grabtuch von Lirey–Chambéry: »Auf diesem Grabtuch kann man das Antlitz Christi erblicken, gezeichnet von Seinem eigenen Blut.«

1471 Beginn der zweiten Bauphase der Sainte-Chapelle von Chambéry.

20. September: Das Grabtuch wird von Chambéry nach Vercelli überführt.

1472 Tod Herzog Amadeus´ IX.

Philibert I., der Jäger von Savoyen, übernimmt im Alter von sechs Jahren die Herrschaft. Seine Mutter, Herzoginwitwe Jolantha, übernimmt während seiner Unmündigkeit die Regentschaft. Ihr Anspruch auf den Thron wird von ihrem Bruder, dem Herzog von Burgund, und von König Ludwig XI. angefochten.

1473 14. Mai: Zwei Vertreter der Stiftsherren von Lirey verlangen von Jolantha die seit acht Jahren ausstehenden Zahlungen oder die Rückgabe des Grabtuches. Die Petition wird auch an Ludwig XI. gesandt, der sich daraufhin an die Seneschallen von Sens, Troyes und Chaumont wendet.

2. Juli: Das Grabtuch wird von Vercelli nach Turin überführt.

5. Oktober: Das Grabtuch wird von Turin nach Ivrea gebracht.

1474 18. Juli: Das Grabtuch wird von Ivrea nach Moncalieri überführt.

25. August: Das Grabtuch wird von Moncalieri wieder nach Ivrea gebracht.

1475 5. Oktober: Das Grabtuch wird von Ivrea über die Alpen zurück nach Chambéry gebracht.

1477/1478 Das Grabtuch befindet sich in Susa – Avigliano – Rivoli.

1478 20. März (Karfreitag): Das Grabtuch wird in Pinerolo ausgestellt.

1482 Die Stiftsherren von Lirey bekommen garantiert, daß die Herzoginwitwe von Savoyen die Abmachung ihres verstorbenen Gemahls einhält.

Herzog Philibert I. von Savoyen kommt im Alter von sechzehn Jahren bei einem Jagdunfall ums Leben. Sein 14jähriger Bruder Karl übernimmt die Herrschaft als Herzog Karl I. Er erbt den ruhmreichen, aber wertlosen Titel König von Jerusalem und Zypern.

1483 König Ludwig XI. von Frankreich stirbt, sein Nachfolger ist Karl VIII.

6. Januar: Jean Renguis, Kaplan der Sainte-Chapelle von Chambéry, und Georges Carrelet, Küster dortselbst, erstellen eine Inventarliste. Darin wird das Grabtuch folgendermaßen geschildert: »Eingehüllt in ein rotes Seidentuch, aufbewahrt in einer Schatulle, die mit karmesinrotem Leder ausgeschlagen, mit vergoldeten Silbernägeln beschlagen und mit einem goldenen Schlüssel verschlossen ist.«

1485 Herzog Karl I. von Savoyen vermählt sich mit Blanca von Montferrat, der Tochter und Alleinerbin des Marquis de Saluzzo.

Der französische Maler Jean Colombe schmückt ein Stundenbuch, das Herzogin Blanca geerbt hatte, mit einer Miniatur, die von den Wappen und den Porträts des herzoglichen Paares flankiert wird und wahrscheinlich das Grabtuch darstellt. Die Herrscher über Savoyen nehmen das Grabtuch regelmäßig auf ihren Reisen von Schloß zu Schloß mit. So erhält beispielsweise am 2. Juni Jean Renguis, Kaplan der Schloßkapelle zu Chambéry, der mit der Betreuung des Grabtuches beauftragt war, zwei Écus »als Vergütung für zwei Überführungen des Grabtuches von Turin nach Savigliano«.

1488 Ostersonntag: Das Grabtuch wird in Savigliano ausgestellt.

Wahrscheinlich im burgundischen Semur-en-Auxois, ungefähr 80 Kilometer südlich von Lirey, wird das Passionsstück Passion de Semur verfaßt. Darin gibt es nach Meinung der Mediävistin Lynette Muir »einen expliziten und unbestreitbaren Bezug zum [früheren] Grabtuch von Lirey«. In der Szene des Gangs der Frauen zum Grab am Ostersonntag sagt die zweite Maria: »Da ist nichts außer dem Grabtuch.« Und Maria Magdalena ruft aus: »Sehet die Spuren der Wundmale!« Danach findet sich eine Regieanweisung, derzufolge Maria Magdalena »das Grabtuch, *sudorem,* aufheben und zeigen soll«.

1490 Herzog Karl I. von Savoyen stirbt im Alter von 23 Jahren, er hinterläßt eine Tochter und einen sieben Monate alten Sohn.

1494 Karfreitag: Herzoginwitwe Blanca von Savoyen stellt im Beisein von Rupis, dem Sekretär des Herzogs von Mantua, das Grabtuch in Vercelli aus. Rupis schreibt in seinem Bericht an seinen Herrn: »Ein Sudarium wurde ausgestellt, das heißt ein Tuch, in das der Leib unseres Herrn gehüllt war, bevor Er ins Grab gelegt wurde. Vorne und hinten ist darauf Sein Bildnis mit Blut gezeichnet, es wirkt, als würde noch immer das Blut daraus rinnen.«

1496 Herzog Karl II. von Savoyen stirbt mit sieben Jahren. Die Herrschaft übernimmt sein 58 Jahre alter Großonkel Philipp II., Graf von Bresse, der mit Claudia von Bresse und Bretagne verheiratet ist.

1497 Tod Herzog Philipps II. von Savoyen. Die Herrschaft übernimmt sein 17jähriger Sohn Philibert II. der Schöne.

1498 Auf einer Inventarliste aus Turin wird das Behältnis des Grabtuches detailliert beschrieben: »Eine Schatulle, ausgeschlagen mit karmesinrotem Leder, mit vergoldeten Silberrosen geschmückt, die Seiten mit Silber beschlagen, worin das Grabtuch liegt, eingehüllt in ein Tuch aus roter Seide.«

1501 Der 21jährige Herzog Philibert II. von Savoyen vermählt sich mit Margarete von Österreich.

Die Savoyer überführen das Grabtuch nach Chambéry, seinem »ständigen« Aufbewahrungsort

1502 11. Juni: Auf Veranlassung Herzogin Margaretes wird das Grabtuch nicht länger auf Reisen mitgenommen, sondern ständig in der Sainte-Chapelle von Chambéry verwahrt. Herzog Philibert und andere Würdenträger und fast die gesamte Geistlichkeit von Chambéry wohnen der Zeremonie bei, bei der das Grabtuch in seiner vergoldeten Silberschatulle feierlich aus der Franziskanerkirche von Chambéry zur Schloßkapelle getragen wird. Das Grabtuch wird auf dem Hochaltar der Kapelle niedergelegt und in die Obhut der Stiftsherren der Kapelle und des Erzdiakons Jacques Veyron überstellt, der es in die Schatulle zurücklegt und diese in eine eigens ausgehöhlte

Mauernische hinter dem Hochaltar stellt. Die Nische wird von einem Eisengitter mit vier Schlössern gesichert, jedes Schloß muß von einem eigenen Schlüssel geöffnet werden, zwei Schlüssel werden vom Herzog verwahrt.

1503 Karfreitag, 14. April: Ausstellung des Grabtuches in Bourg-en-Bresse zu Ehren von Erzherzog Philipp dem Schönen, Großmeister von Flandern, der aus Spanien zurückkehrt. Das Grabtuch wurde in feierlichem Zeremoniell von Herzog Philibert und Herzogin Margarete eigens von Chambéry hergebracht und auf einem Altar in einem der prächtigen Säle des herzoglichen Palasts ausgestellt. Der savoyische Höfling Antoine de Lalaing berichtet als Augenzeuge, drei Bischöfe hätten das Tuch vor der Öffentlichkeit ausgebreitet. Er notiert: »[Das Grabtuch] ist, so glaube ich, das ehrfurchtgebietendste und verehrungswurdigste Ding auf Erden. Es ist das prächtige *›syndoine‹* und edle Grabtuch, das Joseph aus Arimathäa brachte. Man sieht deutlich die Flecken des kostbaren Blutes Jesu, des Erlösers ... Man sieht Seinen ganzen heiligen Leib darauf abgebildet ...« Lalaing fügt hinzu, daß die Echtheit des Grabtuches dadurch bestätigt wurde, daß es vom Feuer angegriffen, in Öl gekocht und viele Male gewaschen wurde, »aber es war nicht möglich, das Abbild zu verwischen oder zu entfernen«.

1504 10. September: Philibert II. von Savoyen stirbt im Alter von 24 Jahren, nachdem er, vom Jagen erhitzt, zuviel kalten Wein trinkt. Mit 22 Jahren wird Margarete von Österreich also zum zweiten Mal Witwe. Die Herrschaft übernimmt sein »erfahrener, gerechter und tugendhafter« 18jähriger Bruder Karl III.

16. September: Nur sechs Tage nach Philiberts Tod übersiedelt Margarete nach Bourg-en-Bresse und führt in Brou einen Feiertag für ihren verstorbenen Gatten ein. Sie wählt diesen Ort, da die Herzoginwitwe Claudia 1480 das noch nicht eingelöste Gelöbnis leistete, in Brou ein Kloster zu gründen, wenn ihr Gemahl Philipp sich von den Folgen eines Unfalls wieder erholen würde, was auch eintrat.

1505 5. Mai: In einem Sonderabkommen tritt Margarete die Obhut über das Grabtuch an ihre Schwiegermutter, Herzoginwitwe Claudia, ab. Sie soll jeden Tag vor dem Grabtuch gebetet und es vermutlich zeitweise bei sich auf Schloß Bylliat in Michaille, zwischen Bourg-en-Bresse und Genf an der Rhône gelegen, aufbewahrt haben. Dorthin lädt sie auch die Erzherzogin ein, »das Grabtuch zu sehen«, das sie vor der in der Region grassierenden Epidemie schützen soll.

Herzog Karl III. und seine Mutter richten eine Petition an Papst Julius II.; dieser soll den Text einer Liturgie und einer Messe zu Ehren des Grabtuches gutheißen, der vom Dominikanerpater Antonio de Pennet, dem Beichtvater des Herzogs, stammt.

1506 21. April: Dank der Vermittlung Kardinal Ludwigs von Gorrevod führt Papst Julius II. einen jährlichen Feiertag für das Grabtuch mit Gottesdienst und Messe ein. Der 4. Mai wird dafür bestimmt, einen Tag später wird der Feiertag der Kreuzauffindung begangen. Anfangs wird dieser Festtag nur in Chambéry, dem ständigen Aufbewahrungsort des Grabtuches, begangen.

9. Mai: Der Papst erläßt eine Bulle, mit der er die Messe für das Grabtuch offiziell anerkennt: »Allmächtiger, ewiger Gott, im Gedenken an die Passion Deines eingeborenen Sohnes hast Du uns das Grabtuch gelassen, auf dem Sein Bild abgedrückt ist ...«

Das Grabtuch wird in die Sainte-Chapelle nach Chambéry zurückgebracht.

1507 Herzoginwitwe Margarete von Österreich wird Regentin der Niederlande. Wahrscheinlich hatte sie eine Kopie des Grabtuches bei sich, als sie dort hofhielt, denn in einer Inventarliste ihres Mobiliargutes, die angefertigt wurde, als sie 1523 von Mechelen nach Brüssel übersiedelte, ist »das Tuchbild unseres Herrn« verzeichnet.

1508 20. Februar: Margarete von Österreich setzt ihr Testament auf; sie vermacht der Kirche von Brou neben anderen Reliquien auch einen Streifen des Grabtuches.
Unter der Leitung von Jean Huart, dem Dekan von Lirey, beginnt der Wiederaufbau in Stein der von Geoffroy de Charny gestifteten Holzkirche, die in schlechtem Zustand ist. Die Bauzeit beträgt insgesamt achtzehn Jahre.

1509 Margarete von Österreich beauftragt Lievin van Latham, einen der besten Goldschmiede an ihrem Hof, mit der Herstellung eines prächtigen neuen Reliquiariums für das Grabtuch. Sie zahlt ihm hierfür mehr als 12000 Goldécus. Laurent de Gorrevod, enger Berater Margaretes, bringt die Schatulle von Flandern nach Chambéry. Am 10. August wird das Grabtuch im Beisein vieler Würdenträger in der neuen Schatulle vor dem Hochaltar der Sainte-Chapelle niedergelegt. Laurent de Gorrevod schreibt in einem Brief: »Ich brachte die Schatulle für das Grabtuch nach Chambéry, sie wurde für ihre Pracht und Kostbarkeit gerühmt … nun kommen genauso viele Menschen zur Verehrung der Schatulle, wie auch zur Anbetung des Grabtuchs kamen.«

1511 Nichtöffentliche Ausstellung des Grabtuches zu Ehren von Anne de Bretagne, der Königin von Frankreich, und Kardinal Francesco von Aragón.

Beginn der Ausschmückungsarbeiten in der Sainte-Chapelle zu Chambéry. Zeitgenössischen Schilderungen zufolge wurden Buntglasfenster angebracht, flämische Skulpturen aufgestellt, Marmorgräber für die Prinzessinnen von Savoyen errichtet sowie sonstige kostbare Tuche, zypriotische Ornamente und edelsteinbesetzte Reliquiarien verwendet. Das Grabtuch wird jedes Jahr am 4. Mai öffentlich gezeigt.

1514 17. Oktober: Papst Leo X. dehnt den Feiertag für das Grabtuch auf ganz Savoyen aus.

15. Juni: Der französische König Franz I. trifft in Chambéry ein; er hatte die Strecke von Lyon aus zu Fuß und nur mit einer Mönchskutte bekleidet zurückgelegt, um als Dank für seinen Sieg bei Marignac vor dem Grabtuch zu beten.

Die in der Gommaruskirche im belgischen Lierre aufbewahrte Kopie des Grabtuches (Bildtafel 8b) stammt aus diesem Jahr. Die Beschädigungen des Grabtuches, drei bis heute sichtbare Löcher, müssen also auf jeden Fall vor diesem Jahr entstanden sein; darüber gibt es allerdings keinerlei Aufzeichnungen.

1517 Don Antonio de Beatis, ein Gefolgsmann des Kardinals von Aragón, schreibt in sein Reisetagebuch: »Die Binde, Sindon oder Sudarion, ist ungefähr fünfeinhalb Spannen lang und nur wenig länger als das Doppelbildnis in Vorder- und Rückansicht. Das Bildnis des ruhmreichen Leibes ist abgedruckt und mit dem kostbaren Blut Christi gefärbt; es zeigt deutlich die Wunden der Geißel, der Handstricke und der Dornenkrone sowie die Wundmale an Händen und Füßen und besonders die Wunde in Seiner heiligen Seite, weiters Bluttropfen, die von Seinem heiligen Antlitz rannen – das alles würde selbst bei den Türken Ehrfurcht und Schrecken hervorrufen, um wieviel mehr erst bei den Christen.«

1518 28. Oktober: Ausstellung des Grabtuches zu Ehren des Kardinals von Aragón auf dem Wall des Schlosses, wo es die Pilgerscharen besser sehen konnten. Antonie de Lalaing schreibt, die Bluflecken auf dem Grabtuch seien»so deutlich, als wären sie heute gemacht.«

1521 Herzog Karl III. von Savoyen vermählt sich mit Beatrix, der Tochter König Manuels von Portugal. Das Paar unternimmt eine Pilgerreise von Vercelli nach Chambéry, um das Grabtuch zu verehren. Das Grabtuch wird in Chambéry zu Ehren von Dom Edmé, dem Abt von Clairvaux, ausgestellt. Von drei Bischöfen gehalten, wird es auf dem Schloßwall und später für privilegierte Besucher über dem Hochaltar der Sainte-Chapelle in Chambéry gezeigt.

1522 Der Chor der Sainte-Chapelle in Chambéry wird mit einem Buntglasfenster von Jean del´Arpe geschmückt, auf dem das Grabtuch dargestellt ist.

1523 Erste urkundliche Erwähnung der Existenz eines mutmaßlichen Grabtuchs in Besançon.

18. März: Das Kapitel der Kathedrale von St. Étienne schickt einen Gesandten nach Dijon; er soll sich erkundigen, wie das Ostermysterium dort dargestellt wird, denn in St. Étienne will man es auf ähnliche Weise feiern.

27. März: Das Kapitel beschließt offiziell, daß »das Grabtuch«, das offenbar als Ergebnis ihrer Erkundungen akquiriert wurde, in einer Truhe mit drei Schlössern und drei Schlüsseln verwahrt werden soll.

Ostern: Das in Vergessenheit geratene Mysterienspiel der Auferstehung wird wieder aufgeführt, wobei im Zentrum der Handlung das Grabtuch steht, das angeblich besonders dem Grabtuch von Lirey–Chambéry ähnelt. Mit der Zeit gilt es als ebenso authentisch wie jenes in Chambéry, theoretisch soll auch dieses Grabtuch den Leib Christi nach seiner Waschung eingehüllt haben.

1525 In der Kirche von Lirey wird eine Tafel angebracht, auf der zwar ausführlich, aber inhaltlich ungenau die Geschichte des Grabtuches beschrieben wird. Es wird erwähnt, daß »die großen, mächtigen *armoires,* in denen das heilige Grabtuch aufbewahrt und sorgsam gehütet wurde, immer noch hier sind«.

1532 4. Dezember: In der Sainte-Chapelle von Chambéry bricht Feuer aus; alle Gegenstände und die Dekorationen im Innenraum werden schwer beschädigt. Da die Nische, in der das Grabtuch verwahrt ist, von vier Schlössern gesichert ist und die Schlüssel vom Herzog, vom Kapitel der Sainte-Chapelle und von zivilen Würdenträgern verwahrt werden, die nicht sofort erreichbar sind, bedienen sich der Stiftsherr Philibert Lambert und zwei Franziskanermönche der Hilfe des Schlossers Guillaume Pussod und lassen das Gitter aufstemmen. Als das Gitter offen ist, stellen sie fest, daß der wundervolle Reliquienschrein aus Silber in der Hitze irreparabel beschädigt ist. Das gefaltete Grabtuch hat durch das geschmolzene Silber bereits Feuer gefangen, das aber schnell gelöscht wird. Das Tuch bleibt bis auf einige Brandspuren und Löcher unversehrt; letztere entstanden durch geschmolzenes Silber, das auf eine Ecke tropfte. Auch das Buntglasfenster Jean del´Arpes mit der Darstellung des Grabtuches wird zerstört.

1533 In diesem Jahr wird das Grabtuch nicht in Chambéry ausgestellt, was Gerüchten Nahrung gibt, das Grabtuch sei bei dem Kapellenbrand zerstört worden.

1534 April: Papst Klemens VII. schickt seinen Gesandten Kardinal Ludwig von Gorrevod, um das Grabtuch offiziell anerkennen zu lassen und dessen Ausbesserung zu veranlassen.

Mittwoch, 15. April: Ludwig von Gorrevod und der Herzog von Savoyen beauftragen die Armen Klarissinnen im Kloster von Chambéry mit der Ausbesserung des Grabtuchs.

16. April, 8 Uhr: In einer Prozession trägt Ludwig von Gorrevod das Grabtuch zum Kloster der Armen Klarissinnen. Nachdem es zuerst auf dem Altar des Klosters niedergelegt wurde, wird es dann auf einen ei-

gens gezimmerten Tisch im Chor gelegt, wo die Flickarbeiten ausgeführt werden sollen. Vor dem ausgebreiteten Tuch bittet Gorrevod die anwesenden Notabeln, zehn Edelmänner und der Bischof, zu bezeugen, daß das Tuch vor ihnen dasselbe sei wie jenes, welches sie vor dem Brand gesehen hätten. Dem Kardinal zufolge »ist es dasselbe Tuch, das wir selbst vor dem Brand viele Male in Händen hielten, sahen, berührten und den Menschen zeigten«. Ludwig von Gorrevod bittet die Äbtissin Louise von Vargin, die Nonnen zu bestimmen, die das Tuch flicken sollten; sie benennt sich selber und drei weitere Nonnen.

Die Nonnen, die mit den Flickarbeiten betraut wurden, empfingen den Ablaß. Nach der Vesper bringt eine Stickerin einen Holzrahmen, auf den das holländische Tuch gespannt werden soll; darauf soll das Grabtuch genäht werden. Unter den Blicken einer großen Menschenmenge, die nur von dem verschlossenen Gitter der Chorschranke zurückgehalten wird, nähen die Klarissinnen das Grabtuch auf das holländische Tuch und setzen Flicken auf die am stärksten beschädigten Stellen. Louise de Vargin beschreibt das Tuch so: »Wir sahen ... Züge eines Angesichts, das von Hieben gequetscht und geprellt war ... An der linken Schläfe bemerkten wir einen Tropfen, der größer und länger war als die anderen und in einer Welle herabfloß ... die Wangen sind geschwollen und verunstaltet, man sieht deutlich, daß sie grausam geschlagen wurden, besonders die rechte ... Wir sahen auch eine Linie, welche am Hals hinunterführte, so daß wir dachten, Er war vielleicht mit einer Eisenkette angebunden ... Die Wunde Seiner göttlichen Seite sieht so groß aus, als könne sie drei Finger aufnehmen; sie ist von einem vier Finger breiten und einen halben Fuß langen Blutfleck umgeben, der sich an der Unterseite verjüngt. Auf der anderen Seite des Grabtuches, die das rückwärtige Bildnis des Leibes unseres Heilands trägt, sieht man den Nacken; er ist durchbohrt von vielen langen, großen Dornen, was zeigt, daß die Krone wie eine Haube geformt war ... Die Schultern sind von Peitschen, die Ihn überall trafen, völlig zerschmettert und zerschlagen. Die Blutstropfen sind so groß wie Dostblätter ... In der Mitte des Leibes sieht man Male einer Eisenkette, mit der Er so fest an die Säule gebunden war, daß sie blutig sind [vermutlich sind dies Blutspritzer von der Lanzenwunde, die die Armen Klarissinnen und andere Betrachter früherer Jahrhunderte, darunter auch der Künstler, der das Medaillon von Lirey anfertigte, wegen ihres kettenartigen Aussehens für Kettenmale hielten] … Als das Tuch auf das holländische Tuch und auf den Webrahmen gespannt war, konnten wir das Tuch von der Unterseite betrachteten, sahen wir die Wunden so deutlich, als würden wir durch Glas schauen.«

Die Ausbesserungsarbeiten sind am 2. Mai beendet. Das Grabtuch wird auf einen rotseidenen Stab gerollt, in ein goldenes Tuch gehüllt und wieder auf das Schloß zu Chambéry gebracht.

1535 Französische Truppen marschieren in Savoyen ein. Herzog Karl III. verläßt mit seiner Familie Chambéry, das Grabtuch wird durch das Lanzo-Tal über Bessans, Averoles, Ceres und Lanzo nach Piemont gebracht.

Für die Voragno-Kirche in Ceres wird, wahrscheinlich von Bernardo Rossignolo, ein Fresko angefertigt, das eine öffentliche Präsentation des Grabtuches darstellt.

4. Mai: Das Grabtuch wird in Turin gezeigt.

22. Mai: Das Grabtuch von Besançon wird vor 30 000 Pilgern ausgestellt.

1536 7. Mai: Das Grabtuch wird in Mailand ausgestellt. Eine Szene in Rabelais´ Werk *Gargantua und Pantagruel,* dessen erste zwei Bücher in den Jahren zuvor in Frankreich erschienen waren, bezieht sich wohl auf Gerüchte, daß das Grabtuch verbrannt sei. Soldaten, die gerade einen Klosterweinberg plündern, rufen verschiedene Heilige und Reliquien an, als »Bruder Jean« mit einem Prozessionskreuz auf sie einschlägt: »Einige empfahlen sich dem heiligen Jakob, andere beriefen sich auf das heilige Schweißtuch von Chambéry, das aber drei Monate später so gut verbrannte, daß man nicht einen Faden [brin] davon retten konnte; einige riefen Cadouin an …«

1537 Wegen der französischen Invasion wird das Grabtuch zur Sicherheit nach Vercelli gebracht.

29. März: Das Grabtuch wird vom Bellanda-Turm in Nizza gezeigt.

1540 Das Grabtuch ist in Aosta.

1543 Herzog Karl III. bringt das Grabtuch zurück nach Vercelli, wo es in der Schatzkammer der Eusebius-Kathedrale verwahrt wird.

1545 Nichtöffentliche Ausstellung des Grabtuchs zu Ehren Marias von Aragón.

1552 Bei der Schlacht von Kasan trägt der russische Zar Iwan der Schreckliche als Schlachtstandarte eine Kopie des Edessabildes mit der Inschrift »Mögest Du Deine Geschöpfe vor den Ränken des Feindes schützen«. Er widmet die erste christliche Kirche, die in Kasan errichtet wird, dem Edessabild.

1553 18. November: Französische Truppen plündern Vercelli. Sechs gegnerische Soldaten durchsuchen die Kirche nach dem Grabtuch. Der Stiftsherr Antoine Claude Costa gewährt ihnen gehorsam Zugang zu den Schätzen der Kathedrale, versteckt das Grabtuch aber in seinem Haus.

Herzog Emanuel Philibert übernimmt die Herrschaft über Savoyen und mehrt in den kommenden Jahren den Wohlstand des Landes.

1559 Nach dem Frieden von Château-Cambrésis nimmt der 30jährige Herzog Emanuel Philibert wieder seine Herrschaftsgebiete in Besitz und vermählt sich mit Marguerite de Valois. Auf einer Miniatur in Herzogin Marguerites Gebetsbuch, die vermutlich anläßlich ihrer Hochzeit mit Emanuel Philibert entstand, ist das Grabtuch von drei Bischöfen ausgebreitet dargestellt. Es zeigt die sogenannten »Schürhakenspuren«, nicht aber die Beschädigungen durch den Brand von 1532. Auf der Rückseite erkennt man den nackten Leib Jesu Christi, auf der Vorderseite ist jedoch ein Lendentuch angedeutet. Dies scheint die letzte Darstellung der Nacktheit des Grabtuch-Bildnisses zu sein, bevor der Gegenreformationspapst Paul IV. seine prüde Politik durchsetzte.

1560 Das Grabtuch wird von einem Balkon in Vercelli aus gezeigt.

1561 3. Juni: Das Grabtuch wird nach Chambéry zurückgebracht und in der Kirche der hl. Maria der Ägypterin im Franziskanerkloster verwahrt.

4. Juni: Das Grabtuch wird in einer Prozession, die von vier Trompetern, Fackelträgern u.a. angeführt wird, in die Sainte-Chapelle von Chambéry zurückgebracht.

15. und 17. August: Das Grabtuch wird zum erstenmal seit einem Vierteljahrhundert wieder von den Stadtmauern und im Hof des Schlosses von Chambéry gezeigt.

1563 Herzog Emanuel Philibert bestimmt Turin zur Hauptstadt seines Herrschaftsgebietes; damit verliert Chambéry aufgrund seiner geographischen Lage entscheidend an Bedeutung.

1566 Ausstellung des Grabtuches zu Ehren der neuen Herzogin von Savoyen-Nemours. Unter den Anwesenden ist der Vater des späteren hl. Franz von Sales. Dieses Mal wird das Grabtuch anscheinend in einem Eisenbehältnis aufbewahrt, nachdem der Silberschrein beim Brand von 1532 zerstört wurde.

21. Juli: Nichtöffentliche Ausstellung des Grabtuches in Annecy. Die Mutter des hl. Franz von Sales kniet vor dem Tuch nieder und betet für einen Sohn. Im folgenden Jahr wird Franz geboren.

1568 Juni: Kopien des Grabtuches werden für Guadeloupe in der spanischen Erzdiözese Toledo und für Navarrete, das zur Diözese Logroño gehört, angefertigt. Die italienische Inschrift auf der Kopie für Guadeloupe lautet: »Auf Verlangen von Signor Francesco Ibarra wurde dieses Abbild so gut wie möglich nach der kostbaren Reliquie, die in der Sainte-Chapelle im Schloß zu Chambéry verwahrt wird, angefertigt und im Juni 1568 niedergelegt.« Die Inschrift auf der Kopie für Navarrete ist bis auf den Namen des Auftraggebers, Signor Diego Gonzales, identisch.

1571 Papst Pius V. gibt zwei Kopien des Grabtuches in Auftrag. Eine davon wird heute in Alcoy in der spanischen Erzdiözese Valencia aufbewahrt. Papst Pius V. hatte sie Don Juan d'Austria übergeben, der sie 1574 der Kirche San Sepulcro in Alcoy abtrat.

Das Grabtuch wird nach Turin, seinem ständigen Aufbewahrungsort, überführt

1578 Der hl. Karl Borromäus (1538–1584) pilgert von Mailand zum Grabtuch in Chambéry zum Dank für die Erlösung Mailands von der Pest. Wohl um dem hl. Karl Borromäus die Unbilden einer Alpenüberquerung zu ersparen, ordnet Herzog Emanuel Philibert die Überführung des Grabtuches nach Turin an.

14. September: Die Ankunft des Grabtuches in Turin wird von einem Salut der städtischen Artillerie feierlich verkündet. Die erste Niederlegung findet in San Lorenzo statt.

Freitag, 10. Oktober: Nichtöffentliche Ausstellung des Grabtuchs zu Ehren des hl. Karl Borromäus und seiner Gefolgsleute. Nach der Entfernung der Hülle aus schwarzer Seide wird das Grabtuch auf einem langen Tisch ausgebreitet.

Sonntag, 12. Oktober: Das Grabtuch wird in einer feierlichen Prozession von der Kathedrale zur Piazza Castello getragen, der hl. Karl Borromäus, der Kardinal von Vercelli, die Erzbischöfe von Turin und Savoyen sowie sechs weitere Bischöfe halten das Hochamt ab. Auf einem großen Podest wird das Tuch einer Menge von ungefähr 40 000 Zuschauern gezeigt.

14. Oktober: Nach vierzigstündiger Verehrung wird das Grabtuch in einer zweiten Prozession auf die Piazza Castello gebracht; dort wird es ein zweites Mal der Menge gezeigt.

15. Oktober: Zweite nichtöffentliche Ausstellung des Grabtuches zu Ehren der Gefolgsleute des hl. Karl Borromäus. Cusano beschreibt das Grabtuch als »Zeugnis seiner eigenen Echtheit«.

Zum Gedenken an die Ausstellungen des Grabtuches wird ein Medaillon geschlagen, das auf der einen Seite Herzog Emanuel Philibert zeigt und auf der anderen Seite das Grabtuch, das von einem knienden Engel ausgebreitet wird.

1580 Tod Emanuel Philiberts von Savoyen. Karl Emanuel I. der Große übernimmt die Herrschaft.

1582 12. April: Papst Gregor XIII. weitet das Fest des Grabtuches auf alle Gebiete des Herzogtums Savoyen aus.

13., 14. und 15. Juni: Ausstellungen des Grabtuches zu Ehren einer erneuten Pilgerreise des hl. Karl Borromäus nach Turin; auch Kardinal Gabriele Paleotto und sein Vetter Alfonso nehmen daran teil. Dieser Ausstellungen wurde mit einem Medaillon in kleiner Auflage gedacht, das im Ufficio Manoscritti e Rari in der Biblioteca Civica in Turin aufbewahrt wird. Paleotti berichtet später: »Beachtenswert ist die Tatsache, daß das hochheilige Grabtuch aus Leinen ist; man sieht, daß der ursprüngliche Stoff ziemlich grob ist. Länge: 12 Fuß, Breite: 3 Fuß.«

1587 Im Presbyterium der Kathedrale von Turin wird auf vier hohen Säulen als Aufbewahrungsort des Grabtuches ein *tempietto* errichtet.

1598 Die Schrift Esplicatione del Sacro Lenzuolo ove fu involto il Signore (»Bericht über das Grabtuch, das unseren Herrn umhüllt hatte«) von Alfonso Paleotto, dem Vetter von Kardinal Gabriele Paleotto, wird veröffentlicht. Wie Paleotto als direkter Betrachter des Grabtuches im Jahr 1582 feststellte, waren die Nagelwunden an den Gelenken und nicht in den Handtellern. In seinem »Bericht" schreibt: »Auf dem Grabtuch kann man sehen, daß sich die [Nagel]wunde an der Verbindungsstelle zwischen Hand und Arm befindet, an der Stelle, die Mediziner Carpus nennen; dadurch sind auf den Handrücken keine Wunden.«

1604 4. Mai: Ausstellung des Grabtuches im Beisein Herzog Karl Emanuels I. und seines Hofstaats.

1605 25. März: In Rom wird die Kirche des heiligen Grabtuches geweiht.

1606 14. Februar: Nichtöffentliche Ausstellung des Grabtuches zu Ehren Silvesters von Assisi-Bini, des Generalvikars des Kapuzinerordens, einem Ableger des Franziskanerordens.

9. Mai: Öffentliche Ausstellung in Turin vor 40000 Zuschauern.

Jahresende: Girolamo della Rovere aus einer piemontesischen Künstlerfamilie und seine Söhne erhalten von Herzog Karl Emanuel I. die Erlaubnis, Kopien und ähnliche Abbildungen des Grabtuchbildnisses anzufertigen und sie in Savoyen zu verkaufen.

1607 In den Berichten im Archivo di Stato über die Staatsgründung werden vier Säulen aus schwarzem Marmor erwähnt, die von einem Steinmetz geliefert wurden und »dem Entwurf des Grafen Carlo di Castellamonte für die Grabtuch-Kapelle entsprechen«. Dies ist der erste Hinweis darauf, daß in Turin eine eigene Kapelle für das Grabtuch errichtet werden soll.

1608 Dreizehnter Jahrestag der Ankunft des Grabtuches in Turin. Ein Exemplar des Gedenkmedaillons befindet sich heute im British Museum in London.

1613 4. Mai: Ausstellung des Grabtuches in Turin; einer der drei Bischöfe, die das Tuch vor den Zuschauern ausbreiten, ist der hl. Franz von Sales. Für ihn ist das Grabtuch »unser Banner der Erlösung«.

1620 Das Grabtuch wird auf der Piazza Castello von Turin zu Ehren der Vermählung von Prinz Viktor Amadeus und Christine von Frankreich gezeigt.

Für das spanische Torres de Alameda wird eine lebensgroße Kopie angefertigt.

Ein Meßbuch mit einer Darstellung Jesu im Grabtuch wird vermutlich in der Werkstatt Girolamo della Roveres angefertigt; es wird heute in der königlichen Bibliothek von Turin verwahrt.

1623 Mai: Für die Kirche von Logroño in Nordspanien wird eine Kopie des Grabtuches angefertigt. In lateinischen Kathedralurkunden vom 4., 5. und 12. Mai wird erwähnt, die Kopie sei am Original geweiht worden.

1624 Ausstellung des Grabtuches. Die Großherzogin von Österreich, Maria Magdalena, läßt eine Kopie anfertigen, die sie den Dominikanerinnen von Rom übergibt. 300 Jahre später wird die Kopie an die Dominikanerinnen des Klosters Our Lady of the Rosary in Summit im US-Bundesstaat New Jersey weitergereicht.

In Antwerpen wird Chifflets Werk *De linteis sepulchrabilis Christi Servatoris crisis historica* veröffentlicht, eine Geschichte der Begräbnislinnen Christi. Seiner Meinung nach hat das Grabtuch den Leib Jesu *»ante pollincturam«* eingehüllt, also bevor die Begräbniszeremonie ganz ausgeführt wurde. Dadurch konnte Chifflet auch das Grabtuch von Besançon als authentisch bezeichnen.

1626 Für das Kloster des Laienordens der Augustiner in Rom wird eine Kopie angefertigt.

1630 Turin wird von den schlimmsten Folgen der grassierenden Pest verschont, was dem Schutz durch das Grabtuch zugeschrieben wird.

Tod Karl Emanuels I. Sein beliebter und sehr angesehener Sohn Viktor Amadeus I. besteigt den Thron.

1633 16. Juni: Öffentliche Ausstellung des Grabtuches auf der Piazza Castello von Turin.

1634 Für die Monchalieri in der Erzdiözese Turin wird eine Kopie angefertigt.

1635 4. Mai: Öffentliche Ausstellung des Grabtuches auf der Piazza Castello.

1637 Tod Viktor Amadeus´ I. Sein minderjähriger Sohn übernimmt die Herrschaft als Herzog Karl Emanuel II.

1639 Nichtöffentliche Ausstellung des Grabtuches im Herzogspalast, heute der Palazzo Madama, zu Ehren der hl. Johanna Franziska von Chantal, der Gründerin des Ordens der Annuziatinnen.

1640 Ausstellung des Grabtuches als Danksagung für die Erlösung Turins von der Pest.

Von einer gemalten Kopie des Grabtuches für die Hospitalkirche von Castillo de Garcimunoz in Spanien wird gesagt, sie sei »am Original geweiht worden«.

1642 Feierliche Ausstellung des Grabtuches zu Ehren des Friedens zwischen den Prinzen von Savoyen im Beisein von Herzoginwitwe Christine von Frankreich, ihres Sohns Karl Emanuel II. sowie den Prinzen Moritz und Thomas von Savoyen.

1643 Für Graf Lovgera di Castiglione wird eine Kopie angefertigt.

1644 Es werden Kopien hergestellt, die heute in der Kirche San Sebastiano in Acireale in der Provinz Catania und im Turiner Kapuzinerinnenkloster Madonna del Suffragio aufbewahrt werden.

1646 Eine Kopie des Grabtuches, die heute in der Peterskathedrale in Bologna aufbewahrt wird, stammt aus diesem Jahr. Sie wurde mit Temperafarben auf Leintuch gemalt und soll von Prinzessin Francesca Maria, der Tochter Karl Emanuels I., angefertigt worden sein. Ihren Biographen zufolge »stellte sie gerne selbst originalgetreue Kopien [des Grabtuchs] her und schenkte sie berühmten Persönlichkeiten oder frommen Bruderschaften«. Auch eine Kopie in der Kathedrale von Bitonto in Bari, eine zweite in der Kirche Santa Catarina in Fabriano in der Provinz Ancona und eine weitere im Ursulinenkloster von Québec stammen aus diesem Jahr. Letzere trägt die Inschrift: »Am Original von Turin geweiht.«

1647 4. Mai: Bei der Ausstellung des Grabtuches in der Kathedrale herrscht so großes Gedränge, daß einige Zuschauer in der Menge ersticken.

1650 9. Dezember: Ausstellung des Grabtuches auf der Piazza Castello zu Ehren der Vermählung Prinzessin Erichetta Adelaides, der Schwester Herzog Karl Emanuels II., mit dem Sohn des Kurfürsten von Bayern. Ein Kupferstich zeigt den Platz voller Pilger und Soldaten. Eine Kopie des Grabtuches, die erst kürzlich in Turin entdeckt wurde, stammt aus diesem Jahr.

1654 Anfertigung einer Kopie für La Cuesta in Spanien.

1655 4. Mai: Im Gemeinderegister von La Cuesta ist aufgeführt, daß ein Karmeliterpriester an diesem Tag die Kopie am Turiner Original weihte.

1657 5. Juni: Die Pläne des schweizerisch-italienischen Architekten Bernardino Quadri für den Bau einer Grabtuch-Kapelle werden offiziell angenommen. Diese Kapelle soll über dem Presbyterium der Kathedrale liegen und direkt mit den Gemächern des königlichen Palasts verbunden sein.

1663 16./17. Mai: Die Ausstellung des Grabtuches in der Kathedrale von Turin wurde vom 4. Mai auf dieses Datum verlegt, damit sie mit der Hochzeit Herzog Karl Emanuels II. von Savoyen mit Francesca d´Orléans zusammenfällt. Die Hochzeit selbst wurde wegen des Todes der Herzogin von Parma ebenfalls verschoben.

Die Kopie des Grabtuches, die sich heute in der Paul´s Church in Rabat auf Malta befindet, wird am Original geweiht.

1664 Karl Emanuel II. übernimmt nach dem Tod seiner Mutter, Christine von Frankreich, die Herrschaft über Savoyen.

1665 Ausstellung des Grabtuches in der königlichen Kapelle im Beisein von Erzbischof Michele Beggiano.

14. Mai (Himmelfahrt): Öffentliche Ausstellung des Grabtuches vor einer großen Menschenmenge; das Tuch wird von sieben Bischöfen ausgebreitet.

1666 24. März: Nichtöffentliche Ausstellung des Grabtuches zu Ehren Maximilians von Bayern.

4. Mai: Öffentliche Ausstellung des Grabtuches; der Erzbischof von Turin und vier Bischöfe breiten es aus.

1667 4. Mai: Öffentliche Ausstellung des Grabtuches im Beisein des venezianischen Botschafters Morosini.

1668 19. Mai: Guarino Guarini wird vom Herzog zum Baumeister der Grabtuch-Kapelle in der Kathedrale von Turin ernannt.

1670 18. November: Die Ablaßkongregation gewährt vollkommenen Ablaß »nicht für die Verehrung des Grabtuchs als des wahren Grabtuchs Christi, sondern eher für die Betrachtung Seiner Passion, vor allem Seines Todes und Seiner Grablegung«. Hiermit wird stillschweigend davon ausgegangen, daß die Echtheit des Grabtuches außer Diskussion steht.

1675 Tod Karl Emanuels II. Viktor Amadeus II. übernimmt die Herrschaft.

1678 Anfertigung einer Kopie für die Kirche St. Maurice in Imperia an der ligurischen Küste zwischen Nizza und Genua.

1694 Das Grabtuch wird in einem eigens entworfenen Reliquienschrein über dem Altar der Königskapelle von Guarino Guarini niedergelegt (den Altar entwarf Antonio Bertola). Für diese Gelegenheit wird das Tuch mit einem neuen schwarzen Futterstoff vom seligen Sebastian Valfré versehen, der auch Flicken hinzufügte, wo jene der Armen Klarissinnen Mängel aufwiesen.

1697 Anfertigung einer Kopie durch Giovanni Battista Fantino. Diese Kopie wird heute im Karmeliterkloster im italienischen Savona aufbewahrt.

1703 Ein Kupferstich zeigt die Ausstellung des Grabtuches vor dem Bertola-Altar in der neuen Königskapelle.

1706 12. April: Ausstellung des Grabtuches in Turin.

1722 4. Mai: Ausstellung des Grabtuches in Turin.
3. Juni: Ausstellung des Grabtuches in Turin.

1730 Beginn der langen Herrschaft Herzog Karl Emanuels III.

1736 21. September: Ausstellung des Grabtuches in Turin.

1737 1. April: Hochzeit von Karl Emanuel III., der auch König von Sardinien ist, mit Prinzessin Elisabeth Theresa von Lothringen.
4. Mai: Öffentliche Ausstellung des Grabtuches anläßlich der königlichen Hochzeit. Prägung eines Gedenkmedaillons, das eine große Menschenmenge vor dem Palast zeigt, von dessen Balkon das Grabtuch gezeigt wird.

1750 29. Juni: Ausstellung des Grabtuches in Turin zu Ehren der Hochzeit von Prinz Viktor Amadeus III. mit Maria Antonia von Bourbon, der Infantin von Spanien. Die Präsentation erfolgt unter der Leitung von Kardinal delle Lanze.

1758 Tod des hochgebildeten Papstes Benedikt XIV. (Prosper Lambertini). Er schrieb über das Grabtuch: »Das Grabtuch, diese herausragende Reliquie, wird in Turin aufbewahrt. Die Päpste Paul II. (1464–1471), Sixtus IV. (1471–1484), Julius II. (1503–1513) und Klemens VII. (1523–1534) bezeugen, daß dies das Tuch ist, in das unser Herr gehüllt war.«

1769 16. Juni: Nichtöffentliche Ausstellung des Grabtuches zu Ehren von Kaiser Josef II. von Habsburg-Lothringen. Danach wird das Grabtuch einer großen Menschenmenge, die sich in der Kathedrale versammelte, von der Balustrade der Königskapelle aus gezeigt.

1773 Tod Karl Emanuels III.

1775 Viktor Amadeus III. übernimmt die Herrschaft uber das Herzogtum.

5. Oktober: Ausstellung des Grabtuches zu Ehren der Hochzeit von Prinz Karl Emanuel IV. von Piemont mit Prinzessin Clothilde von Frankreich; die Trauung erfolgt in enger Anlehnung an die Zeremonie von 1750.

1778 Der Genealoge Guichenon beschreibt das Grabtuch als »Prophylakterion gegen allerart Unfälle«.

1792 Französische Revolutionäre brechen in die königliche französische Reliquiensammlung in der Sainte-Chapelle in Paris ein. Das »fragment du S. Suaire«, sein »sainte toelle« und andere Gegenstände, die eine mögliche Verbindung zum Grabtuch besitzen, werden zerstört.

1796 Karl Emanuel IV. von Savoyen wird Herzog von Savoyen.

1798 9. Dezember: Die Savoyer müssen Turin verlassen und ziehen sich nach Sardinien zurück. Karl Emanuel IV. und die königliche Familie beten vor ihrem Aufbruch das Grabtuch an.

1804 13. November: Nichtöffentliche Ausstellung zu Ehren des Turinbesuchs von Papst Pius VII., der gezwungen wurde, nach Paris zu reisen, um Napoléon zu krönen; Napoléon hatte darauf bestanden, von niemand anderem als dem Papst gekrönt zu werden, und nahm diesen praktisch gefangen. Berichten zufolge sei der Papst niedergekniet, um das Grabtuch zu verehren und es »mit zärtlicher Hingabe« zu küssen. Sieben Kardinäle, acht Bischöfe und viele andere Würdenträger waren anwesend.

1814 20. Mai: Feierliche Ausstellung des Grabtuches zu Ehren der Rückkehr der königlichen Familie unter Viktor Emanuel I. Dies ist die erste öffentliche Ausstellung des Grabtuches seit 1775.

1815 21. Mai: Der nach der Niederlage Napoléons wieder nach Italien zurückgekehrte Papst Pius VII. leitet zum zweiten Mal die zeremonielle Ausstellung des Grabtuches. Auf dem Balkon des Palazzo Madama entrollt er es eigenhändig. Nachdem das Grabtuch wieder in seine Hülle gelegt worden ist, wird diese mit der päpstlichen und der königlichen Petschaft versiegelt.

1822 4. Januar: Ausstellung des Grabtuches im Beisein der königlichen Familie in der Königskapelle zu Ehren der Thronbesteigung von Karl Felix (sein Bruder Viktor Emanuel I. hatte abgedankt). Danach wird das Grabtuch von der Balustrade der Kapelle dem im Kirchenraum versammelten Volk gezeigt.

1842 4. Mai: Ausstellung des Grabtuches anläßlich der Hochzeit von Kronprinz Viktor Emanuel II. mit Maria Adelaide, Erzherzogin von Österreich. Es wird erwogen, bei dieser Gelegenheit eine Daguerreotypie des Grabtuches anfertigen zu lassen, diese Idee wird aber wieder verworfen. Unter den Zuschauern ist auch Don Bosco, der damals 27jährige Gründer des Salesianerordens.

1868 24. bis 27. April: Während der kurzen Amtszeit des Erzbischofs Alessandro Riccardi dei Conti di Netro wird das Grabtuch zu Ehren der Hochzeit Prinz Umbertos von Savoyen mit Prinzessin Margarete ausgestellt. Statt eines kurzen Ausbreitens des Tuchs in der Kathedrale von Turin oder auf dem Balkon des Palazzo Madama, wie es 1815 und 1842 der Fall war, wird das Grabtuch vier Tage lang auf einem Bord über dem Hochaltar ausgestellt. Don Bosco ist wieder unter den Betrachtern, wird aber diesmal von jungen Ordensbrüdern seiner Kongregation begleitet.

28. April: Auf Knien trennt die 25jährige Prinzessin Klothilde von Savoyen (1843–1911), Tochter Viktor Emanuels II. und Gemahlin von Prinz Gerolamo Napoleon, den schwarzen Seidenfutterstoff des seligen Sebastian Valfré ab und unterlegt das Grabtuch mit rotem Taft. Ein offizieller Bericht wird zusammen mit einem Muster des schwarzen Seidenfutterstoffs in Turin aufbewahrt. Bei dieser Gelegenheit entfernt Prinzessin Clothilde einen Faden, der 110 Jahre später mit dem Radiokarbontest auf sein Alter hin untersucht werden soll, was aber wieder verworfen wird. Das Tuch wird auch »scrupulosamente« von Monsignore Gastaldi, dem Bischof von Aluzzo und späteren Erzbischof von Turin, vermessen; sein Ergebnis betrug – fälschlicherweise – 410 cm x 140 cm.

1898 25. Mai: Aus Anlaß des 50jährigen Bestehens eines geeinigten Italiens unter Herrschaft des Hauses Savoyen wird das Grabtuch acht Tage lang öffentlich gezeigt. Da Gastaldis Messungen von 1868 falsch waren, fällt der Schrein, in dem das Grabtuch ausgestellt werden soll, zu kurz und zu breit aus. Um die fehlende Länge auszugleichen, werden die beiden Enden des Grabtuches eingeschlagen. Secondo Pia macht zwei Testfotografien des Grabtuches mit Fotoplatten von 21 cm x 27 cm und mit kurzer Belichtungszeit. Wegen Beleuchtungsschwierigkeiten ist das Ergebnis nur mäßig. Am ersten Tag ist das Grabtuch nicht hinter Glas ausgestellt, Prinzessin Clothilde besteht aber darauf, daß es für die weiteren Ausstellungstage von einer Glasplatte geschützt wird.

28. Mai: Secondo Pia macht den zweiten offiziellen Versuch, das Grabtuch zu fotografieren. Dieses Mal belichtet er zwei Fotoplatten von 50 cm x 60 cm, die erste vierzehn Minuten, die zweite zwölf Minuten lang, sowie weitere kleinere Platten. Auch Leutnant Felice Fino, der Sicherheitschef der Kathedrale von Turin, und Pater Solaro, die beide geschickte Amateurfotografen sind, nehmen das Grabtuch auf.

Mitternacht: Pia entwickelt die Negative und entdeckt, daß das Bildnis sichtbar wird, sobald man es als Negativ betrachtet.

2. Juni: Das Grabtuch wird in seinen Schrein in der Königskapelle zurückgelegt.

13. Juni: Die in Genua erscheinende Tageszeitung *Il Cittadino* veröffentlicht den ersten Artikel über Pias Entdeckung.

14. Juni: In der überregionalen Zeitung *Corriere Nazionale* erscheint ein Bericht über Pias Entdeckung.

15. Juni: Der *Osservatore Romano,* die Zeitung des Vatikans, veröffentlicht einen Aufsatz über Pias Entdeckung.

Weihnachten: Das britische Fotografie-Magazin *Photogram* veröffentlicht eine großformatige Reproduktion von Pias Fotografie.

1900 In Paris erscheint die Schrift *Étude critique sur l´origine du Saint Suaire von Lirey – Chambéry – Turin* des Kanonikers Ulysse Chevalier, der darin das D´Arcis-Memorandum und andere Dokumente aus dem Mittelalter ausführlich zitiert, die auf einen Grabtuchschwindel hinweisen.

1902 Montag (Nachmittag), 21. April: Yves Delage, Professor für Anatomie und selber Agnostiker, hält an der Akademie der Wissenschaften in Paris eine Vorlesung über das Grabtuch; er umreißt die medizinischen und wissenschaftlichen Fakten, die für die Echtheit des Grabtuches sprechen, und vertritt die Meinung, daß es das wahre Tuch sei, das den Leib Christi umhüllt habe.

Abend: Marcelin Berthelot, Sekretär der Abteilung Physik der Akademie, Begründer der Thermochemie und militanter Atheist, schreibt Delage vor, seinen Vortrag, der in der Akademieeigenen Zeitschrift Comptes rendus de l´Académie des Sciences publiziert werden soll, zu revidieren; nur die Vaporographie von Zink solle er behandeln und das Grabtuch und auch Christus nicht erwähnen.

23. April: Die Pariser Ausgabe des New York Herald erscheint mit dem Aufmacher: »Wissenschaft entdeckt Fotografien des Leibs Christi«.

27. April: Die Pariser Ausgabe des New York Herald überschreibt einen Artikel: »Wissenschaftler zweifeln Grabtuch an. M. Léopold Delisle sagt vor der Académie des Inscriptions et Belles-Lettres: ›Beweise sind nicht belegt.‹«

1903 Ulysse Chevalier behauptet, daß die vatikanische Kultuskongregation (Congregation of Rites) die Authentizität des Grabtuches in einem nichtöffentlichen Bericht an Papst Leo XIII. in Zweifel gezogen habe.

1918 Aus Angst vor Luftangriffen ordnet König Viktor Emanuel III. während des Ersten Weltkriegs an, das Grabtuch an einem sicheren Ort zu verwahren, der sich allerdings innerhalb des königlichen Palasts befinden muß. An der Südostseite des Palasts wird zwei Stockwerke unter der Erde eigens eine unterirdische Geheimkammer angelegt, deren Bestimmung nicht einmal dem Baumeister mitgeteilt wird. In die Geheimkammer wird ein großer Tresor mit einer komplexen Schließkombination gestellt. Am 6. Mai wird das Grabtuch aus der Königskapelle, in der es seit 1898 ungestört gelegen hatte, entfernt, mit Asbest umwickelt und in eine Zinntruhe gelegt. Diese wird mit kaltem Lötzinn versiegelt und in die Geheimkammer getragen, wo die Truhe feierlich in den Tresor eingeschlossen wird. Es werden Gebete gesprochen, danach wird die schwere Eingangstür der Geheimkammer verschlossen.

1931 Kardinal Fossati von Turin wird von Papst Pius XI. zur Audienz empfangen. Der Papst teilt ihm mit: »Seien Sie ganz beruhigt. Wir sprechen im Augenblick als Wissenschaftler, nicht als Papst. Wir haben persönlich die Untersuchungen über das Heilige Grabtuch verfolgt und sind von seiner Echtheit überzeugt. Man hat Einwände erhoben, doch halten diese nicht stand.«

3. bis 24. Mai: Ausstellung des Grabtuches zu Ehren der Hochzeit Prinz Umbertos von Piemont, des späteren Königs Umberto II. von Savoyen, mit Maria José von Belgien. Kardinal Fossati hält das Amt ab. Zwei Millionen Besucher strömen zur Ausstellung nach Turin.

21. Mai: Der Berufsfotograf Giuseppe Enrie fotografiert das Grabtuch in drei Abschnitten.

Freitag, 22. Mai: Enrie, Vignon und andere halten Nachtwache beim Grabtuch.

23. Mai: Enrie macht drei Fotografien des Grabtuchbildnisses – eine lebensgroße Aufnahme, ein Schulter- und ein Rückenbild – sowie eine siebenfache Vergrößerung der Nagelwunde im Handgelenk. Die Aufnahme wird im Beisein des 76jährigen Secondo Pia und von Gelehrten der Académie Française vorgenommen.

In diesem und im folgenden Jahr führt Dr. Pierre Barbet Experimente an Leichen durch, um die Passion Jesu gemäß den Blutflecken auf dem Grabtuch und den Wundmalen zu rekonstruieren.

1933 24. September bis 15. Oktober: Auf Verlangen von Papst Pius XI. wird das Grabtuch als Teil der Feierlichkeiten zum Heiligen Jahr ausgestellt. Der junge Salesianerpriester Pater Peter Rinaldi, der fließend Französisch, Englisch und Italienisch spricht, fungiert als Dolmetscher. Am letzten Tag der Ausstellung wird das Grabtuch auf der Treppe der Kathedrale ins Tageslicht gehalten, wo Dr. Pierre Barbet es aus einer Entfernung von weniger als einem Meter betrachtet. Er schreibt: »Ich sah, daß all die Abbilder der Wunden in einer anderen Farbe waren als der Rest des Leibes; es war die Farbe getrockneten Blutes, die vom Stoff aufgesogen worden war. Es war aber mehr auf dem Grabtuch als die braunen Flecken, die den Körper andeuteten – das Blut selbst hatte den Stoff in direktem Kontakt gefärbt ... Für einen Laien ist es schwierig, die genaue Farbnuance zu bestimmen, der Grundton war aber Rot (›Malve-Karmin‹, sagte Dr. Vignon, der ein gutes Auge für Farben hat), das je nach Wunde mehr oder weniger verblaßt ist.«

1935 Januar: Barbets Schrift *Les Cinq Plaies du Christ* wird veröffentlicht.

1938 Publikation von Paul Vignons Werk *Le Saint Suaire de Turin devant la science, l'archéologie, l'histoire, l'iconographie, la logique*, das zu dieser Zeit das umfassendste Werk über das Grabtuch war.

1939 Erster Sindonologie-Kongreß in Turin. Es werden etwa zwanzig Vorträge gehalten.

September: Nach dem Ausbruch des Zweiten Weltkriegs wird das Grabtuch heimlich in die Benediktinerabtei von Monte Vergine in der Provinz Avellino nordöstlich von Neapel gebracht. Der Transport des Grabtuches von Turin nach Monte Vergine wird kurz in Rom und Neapel unterbrochen.

25. September: Ankunft des Grabtuches in der Abtei. Nur der Prior, der Generalvikar und zwei Mönche werden ins Vertrauen gezogen, um welchen Gegenstand es sich handelt.

1946 Juni: Das italienische Volk stimmt für die Republik; damit endet die Herrschaft Umbertos II. von Savoyen, des rechtmäßigen Eigentümers des Grabtuches.

28. Oktober: Vor dem Rücktransport nach Turin wird das Grabtuch für die Mönche von Monte Vergine ausgestellt. Es wird auf einen Tisch in der Empfangshalle der Abtei gelegt, eine Berührung des Tuches ist aber strikt verboten.

Das Grabtuch wird nach Turin und an seinen angestammten Aufbewahrungsort in der Königskapelle zurückgebracht. Mit dem Ende der Monarchie und da die Königskapelle ein Teil des nun staatseigenen Königspalastes ist, befindet sich das Grabtuch juristisch betrachtet auf italienischem Staatsgebiet.

1950 Im Palazzo della Cancellaria in Rom findet als Teil der Feierlichkeiten zum Heiligen Jahr ein internationaler Sindonologie-Kongreß statt. Papst Pius XII. sendet ein Segenstelegramm.

1954 Karwoche: Der Kriegsheld Leonard Cheshire, der sich während seiner Genesung von einer Tbc-Erkrankung mit dem Grabtuch beschäftigte, macht in einem Reisebus eine Ausstellung mit Fotografien des Grabtuches.

Ostern: Cheshire veröffentlicht in den britischen Magazinen *Picture Post* und *Daily Sketch Artikel* über das Grabtuch.

11. Mai: Cheshire bekommt einen Brief von Veronica Woolam aus Gloucester, in dem sie anfragt, ob ihre zehnjährige Tochter Josephine, die an Osteomyelitis in der Hüfte und in den Beinen leidet, »mit der Grabtuchreliquie gesegnet werden kann«. Da Cheshire aufgrund seines früheren Lungenleidens nicht fliegen kann, bringt er Josephine und ihre Mutter mit dem Zug erst nach Portugal, um die Erlaubnis des ehemaligen Königs Umberto zu erhalten, und dann nach Turin. Er hofft, daß sie durch das Grabtuch geheilt werden könne. Das Grabtuch wird aus dem Schrein genommen, die Siegel werden erbrochen, und sie darf ihre Hand unter das Seidenfutter legen. Das Grabtuch wird jedoch nicht entrollt. Es gibt zwar keine unmittelbare Veränderung von Josephines Zustand, ihr Genesungsprozeß macht allerdings solche Fortschritte, daß sie ein normales Leben führen kann; allerdings stirbt sie jung.

1959 18. Dezember: Gründung des Centro Internazionale di Sindonologia in Turin, des internationalen Zentrums für Grabtuchforschungen.

1960 Die britische Grabtuchinteressierte Vera Barcley schreibt Wissenschaftler am Atomic Energy Research Establishment in Harwell an und regt die Möglichkeit einer Datierung mittels einer Radiokarbonuntersuchung an. Dr. F. Clarke und P. J. Anderson bezweifeln ernsthaft die Möglichkeit einer Durchführbarkeit.

1961 17. Dezember: Tod Pierre Barbets.

1969 16. bis 18. Juni: Auf Anordnung Kardinal Pellegrinos wird das Grabtuch heimlich aus dem Schrein genommen und von einer Expertenkommission auf seinen Erhaltungszustand hin untersucht. Drei Tage lang fotografiert, untersucht und diskutiert das Team es, führt aber keine direkten Tests durch. Dabei macht Giovanni Battista Judica Cordiglia das allererste Farbbild von dem zu diesem Zweck senkrecht aufgehängten Grabtuch sowie einige Schwarzweißfotografien und Aufnahmen mit Wood-Licht.

1972 1. Oktober: Ein Unbekannter versucht, Feuer an das Grabtuch zu legen, nachdem er über das Dach des Palasts geklettert und in die Königskapelle eingebrochen war. Das Grabtuch übersteht den Anschlag dank des Asbestschutzes im Altarschrein ohne jede Beschädigung.

1973 4. Oktober: Dr. Max Frei und weitere Zeugen, die sich vor dem offenbar gerahmten Grabtuch in der Schweizerhalle des Turiner Königspalasts versammelt haben, beglaubigen die Echtheit der Aufnahmen Giovanni Battista Judica Cordiglias. Unbestätigten Angaben zufolge wurde das Grabtuch bei dieser Gelegenheit zur Rahmenanpassung und als Probe für eine Fernsehdokumentation, die sieben Wochen später gedreht werden soll, entrollt.

Donnerstag, 22. bis Samstag, 24. November: Das Grabtuch wird für die erste Fernsehsendung über dieses Thema in der Schweizerhalle ausgestellt. Journalisten aus aller Welt und seriöse Grabtuchforscher, darunter auch die Briten Dr. David Willis und Pater Maurus Green, dürfen das Grabtuch ungehindert betrachten.

23. November, 9.15 bis 9.45 Uhr: Ausstrahlung der RAI-Sendung mit einer Einführung von Papst Paul VI.

24. November: Das Grabtuch wird in einer geheimen Untersu-

chung von einer Expertenkommission geprüft, die von Kardinal Pellegrini ernannt wurde. Dabei entfernt Professor Gilbert Raes vom rechten Ende der Vorderseite ein Muster von 40 mm x 13 mm Größe, von der rechten Längsseite ein Stück von 40 mm x 10 mm Größe, einen 13 mm langen Kettfaden und einen Schußfaden von 12 mm Länge. Zu der Kommission gehört auch Max Frei; mit Klebefolie entnimmt er zwölf Staubproben von der Oberfläche des vorderen Endes. Das Grabtuch wird noch am selben Abend in den Schrein zurückgelegt.

1976 19. Februar: In den Sandia Laboratories scannen John Jackson und Bill Mottern Dias des Grabtuches in den Bildanalyse-Computer VP-8 ein, der die Bilddaten in eine dreidimensionale Darstellung umsetzt.

April: Veröffentlichung des Berichts der wissenschaftlichen Sonderuntersuchungskommission; darin werden die ersten Analysen der Pollenproben durch Max Frei publiziert. Er stellt die Behauptung auf, daß im Staub auf dem Grabtuch u.a. auch Pollen einiger Pflanzengattungen zu finden seien, die nur in Israel und der Türkei vorkämen, mit anderen Worten: Das Tuch muß einmal in diesen Ländern der Luft ausgesetzt worden sein.

1977 23. und 24. März: Im Ramada Hotel in Albuquerque im US-Bundesstaat New Mexico findet die erste amerikanische Forschungskonferenz über das Grabtuch statt. Zu den Teilnehmern zählen viele spätere Gründer von STURP (Shroud of Turin Research Project), so die Patres Rinaldi und Otterbein, Reverend David Sox, Dr. John Robinson und der Filmemacher David Rolfe.

Mai: An der Rochester University im US-Bundesstaat New York wird von Harry Gove, einem der führenden Pioniere auf dem Gebiet der Beschleuniger-Massenspektrometrie (BMS), der erste Versuch einer Radiokarbondatierung durchgeführt. Mit dieser Methode können wesentlich kleinere Muster als zuvor angenommen datiert werden. 1988 wird auf diese Art und Weise das Alter des Grabtuches festgestellt.

24. Juni: Reverend David Sox, Generalsekretär der neu gegründeten British Society for the Turin Shroud, wendet sich aufgrund eines Artikels in der Zeitschrift *Time* über die neue Radiokarbonmethode an Harry Gove.

16./17. September: Grabtuch-Symposium am Angelican Institute of Christian Studies in London; unter den Vortragenden sind auch die Wissenschaftler John Jackson, Eric Jumper, Max Frei und Walter McCrone sowie die Patres Rinaldi und Otterbein, Monsignore Riggi und Don Coero Borga.

1978 20. Januar: Anastasio Ballestrero, der neue Erzbischof von Turin, kündigt an, daß das Grabtuch vom 27. August bis zum 8. Oktober öffentlich ausgestellt und an den letzten beiden Tagen ein internationaler Sindonologie-Kongreß stattfinden wird.

3./4. Juni: In Colorado Springs trifft sich das Wissenschaftlerteam unter Leitung von John Jackson und Eric Jumper zu einer Konferenz über die Planung der wissenschaftlichen Untersuchung des Grabtuches.

6. August: Plötzlicher Tod Papst Pauls VI., der das Grabtuch während der geplanten Ausstellung in Turin besichtigen wollte – eine von zwei Aktivitäten außerhalb Roms, die er für den Herbst geplant hatte. Zusammentritt der Konklave zur Papstwahl.

26. August: Um jede Kritik seitens der kommunistischen Stadtverwaltung Turins zu vermeiden, wird das Grabtuch nach einer Eröffnungsmesse in einer bemerkenswert schlichten und nichtkommerziellen Ausstellung, der ersten seit 1933, sechs Wochen lang gezeigt. Während der Eröffnungsmesse wird Kardinal Luciani aus Venedig zum Papst ausgerufen. Er nimmt den Namen Johannes Paul I. an. 33 Tage später stirbt er.

1. September: Unter den Pilgern, die das Grabtuch verehren, ist auch der polnische Kardinal Karol Wojtyla, der bald als Johannes Paul II. zum Papst ausgerufen wird.

2./3. September: In Lebanon im US-Bundesstaat Connecticut trifft sich Jacksons Team, das sich nun »United States Conference of Research on the Shroud of Turin« nennt, um seine Planungen zu Ende zu führen, nachdem die Stadt Turin einem 24stündigen Testlauf am 9. Oktober zustimmte.

28. September: Tod Papst Johannes Pauls I. Noch als Kardinal von Venedig wollte er am 21. September das Grabtuch besichtigen; Gerüchten zufolge soll er einen privaten Besuch vor der Schließung der Ausstellung beabsichtigt haben.

Anfang Oktober: Auf dem Weg nach Turin macht Harry Gove, der am zweiten Internationalen Grabtuch-Symposium in Turin teilnimmt, Station in Oxford, um Edward Hall über die Möglichkeiten einer Radiokarbondatierung des Grabtuchs zu informieren. Hall kann zwar noch keine BMS durchführen, er drückt aber sein wie auch das Interesse seiner Kollegen aus, »in die Sache einzusteigen«.

7./8. Oktober: Zweites internationales Grabtuch-Symposium am Istituto Bancario San Paolo in Turin; Gove stellt seine neue Methode vor.

8. Oktober: Ende der öffentlichen Ausstellung des Grabtuches; es wird zu einer fünftägigen Untersuchung einschließlich Fotografie und Entnahme von Gewebeproben durch das von Jackson angeführte amerikanische STURP-Team in den Königspalast von Turin gebracht. An der Untersuchung nehmen unabhängig von STURP auch Max Frei, Giovanni Riggi und Pierluigi Baima Bollone teil. Das Tuch wird ausgiebig einer intensiven Belichtung durch Scheinwerfer, Röntgenstrahlen und ultraviolettem Licht ausgesetzt; Dutzende von Klebestreifen werden auf die Oberfläche gedrückt und wieder entfernt; die Naht am unteren Ende, dem Fußende der Vorderansicht, wird aufgetrennt, und Apparaturen werden eingeführt. In der Nacht zum 9. Oktober entnimmt Pierluigi Baima Ballone durch die mechanische Auflösung von Kett- und Schußfäden im Bereich der »Rückenwunde« auf der Rückseite des Tuches eine Probe eines Blutflecks.

Freitag, 13. Oktober: STURP schließt die Arbeit im Laufe des Abends ab. Das Grabtuch wird am folgenden Morgen in seinen Schrein zurückgelegt.

Auf dem Rückweg nach New Mexico macht Ray Rogers halt in Chicago und übergibt dem Labor von Walter McCrone persönlich 32 Klebestreifen mit Faserproben vom Grabtuch.

25. Dezember: Walter McCrone beginnt mit der Analyse der Proben.

1979 Februar: Gove und seine Kollegen schreiben an Erzbischof Ballestrero von Turin und bieten ihm eine Radiokarbondatierung des Grabtuches mittels ihrer neuen Methode an.

24./25. März: Im kalifornischen Santa Barbara hält STURP den ersten »First Data Analysis Workshop« über das Grabtuch ab. Gemäß der Erkenntnisse im Vorfeld gibt es keine Beweise dafür, daß das Tuch von einem Künstler geschaffen wurde – der Körper scheint durch Versengen entstanden zu sein, und das Bildnis des blutigen Gesichts sei wahrscheinlich älter als die Darstellung des Leibes –, aber McCrone behauptet, Beweise für das Wirken eines Künstlers gefunden zu haben.

1980 13. April: Bei einem Besuch in Turin führt man Papst Johannes Paul II. das Grabtuch vor; er küßt den Saum des Tuches.

11. September: Walter McCrone hält in London einen Vortrag vor der British Society for the Turin Shroud; darin behauptet er erneut, bei dem Grabtuch handle es sich um das Werk eines Künstlers aus dem Mittelalter, der das Bildnis mit Eisenoxid gemalt und dabei ein stark verblassendes Pigmentbindemittel benutzt habe. Der britische Journalist Peter Jennings veröffentlicht ohne Absprache mit McCrone dessen aufsehenerregende These.

1981 9. März: Ein unter dem Namen »Les« bekannter Mann von den Westindischen Inseln stirbt im internationalen Pflegeheim Jospice in Thornton bei Liverpool an Bauchspeicheldrüsenkrebs. Auf der Matratze seines Sterbebetts zeichnet sich sein Rücken stark ab, was verblüffend an die Abdrücke auf dem Grabtuch erinnert.

Frühjahr: John Jackson und Larry Schwalbe, Luigi Gonella und die Patres Rinaldi und Otterbein von STURP besuchen den früheren König Umberto II. von Savoyen im portugiesischen Cascais, um ihn über den 1978 durchgeführten Test zu unterrichten.

Mittwoch, 13. Mai: John Jackson, Pater Otterbein und andere Mitglieder von STURP reisen zu einer Audienz bei Papst Johannes Paul II. nach Rom, um ihm von dem Test aus dem Jahr 1978 zu berichten. Auf dem Petersplatz verübt der Türke Mehmet Ali Agca ein Attentat auf den Papst.

Dezember: STURP setzt die Turiner Verwaltung davon in Kenntnis, daß die Laboratorien in Tucson, Brookhaven, Oxford und Rochester bei der Radiokarbondatierung des Grabtuches mitwirken wollen.

1982 Juli: Das Kuratorium des British Museum in London stimmt zu, den Leiter der Wissenschaftlichen Sektion des British Museum für eine vor dem Datierungsversuch des Grabtuches stattfindende Demonstration, bei der mittels der Radiokarbonmethode das Alter von Textilien bestimmt werden soll, als Supervisor abzustellen. Das AERE in Harwell und das BMS-Labor in Zürich werden in die Liste der teilnehmenden Laboratorien zur Radiokarbondatierung des Grabtuchs aufgenommen.

1983 14. Januar: Tod Max Freis. Er hinterläßt ein unvollendetes Manuskript über die Ergebnisse seiner Pollenanalyse. Sein Besitz geht auf seine Witwe Gertrud und den Sohn Ulrich über.

18. März: In Cascais stirbt der frühere italienische König Umberto II., rechtmäßiger Eigentümer des Grabtuches. In seinem Testament hinterläßt er das Grabtuch dem Papst und seinen Nachfolgern, allerdings unter dem Vorbehalt, daß das Grabtuch in Turin verbleibt.

1984 16. Oktober: John Jackson und Tom D´Muhala legen Kardinal Ballestrero ihre Vorschläge für die weitere wissenschaftliche Erforschung des Grabtuches dar.

1985 1. Juni: Bei einem Kongreß im norwegischen Trondheim veröffentlichen Dr. Michael Tite und Richard Burleigh vom British Museum in London die Ergebnisse der Versuchsreihen, die von sechs Laboratorien zur Radiokarbondatierung durchgeführt worden waren. Einige Labore hatten die alte Gaszählermethode eingesetzt, die anderen die neue, von Harry Gove entwickelte BMS-Methode verwendet. Untersucht wurde u.a. eine 4000 Jahre alte ägyptische Mumienbinde, bei der sich das Zürcher Laboratorium aufgrund fehlerhafter Vorbehandlung um 1000 Jahre irrt. Trotz dieses Fehlers wird das Experiment insgesamt als hilfreich für die Radiokarbondatierung des Grabtuches angesehen. Harry Gove organisiert eine Zusammenkunft der Vertreter der sechs Laboratorien und des British Museum, um einen Arbeitsplan für die Grabtuchdatierung aufzustellen. Es wird erwogen, mit der Päpstlichen Akademie der Wissenschaften Kontakt aufzunehmen.

August: Der Arbeitsplan wird Professor Carlos Chagas, Präsident der Päpstlichen Akademie der Wissenschaften in Rom, vorgelegt.

Oktober: Gove trifft Chagas in New York, um mit ihm die Durchführung eines Seminars mit allen an der Radiokarbondatierung des Grabtuchs interessierten Gruppierungen zu besprechen.

November: Chagas gibt bekannt, daß in Kürze ein Treffen stattfinden wird, bei dem die Radiokarbondatierung des Grabtuches besprochen werden soll.

1986 Januar Die Witwe Max Freis händigt Paul Maloney von der amerikanischen Grabtuchgruppe ASSIST zwei Kopien von Freis unveröffentlichtem Manuskript sowie zusätzlich noch fünf auf Klebefolie fixierte Gewebeproben, die Frei vom Grabtuch 1978 entnommen hatte, aus.

Februar: Gove trifft Luigi Gonella, Professor an der Turiner Universität, in New York. Gonella besteht darauf, daß der Workshop in Turin durchgeführt wird.

16. Februar: Auf der Grabtuch-Konferenz, die im Elizabethtown College in Elizabethtown im US-Bundesstaat Pennsylvania abgehalten wird, analysieren einige Teilnehmer, darunter auch Walter McCrone, Freis Staubproben. McCrone bestätigt ohne jede Einschränkung das Vorhandensein von Pollen im Gewebe des Grabtuches.

April: Chagas lädt vom 9. bis 11. Juni zum Seminar in Turin ein. Ungeschickterweise hatte Chagas dies auch dem englischen Journalisten Peter Jennings mitgeteilt. Dieser gibt dem Ärger der Turiner über ihre Nichtberücksichtigung durch die Veröffentlichung eines Aufsatzes in der Presse zusätzliche Nahrung.

16. Mai: Die Päpstliche Akademie der Wissenschaften teilt telegrafisch den Aufschub des Treffens für die Besprechung der Radiokarbondatierung des Grabtuches mit.

27. Mai: Harry Gove, Edward Hall aus Oxford und Sir David Wilson, der Direktor des British Museum, telegrafieren an die Kardinäle Casaroli und Ballestrero sowie an Carlos Chagas; sie protestieren gegen den Aufschub und warnen vor einem möglichen Rückzug einiger Institutionen.

29. September bis 1. Oktober: Vertreter verschiedener Laboratorien, die sich an der Radiokarbondatierung beteiligen, treffen sich unter dem Vorsitz von Chagas in Turin, um das beste »Protokoll« für die Untersuchung des Grabtuchs zu erstellen. Sieben Labore wurden ausgewählt, fünf davon arbeiten nach der BMS-Methode, die übrigen zwei setzen die Gaszählermethode ein. Zusätzlich wird noch das BMS-Labor im französischen Gif-sur-Yvette auf die Liste gesetzt. Das Protokoll wird dem Papst und dem Kardinal von Turin vorgelegt.

6. Oktober: Die Nachricht des Meetings geht an die internationale Presse.

1987 Die Beziehungen zwischen Gove und Gonella verschlechtern sich.

27. April: Die in Turin erscheinende italienische Tageszeitung *La Stampa* zitiert Gonella mit der Aussage, daß nur zwei oder drei Laboratorien an der Datierung teilnehmen würden.

1. Juli: Vertreter der sieben Laboratorien senden an Kardinal Ballestrero einen Brief mit folgendem Wortlaut: »Als Teilnehmer des Workshops, die beträchtliche Anstrengungen unternommen haben, um unser Ziel zu erreichen, wäre es von uns unverantwortlich, Sie nicht darauf hinzuweisen, daß die grundlegende Änderung der vorgeschlagenen Vorgehensweise zu Fehldatierungen führen kann.«

10. Oktober: Kardinal Ballestrero antwortet den sieben »teilnahmewilligen« Laboratorien, daß auf Anraten seines wissenschaftlichen Beraters Gonella nur drei Laboratorien, nämlich Oxford, Tucson und Zürich, die Untersuchung durchführen werden. In seinem Schreiben führt er an, daß »Erfahrung auf dem Gebiet der archäologischen Radiokarbondatierung« ein entscheidendes Kriterium gewesen sei, und verweist auch darauf, daß andere Punkte des 1986 erstellten Protokolls verworfen worden seien. So sei die Päpstliche Akademie der Wissenschaften von der weiteren Teilnahme an der Untersuchung ausgeschlossen wie auch der als Supervisorin eingesetzten Textilexpertin der Abegg-Stiftung, Mechthild Flury-Lemberg, die Entnahme von Gewebeproben untersagt werde. Dr. Michael Tite wird beauftragt, die Entnahmen der Gewebeproben zu bestätigen.

November: Die Direktoren der drei ausgewählten Laboratorien warnen Kardinal Ballestrero: »Sie wissen sehr gut, daß es sehr viele Kritiker auf der Welt gibt, die die Untersuchungsergebnisse in allen Einzelheiten überprüfen werden. Die Verwerfung des ursprünglichen Protokolls und die Entscheidung, mit nur drei Laboratorien zu arbeiten, wird die Kritiker nur noch skeptischer stimmen.« Die ausgewählten drei Forschungslabore erklären sich »zögerlich hinsichtlich der weiteren Vorgehensweise« und vertreten den Standpunkt, daß das Thema »noch einmal sorgfältig überdacht werden sollte«.

1988 13. Januar: Die Turiner Tageszeitung *La Stampa* enthüllt, daß Harry Gove und Dr. Garman Harbottle einen offenen Brief an den Papst verfaßt haben; Kopien des Briefes gingen auch an die Fachzeitschrift *Nature* und an den Direktor des British Museum. In ihrem

Schreiben drücken sie ihre Mißbilligung über die Mißachtung des ursprünglichen Protokolls aus, das sieben Labore vorsah. Der Papst sei, so Gove und Harbottle, »schlecht beraten« und begehe »einen Fehler, wenn er einer eingeschränkten oder begrenzten Vorgehensweise bei der Untersuchung zustimmt, deren Ergebnis gelinde gesagt fragwürdig sein wird«.

15. Januar: Gove und Harbottle erklären der Presse gegenüber: »Es ist interessant, daß der Erzbischof anführt, ›Erfahrung auf dem Gebiet der archäologischen Radiokarbondatierung‹ sei ein Kriterium [bei der Auswahl der Labore, Anm. d. Ü.] gewesen, wenn man bedenkt, daß das abgelehnte Labor in Harwell mehr Erfahrung darin vorweisen kann als alle drei ausgewählten Laboratorien zusammen.« Sie weisen auch auf den Umstand hin, daß das Zürcher Labor zwar kompetent sei, doch immerhin »dasjenige war, das sich bei der früheren Untersuchungsreihe um 1000 Jahre geirrt hatte.« Ihr Fazit: »Das Vorgehen des Erzbischofs unter Nichtachtung des Protokolls wird wahrscheinlich kein Ergebnis zeitigen, das glaubwürdig ist und einer strengen wissenschaftlichen Prüfung standhalten kann. ... Wahrscheinlich ist es besser, gar nichts zu tun, als eine eingeschränkte Untersuchung durchzuführen.«

15. Januar: Bei einer Pressekonferenz in der Columbia University in New York wiederholt Gove seinen Standpunkt: »Unserer Meinung nach ist der Kardinal mit seinem wissenschaftlichen Berater [Luigi Gonella] außerordentlich schlecht beraten ... Von diesem Mann hat [in der wissenschaftlichen Welt] noch nie jemand gehört.«

Gonella weigert sich mit dem Argument, es handle sich um eine nicht-öffentliche Angelegenheit, seine Kriterien für die Auswahl der Laboratorien darzulegen. Die drei ausgewählten Forschungslabore drücken Vorbehalte aus; Gonella droht damit, Institute in Pisa und Udine zu beauftragen, sollten sich die drei Laboratorien einer Zusammenarbeit verweigern.

22. Januar: Gonella und führende Vertreter der Forschungseinrichtungen aus Oxford, Tucson und Zürich treffen im Board Room des British Museum in London zusammen und besprechen die Vorgehensweise. Die Nachricht über die Zusammenkunft wird noch am selben Abend verbreitet.

Februar: Dr. Tite versucht vergeblich, Kontrollmuster gleicher Webart wie das Grabtuch ausfindig zu machen.

25. März: Gove schreibt an den Papst und skizziert ihm die Lage. Er appelliert vergeblich an ihn, Kardinal Ballestrero dazu zu bewegen, wieder nach dem ursprünglichen Protokoll vorzugehen.

Mittwoch, 13. April: Professor Paul Damon öffnet sein Labor in Tucson einen Tag lang für die Presse und führt vor, wie und wo die Radiokarbonuntersuchung der Grabtuchproben vonstatten gehen wird.

Donnerstag, 21. April, 4.30 Uhr: Ein Wachmann des königlichen Palastes entdeckt Licht in der Königskapelle. Er stößt auf zwei Kanoniker, die auf dem Altar stehen, während ein Monsignore sie von unten dirigiert. Um Störungen durch die Presse zu verhindern, hatte man auch die Palastgarde nicht eingeweiht, daß das Grabtuch aus seinem Schrein geholt werden soll.

5 Uhr: Das Grabtuch wird aus dem Schrein genommen.

6.30 Uhr: Dr. Tite und die Vertreter der drei Untersuchungslabore versammeln sich in der Kathedrale; ihnen wird mitgeteilt, daß aufgrund politischer Hindernisse das Projekt nicht durchgeführt werden könne. Vier am Eingang der Königskapelle postierte Beamte der Turiner Stadtverwaltung behaupten, daß seitens der Kommune – die Königskapelle befindet sich auf staatlichem Grund – keine Erlaubnis vorliegen würde, das Grabtuch von städtischem Grund und Boden zu entfernen. Dies wird dadurch umgangen, daß die Beamten als Zeugen fungieren. In der Sakristei wird das Grabtuch entrollt und den Vertretern der drei ausgewählten Laboratorien gezeigt. Professor Testore vom Turiner Polytechnikum, den Gonella als Textilexperten berufen hatte, soll dabei auf die Stelle, wo die Seitenwunde war, gezeigt und gefragt haben: »Was ist denn dieser braune Fleck?« Damon zufolge brauchten Gonella und Professor Riggi zwei Stunden, um zu entscheiden, von welcher Stelle die Gewebeprobe entnommen werden soll.

9.45: Riggi wurde offenbar mit der Durchführung der Operation betraut, denn er schneidet einen Streifen von einem Tuchende ab, teilt diesen in zwei Teile, die wiederum in drei kleine Teile zerschnitten werden. Jede Bewegung Riggis wird von einer Videokamera aufgezeichnet (später wird er davon Kopien verkaufen). In der Sala Capitolare, einem separaten Raum, legen der Kardinal und Dr. Tite die letzten drei Muster in Edelstahlbehälter, versiegeln diese und geben sie den Vertretern der drei Laboratorien mit. Die Übergabe wird nicht von Kameras aufgezeichnet.

13 Uhr: Die Entnahme der Gewebeprobe zur Radiokarbondatierung ist offiziell beendet, die Vertreter der Untersuchungsteams reisen ab.

Nachmittag: Im Beisein von ungefähr zwanzig Zeugen entnimmt Riggi Proben des blutbefleckten Gewebes von der unteren Stelle der Rückseite, wo die Dornenkrone war. Wie Riggi danach berichtet, erhielt er vom Kardinal die Erlaubnis, diese beiden »Blut«-Proben zu entnehmen und auch die andere Hälfte des am Morgen abgeschnittenen Streifens mitzunehmen, da die Labore schon genug Material mitgenommen hätten. Er deponiert die Proben in einem Banktresor.

20.30 Uhr: Das Grabtuch wird wieder in seinen Schrein zurückgelegt.

Freitag, 22. April: Die Nachricht über die Entnahme der Gewebeproben geht an die internationale Presse.

Sonntag, 24. April: In Tucson öffnen Damon und Donahue insgeheim die Behälter. Am Muster A1 erkennen sie sofort die charakteristische Webart des Grabtuches. Auf einer Fotografie, die bei dieser Gelegenheit entsteht, ist deutlich zu erkennen, daß das Muster aus zwei Teilen bestand.

Montag, 25. April: Offizielle Öffnung der Behälter in Tucson durch Damon, Donahue, Toolin und Jull.

Anfang Mai: Das Labor in Tucson beginnt mit der Untersuchung der Gewebeproben und den begleitenden Kontrolluntersuchungen.

6. Mai, 9.50 Uhr: Im Beisein von Harry Gove, der nach Tucson eingeladen wurde, wird die Gewebeprobe untersucht. Mit der eingesetzten Kalibrierung kann das Grabtuch auf das Jahr 1350 datiert werden.

8. Juni: Das Labor in Tucson beendet die Untersuchung der Grabtuchproben.

4. bis 11. Juli: Aufgrund technischer Schwierigkeiten bei der Einstellung ihrer Geräte für die Radiokarbondatierung beginnt das Labor in Oxford erst jetzt mit der Vorbehandlung der Gewebeproben und Kontrollmuster.

15. Juli: Im Hotel Thalwiler Hof im schweizerischen Thalwil werden sämtliche noch im Nachlaß von Max Frei befindlichen Klebefolie-Staubproben, 28 an der Zahl, der amerikanischen Grabtuchgruppe ASSIST offiziell übergeben.

Freitag, 22. Juli: Dr. Michael Tite vom British Museum erhält die Ergebnisse des Zürcher Laboratoriums.

23. Juli: Bei einer Konferenz der Academy of Natural Sciences in Philadelphia werden die Gewebeproben Max Freis, die gerade aus Europa eintrafen, unter der Schirmherrschaft von ASSIST gemeinsam von Walter McCrone, Alan Adler und weiteren Wissenschaftlern untersucht. Dabei stellt sich heraus, daß auf den Klebestreifen nicht nur Pollen und winzige Gewebeteilchen sind, sondern auch eine beträchtliche Anzahl von Pflanzenpartikeln. Dies ist ein Hinweis dafür, daß irgendwann einmal Blumen auf dem Grabtuch niedergelegt wurden.

Mittwoch, 27. Juli: Das Labor in Oxford beginnt mit dem ersten Test der Proben und der Kontrollmuster.

8. August: Das Labor in Oxford beendet seine Untersuchung.

26. August: Die Londoner Abendzeitung *Evening Standard* erscheint mit dem Aufmacher, daß das Grabtuch eine Fälschung von 1350 sei; die Nachricht geht um die ganze Welt. Der Bibliothekar Stephen Luckett aus Cambridge, der nachweislich keine Verbindung zum Grabtuch oder Zugang zu den Testergebnissen besaß, hatte diese Information an die Zeitung weitergeleitet; er erklärt allerdings, daß wissenschaftliche Labore »lecke Einrichtungen« seien.

Mitte September: Die in London erscheinende *Sunday Times* erhält ein Vorabexemplar der Buches *The Shroud Unmasked: Uncovering the Greatest Forgery of All Time* (»Das Grabtuch ohne Geheimnis. Wie die größte Fälschung aller Zeiten aufgedeckt wurde«) von Reverend David Sox. Daraus geht hervor, daß Sox schon vorher Zugang zu den C14-Testergebnissen hatte.

18. September: Ohne die Quelle zu nennen, veröffentlicht die Sunday Times auf der ersten Seite einen Artikel mit der Schlagzeile: »Jetzt ist es offiziell: Das Turiner Grabtuch ist eine Fälschung«. Professor Hall und Dr. Tite bestreiten jede Verantwortung für diesen Artikel.

Donnerstag, 13. Oktober: Auf Pressekonferenzen in Turin und im British Museum in London wird bekanntgegeben, daß das Grabtuch aus der Zeit zwischen 1260 und 1390 stammt. In den Zeitungen wird das Grabtuch als Fälschung denunziert; die Presse behauptet, die katholische Kirche habe die Ergebnisse akzeptiert.

15. Oktober: Reverend David Sox´ Buch *The Shroud Unmasked* erscheint.

Donnerstag, 17. November: Dr. Michael Tite hält vor der British Society for the Turin Shroud einen Vortrag über den von ihm durchgeführten Radiokarbontest.

1989 Mittwoch, 15. Februar: Bei einer Vorlesungsreihe in der Logan Hall des Institute of Education in London referiert Professor Hall vor der British Museum Society über »The Turin Shroud: A Lesson in Self-Persuasion« (»Das Turiner Grabtuch: Eine Lektion in Autosuggestion«). Vehement vertritt er die Meinung, daß jeder, der das Grabtuch weiterhin für echt hält, ein »Schafskopf« sei und »den kürzeren ziehen« werde.

16. Februar: In der renommierten wissenschaftlichen Zeitschrift *Nature* werden die offiziellen Ergebnisse der Radiokarbonuntersuchungen veröffentlicht. Die Ergebnisse »liefern«, so heißt es im Bericht der 21 unterzeichnenden Wissenschaftler, »den überzeugenden Beweis, daß das Turiner Grabtuch aus dem Mittelalter stammt«.

Palmsonntag, 19. März: Kardinal Ballestrero tritt als Erzbischof von Turin ab; sein Nachfolger ist Giovanni Saldarini aus der Erzdiözese Mailand. Kardinal Ballestrero bleibt aber vorübergehend der offizielle Kustos des Grabtuches.

Karfreitag, 24. März: Die englische Presse verbreitet die Nachricht, daß 45 Geschäftsleute und »reiche Gönner« eine Million Pfund stiften würden, um in Oxford einen Lehrstuhl im Fachbereich Archäologie zu errichten und den Fortbestand des Labors zu sichern, das Professor Edward Hall aus eigenen Mitteln ins Leben gerufen hatte. Erster Lehrstuhlinhaber wird Dr. Michael Tite vom British Museum.

28. April: Papst Johannes Paul II. bezeichnet in einem Interview während seiner Afrika-Reise das Grabtuch vorsichtig als authentische Reliquie und betont, daß »die Kirche zu diesem Thema nie Stellung bezogen hat«.

6./7. Mai: Internationales Grabtuch-Symposium in Bologna.

4. Juni: Unter ungeklärten Umständen kommt der Physiker Timothy W. Linick von der University of Arizona ums Leben. Er gehörte zu den Unterzeichnern des Berichts über die offiziellen Ergebnisse der Radiokarbonuntersuchungen.

7./8. September: Ein von der französischen Grabtuchgruppe CIELT organisiertes Symposium, auf dem auch Professor Michael Tite einen Vortrag hält, findet in Paris statt.

30. September: Die Zeitschrift *New Scientist* veröffentlicht die Erkenntnisse eines wissenschaftlichen Seminars in East Kilbride. »Die Fehlermarge der Radiokarbondatierung«, so heißt es darin, » …

könnte zwei- oder dreimal größer sein, als die Anwender dieser Methode behaupten.«

1990 9. März bis 2. September: Das British Museum organisiert eine Ausstellung mit dem Titel »Fake: The Art of Deception« (»Fälschung: Die Kunst der Täuschung«). Im Rahmen dieser Ausstellung ist auch eine lebensgroße Diaprojektion des Turiner Grabtuches zu sehen.

4. Mai: Während des Grabtuchfeiertages fallen, angeblich kurz nach den Worten »Ite missa est«, aus der 30 Meter hohen Kuppel der Königskapelle in Turin einige Schlußsteine in den Kirchenraum. Schuld daran ist die Verschiebung der äußeren Stützbogen. Die Kapelle wird vorübergehend geschlossen und über dem Altar ein Baldachin errichtet.

18. September: Auf einer Pressekonferenz im Vatikan wird bekanntgegeben, daß »Hochwürden Monsignore Giovanni Saldarini, Erzbischof von Turin, das Amt des päpstlichen Kustos für Erhalt und Pflege des Grabtuchs übertragen wird«. Es wird ausdrücklich darauf hingewiesen, daß die Aufgaben des neuen Kustos in Erhalt und Pflege des Tuches liegen.

1992 28. April: Der britische Textilexperte John Tyrer, der fest an die Echtheit des Turiner Grabtuchs glaubte, stirbt.

Montag, 7. September: Das Grabtuch wird zur Untersuchung durch die fünf Experten Sheila Landi (England), Mechthild Flury-Lemberg (Schweiz), Jeanette M. Cardamone (USA), Silvio Diana und Gian Luigi (Italien) in die Sakristei der Turiner Kathedrale gebracht. Gestattet ist nur die Beschau, Gewebeproben werden nicht entnommen. Das Grabtuch wird danach wieder in seinem Schrein versiegelt.

1993 Aschermittwoch, 24. Februar: Wegen der Restaurierung der Königskapelle wird das in seinem Schrein verwahrte Grabtuch zeitweilig in einer eigens dafür entworfenen Vitrine hinter dem Hochaltar in der Mitte des Hauptschiffs der Kathedrale verwahrt. Pater Peter Rinaldi fliegt aus den USA ein, um bei der Umbettung des Tuches anwesend zu sein, ist aber bei schlechter Gesundheit; nach einem Zusammenbruch wird er ins Turiner Hospital eingeliefert.

28. Februar: Pater Rinaldi stirbt.

15. April: Der amerikanische Kinderarzt Leoncio Garza-Valdès, ein angesehener Amateur-Mikrobiologe, hält bei der Jahresversammlung der Society of American Archaeology in St. Louis im US-Bundesstaat Missouri einen Vortrag über »Lichenothelia Varnish« (»Die Lichenothelia-Schicht«).

Mai: Garza-Valdès untersucht Riggis Gewebeproben in Turin.

10. bis 12. Juni: Grabtuch-Symposium des CIELT im Konferenzzentrum Domus Mariae am Stadtrand von Rom. Unter den Vortragenden sind auch der Russe Dimitri Kousnezow und Garza-Valdès, der seine These darlegt, daß der »Lichenothelia-Varnish«, eine organische Schicht auf dem Grabtuch, die C-14-Testergebnisse verfälscht haben könnte.

Im selben Jahr wird das STURP-Team, das 1978 das Grabtuch untersucht hatte, offiziell vom US-Bundesstaat Connecticut aufgelöst.

1994 12. Februar: Grabtuch-Konferenz an der University of Southern Indiana in Evansville; Garza-Valdès vertritt erneut seine These, eine organische Schicht auf den Grabtuchfasern habe die C-14-Testergebnisse verfälscht.

2./3. September: Harry Gove nimmt an einem Roundtable-Gespräch im San Antonio Health Science Center der Trinity University in Texas teil. Er untersucht Grabtuchfäden unter dem Mikroskop und gibt zu, daß diese eindeutig eine organische Beschichtung aufzuweisen scheinen.

1995 14. bis 23. Februar: John und Rebecca Jackson halten in Rußland Vorträge über das Grabtuch.

5. September: Im italienischen Fernsehen gibt Kardinal Saldarini bekannt, daß das Grabtuch in Turin in den Jahren 1998 und 2000 ausgestellt wird.

September: Kardinal Saldarini teilt in einer Pressemitteilung mit, daß es keine Befugnis zu einer Entnahme von Grabtuchproben über die 1988 für den C-14-Test verwendeten Proben hinaus gegeben habe und verlangt die umgehende Rückgabe solchen Materials. »Niemand ist seitens des Heiligen Stuhls zum Besitz oder zur weiteren Verwendung solcher Proben befugt worden.« Diese Anordnung bezieht sich auf jene Textilproben, die Giovanni Riggi im April 1988 entnommen hatte und von dem wiederum Garza-Valdès in gutem Glauben einige Muster entgegennahm.

1997 11. April: Kurz nach 23 Uhr bricht in der Königskapelle von Turin Feuer aus. Der Grabtuchschrein hinter kugelsicherem Glas ist in Gefahr. Der Feuerwehrmann Mario Trematore bricht den Schrein mit einem Vorschlaghammer auf. Das Grabtuch wird vorübergehend in der Residenz Kardinal Saldarinis aufbewahrt. In der Königskapelle finden sich Hinweise auf Brandstiftung. Die Kapelle, das Hauptschiff mit dem Hochaltar und weitere, an die Kapelle grenzende Teile des königlichen Palastes sind stark beschädigt.

14. April: Im Beisein des Kardinals und Experten wie Mechthild Flury-Lemberg, Professor Pierluigi Baima Bollone und Dr. Rosallo Piazza vom Istituto Centrale del Restauro in Rom wird das Grabtuch aus seinem Schrein genommen; sein Zustand wird sorgfältig untersucht. Wie sich herausstellt, hat das Grabtuch den Brand unbeschadet überstanden. Es wird zur Sicherheit an einen nicht genannten Ort überführt

11. bis 14. Mai: Internationales Grabtuch-Symposium in Nizza.

1998 18. April bis 14. Juni: Die Entdeckung des Negativcharakters des Bildes durch Secondo Pia jährt sich zum 100. Mal. Aus diesem Anlaß wird das Grabtuch in Turin öffentlich ausgestellt.

14 2000 wörter

Bibliographie

Ich möchte an dieser Stelle darauf hinweisen, daß die Zeitschrift *Sindon* herausgegeben wird vom Centro Internazionale di Sindonologia, Via S. Domenico, 10122 Turin; Herausgeber der 1993 eingestellten Zeitschrift *Shroud Spectrum International (SSI)* war das Indiana Center for Shroud Studies, R3, Box 557, Nashville, Ind., 47448 USA.

Weitere bibliographische Angaben, die vor allem die Geschichte des Grabtuches betreffen, finden sich in meinen beiden früheren Büchern über das Turiner Grabtuch. Um unnötige Wiederholungen zu vermeiden, werden hier nicht alle Quellen von neuem aufgeführt.

Adler, Alan D., »The Origin and Nature of Blood on the Turin Shroud«, in: Meacham, William (Hrsg.), *Turin Shroud – Image of Christ?*, Hongkong 1987

Alexander, Jonathan/Binski, Paul (Hrsg.), *Age of Chivalry: Art in Plantagenet England 1200–1400*, London 1987

Allen, Nicholas P., »Verification of the Nature and Causes of the Photo-negative Images on the Shroud of Lirey–Chambéry–Turin«, in: *De Arte* 51, 1995

Ashe, Geoffrey, »What Sort of Picture«, in: *Sindon* 1966, S. 15–19

Babinet, Pierre, »La profession de foi des derniers Templiers«, in: *La Pensée Catholique* 281, März/April 1996

Baima Bollone, P./Joria, M./Massaro, A. L., »Identification of the Group of the Traces of Human Blood on the Shroud«, in: *SSI*, März 1983, Nr. 6, S. 3–6

Barber, Malcolm, »The Templars and the Turin Shroud«, in: *Catholical Historical Review*, April 1982; Nachdruck in: *SSI*, März 1983, Nr. 6, S. 16–34

Barbet, Pierre, *Die Passion Jesu Christi in der Sicht des Chirurgen,* Karlsruhe 1953

Beda der Ehrwürdige, *Kirchengeschichte des englischen Volkes,* Darmstadt 1982 (NA: 1997)

Berard, Aram (Hrsg.), *History, Science, Theology and the Shroud,* Materialien des Symposiums in St. Louis, Missouri, vom 22./23.6.1991, Amarillo 1992

Belting, Hans, *Das Bild und sein Publikum im Mittelalter. Form und Funktion früher Bildtafeln der Passion,* Berlin 1981

Blanchet, A., »L´influence artistique de Constantine Porphyrogénète«, in: *Mélanges Grégoire: Annales de l´Institut de Philologie et d´Histoire Orientales et Slaves* IX, 1949

Bowman, Sheridan, *Radiocarbon Dating,* London 1990

Breckenridge, James D., »The Numismatic Iconography of Justinian II«, in: *Numismatic Notes and Monographs* 1954, Nr. 144

Buckton, David (Hrsg.), *Treasures of Byzantine Art and Culture,* London 1994

Buttigieg, Michael (Fr.), »The Shroud of Turin and the Shroud of Rabat«, in: Azzopardi, J. (Hrsg.), *St. Paul´s Grotto, Church and Museum at Rabat, Malta,* Malta 1990

Cahill, T. A./Schwab, R. N./Kusko, B. H./Eldred, R. A./Möller, G., Dutschke D./Wick L., »The Vinland Map, Revisited: New Compositional Evidence on the Inks and Parchment«, in: *Analytical Chemistry* 59, 15.3.1987, S. 829–833

Cameron, Averil, *The Sceptic and the Shroud: An Inaugural Lecture in the Departments of Classics and History delivered at King´s College London on 19th April 1980,* London 1980

Case, T. W., *The Shroud of Turin and the C-14 Dating Fiasco,* Cincinnatti 1996

Cauwenberghe, André van, »The 1902 Concealment«, in: *SSI*, Nr. 41, S.13ff.

Cennini, Cennino, *Das Buch der Kunst,* Wien 1871

Charleswort, James u.a., *Jesus and the Dead Sea Scrolls,* New York 1992

Cherpillod, André, *Le Suaire de Turin, l´impossible objet,* Courgenard 1996 (Privatdruck)

Chevalier, Ulysse, *Étude critique sur l´origine du Suaire de Lirey–Chambéry–Turin,* Paris 1900

Chifflet, Jean Jaques, *De linteis sepulchrabilis Christi servatoris, crisis historica,* Paris 1624

–*Hièrothonie de Jésus-Christ. Ou: Discours des Saints Suaires de Notre Seigneur,* Antwerpen 1631

Coghlan, Andy, »Unexpected Errors Affect Dating Techniques«, in: *New Scientist*, 30.9.1989

Cohen, Kathleen, *Metamorphosis of a Death Symbol: The Transi Tomb in the Late Middle Ages and the Renaissance,* Berkeley 1973

Contini, Gianfranco, *L´opera completa di Simone Martini,* Mailand 1970

Craig, Emily A./Bresee, Randall R., »Image Formation and the Shroud of Turin«, in: *Journal of Imaging Science and Technology*, Bd. 34, Nr. 1, Januar/Februar 1994,

Crispino, Dorothy, »Perceptions of an Antecessor«, in: *SSI*, Nr. 23, Juni 1987, S. 16–21

–»The Letter of Agostino Cusano«, in: *SSI*, Nr. 26, März 1988 S. 12–17

–»The Charny Genealogie«, in: *SSI,* Nr. 37, Dezember 1990, S. 19

Damon, P. E. u.a., »Radiocarbon Dating of the Shroud of Turin«, in: *Nature,* Bd. 337, Nr. 6208, Februar 1989, S. 611–615

Daniel-Rops, Henri, *Die Umwelt Jesu,* München 1980

David, Rosalie, *Mysteries of the Mummies: The Story of a Manchester University Investigation,* London 1978

Drews, Robert, *In Search of the Shroud of Turin,* New Jersey 1984

Dubarle, A. M. (Père), *Histoire ancienne de Linceul de Turin jusqu´au XIIe Siècle,* Paris 1985

–»La première captivité de Geoffroi de Charny et l´acquisition du Linceul«, in: *Montre-Nous Ton Visage 8,* S. 6–18

–»L'homélie de Grégoire le Référendaire«, in: *Actes de Symposium Scientifique International,* Rome 1993, Paris 1995, S. 51

Eastlake, Charles, *Methods and Materials of Painting of the Great Schools and Masters,* London 1857 (NA: Dover 1969)

Eusebius, *Kirchengeschichte,* Leipzig 1908 (NA: München 1967)

Fossati, L., »L´ostensione del 1842«, in: *Collegamento pro Sindone,* November/Dezember 1992, S. 24f.

Froissart, Jean, *Les chroniques de Sire Jean Froissart,* Paris 1619 (engl. Ausgabe: Chronicles, Harmondsworth 1968)

Gabrielli, Noemi, »Forschungsbericht«, in: *Sindon,* Beilage von Rivista Diocesana Torinese, Januar 1976

Ganzfried, S., *Code of Jewish Law* Bd. IV, Kap. CXCVII, New York 1927
Gervasius von Tilbury, »Otia imperialia III«, in: Liebnitz, G. (Hrsg.), *Scriptores rerum brunsvicensium,* Hannover 1707
Glover, J., »The Conservation of Medieval and Later Shrouds from Burials in North West England«, in: *Archaeological Textiles,* Nr. 10, 1990, S. 49ff.
Gove, Harry E., *Relic, Icon or Hoax? Carbon Dating the Turin Shroud,* Bristol/Philadelphia 1996
–/Mattingly. S. J./ David, A. R./Garza-Valdès, L. A., »A Problematic Source of Organic Contamination of Linen«, in: *Nuclear Instruments and Methods in Physics Research,* Amsterdam 1997
Grabar, André, »La Sainte Face de Lâon et le Mandylion dans l´art orthodoxe«, in: *Seminarium Kondakovianum,* Prag 1935
Haas, Nicu, »Anthropological Observations on the Skeletal Remains from Giv´at ha-Mivtar«, in: *Israel Exploration Journal,* Bd. 20, Nr. 1 und Nr. 2, 1970
Heller, John, *Report on the Shroud of Turin,* Boston 1983
Jackson, John, »Foldmarks as a Historical Record of the Turin Shroud«, in: *SSI,* Nr. 11, 1984, S. 6–29
–»New Evidence that the Turin Shroud was the Mandylion«, in: *Actes de Symposium Scientifique International,* Rome 1993, Paris 1995, S. 301ff.
Jones, Mark (Hrsg.), *Fake? The Art of Deception,* London 1990
Josephus Flavius, *Der jüdische Krieg,* Halle 1900
Jumper, E. J./Adler, A. D./Jackson, J. P./Pellicori, S. F./Heller, J. H./Druzik, J. R., »A Comprehensive Examination of the Various Stains and Images on the Shroud of Turin«, in: Lambert, J. B. (Hrsg.), *Archaelogical Chemistry III, Advances in Chemistry Series,* Nr. 205, S. 446-476
Kaeuper, Richard/Kennedy, Elspeth, *The Book of Chivalry of Geoffroi de Charny: Text, Context and Translation,* Philadelphia 1996
Keen, Maurice, *Das Rittertum,* München 1987
Kersten, Holger/Gruber, Elmar, *Das Jesus Komplott: Die Wahrheit über das Turiner Grabtuch,* München 1992
Kingsbury, Paul, »Material Witness: Professor Robert Drews Unravels the Shroud of Turin´s Mute Testimony«, in: *Vanderbilt Alumnus* 1984

Kohlbeck, Joseph A./Nitowski, Eugenia, »New Evidence May Explain Image on Shroud of Turin«, in: *Biblical Archaeology Review,* Juli/August 1989, S. 23f.

LaFavia, Louis M., *The Man of Sorrows: Its Origin and Development in Trecento Florentine Painting,* Rom 1980

Laureau, E., »Le Saint-Suaire de Turin à Mont-Saint-Jean«, in: *Almanach de Mont-Saint-Jean Missery,* Côte d'Or 1910

Lavoie, Gilbert R. u.a., »Blood on the Shroud of Turin: Part II«, in: *SSI,* Nr. 8, September 1983, S. 2–10

Leone, Domenico, *El Santo Sudario en España,* Barcelona 1959, Bibliotheca Sindoniana Nr. 8

Longnon, Jean/Cazelles, Raymond, *Die Très riches heures des Jean Duc de Berry,* Musée Condé, Chantilly, München 1973

McCrone, Walter C., »Chemical Analytical Study of the Vinland Map«, Bericht für die Yale University Library, New Haven 1974

–/Skirius, C., »Light-Microscopical Study of the Turin Shroud I & II« in: *The Microsope* 28, 1980, S.1–13

–»Light-Microscopical Study of the Turin Shroud III«, in: *The Microscope* 29, 1981, S. 19–38

–»Microscopical Study of the Turin Shroud«, in: *Newsletter of Analytical Chemistry Division of American Chemical Society,* Frühjahr 1989

–»Microscopical Study of the Turin Shroud IV«, in: *The Microscope,* n.d.

McNeal, Edgar H., »The Conquest of Constantinople, Translated from the Old French«, in: *Columbia University Records of the Civilization 23,* 1936

Meacham, William, »The Authentication of the Turin Shroud: An Issue in Archaelogical Epistemology«, in: *Current Anthropology,* Bd. 24, Nr. 3, Juni 1983, S. 283–311

–(Hrsg.), *Turin Shroud – Image of Christ: Proceedings of a Symposium Held in Hong Kong March 1986,* Hongkong 1987

Meek, Harold, *Guarino Guarini and his Architecture,* New Haven 1988

Meiss, Millard, *French Painting in the Time of Jean de Berry: The Late Fourteenth Century and the Patronage of the Duke,* London 1967

–/Thomas, Marcel (Hrsg.), *Les heures de Rohan,* Bibliothèque Nationale, Paris manuscrit latin 9471, Paris 1973 (engl. Ausgabe: *Rohan Book of Hours,* London 1973)

Migne, J. P., *Patrologia Cursus Completus, Series Graeca,* Paris 1857–1866

Miller, V. D./Pellicori, S. F., »Ultraviolet Fluorescence Photography of the Shroud of Turin«, in: *Journal of Biological Photography,* Bd. 49, Nr. 3, Juli 1981, S. 71–85

Mills, Allan, A. »Image Formation on the Shroud of Turin: The Reactive Oxidation Intermediates Hypothesis«, in: I*nterdisciplinary Science Reviews,* Bd. 20, Nr. 4, Dezember 1995, S. 319–327

Moretto, Gino, *Sindone: La Guida,* Turin 1996

Muir, Lynette R., »The Holy Shroud in Medieval Literature«, in: *Sindon,* Dezember 1982, S.23–36

Murray, Stephen, *Building Troyes Cathedral: The Late Gothic Campaigns,* Indianapolis 1987

Nelson, Jan A., »The Holy Mandylion of Edessa and the Legend of Saint Alexis«, in: *Medieval Studies in Honor of Robert White Linker,* Geigertown 1973, S. 155–161

Nickell, Joe, Inquest of the Shroud of Turin, New York 1983

– »Pollens on the Shroud: A Study in Deception«, in: *Sceptical Inquirer,* Bd. 18, Sommer 1994, S. 379–385

Nitowski, Eugenia, *The Field and Laboratory Report of the Environmental Study of the Shroud in Jerusalem,* Salt Lake City 1986

Perret, André., »Essai sur l'histoire du Saint Suaire du XIVe au XIVe siècle«, in: *Mémoires de l'Académie des Sciences, Belles Lettres et Arts de Savoie,* Bd. IV, 1960, S. 49–121

Petrosillo, Orazio/Marinelli, Emanuela, *La Sindone: un enigma alla prova della scienza,* Mailand 1990

Picknett, Lynn/Prince, Clive, *Die Jesus-Fälschung: Leonardo da Vinci und das Turiner Grabtuch,* Bergisch-Gladbach 1995

Piczek, Isabel, *Why the Shroud of Turin Could not Have Been the Work of a Clever Artist,* Los Angeles 1989 (Privatdruck)

– *The Shroud of Turin According to the Professional Arts: Why It Cannot Be a Painting,* o. O. [Los Angeles] 1991 (Privatdruck)

Rhein, Reginald W. jr., »The Shroud of Turin: Medical Examiners Disagree«, in: *Medical World News 21,* Nr. 26, 22.12.1980, S. 50

Riggi, Giovanni, *Rapporto Sindone* (1978–1987), Mailand 1988

Rodante, Sebastiano, »The Coronation of Thorns in the Light of the Shroud«, in: *SSI,* Nr. 1, 1982, S. 4–24

Runciman, Steven, »Some Remarks on the Image of Edessa«, in: *Cambridge Historical Journal III,* 1929–1931
– *The Emperor Romanus Lecapenus and his Reign,* Cambridge 1963
– *Geschichte der Kreuzzüge,* München 1968
Sava, Anthony F., »The Wounds of Christ«, in: *Catholic Biblical Quarterly 16,* 1957
Scavone, Daniel C., »The Shroud of Turin in Constantinople: The Documentary Evidence«, in: Sutton, Raymond F. jr. (Hrsg.), *Daidalikon: Studies in Memory of Raymond V.* Schroder, SJ, Wauconda 1989
– »The Turin Shroud from 1200 to 1400«, in: Cherf, W. J. (Hrsg.), *Alpha to Omega: Studies in Honor of George John Szemler on his Sixty-Fifth Birthday,* Chicago 1993
Schiller, Gertrud, *Ikonographie der christlichen Kunst,* Gütersloh 1966
Segal, Judah B., *Edessa: The Blessed City,* Oxford 1970
Sinclair, T. A., Eastern Turkey: *An Architectural and Archaeological Survey,* Bd. IV, London 1990
Skelton, Raleigh A./ Marston, T. E./ Painter, G. D., *The Vinland Map and The Tartar Relation,* New Haven 1965
Sox, David, *File on the Shroud,* London 1978
– *The Image on the Shroud: Is the Turin Shroud a Forgery?,* London 1981
– *The Shroud Unmasked: Uncovering the Greatest Forgery of all Time,* London 1988
Stauffer, Ethelbert, *Christus und die Caesaren,* Hamburg 1948
Stevenson, Kenneth/Habermas, Gary, *Verdict on the Shroud,* Ann Arbor 1981
Taylor, Michael, *A Critical Edition of Geoffrey de Charny´s »Livre Charny« and the »Demandes pour la Joute, les Tournois et la Guerre«,* Chapel Hill 1977
Teil, Joseph du, *Autour de Saint-Suaire de Lirey,* o. O. 1902
Thurston, Herbert, »The Holy Shroud as a Scientific Problem«, in: *The Month 101,* 1903
Tuchmann, Barbara, Der ferne Spiegel, München 1986
Upinsky, A. A. (Hrsg.), *L´identification scientifique de l´homme du Linceul Jésus de Nazareth: Actes de Symposium Scientifique International,* Rome 1993, Paris 1995

Vial, Gabriel, »The Shroud of Turin: A Technical Study«, in: *SSI*, Nr. 38, März 1991, und Nr. 39, Juni 1991, S. 7–20

Vignon, Paul, *Le Saint Suaire devant la science, l´archéologie, l'histoire, l´iconographie, la logique,* Paris 1939

Volckringer, Jean, *Le problème des empreintes devant la science,* Paris 1942

Walsh, John, *Das Grabtuch Christi,* Bergisch-Gladbach 1979

Weitzmann, Kurt, »A Constantinopolitan Lectionary«, in: Winer, Dorothy (Hrsg.), *Studies in Art and Literature for Bella da Costa Greene,* Princeton 1954

–»The Origin of the Threnos«, in: Meiss, Millard (Hrsg.), *De artibus opuscula XL Essays in Honor of Erwin Panofsky,* New York 1961

Whanger, Alan, »Polarized Overlay Technique: A New Comparison Method and Its Applications«, in: *Applied Optics 24,* Nr. 16, 15.3.1985, S. 766–772

Wilcox, Robert, Das Turiner Grabtuch. Ein Beweis für die Auferstehung Jesu, Düsseldorf 1978

Wild, Robert A., »The Shroud of Turin – Probably the Work of a 14th Century Artist or Forger«, in: *Biblical Archaeology Review,* März/April 1984

Wilson, Ian, *Eine Spur von Jesus. Herkunft und Echtheit des Turiner Grabtuches,* Freiburg i.Br. 1980

–*The Evidence of the Shroud,* London 1986

–*Holy Faces, Secret Places,* London 1991

Zaccone, Gian Maria, »La fotografia della Sindone del 1898: Recenti scoperte e confereme nell´Archivo Pia«, in: *Sindon,* N.R. III, 3.12.1991, S. 69–94

Zaninotto, Gino, *Jehohanan, cruciario di Gerusalemme contemporaneo di Gesu,* Rom 1986

Zias, J./Sekeles, E., »The Crucified Man from Giv´at ha-Mivtar: A Reapprasial«, in: Israel Exploration Journal 35, 1985, S. 22–27

Zugibe, Frederick T., *The Cross and the Shroud: A Medical Examiner Investigates the Crucifixion,* New York 1982, S. 108

Bildnachweis

1a. Der Feuerwehrmann Mario Trematore mit dem Grabtuchschrein (*Associated Press/La Stampa*)

1b. Kardinal Giovanni Saldarini, Turin (*Universal Pictorial Press*)

1c. Das Grabtuch wird untersucht, 14. April 1997 (*Vatikan, Pressestelle*)

2a. Von Antonio Bertola entworfener Altar in der Kathedrale von Turin (*Duomo, Turin/Scala, Florenz*)

2b. Vitrine in der Kathedrale von Turin (*Patrizia Mussa, Turin*)

3a. Memorandum des Bischofs d'Arcis von Troyes (*Bibliothèque Nationale, Paris*)

3b. Professor Edward Hall, Dr. Michael Tite und Dr. Robert Hedges (*Telegraph Group Ltd, London, 1988*)

4a. Das Gesicht auf dem Grabtuch, mit bloßem Auge betrachtet (*G. Enrie*)

4b. Secondo Pia (*Archiv Ian Wilson*)

5a. Das Gesicht auf dem Grabtuch als fotografisches Negativ (*G. Enrie*)

5b. Barrie Schwortz (*Barrie Schwortz*)

6+7. Das Grabtuch in voller Länge (*G. Enrie*)

8+9a. Die Vorderansicht des Mannes auf dem Grabtuch (*G. Enrie*)

8+9b. Kopie des Grabtuchbildnisses, 1516, Kirche St. Gommaire, Lierre, Belgien (*Archiv Ian Wilson*)

8+9c. Kopie des Grabtuchbildnisses, um 1550, Xenobregas bei Lissabon, Portugal (*Archiv Ian Wilson*)

8+9d. Kopie des Grabtuchbildnisses, 17. Jahrhundert, Kirche Notre Dame, Chambéry, Frankreich (*Archiv Ian Wilson*)

10a. Die Vorderansicht des Mannes auf dem Grabtuch (*G. Enrie*)

10b. Rekonstruktion durch die Künstlerin Isabel Piczek (*Isabel Piczek*)

11a. Isabel Piczek (*Ted Kovach*)

11b. Isabel Piczek auf einer Leiter in ihrem Atelier (*Isabel Piczek*)

12a. Dr. John Jackson mit Arbeitskollegen (*Vernon Miller*)
12b. Jackons Rekonstruktion der Tuchdrapierung (*Dr. John Jackson: abgedruckt in* Shroud Spectrum International *28/9*)
13a. Umrisse einer Hand und eines Gesässes (*John Mills Photography, mit freundlicher Erlaubnis von Pater Francis O'Leary*)
13b. Dr. Robert Bucklin (*Ted Kovach*)
13b. Professor J. M. Cameron (Roel Oostra)
13b. Professor Jérome Lejeune (mit freundlicher Erlaubnis von Daniel Raffard de Brienne, CIELT)
13b. Dr. Gilbert Lavoie (*Genehmigter Nachdruck* aus Unlocking the Secrets of the Shroud, *G. R. Lavoie, © 1998. Veröffentlicht bei Thomas More, Allen, Texas. Ursprünglich veröffentlicht in* Shroud Spectrum International, September 1986)
14a. Die Rückansicht des Mannes auf dem Grabtuch, Negativaufnahme *(G. Enrie)*
14b. Wunden, die offenbar von einer Geißelung herrühren, Positivaufnahme *(G. Enrie)*
15a. Nahaufnahme offensichtlicher Wunden, Positivaufnahme
15b. Rekonstruktion einer Geißel *(Vernon Miller)*
15c. Wunden einer Geißelung *(British Library/Weidenfeld Archive)*
16a. Blutrinnsale von der Dornenkrone *(G. Enrie)*
16b. Gefurchte Stirnmuskeln *(S. Rodante)*
16c. Unterbrechungen des Blutflusses *(S. Rodante)*
17 Christus mit Dornen gekrönt *(Unterlinden Museum, Colmar/ Bridgeman Art Library)*
18a. Blutrinnsale im Bereich der »gekreuzten Hände« auf dem Grabtuch *(Vernon Miller)*
18b. Übertragung der Blutrinnsale auf die Arme eines Modells *(Barrie Schwortz)*
18c. Wahrscheinliche Haltung des Körpers zum Todeszeitpunkt *(Rodney Hoare)*
19a. Röntgenaufnahmen der Hand *(Dr. R. Bruce-Chwatt)*
19b. Anthonis van Dycks Darstellung einer Kreuzigung an den Handgelenken *(Gallerie della Soprintendanza, Venedig)*
20a. Bereich des »blutigen Fußes« auf dem Grabtuch *(G. Enrie)*
20b. Fußwurzelknochen eines Kreuzigungsopfers *(Israel Exploration Journal)*
21 Blutfluß auf der Brust *(Barrie Schwortz)*

43b. Stich (Detail), um 1690 *(H. Tilzey, Yeovil, mit freundlicher Erlaubnis von Simon Wingfield-Digby)*

43c. Stich (Detail), um 1578, Privatsammlung *(Archiv Ian Wilson)*

44a. Dr. Walter McCrone *(Joseph Barabe, McCrone Associates)*

44b. Reproduktion der »Grabtuchfälschung« aus dem Mittelalter *(Walter McCrone)*

44c. Monochrome Darstellung des Christus Pantokrator *(Flammarion-Giraudon, Paris)*

45a. Porträt auf Papier *(Abdruck mit freundlicher Genehmigung der IS&T, Society for Imaging Science and Technology, Herausgeber des Journal of Imaging Science and Technology, alle Rechte vorbehalten)*

45b. Grabtuchähnliche Inversion des Porträts (*Society for Imaging Science and Technology)*

45c. Fotografisches Negativ *(Society for Imaging Science and Technology)*

46a. Leonardo da Vinci *(Biblioteca Reale/Scala, Florenz)*

46b. Abendmahl von Leonardo (Detail), *(Royal Academy of Arts, London /Weidenfeld-Archiv)*

47a. Professor Allens Gipsmodell *(Glenn Meyer)*

47b. Professor Nicholas Allen *(Glenn Meyer)*

47c. Negativ des Körperbildes, Reproduktion von Nicholas Allen *(Glenn Meyer)*

48a. Maya-Plastik Itzamna Tun *(Leoncio Garza-Valdès)*

48b. Dr. Leoncio Garza-Valdès *(Trinity University Health Science Center)*

48c. Mikroskopische Vergrößerung eines Grabtuchfadens *(Trinity University Health Science Center)*